韓國古典文學思想名著大系 16

石北詩集
紫霞詩集

申光洙 著
申緯 著
申石艸 譯

明文堂

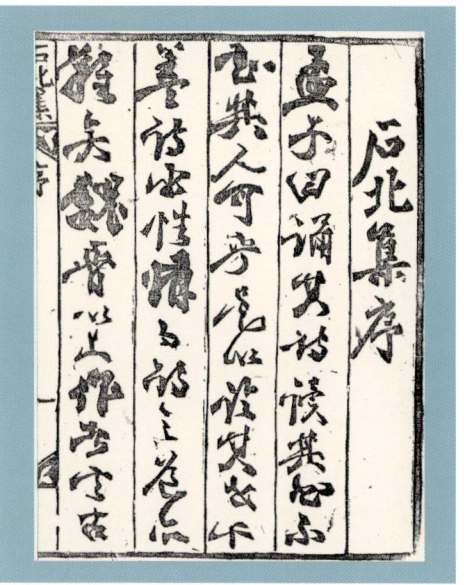 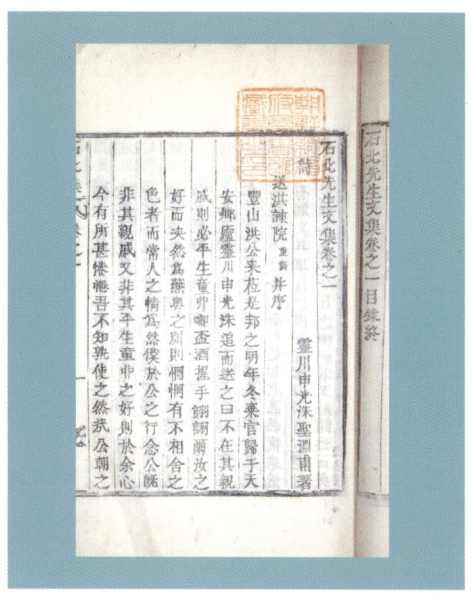

● **석북집**(石北集)
필자가 사망한 후 제자들이 등사한 필사본 8책이 있던 것을
1906년에 인쇄본으로 출간했다.〔下, 16권 8책〕.
그 서문은〔上左〕은 당시 홍문관(弘文館) 제학(提學)이던
장석룡(張錫龍)이 썼으며 권지일(卷之一)의 첫 페이지〔上右〕

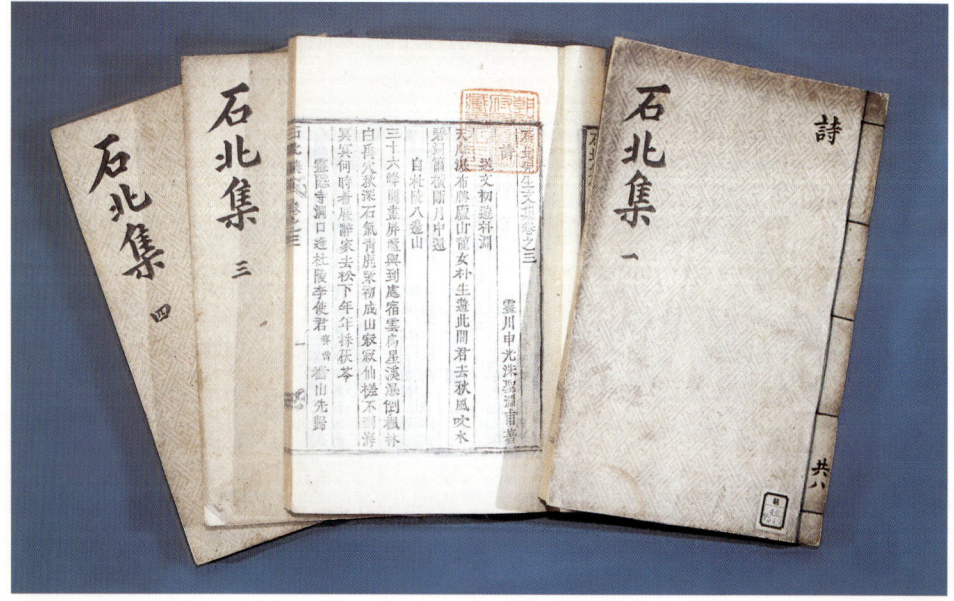

▶ **석북친필 서간문**(書簡文)
초서. 부분. 27cm×36.2cm

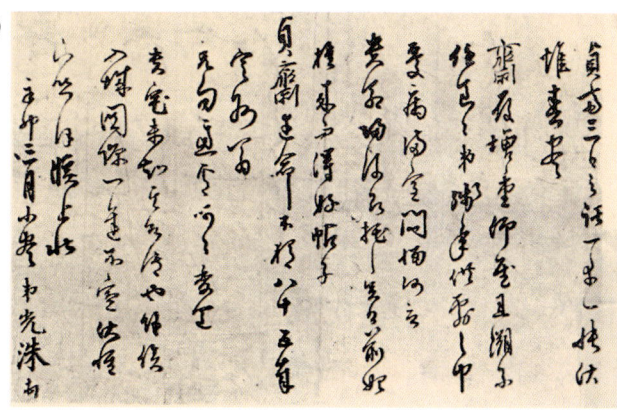

▶ 〈월중시(粵中詩)〉의
평필고(平筆稿)

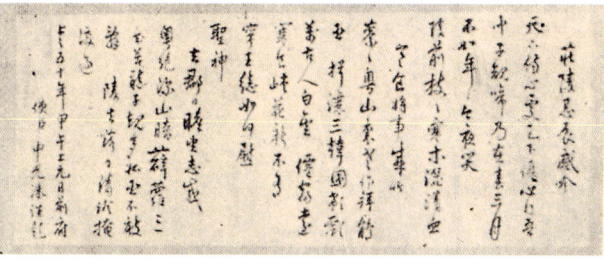

▼ **석북공**(石北公)**의 묘**(墓)
충청남도 서천군(舒川郡)
화양면(華陽面) 대등리
(大等里) 소재.
부인 해남(海南) 윤씨(尹氏)
와 합장했다.

▲자하(紫霞) 신위(申緯)의 묵죽도(墨竹圖) 병풍.
고려대학교 박물관 소장

▼자하(紫霞) 신위(申緯)의 시고발(詩稿跋) 1816년 작.
지본묵서(紙本墨書). 24cm×32cm. 개인소장.

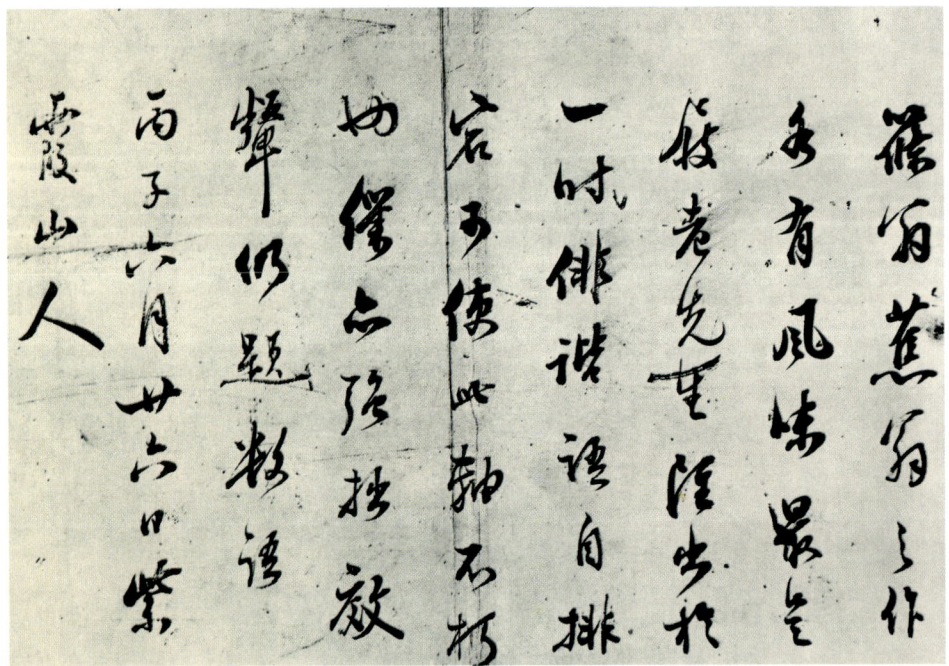

발 간 사

　이 지구상에서 단일민족으로 5천 년의 역사와 전통을 줄기차게 이어 오며 국가를 형성해온 민족은 흔치 아니하다. 그것도 빈번한 외침(外侵) 과 내란(內亂) 등 고난의 역정(歷程)을 극복하면서, 화려한 문화를 꽃피 우고, 그 문화를 면면히 계승 발전시킨 민족은 우리 민족 말고는 없을 것이다.
　때로는 민족존망(民族存亡)의 위기 속에서도 꿋꿋한 신념과 부동의 사 상으로 그 난국을 극복해내면서 겨레와 나라를 지켜냈던 우리 선인(先 人)들이다. 그처럼 굳은 사상과 신념의 선인들이 있었기에 오늘날 우리 는 세계 속에 우뚝 선 민족으로 각광을 받고 있는 것이다.
　이 자랑스런 선인들의 사상과 철학, 역사와 문학들을 한데 모아《한국 고전문학사상명저대계(韓國古典文學思想名著大系)》를 엮어낸다. 우리 것을 되찾고 우리 것을 계승 발전시켜 나가자는 목소리가 높아지고 있는 이 시점에서 우리의 역사를 바로 살피고, 선인들이 지녔던 사상과 가치 관을 올바로 인식한다는 것은 큰 의의가 있는 일일 것이다.
　선인들의 패기충천(覇氣沖天)하는 자주적 기상과 탁월한 형안(炯眼) 으로 밝혀 주었던 민족적 여명(黎明)들을 모아놓은 것이 이《한국고전 문학사상명저대계》이다. 따라서 오늘을 살아가고 있는 우리에게 새로운 비전을 제시해 줄 것을 믿어 의심치 않으며, 앞으로 우리의 이 훌륭한 민족적 유산을 후세에도 전승시키는 교량(橋梁) 역할도 해줄 것이라 사 료되는 바이다.
　이 책의 저본은 주로 대양서적(大洋書籍)의《한국사상대전집》에 의거

했으며, 생존하신 저자분들의 재증보(再增補), 또는 수차례의 교정과, 타계하신 저자분들은 그 유족들의 헌신적인 협조에 의하여 탄생된 것임을 밝히며, 그 노고에 거듭 감사의 말씀을 드리는 바이다. 또 한편으로 명문당이 사활을 걸고 출판했다는 데 역사는 인식하고 증명해줄 것이다.

끝으로 독자 제현(諸賢)의 뜨거운 충고와 많은 협조를 바라마지 않는 바이다.

2002년 가을
金東求 識

석북시집(石北詩集) ——————— 5

자하시집(紫霞詩集) ——————— 577

연보(年譜) ——————— 720

색인(索引) ——————— 726

석북시집

石北詩集

신광수(申光洙)

차 례

발간사 — 1
석북시집(石北詩集) 해설 — 31

석북시집(石北詩集) 1권

서주잡시(西州雜詩)(상) — 35

유거(幽居) — 35
야로(野老) — 36
춘일도중(春日途中) — 37
신거춘일(新居春日) — 38
기문초(寄文初) — 38
주일(晝日) — 39
시인(詩人) — 40
모투정안(暮投靖安) — 41
수운화죽장(岫雲畵竹障) — 41
관찰사북루연(觀察使北樓宴) — 42
공북루차판상운(拱北樓次板上韻) 2수(二首) — 43
쌍행(雙杏) — 45
중년(中年) — 46
설복(設卜) — 47
이산인유거(李山人幽居) — 47
진산협행(珍山峽行) — 48

실고(失沽) — 49
폭주(暴注) — 50
변산(邊山) — 50
영은사(靈隱寺) — 52
월정대(月精臺) — 53
귀자변산(歸自邊山) 2수(二首) — 54
감호춘범(鑑湖春汎) — 55
귀신사(歸信寺) 2수(二首) — 56
금산사제백곡선사시축(金山寺題白谷禪師詩軸) — 58
전주남문루(全州南門樓) — 59
남고사(南高寺) 2수(二首) — 59
한벽당(寒碧堂) — 61
전가(田家) — 62
외여두문간경삼(畏廬杜門簡景三) — 62
신제춘사(新萊春詞) — 63
소한식공주(小寒食公州) — 64
부여회고(扶餘懷古) — 65
모향만경(暮向萬頃) — 66
월중도신창(月中渡新倉) — 67
감호야도(鑑湖夜渡) — 67
기이몽서천관직중(寄李夢瑞天官直中) 3수(三首) — 68
기채보궐백규(寄蔡補闕伯規) — 71

진산도중(珍山途中) ― 72
나주도중(羅州道中) ― 73
과월출산(過月出山) ― 74
장성도중(長城道中) ― 74
증단구백(贈丹丘伯) ― 75
기경휴(寄景休) 2수(二首) ― 76
만년(晩年) ― 78
증연오사군(呈延塢使君) ― 79
춘진(春盡) ― 80
제아화(題兒畵) ― 81
초추야좌(初秋夜坐) ― 81
야심(夜深) ― 82
제선송운문고산평사(題扇送雲門高山平師) ― 83
채신행(採薪行) ― 83
만조(晩眺) ― 84
곡구(谷口) ― 85
하사(何事) ― 86
송경삼유금강(送景三遊金剛) ― 87
협행(峽行) ― 87
숙미륵당(宿彌勒堂) ― 88
모과산성사(暮過山城寺) ― 89
환가감부(還家感賦) ― 90

석북시집(石北詩集) 2권

서주잡시(西州雜詩)(하) ― 91

서벽(書壁) ― 91
별매(別妹) ― 92
설야지청지남촌우사(雪夜至淸之南村寓舍) ― 92
낙동촌(洛東村) ― 93
전가(田家) ― 94
무수동야화(無愁洞夜話) ― 94
기이성호(寄李聖乎) ― 95
기허자정(寄許子正) ― 96
증거안와주인권생(贈居安窩主人權生) ― 97
알성일감음(謁聖日感吟) 2수(二首) ― 98
기석(其夕) ― 99
대만영해이상사(代挽寧海李上舍) ― 100
유구촌오헐(維鳩村午歇) ― 101
춘분우(春分雨) ― 102
문문초(聞文初) ― 103
송강우거(松江寓居) ― 104
모정우조(茅亭雨眺) ― 105
전가즉사(田家卽事) ― 105

문초송고희영(文初送苽戲咏) — 106
초하(初夏) — 107
별매왕보녕외가차전(別妹往保寧外家借田) — 107
장하(長夏) — 108
제문초선(題文初扇) — 109
산도(山桃) — 110
청연(蜻蜓) — 110
간남헌로(簡南憲老)　7수(七首) — 111
경정 죽사기로연시(敬呈 竹社耆老宴詩)　6수(六首) — 115
별정사주간옹(別呈社主礀翁) — 120
우정사수서산김첨추(又呈社首西山金僉樞)　2수(二首) — 121

대흥사시편(大興寺詩篇) — 122

침계루(枕溪樓) — 123
임행증제화상(臨行贈諸和尙) — 125
재도두륜사(再到頭輪寺)　4수(四首) — 125
야증찰사(夜贈察師) — 127
남대야음(南臺夜吟) — 128
익일기일공(翌日寄一公) — 129
사야억제(寺夜憶弟) — 130
기남대찰공(寄南臺察公) — 130
문초환자영해(文初還自寧海) — 131

사중고열만음(寺中苦熱漫吟) ― 132
칠석야음(七夕夜吟) ― 133
사야증기옹(寺夜贈棄翁) ― 133
중남대별찰공(中南臺別察公) ― 134
증상암제객(贈上庵諸客) ― 135
상원암효사(上元庵曉思) ― 136
제화(題畵) ― 137
중대월야(中臺月夜) ― 137
중남대즉사(中南臺卽事) ― 138

석북시집(石北詩集) 3권

한경잡영(漢京雜咏) ― 140

증이성회(贈李聖會) 동운(東運) 북유수주(北遊愁州) ― 140
야별홍광국귀충주(夜別洪光國歸忠州) ― 141
제상정사술(堤上鄭士述) 홍조(弘祖) 견방(見訪) 2수(二首) ― 142
제강성표(題姜聖標) 세동(世東) 월암유거(月巖幽居) ― 144
농아걸자(聾啞乞者) 2수(二首) ― 144
태백산인(太白山人) 4수(四首) ― 146
복증이율(復贈二律) 2수(二首) ― 148
청명도중(淸明途中) ― 149
고양(高陽) ― 150

하일서각(夏日西閣) ── 151
송채백규귀근단성(送蔡伯規歸覲丹城) 4수(四首) ── 152
단양도중(端陽道中) ── 155
청문춘망(靑門春望) ── 156
미인도(美人圖) 4수(四首) ── 157
마두석(磨豆石) ── 159
박연폭포(朴淵瀑布) ── 159
권국진가(權國珍歌) 3수(三首) ── 160
곡이보연(哭李普延) 2수(二首) ── 163
송강사원(送姜嗣源) 세진(世晋) 귀영남(歸嶺南) ── 164
마상희음(馬上戲吟) ── 165
제원창선(題遠昌扇) ── 166
창동주색(倡童走索) ── 166
기이이보(寄李彛甫) 병연(秉延) 4수(四首) ── 167
숙최길보댁(宿崔吉甫宅) ── 170
서성야별(西城夜別) 2수(二首) ── 171
백문야작(白門夜酌) ── 173
별경휴(別景休) ── 174
광릉도중(廣陵途中) ── 174
동군(東郡) ── 175
별천보산승(別天寶山僧) ── 176
손장귀로취음(孫庄歸路醉吟) ── 176

별유직진실귀파산(別儒直盡室歸坡山) ─ 177
인일자각(人日紫閣) ─ 178
죽서소취(竹西小醉) ─ 179
여강광지음중범댁(與姜光之吟仲範宅) ─ 179
별손백경형제(別孫伯敬兄弟) ─ 180
방수편(芳樹篇) ─ 181
횡당소녀가(橫塘少女歌) ─ 182
원앙가(鴛鴦歌) ─ 182
선유마포(船游麻浦) ─ 183
이주(移舟) ─ 184
저도야박(楮島夜泊) ─ 184
송금성객(送錦城客) ─ 185
곡사길(哭士吉) ─ 186
증홍광국(贈洪光國) 2수(二首) ─ 187
구일등고(九日登高) ─ 188
기강광지(寄姜光之) ─ 189
송홍군택귀원주(送洪君擇歸原州) ─ 190
미정구제대삼감음(尾井舊第黛杉感吟) 2수(二首) ─ 191
만심진사우석(輓沈進士禹錫) 2수(二首) ─ 192
재중초설조기홍부엄성(齋中初雪朝寄洪缶广晟) ─ 194
송무주운대영서산인(送茂朱雲臺靈瑞山人) 3수(三首) ─ 195
증복사(贈福師) ─ 196

우증여정(又贈汝正) ── 197
숙이이보댁공부(宿李彛甫宅共賦) ── 198
경복궁구지(景福宮舊趾) ── 198
여사청견(旅舍聽鵑) ── 199
보동사(普同寺) ── 200
제석전이일마상(除夕前二日馬上) ── 201
직여제석(直廬除夕) ── 201

석북시집(石北詩集) 4권

서관록(西關錄) ── 203

경진중동여장서행(庚辰仲冬余將西行) ── 203
정자운(情字韻) ── 204
누자운(樓字韻) ── 205
심자운(深字韻) ── 206
마상망송도(馬上望松都) ── 206
탁타교(槖駝橋) ── 207
남루월야(南樓月夜) ── 208
만월대(滿月臺) 2수(二首) ── 209
선죽교(善竹橋) ── 210
청석동(青石洞) ── 211
금천(金川) ── 212

금천효발(金川曉發) —— 212
저탄(渚灘) —— 213
검수(劍水) —— 214
동선령(洞仙嶺) —— 214
동선관(洞仙關) —— 215
평산도중(平山道中) —— 216
봉산일자(鳳山日者) 2수(二首) —— 216
황주(黃州) —— 217
황주야발(黃州夜發) 2수(二首) —— 218
망평양(望平壤) —— 219
장림(長林) —— 220
부벽루차삼연운(浮碧樓次三淵韻) —— 220
연광정증검무기(練光亭贈劍舞妓) —— 221
기녀(妓女) —— 222
별패강(別浿江) —— 223
증성천객(贈成川客) —— 224
연광정유증패강기(練光亭留贈浿江妓) 2수(二首) —— 224
도패강(渡浿江) —— 225
평산객사유별한인수(平山客舍留別韓仁叟) 2수(二首) —— 226
마상망구월산(馬上望九月山) —— 227
장연도중(長淵道中) —— 228
수양산(首陽山) —— 228

자장연향해주(自長淵向海州) — 229
해주도중(海州道中) — 230
상원일해주(上元日海州) — 230
상원등해주남루(上元登海州南樓) 2수(二首) — 231
해주도구방백정령(海州悼舊方伯鄭令) — 232
효발해주(曉發海州) — 232
도중(道中) — 233
출장경문(出長慶門) — 234
우도두릉탄(雨渡杜陵灘) — 235
만류제(萬柳堤) — 235
강선루(降仙樓) 2수(二首) — 236
범주(汎舟) — 238
흘골성(紇骨城) — 238
별강선루(別降仙樓) — 239
열파정(閱波亭) — 239
주하평양(舟下平壤) — 240
증이화춘(贈梨花春) 3수(三首) — 241
기황재지(寄黃載之) — 242

석북시집(石北詩集) 5권

여강록(驪江錄) — 244

문제명(聞除命) —— 244
도중(途中) —— 245
사은(謝恩) —— 246
부릉(赴陵) —— 247
황여도중억법정유음(黃驪途中憶法正有吟) —— 248
알릉(謁陵) —— 249
재거기법정(齋居寄法正) —— 249
득법정서(得法正書) —— 250
유벽사(遊甓寺) —— 251
벽사모귀(甓寺暮歸) —— 252
벽사벽화(甓寺壁畵) —— 252
방성휴산재불우(訪聖休山齋不遇) —— 253
효발모과점(曉發木苽店) —— 253
송아(送兒) —— 254
증단포주인(贈丹浦主人) —— 255
모귀(暮歸) —— 255
도최이유(悼崔而有) —— 256
설중객(雪中客) —— 257
동대(東臺) 2수(二首) —— 258
상원기임사군(上元寄任使君) —— 259
재야(齋夜) —— 259
송법정귀재유회(送法正歸齋有懷) —— 260

답법정(答法正) — 261
문초지자도하(文初至自都下) 2수(二首) — 262
차법정운(次法正韻) — 263
수유선견기(酬幼選見寄) — 264
야기(夜起) — 265
주방단포(舟訪丹浦) 2수(二首) — 266
동청지명박신륵사(同淸之瞑泊神勒寺) — 268
재야장별청지(齋夜將別淸之) — 268
섬강방법정동주부하신륵사(蟾江訪法正同舟浮下神勒寺)
   2수(二首) — 269
범호(泛湖) — 271
하선등동대(下船登東臺) — 272
강월헌(江月軒) — 273
귀신륵사(歸神勒寺) — 274
주소이호방성언(舟溯梨湖訪成彦) — 274
갱등청루(更登淸樓) — 275
중류망루(中流望樓) — 275
동구별법정(洞口別法正) — 276
소강(溯江) — 276
수안소옥(水岸小屋) — 277
주숙두미(舟宿斗尾) — 277
상강주행(上江舟行) — 278

이십탄(二十灘) ── 279
금사망권맹용산장(金沙望權孟容山莊) ── 279
영릉기신(寧陵忌辰) ── 280
몽동도(艨艟島) ── 281
동귀(東歸) 2수(二首) ── 282
재중추사(齋中秋思) ── 283
사공언휴가객견방(謝公彦携歌客見訪) ── 284
증가객이응태(贈歌客李應泰) ── 285
구일강행(九日江行) ── 285
강천(江川) ── 286
야입단포(夜入丹浦) 2수(二首) ── 287
회도망섬강(回棹望蟾江) ── 289
백암(白巖) ── 289
산석(山夕) ── 290
광주도중(廣州途中) ── 291
쌍령(雙嶺) ── 291
협구소견(峽口所見) ── 291
대탄추세(大灘秋稅) ── 292
절국(折菊) ── 293
법정불의견방즉귀(法正不意見訪卽歸) ── 294
여강절부가오해(驪江節婦家五解) ── 294
득양제서(得兩弟書) ── 297

방월계초자불우(訪月溪樵者不遇) — 297
최북설강도가(崔北雪江圖歌) — 298
공도상원회가(恭覩上元回駕) — 299
송홍시랑부연(送洪侍郎赴燕) 7수(七首) — 300
우추증(又追贈) 2수(二首) — 306
기황상사재지(寄黃上舍載之) — 307
제조우권증인(題朝雨卷贈人) — 307
복증(復贈) 3수(三首) — 308
숙평구(宿平丘) — 309
숙이수촌(宿二水村) — 310
효기입선(曉起入船) — 311
억경춘(憶京春) — 311
별후법정갱등청루(別後法正更登淸樓) — 312
송파도(松坡渡) — 313
전관(箭串) — 314
재중야부언별(齋中夜賦言別) 2수(二首) — 315
삼협귀객(三峽歸客) — 316
목은구거(牧隱舊居) — 317
과우묘(過禑墓) — 319
사릉(辭陵) — 320
월계(月溪) — 321
입도문(入都門) — 321

석북시집(石北詩集) 6권

탐라록(耽羅錄) — 322

해월루(海月樓) 2수(二首) — 323
등주(登舟) — 324
숙소안도(宿蘇安島) — 325
발소안도(發蘇安島) — 326
반양망한라산(半洋望漢拏山) — 327
대양주중(大洋舟中) — 328
입도(入島) — 329
입방영(入防營) — 330
하포(下浦) — 331
한라산(漢拏山) — 332
조구회박(遭颶回泊) 2수(二首) — 333
증녹벽(贈綠壁) — 335
토풍(土風) — 336
망양대(望洋臺) — 336
체관(滯舘) — 337
문어사상계(聞御史狀啓) — 338
문경신(聞京信) — 338
삼월초육일제주(三月初六日濟州) — 339

춘수(春愁) — 340
민황(憫荒) — 341
우민황(又憫荒) — 342
한식우중(寒食雨中) — 342
모춘(暮春) — 343
해제(海祭) — 344
증별(贈別) — 344
추자석박(楸子夕泊) 2수(二首) — 345
하정숙양중(下碇宿洋中) — 346
일월도주중(日月島舟中) — 347
망달마산(望達摩山) — 348
추자전양(楸子前洋) — 348
한라산가(漢拏山歌) — 348
잠녀가(潛女歌) — 351

석북시집(石北詩集) 7권

북산록(北山錄) — 353

정법정단사직중(丁法正壇司直中) 3수(三首) — 354
차사직축사(差社稷祝史) — 356
차제남단(差祭南壇) 2수(二首) — 357
사월우(四月雨) — 358

하일직선공(夏日直繕工) ─ 359
차법정범주운(次法正汎舟韻) ─ 360
인길견기(仁吉遣騎) ─ 361
송목유선지비인(送睦幼選之庇仁) 5수(五首) ─ 362
간인길(簡仁吉) ─ 365
사금도사최직장(謝金都事崔直長) 2수(二首) ─ 366
대인만이보령(代人輓李保寧) 3수(三首) ─ 368
기홍문주(寄洪雯洲) ─ 369
소한마상(小寒馬上) ─ 370
별이헌(別而憲) ─ 371
설중구호여별(雪中口號與別) ─ 372
별이헌야억(別而憲夜憶) ─ 373
우기법정회이(又寄法正會而) ─ 373
정임송서(呈任松西) 3수(三首) ─ 374
송감시어사구백은부회령(送監市御史具伯殷赴會寧) 3수(三首) ─ 377
보귀신무문(步歸神武門) ─ 379
홍상서치사시축운(洪尙書致仕詩軸韻) 5수(五首) ─ 380
근차좌규김공수친연상운(謹次左揆金公壽親宴上韻) 2수(二首) ─ 384
문강선루실화(聞降仙樓失火) ─ 386
정이몽서(呈李夢瑞) ─ 387
우봉오율(又奉五律) ─ 388
남인야귀(南隣夜歸) ─ 388

차제혜릉귀로(差祭惠陵歸路) ─ 389
별홍군평부나주(別洪君平赴羅州) ─ 390
증정생귀장흥(贈鄭生歸長興) ─ 391
중추야문금(仲秋夜聞琴) ─ 392
수표교완월(水標橋玩月) ─ 392
법정수오월야래화(法正秀五月夜來話) ─ 393
출문송제군(出門送諸君) ─ 394
실솔(蟋蟀) ─ 394
송동지사함계군(送冬至使咸溪君) 2수(二首) ─ 395
정조차제효장묘보귀신무문(正朝差祭孝章廟步歸神武門) ─ 397
문초지자보령야좌호운(文初至自保寧夜坐呼韻) 2수(二首) ─ 398
곡권중약(哭權仲約) ─ 399
우중임혈(雨中臨穴) ─ 400
대리문성중운망(對吏聞成仲云亡) ─ 401
도가(導駕) ─ 401
상원(上元) ─ 402
광통교망월(廣通橋望月) ─ 403
북영주중념운(北營酒中拈韻) ─ 404
만홍문주(挽洪雯洲) 3수(三首) ─ 404
육신사(六臣祠) ─ 407
수남정언이관(酬南正言履寬) ─ 408
박중함택우중서화(朴仲涵宅雨中叙話) 2수(二首) ─ 408

곡호곡이상서(哭壺谷李尙書) — 410
기방축운(妓榜軸韻) 3수(三首) — 411
남원가희춘섬(南原歌姬春蟾) — 413
수동린이진산(酬東隣李珍山) — 414
우차인운(又次隣韻) — 415
십사야동한종보호운(十四夜同韓宗甫呼韻) 2수(二首) — 415
십오야호운별종보(十五夜呼韻別宗甫) 2수(二首) — 417
이상서상화운(李尙書賞花韻) — 418
가희매월(歌姬梅月) — 419
송강희원부서영(送姜希元赴西營) 2수(二首) — 420
사번암방백(謝樊巖方伯) 4수(四首) — 422
  1. 감홍로(甘紅露)/ 2. 삼등초(三登草)/ 3. 호모필(胡毛筆)
  4. 진유묵(眞油墨)
우기번암(又寄樊巖) 5수(五首) — 425
이신중만사(李申仲挽詞) — 429
차령수각운(次靈壽閣韻) — 429
도화동(桃花洞) — 431
필운대상화(弼雲臺賞花) — 432
만김첨지(輓金僉知) 2수(二首) — 433
희간정여질(戲簡鄭汝質) — 434
문패기모란이악이원(聞浿妓牧丹肄樂梨園) 2수(二首) — 434

석북시집(石北詩集) 8권

임장록(臨漳錄) ― 437

　우도대탄(又渡大灘) ― 437
　대탄(大灘) ― 438
　모귀(暮歸) ― 438
　징강주중(澄江舟中) ― 439
　임진무조(臨津霧朝) ― 440
　부락도중(赴洛道中) ― 440
　치우숙루원(値雨宿樓院) ― 441
　현재춘사(縣齋春辭) ― 441

월중록(粵中錄) ― 443

　사은(謝恩) ― 443
　사조(辭朝) 2수(二首) ― 444
　삼전도(三田渡) ― 446
　광령망영릉(廣嶺望寧陵) ― 447
　강성초우거(姜聖初寓居) ― 447
　망옥강정(望玉江亭) ― 448
　방이헌불우(訪而憲不遇) ― 448
　이헌추도화별(而憲追到話別) ― 449

기권군석(寄權君錫) — 450
제천억정사술(堤川憶鄭士述) — 450
일일도삼대령(一日度三大嶺) 2수(二首) — 451
조범령(曺凡嶺) — 452
월주신리(越州新吏) — 452
망단구홍상서댁(望丹丘洪尙書宅) — 453
야문자규(夜聞子規) — 454
백묘방연초자구댁(百畝訪燕超子舊宅) — 454
청령포(淸泠浦) 2수(二首) — 455
기장릉유참봉(寄莊陵柳參奉) — 456
모저평창(暮抵平昌) — 457
모노령(毛老嶺) — 457
조향월정사(朝向月精寺) — 458
대관령고주(大關嶺沽酒) — 459
강릉도중(江陵道中) — 459
관무(觀舞) — 460
죽서루(竹西樓) — 460
중대동별제기(中臺洞別諸妓) — 461
기임영재(寄臨瀛宰) — 461
제장릉재실(題莊陵齋室) — 462
장릉기신(莊陵忌辰) — 463
거군일첨망장릉지감(去郡日瞻望莊陵志感) — 464

제금강정(題錦江亭) — 465
금강정야별(錦江亭夜別) — 465
임별증제기(臨別贈諸妓) — 466

석북시집(石北詩集) 9권

관산융마(關山戎馬) — 467
어제배율십운이십사교명월야(御題排律十韻二十四橋明月夜)
　옥인하처교취소(玉人何處敎吹簫) — 474

악부(樂府) 상(上) — 476

한벽당12곡(寒碧堂十二曲) — 476
금마별가 32수(金馬別歌三十二首) — 482
강정십영(江亭十咏) — 498
　1. 구정대사(鷗亭臺榭)/ 2. 학야구주(鶴野溝塍)/ 3. 능실장빙(凌室藏氷)
　4. 공상채엽(公桑采葉)/ 5. 동진만도(銅津晚渡)/ 6. 와서석등(瓦署夕燈)
　7. 관수화층(冠峀花層)/ 8. 기호망집(碁湖網集)/ 9. 하사귀승(霞寺歸僧)
　10. 신평행객(晨坪行客)
연행별곡(燕行別曲)　19곡(十九曲) — 503

석북시집(石北詩集) 10권

악부(樂府) 하(下) — 514

관서악부 108곡(關西樂府 百八曲) — 514

석북시집(石北詩集) 해설

　석북 신광수(石北 申光洙) 선생은 조선왕조 영조(英祖) 때 시인으로 숙종(肅宗) 임진(1712)에 나서 영조 을미(1775)에 서거하였다.
　선생의 과시(科詩) 〈관산융마(關山戎馬)〉가 관현가사(管絃歌詞)에 올라 2백여 년 동안 여염과 이원(梨園)에서 함께 음영(吟詠)되며 널리 인구에 회자(膾炙)되어 있다. 현재에 그 시가의 창(唱)을 능히 하는 자는 인간문화재로 지정되고 있을 정도다. 〈관산융마〉의 원제목은 〈등악양루탄관산융마(登岳陽樓歎關山戎馬)〉로서 영조 22년(1746) 가을 한성시(漢城試)에 응시하여 2등을 획득한 작품이다. 두보(杜甫) 고사를 주제로 하고 있어 오로지 두율(杜律)의 은축에 의하여 쓰여졌다고 일러지고 있다. 당시 정식화되어 있던 과시 작품들과는 매우 의취를 달리해 있었다. 선생은 조선왕조의 오랜 기간동안에 폐습화되고, 고루(固陋)해진 공령시(功令詩)에 개혁을 시도한 것이라고도 말하고 있다.
　과거의 운은 그리 좋은 편이 아니었다. 39세에 처음으로 진사과를 맞췄다. 그러나 방이 나서 유가(遊街)하던 때에는 이미 〈관산융마〉의 시(詩)가 가사로 불려지고 있었다고 한다. 시 가운데 〈청포일상만리선(青袍一上萬里船) 동정여천파시추(洞庭如天波始秋)〉의 구(句)가 있어 파시추(波始秋) 선생이라는 별명도 전해오고 있다.
　진사과 이후 61세 때 기로과(耆老科)에 나아가기까지 줄곧 장옥(場屋)에는 들어서지 않았다고 한다. 50세에 비로소 영릉(寧陵) 참봉이 제수되어 3년간 재직한 동안에 정법정(丁法正) 기타 수삼 친우와 더불어 여강

(驪江)에서 놀며 〈여강록(驪江錄)〉을 지었다. 여강에서 평생 득의작(得意作)을 썼다고 자신이 말하고 있다. 영조 40년 53세 때에는 금오(金吾)로 옮겨 제주에 사사(使事)하였다가 풍파를 만나 제주에 유관하며 〈탐라록(耽羅錄)〉을 남겼다. 〈탐라록〉에서는 그 당시 제주의 풍속과 생활 환경, 치민(治民) 상황 등을 역력히 엿볼 수 있다.

선생의 시에 대하여는 당시 교우의 한 사람이었던 번암(樊巖) 채제공(蔡濟恭)의 정평이 있다. '득의작은 삼당(三唐)을 따를 만하고, 그렇지 못한 것이라도 명나라의 이반룡(李攀龍)과 왕세정(王世貞)을 능가하며, 동인(東人)의 누습을 벗어났다'고 말한 그것이다. 또 계제 진택(震澤)의 수기에 보면 '시는 오로지 두보(杜甫)를 숭상했고 이따금 왕유(王維)와 맹호연(孟浩然) 제가에 출입하였다'고 쓰여 있으며, 세상에서는 또 동방의 백낙천(白樂天)이라고 일컬어 오기도 한다.

하지만 선생의 시를 읽어 보면 중국적인 냄새가 적다. 시어(詩語)에 고유한 우리나라의 성음구기(聲音口氣)가 서려 있어 알지 못하는 사이에 어떤 친밀감을 느끼게 한다. 내용적으로도 사회 현실상이나 역사·산천·여항·풍속 등이 담겨져 있어서 실감을 가지게 하고 소중히 여겨지는 것이 많다. 〈탐라록(耽羅錄)〉·〈금마별가(金馬別歌)〉·〈관서악부(關西樂府)〉 등이 모두 그러하다.

대체로 우리나라 시가 거의 중국 시를 모방해 왔기 때문에 그 전형의 테두리를 벗어나지 못하고 우리의 생활 현실과는 소원한 느낌을 가지게 하는 것이 대부분이었다. 특히 이른바 고문파(古文派)의 출현으로 시어가 중국의 고사 전고(典故)에 치우쳐 난삽하고 고루해지기 일쑤였다. 서포 김만중(西浦 金萬重)이 갈파한 〈앵무의 언어[鸚鵡之語]〉가 바로 그것이다. 그런데 조선왕조 중엽부터는 차차 시풍에 변화가 일기 시작하였다. 같은 한자 사용의 작업이면서도 어의(語義)와 어감(語感)에 매우 우리다운 것, 우리 고유적인 것으로의 변모를 일으키고 있었던 것이다. 말하자면 한자 시의 토착화와 같은 경향이었다. 시의 이 경향은 실학파의

대두로 더욱 현저해져 시 내용의 개혁으로까지 번지게 되었다. 선생은 이 무렵 고문파에서 실학파로 옮아오는 가교(架橋) 역할을 했다고 이가원(李家源) 교수는 그의 〈석북문학연구(石北文學硏究)〉에서 말하고 있다.

영조 47년(1771) 60세 때 가을에 연천(漣川) 현감으로 출사하였다. 그 이듬해인 임진 2월에는 국가에서 기로과(耆老科)를 베풀었다. 오랫동안 과장(科場)에 발을 들여놓지 않고 있었던 선생은 처음에는 그에 응시하려는 생각조차 하지 않았던 것 같다. 그러나 옆에서 가족과 친지들이 강권하여 마지못해 응시했다고 연기(年紀)에 적혀 있다. 선생은 기로과에 장원급제하여 비로소 문과에 올랐던 것이다. 당일로 창방(唱榜)하고 당상(堂上)에 올라 삼일째는 우승지(右承旨)를 제수했다고, 역시 연기에 기록되어 있다. '명첨군용수(名忝群龍首) 성주육갑기(星周六甲期)'라는 시구(詩句)는 그때 '기방축중운(耆榜軸中韻)'에서 읊은 것이다.

이로부터 조정에서는 문장의 신하를 얻었다고 떠들었으며 영조왕의 제우가 대단하였다. 왕은 곧 양주(楊州)의 악(樂)을 하사하여 연천으로 모당을 귀근케 했을 뿐 아니라 한성에 거주할 집이 없음을 듣고 중국에서 장원급제한 자에게 주택을 준 예를 들어 사전택노비(賜田宅奴婢)의 명을 내리기까지 하였었다. 선생은 약관 때부터 문명(文名)은 나라 안을 움직였으나 평생 빈한하였고 불우한 생애를 지내다가 늦게 출신하여 광세의 영광을 누린 셈이다. 그러나 그후 얼마 안되어 을미년(1775) 64세를 일기로 홀연 별세하였던 것은 아까운 일이라 하지 않을 수 없다.

《유집(遺集)》이 16권 8책이다. 그 중 10권이 시이고 6권이 문이다. 문에는 서(書)·기(記)·서(序)·전기소설(傳記小說) 등이 실려 있다. 1권으로부터 4권까지의 시(詩)가 한성과 시골에서 평소 친구와 더불어 창수(唱酬)한 것이고, 5권부터 10권까지가 〈여강록(驪江錄)〉·〈탐라록(耽羅錄)〉·〈북산록(北山錄)〉·〈임장록(臨漳錄)〉·〈월중록(粤中錄)〉·〈관서악부(關西樂府)〉 등으로 채워져 있다. 원본은 선생 서거 후 자제들이 수습하여 동사한 필사본(筆寫本) 8책이 있고, 인쇄본으로 5세손 관휴(觀休)가 고종 43년 병오(1906)에 출간한 〈석북집(石北集)〉 16권 8책이 있다.

역본(譯本)은 이 인쇄본을 썼고 초선하여 역하였다. 1권으로부터 4권까지 원본에는 편명(篇名)이 없으나 외람되나마 내가 〈서주잡시(西州雜詩)〉·〈한경잡영(漢京雜咏)〉 등의 이름을 붙였다. 이 4권 가운데의 작품이 대개 한경과 시골 서주(西州)에서 음영한 것이기 때문이다. 또 각 권에 산견되는 대흥사(大興寺)의 시작들을 한데 묶어 〈대흥사 시편〉이라 이름했다. 해남(海南)은 선생의 처가인 윤고산(尹孤山) 집 시골로서 대흥사를 방문하는 기회가 많았으며 비교적 젊었을 때부터 이곳에서의 작품이 상당수 있어 유집 가운데에 흩어져 있었기 때문이다.

끝으로 〈관서악부(關西樂府)〉는 가장 만년의 작품이고 역작이다. 그 서문에 쓴 것처럼 서경(西京)의 경개와 요속·역대흥망·신선사찰로부터 누대여악에 이르기까지 음영되지 않음이 없어 가위 서관지(西關誌)라 할 만하다. 따라서 소삽한 고사 전설이 많아 역주에 착오가 있을는지도 모르겠다. 구안(具眼)의 선비들의 질정을 바란다.

석북시집(石北詩集) 1권

서주잡시(西州雜詩)(상)

유거(幽居)

산골 마을은 첫여름이 좋다.
낭랑한 꾀꼬리 소리를 듣는다.
푸른 숲은 비올 듯 늘 희미하고
흰 벽(壁)은 구름에 잠겨 어슷하다.
차츰 농사철로 접어드노니
새로 자제(子弟)들의 글이 이루어진다.
일찍이 내가 도화(桃花)를 심지 않음은
인간을 멀리하려 하지 아니함이라.

幽 居

谷口①宜初夏　嚶嚶黃鳥聞
靑林常欲雨　素壁②不勝雲
漸就桑麻事　新成子弟文
桃花③曾不種　非是絶人群

* 영조(英祖) 19년 계해(1743) 한산(韓山) 숭문동(崇文洞) 향재에서의 작

품. 선생이 32세 때다. 숭문동은 지금의 활동리(活洞里)이다. 신씨가 이곳에서 세거함으로부터 숭문동이라 불려졌다. 한산읍에서 남쪽 2km 지점에 있는 동네로 뒤쪽에 어성산(漁城山)이라는 산이 있고, 그 산기슭에 선생의 유지(遺址)가 있다.

註解 ①谷口(곡구)-중국 시인 정곡(鄭谷)의 고사(故事)로 선비가 사는 동네를 이름. 여기서는 그냥 '산골 마을'로 번역해 둔다. ②素壁(소벽)-꾸미지 않은 소박한 선비의 집. ③桃花(도화)-도화를 심지 않는다는 구절은 무릉도원(武陵桃源)과 같은 도피의 세계를 꿈꾸지 않는다는 뜻.

야로(野老)

들 늙은이들이 가끔 서로 만나
울타리 앞에서 작별하고 돌아오네.
글을 읽으매 솔방울이 떨어지고
병이 많은데 국화는 핀다.
소보(巢父)와 허유(許由)가 높은 선비가 아니어
기룡(夔龍)이 준재(儁才)를 만났어라.
썩은 선비 아무 할 일이 없어
밭갈이로 10년이 되었네.

野 老

野老時相見　　籬前送始回
讀書松子落　　多病菊花開
巢許[1]非高士　　夔龍[2]接儁才[3]
腐儒無一事　　耕鑿十年來

註解 ①巢許(소허)-소보(巢父)와 허유(許由). 두 사람이 다 요순(堯舜) 때 이름 높은 선비였다. ②夔龍(기룡)-기(夔)는 순임금의 신하. 용(龍)은 군이라는 뜻. 곧 기군의 뜻이다. ③儁才(준재)-영걸스런 사람을 일컬음.

춘일도중(春日途中)

간 곳마다 농사일 한창인데
강남엔 곡우(穀雨) 철 개었어라.
날이 비끼매 촌 북소리 급하고
봄이 따뜻하니 들 구름 난다.
물을 스쳐 꽃잎이 날고
하늘 연해 뭇새가 우지지네.
길손은 눈이 부셔 취하는 듯
잠깐 꿈꾸어 보노라 아득한 낙양성.

春日途中

處處催農事　江南穀雨晴
日斜村鼓急　春暖野雲生
掠水飛花片　連空百鳥聲
行人眼自醉　蹔夢洛陽①城

* 정묘년(丁卯年) 지음.

註解 ①洛陽(낙양)-서울을 가리킴.

신거춘일(新居春日)

경(境) 밖에 집을 얽고
혼자 봄 뜰을 거니노니
돌에 앉으면 외로운 구름 일어나고
꽃을 옮기면 가는 비가 내리네.
도(道)란 땅을 따라 얻는 것
사는 일은 때를 좇아 열려라.
서녘 냇가에 하얀 해오라기
한 해 내 서로 시기함이 없네.

新居春日

結廬人境外　春日獨徘徊
坐石孤雲起　移花細雨來
道心隨地得　生事逐時開
鷗鷺西溪上　終年兩不猜

* 을해년 44세 때 지음.

기문초(寄文初)

내 아우가 어머님을 따라
외가(外家)에 가 있을 때가 많다.
흰 구름은 외로이 절로 가는데
꽃다운 풀이 다하면 어떠하리.

떨어져 있으면 시 생각이 덜림을 알겠고
병 속에 봄빛 지나가는 일 애닯구나.
네가 또한 날 생각하는 줄 알아
그윽한 꿈이 중아(中阿)에 이른다.

寄文初

愛弟隨慈母　外家①爲客多
白雲孤自去　芳草歇如何
別覺詩情損　病憐春色過
亦知君念我　幽夢到中阿②

* 임신년 지음. 문초(文初)는 선생의 막내 아우. 이름은 광하(光河), 호는 진택(震澤)이다. 당시 목여와(睦餘窩)·이간옹(李艮翁)·정해좌(丁海左)와 함께 사문장(四文章)이라 일컬음.

註解　①外家(외가)-보령(保寧)에 살던 이제암(李齊嵒) 집. ②中阿(중아)-《시경(詩經)》〈소아(小雅)〉 '남유가어지습(南有嘉魚之什)'에 '청청자아(靑靑者莪) 재피중아(在彼中阿)'라 하여 사람을 생각함에 쓰임.

주일(晝日)

긴 날 산집은 고요하구나
꽃 떨어져 그윽히 울은 붉어라.
보슬비 속에 닭은 병아리를 품고
울타리 아래 개가 사람을 보고 짖는다.
산 고을 풍속은 태고연한데
밭 가는 사람의 마음은 가난하지 않아라.

마음 기틀 이미 식었거니
한가로운 녹문(鹿門)의 봄.

晝 日

晝日茅茨靜　飛花滿四鄰
雨中鷄抱子　籬下犬嚇人
山邑俗還古　田家道不貧
機心吾已息　生事鹿門①春

註解　①鹿門(녹문) — 중국(中國)의 맹호연(孟浩然)이 숨어 살던 곳. 은거(隱居)를 뜻한다.

시인(詩人)

동네 어귀에 복사꽃 피었어라.
남쪽 이웃이 환히 눈에 부시다.
흥을 따라 시인은 가고
철 맞아 봄새가 우네.
세상길 해마다 달라지건만
하늘 기미는 날마다 되살아나네.
저녁 바람에 백발을 흩날리며
시냇가에서 마음 가누지 못하노라.

詩 人

谷口桃花發　南隣照眼明
詩人隨意往　春鳥得時鳴

世路年年改　天機日日生
晚風吹白髮　川上不勝情

* 임신년 지음.

모투정안(暮投靖安)

산 눈 흩날리는 쓸쓸한 저녁때
길손은 새와 더불어 돌아가네.
찬 시냇물은 곡절이 잦고
묵은 나무에는 가지가 의희하다.
촌집에 가을 구실 끝나
밤 밥상엔 반찬이 드물고야.
주인 옹의 마음이 자못 좋아라
지팡이에 기대 사립문까지 배웅하네.

暮投靖安

山雪蕭條夕　行人與鳥歸
寒溪頻曲折　古木稍依俙
村戶秋租盡　盤餐夜味稀
主翁頗好意　扶杖送柴扉

수운화죽장(岫雲畵竹障)

당세에 창창한 수운죽(岫雲竹)이
티끌 말끔히 쓸어 헌출하네.

집 가득히 감도는 소상(瀟湘) 빛깔
5월에 눈바람 소리를 듣는 것 같으이.
소완(少阮)의 강산에서 비를 맞아 예왔는가
고인은 창해 속에 가을 나기만 기다린다.
굳이 안부 전할 나위도 없이
병 속에 그림 대하고 앉으니 마음은 날로 맑구나.

題峀雲畵竹障

當世蒼蒼峀雲竹①　塵埃掃出勢崢嶸
滿堂不盡瀟湘②色　五月如聞風雪聲
少阮③江山衝雨送　故人滄海待秋生
無勞長報平安使　病裏相看日日淸

* 연대 미상.

註解 ① 峀雲竹(수운죽)-류수운(柳峀雲)은 당시 강표암(姜豹庵)·허연객(許烟客) 등과 더불어 시인 화가로 유명하였다. 대를 잘 그렸음. ② 瀟湘(소상)-중국 악양현(岳陽縣)에 있는 강 이름. ③ 少阮(소완)-진(晋)나라 때 죽림칠현(竹林七賢)의 한 사람인 완적(阮籍)의 조카 완함(阮咸)을 일컬음. 완적을 노완(老阮), 완함을 소완(少阮)이라고 함.

관찰사북루연(觀察使北樓宴)

서호 절도(西湖節度) 북루(北樓)가 웅장하다.
다락 위엔 길게 6월풍이 부는구나.
분회장에 푸른 물결은 그림배 출렁이고
청산에 고각(鼓角) 소리 행궁(行宮)을 둘렀어라.

기라한 잔칫자리 손 머물러 과일술 푸르른데
군영 촛불은 배 둘러 물을 비쳐 붉어라.
보라, 강한(江漢)의 풍류를 알고자 하거든
제공(諸公)이 원래 태평한 중이로세.

觀察使北樓宴

西湖節度①北樓②雄　樓上長吹六月風
粉堞波濤搖畫舫　青山鼓角繞行宮③
綺筵留客沈菻綠　軍燭回船照水紅
欲識風流江漢意　諸公元自太平中

* 무진(戊辰)년, 공주(公州) 북루(北樓)에서 지음.

註解　①西湖節度(서호절도)—서호 절도사. 충청관찰사가 겸임함. ②北樓(북루)—공주(公州) 금강에 있는 다락 이름. ③行宮(행궁)—공산성(公山城)의 인조(仁祖) 주필처. 인조 갑자년 이괄(李适)의 난으로 이곳에 피해 있었다.

공북루차판상운(拱北樓次板上韻) 2수(二首)

1

옛날 금릉(金陵)에는 석두성(石頭城)이 장했느니
산성이 또한 스스로 공주(公州)를 누르고 있구나.
하찮은 선비가 정남(征南)의 막에 들지 않고
맑은 세상에 도리어 공북루(拱北樓)에 올랐어라.
가고(笳鼓) 소리는 상기 임금님 수레 머무는 듯

바람 모래에 오직 금강(錦江) 물이 흐르네.
지금 세상이 태평하여 누가 손을 맞아
둘러보니 서교(西郊)에서 구일(九日)을 노는구나.

拱北樓次板上韻 二首

其一

終古金陵①壯石頭②　山城亦自鎭公州
腐儒不入征南③幕　淸世還登拱北樓
笳鼓尙聞鑾駕住　風沙唯見錦江流
于今多暇誰邀客　回首西坰九日④遊

* 무진(戊辰)년, 청주(淸州) 공북루(拱北樓)에 올라 현판운을 받아 읊음.

註解 ①金陵(금릉)-중국 남경(南京)의 옛 이름. ②石頭(석두)-남경 서쪽에 있는 산성 이름. 전국(戰國) 시대에 금릉 읍치(邑治)를 두었었다. ③征南(정남)-인조(仁祖)가 공산성(公山城)에 행행(行幸)했던 일을 일컬음. ④九日(구일)-9월 9일 중양(重陽).

2

서정(西征) 봉화가 아득히 시름을 자아내노니
그날 선왕의 행차를 생각하여 보네.
쌍수영(雙樹營)의 행궁(行宮)은 깊이 절로 잠겨 있고
1천 집 산마을은 길게 안아 둘렀어라.
지금 남국은 관방(關防)의 요새지로 되었건만
누가 중앙에 장상(將相)의 재목이던고
소쇄한 강다락 늦게 온 손은

백년 회포를 잠시 술잔으로 달래본다.

　　其二

　　西征①烽火淶生哀　恭想先王警蹕來
　　雙樹②行宮深自鎖　千家山郭抱長回
　　秪今南國關防險　誰是中原③將相才
　　瀟灑江樓晚來客　百年懷抱暫時盃

註解　①西征(서정)-이괄(李适)의 난을 말함. ②雙樹(쌍수)-쌍수영(雙樹營). 쌍수산성에 있음. 쌍수산성은 곧 공산성(公山城)이다. 이곳에 주필(駐蹕)하였음. ③中原(중원)-중앙을 뜻함.

　　　　쌍행(雙杏)

고목은 휑하니 속이 비었어도
전 조정(朝廷) 땅을 옮기지 않네.
세상 흥망은 통 모르는 체
비바람은 늙어도 견디어 내데.
날씨가 차면 관새가 피해 들고
옛일은 토인들이 알고 있데.
눈앞에 도도히 흐르는 강물은
예 이제 어디로 가느뇨.

　　　雙　杏
　　古木心全盡　前朝①地不移
　　興亡忽無識　風雨老能持

寒天官鳥避　舊事土人知
滔滔滿眼水　公昔欲何之

* 무진년 청주에서의 작품.

註解　①前朝(전조)-먼저 조정. 고려(高麗)를 가리킴.

중년(中年)

누항(陋巷)에 내 삶이 있거니
중년에 비로소 세상 맛을 알겠네.
외로운 등잔은 밤 글 읽기에 알맞고
가는 비엔 봄 밭갈이를 시험해 보네.
교제에는 오히려 일이 많고
문장은 이름을 쓰지 않노라.
여태껏 군색하게 지내온 일
한번 군평(君平)에게 물어봄직하네.

中　年

陋巷①存吾道　中年識世情
孤䔲宜夜讀　細雨試春耕
交際猶多事　文章不用名
向來何衰衰　行止問君平②

* 영조 28년 임신 41세 때 지음.

註解　①陋巷(누항)-하향(下鄕), 천향(賤鄕)의 뜻. ②君平(군평)-엄군평

(嚴君平). 한(漢)나라 촉(蜀) 땅 사람으로 유명한 점쟁이였다.

설복(設卜)

성긴 발 밑에서 점괘를 풀어 보노니
분향 연기 피어오르고 작은 빗소리 들려오네.
모두 병 많은 탓으로 하는 짓이라
궁하고 통함을 물어보려는 것은 아니어라.
입고 먹는 것은 오히려 풍년에 들어 있고
시와 글은 다행히 예스러워라.
지나온 일을 자기가 생각해보아도
40에 그저 예사로운 사람들 같구나.

設 卜

開卦踈簾下　焚香小雨中
總緣多疾病　非欲問窮通
衣食猶豊歲　詩書幸古風
行藏元自卜　四十衆人同

* 임신년 지음.

이산인유거(李山人幽居)

처사(處士)가 궁벽한 곳에 띠집을 짓고
산중에 사는 것이 이리도 소문과 똑같을까.

봄 울타리엔 대홈통을 대어 물을 흘리고
아침 문길에는 솔구름이 아늑히 깔린다.
좋은 머슴이 부지런히 일을 하고
어린아이는 벌써 글을 외네.
백년 인생이 이걸로 족하거니
참으로 난 그대에게 부끄러운 일이 많구나.

題李山人幽居

處士誅茅僻　山居愜所聞
春籬通筧溜　朝徑布松雲
好僕能勤力　癡兒已誦文
百年如此足　多事愧吾君

* 임신년 지음. 이산인(李山人)의 이름은 유하(囿夏). 지봉(芝峰)의 후예로 임천(林川)에 살았음.

진산협행(珍山峽行)

객로(客路)가 돌고 돌아 다하니
숲이 열리고 빠끔히 하늘이 보인다.
낮 뻐꾸기 우는 1천 봉 두메 속에
봄비는 보슬보슬 두어 집 마을이어라.
아이는 청어(靑魚) 값을 묻고
아비는 백골전(白骨錢)을 걱정하네.
생애와 관령(官令)이
어디 가나 가엾지 않은 곳이 있으리요.

珍山峽行

客路回回盡　林開小見天
午鳩千疊嶂　春雨數家田
兒問靑魚價　翁憂白骨錢①
生涯與官令　何地不堪憐

* 임신년 지음.

註解　①白骨錢(백골전)―미상.

실고(失沽)

지루한 비 속에 사람의 병은 더하고
가난한 마을엔 술 살 수가 없구나.
관가에서 참으로 금한 바가 있거니
부리는 아이는 자주 없다고 전하네.
홀로 푸른 산 가까이에 앉아
서로 흰 황새와 더불어 외로워라.
들사람이란 사체에 따라 살아가야 하느니
초탈하여 나의 글을 읽는다.

失 沽

久雨人添病　貧村酒失沽
官家眞有禁　奴婢屢傳無
獨坐靑山近　相望白鶴孤

野夫隨事適　瀟灑看吾書

*정묘년 지음.

폭주(暴注)

끝없는 6월 비에
온 골짝 띠집이 움직인다.
땅을 휩쓸어 전혀 빈 돌만 남고
강물은 넘쳐 이미 마을을 침범하누나.
들을 연해 농가들은 울음이 일어나고
울타리 가득히 바람새가 짖어댄다.
누런 흙탕물이 아침내 밀리고 나매
아무 흔적도 없어라.

暴　注

無端六月雨　萬壑動柴門
吹地全空石　犇江已滅村
農家連野哭　風雀滿籬喧
黃潦終朝盡　由來不見痕

*정묘년 지음.

변산(邊山)

변산(邊山) 육륙봉(六六峰)이
그림 병풍 펼쳤어라.

남여(藍輿)는 간 곳마다
구름 창에 자고 간다.
성계(星溪)폭포는 천야 만야
단풍숲도 흰 빛인데
우혈(禹穴)에 가을 깊어
돌 기운이 차다.
녹시가 처음 쳐지고
산은 한결 적적한데
신선 배도 떠오르지 않는
먼 바다 움쩍 않는다.
언제나 짚신 들메고 집을 떠나와
솔 아래 해마다 복령(茯苓)이나 캐어 볼까.

自杜陵入邊山

三十六峰①開畵屛　籃輿②到處宿雲扃
星溪③瀑倒楓林白　禹穴④秋深石氣靑
鹿柴⑤初成山寂寂　仙槎⑥不到海冥冥
何時着履辭家去　松下年年採茯苓

* 무진년 가을 부안 변산에서 지음. 원제(原題)의 두릉(杜陵)은 지금의 전북 만경(萬頃). 당시 선생의 외숙 이제암(李齊嵒)이 만경 현령으로 있었다. 그곳을 방문하였다가 변산(邊山)에 들름.
　권산보내(權山甫徠)에게 준 편지에 '向者 楓葉正佳 兄弟入邊山 登月精臺 望海 窺龍然 題石禹穴而歸'라고 하였다. 중제(仲弟) 기록(騎鹿)과 동행하였다. 기록의 이름은 광연(光淵)이다.

註解　①三十六峰(삼십륙봉)－변산(邊山)은 서른여섯 봉우리임. ②籃輿(남여)－의자 비슷하고 위를 덮지 아니한 작은 가마. 원들이 타고 다님.

③星溪(성계)-변산폭포의 이름. ④禹穴(우혈)-하(夏)나라 우왕(禹王)이 회계산(會稽山)에 순수(巡狩)하다가 그곳에서 죽어 장사지냈는데 묘 뒤에 암혈(岩穴)이 있어 사람들이 그것을 우혈이라 일컬었다. 이 고사(故事)로 인해 산중의 깊은 골을 우혈이라 상징하여 말하게 됨. ⑤鹿柴(녹시)-사슴의 뿔 모양으로 나뭇가지를 어슷비슷 질러서 울을 치는 것을 이름. ⑥仙槎(선사)-신선의 배. 한(漢)나라 사신 장박망(張博望)의 고사에서 옴.

영은사(靈隱寺)

영은 산속에 사흘 밤을 자니
차디찬 맑은 공기 인간 밖을 나온 것 같으이
흰 구름에 발을 드리워 등덩굴 얽힌 언덕 건너고
가을날 석실(石室)에 이름을 쓰고 돌아오네.
신선이 바둑을 둔 곳이 바로 이곳이겠는데
다만 나무꾼들이 빈 산에 나무 찍는 소리.
만약 깊은 곳 찾아 집을 옮겨오면
복사꽃 흐르는 물에 만사가 한가롭겠구나.

靈隱寺①

靈隱山中三夜宿　泠泠渾似出人間
白雲垂足藤崖度　秋日題名石室②還
仙客着碁應此地　樵人伐木但空山
若爲深處携家去　流水桃花萬事閒

註解 ①靈隱寺(영은사)-변산에 있는 절 이름. ②石室(석실)-깊고 험해서 인적이 이르지 않는 곳. 장서(藏書)하는 곳을 일컫기도 함.

월정대(月精臺)

가을날 가없는 변산 빛깔
하늘 연해 동해가에 아스라이 솟아 있다.
봉래(蓬萊)는 아득하여 찾을 바이 없고
오(吳)와 초(楚)와는 물결도 없이 고요하구나.
먼 것을 바라다보면 내 삶은 이렇게 작은 것이어
해설필 무렵 온 하늘 흔들어 붉게 노을이 진다.
어디서 강풍(罡風)은 불어와
내 옷자락을 흩날리노니.

登月精臺①望海是邊山絶頂

秋日邊山色　連天東海高
蓬萊②無道路　吳楚失波濤
望遠吾生小　搖空落照勞
罡風③自何至　吹下兩肩袍

|註解| ①月精臺(월정대)-변산의 절정.　②蓬萊(봉래)-신선이 사는 곳.　③罡風(강풍)-강풍(剛風)이라고도 함. 하늘의 가장 높은 곳에서 불어오는 바람. 주자(朱子)가 말하기를 '선풍(旋風)인데 도가(道家)에서 강풍(剛風)이라고 한다'고 하였다. 강(罡)은 북두명(北斗名).

귀자변산(歸自邊山) 2수(二首)

1

돛폭을 올리니 어느덧 자네는 멀어지네.
나는 말머리를 돌리며 차마 달리지 못하네.
넓은 들판으로 성하(星河)는 떨어지고
찬 다리[橋] 가에 안개 서린 나무가 드리워 있다.
가을 소리는 물에 다가서면 더욱 움직이고
작별하는 시름은 배 안에서야 비로소 아네.
내일 두릉(杜陵)에서 시를 써
누구에게 부치려나.

歸自邊山奉寄杜陵李使君叔齊嵒 二首

其一

掛帆君已遠　回馬我猶遲
野曠星河落　橋寒霧樹垂
秋聲臨水動　別意在船知
來日杜陵下　詩成欲寄誰

* 무진년 지음. 이경휴(李景休)는 선생의 외종제(外從弟), 이름은 우경(羽慶). 제암(齊嵒)의 아들이다.

2

갈대꽃 핀 가람 위로

뱃머리를 돌리네.
나룻가에 말 세우고
새벽에 자네를 이별하는데
강 언덕 푸른 산 한 10리
외로운 배 아슴아슴
자욱한 안개 속.

　其二

　蘆花江上棹歌聲　立馬津亭曉別情
　兩崖靑山一十里　孤舟不見霧中行

감호춘범(鑑湖春汎)

감호(鑑湖)는 봄물에 비쳐 1천 집 문
언덕 위 인가에 거위떼가 소란하다.
물귀신에 제사지내는
화고(畫鼓) 소리와 평양 춤
가죽옷 입고 복(鰒)을 파는
제주 사투리.
배 돛대는 남쪽 북쪽 둔덕에
가득히 들어서고
꽃과 버들은 앞뒤 마을에
그림인 양 연했어라.
밝은 시대 강마을은
즐겁기만 하거니
어초(漁樵)에 세상 잊은 백성들이야

어이 이것이 임금님 은혜인 줄 알리요.

鑑湖春汎

鑑湖①春水暎千門　崖上人家鵝鴨喧
畵鼓賽神②平壤舞　皮衣③賣鰒濟州言
帆檣北坨仍南坨　花柳前村接後村
江海時淸多樂事　漁樵豈識是君恩

* 기사년 봄 강경(江景)을 지나며 읊음.

註解　①鑑湖(감호)-강경의 별칭. ②賽神(새신)-어선에서 북을 두드리며 수신에게 제사지냄. ③皮衣(피의)-제주(濟州) 사람들이 가죽옷을 입었다.

귀신사(歸信寺) 2수(二首)

1

금산사(金山寺)에 이르기 전에
먼저 죽은 벗의 이름을 보았어라.
10년이면 변한 것들을 슬퍼하노니
평생은 만리인 양 아득하구나.
뜬 세상이 마침내 무엇이뇨
그대 이 고을 원으로 와있었어라.
아아 흘러간 묵은 세월
내 못내 인정을 금할 수가 없네.

歸信寺佛塔有尹君悅新息題名感念存亡而作 二首

其一

未到金山寺　先着亡友名
十年悲異物　萬里若平生
浮世終何事　新恩①有此行
寂憐陳日月　不免感人情

* 기사년 귀신사(歸信寺)에 들렀다가 불탑(佛塔)에 윤군열(尹君悅)의 이름이 쓰여있는 것을 보고 지은 작품. 군열은 공의 처조카이다. 이름은 용(鎔). 30여 세로 요졸하였다. 재주가 뛰어나고 서화(書畵)를 잘하였다. 이곳 원으로 와있었다. 귀신사는 금산사(金山寺) 옆에 있는 조그만 절.

註解　①新恩(신은)-수령(守令)을 말함.

2

종소리 나고 빈 절은 열렸는데
먼지 속에
옛벗의 이름 슬프다.
죽고 사는 천지간에
글발은 병진년 봄이어라.
찬 빗속에 승(僧)은 손을 머물게 하고
뜬구름 탑엔 신(神)이 있는 듯하다.
다시 말에 올라 푸른 산을 가노니
눈앞에 화안히 풀꽃이 피어 있네.

其二

鍾磬開虛殿　塵埃悲故人
存亡宇宙內　筆硯丙辰春
寒雨僧留客　浮雲塔有神
青山騎馬去　照眼草花新

금산사제백곡선사시축(金山寺題白谷禪師詩軸)

신라시대 금산사(金山寺)에는
시 하는 스님 백곡(白谷) 선사가 있었노라.
뜬구름엔 끼친 글귀가 남고
조각달은 부처님 마음을 전해라.
적막한 삼생(三生)의 돌이요
엇비슷한 한 세상 인연일러라.
동쪽 대(臺)에서 잠시 머뭇거리노니
등잔 앞에 가는 비가 이르네.

金山寺題白谷禪師詩軸

羅代金山寺　詩家白谷禪
浮雲遺偈在　片月法心傳
寂寞三生石　差池一世緣
東臺暫惆悵　微雨到灯前

* 기사년 지음.

전주남문루(全州南門樓)

성을 끼고 느티와 버들, 보슬비 내리고
성 위 높은 다락에 제비가 날아든다.
자줏빛 봄기운은 진전(眞殿) 기와 위에 떴고
푸른 산 긴 대낮에 별영(別營) 깃발 둘렀어라.
지금에 오리와 거위 1천 집은 고요한데
다시는 영웅 1만 말이 돌아오지 아니하여라.
슬프다, 나그네 노니는 가려한 땅
포의(布衣)는 적막하고 장심이 어기누나.

全州南門樓

夾城槐柳雨微微　城上高樓燕子飛
紫氣春浮眞殿①瓦　青山晝繞別營②旗
于今鵝鴨千家靜　不復英雄萬馬歸
怊悵旅遊佳麗地　布衣③寂寞壯心違

＊기사년 지음.

[註解] ①眞殿(진전)-전주에 있는 이왕가(李王家)의 선원전(璿源殿). ②別營(별영)-별군영. ③布衣(포의)-선비의 옷. 벼슬 없는 선비를 일컬음.

남고사(南高寺) 2수(二首)

1

뜻밖에 가람 경내가

절도영(節度營)과 이웃했어라.
쌓인 곡식은 옛나라로 전하고
흩어진 종경소리 봄 성에 들어온다.
구름 돌에는 자주 말을 붙들고
바람 숲 가까이 꾀꼬리가 날아라.
전주 높은 곳에서 바라보노니
기세가 다시 쟁영하고녀.

南高寺 二首

其一

不意招提境①　　相隣節度營②
積糧傳故國　　散磬入春城
雲石頻扶馬　　風林近失鶯
全州高處望　　氣勢更崢嶸

註解　①招提境(초제경)—가람(伽藍). 승방.　②節度營(절도영)—절도사(節度使)의 영(營).

2

곧 남고사(南高寺)를 대했다가
처음으로 한벽당(寒碧堂)에 올라라.
봄 성에는 계견(鷄犬)이 끊기고
들 물에선 원앙이 노닐어라.
옥전(玉殿)의 흥망은 쉬운 것이어늘
청산에 관개(冠盖)가 분망하구나.
서생이 낙일에 비껴 둘러보노니

고금에 세월은 길다.

  其二
  直對南高寺 初登寒碧堂
  春城絶鷄犬 野水浴鴛鴦
  玉殿①興亡易 靑山冠盖②忙
  書生憑落日 回首古今長

註解 ①玉殿(옥전)-화사한 전당. ②冠盖(관개)-사환(仕宦)들의 의복과 거개(車盖).

한벽당(寒碧堂)

한벽당 앞물이
전주 서북으로 흘러오네.
문장(文章)은 세대가 바뀌고
노래와 춤은 손 나들이에 바빠라.
난간에 기대서면 회포가 멀어
바람 연기에 넓은 들이 열린다.
부생(浮生)이 흥에 겨워
다시 한번 배회해 보노라.

  寒碧堂
  寒碧堂前水 全州西北來
  文章人代異 歌舞送迎催
  懷抱憑欄遠 風烟盡野開
  浮生情自勝 未免更徘徊

전가(田家)

스스로 전가(田家)의 뜻을 알아
새로 쇠코잠방이를 지어 입었네.
봄이 깊으매 밥에 교맥이 반이나 섞이고
산이 얕아 두견이 소리 드물다.
맑은 세상에 농사를 지어가며
들 사람들이 통 시비가 없네.
강가에 꽃과 버들은
날마다 보슬비에 젖어 있네.

田 家

自識田家意　新成犢鼻衣①
春深蕎麥半　山淺杜鵑稀
淸世有耕鑿　野人無是非
緣江花柳事　日日雨霏霏

* 기사년 지음.

註解　①犢鼻衣(독비의) — 쇠코잠방이. 농부가 일할 때 입는 무릎까지 닿는 짧은 잠방이.

외여두문간경삼(畏癘杜門簡景三)

들 물에서 서로 부르는 곳에
아득한 세밑의 읊조림.

다만 석달 동안 만나지 못했건만
마치 백 년이나 된 것 같으이.
기후는 갈수록 더 괴상하고
여염(閭閻)은 지금껏 공포 속에 있어라.
광려(匡廬)에 이를 길 없구나
풍우가 서녘 멧부리에 가득하다.

己巳冬 畏癘杜門簡卞景三

野水相呼地　迢迢歲暮吟
但無三月面　猶會百年心
氣候看逾異　閭閻恐至今
匡廬①不可到　風雨滿西岑

* 기사년 겨울에 여역이 퍼져 모두 두문불출하고 왕래가 끊겼었다. 그때 변경삼(卞景三)에게 편지한 것.

註解　①匡廬(광려) – 중국 여산(廬山)에 옛날 광속(匡俗)이라는 사람이 집을 짓고 살아 여산 또는 광산(匡山), 광려(匡廬)라 일컬었다.

신제춘사(新第春詞)

새집이 이미 새로 이루어졌고 새해가 새로 왔네.
영화스러운 빛이 초목에 피어나고
물건들이 모두 절로 이루네.
봄술도 또 새로 익었으니
당(堂)에 올라 부모님께 헌수를 하네.
형제와 누이들이 문장으로 서로 우애하고

아손(兒孫)들이 다시 열을 지어 모두 시와 글을 외네.
가다가 부로(父老)들을 만나면
들 사람 모습이 조금도 꾸밈이 없네.
관장(官長)의 일은 말하지 않고
다만 농사일만 이야기하네.
풍년들어 의식이 족하고
구실 돈은 기한을 어기지 않으니
이밖에 더 무엇을 바라리요.
맑은 마음으로 스승을 삼으려 하네.

庚午新第春詞

新舍旣新成　新年復新至　榮光發草木
物物咸自遂　春酒亦新熟　上堂壽父母
兄弟及少妹　文章自相友　兒孫復成列
詩書誦在口　時遇近父老　野態無錡辭
不言官長事　但道桑麻時　豊年足衣食
租賦無怨期　此外何所求　淸心以爲師

* 영조(英祖) 26년 경오(1750) 39세 때 새집에서 쓴 춘사(春詞). 이 해 봄에 비로소 진사과(進士科)를 마침.

소한식공주(小寒食公州)

고원(故園)을 바라보니 앞길 아득하고녀.
차령(車嶺)을 남으로 올라 잠깐 시름을 흩어본다.
가는 비 처음으로 뿌려오는 소한식(小寒食)에
석양은 아직 공주(公州) 반틈길에 있어라.

한 봄 말 위에서 꾀꼬리 소릴 듣노니
열 해 호숫가에 백구가 부끄럽구나.
두어 소리 비낀 젓대 어느 곳 손이
연기 물결에 홀로 금강(錦江) 배에 오르나니.

小寒食公州

故園前路望悠悠　車嶺①南登暫散愁
微雨初來小寒食②　夕陽猶在半公州
一春馬上聞黃鳥　十載湖邊愧白鷗
橫笛數聲何處客　烟波獨上錦江舟

*경오년 지음.

註解　①車嶺(차령) – 공주(公州)에 있는 산맥.　②小寒食(소한식) – 청명(淸明)을 일컬음.

부여회고(扶餘懷古)

평초(平楚)에 뜬 산이 나고
황성(荒城)에 반달이 비꼈어라.
지나는 길손은 옛나라를 슬퍼하는데
우짖는 새는 남은 꽃을 떠나지 못하여라.
그날의 도독(都督)이 오히려 뫼를 전하건만
군왕은 스스로 집을 버렸구나.
흥망 만고의 일은
봄빛 또 하늘 가.

扶餘懷古

平楚浮山出　荒城半月斜
行人悲故國　啼鳥惜餘花
都督①猶傳塚　君王自棄家
興亡萬古事　春色又天涯

*경오년 부여를 지나며 지음.

註解　①**都督**(도독)-나당(羅唐) 연합군에 의하여 백제가 멸망(660년, 의자왕 20년)한 뒤 당에서 5도독부(都督府)를 설치함.

모향만경(暮向萬頃)

망망한 들판 북쪽에
연기 떠오르는 곳
그곳이 두릉(杜陵)
깊은 가을 물가에 선 백로와
해설피에 다리〔橋〕를 지나는 승(僧)이어라.
울타리 섶에는 마른 호박덩굴이 걸려 있고
들물에는 벌써 게 그물이 쳐 있다.
남쪽 고을엔 철이 늦어
돌아가고픈 마음 저물게 더해 오는구나.

自嶺下暮向萬頃

平楚茫茫北　烟生是杜陵

深秋臨水鷺　落日過橋僧
籬落懸匏蔓　陂塘設蟹罾
南州時序晚　歸思暮遙增

월중도신창(月中渡新倉)

달 아래 남쪽 고을은 멀고
닭소리에 10리가 길다.
배를 매니 강은 적적하고
말을 세우니 들은 창창하구나.
잠시 단풍나무 밑 돌 위에 쉬다가
가늘게 갈대 위 서리를 듣는다.
번뜩이고 번뜩이며 노를 저어가
잠든 원앙을 놀라 깨게 하노니.

杜陵夜發月中渡新倉

月下南州遠　鷄聲十里長
繫船江寂寂　立馬野蒼蒼
少歇楓根石　微聞荻上霜
翻翻搖櫓去　驚起宿鴛鴦

감호야도(鑑湖夜渡)

거울 같은 물, 가을밤 들어 바람조차 이슥한데
중류로 울어예는 기러기 소리.
배에 가득한 흰 달빛이 사람을 환히 비쳐오고

옷은 두 봉 구름에 젖어 드리웠어라.
저곳 나리포(羅里浦) 헝그런히 하늘이 비었는데
가림(嘉林)은 언덕에 오르면 길이 갈린다.
닭소리 들으며 지새는 강나루 찬 새벽에
서리 묻은 갈대꽃이 희끗희끗하다.

鑑湖夜渡

鏡水無風夜　　中流鴻鴈聞
身明滿船月　　衣重兩峰雲
羅浦①連空闊　　嘉林②到崖分
鷄鳴是泊處　　霜葦白紛紛

註解 ①羅浦(나포)-나리포(羅里浦). 진강(鎭江) 연안에 있는 나루의 하나.
②嘉林(가림)-임천(林川)의 옛 이름.

기이몽서천관직중(寄李夢瑞天官直中) 3수(三首)

　한식(寒食)에 내가 파주(坡州)에 갔다오니 이몽서(李夢瑞)가 천관(天官)에서 숙직하면서 빗속에 나를 청하여 왕유(王維)와 맹호연(孟浩然)의 고사를 써 직방에서 함께 자고 이튿날 북영(北營) 꽃구경을 가자고 했다. 그때 마침 내가 시골에 내려가기 위해 여장을 챙기고 있었으므로 그의 청을 들어주지 못하고 말을 세워놓고 잠깐 작별인사를 나눈 뒤에 암연히 돌아섰다. 그 후 시골집에서 근체시(近體詩) 몇 수를 얻어 부치노라.

1

그대는 바야흐로 숙직을 하고 나는 집에 돌아오노라
신선의 놀음이 봄꽃과는 어긋나는 일이 많다.
은 빗장 서액(西掖) 속에 밤비 소리 듣고
수놓은 깃발 북영(北營) 꽃에 봄술을 마시쟀다.
작별한 후 새로 쓴 시 누가 보는고
하늘 가에 꽃다운 풀 생각 아득하고녀.
이야 창랑에 낚싯대 들여
다만 어하(魚鰕)에다 생애를 부치고저.

寒食余歸自坡州 李夢瑞 三首

儌直天官① 雨中邀余 用 王孟故事要宿直廬 明日賞北營②花柳 時余方戒裝還鄉 不果赴會 立馬暫別 相與黯然 歸後得近體入首 或用見惠元韻或用自韻以寄之

其一

君方持被我還家　仙賞多違共物華
銀鑰夜聽西掖③雨　繡旗春飲北營花
新詩別後何人見　芳草天涯兩望賖
自是滄浪隔青瑣　但將生理付魚鰕

* 신미년 지음. 이몽서(李夢瑞)의 이름은 헌경(獻慶), 호는 간옹(艮翁)이다.

註解 ①天官(천관)—이부(吏部)의 별칭. ②北營(북영)—서울 북쪽에 있던 훈련도감(訓鍊都監)의 분영(分營). 꽃의 명소로 이름이 있었음. ③西掖(서액)—이부(吏部)가 대궐 서쪽에 있었으므로 이렇게 일컬음.

2

금호문(金虎門) 앞에 말을 세웠을 제
궁 담에 두서너 가지 꽃이 피었었네.
한나절 빗속에 향로 연기 가늘게 옷에 감기고
궁(宮) 누수 신시(申時) 때에 퇴식이 늦어지데.
나는 양양(襄陽) 맹처사(孟處士)가 아니었지만
그대는 화성(華省) 속에 왕유(王維)로 있었네.
돌아와 금강(錦江)에 봄이 저무노니
행리(行李)를 뒤져 묵은 시 들춰보누나.

其二

金虎門①前立馬時　披垣花發兩三枝
爐烟晝雨縈衣細　玉漏申牌退食②遲
處士③襄陽非孟老　故人華省有王維④
錦江春色歸來晚　閑檢行中舊寄詩

註解 ①金虎門(금호문)-창덕궁(昌德宮) 돈화문(敦化門) 서쪽 문, 대신(大臣)들이 드나들던 문이다. ②退食(퇴식)-퇴근(退勤). 관리들이 집으로 물러나와 밥을 먹는다는 뜻. 누(漏)가 신시(申時 : 하오 5시)를 알리면 관에서 물러나오므로 신시퇴식(申時退食)이라 일컬음. ③處士(처사)-맹처사(孟處士). 즉 당나라의 시인 맹호연(孟浩然). 양양(襄陽)에 살면서 벼슬하지 않았다. ④王維(왕유)-역시 당나라의 유명한 시인이자 화가. 상서성(尙書省) 벼슬을 하였다.

3

인왕(仁旺) 밑 저문 비에 성문(省門)이 열렸는데

초초히 떠나는 자리에 말에 올라 돌아서라.
다만 이르노니 조각 마음엔 보검(寶劒)이 맑았고
알지 못해라, 어느 곳에서 깊은 술잔 들리요.
신선 삽사리 낮에 짖는 도화동(桃花洞)에
총마(驄馬)가 봄에 돌아오는 어사대(御史臺)일러라.
아직 봉지(鳳池)에 이르지 못했음을 탄식하지 마소.
관을 퉁기고 윤음(綸音)을 맡아볼 때까지 기다리게나.

其三

仁旺暮雨省門①開　草草離筵上馬廻
只道片心明寶劒　不知何處把深杯
仙猊晝吠桃花洞　驄馬春歸御史臺
莫歎鳳池②猶未到　彈冠待爾掌綸③才

註解 ①省門(성문)-이몽서가 숙직하고 있던 천관성 문을 일컬음. ②鳳池(봉지)-봉황지(鳳凰池). 중국에 중서성(中書省)이 있던 곳. 그로 인해 지위가 높음을 비유해 말함. 가지(賈至)의 〈조조시(早朝詩)〉에 '共沐恩波鳳池上朝朝染翰待君王'이란 구절이 있음. ③綸(윤)-윤음(綸音). 임금님의 유지(諭旨).

기채보궐백규(寄蔡補闕伯規)

길게 생각하노니 오(吳)가와 강(姜)가가 채후(蔡侯)를 이어
한원(翰垣)에서 때를 같이 하여 노네.
인간에는 스스로 청운(靑雲)을 잃은 선비가 있는데
바다 안에서 누가 백설루(白雪樓)에 올랐다 하느뇨.

천고 문장이 나의 일이 아니어
한 봄 화조(花鳥)를 그대 위해 시름하네.
창강에 낚싯대 잡고 홀로 듣노니
단혈(丹穴) 가문에는 또 흑두(黑頭)가 났다 하누나.

寄蔡補闕伯規

長憶吳姜繼蔡侯　翰垣①旗鼓並時遊
人間自失靑雲士　海內誰登白雪樓②
千古文章非我事　一春花鳥爲君愁
滄洲獨把漁竿聽　丹穴③家聲又黑頭④

* 신미년 지음. 채백규(蔡伯規)의 이름은 제공(濟恭), 호는 번암(樊巖)이다. 보궐(補闕)은 사간원(司諫院) 헌납(獻納)을 이름. 정5품 벼슬이다.

註解　①翰垣(한원)-한림원(翰林院)을 일컬음. ②白雪樓(백설루)-백설(白雪)은 중국의 옛 악부(樂府) 이름이다. ③丹穴(단혈)-중국에 단사(丹砂)가 나는 산이 있다고 하여 문한의 모임을 비유해 말함. ④黑頭(흑두)-벼슬에 오름을 말함.

진산도중(珍山途中)

동협(東峽)에 새로 거주를 경영하려는 것은
다만 늙어서 생계가 가난함으로 인함이라.
동네마다 송판집에는 남은 눈이 깔려 있고
간 곳마다 마을 밭은 이른 봄에 들었어라.
날이 저물매 어지러운 등덩굴 사이로 시름하며 말이 가고
산이 깊으니 이상한 새가 길손을 보고 갸웃한다.

이 한 몸 유유히 살 곳 얻기 어렵구나
내년에는 또 어느 곳에서 나루를 물으리요

珍山途中

東峽經營卜地新　只緣生理老年貧
村村板屋留殘雪　處處畬田及早春
日暮亂藤愁去馬　山深異鳥怪行人
此身難定悠悠計　何處明年又問津

나주도중(羅州道中)

바닷문 찬 날빛은 구름으로 떠오른다.
월출산 푸른 봉을 바라보니 더욱 수심이라.
내일은 산성에 조련(操練)이 엄하리니
북풍 속에 병사(兵事) 기운 나주에 이르더라.
방죽은 파랗게 얼어 갈매기도 오지 않고
들판은 추수가 끝나 휑하니 비어 있구나.
필마로 서생이 남방 향해 가노니
장렬한 마음 노령(蘆嶺)에서 고개 돌려본다.

羅州道中値笠巖練卒日寒

海門寒照入雲浮　月出山靑望更愁
明日山城嚴束伍　北風兵氣到羅州
陂塘凍碧鳧鷖水　郡國收空稼穡秋
匹馬書生向南去　壯心蘆嶺[①]謾回頭

[註解] ①蘆嶺(노령)-전라도 장성(長城) 갈재. 정읍(井邑)에서 장성 방면으로 뻗어 있는 고개.

과월출산(過月出山)

푸른 하늘 일흔두 연꽃 봉오리
남쪽 별은 모두 다 돌 위에 와 비꼈어라.
바다 밖에 산은 천축국(天竺國)으로 날아가고
숲 사이 물은 도선(道銑)의 집에서 흘러나오네.
1만 길 신선 사다리에는 돌아오는 새도 없고
누가 채색 안개 건너 동적(銅笛)을 부는가.
10년만에 봉우리 앞을 두 번 지나노니
풍진 속 남쪽 북쪽 떠도는 마음 슬프구나.

過月出山

青天七十二蓮花　　南斗皆臨石上斜
海外山飛天竺國①　林間水出道銑②家
丹梯萬丈無歸鳥　　銅笛③何人隔彩霞
十載峯前今再過　　風塵南北使人嗟

[註解] ①天竺國(천축국)-인도(印度)의 옛 이름. ②道銑(도선)-신라 말의 고승. 고려에서 왕사(王師)로 대접함. ③銅笛(동적)-악기. 동으로 만든 젓대.

장성도중(長城道中)

북쪽을 바라보니 즈믄 산 노령(蘆嶺) 연봉

남녘 고을은 해 저물어 창창하구나.
가는 비 속 어둑한 나무엔 올빼미가 울고
막막한 들밭으론 기러기가 내린다.
손 되어 매양 장기(瘴氣)가 많은 곳을 가노니
집에 이르는 건 아마 입춘 무렵쯤.
장성(長城) 주막에 등불 밝게 켜고
육박(六簙)과 삼현(三絃)이 왕년과 같구나.

長城道中

蘆嶺千峰北望連　南州暮色起蒼然
鵩呼細雨冥冥樹　鴈下平蕪漠漠田
爲客每行多瘴地　到家應在立春前
長城酒幕明燈火　六簙①三絃②似往年

註解 ①六簙(육박)-장기놀이. ②三絃(삼현)-거문고·가야금 따위 악기 소리.

증단구백(贈丹丘伯)

남전(藍田) 성 밑에서 그대를 작별하고
초초히 봄을 지냈네.
그대 고을살이 어떻던고
백성들 벌써 은혜를 기리겠네.
하늘 밖에 소식이 와서
마치 영(嶺) 남쪽 사람 된 것 같으이.
저무는 날 연기 낀 강둑에서
난 외로이 마름을 캐네.

贈丹丘伯

藍田^①城下別　草草忽經春
到郡官何似　臨民惠已新
由來天外信　如作嶺南人
日暮烟江上　孤懷採綠蘋^②

* 임신년 지음.

註解　①藍田(남전)-지금의 보령군(保寧郡) 남포(藍浦).　②採綠蘋(채록빈)-마름을 캠. 정다운 친구를 생각할 때 쓰는 시어(詩語).

기경휴(寄景休)　2수(二首)

1

근래 단양(丹陽) 소식 듣자니
평안히 도임하였다 하네.
농사일로 민속은 예스럽고
창해 속에 지형은 넓으리.
밤에 등잔꽃 따는 일 끊겼으나
가을쯤은 근친을 하러 오리라.
산수 좋은 곳에 수령이 된 후
너에게서 한 기관(奇觀)을 보리라.

寄景休 二首

其一

近得丹陽信　平安卽上官
桑麻民俗古　滄海地形寬
夜絶燈花卜　秋承彩舞歡
山川司馬後　待爾一奇觀

* 임신년 외제(外弟) 이우경(李羽慶)에게 부친 시. 우경은 경휴(景休)의 이름이다.

2

내 나이 이제 40인데
바닷가에서 농사꾼이 되었구나.
세상길은 갈수록 더 두렵고
시인의 집은 늙을수록 더 가난하여라.
흐르는 물과 함께 뜻은 멀건만
꽃이 피면 남은 봄이 한스럽다.
어느 날에나 청안(靑眼)이 열려
길게 외진 물 가에서 읊어 볼까나.

其二

吾年初四十　海岸作農人
世路行逾畏　詩家老益貧
水流同遠意　花發恨餘春

青眼①開何日　長吟寂寞濱

註解　①青眼(청안) - 절친한 친구를 만났을 때 쓰는 시어(詩語). 기쁠 때는 눈에 푸른 자위가 많아진다. 진(晋)나라 때 완적(阮籍)이 속사(俗士)를 만나면 백안시(白眼視)하고 뜻에 맞는 친구를 만나면 청안으로 대했다는 고사가 있음.

만년(晩年)

쓰게 기리노라, 양양(襄陽) 늙은이가
밭을 갈고, 성(城)을 영 들어가지 않데.
만년에 바야흐로 도를 즐기고
당세에 이름이 없고자 하네.
산새는 바둑을 엿보며 날고
시내 구름은 벼루를 지나간다.
녹문(鹿門) 처자의 꾀는
깊은 곳에 다시 숨으려 하노니.

晩　年

　　苦愛襄陽老①　躬耕不入城
　　晩年方好道　　當世欲無名
　　山鳥窺碁去　　溪雲過硯行
　　鹿門妻子計　　深處更留盟

* 임신년 지음.

註解　①襄陽老(양양로) - 당(唐)의 시인 맹호연(孟浩然)이 벼슬을 마다하고

양양(襄陽)에서 농사지으며 살았다.

증연오사군(呈延塢使君)

유성(楡城) 탄곡(炭谷)이 도원(桃源) 속 같은데
거기서 남쪽 무수동(無愁洞)으로 돌아들면
다시 석문(石門)이어라.
제사지내는 선생 천고의 사당이 있고
상마(桑麻)로 같은 성이 함께 모여 사는 동네더라.
흰 잔나비 울음 들릴 듯한 동림사(東林寺) 같은 곳
지금은 자네 북해(北海)에 가 있어
밝은 달에 술을 나누지 못하는구나.
한번 고기잡이 배에 올라 세월이 멀어졌노니
선령(仙令)을 좇아 살아 전원을 빌리고져.

復以四首呈延塢使君

楡城炭谷①似桃源　南轉無愁②更石門③
俎豆先生④千古廟　桑麻同姓幾家村
白猿憶聽東林寺⑤　明月難霑北海⑥樽
一上漁舟迷歲月　欲從仙令⑦借田園

*임신년 지음. 연오(延塢) 사군은 권계통(權季通), 이름은 세정(世楨)이다.

註解　①楡城炭谷(유성탄곡)-충남 공주에 있는 지명. ②無愁(무수)-무수동(無愁洞), 속칭 무수울. 역시 그 근처 지명으로서 권씨들이 많이 살고 있다. ③石門(석문)-노(魯)나라의 성문 이름.《논어(論語)》〈헌문편(憲問篇)〉에 '자로가 석문에서 묵었다(子路宿於石門)'란 구절이 있다. ④俎

荳先生(조두선생)-효종 때의 학자 탄옹(炭翁) 권시(權諰) 선생을 가리킴. ⑤東林寺(동림사)-중국 여산(廬山)에 있는 절. 고승 혜원(慧遠)이 있었음. ⑥北海(북해)-중국 산동성(山東省)의 별칭. 한(漢)나라 때 공융(孔融)이 북해상(北海相)이 되어 공북해(孔北海)라고 일컬었다. ⑦仙令(선령)-신선 같은 태수라는 뜻.

춘진(春盡)

적적한 문 앞의 손이요
그윽한 곡구(谷口)의 봄일러라.
닭은 절로 와서 조 알을 쪼건만
제비는 무슨 일로 사람을 엿보는고
도를 배우자면 편벽되이 고요가 좋고
집을 다스리는 데는 가난을 탓하지 않네.
장안(長安) 거마(車馬)의 거리는
날이 나면 응당 새론 일이 생기리라.

春 盡

寂寂門前客　幽幽谷口春
自來鷄喙粟　何意燕窺人
學道偏宜靜　治家不病貧
長安車馬地　日出事應新

* 임신년 지음.

제아화(題兒畵)

남산의 해는 가을빛
우연히도 동리(東籬)에 가까워라.
연명(淵明)처럼 일 없는 사람이
저녁 무렵 먼 곳을 바라보네.
피차 무슨 말을 하리요.
고요한 자가 마음으로 절로 안다.

題兒畵

南山日秋色　偶然近東籬
淵明無事人　嚮夕遠望之
彼此何所言　靜者心自知

* 임신년 지음.

초추야좌(初秋夜坐)

옥이슬에 선들바람 일어나노니
홀로 밤다락에 조용히 읊조리네.
장안은 응당 북두성께쯤
강마을에서 전에 놀던 일 생각해 보네.
저 멀리 고기잡이 불 원산포(圓山浦)에는
제주(濟州) 배에서 들려오는 섬 노랫소리.
두어 올 흰머리가 새로 나고

우수수 낙엽지는 병중의 가을이어라.

初秋夜坐

玉露凉風發　微吟獨夜樓
京華當北斗　湖海憶前游
漁火圓山浦①　夷歌濟客舟
數莖新白髮　搖落病中秋

* 임신년 지음.

註解 ①圓山浦(원산포)-진강(鎭江)에 있는 나루터의 하나. 봄 가을로 고깃배가 드나들었다.

야심(夜深)

사면은 가을 소리를 하며
어디서 온 달이 저리 밝으뇨
조용히 영(嶺)마루로 오르고
창망하게 강 배들 지나네.
물 밖에 먼 거문고 소리
사립문 앞엔 외로운 백발이어라.
아우와 아이는 흘러가
서천(西川)에 있네.

夜 深

四面秋聲夜　何來月可憐

從容登嶺樹　莽蒼過江船
流水孤琴外　柴門白髮前
弟兒俱宛轉　怊悵在西川

* 임신년 지음.

제선송운문고산평사(題扇送雲門高山平師)

첩첩이 산이요
골골이 물이로다.
본디 무(無)에서 와서
무로 돌아가는 몸.
흰 구름 향해 가노니
구름 또한 어디메뇨.

題扇送雲門高山平師

千山萬水身　本自無來去
還向白雲去　雲亦是何處

* 계유년 지음.

채신행(採薪行)

가난한 집 종년 아이가 두 다리 벌겋게 드러내고
산에 올라가 나무를 캐는데 산엔 자갈이 많네.
자갈에 다리를 다쳐 다리에 피가 흐르고

나무뿌리는 깊이 땅속으로 들어가
그만 낫을 부러뜨리고 말았구나.
다리가 다쳐 피나는 것은 괜찮지만
낫이 부러져 주인에게 꾸중 들을 것만 걱정이네.
해가 저물어 나무 한 다발을 지고 돌아가
세 홉 조밥이 요기도 안된다.
오직 주인이 성내는 것을 보고 문에 나와 남몰래 우네.
남자가 성내는 건 한때지만 여자가 성났을 때는 말도 많네.
차라리 남자라면 모르되 여자로선 하마 어려운 일.

採薪行

貧家女奴兩脚赤　上山採薪多白石
白石傷脚脚見血　木根入地鎌子折
脚傷見血不足苦　但恐鎌折主人怒
日暮戴薪一束歸　三合粟飯不餉飢
但見主人怒　出門潛啼悲　男子怒一時
女子怒多端　男子猶可女子難

* 계유년 지음.

만조(晚眺)

오늘 마침 아무 할 일이 없어
해가 서쪽에 기울도록 숲가에 있다.
산이 얕으매 반쯤 돛대가 나오고
강 멀리 두어 채 인가가 있어라.

그윽한 흥 어둘 무렵에 돌아오노니
나의 집은 깊어도 더듬지 않는다.
연전에 옮긴 과일 나무가
작은 지팡이만큼 자랐네.

晩 眺

今日適無事　林端日在西
山低半帆出　江遠數家棲
幽興暝初返　吾廬深不迷
年前移菓木　憐與小筇齊

* 을해년 지음.

곡구(谷口)

숨어 사노라면 애오라지 들 사람의 뜻을 알아
곡구(谷口)에 산을 보며 때로 혼자 간다.
봄비 속에 갯못[池]으로 쌍해오라기가 내리고
낮 연기 띠집 뒤에 외뻐꾸기 울어라.
바로 점심밥 내가는 부인네가 숲을 지나갔는데
마침 이웃 사람이 물 건너서 논을 갈고 있구나.
시내 머리에서 서로 부르며 서로 밥을 권하는 듯
어지러운 물소리에 대답이 통 들리지 않아라.

谷 口

隱居聊得野夫情　谷口看山時獨行
春雨蒲塘雙鷺下　午烟茅屋一鳩鳴
正逢饁婦出林去　偶有隣人隔水耕
相喚溪頭相勸飯　亂流相答不聞聲

* 을해년 지음.

하사(何事)

부유(腐儒)에게 다시 무슨 일이 있으리요
맑은 세상에 산촌에서 늙어 가네.
나무를 심어 가계(家計)를 전하고
밭을 갈아 나라의 은혜에 보답하네.
외로운 연기 나는 곳에 비로소 띠집이 있고
떨어지는 해는 반쯤 사립문에 기울어라.
이 뜻을 도잠(陶潛)이 알아
유연히 이미 말하지 않았나니.

何 事

腐儒更何事　清世老山村
種樹傳家計　耕田報國恩
孤烟始茅舍　落日半柴門
此意陶潛解　悠然已不言

* 을해년 지음.

송경삼유금강(送景三遊金剛)

금강산 붉은 단풍
파란 가을물
고인(故人)아, 먼 구름 속에
가 노닐럿다.
홍진을 한번 떠남
삼천세(三千歲)
명산을 보지 못하고
내 머리가 세네.

景三將遊金剛臨行書贈
皆骨丹楓碧水秋　故人將入綵雲遊
紅塵一謫三千歲　不見名山己白頭

* 을해년에 변경삼(卞景三)이 금강산 구경을 하러 떠날 때 써줌.

협행(峽行)

협중에 서리 맑고 가을걷이 하는 때
즈믄 산 언덕은 막막히 여라(女蘿)가 드리웠어라.
길손은 저물게 나무에서 박쥐 우는 소리 듣고
자고 이는 울 밖엔 호랑이가 지나갔다 하네.
산 저자 찬 연기는 먼 마을로 돌아가노니
들 다리 흐르는 물은 강에 들기 더디어라.

석문(石門)에서 또 마을 집 손이 되어
보리수단을 꿀에 잠가 내놓더라.

峽 行

峽裏霜淸收穫時　千庒漠漠女蘿①垂
行人暮見鼯②啼樹　宿處朝聞虎過籬
山市寒烟歸洞遠　野橋流水入江遲
石門又作田家客　蕎麥燒團潟蜜脾

* 을해년 지음.

註解 ①女蘿(여라)-선태류(蘚苔類)의 풀. ②鼯(오)-오서(鼯鼠). 편복(蝙蝠)과 같이 나는 쥐. 박쥐.

숙미륵당(宿彌勒堂)

하늘은 차고
옛 주막에 들어 잠자는
돌아가는 손의
밤 마음이야 어떠하리.
등잔을 끄매
창은 눈빛으로 환하게 밝고
베갯머리 차(茶) 끓이는
화롯불 빨갛다.
깊은 밤 마구간에서
말이 마판 밟는 소리
요즘의 시골 일들은

향노(鄕奴)에게 물어본다.
달 지고 닭 운 뒤에
다시 유유히 길에 오른다.

宿彌勒堂

天寒宿古店　歸客夜心孤
滅燭窓明雪　燃茶枕近爐
深更知櫪馬　細事聞鄕奴
月落鷄鳴後　悠悠又上途

* 정축년 46세 때 서울서 향리로 돌아가는 도중 지음. 미륵당(彌勒堂)은 부여에 있는데 한산(韓山)에 인접해 있는 곳이다.

모과산성사(暮過山城寺)

산성에 눈, 달 떠오르고 해가 지려 하는 때
언덕 위 나무 한 그루, 절문이 열렸어라.
일찍이 반년 동안 내가 손[客]으로 와 있던 곳
외로운 불등(佛灯) 돌아다보며 남쪽 마을로 향하여 간다.

暮過山城寺

山城雪月正黃昏　崖上招提獨樹門
曾是半年爲客處　佛燈回首向南村

* 정축년 지음.

환가감부(還家感賦)

반년 동안 서울의 손이었다가
집에 돌아오니 회포가 새롭다.
의연히 문에 기다리는 아이들은 있건만
다시는 베틀에서 내리는 사람이 없네.
한이 있다면 빈천을 같이 한 일이고
무정할손 유명이 격했어라.
빈 소장에 한번 곡하고 나니
황량한 모년의 신세로세.

還家感賦

半歲秦京客　還家懷抱新
依然候門子　不復下機人①
有恨同貧賤　無情隔鬼神
虛帷一哭罷　廓落暮年身

*정축년 지음. 이 해에 부인 윤씨(尹氏)와 사별함.

註解　①下機人(하기인)—아내를 일컬음.

석북시집(石北詩集) 2권

서주잡시(西州雜詩)(하)

서벽(書壁)

헛된 이름 30년에
머리가 세어 집으로 돌아왔네.
천하에 일찍이 벗이 없었으랴만
산중엔 오직 서책(書冊)이 있어라.
신선을 배우기에는 내 마음이 부족하고
병이 많으매 약이 드물기 어렵네.
만사가 원래 분수에 따라야 하는 것이라
솔바람 아래 글을 읽기 시작하네.

書 壁
虛名三十載　頭白返吾廬
天下曾無友　山中獨有書
學仙心不足　多病藥難疎
萬事元隨分　松風讀遂初

* 정축년 향제에 돌아와 지음.

별매(別妹)

아침에 누이를
해남(海南)으로 보내고
종일토록 마음이 쓰다.
오뉘가 처음으로 먼
작별을 하였는데
강산은 갈수록 더디어라.
음음하게 바람길은 커지고
아득히 밤마음은 슬퍼라.
지금쯤 어느 주막에 들어
집생각하며 눈물을 흘리는고.

別　妹

海南朝送妹　終日苦寒之
骨肉生初別　江山去益遲
陰陰風勢大　漠漠夜心悲
知爾宿何店　思家也涕垂

* 누이의 시가는 해남이다. 누이도 또한 시를 하였다. 호를 부용당(芙蓉堂)이라 일컬었음.

설야지청지남촌우사(雪夜至淸之南村寓舍)

즈믄 산 가득히 눈바람 몰아오네.
형제가 단둘이 등잔불을 대해 앉았네.

의식은 찬 세밑을 걱정하고
공명은 어느덧 늘그막을 느껴라.
밝은 세상 감히 강해에 떠
깊은 곳에서 밭갈이를 얻고자 하네.
사는 일 각기 노력해 보세
문장이 돈으로 되지 않나니.

雪夜至淸之南村寓舍

滿山風雪夜　兄弟一燈前
衣食憂寒歲　功名感暮年
明時敢浮海　深處欲求田
生事各努力　文章不直錢

* 정축년 눈오는 밤에 중제(仲弟) 기록(騎鹿)의 남촌우사(南村寓舍)에 이르러 지음. 기록의 자는 청지(淸之), 이름은 광연(光淵)이다. 역시 시를 잘했음. 남촌(南村)은 남쪽 강안에 있는 마을.

낙동촌(洛東村)

3월 화창한 날 꾀꼬리 꽃에 고운 햇빛 퍼붓고
번화롭기론 옛날부터 낙양(洛陽) 동쪽 마을이라
알겠어라, 매양 봄놀이 가던 곳
둘째 다리 어귀에 비스듬한 일각문(一角門).

臨書占寄季周成仲昔

三月鶯花麗景暄　繁華終古洛東村
春游怊悵知何處　第二橋頭一角門

* 무인년 지음. 성균관에 거재(居齋)하던 때 낙동촌(洛東村)에 있는 향교(香橋) 술집이 술을 잘 빚어 매양 친구들과 즐겨 찾았다. 주금(酒禁)이 있은 뒤로는 가보지 못하였다. 그때를 회상하고 친구들에게 지어 보냄. 낙동촌은 지금의 대학로(大學路) 근처다.

전가(田家)

뻐꾸기 한 마리
뻐꾸기 두 마리
뒤안 뽕나무 위에 와 우네.
시냇물 남쪽 동부꽃밭에서
젊은 각시가 비 속에
점심밥을 내다 먹이네.

田 家

一鳩兩鳩鳴　後園桑木上
溪南荳花田　少婦雨中餉

* 무인년 지음.

무수동야화(無愁洞夜話)

그대와 함께 숨어 살 뜻이 아니었다면
전날 왜 내가 그대를 찾았으리요.
외로운 말이 가파른 시냇물을 따라 오르매
천 가구 넓은 골이 비로소 숲에서 나데.

눈이 내려 사흘 밤이나 묵어 왔는데
구름은 10년이 흘러 아득한 마음이구나.
봄 오고 복사꽃 물에 쏘가리 배불리 살졌으니
그대 더불어 낚싯대 잡고 함께 읊어보고 싶다.

無愁洞夜話共文孺壽伯季通兄弟賦詩

不因偕隱計　前度客何尋
一馬長隨水　千家始出林
雪爲三夜話　雲與十年心
春鱖桃花漲　期君把釣吟

* 무인년 지음. 신미년 겨울에 머물만한 곳[卜居]을 물색하느라 무수동(無愁洞)에 들어가 권문유세장(權文孺世樟), 권수백세억(權壽伯世檍), 권계통세정(權季通世楨) 형제를 찾았다. 마침 눈에 막혀 사흘 동안이나 묵었다. 거의 10년이 흘러간 뒤 세모에 설산을 대하여 문득 그때 일을 생각하고 지음.

기이성호(寄李聖乎)

청파(青坡)에서 말 세우고 총총히 떠나오던 일
자네 생각하며 봄내 병석에 누워 있네.
만사는 천지 속에 두 백발이 있는데
1년 화류(花柳)엔 또 동풍이 불어왔구려.
물 불은 내포(內浦)엔 은쏘가리가 살지고
비갠 남산엔 상추가 연하구나.
자네가 낙양(洛陽)에 있어 어찌 이 맛을 알리
들사람 생리에는 시절 풍년 드는 것만이 즐겁다.

寄李聖乎

青坡^①立馬憶忽忽　懷抱春來伏枕中
萬事乾坤雙白鬢　一年花柳更東風
水生內浦肥銀鱖　雨歇南山軟紫菘
君在洛陽那解味　野人生理樂時豊

* 무인년 봄에 지음. 이성호(李聖乎)의 이름은 가학(可學), 본관은 신평(新平)이다.

註解　①靑坡(청파) – 남대문 밖 역(驛) 이름.

기허자정(寄許子正)

청혜(靑鞋)로 혼자 백운(白雲)에 올라
영(嶺) 아래 뉘 집에 자고
돌아오지 않는고
알겠노라 친구 강세황(姜世晃)과 더불어
북영(北營) 꽃 속에서
봄산을 그리겠네.

寄許子正(又寄兩絕)

青鞋獨上白雲^①間　嶺下誰家宿不還
知與故人姜世晃　北營花裡畵春山

* 무인년 지음. 허초선(許草禪)의 자는 자정(子正), 이름은 필(佖)이다. 호

를 인객(烟客)이라고도 한다. 시와 그림을 잘하였다.

註解 ①白雲(백운)-백운대(白雲臺)를 일컬음.

증거안와주인권생(贈居安窩主人權生)

말쑥한 가릉(嘉陵) 북쪽
태평시대에 조히 거처를 잡았구나.
논과 밭 아홉 구비에 마을은 그윽하고
풍속은 여덟 충신이 끼쳤어라.
산새는 주역(周易) 읽는 소리를 듣고
못 고기는 진(晋)나라 글을 알고 있어라.
인생에 두어 칸이면 족하거늘
어찌 화옥(華屋)이 나의 집이리요.

贈居安窩主人權生

瀟灑嘉陵①北　時平好卜居
桑麻九曲邃　風俗八忠②餘
山鳥聞周易　池魚識晋書
人生數椽足　華屋③豈吾廬

* 무인년 지음. 권생(權生)의 이름은 미상.

註解 ①嘉陵(가릉)-임천(林川)의 옛 이름. ②八忠(팔충)-백제(百濟)가 망할 때 여덟 충신이 전사한 고적이 있음. 역시 지명도 팔충(八忠)이라 부르고 있다. ③華屋(화옥)-호화스러운 주택.

알성일감음(謁聖日感吟)　2수(二首)

1

오늘 의춘원(宜春苑)에서
선비들 옷소매 장전(帳殿)이 열리더라.
공명에는 후생들이 있고
늙고 병들매 한 몸이 한가롭다.
금방(金榜)엔 누굴 먼저 부를꼬
신선의 퉁소소리는 밤에야 돌아오리
홀로 먼 초야에 머물러
임금님 얼굴 뵈올 길 없구나.

謁聖日感吟　二首

其一

今日宜春苑①　　青衿帳殿②間
功名後生在　　老病一身閒
金榜③誰先唱　　仙簫想夜還
獨悲留遠野　　無路望天顔

* 무인년 알성시(謁聖試)가 있던 날 아들들을 과장에 보내고 읊음.

註解　①宜春苑(의춘원)-창경궁의 원명.　②帳殿(장전)-과거를 보이노라 임시로 장막을 둘러친 어좌.　③金榜(금방)-방액(榜額). 방을 내걸 때 금칠한 액판에 썼다.

2

사경(四更) 삼점(三點)에 청포(靑袍)를 입고
춘당대(春塘臺) 들어가 재주 다투던 호걸
금방(金榜)에 성명이 나붙을 때 다투어 손뼉을 치고
장양(長楊)의 사부는 한 붓으로 휘갈겼네.
꽃 사이 지척에는 선궁(仙宮)이 가깝고
하늘 위 의희하게 어좌(御座)가 높았더라.
이젠 창강에 누워 세월이 흐르나니
장심(壯心)이 적막하여 한갓 아이들께 부치노라.

其二

四更三點①著靑袍 曾入春塘②戰藝豪
金榜姓名爭搏手 長楊③詞賦一揮毫
花間咫尺仙宮近 天上依俙御座高
自臥滄江淹歲月 壯心寥落付兒曹

註解 ①四更三點(사경삼점)-새벽 때. ②春塘(춘당)-창경궁의 춘당지.
③長楊(장양)-중국의 옛 궁전 이름.

기석(其夕)

홍로(鴻臚)가 오늘 누구 이름을 부를꼬
정권(呈卷)을 올린 우리집 다섯 후생이 있더라.
너희들이 스스로 가문의 장래가 되고
늙은 나는 숨어 사는 뜻을 고치기 어렵네.

깊이 알리라, 득실이 모두 운수에 관한 것이니
다만 소망은 시와 글로 가성(家聲)을
떨어뜨리지 말기를
여아가 오히려 창망히 방을 기다려
머리를 기웃대며 아침 저녁 서울 쪽을 바라본다.

其 夕

鴻臚^①今日唱誰名　呈卷^②吾家五後生^③
汝輩自爲門户計　老夫難改薜蘿情
深知得失都關數　只願詩書不墜聲
兒女蒼茫猶待榜　擡頭日夕望秦京

註解　①鴻臚(홍로)－통례원(通禮院) 관리의 별칭. 과거 때 사회보는 관리다.
②呈卷(정권)－과시의 답안을 시관에게 바침. ③五後生(오후생)－선생의 아들이 다섯 형제였다.

대만영해이상사(代挽寧海李上舍)

그때 동헌(東軒)에 길게 매단 탑(榻) 자리는
남쪽 고을 유현인 그대 맞기 위함이라.
세상에는 갈암(葛菴)의 글 종자가 있고
그대 집 문앞은 석보(石堡)의 논물 소리
산 남쪽 흰 띠집엔 원래 선비가 많은데
작별한 후 단구(丹丘)가 이미 백년이구나.
슬프다 동향(桐鄉)에서 옛 놀던 곳
쓸쓸히 눈물 뿌려 바다 구름에 부치노라.

代挽寧海李上舍

當時東閣楊長懸　爲下南州孺子賢
世有葛菴①書種子　門臨石堡②水聲田
山南白屋元多士　別後丹丘③已百年④
惆悵桐郷⑤舊遊處　蕭條寄淚海雲邊

* 기묘년 지음. 외숙 이제암(李齊嵒)을 대신해서 쓴 영해 이상사(李上舍)의 만사다. 영해(寧海)는 지금의 영양(英陽), 이상사의 이름은 귀환(龜煥), 호는 삼릉(三陵), 본관은 재령(載寧), 갈암(葛菴)의 후손으로 선비의 명망이 있었다. 제암이 영해원으로 갔을 때 친하게 지냈음.

註解　①葛菴(갈암)-숙종(肅宗) 때 영남의 이름난 학자, 이름은 현일(玄逸). ②石堡(석보)-석포(石浦)로도 씀. 재령 이씨들이 세거(世居)하는 마을 이름. ③丹丘(단구)-단양을 일컬음. 그곳 단산서원(丹山書院)에 삼릉(三陵)이 원장으로 있었다. ④百年(백년)-그의 서거(逝去)를 뜻함. ⑤桐郷(동향)-조두향(俎豆郷). 거유(巨儒)의 시골을 의미함. 한(漢)나라 주읍(朱邑)이 동향리(桐郷吏)가 되어 덕정(德政)을 펴다 죽으니 그곳 사람들이 사당을 세우고 제사를 지냈다.

유구촌오헐(維鳩村午歇)

두어 마장 물소리 쇠잔하고
손이 오니 산이 고요하다.
돌밭엔 한식(寒食) 비 뿌리고
띠집에선 점심 연기 피어오르네.
언덕 위에 남녀가 도란도란 이야기를 하며

처마 밑엔 두레박이 매달렸어라.
도원(桃源) 속에 아득히 세속이 멀었으니
이곳에서 해를 마침직하이.

維鳩村午歇

數里水窮處　客來山寂然
石田寒食雨　茅屋午時烟
男女崖上語　桔槔簷下懸
桃源太遠俗　此地可終年

* 기묘년 지음.

춘분우(春分雨)

흩날리고 흩날리는 춘분 비가
마침내 머언 봉우릴 건너네.
이른 꽃은 마음으로 홀로 기뻐하고
햇새 소리는 조용하구나.
도롱이도 없이 이웃을 가다니
조금 젖어 물 언덕에서 만났네.
들사람들이 무엇을 그리리요
시절이 밭농사를 윤택케 해주는 일밖에.

春分雨

裊裊春分雨　終朝度遠峰
早花心獨喜　暄鳥語從容

不畏鄰家去　微沾水崖逢
野人何所愛　時節潤田農

* 기묘년 지음.

문문초(聞文初)

봄 모래 바탕에 적은 비가 지나가고
내 아우는 방풍(防風)을 캐네.
열흘날 촌 사립 밖에
천 년 바닷가는 휑하니 비었어라.
집이 가난하매 함께 모여 힘을 쓰고
경영하는 것은 참으로 궁한 데서부터 나온다.
어쩌면 약 팔던 한강백(韓康伯)이
이름 숨기고 살던 일과 비슷하네.

聞文初採防風簡寄

春沙經小雨　季氏採防風
十日村籬外　千年海岸空
艱難齊用力　經紀實因窮
賣藥韓康①伯　藏名事或同

* 기묘년 지음. 계제(季弟) 진택(震澤)이 송강(松江)에서 방풍을 캐어 팔아서 지내고 있었다.

註解　①**韓康**(한강)-동한 사람. 장안에서 약을 팔면서 살았다. 30년 동안이

나 에누리를 한 일이 없었다. 하루는 어느 여인이 와서 네가 에누리가 없으니 한강이 아니냐고 하여, 이제 아녀자들까지 자기를 알게 되었다 하고 산중에 가 숨었다고 함. 자(字)가 백휴(伯休)다.

송강우거(松江寓居)

연장(烟瘴)은 어랑포(漁郎浦)요
고포(菰蒲)는 진사(進士)의 집일러라.
문에 이르매 도(道) 기운이 떠오르고
물에 임하여 생애를 물어본다.
들제비는 강 나무 사이로 날고
이웃집 닭은 물가 꽃밭으로 들어오네.
해마다 해마다 풍우가 많아
모옥(茅屋)이 비스듬하구나.

再過松江寓居

烟瘴①漁郎浦②　菰蒲③進士④家
望門知道氣　　臨水問生涯
野燕通江樹　　隣鷄入渚花
年年風雨足　　茅屋不勝斜

* 기묘년 계제(季弟) 진택(震澤)의 송강우거(松江寓居)에서 읊은 것.

註解　①烟瘴(연장)-연기와 장기.　②漁郎浦(어랑포)-미상.　③菰蒲(고포)-고미와 부들.　④進士(진사)-당시 진택이 진사였음.

모정우조(茅亭雨眺)

동녘 산 언덕에 산책하노니
질펀한 들로 먼 빛이 연하였네.
빗속에 흰 해오라기가 날고
산 밑에서 파란 연기가 솟아오르네.
마을마다 숲을 비쳐 물이 번번하고
언덕마다 사람들은 밭을 간다.
나도 자잘한 채소를 가꾸노라.
초당 앞에 모종을 하였네.

茅亭雨眺

散策東皐上　平蕪遠色連
雨中飛白鷺　山下起蒼烟
林暎村村水　人耕岸岸田
雜蔬吾亦理　移種草堂前

* 기묘년 지음. 선생의 시골 동네에 모정고개〔茅亭峙〕라 부르는 동산이 있음.

전가즉사(田家卽事)

비든 아침에 물 북쪽 밭을 갈고
봄보리 씨뿌려 풍년을 비네.
서녘 집 울타리 가에 늙은 할범 말하기를
오늘 춘분날 연기가 똑바로 올라간다 하네.

田家卽事

雨歇朝耕水北田　春牟撒種乞豊年
西家老叟籬前語　今日春分直上烟

* 기묘년 지음.

문초송고희영(文初送苽戲咏)

너의 집 오이가 비로소 익었는데
파는 또 언제 이리 컸노.
이것들이 채소 좋아하는 이가 귀히 여기는 것이라
동생이 나의 식성을 잘 아는구나.
시고 짜게 세채(細菜)로 조리하매
난만하게 향취가 풍겨오네.
미리 부탁하노니 나의 착한 계수씨
초가을에 한번 포식케 해주오.

文初送苽又方種葱 兩種皆吾所嗜 雜菜飯 尤平生所嗜戲報此詩

君苽今始熟　葱亦大何時
此屬蔬家貴　同生食性知
酸醎調細菜　瀾漫雜香炊
預報吾賢嫂　新秋一飽宜

* 기묘년 지음.

초하(初夏)

어디서 은은히 뻐꾸기 소리
인가엔 살구꽃 핀 너머로 해가 저무는데
즈믄 논두렁 번번한 허연 물
모낼 철 다가오고
4월 푸른 산은 언제나 비올 듯 흐릿하다.
담장 밑으론 병아리들이 모이를 찾아 몰리고
다락 머리엔 단정히 앉은 제비 한 쌍
한가로운 초여름 해는
늘어지게 길어
나 홀로 그윽한 삶을 즐겨 간다.

初 夏

疑疑鵓鳩何處啼　人家日夕杏花西
千畦水白移秧近　四月山青欲雨迷
墻下頻來鷄子女　樓頭端坐鷰夫妻
祇應長夏添幽事　褊性年來喜獨棲

* 기묘년 지음.

별매왕보녕외가차전(別妹往保寧外家借田)

5월 신성(新城) 길에 너 가는 모습
진정 초초하구나.

누가 가을 뒤에 만날 수 있을 줄 알리오.
병중에는 매사에 슬퍼하기 쉽네.
가난하면 골육도 흩어지는 일이 많고
먼 길에 글월은 때를 어기기 쉬우리.
문까지 바래다 주며
제일 우는 녀석은
어미 없는 셋째 아이놈.

別妹往保寧外家借田

五月新城①別　憐渠草草爲
雖知秋後見　易作病中悲
骨肉貧多散　音書遠不時
送門誰最泣　無母我三兒

* 기묘년 매씨(妹氏)가 보령(保寧) 외가에 가 농토를 부치게 되어 작별하며 지음.

註解　①新城(신성) — 외가 이씨(李氏)의 향리.

장하(長夏)

양서(瀁西) 단오철에 모내기 끝나
마을 집엔 일이 없고 해만 늘어지게 길다.
지붕 모서리 산마루엔 새들이 와 우지지고
울타리 앞 들물에는 원앙이 노니노라.
농사 연기 일어나며 명아주 삶는 곳
느티나무 바람 불어오는 보리 타작 마당.

괴이하구나, 동구 앞 거마객(車馬客)들은
널 위해 저처럼 삼복철에 바쁘게 오가는고.

田家

讓西^①端午罷移秧　無事田家日覺長
屋角山椒喧鳥雀　籬前野水浴鴛鴦
桑麻烟起蒸藜處　槐柳風來打麥場
却怪洞門車馬客　爲誰三伏往還忙

* 기묘년 지음.

註解　①讓西(양서) — 중국 사천(四川)의 지명. 일찍이 두보(杜甫)가 우거한 일이 있던 곳.

제문초선(題文初扇)

내가 병들어 산중에 누웠는데
너는 왔다가 바다 위로 돌아간다.
서로 만나면 무슨 할 말이 많으리
서로 작별하면 매양 애틋하네.

題文初扇

我病臥山中　君來歸海上
相逢無所言　相別每怊悵

* 기묘년 지음.

산도(山桃)

들사람 집 흰 대 울타리 밑에
한 그루 산도화(山桃花)가 일찍 피었어라.
청명(淸明)과 상사(上巳)에 물건들은 탈바꿈을 하는데
병 많은 이의 귀밑 털은 서리를 더하누나.
내일이면 꽃도 벌써 빛을 덜까 저어하노니
누가 도는 바람에 떨어져 나는 것을 막으리요.
한양에선 해마다 널 찾아가던 곳
필운대(弼雲臺) 위에서 술도 넉넉히 샀더니라.

山 桃

白竹籬下山桃花　獨樹早發野人家
淸明上巳①物改態　多病兩鬢雪添華
已愁明日光欲減　誰禁回風飛作斜
京國每年憶賞處　弼雲臺上酒剩賖

*경진년 지음.

註解 ①上巳(상사) — 본래는 음력 삼월 상순의 사(巳)일이었으나 지금은 대개 3월 3일을 가리켜 말함.

청연(蜻蜒)

산 밑에 사립문이 온종일 열려 있고

작은 뜨락으로 장다리꽃이 피어 있다.
잠자리가 땅을 스쳐 돌아 날아가
서쪽 담을 지나 문득 다시 돌아오네.

蜻 蜓

山下柴門晝日開　蕪菁花發小庭隈
蜻蜓到地旋飛去　直過西墻更却回

*경진년 지음.

간남헌로(簡南憲老)　7수(七首)

1

호(湖) 북쪽에서 그대 떠나간 뒤 글을 받아 보았고
가을바람 남쪽 고을에 푸른 나귀 매였네.
서재(西齋)에서 고인을 보지 못하고
혼자 동헌(東軒)에 절하며 안부 물었네.

簡南養五　七首

其一

湖北看君去後書　秋風南郡繫青驢
故人不見西齋裡　獨拜東軒問起居

*경진년 지음. 남익산 태보(南益山 泰普)가 갈려갈 때 작별하러 갔다가

그의 아들 헌로(憲老)에게 지어 보냄.

2

부용꽃 모두 시들고 녹평(綠萍)이 뜨네.
작별한 후 지당(池塘)은 차디찬 한가을
땅 가득 서리꽃 화각성(畵角聲) 울리는데
자네 생각하며 혼자 옛 다락에 자네.

其二

芙蓉凋盡綠萍①浮　別後池塘冷一秋
滿地霜華吹畵角②　懷君獨宿舊高樓

註解　①綠萍(녹평)-녹조(綠藻). 수초의 일종.　②畵角(화각)-옛 군악. 뿔피리.

3

성 모퉁이 푸른 물에 노가(勞歌)가 움직이네.
북으로 한경(漢京)을 바라보는 생각 어떠하리.
미륵산(彌勒山) 서쪽에서 말머리 돌리는 곳
역겨워라 앞길엔 석양이 짙네.

其三

城隅綠水動勞歌①　北望秦京恨若何
彌勒山②西回馬地　不堪前路夕陽多

註解　①勞歌(노가)-작별하는 노래.　②彌勒山(미륵산)-익산(益山)에 있는

산 이름.

4

양근별업 사시사(楊根別業四時詞)는
병이 잦아 해가 지나도 지어 보내지 못했노라.
마을 집에 봄이 오면 내가 경락(京洛)으로 들어가
두어 편 나룻배 사공에게 부치리라.

其四

楊根別業四時詞①　多病經年寄去遲
春到田家吾入洛②　數篇樵艇付蒿師

註解　①楊根別業四時詞(양근별업사시사)-남익산(南益山) 고향인 양근집사 시사를 지어 달라는 부탁을 받았음.　②洛(낙)-서울.

5

동쪽 강은 단풍잎과 여귀꽃 핀 가을
물 위로 용문산(龍門山)이 낮 밤에 뜬다.
10리 비낀 바람 푸른 대 삿갓으로
알리라, 자네가 자주 목란주(木蘭舟)에 있겠구나.

其五

東江楓葉蓼花秋　水上龍門日夜浮
十里斜風青箬笠　知君多在木蘭舟①

註解　①木蘭舟(목란주)-심양강(深陽江)에 목란(木蘭) 나무가 많아 이 나무

로 배를 만들었다. 난주(蘭舟)라고도 함.

6

푸른 조가 새로 익은 산협 밭에
산 과일은 숲 사이 곳곳에 매달려 있으리.
내가 이 가을에 한강(漢江)의 손이 되고자
사립문에 열흘 날 빈 배를 매었더니.

其六

青粱新熟峽中田　山菓林間處處懸
我欲秋爲漢江客　柴門十日繫空船

7

가을빛이 의연한 오류촌(五柳村)에
사군(使君)은 돌아가는 흥 전원으로 들리라.
그대가 응당 한 돛대로 강상에 맞으리니
도령(陶令) 집엔 아이가 문에 기대 기다리노라.

其七

秋色依然五柳村[1]　使君歸興入田園
君應一棹迎江上　陶令[2]家兒只候門

註解　①五柳村(오류촌)—도잠(陶潛)이 살던 마을. 도잠의 집 문앞에 다섯 그루의 버드나무가 있었다.　②陶令(도령)—도잠(陶潛)의 이름. 팽택현령(彭澤縣令)을 지냈었기 때문에 도령(陶令)이라고 일컫는다.

경정 죽사기로연시(敬呈 竹社耆老宴詩) 6수(六首)

1

풍류로는 당나라 송나라 1천 년이라
바다 밖에 처음으로 경로연(敬老宴)이 있는 걸 들었네.
금석(錦石)의 서리 숲에 9월이 오고
청라동(靑蘿洞) 수각(水閣) 위엔 무리 신선 모였어라.
봄에 담근 감주로 얼굴이 불그레한 후
햇빛은 고요하고 누런 국화꽃 귀밑 털을 비치노라.
두레 가운데 모든 자제들에게 이르노니
집집이 함께 그림 그려 전하세.

敬呈竹社耆老宴詩 六首

其一

風流唐宋一千年①　海外初聞尚齒筵
錦石②霜林當九月　青蘿③水閣見群仙
春多醴酒酡顔後　日靜黃花暎鬢前
爲報社中諸子弟　家家同作畵圖傳

* 영조(英祖) 36년, 경진년 49세 때 작품. 외숙 이제암(李齊嵒)의 죽사노인회(竹舍老人會) 석상에서 지은 것이다. 죽사노인회시서(竹舍老人會詩序)에 보면 이공(李公)이 영해(寧海)의 원을 그만두고 보령(保寧)의 향리로 돌아와 산수 속에 자오(自娛)하다가 경진년 71세로 그 고을 70세 이상의 연고자와 더불어 구로기영(九老耆英) 고사를 써서 죽사노인회를 모았다. 거기에는 석북(石北)의 부공(父公)도 일원으로 되어 있었다.

註解 ①唐宋一千年(당송일천년)-당나라·송나라 때 상치회(尙齒會)가 있었다. 《사문유취(事文類聚)》에 의하면 송나라 이문정(李文正) 방(昉)이 71세로 정승을 내놓고 나와 구로회(九老會)를 모았고 또 당나라에서는 백낙천(白樂天) 등 아홉 노인들이 벼슬을 내놓고 함께 놀아 구로도(九老圖)가 전해지고 있다. ②錦石(금석)-대리석(大理石) 따위의 돌 이름. ③青蘿(청라)-보령에 있는 동네 이름. 이제암의 향리.

2

자리에 가득한 허연 백발과 너그러운 옷 매무새
향당(鄕黨)은 나이따라 차례대로 앉았어라.
방장(方丈) 삼한국(三韓國)에 학을 탄 신선님들
추분(秋分)에 남극노인성이 한데 모여 비추노라.
삼천 갑자(甲子)가 어느덧 가까이 있으니
70인생이 드문 줄을 몰라라.
몸은 노래의(老萊衣)가 흰 날에 아롱져
잔칫자리에 모두 국화꽃 꺾어 꽂고 돌아간다.

其二

皤然滿座摠寬衣　鄕黨①肩隨坐不違
方丈②三韓乘鶴儷　秋分南極③聚星輝
三千甲子④居然近　七十人生⑤未覺稀
身是老萊⑥斑白日　舞筵齊插菊花歸

註解 ①鄕黨(향당)-향리(鄕里). '향당막여치(鄕黨莫如齒)'라는 말이 있어 향리에서는 나이로 차례를 따짐. ②方丈(방장)-신선이 사는 곳의 하나. ③南極(남극)-남극노인성(南極老人星). 수성(壽星)이라고도 함. 용골

좌(龍骨座). 춘분과 추분에 가장 뚜렷이 나타남. ④ 三千甲子(삼천갑자)-중국 민화에 동방삭(東方朔)이 3천 갑자나 살았다고 함. ⑤ 七十人生(칠십인생)-두보(杜甫)의 시에 '인생칠십고래희(人生七十古來稀)'라는 구절이 있음. ⑥ 老萊(노래)-노래의(老萊衣). 중국 춘추(春秋) 때 초(楚)나라 사람. 노래자(老萊子)가 효성이 지극해서 그 어버이를 즐겁게 하기 위하여 나이가 70이 되어서도 색동옷을 입고 어린아이처럼 행동을 했다고 함. 효자의 옷을 의미한다.

3

북쪽으로 오서산(烏棲山)이 서려 기세가 웅장한데
백년 산 아래는 수향풍(壽鄕風)이 불더라.
도원(桃源) 속엔 닭과 개 한가로운 집들 모여 있고
구기자나무는 용사(龍蛇)로 얽혀져 샘길 모두 통하네.
원상(元爽) 유민(遺民)은 두 사람 들늙은이요
겸모(兼謨) 고사는 한 사람의 시옹(詩翁)이라
네 김씨와 세 이씨가 다 형제거니
이 일은 향산(香山)의 낙사(洛社)에도 없었던 일이로세.

其三

北極烏棲蟠氣雄　　百年山下壽鄕風
桃源鷄犬家皆近　　杞樹龍蛇井盡通
元爽遺民①雙野老　　兼謨②故事一詩翁
四金三李俱兄弟　　無此香山洛社③中

註解　①元爽遺民(원상유민)-미상. ②兼謨(겸모)-미상. ③香山洛社(향산락사)-백향산[白居易]의 낙양(洛陽)의 모임.

4

오늘 이 자리가 임간정(臨澗亭)에서 열려
어젯밤부터 창가엔 노인성이 잠잤어라.
그림 같은 천석(泉石)은 가을 머금어 차고
남우(嵐雨) 속 의관들은 저녁때 가까워 푸르다.
상산(商山) 사호(四皓)는 나이 차례가 없었고
죽림 칠현(七賢)들은 오직 형체를 잃었을 뿐
미뻐라 제공(諸公)의 진솔한 모임
3대에서 끼친 풍도
이곳 보령(保寧)에서 다시 보네.

其四

今日筵開臨澗亭①　　夜來窓宿老人星
畵圖泉石含秋冷　　　嵐雨衣冠近夕青
四皓②山中無序齒　　七賢竹③裡但忘形
可憐眞率諸公會　　　三代④遺風見保寧⑤

註解　①臨澗亭(임간정)-이제암(李齊嵒)의 당호.　②四皓(사호)-상산사호(商山四皓)는 중국 고사. 상산에 네 신선이 살았다.　③七賢竹(칠현죽)-죽림칠현(竹林七賢). 진(晋)의 산도(山濤) 등 일곱 현사(賢士)가 대숲에 모여 자적하여 정답게 놀았다. 망형(忘形)은 정답게 사귀어 형적을 초탈함을 이름.　④三代(삼대)-중국에서 가장 덕치와 교화가 있었다고 하는 세상은 하(夏)·은(殷)·주(周) 3대이다.　⑤保寧(보령)-청라동의 고을 이름.

5

수미(鬚眉)는 허옇고 얼굴은 창고한데

신성(新城) 풍속이 거의 상산(商山)에 가깝구나.
누른 닭 자주메로 때로 서로 청하고
물 북쪽 산 남쪽에 저물게 흩어져 가네.
천하에 누가 일찍이 늙지 않았으리요
두레[社] 가운데 여러 노인이 비로소 한가롭다.
명년에도 이 모임 다시 건재하리니
야, 이게 한 세상 신선이고녀.

其五

皓白鬚眉①蒼古顔　新城②風俗近商山
黃鷄紫黍時相速　水北山南暮各還
天下何人曾不老　社中諸叟始能閒
明年此會知皆健　也是神仙一世間

註解　①鬚眉(수미)-수염과 눈썹.　②新城(신성)-청라동의 고을 이름.

6

좌중이 연세가 엇비슷한데
손님과 주인을 처음부터 분별하지 않네.
예절로 만나고 맞는 것이 도리어 초초하고
술 부어 잔질하는 것은 짐짓 더디고 더디어라.
서로 다투어 죽마(竹馬)의 옛벗들을 부르고
각기 웃으며 꽃 사이에 춤추는 아들을 보네.
저녁 무렵 모두 소 등에 기대 가노니
이 모임 명년에도 다시 또 기약하고저.

其六

坐中年貌稍參差　賓主從來不問誰
禮數逢迎還草草　盃觴斟酌故遲遲
爭呼竹上同騎友　各笑花間對舞兒
向夕齊扶牛背去　明年此會更留期

별정사주간옹(別呈社主磵翁)

70에 시골로 돌아와 간옹(磵翁)이라 일컬으니
만래로 공(公)에게 낙천풍(樂天風)이 있구나.
몸에 병이 없이 벼슬을 내놓은 후에
친한 벗과 더불어 모임 맺어 즐기노라.
앉으면 산 구름이 옷과 함께 희고
못[池] 가 나무 사람을 비쳐 뺨마저 붉구나.
두 집의 아이들이 배석하여 즐기노니
원컨대 길이길이 이 모임 해마다 있도록.

別呈社主磵翁

七十還鄕稱磵翁　晚來公有樂天風
身無疾病休官後　樂在親朋結社中
到坐山雲衣共白　照人池樹頰俱紅
兩家兒子陪歡席　長願年年此會同

우정사수서산김첨추(又呈社首西山金僉樞) 2수(二首)

1

일찍이 청라동(青蘿洞) 안개 속에 살아
약 화로에는 단사(丹砂)를 굽는 걸 배웠어라.
백발은 남쪽 고을 영광전(靈光殿)에 흩날리고
자기(紫氣) 뜬 서쪽 이웃 주사(柱史)의 집일러라.
즐겁게 여러 노인들과 말씀이 곡진하고
취해도 종일 비스듬히 앉는 법이 없다.
밝는 아침 다시 주인과 약속하고 가노니
내년에 다시 와서 국화꽃을 보리로다.

又呈社首西山金僉樞 二首

其一

曾住青蘿洞裡霞　　藥壚應學鍊丹砂
白頭南國靈光殿[①]　紫氣西隣柱史家[②]
樂與諸公談款曲　　醉無終日坐欹斜
明朝更約主人去　　來歲重來看菊花

註解 ①靈光殿(영광전) — 영광(靈光) 고을살이를 했다는 뜻. ②柱史家(주사가) — 주사(柱史)는 어사(御史)를 일컬음.

2

팔순(八旬)의 셋째 아우가 높은 나이거늘

공(公)은 또 모가(茅家)의 제일선(第一仙)이로세.
사람이 이르기를 지금도 꽃 찾아 10리 밖을 나가고
당신 말도 가뭇한 등잔불에 책력을 본다 하네.
오늘 이 모임을 반도회(蟠桃會)라 이르지 마오.
높은 손 태평한 예주(醴酒)의 자리로다.
원컨대 선생은 늙지 않는 법을
작별할 때 부디 우리 어버이에게 전해 주오.

其二

八旬三弟也高年　公又茅家①第一仙
人道尋花十里外　自言看曆小燈前
今朝莫是蟠桃會②　上客居然醴酒筵③
願以先生難老法　別時勤爲我翁傳

註解 ①茅家(모가)-중국 강소성에 모산(茅山)이라는 산이 있는데 한(漢)나라 모영(茅盈)이 그 아우 고(固)·충(忠)과 더불어 이곳에서 도를 닦아 신선이 되었다고 함. ②蟠桃會(반도회)-반도는 선도(仙桃). 3천년만에 한번씩 열매가 맺는다고 함. 《무제내전(武帝內傳)》에 '서왕모(西王母)가 반도를 제(帝)에게 바쳤다'는 말이 있다. 반도회는 신선의 모임을 뜻함. ③醴酒筵(예주연)-예(醴)는 예(禮)로 통한다. 예식으로 베푸는 술자리. 여기서는 경로연이라는 뜻.

대흥사시편(大興寺詩篇)

석북 선생은 고산(孤山) 윤선도(尹善道)의 현손서로 공재(恭齋) 윤두서(尹斗緖)의 사위다.

해남 연동(蓮洞)의 윤씨가(尹氏家)와의 이같은 관계는 그곳의 거찰(巨刹) 대둔사(大芚寺)와도 인연이 깊게 하였다. 대둔사는 지금의 대흥사(大興寺)로 두륜산(頭輪山)에 있어 두륜사(頭輪寺)라고도 불렀다.

선생은 영조(英祖) 13년 정사(丁巳) 26세 때 이미 대둔사 팔상전 철경루(大芚寺 八相殿 鐵鏡樓)의 중수 상량문(重修上樑文)을 지어 인구에 회자(膾炙)되어 왔을 뿐만 아니라 여러 번 그곳을 방문하여 작품을 남겼다. 문집을 보면 갑인·을묘·신미·계유·을해·정축·기묘년에 걸쳐 이 절을 찾았고 계유년 같은 해는 한여름을 이곳에서 지내기도 하였다.

작품들 가운데 나오는 침계루(枕溪樓)·상원암(上沅菴)·중남대(中南臺)·상남대(上南臺) 등은 그곳의 사루(寺樓)·암자·지명 등이다.

침계루(枕溪樓)
―明上人에게 주다―

침계루(枕溪樓) 아랜 물소리
침계루 위엔 승(僧)이 있어라.
가을이 와 한 조각 달이
밤에 시냇물을 비춰 맑데.

贈明上人

枕溪樓下水　枕溪樓上僧
秋來一片月　夜照溪水澄

* 갑인년 23세 때 작품. 문집 중에 제일 약관 때의 것이다.

우증명사(又贈明師)

산 절 속에 그대는 속되지 않네.
처음에 내가 왔을 땐
그대는 상원암(上沅菴)에 있었네.
불법(佛法)은 등불 삼매(三昧)의 경(境)
생애는 달빛 한 감(龕)이어라.
이제 뜬 세상에 인연함으로써
옛 정다운 말을
말할 겨를이 없네.
뜰 앞에 푸르디푸른 잣나무
어찌 세상 일을 멘다 하느뇨.

又贈明師

山僧也非俗　初在上沅菴
佛法灯三昧　生涯月一龕
有緣今苦海　無暇舊情談
栢樹庭前①翠　胡爲世事擔

註解 ① 栢樹庭前(백수정전) — 정전백수자(庭前栢樹子). 즉 불교(佛敎)에 있는 말로서 격외선(格外禪)을 이름. 서산대사(西山大師)의 《선가귀감(禪家龜鑑)》에 '승문조주(僧問趙州) 여하시조사서래의(如何是祖師西來意) 주답운(州答云) 정전백수자(庭前栢樹子) 차소위격외선지야(此所謂格外禪旨也)'라 하였다. 여기에는 이같은 선가의 뜻과 현실의 잣나무가 결부되어 있음.

임행증제화상(臨行贈諸和尙)

다시 두륜사(頭輪寺)에 와보니
절 중들이 태반은 옛 아는 이들이데.
침계루(枕溪樓) 아래서 작별하고 절을 떠나가노니
흡사 거년의 그때와 같으이.

臨行贈諸和尙

再到頭輪寺　居僧半舊知
枕溪樓下別　頗似去年時

* 을묘년 24세 때 지음. 두륜사(頭輪寺)에 갔다가 돌아올 때 여러 스님들에게 준 시다.

재도두륜사(再到頭輪寺)　4수(四首)

1

즈믄 산봉우리 눈 내린 뒤
허옇게 눈에 덮인 침계루(枕溪樓)
스무 해 전 젊었을 적에
내 이 절에 왔었네.
지금 머리가 허연 두서너 중이
나를 보고 반기며
잔잔한 등불 밑에
내 옛 풍류(風流)를 이야기하네.

余遊頭輪殆二十年 歸自海上 再到 舊僧多老矣 灯
下話故 臨別贈詩　四首

其一

千峰雪後枕溪樓　二十年前此寺遊
白髮數僧灯下拜　慇懃話我舊風流

* 신미년 40세 때 지음. 20년만에 다시 두륜사(頭輪寺)를 찾았으나 옛날에
  알던 승(僧)들이 모두 백발이 되었다. 한 밤을 묵으며 옛 정을 나누고 작
  별하였다.

2

홍교(虹橋)에 필마(匹馬)로 찾아든 깊은 산
바다 위에서 봄을 맞고 비로소 북으로 돌아간다.
옛 손이 지금 오니 승은 알지 못하고
상원(上元) 달만 밝아서 잠자는 창 사이에 비치더라.

其二

虹橋匹馬向深山　海上逢春始北還
舊客今來僧不識　上元明月宿窓間

3

글방에서 여름 지내던 소년 시절
절간 벽에 써둔 것은 반이나 나의 시여라.
늙은 스님이 웃고 전에 왔던 손을 맞으며

지금도 아직 그때 그 푸른 옷을 입었구려.

   其三

   文房過夏少年時　寺壁留題半我詩
   老衲笑迎前度客　至今猶着舊青衣

   4

고맙게도 여러 승들이 나를 보내 주네.
수풀 집에 새벽 등불 사람을 비쳐 밝네.
석교(石橋)에 흐르는 물과 서녘 누(樓)엔 달
산중 간 곳마다 길이길이 생각하리로다.

   其四

   多謝諸僧送我行　曉灯林閣照人明
   石橋流水西樓月　長作山中處處情

야증찰사(夜贈察師)

시(詩)하는 승, 산 기슭 절이
아슬하여 하늘과 머지 않네.
깊은 나무엔 서늘하게 천뢰(天籟)가 일어나고
빈 가람 위엔 밤 물결 가뭇없다.
한 말씀으로 하여 밝게 깨닫는 것이 있는데
온 경지(境地)가 이미 이루어진 것만 같으이.
달은 가늘게 져서 서녘 봉에 걸려 있고

의의하게 범패(梵唄) 소리 일어난다.

夜贈察師

詩僧翠微寺　高不去天多
深樹凉生籟　空江夜息波
一言如有覺　諸境已成過
月落西峰在　依依發梵歌

* 계유년 지음. 밤에 찰사(察師)를 찾아가 읊은 것. 찰사는 그때 남대(南臺)에 있었다.

남대야음(南臺夜吟)

만 리나 휘영청 밝은 달에
멀리멀리 산 봉우리도 많다.
흩어져 일천 봉우리 비를 열고
높이 큰 강 물결 위에 난다.
들손이 어이 잠을 이루리
찾아와 주는 한 사람 중도 없네.
고장에 형제가 멀리 떨어져 있으니
이 밤 절 다락 노래를 누가 들으리요.

南臺夜吟

萬里孤輪月　迢迢絶頂多
散開千嶂雨　高出大江波
野客何能宿　林僧不見過

故園兄弟隔　誰聽寺樓歌

* 계유년 지음. 이 해 한여름을 대흥사(大興寺)에서 지냈었다.

익일기일공(翌日寄一公)

동림(東林) 그윽한 곳
밤에 원공(遠公)의 문을 두드렸어라.
빈 산엔 이슷한 물소리뿐
등불 깜박이며 풍경도 드믓하다.
선어(禪語)를 온전히 듣고자워
가직한 어두운 산길을 사양치 않았네.
손잡고 작별한 호계(虎溪) 위에
참으로 한번 웃음을 짓고 돌아왔네.

上南大野歸翌日寄一公

東林幽絶處　夜叩遠公①扉
流水空山靜　懸燈落磬稀
不辭穿暗逕　貪聽講禪機
相送虎溪②上　眞成一笑歸

* 계유년 작품. 상남대(上南臺)에서 돌아와 이튿날 일공(一公)에게 보낸 시. 선생이 그때 남대(南臺)에 머물렀던 듯하다. 일공은 그곳에 있던 스님.

註解　①遠公(원공)-진(晋)나라 때 여산(廬山) 동림사(東林寺)에 있던 고승 혜원(慧遠)을 일컬음.　②虎溪(호계)-동림사 앞에 있는 시내. 원공선사가 손님을 보낼 때 이 시내를 넘어서지 않았다. 넘어가면 호랑이가 울기

때문이었다. 하루는 도잠(陶潛)과 육수정(陸修靜)을 배웅하며 이야기하다가 잊고서 시내를 지났더니 호랑이가 울어 세 사람이 껄껄 웃으며 작별하였다고 한다. 뒤에 그곳에 삼소정(三笑亭)을 세웠다.

사야억제(寺夜憶弟)

벽에는 외론 등잔 깜박이고 빗소리 소란하다.
선방(禪房)에 앓아 누워 열흘이 지났구나.
오늘밤 천리 밖 영남 손은
알지 못쾌라, 어느 곳에서 떠나는 노래를 부르는고.

寺夜憶嶺外弟行

孤燈在壁雨聲多　一病禪房十日過
千里嶺南今夜客　不知何處唱離歌

* 계유년 여름, 아우 문초(文初)가 영해(寧海)에 갔었다. 그때 외숙 이제암(李齊嵒)이 영해 원으로 있었음.

기남대찰공(寄南臺察公)
　　—보광사(普光寺)에 누워 남대 찰공에게 부치다—

남대(南臺)의 스님은 진나라 동림(東林)풍이 있어라.
동구엔 그윽한 선송(禪誦) 소리 바람에 나부낀다.
나무 밑에선 이따금 산 귀신이 노니는 걸 볼 수 있고
등잔 앞에 닿으면 벌써 조사(祖師)의 마음을 알 수 있네.
열흘이 넘도록 이웃 암자에 앓아 누워 적적한데

지는 해 구름 종(鍾)은 영(嶺) 격해 깊었어라.
지팡이 내어 짚고 한번 흥을 따라가
그대 함께 등라 밑에 돌 쓸고 앉았으면.

伏枕普光寄南臺察公

南臺開士晉東林　洞口風飀禪誦吟
樹下時逢山鬼戲　燈前已識祖師①心
經旬客枕鄰房靜　落日雲鍾隔嶺深
扶杖一乘幽興去　期公掃石綠蘿陰

|註解| ①祖師(조사) – 불교와 도교에서 그 종파를 창립한 사람을 말함. 스님을 높여 일컫는 말이다.

문초환자영해(文初還自寧海)

중대(中臺)는 소쇄한 두어 고을 속
달이 솟아 뭇 봉우리가 훤히 밝다.
먼 길 바다 고을에서 사람은 오고
2경 밤 수정궁에 중은 잠들었어라.
타향과 고장의 시름 어디 있을꼬
묵은 나무 찬 가람 바라보니 끝이 없고녀.
한 꿈이 매양 산 기슭에 이르러
높은 다락에서 이냥 가을바람을 기다리려 하네.

文初還自寧海來會山中數日是夜月明如畫散步寺庭
欣然有吟

中臺瀟灑數州中　月出諸峯處處同
萬里人從滄海郡　二更僧宿水晶宮
他鄕舊國愁何有　古木寒江望不窮
一夢翠微應每到　高樓仍欲待秋風

* 아우 문초가 영해(寧海)에서 돌아와 달밤에 같이 읊음.

사중고열만음(寺中苦熱漫吟)

긴 여름 민머리로 산기슭에 누웠는데
괴로운 늦더위가 또한 지루하구나.
가벼운 우레 소리는 멀리 강물을 흔들어 지나가고
흰 비에 푸른 칡덩굴 모두 다 거꾸러져 드리웠다.
갈증을 달래기 위해 중은 산 아래 술을 가져오고
시름을 푸노라 아우는 영남(嶺南) 시를 외네.
장안(長安)은 이날에도 거마(車馬)가 북적거려
거리마다 홍진(紅塵)이 얼굴 가득 불을라.

寺中苦熱漫吟

長夏科頭①臥翠微　困人秋暑亦支離
輕雷遠水時搖過　白雨蒼藤盡倒垂
慰渴僧携山下酒　寬愁弟誦嶺南詩
長安此日多車馬　夾路紅塵滿面吹

* 계유년 지음.

註解   ① 科頭(과두) – 민머리. 관을 쓰지 않음. 왕유(王維)의 시에 '과두기거 장송하(科頭箕踞長松下)'란 구(句)가 그것이다.

칠석야음(七夕夜吟)

그대 더불어 더위 피해 동림(東林)에 누워
칠석이 되매 벌써 가을 기운 무성하다.
붉은 물, 구름은 삼복의 비를 열고
푸른 칡, 달은 두어 봉우리 그늘을 깼어라.
가는 서늘 바람 차츰 사람의 숨결을 틔게 하노니
아름다운 시구(詩句)는 때로 손의 마음을 달래어주네.
다만 머뭇거려 돌아갈 길 늦어
다듬잇소리 함께 생각이 고원(故園)으로 달리노라.

七夕夜吟次秋興韻

與君逃暑臥東林　七夕翻驚秋氣森
赤水雲開三伏雨　蒼藤月破數峰陰
微涼漸覺蘇人肺　佳句時堪慰客心
祇是蹉跎歸事晚　故園同趁搗衣砧

* 계유년 지음.

사야증기옹(寺夜贈棄翁)

들 늙은이가 지팡이를 끌고 소소하게 와

천태(天台)에 들어오듯 석교(石橋)를 지나네.
구름 골짜기에서 한여름을 서늘히 지냈는데
절 문 별 하늘엔 무리 산이 웅성거린다.
서로 만나매 백발은 가을 뜻이 많고
한번 웃고 나니 창망한 밤 가람에 조수가 밀리네.
내일 용을 타고 동해 속으로 들어가면
바다산 안개 연기 그대 함께 멀어지리.

寺夜贈棄翁

野翁扶杖到蕭蕭　如入天台[1]過石橋
雲壑衣裳三夏冷　寺門星斗衆峰搖
相逢白髮多秋意　一笑蒼茫見夜潮
明日騎龍東入海[2]　海山烟霧望君遙

* 계유년 지음.

註解　①天台(천태)-중국 절강성(浙江省)에 있는 산 이름. 한나라 때 유신(劉晨)이라는 사람이 약을 캐러 들어갔다가 신선을 만났다는 고사가 있음.　②明日騎龍東入海(명일기룡동입해)-기옹(棄翁)의 고장이 단양(丹陽)으로 동해안에 돌아가기 때문에 언급한 것.

중남대별찰공(中南臺別察公)

구름나무 창창하게 영(嶺) 달이 밝을 때
몇 번이나 높은 자리에서 무생(無生) 설법을 들었던고
헤어질 때 계수(桂樹)나무엔 가을꽃이 피고

깊은 전각 향로 옆엔 밤비가 우네.
뽕나무 아래에는 일찍이 삼숙(三宿)의 계(戒)를 알았는데
산속에서 문득 반 년의 정을 맺었어라.
서로 기약하노니 신선 지팡이 풍진 밖에 날아
옷과 바리때 선종(禪宗)으로 큰 이름 창달하오

中南臺別察公

雲木蒼蒼嶺月明　幾回高座聽無生①
別時桂樹秋花發　深殿香爐夜雨鳴
桑下早知三宿②戒　山中慢結半年情
相期錫杖風塵外　衣鉢禪宗暢大名

* 계유년 지음.

註解　①無生(무생)-불가 설법의 하나.　②三宿(삼숙)-《후한서(後漢書)》에 '부도불삼숙상하(浮屠不三宿桑下 : 부도가 뽕나무 아래에서 사흘동안 자지 않았다)'는 말이 있다. 이것은 사문(沙門)의 도를 닦는 것이 정진에 있고 안일에 있는 것이 아님을 가르침이다.

증상암제객(贈上庵諸客)

중대의 지척이 상남대(上南臺)라
그대들과 시흥(詩興)으로 나날을 지내왔네.
산길에는 밤에 돌아가는 나막신 소리 멀어가고
절 다락엔 아침에 구름과 함께 드는 일이 많다.
긴 하늘 먼 물가엔 늘 물결이 떠오르고
흰 비, 푸른 산은 칡덩굴을 말끔히 씻었어라.

예부터 호서(湖西)에서 소쇄하기로 이름난 땅
함께 삼복을 지내니 시원스러움 어떠하오.

贈上庵諸客

中臺只尺上臺阿　詩興諸君日日過
山逕夜歸聞屐遠　寺樓朝入與雲多
長天極浦浮波浪　白雨蒼山洗薛蘿
萬古湖西瀟灑地　共銷三伏豁如何

* 계유년 지음.

상원암효사(上元庵曉思)

구름 절에 자고 나서 반쯤 창문을 열어예니
감실에 깜박이는 등불은 새벽 되며 푸르다.
서남쪽으로 하늘과 맞닿은 물빛
아직 네댓 개 남은 별이 바다에 거꾸러져 반짝이네.
세상은 적력(寂歷)히 움직이지 않고
초요한 상(象) 밖에 내가 홀로 깨어 앉았어라.
알괘라, 날새고 해 떠오르면 다시 심경은 어지러워지리
법자리에 오묘한 경(經)을 듣는 것도 애석하구나.

上元庵曉思

嶽寺龕燈欲曉青　雲窓宿客悄開扃
西南不盡無天水　三五猶殘倒海星
寂歷人間方未動　岧嶤象外獨先醒

從知日出紛心境　自惜繩床聽妙經

제화(題畵)

어느 고을 외로운 손이
가을바람에 한 닢 배를 띄웠는고.
초나라 산은 밤들고자 하고
오나라 나무는 서리 묻어 드리웠어라.
물 하늘엔 멀리 기러기 날아예고
달빛 아래 사의(蓑衣)가 서늘하다.
조각 구름 뜻이 그지없어
내일은 소상강(瀟湘江)을 지나려는가.

題 畵

何郡扁舟客　秋風萬里檣
楚山如欲夜　吳樹不堪霜
水國鴻飛遠　蓑衣月照凉
孤雲意無盡　明日過瀟湘

* 을해년 지음.

중대월야(中臺月夜)

산허리엔 나를 듯한 누각 강물을 굽어 섰다.
달은 떠 강남 수십 고을 환히 밝구나.

잎 짙은 나무에는 북녘 영을 넘어온 새가 깃들고
서쪽 누(樓)엔 승(僧)이 서서 저녁 종을 친다.
뜰을 거닐어 보니 즈믄 산봉우리가
고요히 그리메를 던지는데
마음은 아득히 만리의 배를 생각누나.
일찍이 봉서암(鳳栖庵) 속에 있던 손이
지금 이곳에서 또 옷소매 함초롬히
이슬에 젖어 가을을 맞네.

中臺月夜

山腰飛閣俯江流　　月出江南數十州
涼樹鳥來從北嶺　　暝鍾僧打立西樓
徘徊影靜千峰寺　　縹緲心長萬里舟
曾是鳳棲庵①裡客　　滿衣風露又新秋

* 정축년 지음.

註解　①鳳棲庵(봉서암) - 고향 한산에 있는 절.

중남대즉사(中南臺卽事)

중남대(中南臺) 위 상남대(上南臺)로 가서
혼자 승(僧)을 찾고 늦게야 돌아오네.
간 곳마다 서늘한 매미 소리 푸른 산벽에서 나고
이따금 이름 모를 새가 이끼긴 바위 위에 내린다.
땅이 높으매 산 나무들이 먼저 가을 떨림을 하며

하늘 넓은 곳 강 구름은 비를 싣고 오는 듯하이.
다시 동루(東樓)에 올라 더운 기(氣)도 가셔
반 공중에 풍경 소리 뜨고 절문이 열려 있다.

中南臺卽事
中南臺上上南台　獨往尋僧晚獨廻
步步凉蟬吟翠壁　時時幽鳥下靑苔
地高山木先秋落　天濶江雲欲雨來
更上東樓無暑氣　半空鍾磬寺門開

* 기묘년 48세 때 지음.

석북시집(石北詩集) 3권

한경잡영(漢京雜咏)

증이성회(贈李聖會) 동운(東運) 북유수주(北遊愁州)

관하(關河)엔 가을빛이 짙고
눈비 속에 자네는 가네.
변방의 말이 서로 돌아다보며
찬 닭은 울려 하지 않네.
조정에서 버린 물건이 아니어
서검(書劒)엔 이름 없는 것이 마땅하네.
이제부터 자네 만리 길에
창망히 저물어 가는 성 가에 서네.

贈李聖會 東運 北遊愁州

關河①秋氣盛　雨雪故人行
邊馬相回首　寒鷄欲不鳴
朝廷非棄物　書劒②適無名
萬里從今日　蒼茫立暮城

* 영조(英祖) 19년 계해(癸亥) 32세 때의 작품.

註解 ①關河(관하)-변방의 산하. ②書劍(서검)-옛날 문인들이 지닌 물건. 소식(蘇軾)의 시에 '미성보국참서검(未成報國慙書劍)'이란 구절이 있음. 선비의 긍지를 상징함.

야별홍광국귀충주(夜別洪光國歸忠州)

돌아보면 사해(四海)는 넓구나
때를 같이하여 우리는 노네.
우리의 길은 동남쪽.
가을소리 강한(江漢)이 흐르네.
술이 취하매 고향이 아니어
등잔불 다하도록 높은 다락에 있네.
충주(忠州)엔 내 선영(先塋)이 있으니
봄이 오면 협(峽) 배를 타겠네.

愼耳老宅夜別洪光國歸忠州

相望四海①闊　猶及幷時游
吾道東南②去　秋聲江漢③流
酒深非故國　燈盡在高樓
墳墓④忠州寄　春乘上峽舟

* 갑자년 33세 때의 작품인 듯하다. 친구 신이로(愼耳老) 집에서 충주로 돌아가는 홍광국(洪光國)을 작별하며 읊음. 홍광국의 이름은 성(晟), 충주가 그의 고향이었다. 신이로의 이름은 후염(後聃)이다.

註解 ①四海(사해)-사방(四方)이라는 뜻. ②東南(동남)-충주(忠州)와 한

산(韓山)을 가리키는 방향의 명사이나(그때 각기 고향으로 내려가려던 때다), 두시(杜詩)에 '불행동남표박유(不幸東南漂泊遊)'라는 구절에서 온 상징어로서의 의미가 강하다. 선생의 시에 자주 나오는 시어(詩語)의 하나. ③江漢(강한)-강마을. ④墳墓(분묘)-선영(先塋). 선산을 가리킴. 충주 유곡(遊谷)에 선생의 조모(祖母) 묘소가 있었음.

제상정사술(堤上鄭士述) 홍조(弘祖) 견방(見訪) 2수(二首)

1

바다 안에 내 벗이 살고 있노니
창창한 사군(四郡) 동쪽이네.
비로소 서로 만나는 것을 미쁘게 여기는데
아직 겨우 성명을 통했을 뿐이어라.
강마을엔 가을 물이 많고
금서(琴書)는 이른 기러기 소릴 띠어라.
먼 나그네길 작별하는 밤에
적막히 도는 바람에 향한다.

堤上鄭士述 弘祖 見訪城西一驪如舊時士述下第沂江漢而歸夜話李士能宅得通字 二首

其一

海內①存吾友　蒼蒼四郡②東
始憐顏面合　猶免姓名通
江漢多秋水　琴書③帶早鴻
威遲當別夜　寂寞向回風④

* 갑자년 지음. 제천(堤川)에 사는 정사술이 찾아와 일면이 여구하게 즐겼다. 그때 사술이 과거에서 낙제하고 시골로 내려가던 때다. 이사능(李士能) 집에서 작별하며 씀. 사술의 이름은 홍조(弘祖)다.

[註解] ① 海內(해내)-바다 안. 국내를 이름. ② 四郡(사군)-한강(漢江) 상류에 위치해 있는 영춘(永春)·단양(丹陽)·청풍(淸風)·제천(堤川)을 사군(四郡)이라 일컬어 왔다. ③ 琴書(금서)-거문고와 책, 선비의 행장을 일컬음. ④ 回風(회풍)-도는 바람. 《초사(楚辭)》에 '비회풍(悲回風)'의 구(句)가 있음. 《초사》 주(註)에 '나부끼고 나부껴 흥을 일으키는 듯하나 사람을 속이는 바람'이라고 쓰여 있다.

2

친구 술 빌어 깊이 취하매
모두 고향이 아니어.
길을 읽으면 외로운 칼을 만져 보고
배를 매고 거스르는 바람을 묻는다.
서울 등잔 밑 나직이 국화와 작별하고
산협(山峽) 어둑한 비 속에 단풍이 처음 붉네.
천지 속에 홀로 마음 아득히 멀어
창강(滄江)은 백 번이나 꺾여 가네.

　　其二

　深盃故人借　一醉異鄕同
　失路看孤劍　維舟問逆風
　京燈低別菊　峽雨暗初楓
　天地霙心遠　滄江百折通

제강성표(題姜聖標) 세동(世東) 월암유거(月巖幽居)

마을 등지고 그윽한 초가에 드니
골은 깊어 장안의 거마(車馬) 소리 아득하다.
한낮에 사립문은 구름에 잠겨 고요하고
가을 나무 뿌리는 석벽을 돌아 비꼈어라.
형제가 글읽는 곳에 밤 빗소리 듣노니
친구는 술을 들어 국화꽃을 묻는다.
소조한 바다 안에 시를 아는 이 적건만
혜포(蕙圃) 문중에는 재주 있는 선비가 많구려.

題姜聖標月巖幽居

背郭幽幽入草家　洞深車馬絶京華
晝雲氣入山扉靜　秋樹根回石壁斜
兄弟讀書聽夜雨　故人持酒問黃花
蕭條海內知音少　蕙圃①門中見士多

[註解] ①蕙圃(혜포)-숙종(肅宗) 때 이름난 학자 강박(姜樸)의 별호. 국포(菊圃)로 많이 알려졌지만 '혜포'라고도 썼다.

농아걸자(聾啞乞者) 2수(二首)

1

들자니 자네 집을 태백산(太白山)에 옮겨
때때로 산 말[馬]이 인간에 내린다네.

20년 동안이나 한마디 말도 없이
꽃 지는 속에서 뜬 세상을 웃어 보았겠네.

贈聾啞乞者 二首

其一

聞道移家太白山　有時騎馬到人間
二十年來無一語　笑看浮世落花間

*갑자년 지음. 농아걸자의 이름은 밝혀 있지 않음.

2

듣자니 자네 이 봄에
월출산(月出山)엘 간다데.
산은 짙은 구룡(九龍) 영석(靈石)
구름 속에 움직이네.
자네 따라가 신선의 짝이 되어
금단(金丹)이나 한 낟 얻어 왔으면.

其二

聞道春遊月出山[①]　九龍靈石[②]動雲間
從君爲語神仙侶　乞與金丹一粒還

註解 ① 月出山(월출산) - 전라도 영암(靈岩)에 있는 산. ② 九龍靈石(구룡영석) - 월출산 최고봉 구정봉(九井峯)에는 바위가 솟아 있고 옆에 우물이 있는데 그곳에 구룡(九龍)이 살고 있다는 전설이 있음. 그리고 바위가 흔들리면 움직여져서 영석이라 일컫는다.

태백산인(太白山人) 4수(四首)

1

내 자네따라 태백산(太白山)엘 들어가
장 솔잎이나 먹으며 구름 속에 살아볼까.
백 년도 못되는 붉은 티끌
말 위에서 남쪽 또 북쪽으로 나는 오가네.

白門旅舍贈太白山人 四首

其一

我欲從君太白山　長餐松葉臥雲間
百年未了紅塵事　馬上南征復北還

* 갑자년 지음. 태백산인의 이름이 밝혀져 있지 않으나 연대와 시 내용으로 미루어보아 앞의 〈농아걸자(聾啞乞者)〉와 동일인인 듯하다. 단순한 걸자가 아니라 시를 할 줄 아는 유랑객으로 한양에 들렀다가 만나 읊은 것 같다.

2

자네 뜬구름처럼 태백산을 나와
한양(漢陽)의 손이 되었네.
한양성은 지금 가을바람
내일 돌아가는 길목에 단풍이 붉네.

其二

君似浮雲出太白　來爲漢陽城裡客
漢陽城裡正秋風　明日君歸楓樹赤

3

천고에 표표한 여동빈(呂洞賓)은
하루아침에 학을 타고 풍진을 떠났네.
자네 보는가, 석북(石北) 신거사(申居士)를
아직도 한양성에 묵는 나그네.

其三

千古飄飄呂洞賓[①]　一朝騎鶴去紅塵
君看石北申居士　猶是京華旅食人

註解　① 呂洞賓(여동빈) — 당나라 때 사람으로 도를 닦아 세상에서 팔선(八仙) 중의 한 사람이라 일컬었다.

4

가을밤 쓸쓸히 빗소리 듣는데
자네와 함께 한양의 손이 되었네.
내일 영남 천리 길엔
물 멀고 산 길고 한 해가 저무네.

其四

秋夜沈沈聽雨聲　與君同客漢陽城

嶺南來日成千里　水遠山長歲暮情

복증이율(復贈二律) 2수(二首)

1

온 밤 장안(長安)엔 빗소리
서로 바라다보면 먼 나그네 마음
인간의 가는 길은 좁고
천하엔 산 깊음이 있어라.
적막히 처음 말이 없다가
호젓이 불꽃만 옷깃을 비치네.
외로운 등잔불 늦도록 켜 있는
이 뜻을 이미 찾기 어렵네.

復贈二律　二首

其一

一夜長安雨　相看遠客心
人間行路狹　天下有山深
寂寞初無語　虛明獨照襟
孤燈久在壁　此意已難尋

2

뜬 세상은 나를 늙게 하는데
어이 한경(漢京) 속에 묵고 있는고.

친구는 천 리의 길을 떠나고
가을밤엔 숱한 벌레가 운다.
도를 배우려면 말없기를 바라고
삶을 온전히 하기 위핸 이름에서 멀고자.
마침내 세속을 벗지 못하여
잠깐 이별의 정을 걸어 보네.

其二

浮世催吾老　如何滯漢京
故人千里去　秋夜百虫鳴
學道希無語　全生欲遠名
未能終免俗　離別暫關情

청명도중(淸明途中)

스물네 번 봄바람아, 네가 불어
고향의 정을 돋우누나
푸른 보리는 넓은 들판으로 펼치고
처음 꽃은 아직 성에 가득하지 않아라.
마을 집들은 보슬비 속에 희미한데
물나라엔 청명이 가까워 오누나.
백리 길 파릉(巴陵) 술에
온 날을 몽롱해 가노니

清明途中

東風二十四[①]　吹作故園情

細麥平鋪野　初花不滿城
田家帶微雨　澤國近淸明
百里巴陵酒　朦朧一日行

註解 ① 東風二十四(동풍이십사)－이십사번풍(二十四番風). 소한(小寒)에서 곡우(穀雨)까지 스물네 번 꽃바람이 분다고 함.

고양(高陽)

조그만 읍(邑)이
시냇물 소리 속에 있데.
민가(民家)가 깊은
산협(山峽)만 같데.
멀리서 온 객 앞에
들꽃은 피고
봄바람에 꾀꼬리가 건너데.
노래와 울음, 청명 한식 뒤에
철 지난 모습은 어디나 같데.
경박한 저 사내들이
날마다 와 취하는 오릉(五陵) 동편 쪽.

高陽

小邑溪聲內　民家似峽中
野花當遠客　黃鳥度春風
歌哭淸明後　經過物態同
長安輕薄子　日醉五陵①東

* 고양읍을 지나며 읊은 작품.

|註解| ①五陵(오릉)-서오릉(西五陵)을 일컬음.

하일서각(夏日西閣)

서문(西門) 밑에 가을 가까워 오고
먼 객의 마음 길구나.
이따금 친구들을 만나면 기쁘고
빈 누각에서 함께 시를 읊는다.
적막히 석류꽃 비가 뿌리고
느지막이 연자풍(燕子風)이 이노라.
오늘도 해설필 무렵
흩어지는 말[馬]은 동쪽 또 서쪽.

夏日西閣遣騎致聖會 仍邀會而騎驢卽至

秋近白門①下　心長遠客中
故人時見喜　虛閣晝吟同
寂寞榴花雨②　遲回燕子風③
共憐今日暮　鞍馬散西東

* 병인년 35세 때 작품. 서각(西閣)은 서문 밖의 한 정자. 이성회(李聖會)에게 말을 보내오게 하고 또 회이(會而)를 청했더니 곧 왔다. 회이의 성은 유(兪), 이름은 한우(漢遇)다. 모두 막역한 친구였다.

|註解| ①白門(백문)-서문(西門)을 이름. ②榴花雨(유화우)-석류꽃 필 무렵에 내리는 비. ③燕子風(연자풍)-제비가 날아다닐 때 일어나는 가벼운 바람.

송채백규귀근단성(送蔡伯規歸覲丹城)　4수(四首)

1

산수(山水)는 단성(丹城) 고을
문장은 봉혈아(鳳穴兒)
나는 먼 절로 돌아가는데
그대는 금마(金馬)를 타고 어버이에게로 가네.
고달픈 나그네길
주막엔 풍우(風雨)도 많으리.
가을 다듬이 소리 속에
다시 작별을 하네.
떠나며 나누는 두어 잔 술
밝은 세상을 어이 탓하리.

送蔡伯規濟恭　四首

其一

山水丹城①宰　文章鳳穴兒②
青驢登寺遠　金馬③到天遲
客舍多風雨　秋砧更別離
臨行數盃酒　不敢恨明時

* 병인년 35세 때 작품. 단성(丹城)으로 그의 아버지를 찾아가는 번암(樊巖) 채제공(蔡濟恭)과 수창(酬唱)한 시. 그때 번암의 부공(父公)이 단성 원으로 있었음.

註解 ①丹城(단성)-진주(晉州) 옆에 있던 옛 고을. ②鳳穴兒(봉혈아)-문채(文彩)가 번성하는 곳을 봉혈(鳳穴)이라고 일컬음. 두시(杜詩)에 '봉혈추개호(鳳穴雛皆好)'라는 구절이 있다. ③金馬(금마)-임금이 하사한 말. 영조(英祖)가 번암에게 말을 주어 귀근(歸覲)케 하였었다.

2

초초히 시를 읊고
소소히 말이 가네.
강 건너면 먼 가을빛
영(嶺) 너머엔 친구도 드물라.
이백(二白)은 맑은 신선 기운
외로운 구름이 그대 옷을 비치네.
서주(西州)에 봄소식은
하마 언덕 위에 매화꽃 지리.

其二

草草論詩別　蕭蕭騎馬歸
渡江秋色遠　過嶺故人稀
二白①通仙氣　孤雲照綵衣
西州②春有使　已恐隴梅③飛

註解 ①二白(이백)-대태백과 소태백을 이름. ②西州(서주)-석북 고장의 옛 이름. 일명 서천(西川)이라고도 함. ③隴梅(농매)-육개(陸凱)가 범엽(范曄)과 친하여 강남에서 매화 한 가지를 꺾어 보내며 시를 지음. '절매봉역사(折梅逢驛使) 기여농두인(寄與隴頭人)', 곧 친구를 생각할 때 쓰는 시어.

3

희암(希庵)이 근고체(近古體)를 열어
시법(詩法)이 그대 집으로 전하였네.
준일인 공여자(空餘子)가
날고 날아 홀연 소년 적이었네.
서경(西京)엔 바야흐로 예악(禮樂)이 있고
남쪽 끝으론 두루 산천을 보네.
천왕봉(天王峰) 꼭대기에 올라 보지 않고야
어찌 세상 길이 편벽되다는 것을 알리요.

其三

希庵①開近古② 詩法爾家傳
俊逸空餘子③ 飛騰條少年
西京方禮樂 南極看山川
不到天王④頂 那知世路偏

註解 ①希庵(희암)-채팽윤(蔡彭胤). 이름 있는 학자. 번암의 선조다. ②近古(근고)-근고체(近古體). 시(詩) 형식의 하나. ③空餘子(공여자)-미상. ④天王(천왕)-천왕봉(天王峰). 지리산(智異山)의 최고봉.

4

장안(長安)에 처음으로 눈이 내리고
그대 가는 날 영남(嶺南)도 춥다.
명년 춘삼월(春三月)에 다시 만나리
서로 부르면 촛불이 사위기 쉽구나.
높은 가을에 기러기 소리 끊기고

술 옆엔 국화꽃이 피어 있다.
오가는 마음은 천 리
태백(太白)이 창창하구나.

其四

長安有初雪　到日嶺南寒
此別春應見　相呼燭易殘
高秋鴻鴈盡　小酒菊花團
去住心千里　蒼蒼太白巒

단양도중(端陽道中)

필마(匹馬)로 돌아드는 단양성
철 늦은 모습은 어디나 같다.
남쪽에도 가는 갈포 옷은 아직 차갑구나
서울 안에도 이른 앵두가 다 붉지 않았을라.
지난 밤 가는 비에 산철쭉이 붉고
푸른 나무 사이로 그네 뛰는 옷모습
온 낮바람이 인다.
취히여 오면 들꽃이 지노니
울 아래 잔 잡고
인야(隣爺)를 대해 앉는다.

端陽道中

端陽[1]騎馬入城中　節晚風光處處同
細葛南方猶覺冷　早櫻京國未應紅

青山躑躅前宵雨　　碧樹秋遷②盡日風
扶醉歸來野花路　　數盃籬下向鄰翁

註解 ①端陽(단양)-지금의 단양(丹陽). ②秋遷(추천)-추천(鞦韆). 그네.

청문춘망(靑門春望)

봄 성엔 보슬비 드물게 뿌리고
비갠 후 동문으로 말에 기대 돌아온다.
비낀 날 어구(御溝)에는 버들가지 늘어져 흐느적이고
따스한 바람 치도(馳道) 위로 낙화가 나네.
1천 문에 담담히 연화(年華)가 둘렀는데
10리 길 몽롱히 취기 속에 오노라.
전해 말하노니 오릉(五陵)의 나이 젊은 손들아
북영(北營) 행락이 꽃다움에 들어가 있데.

靑門春望

春城搖颺雨絲稀　　霽後靑門信馬歸
斜日御溝①垂柳轉　　暖風馳道②落花飛
千門澹澹年華③遍　　十里濛濛酒氣微
傳語五陵④年少客　　北營行樂赴芳菲

*정유년 지음.

註解 ①御溝(어구)-궁에서 흘러 나오는 개천. ②馳道(치도)-도성 안에 잘 닦아 놓은 한길. 가로(街路). ③年華(연화)-세월, 또는 그 해의 꽃때를 일컫기도 함. ④五陵(오릉)-서울을 일컫기도 함.

미인도(美人圖)　4수(四首)

1

치마는 엷은 물빛 치마
짙은 빨강을 쓰지 않네.
낭군이 내 속것 볼까봐
봄바람에 차마 춤출 수 없네.

美人圖　四首

其一

裙子淺靑色　不用染深紅
嫌君見窮袴　未敢舞春風

*정묘년 36세 때 작품. 친구 집 연장(軟障)에 쓴 시다.

2

바위머리에 수당혜(繡唐鞋)
치마 밑에 발 하나가 보이네.
하마 춤추는 꽃자리에
사람의 구곡간장을 다 녹일라.

其二

岩頭紫繡鞋①　裙底見一足
解登歌舞筵　蹋死人心曲

| 註解 | ①繡鞋(수혜)-수놓은 가죽신.

3

도화선(桃花扇)으로 반쯤 가린 얼굴
아련히 춘심(春心)을 그리는 듯.
온종일 말없는 심사는
널 그리 생각는고.

其三

桃花扇底半面身　　自是嬌多解惜春
盡日無言心內事　　不知怊悵爲何人

4

담장 밖에 비낀 살구꽃 한 가지
누가 내 마음 알까 저어
서상(西廂)에 달마중하듯
무단히 봄바람 앞에 나와 섰네.

其四

墻外杏花斜一枝　　春心約莫畏人知
無端步立春風下　　却似西廂①待月時

| 註解 | ①西廂(서상)-서쪽 곁채. 중국 원대(元代)의 희곡에 〈서상기(西廂記)〉가 있음. 최앵앵(崔鶯鶯)과 장군서(張君瑞)와의 정사를 그린 것이다.

마두석(磨豆石)

조랑(曺郞)이 흘낏 곁눈질을 하며
뱃속엔 잔뜩 흉계를 꾸미렷다.
원컨대 마두석(磨豆石)이나 되어
서방님 손길 잡아보고지고.

磨豆石
曺郞側見女　腹中陰作計
願爲磨豆石　得親郞手勢

* 정유년 지음. 길가에 서 있는 마두석을 보고 희롱해 읊음.

박연폭포(朴淵瀑布)

천마폭포(天摩瀑布)가
중국 여산폭포(廬山瀑布)에 못지 않네.
용녀(龍女)와 박생(朴生)이 그 속에서 놀았다네.
네가 가면 가을바람 가을물 푸르른데
퉁소 소리 비껴 날아 달빛 속에 돌아오네.

送文初遊朴淵
天摩瀑布①勝廬山②　龍女朴生③遊此間
君去秋風秋水碧　　洞簫橫斷月中還

* 무진년 37세 때 지음. 아우 진택(震澤)이 박연폭포를 구경하러 가던 때

지음.

註解 ①天摩瀑布(천마폭포)-박연폭포. 개성(開城) 천마산(天摩山)에 있음. ②廬山(여산)-여기에서는 여산폭포. 중국 강서성(江西省)에 있는 유명한 폭포 '비류직하삼천척(飛流直下三千尺)'이라는 이백(李白)의 시구가 있음. ③龍女(용녀)·朴生(박생)-박연(朴淵)의 전설.

권국진가(權國珍歌) 3수(三首)

1

　찬 바람 진눈깨비 섣달 그믐께 해는 설피고, 산골 외나무다리를 들 주막엔 행인도 끊겼어라.
　장안 부귀 자제들은 비단 바지 솜털 옷에 홍로(洪爐)에 불피워 놓고 문 꽉 닫고 덥다 하고
　나들이 말은 집채만큼한 달단마(獯坦馬)에 은장식 금장식 말안장이 거리를 비쳐 번쩍거리는구나.
　여보게 권생(權生), 폐립파의(弊笠破衣) 조랑 당나귀에 갈기갈기 해진 말 채찍 하나,
　남방 관장(官長) 찾아간다고 하인시켜 포물짐을 지웠것다.
　권서방 자네도 본래는 재상집 자제로 젊었을 땐 준일(俊逸)이란 이름도 들었더니라.
　때를 못 만나 스무 살에 낙척하여, 5년 남해상에 이리저리 떠돌아 다니다가 소금 팔고 생선장사하여 양친 봉양하고 서관(西關)에서 동래(東萊)까지 강호고객(江湖估客)과 한데 어울려 무릎을 맞대고 살아 왔구나.
　자네 나이 올해 서른남은 살 남자의 살림살이 남도곤 못하여 부모는

굶주리고 처자는 우는가.

  세상에 현인군자(賢人君子)로 태어나면 무엇하리. 궁하면 통한다는데 어이 동남으로 이리저리 떠돌아다니는고

  문 열고 나서 보니 찬 날빛 외로운 손 옷자락 섬강(蟾江) 새재 길은 멀고 대낮에 호랑이 강도가 뒤끓는데

  권생아, 눈앞에 사해(四海)를 바라보면 망망한 저문 들판 강 하늘로 기러기 울고 황금득실을 무어라 말하리요. 모르는 자는 웃고 아는 자는 섧구나, 섣달 그믐에 권생아, 어디를 가느뇨.

送權國珍歌 三首

其一

  歲暮北風天雨雪 山橋野店行人絶 長安子弟身重裘 洪爐密室苦稱熱 出入猲馬高於屋 銀鞍照市電光掣 此時權生破衣裳 一馬一奴鞭百折 告我將見南諸侯 贖奴持錢償逋物 權生舊日卿相孫 少年落落稱俊逸 嗚呼時命不謀身 二十遂爲落魄人 五年流離南海上 賣魚販鹽勤養親 驅馬西關蹋黃塵 掛席東萊窺赤日 江湖估客有時逢 半是爾汝相促膝 秖今年紀三十餘 男兒生理轉蕭瑟 父母不飽妻子啼 生乎雖賢亦奚爲 窮途惘然東南行 出門寒日照征衣 鳥嶺蟾江路不盡 虎豹强盜晝敢窺 權生咫尺視四海 馬上冥冥鴻鵠飛 黃金得失那可論 不知者笑知者悲 權生歲暮欲何之

* 무진년 겨울 지음. 가체시(歌體詩)다.

2

  하룻밤 산음(山陰)에 눈은 꽃 같고

북풍은 불어와
대공(戴公) 집이 헝그러니 차다.
내일 영남(嶺南) 천리 길
어디메 찬 매화 밑에
술 들고 떠난 시름 녹일까.

  其二

 一夜山陰①雪作花　北風吹滿戴公②家
 嶺南來日君千里　　何處寒梅別恨賖

[註解] ①山陰(산음)-중국의 지명.　②戴公(대공)-대안도(戴安道). 이름은 규(逵), 진대(晋代) 사람, 박학하고 거문고와 서화(書畵)를 잘하였다. 산음에 살았음.

  3

해 그믐에 작별을 어이할까
영(嶺) 밖은 아득하고 쓸쓸하여라.
떠날 마당에 묵묵히 서로 말도 없이
남당(南塘) 만리 다리.

  其三

 歲暮不可別　嶺外劇蕭蕭
 臨行兩無語　南塘萬里橋①

[註解] ①南塘萬里橋(남당만리교)-위치를 표현한 것이나 두보(杜甫)의 완화초당(浣花草堂)이 만리교에 있었으므로 상징적인 의미로 씀.

곡이보연(哭李普延) 2수(二首)

1

나그네에 한식(寒食)이 가까워
꽃다운 풀이 장안에 가득하구나.
갑자기 소년은 울고 가노니
늙어가며 점점 기쁜 일이 드물어지네.
뜬구름에 시구(詩句)가 흩어지고
간 곳마다 묵화(墨花)를 보노라.
금세의 연릉자(延陵子)야
너에게서 정을 잊기가 정말 어렵구나.

哭李普延 二首

其一

行人近寒食　　芳草滿長安
忽哭少年去　　漸稀垂老歡
浮雲詩句散　　到處墨花看
今代延陵子①　　忘情在爾難

* 기사년 지음.

註解　①延陵子(연릉자)-연안이씨(延安李氏)임을 말함. 이보연(李普延)은 사천(槎川) 이병연(李秉延)과 형제.

2

스물아홉 살 나이를
누가 슬퍼하지 않으랴
성 남쪽 젊은이들이
그대 시를 외네.
파주(坡州)에 해는 저물고
궂은 비 뿌리며 명정(銘旌)이 가노니
그대 아버님이 보국(報國)하는 날을
보지 못하겠네.

其二

二十九年誰不悲　　城南年少誦君詩
坡州暮雨銘旌去　　不見尊公報國時

송강사원(送姜嗣源) 세진(世晉) 귀영남(歸嶺南)

역(驛) 버들 즈믄 집 비가 뿌리고
성(城) 꽃 두어 그루 봄이어라.
내일이 한식(寒食)인데
자네는 영남 사람이 되네.
오래 사귀어 서로 가까워진 일이 기특하건만
떠날 마당엔 처음 안 것만이 한스럽네.
시(詩) 시름 오고 해설피는 큰 강가에서
혼자 머리를 긁노니.

送姜嗣源世晉歸嶺南

驛柳千家雨　城花數樹春
明朝是寒食　君作嶺南人
久住憐相近　臨行恨始親
詩來將薄暮　搔首①大江濱

* 원문(原文) 제목은 '우증근체이수(又贈近體二首)'로 되어 있음.

註解　①搔首(소수)―사람을 생각하며 어쩔 줄 몰라 머리를 긁적긁적하는 모양.

마상희음(馬上戲吟)

복사꽃은 취한 듯
버들은 조는 듯
쌍적(雙笛) 소리 봄바람에
말 앞에 서네.
서른아홉 살 신진사(申進士)를
길가는 사람이 가리키며
저게 신선이라 하데.

馬上戲述行者言

桃花如醉柳如眠　雙笛①春風出馬前
三十九年申進士　行人却說是神仙

* 영조(英祖) 26년 경오, 39세 되던 봄 진사시(進士試)에 급제하여 창방(唱榜) 유가(遊街)하던 때의 작품.

註解 ① 雙笛(쌍적)-과거에 장원(壯元)하여 창방(唱榜)하고 유가(遊街)할 때 앞줄에서 쌍(雙)젓대를 불고 나감.

제원창선(題遠昌扇)

도홍선(桃紅扇)은 한삼을
툭 쳐서 날리고
우조영산(羽調靈山)이
당세에 드무네.
작별할 때 춘면곡(春眠曲)
다시 한 가락
꽃 떨어지는 시절에
강을 건너 돌아가네.

題遠昌扇

桃紅扇①打汗衫飛　羽調靈山②當世稀
臨別春眠③更一曲　落花時節渡江歸

* 경오년 지음. 당시 명창이었던 원창(遠昌)의 부채에 써준 시.

註解 ①桃紅扇(도홍선)-가객(歌客)이라든가 무기(舞妓)가 쓰는 도홍색 부채. ②羽調靈山(우조영산)-가곡(歌曲)의 이름. 우조(羽調)는 다른 곡조보다 웅장하다. ③春眠(춘면)-춘면곡(春眠曲). 악곡의 명칭.

창동주색(倡童走索)

연화검무(蓮花劍舞)

작은 홍의(紅衣)
칠보(七步)로 아슬아슬
돌아서며 번쩍 줄 위에 나네.
문득 평지로
떨어진 몸은
요지(瑤池)에서
잔치 파하고 돌아온 양.

觀倡童走索

蓮花劒舞^①小紅衣^②　七步^③盤旋索上飛
忽看平地翻身落　　疑自瑤池^④罷宴歸

註解 ①蓮花劒舞(연화검무)-연꽃 무늬의 검무 옷. ②小紅衣(소홍의)-줄타는 광대가 입던 붉은 옷. ③七步(칠보)-줄타는 광경. ④瑤池(요지)-중국 곤륜산(崑崙山)에 있는 못. 신선들이 살았다는 전설이 있음. 주(周)나라 목왕(穆王)이 서왕모(西王母)를 만난 곳도 이곳이다. 서왕모가 요지에서 잔치를 파하고 돌아가는 모습을 이름.

기이이보(寄李彛甫) 병연(秉延)　4수(四首)

1

검은 연상 푸른 도포 하얀 갈포(葛布) 두건
젊은 날 소쇄하게 풍진에 빼어났네.
시(詩) 이름은 삼세(三世)에 대적할 이가 없고
구슬 값은 성을 연해 매양 사람을 비친다.
네 벽에 가득한 산수화(山水畵)는 다 손수 그린 것
문에 들어서면 밝은 달과 더불어 길게 가난하구나.

언제나 둘이서 함께 양피(羊皮) 옷을 입고
금강(錦江) 봄물에 떠 세상을 잊어볼까.

寄李彛甫 四首

其一

烏几靑袍白葛巾　　少年瀟灑出風塵
詩聲三世①應無敵　　珠價連城②每照人
滿壁名山多自畵　　入門明月共長貧
那能共著羊裘③去　　魚鳥相忘錦水春

* 신미년 지음. 이이보(李彛甫)와 작별하며 준 시. 이이보의 이름은 병연(秉延), 호는 사천(槎川)이다. 시로 유명했으며 형제가 다 글을 잘했다.

註解 ①三世(삼세)-조자손(祖子孫) 3세대를 이름. ②珠價連城(주가연성)-'주가연성벽(珠價連城壁)'이라는 옛 시구(詩句)가 있음. ③羊裘(양구)-엄자릉(嚴子陵)이 5월에 양피 옷을 입고 동강(桐江)에서 낚시질을 했었다.

2

날 새면 성안 티끌 속에 거마(車馬) 소리
그대 초당은 낮에도 언제나 조용하다.
집은 가난해도 손이 오면 술을 사고
꽃피면 말을 빌어 산놀이를 하네.
병 가운데 작별하면 봄이 이미 저물어
강 남쪽으로 읊조리며 내가 가노니.
서주(西州)서 바라보는 한양 4백 리

언제 또 그대 웃는 낯을 대하리요.

  其二

  日出車馬城塵間 愛爾草堂晝常閒
  家貧買酒尚待客 花發借馬獨遊山
  病中相別春已暮 江南孤吟人始還
  西望漢陽四百里 與君安得更笑顔

  3

이생(李生) 초당은 남쪽 시내 옆
글 읽고 정양하노라 항상 맑디맑다.
문에 들어서면 사시사철 자각봉(紫閣峰)이 좋고
배에 올라 4월 긴 날을 서강(西江)에서 노니더라.
나 홀로 성시 속에 상기 손으로 머무는데
늦게야 어초(漁樵)로 이름을 감추려 하네.
이미 아호(鵝湖)에 조그만 띠집을 마련해 놓았으니
그대와 작별하고 가 농사를 지으리라.

  其三

  李生草堂南澗傍 讀書養疾清生堂
  入門終年紫閣①好 登舟四月西江長
  獨悲城市跡猶滯 晚覺漁樵名可藏
  己向鵝湖②卜小築 別君却走治耕桑

註解 ①紫閣(자각)-산 이름. '봉화초전자각봉(烽火初傳紫閣峰)'의 구(句)가
   그것임. ②鵝湖(아호)-한산(韓山)의 별칭.

4

작별할 때 꽃과 버들은
장안(長安)에 가득하네.
말 세우고 자네 불러
또 한번 말에서 내려보네.
재촉하여 받아드는 자네 술잔
절구(絶句)를 읊어 무난함을 한번 웃어도 본다.
집에 돌아가면 강 풀이 병(病) 가운데 자라고
자네 생각하며 흰 구름에 강물이 차리.
언제나 모였다 흩어지면 허전한 것
먼 곳에서 회포 어떠하리요.

其四

別時花柳滿長安　　立馬呼君下馬看
催把一杯親自送　　留題絶句笑無難
還家芳草病中長　　憶爾白雲江上寒
古往今來悲聚散　　寂寥懷抱若爲寬

숙최길보댁(宿崔吉甫宅)

그대 집 두어 가지 국화꽃이
쓸쓸히 담 너머에 피어 있네.
흡사 고인의 뜻을 닮아
가을 밤 마음을 견디기가 어렵네.
내가 3월에 시골집엘 가

풍우 속에 1년이 깊었네.
나그네 시름을 씻어 주는 탓으로
매양 내 그대 집을 찾아오나니.

宿崔吉甫宅

憐君數枝菊　楚楚在墻陰
猶似故人意　不勝秋夜心
家鄕三月去　風雨一年深
不爲消愁地　何因每到尋

* 신미년 가을 최길보(崔吉甫) 집에 자면서 지음. 길보(吉甫)의 이름은 인우(仁祐).

서성야별(西城夜別)　2수(二首)

1

평생 먼 작별을 하노니
처음부터 정 없었던 것만 같지 못하네.
친구의 도리는 궁해야 바야흐로 알고
시인의 이름은 늙을수록 가벼워지기 쉽다.
찬 배[舟]는 아득히 협강을 오르고
떨리는 나뭇잎은 서쪽 성에 가득하구나.
하마 슬픈 노래로 작별하지 말아주게나
세밑 나그네 길 떠나기가 어렵네.

西城夜別 二首

其一

平生當遠別　不若始無情
友道窮方見　詩名老易輕
寒舟迷上峽　落木滿西城
莫以悲歌送　難爲歲暮行

* 신미년 가을 서울에 들어와 경휴(景休) 집에서 묵으며 계통(季通) 권세정(權世楨)과 더불어 세 사람이 함께 조석으로 만나 읊다가 공이 영동(嶺東)으로 여행을 떠나게 되고 경휴는 신성(新城)으로, 계통은 공주(公州)로 떠나 각기 헤어지게 되었다. 그때 같이 읊은 작품이다.

2

오늘밤 장안 벗들이
쓸쓸히 나와 작별하네.
술 취한 가운데 별을 옮기고
등잔불에 국화꽃이 드뭇하다.
새로 농가집(農家集)이나 초하고
숨은 자의 옷을 지을까나.
내일 아침 강 하늘에
기러기는 일일이 남쪽으로 날아가리.

其二

此夜長安友　蕭蕭送我歸

醉中星斗轉　　燈下菊花稀
新抄農家集　　將裁隱者衣
明朝江漢上　　一一鴈南飛

백문야작(白門夜酌)

백 리 가을빛 강 위로 나귀가 간다.
청문(靑門)에 붉은 해가 돋아올 무렵
강 마을엔 세월이 저물어
어룡(魚龍)이 잠잠하고
산 고을엔 서리 묻은 나뭇잎이 성깃하리.
돌아가면 달 보고 그대들을 생각하고
떠나와 글 전해줄 기러기도 없겠네.
한갓 미쁘다, 오늘밤 성 서쪽 모임
술 빌어 시흥(詩興)을 돋우노라.

　　白門夜酌與夢瑞季通景休禹相共賦
百里秋風江上驢　　靑門赤日照人初
滄洲歲暮魚龍隱　　山縣霜前草木踈
歸去憶君愁見月　　別來無鴈解傳書
可憐今夜城西會　　詩興猶堪借酒舒

* 신미년 서문(西門)에서 술을 마시며 몽서(夢瑞), 계통(季通), 경휴(景休) 우상(禹相)과 더불어 창수(唱酬)한 작품.

별경휴(別景休)

내 아우 이경휴(李景休)는
나이가 어리고 시를 잘한다.
장안 빗속엔 가을이 다 가고
사람은 내포(內浦)로 돌아가는 때
다시 만날 날이 멀지는 않다만
오늘 밤만은 더디게 새고 싶구나.
너의 천수(千首)의 시를 얻어
강마을에서 조용히 읽어봤으면…….

別景休

李生吾愛弟　　年少又能詩
秋盡長安雨　　人歸內浦①時
後期知不遠　　今夜欲偏遲
待爾携千首　　滄浪細讀之

* 신미년 경휴(景休)와 작별하며 읊음.

[註解] ① 內浦(내포) — 보령과 한산 쪽의 별칭. 경휴의 고향은 보령이다.

광릉도중(廣陵途中)

용문산(龍門山) 빛 뚜렷이 솟아오른 큰 강 동편쪽
중봉에 해가 비쳐 백 리가 붉고녀.
문득 바라보니 충주(忠州)가 다시 어디메뇨

길손이 가리키는 저 먼 흰 구름 속…….

廣陵途中

龍門山色大江東　　日照中峰百里紅
却望忠州更何處　　行人指在白雲中

* 신미년 10월에 충주(忠州) 여행을 하며 지음.

동군(東郡)

시인은 원래 늙기 쉽고
지사(志士)는 매양 시름이 많네.
길잡이 노릇이 언제나 끝나려고
공명이야 알 수 없는 것이어라.
동쪽 고을엔 국화가 일찍 피고
가을날 큰 강이 더디게 흐른다.
눈앞에 넓은 땅이 모두 내 땅이 아니어
한번 앞길을 물어본다.

東　郡

詩人元易老　　志士每多悲
行役何時已　　功名未可知
菊花東郡早　　秋日大江遲
滿目非吾土　　前途一問之

* 신미년 영동(嶺東)에서 지음. '신미시월장부충주야회회이댁최길보홍광국화별(辛未十月將赴忠州夜會會而宅崔吉甫洪光國話別)'이라는 시에 '경

구고주발(京口孤舟發) 충주시월행(忠州十月行) 고인빈천별(故人貧賤別)
심야빈모명(深夜鬢毛明)'이라고 한 구절이 있다.

별천보산승(別天寶山僧)

천보산(天寶山) 마루 구름이
절로 났다 절로 사라져 가네.
묻노니 저 스님 서역(西域)에서 온 뜻은?
스님은 별로 할 말이 없다 하네.

別天寶山僧

天寶峰頭雲　　自生還自滅
欲問西來意　　吾師無可說

* 계유년 지음.

손장귀로취음(孫庄歸路醉吟)

취하여 와 고송(古松) 밑에 누워
하늘 위 구름을 우러러본다.
산 바람에 솔방울은 떨어져
일일이 가을 소리를 하누나.

孫庄歸路醉吟

醉臥古松下　　仰看天上雲

山風松子落　一一秋聲開

*계유년 지음.

별유직진실귀파산(別儒直盡室歸坡山)

자네가 내 《마생전(馬生傳)》을 읽고
문장이 기이하다고 칭찬하였네.
내가 천고의 뜻을 말한 것을
오직 자네 한 사람이 있어 아네.
밤 술자리엔 긴 이야기도 없고
가을바람에 사람을 보내며 작별하는 때.
밝는 날 아침 보검(寶劍)을 풀어 주며
떠나는 갈림길, 각각 하늘 가로 가네.

別孺直盡室歸坡山

君讀馬生傳①　文章歎我奇
敢爲千古意　　猶有一人知
夜酒無長語　　秋風送別時
明朝解寶劒②　岐路各天涯

*계유년 지음. 유직(儒直)이 가솔을 데리고 고향 파주(坡州)로 돌아가는 때였다. 유직의 성은 권(權), 이름은 성(偕)이다.

註解　①馬生傳(마생전)－석북의 소설 작품의 하나. ②寶劒(보검)－보검을 풀어 준다는 말은 뜻을 같이하는 친구가 헤어질 때 씀.

인일자각(人日紫閣)

인일(人日)에 한성의 손이 되어
그대 자각(紫閣) 집에 올랐네.
매화 옆에서 조촐히 술잔을 들며
촛불 밑에 이름난 글을 대해라.
남은 눈 속에 원림(園林)은 좋은데
신년에 머리털은 성깃하구나.
시를 이루매 닭이 또 홰를 치니
성 위에는 남은 두어 개 별이 반짝이노라.

人日仲範宅呼韻

人日①爲京客　登君紫閣廬
梅花動小酌　蠟燭對名書
殘雪園林好　新年鬢髮踈
詩成鷄又唱　城上數星餘

* 갑술년 정초 권중범(權仲範) 집에서 친구들과 읊음. 중범의 이름은 사언(師彦).

註解　①人日(인일)—중국에서 정월 초이렛날을 사람의 날이라고 함. 《북사위수전(北史魏收傳)》에 '정월 초하루는 닭날, 이틀은 개날, 사흘은 돼지날, 나흘은 양날, 닷새는 소날, 엿새는 말날, 이레는 사람날[人日]'이라 했음.

죽서소취(竹西小醉)
── 주인 유회이(兪會而)에게 주다 ──

남산 밑에 한 해가 지나도록
오가는 한갓 두어 집이어라.
때로 금주령을 만나도
차마 매화를 저버리기 어려우이.
성과 궁궐엔 봄 그늘 무겁고
숲 동산엔 저문 경치 비꼈어라.
고인에게 좋은 뜻이 많아
먼 시골 생각 위로해 주네.

竹西小醉
(贈主人會而)

經歲南山下　往來秖數家
有時逢酒令　不忍負梅花
城闕春陰重　林園暮景斜
故人多好意　鄉思慰天涯

* 갑술년 지음. 죽서(竹西) 유회이(兪會而) 집에서 조촐히 마시며 읊었다. 회이의 이름은 한우(漢遇), 본관은 기계(杞溪)다.

여강광지음중범댁(與姜光之吟仲範宅)

보슬비 내리는 산속 저녁에

외로운 거문고 요조(窈窕)한 집이어라.
술잔을 같이하는 남포(南浦)의 손이
어느 날 북영(北營) 꽃놀이를 갈까나.
밤길은 가늘게 칡덩굴로 통해 있고
봄 시냇물은 버들을 안고 비꼈어라.
몇 번이나 이곳에서 시를 읊었던고
그윽한 흥만으로 생애는 족하더라.

與姜光之吟仲範宅

微雨山中夕　　孤琴窈窕家
同盃南浦客　　何日北營花
夜逕通蘿細　　春流抱柳斜
幾回吟此地　　幽興足生涯

* 갑술년 지음.

별손백경형제(別孫伯敬兄弟)

예쁘다, 그대 형제
늦게 장안에 만나서 노네.
시서(詩書)가 그대 집 유업이거늘
어찌 계옥(桂玉)에 뜻을 둘까 보냐.
역(驛) 버들엔 나그네 비가 뿌리고
강 꽃엔 고국의 배가 가노라.
봄바람이 이 뜻을 알아
영남(嶺南) 다락으로 불어 보내네.

別孫伯敬兄弟

佳絶君兄弟　　晩逢京口遊
詩書元祖業　　桂玉①豈身謀
驛柳行人雨　　江花故國舟
春風知此意　　送別嶺南樓

* 갑술년 서울에서 손진사(孫進士) 백경(伯敬 : 이름은 思翼), 사기(士騏 : 이름은 思駿) 형제가 고향인 영남으로 내려가려던 때 같이 읊음.

註解　①桂玉(계옥)－시량(柴糧). 생계를 위하여 영위함을 말함.

방수편(芳樹篇)

꽃다운 나무에 지는 꽃잎이
경대 앞에 날아와 내리네.
미인이 단장을 파하고
덧없이 가는 봄을 아쉬워하네.
바람따라 강남 가기 역겨워
10리도 못 가서
9리쯤에서 돌아오네.

芳樹篇

芳樹飛花落鏡臺　　美人粧罷惜春催
隨風不肯江南去　　十里盤旋九里廻

* 갑술년 지음.

횡당소녀가(橫塘少女歌)

노래와 춤 배우는
서릉(西陵) 소소(蘇少)의 집
비낀 못에 와
술 배를 띄워 노니네.
붉은 치마가 다 젖도록
돌아가지 못하는
강 북쪽 강 남쪽엔
흐드러지게 핀 버들꽃.

橫塘少女歌

學舞西陵蘇小①家　橫塘②來蕩酒船斜
紅裙濕盡不歸去　江北江南楊柳花

註解　①蘇小(소소) - 전당(錢塘)의 명기(名妓) 이름. 예기(藝妓)의 뜻으로 씀.
②橫塘(횡당) - 남경(南京)에 있는 못 이름. 회수(淮水)에 연해 둑을 쌓아 비낀 못이라 이렇게 이름함.

원앙가(鴛鴦歌)

강 남쪽 들물에 원앙 한 쌍
봄날 봄바람이 살랑살랑 물빛을 흔드네.
어느 집 계집아이가 물장난을 쳐서
원앙을 놀라게 하여 서쪽 못으로 들게 하느뇨.

鴛鴦詞
江南野水雙鴛鴦　春日春風搖水光
誰家兒女弄春水　打起鴛鴦入西塘

선유마포(船游麻浦)

— 4월 중범(仲範) 형제, 광지(光之)·회이(會而)·길보(吉甫)와 함께 배를 띄우다 —

4월 강물은 협 고을로 좇아오고
파릉(巴陵) 저 한 곳 아득히 열렸어라.
물구름 속에 백구와 백로들 분명히 보이는데
거문고 젓대 소리에 어룡은 멍하니 서러워한다.
누런 모자로 배를 저어 어느 갯가 내려갈꼬
수양버들 푸르른 언덕 모두 다 누대라.
보라, 성시(城市)의 꽃다운 것 다 지나가노니
흥따라 호산(湖山)을 난만하게 돌아오리로다.

四月與仲範兄弟光之會而吉甫船游麻浦

四月江從峽郡來　巴陵①一望杳然開
水雲鷗鷺分明見　絲竹魚龍恍惚哀
黃帽刺舟②何浦渚　綠楊垂崖盡樓臺
請看城市芳菲度　隨興湖山爛漫廻

* 갑술년 지음.

註解　①巴陵(파릉)—중국 서호(西湖)의 지명. 여기서는 저도(楮島) 근처를

가리킴. ②黃帽刺舟(황모자주)-황모는 누른빛 모자. 황모를 쓰고 배를 저음.《한서》〈등통전(鄧通傳) 주(註)에 '오행(五行)에 흙은 물을 이기는 것으로 빛이 누르다. 배를 젓는 사람들이 모두 노란 모자를 쓴다'고 쓰여 있음.

이주(移舟)

처음 마포(麻浦) 배에 올랐더니
어느덧 파릉(巴陵)이 가까웠어라.
배가 제 가는 줄을 모르고
다만 청산만 눈앞에 돌더라.

移 舟
初登麻浦船　　忽近巴陵縣
不知舟自行　　但見靑山轉

저도야박(楮島夜泊)

4월 푸르고 푸른 물
강놀이 배에 밝은 달
둥실 떠 있다.
물가 마을엔
초가 여덟 아홉 채
양류(楊柳) 두서너 그루.
오늘밤 배는 돌아갈 줄을 모르고
이웃 낚싯배에서

비로소 고기를 산다.
닭소리 듣고서야
언덕으로 올라가노니
애틋한 이 서호(西湖).

楮島^①夜泊

四月青青水　　野航明月孤
茅茨八九屋　　楊柳數三株
今夜不回棹　　隣舟初買魚
聞鷄崖上去　　怊悵是西湖^②

|註解| ①楮島(저도)-삼전(三田)에 있는 저자도(楮子島). 《여지승람(輿地勝覽)》에 의하면 '산수가 가려(佳麗)하여 중국 인사들이 우리나라에 오면 반드시 이곳에서 유영(遊咏)하였다'고 함. ②西湖(서호)-이 근처 강을 일컬음.

송금성객(送錦城客)

강남에 가려한 땅은
금성(錦城)만한 곳도 드물어라.
달이 밝으매 평초(平楚)는 멀고
꽃이 떨어지며 사람은 돌아가네.
청문(靑門)에 떠나는 노래 움직이노니
봄옷이 어느 곳에 가 자리.
홀로 한경엔 손이 있어
서호(西湖)로 나는 새를 바라보네.

送錦城客

江南佳麗地　　更似錦城①稀
月明平楚遠　　花落故人歸
青門動別曲　　何處宿春衣
獨有秦京客　　西湖望鳥飛

* 갑술년 지음.

註解　①錦城(금성) - 금산(錦山)의 옛 이름.

곡사길(哭士吉)

서른일곱 해가 왜 이리 초초하뇨
용을 타고 가 태청도(太淸道)에 오르네.
벽도화가 한 번 피면 3천 년이라니
그대가 돌아오고 싶을 땐 천지가 늙네.

哭士吉

三十七年何草草　　騎龍去上太淸道①
碧桃②一發三千年　　君欲歸時天地老

* 갑술년 지음. 신사길(申士吉)은 당시 문장재사로 이름이 있었다. 이름은 사권(史權), 일찍 죽음.

註解　①太淸道(태청도) - 하늘을 가리킴.　②碧桃(벽도) - 신선이 먹는 과일. 벽도화는 벽도의 꽃.

증홍광국(贈洪光國) 2수(二首)

1

충주 한 닢 배 손이
5월 협강에 높았어라.
물가에 버들은 푸르디푸르게 닻을 따르고
여울 갈매기는 희디희게 도포를 비쳐라.
그대는 해를 지나서야 오고
나는 오랜 손으로 머물러 있네.
오직 문장(文章)의 일이 있음으로써
궁도(窮途)에도 야 마음은 호기롭다.

洪光國自忠州舟至喜而賦贈 二首

其一

忠州一舟客　五月峽江高
渚柳青隨纜　灘鷗白照袍
看君經歲到　歎我久游勞
祗有文章事　窮途也氣豪

* 갑술년 지음.

2

일대(一代) 홍광국(洪光國)이

낙착해 있음은 누구나 슬퍼하네.
해가 지날수록 늙는 모습이 놀라운데
밤을 새우며 새로운 시를 이야기하네.
가늘게 잔질하니 등잔꽃은 떨어지고
여름 나무에는 살짝 서늘바람이 인다.
아직은 이름난 선비로 족하거늘
드높이 북창에 드러눕는 때.

  其二

  一代洪光國 低回衆所悲
  逐年驚老態 終夜語新詩
  細酌燈花落 微凉夏木吹
  且爲名士足 高臥北窓時

구일등고(九日登高)

늙은이가 철 수작하여
산수유를 꺾어 머리에 꽂아보네.
골짜기 햇빛은 차게 옷을 비치고
산바람은 수염을 불어 흩날리네.
비탈길 단풍 숲 언덕에
다듬이 소리 먼 흰 구름 집
취하여 느지막이 돌아가노니
성 가엔 어느덧 저녁 까마귀.

九日登高

老年酬令節　　猶自插茱花①
谷日照衣冷　　山風吹鬢斜
盤陀紅樹崖　　砧杵白雲家
醉後歸須晚　　城陰已噪鴉

* 갑술년 중양에 지음.

註解　①插茱花(삽유화)-9일 풍속으로 높은 데 올라 산수유 가지를 꺾어 머리에 꽂음.

기강광지(寄姜光之)

장안에 이름이 자자한 강광지(姜光之)
그대 삼절풍류(三絶風流)가 한 세상을 압도하네.
백발에 집이 가난하니 속인들은 웃고
주현(朱絃)에 세밑 들어 벗들이 슬퍼한다.
눈 내린 뒤 어느 집에서 새로 그림을 펼쳐 볼꼬
어젯밤 성 남쪽에서 함께 시를 읊었네.
헛되어라, 이름만 세상에 가득차게 하지 말게나
궁한 길에도 하마 이 뜻을 자네는 짐작하리.

寄姜光之世晃

長安籍籍說光之　　三絶風流①倒一時
白髮家貧衰俗笑　　朱絃②歲暮故人悲

誰家雪後新開畵　　昨夜城南共賦詩
莫遣才名虛滿世　　窮途此意爾應知

*무술년 지음. 강광지(姜光之) 세황(世晃)은 시·서·화 삼절(三絶)이라 하여 유명하다. 석북(石北)과는 특히 절친한 사이였다.

註解 ①三絶風流(삼절풍류)-세 가지 초절한 재주를 말하는 것. ②朱絃(주현)-시를 일컬음.

송홍군택귀원주(送洪君擇歸原州)

그대는 봄물을 타고 원주(原州)로 돌아가고
나는 남쪽 내포(內浦) 배에 오르네.
해마다 해마다
문득 소상강(瀟湘江) 기러기 같아
강한(江漢)에서 만나는
매양 한가을.

送洪君擇歸原州

君乘春水上原州　　余亦南歸內浦舟
年年却似瀟湘雁　　江漢相逢每一秋

*갑술년 가을 원주로 돌아가는 홍군택(洪君擇)과 작별하며 지음. 군택의 이름은 수보(秀輔)다.

미정구제대삼감음(尾井舊第黛杉感吟) 2수(二首)

1

서성(西城) 밖에 묵은 대삼(黛杉)나무
우리집 선조가 어느 해에 심으셨던고.
식물에 떳떳한 주인이 있으랴만
어릴 적부터 내가 익히 전해 들었노라.
붉은 둥치는 천 년에 곧아 있고
푸른 가지는 반쯤 뜰을 덮었어라.
돌아갈 때 또 한번 어루만져 보노니
인정이 연 그러하이.

尾井李侍郎宅卽吾舊第有先祖手植老杉陰盖半庭
二首

其一

城西黛杉^①古　　吾祖種何年
植物無常主　　兒時習舊傳
赤心千歲直　　靑盖半庭圓
臨去摩挲又　　人情也自然

* 병자년 45세 때 지음. 서문 밖 미정이시랑댁(尾井李侍郎宅)은 신씨 구제(舊第)였다. 이시랑이 누구인지는 자세치 않으나 《서관록(西關錄)》에도 보인다. 그 집 뜰에 늙은 대삼(黛杉)나무가 서 있었는데 그 나무는 선생의 5세조 부학공(副學公) 담(湛)이 손수 심은 것이었다. 주인 이씨를 찾

앉다가 감구의 회포를 금치 못하여 읊음.

註解　①黛杉(대삼)-푸른 삼나무.

2

조회(朝會)에서 백문댁에 돌아오면
그날 이곳에 배회하셨으렷다.
묵은 빛깔은 담에 기대 늙었는데
옛 주인 아닌 사람이 집에 들어 보고 있구나.
지금 내가 와 상기 만져보노니
마치 옛 의관을 뵙는 듯하이.
나무를 대해 명절(名節)을 생각노니
청청한 빛깔 세한(歲寒)이 다가오네.

其二

朝回白門宅　　當日此盤桓
古色依墻壽　　他人入室看
猶來攀樹木　　如及見衣冠
對物思名節①　青青近歲寒②

註解　①名節(명절)-명예와 절조.　②歲寒(세한)-추운 세밑에 가까운 겨울.

만심진사우석(輓沈進士禹錫)　2수(二首)

1

자네 집은 광릉(廣陵) 동부꽃 피는 마을

협(峽) 속으로 이사하여 채 1년도 못되었네.
자네 아우가 가을 뒤 곡식을 거두어
내일 무덤 앞에 제사를 지내겠네.

輓沈進士禹錫 二首

其一

荳花門巷廣陵田　峽裏移家未一年
阿弟泣收秋後稻　可憐來日祭墳前

*정축년 46세 때 지음.

2

향교(香橋) 명월(明月)이네, 술 파는 집
몇 번이나 같이 와서 돌 위에서 마셨던고.
한번 작별한 뒤 4년만에 다시 이곳에 와
동쪽 뜰에 옛 국화를 혼자 대해 앉았네.

其二

香橋①明月酒人家　幾度同來石上賖
一別四年重到此　東堦獨對舊黃花

註解 ①香橋(향교) — 성균관(成均館) 근처에 있던 다리 이름. 거기에 명월이네 술집이 있었다.

재중초설조기홍부엄성(齋中初雪朝寄洪缶广晟)

충주 백여덟 굽이 여울에서
자네 세상길 어려움을 알았으리.
평생 보병(步兵)의 울음을 했는데
늘그막에 광문관(廣文官)이 되다니.
객의 집에는 세밑이 다가오고
매화는 누구와 더불어 보리.
함양(咸陽) 하룻밤 눈에
범수(范雎)가 추움을 이기지 못하는구나.

齋中初雪朝寄洪缶广晟

忠州百八灘[①]　君識世途難
平生步兵哭　　垂老廣文官[②]
客舍歲云暮　　梅花誰與看
咸陽一夜雪　　范雎[③]不勝寒

* 정축년 성균관(成均館)에 거재(居齋)할 때 지음. 홍부엄의 이름은 성(晟), 자는 광국(光國)이다.

註解　①百八灘(백팔탄)-충주강의 여울 이름. ②廣文官(광문관)-성균관 전적(典籍). 하찮은 벼슬의 뜻도 있음. 부엄이 그때 전적 벼슬을 하였었다. ③范雎(범수)-중국 전국시대(戰國時代) 위(魏)나라 사람. 자는 숙(叔). 웅변가였다. 위나라에서 벼슬하다가 쫓겨나 진(秦)나라에 들어가 원교근공책(遠交近攻策)을 말하여 재상에까지 올랐다. 함양(咸陽)은 진나라의 한 지명. 범수가 이곳에 한때 낙착해 있었다.

송무주운대영서산인(送茂朱雲臺靈瑞山人) 3수(三首)

1

가야산(伽倻山) 절 스님이 무릉(武陵)에서 돌아오데.
구름 장삼 아득한 신마(新磨)의 수석(水石) 사이
밤은 깊은데 허연 머리로 등잔불 밑에 앉아
빗소리를 들으며 한가로이 적성산(赤城山)을 이야기하데.

送茂朱雲臺靈瑞山人歸山　三首

其一

伽倻僧自武陵還　雲衲新磨水石間
深夜白頭燈下坐　雨中閒說赤城山

* 정축년 46세 때, 무주운대영서산인(茂朱雲臺靈瑞山人)을 보내면서 지은 작품. 적성산(赤城山 : 赤裳山)은 무주에 있는 고성.

2

스님은 내일 무주(茂州)로 돌아가네.
1만 산 즈믄 물에 나는 새 한 마리.
묻지 마오, 스님이 가서 머무는 곳
흰 구름에 어느 절 솔문 닫고 앉으리.

其二

袈裟明日茂州歸　萬水千山一鳥飛

莫問高僧入定處　　白雲何寺掩松扉

　　3

10년을 되돌아보니 적상산 안개
흰 구름 아득한 곳에 띠집을 사고 싶네.
저 스님 가을에 산 절에 이르거든
석교(石橋) 남쪽 밭에서 삼꽃을 캔다 이르오.

　　其三

十年回首赤城霞　　欲買白雲深處家
爲報山僧秋到寺　　石橋南畔採蔘花

증복사(贈福師)

6년 전 가릉사(嘉陵寺) 절 속에서
스님이 가사(袈裟) 입고 법자리에 오르던 일
석장(錫杖) 짚고 멀리 지나는 외로운 학(鶴) 그림자
흰 구름 속에 함께 두어 산봉우리를 걸었어라.
달이 밝으매 천뢰(天籟)에 찬 범패 소리 나고
꽃이 지니 선심(禪心)은 아늑한 낮잠 속에 들데.
병중에 자못 조용함을 기꺼이 여겨
날마다 쓸쓸하게 법자리를 대해 앉았었네.

　　贈福師

嘉陵寺裡六年前　　憶着袈裟上法筵

飛錫遠過孤鶴影　白雲同作數峰緣
月明天籟生寒梵　花落禪心入晝眠
頗喜病中人事少　繩床日日對蕭然

*정축년 지음.

우증여정(又贈汝正)

돌아가려나 하마 돌아가지 못할레라.
돌아갈 날 다시 차마 못갈레라.
손이 되면 갈림길이 많고
아내 없는 두 사람 선비여라.
백두(白頭)의 마음이 있으나
청안(靑眼)을 열어 줄 친구는 드물구나.
외로운 말이 강 밖에 가면
그대 생각하며 저문 눈발 날리리.

又贈汝正

欲歸愁未歸　歸日更依依
爲客多岐路　無妻兩布衣
白頭①心事在　靑眼友生稀
一馬江湖外　思君暮雪飛

*정축년 시골로 떠나던 날 초선(草禪) 허여정(許汝正)에게 주고 간 시.

註解　① 白頭(백두) - 백발과 포의(布衣)를 함께 상징함.

숙이이보댁공부(宿李彛甫宅共賦)

5년 강해(江海)의 손이
그대 곁에 이르지 못했었네.
눈[雪] 속에 관(關) 밖을 가고
봄을 타고 한양으로 들어왔네.
문장으로 함께 머리가 짧아 가는데
가난하고 천한 일은 왜 이리도 긴가.
등잔불 켜고 주고받는 말 다하지 못해
내일 또 먼 시골로 가네.

宿李彛甫宅共賦得長字

五年江海客	不到故人傍
犯雪遊關外	乘春入漢陽
文章髮共短	貧賤事何長
難盡灯前語	明朝又遠鄕

* 영조 37년 신사년 56세 때, 봄에 관서여행(關西旅行)에서 서울에 돌아와 이이보(李彛甫) 집에서 자며 읊음.

경복궁구지(景福宮舊趾)

옛 궁터 찾아드니 꽃다운 풀빛
봄날은 사람으로 하여금 슬프게 한다.
나라 열던 날 경영한 것들이

먼젓 조정에서 난리로 분탕이 났어라.
초군은 돌기둥으로 오르고
유녀(遊女)들은 궁 못에 얼굴을 비치네.
백악(白岳)과 종남(終南) 산세가
종래 만세의 터이건만…….

春日遊景福宮舊趾

故宮芳草色　春日使人悲
開國經營力　先朝板蕩時
樵兒登石柱　遊女照粧池
白岳①終南②勢　從來萬世基

註解　① 白岳(백악) - 북악산의 별칭.　② 終南(종남) - 남산의 별칭.

여사청견(旅舍聽鵑)

사면엔 깊은 나무가 많고
삼경 밤 울어예는 두견의 소리.
협(峽) 하늘은 꽃다운 풀 밖에 열리고
바위 달은 낙화 앞에 비쳤어라.
쓰게 울어 마침내 무얼하리요
원통한 소리만 공연히 슬프다.
이곳 창 가까이 와 하소연하는 듯
외로운 손이 잠들지 못할레라.

旅舍聽鵑

四面多深木　三更聽杜鵑

峽天芳草外　巖月落花前
苦哭終何益　冤聲空可憐
近窓如有訴　孤客未能眠

보동사(普同寺)

사미(沙彌)는 돌문 서쪽까지 배웅을 하는데
길이 연라(烟蘿)에 들어 눈에 어린다.
물소리 따르니 저절로 마을이 보였다 안 보였다 하고
사람을 만나면 당황하며 언덕이 높았다 낮았다 하네.
이름난 재상들은 깊은 협에 별업(別業)을 많이 두고
백성들의 분묘는 반이나 폐전(廢田)이 되었어라.
말머리에 갑자기 나타나는 허옇게 빈 저곳
1천 길 그늘 언덕 빙계(氷溪)가 걸려 있다.

普同寺

沙彌[1]相送石門西　路人烟蘿[2]望欲迷
聽水自然村隱約　逢人倉卒崖高低
名鄕置墅[3]多深峽　百姓封墳半廢畦
馬首忽生虛白處　陰厓千尺掛氷溪[4]

註解　[1]沙彌(사미)—나이 어린 승(僧). [2]烟蘿(연라)—연기에 어린 칡덩굴. 싸리밭 따위. [3]墅(서)—별업(別業). 별장. 전장. [4]氷溪(빙계)—얼음이 언 시내. 빙폭.

제석전이일마상(除夕前二日馬上)

공사(公事)가 사람을 몰아 밤낮으로 길 가노라
새해가 모레 글피인 줄도 까마득 몰랐었네.
오늘밤 홀연 사천구(槎川句)를 생각노니
등불 켠 집집마다 떡 치는 소리.

除夕前二日馬上作

公事驅人日夜行　不知新歲在三明
今宵忽憶槎川句①　灯火家家打餠聲

* 계미년 52세 때 작품.

註解　①槎川句(사천구)-사천 이병연(李秉延)의 시구(詩句).

직여제석(直廬除夕)

해마다 제석(除夕)을 집에서 지내지 못하더니
올해도 또 서울에서 맞았구나.
금오(金吾)의 직방은 깊디깊게 잠겼는데
경경한 촛불만 불꽃을 튀기노라.
만사가 창망히 베개 위에 오고
가난한 벼슬아치는 외로이 하늘 가에 앉은 것 같으이.
내일 아침이면 어머님이 팔순(八旬)에 드시리니
돌아가 봉양할 밭도 없어 온 밤 시름을 하네.

直廬除夕

除夕年年不在家　　今年除夕又京華
金吾①直鎖深深地　　蠟燭看搖耿耿花
萬事蒼茫來枕上　　一官孤寂似天涯
庭闈八十明朝近　　歸養無田永夜嗟

* 계미년 제석(除夕)에 도사청(都事廳) 직방(直房)에서 지음.

註解　①金吾(금오) — 의금부(義禁府) 도사청(都事廳)을 일컬음.

석북시집(石北詩集) 4권

서관록(西關錄)

경진중동여장서행(庚辰仲冬余將西行)
— 11월 초4일 밤 문초(文初)가 서천(西川)에서 배웅하러 오다 —

내가 패서(浿西)로 떠나려는데
너는 송서(松西)에서 왔구나.
쌓이는 눈 속에 관산은 멀고
타향 밖에 골육(骨肉)이 희미하다.
가난 때문에 이 작별이 있으니
떠날 마당에 함께 울고 싶네.
제석날 대방(大房)에서
못내 두 곳 생각에 겨우시겠네.

十一月初四日夜文初來自西川送行仍拈西字共賦
吾將浿西①去　爾亦自松西②
積雪關山遠　他鄉骨肉迷③
以貧爲此別　臨發欲相啼
除夕高堂④上　人情兩處齊

* 영조(英祖) 36년 경진(庚辰) 49세 때 11월에 선생은 관서(關西)로 여행을

하였다. 시구(詩句) 중에 '이빈위차별(以貧爲此別) 임발욕상제(臨發欲相啼 : 가난 때문에 이 작별이 있으니, 떠날 마당에 함께 울고 싶네)'라고 한 것처럼 생자(生資)를 마련하기 위해 세모에 먼 길을 떠나게 된 것이다. 출발 전날 막내 아우 광하(光河)가 서천 송강(松江)에서 와 작별을 하며 3형제가 같이 읊음.

註解 ①浿西(패서)-평양의 별칭. ②松西(송서)-송강(松江)의 별칭. 서천 서해안에 있는 동네로 당시 진택(震澤)이 그곳에 살고 있었다. 〈서주잡시(西州雜詩)〉 가운데 '연장어랑포(烟瘴漁郞浦) 손포진사가(蓀蒲進士家)'라고 한 송강우거(松江寓居)가 그곳이다. ③骨肉迷(골육미)-골육이 희미해진다는 이 구절은 형제가 멀리 떨어진다는 뜻. ④高堂(고당)-대방(大房). 부모가 계신 큰 방.

정자운(情字韻)

내일 아침 천리 길에
말은 쓸쓸히 울리.
이 밤 산중의 작별이
진실로 새윗길이 되네.
어느 고을에서 보름달을 맞으리요
집에 돌아오는 날은
명년 봄날 무렵.
일일이 날아가는 기러기 소리
관산에서 멀어지는
아득한 남쪽 하늘.

又賦情字

明朝一千里　　馬作蕭蕭鳴

有是山中別　　眞成塞上行①
何州見月滿　　歸日恐春生
一一行飛雁　　關山南極情

註解　①塞上行(새상행)-새윗길. 변방으로 가는 여행을 말함.

　　누자운(樓字韻)

하늘 아래 번화한 땅은
평양 부벽루(浮碧樓)라.
봄은 장차 화류(花柳) 속을 가고
늙어서 화사한 것들을 보면 부끄럽네.
앞길에는 알 만한 사람도 없거니
금년에 처음 먼 나들이를 떠나네.
강산이 아우들과 격하여
간 곳마다 너희의 풍류를 생각하겠구나.

　　又賦樓字

天下繁華地　　西京浮碧樓①
春將花柳②去　老見綺羅羞
前路誰知己　　今年始遠遊
江山隔小弟　　到處憶風流

註解　①浮碧樓(부벽루)-평양 모란대에 있는 누각명. ②花柳(화류)-꽃과 버들. 기악(妓樂)을 말하기도 함.

심자운(深字韻)

내일 길손은 떠나려는데
밤새 눈[雪]은 왜 이토록 깊은고.
차츰 세밑이 다가와
만리의 마음을 더하는구나.
장차는 나그네 길에 백발도 어설픈데
황금(黃金)은 어느 곳에 가 물으리.
앞길엔 응당 술도 없으려니
찬 시름 견디기가 어렵겠네.

又得深字

行人明日發　　終夜雪何深
漸近窮陰月　　逾添萬里心
長途懃白髮　　何處問黃金①
前路應無酒②　　寒愁恐不禁

[註解] ①黃金(황금) - 생자(生資)를 구하러 가는 길이었으므로 황금을 말한 것. ②無酒(무주) - 당시 금주령이 내려 어디를 가나 술을 얻지 못했다.

마상망송도(馬上望松都)

송도를 바라보니 기세가 웅장하다
동북으로 천마산(天磨山) 1만 말[馬]이 달려온다.
고려의 왕기는 연기만 자욱하고

저문 날 나그네는 물소리 속에 배회하네
묻노라, 저 성 가에 찬 종소리 들려오는 곳
말 위에 비가(悲歌) 부르며 만월대(滿月臺) 찾아든다.
이 밤 남문루(南門樓)에 올라 다시 읊조리노니(缺).

馬上望松都

松都^①一望勢雄裁　　東北天磨^②萬騎來
王氣前朝烟黯黮　　行人落日水徘徊
城邊欲問寒鍾處　　馬上悲歌滿月臺^③
今夜南樓^④更怊悵(缺)

註解　①松都(송도)-개성(開城)의 별칭. 송악산(松岳山) 밑에 있으므로 이름함. ②天磨(천마)-천마산. 개성 동북에 있는 산명. 개성을 이중으로 둘러 쌓은 대흥산성(大興山城)은 이곳을 중심으로 축성되었다. ③滿月臺(만월대)-송악산 밑에 있는 고려의 궁전 터. ④南樓(남루)-남문루(南門樓). 개성의 남쪽 문루.

탁타교(橐駝橋)

탁타교(橐駝橋) 지나며
잠깐 말을 멈추네.
천 년에 물은 흐르는데
사람은 가서 가뭇없어라.
저기 송악(松岳)으로 돌아가는 중들
무어라 서로 말을 주고받는
석양빛 많은 곳
저곳이 고려 옛 서울일러라.

槖駝橋

行人駐馬槖駝橋[1]　流水千年事寂寥
松岳歸僧遠相語　夕陽多處是前朝

> 註解　① 槖駝橋(탁타교) – 개성 보정문(保定門) 안에 있는 다리. 고려 태조 때 거란이 사신과 함께 낙타 50마리를 보내왔는데 사신들을 다 죽이고 낙타는 다리 아래 매어둔 채 굶어 죽게 하였다. 그 일로 다리 이름을 탁타교라 함.

남루월야(南樓月夜)

하염없이 느린 말로 변방을 가네
온 눈 저문 빛깔 옛 나라 시름을 하네.
성곽은 인사를 따라 변하지 않았건만
영웅의 발자취는 다 물소리뿐이어라.
삼한을 통일한 것이 일찍이 진주(眞主)였는데
눈 달 찬 종소리에 다시 이 다락이 있네.
만 가구 인가에 일어나는 의희한 가곡(歌哭) 소리
혼자 읊조리며 그림 난간 서성인다.

南樓月夜

書生倦馬向邊州　滿目黃昏故國愁
城郭不隨人事改　英雄盡入水聲流
三韓一統曾眞主[1]　雪月寒鍾更此樓
萬戶依依歌哭起　沈吟獨立畫欄頭

註解 ①眞主(진주)-고려 태조 왕건(王建)을 가리킴.

만월대(滿月臺) 2수(二首)

1

만월대 예 이제 상심하는 곳
이궁(離宮) 터 흩어진 주춧돌에 이끼가 푸르다.
어느 해 옥뜰 위로 즈믄 벼슬아치들이 달렸던가.
석양에 푸른 나귀 외로운 나그네가 오네.
산새가 어이 전대(前代)의 슬픔을 알아 짐짓 우지랴
나무꾼들 노랫소리 절로 옛 도읍 시름을 한다.
삼한 세족(世族)이 모두 다 고려의 신하였거늘
이 땅 인정은 아득하여 헤아릴 길 없구나.

滿月臺 二首

其一

今古傷心滿月臺 離宮①處處石生苔
何年玉陛千官走 落日靑驢一客來
山鳥豈因前代哭 樵歌自以故都哀
三韓世族②皆王士 此地人情黯未裁

註解 ①離宮(이궁)-일명 행궁(行宮). 왕이 거둥하여 임시로 쓰는 궁전.
②三韓世族(삼한세족)-삼한은 우리나라를 말함. 세족은 대대로 벼슬해 온 유명한 문벌의 뜻.

2

고려 왕업이 그날 어떠하더니
5백년 동안 이 터전에 법석대었네.
곡령(鵠嶺)에 푸른 솔은 모두 다 무지러지려 하고
용못에 버드나무들은 거의 다 없어졌구나.
궁인의 옥거울은 봄밭을 갈면 묻혀 있고
태사국(太史局) 성대(星臺)는 달빛만 비춰 훤하다.
이곳을 심상 나라 망한 곳이라 일러
길손이 오다가다 머뭇거리누나.

其二

高麗王業昔何如　　五百年來莽此墟
鵠嶺①青松渾欲短　　龍池②御柳半無餘
宮人寶鏡春田得　　太史星臺③夜月虛
道是尋常亡國處　　客行臨去更躊躇

註解　①鵠嶺(곡령)-개성 송악(松岳)의 옛 이름. 신라 최치원(崔致遠)의 시에 곡령청송(鵠嶺青松)의 구가 있음. ②龍池(용지)-궁중의 연못. ③太史星臺(태사성대)-고려에서는 태사국(太史局)에서 천문·역수·측루 등에 관한 일을 맡아보았다.

선죽교(善竹橋)

세밑 슬픈 노래
서녘 관(關)을 나서네.

고려 옛나라는 다만 푸른 산
석양에 지나는 나그네 아는 사람도 없이
혼자 선죽교 앞에 절을 하고 돌아간다.

善竹橋

歲暮悲歌西出關　高麗舊國但靑山
斜陽過客無人識　善竹橋①前獨拜還

註解　①善竹橋(선죽교) - 정포은(鄭圃隱)이 피살된 곳. 다리 위에 붉은 반점이 있어 핏자국이라 전함.

청석동(靑石洞)

금천(金川) 30리에
청석동 외곬길이 열린다.
해가 떨어지면 행인들이 무서워하고
지난날 호병(胡兵)들도 이곳으로 왔었느니라.
적병을 막는 데는 참으로 알맞은 곳이건만
재략이 뛰어난 장수가 없었구나.
조령(鳥嶺)을 누가 일찍이 지켰던고
조선이 이렇듯 옛적부터 슬프다.

靑石洞

金川①三十里　靑石②一門開
落日行人恐　往時胡騎來
關防眞有險　將帥未聞才

鳥嶺③誰曾守　朝鮮自古哀

|註解| ①金川(금천)-개성 북쪽에 있는 고을. 처음에는 송악군의 속현이었으나 1413년에 따로 현감을 두고 황해도에 속함. ②靑石(청석)-청석동(靑石洞). 개성 바로 북쪽에 있는 협곡. ③鳥嶺(조령)-문경(聞慶) 새재. 천연의 요새. 임란(壬亂) 때 왜장 소서행장(小西行長)이 북상해 오는 가등청정(加藤淸正)과 이곳에서 합세해 서울로 침입했다.

금천(金川)
― 금천 주막, 밤에 비파(琵琶) 소리를 듣다 ―

금천 주막 안으로 둥시런히 달이 비껴오네
개성을 지나온 생각 아득한 하늘 가 같아라.
차츰 서관(西關) 번화지에 다가오는 양
담을 격해 그윽한 비파 소리 들려온다.

金川店夜聞琵琶

金川店裏月輪斜　憶度松京天一涯
漸近西關佳麗地　琵琶聲在隔墻家

금천효발(金川曉發)

서관 장사치들은 밤에 잘 다닌다.
주막마다 문전에서 물건 사라 외치는 소리.
눈[雪]색 당나귀 30리 길
낱낱이 금방울이 말머리서 울더라.

金川曉發

西關估客夜能行　　店店門前叫伴聲
雪色唐馱三十里　　金鈴箇箇馬頭鳴

저탄(潴灘)

평산(平山) 서쪽 끝은 이곳이 저탄
섣달 나그네가 밤에 건너기 어려워라.
1만 말[馬] 변경에는 호(胡) 기운이 검고
백 년 흐르는 물에 옛 싸움터 차다.
지사(志士)는 관하에서 다른 때의 분함을 느끼는데
눈비 내리는 샛고을로 한 해가 또 저무네.
늘그막에 뜻 하찮은 먼 길을 가며
산천 간 곳마다 나귀 매고 둘러본다.

潴　灘

平山西盡是潴灘①　　臘月行人夜渡難
萬馬彊藩胡②氣黑　　百年流水戰場寒
關河志士他時憤　　雨雪邊州此歲闌
垂老遠遊曾不意　　山川到處駐驢看

註解　①潴灘(저탄)―평산(平山)의 한 나루터. ②胡(호)―인조(仁祖) 정묘(丁卯)에 청병(淸兵)이 평산에 와서 우리 군사를 포위했다가 강화하고 돌아갔었다. 정묘년 및 병자년에 이 근처가 싸움터로 되어 있었음.

검수(劍水)

총수산(葱秀山)에서 날이 새더니
검수에서 벌써 해가 설피네.
안마(鞍馬)는 어디메쯤 왔을까
관하(關河)는 갈수록 멀다.
낙담하지 않을 수가 없어
마음을 고향 생각으로 달래려 하네.
밝는 날 생양관(生陽舘)에서
닭소리 듣고 또 서리를 밟으며 떠나가노라.

劍 水

葱山①天始白　劍水日催黃
鞍馬來何已　關河去益長
不能無失意　遂欲置思鄉
明日生陽舘②　聞鷄又踏霜

註解　①葱山(총산)-총수산(葱秀山). 평산(平山)에 있는 산 이름.　②生陽舘(생양관)-중화군에 있던 역원(驛院).

동선령(洞仙嶺)

동선령 위에서 서울을 바라보니
집은 서울을 지나 또 열 성(城).
남녘으로 가는 구름 천리 만리

누가 이곳에 와 시름없이 영을 넘을소냐.

洞仙嶺

洞仙嶺上望秦京　　家度秦京又十城
南去白雲千萬里　　何人到此不關情

동선관(洞仙關)

여장(女墻)은 높고 낮게 산을 좇아 돌아가네.
선령(仙嶺)은 아스라이 눈에 덮여 희다.
다행할손 중국이 백 년 동안 잠잠한데
홀로 서쪽 끝에 다다르니 한 문이 열렸구나.
금성(金城)의 수자리는 해마다 해마다 솟아올랐건만
철기(鐵騎)로 호병(胡兵)들은 곳곳에 왔었어라.
오늘 썩은 선비가 공연히 말을 멈춰 생각노니
묘당(廟堂) 책략은 누구에게 물어 재단하리요.

洞仙關

女墻①高下逐山廻　　仙嶺②峩峩望粉灰
頗幸中原百年靜　　獨當西極一門開
金城③塞自年年起　　鐵騎胡能處處來
今日腐儒空駐馬　　廟堂④籌策問誰裁

註解　①女墻(여장)-성바퀴. ②仙嶺(선령)-동선령(洞仙嶺)을 이름. ③金城
(금성)-견고한 성이란 뜻. ④廟堂(묘당)-조정. 의정부의 별칭.

평산도중(平山道中)

평산 아전 문전 질책
이시랑(李侍郎) 편지를 전할 길 없네.
간 곳마다 가난한 선비에겐 낭패가 많아
황주(黃州) 길 위에서 돈 없는 것을 웃어 보네.

平山道中

平山①府吏叱門前　李侍郎②書不可傳
到處寒儒多敗意　黃州③路上笑無錢

註解 ①平山(평산) - 황해도의 한 고을. 동쪽은 금천(金川), 북쪽으론 봉산(鳳山)에 접해 있음. ②侍郎(시랑) - 고려 때 육조(六曹)에 해당하는 벼슬. 참판(參判)의 별칭. ③黃州(황주) - 사리원 북쪽에 있는 고을.

봉산일자(鳳山日者) 2수(二首)
― 봉산 점쟁이 유운태(劉雲泰)에게 주다 ―

1

남쪽에서 이름 들은 지는 이미 10년이나 지났건만
봉산 천리 길이 하 멀어 인연이 없었네.
오늘 아침 필마로 돌아든 서관 길에
복채 대신 한 머리 시를 써 주네.

贈鳳山日者①劉雲泰 二首

其一

南國聞名已十年　　鳳山②千里到無緣
今朝匹馬西關路　　只把新詩當卜錢

註解　①日者(일자)-점쟁이.　②鳳山(봉산)-평산(平山) 북쪽에 있는 고을.

2

유생(劉生)이 촉(蜀)나라
군평(君平)보다도 더 낫다 하네.
복채도 받지 않고 이름만 세상에 가득하네.
길 떠나며 문득 한 쌍 빗을 던져 주노니
작별한 뒤 머리 빗으며 날 생각해 주게나.

其二

劉生賢勝蜀君平　　卜不要錢滿世名
臨行却贈雙梳子　　別後梳頭憶我情

황주(黃州)

오늘밤 길손은 밝은 달과 더불어
황주(黃州)에서 잔다.
땅은 번화한 나라에 가까워 오고
성(城)에는 표묘한 다락이 많아라.

천 리의 꿈이 이제 이루려 하건만
내 이미 늘그막에 들어 애달프네.
내일 이 서관
강가에 청한주(靑翰舟).

黃　州

行人與明月　　今夜宿黃州
地近繁華國　　城多縹緲樓
欲成千里夢　　憐向暮年游
來日西關是　　江邊靑翰舟①

註解　①靑翰舟(청한주)―배를 청한(靑翰)이라 함. 배에 새를 새겨 청색으로 칠한 데서 온 말. 한횡(韓翃)의 시에 '청한주중유악군(靑翰舟中有鄂君)'의 구절이 있다.

황주야발(黃州夜發)　2수(二首)

1

황주 밝은 달에 말은 자주 울고
밤에 떠나는 나그네에겐
닭 우는 소리 아랑곳없어라.
모두 대동강으로 향하여 가노니
청산은 점점이 돋아나고
새벽별 서천으로 내리더라.

黃州夜發 二首

其一

黃州明月馬多嘶　　夜發行人不問鷄
盡向大同江上去　　青山點點曉星西

2

새벽 서리 황주 고을 뿔피리 소리
쓸쓸한 외로운 말이 산성을 나서네.
평전(平田)에서 바로 북쪽 중화(中和) 들로
달 아래 사람은 없고 홀로 온 밤을 가네.

其二

霜曉黃州畫角聲　　蕭蕭一騎出山城
平田^①直北中和^②野　　月下無人盡夜行

|註解| ① 平田(평전) — 황주(黃州)에서 중화(中和)로 향해 가는 도중의 지명.
　　　② 中和(중화) — 평양 밑에 있는 고을 이름.

망평양(望平壤)

하늘이 관산에 들자 큰 들이 나직이 열린다.
차츰 장정(長亭)이 가까워 오는 대동강 서편쪽
의연한 그림 같은 항주(杭州) 길에
아직 닭소리도 듣지 않아 벌써 눈에 어리네.

望平壤

天入關山大野低　　長亭①漸近浿江西
依然畫裏杭州②路　　不到聞鷄已眼迷

註解 ①長亭(장정)-단정(短亭). 역로(驛路) 10리에 한 장정이 있고 5리에 한 단정이 있음. 송별시(送別詩)에서 흔히 쓰인다. ②杭州(항주)-중국 서호(西湖)에 있는 명소.

장림(長林)

10리 장림(長林) 길은 그림에도 그리기 어려워라.
나무 사이로 강물은 굽이굽이 비었어라.
숲이 다하면 꽃 같은 누대(樓臺)가 보이련만
문득 숲이 다할까 저어하여 말을 천천히 몬다.

長 林

長林①十里畵難如　　樹裏江流曲曲虛
林盡樓臺應自見　　却憐林盡緩驅驢

註解 ①長林(장림)-대동강(大同江) 남안에 있는 나루터. 10리 길에 관에서 나무꾼을 금하여 항상 수목이 하늘을 가려 장관을 이루었다.

부벽루차삼연운(浮碧樓次三淵韻)

관하(關河)에 내 친구가 있어

세밑에 와 함께 노네.
백탑은 전조(前朝)의 절이요
청산은 만 리의 다락이어라.
찬 수풀엔 들이 훤히 드러나고
외딴 섬으론 물이 나뉘어 흐르네.
해설필 무렵 장경문(長慶門) 쪽으로 돌아오나니
실바람이 배에 차지 않는다.

浮碧樓次三淵韻

關河故人在　　歲暮此同遊
白塔①前朝②寺　青山萬里樓
寒林野盡出　　孤島水分流
落日歸長慶③　　微風不滿舟

* 부벽루에서 삼연(三淵) 운을 밟아 읊은 것. 삼연은 김창흡(金昌翕). 숙종(肅宗) 때 시인으로 부벽루에 현판이 있음.

註解　①白塔(백탑)-영명사(永明寺)에 있는 석탑. ②前朝(전조)-먼저 조정. 고려를 가리킴. ③長慶(장경)-장경문(長慶門). 평양 동문의 하나.

연광정증검무기(練光亭贈劍舞妓)

푸른 전립 자줏빛 비단 치마
평양에서 제일가는 검무 기생
해 으스름에 어룡(魚龍)이 노니는 이슥한 물가
개인 날 빈 다락엔 비바람이 몰아오는 양.
아미(蛾眉)는 움직여 곱게 생기가 돋아나고

비단 소매 풀풀 나부껴 사람의 애를 끊게 하누나.
다시 난주(蘭舟)로 내리며 노래 한 곡
물빛 산빛이 모두 다 창창하고녀.

練光亭^①贈劍舞妓秋江月

青鬢戰笠紫羅裳　第一西關劍舞娘
落日魚龍來極浦　晴天風雨集虛堂
峨眉顧眄能生氣　珠袖翻回合斷腸
更下蘭舟^②歌一曲　水光山色遠蒼蒼

|註解| ①練光亭(연광정)-부벽루(浮碧樓)와 강 건너 마주 선 정자. ②蘭舟
(난주)-물놀이하는 그림배. 심양강(潯陽江)에 목란나무가 많아 이 나무
로 배를 만들었었다.

기녀(妓女)

열여섯 살 난 양가집 색시가
올해 처음 교방(敎坊)에 들어왔다네.
어느 난폭한 사나이에게 몸을 그르쳐
눈물을 뿌리며 낭군과 이별을 하였네.
가무(歌舞)를 배우는 것이 그지없이 부끄럽고
가난해도 아예 의상(衣裳)은 빌리지 않아라.
박명한 가인에겐 원한이 많은 것을
명관(明官)이 소상히 알아주지 못하네.

贈 妓

十六良家子　今年入敎坊^①

誤身由暴客　揮淚去新郎
羞難學歌舞　貧不借衣裳
薄命多生恨　明官②照未詳

註解　①教坊(교방)-기악(妓樂)을 가르치는 곳. 화류가(花柳街)를 말하기도 함.
②明官(명관)-현명한 관리.

별패강(別浿江)

인생에 한많은 이 서주(西州)
그 중에도 가장 한많은 일은
내가 이미 늘그막이라.
오늘밤 금 장막 속에서 계홍주(桂紅酒)
마음껏 취하지 못하고
그림배 능라(陵羅) 벽도(碧島)에
봄놀이 못다하고 떠나가네.
오직 글을 읊어 집집이 시권을 전하고
아름다운 강산 속에 헛되이 다락을 올라라.
적적히 왔다 가는 번화한 땅
한평생 이 나라에 선비로 늙는 것이 부끄럽구나.

別浿江①

人生多恨是西州②　　最恨行年已白頭
金帳桂紅③無夜醉　　畵船綾碧失春遊
徒傳詞賦家家卷　　　虛倚江山處處樓
寂寞去來佳麗地　　　百年東國布衣羞

* 이듬해 신사년 정월에 평양을 떠나 서울로 돌아왔다. 이하는 돌아오는 도중에서 지은 작품들.

註解 ①浿江(패강)-대동강. ②西州(서주)-평양의 별칭. ③桂紅(계홍)-계홍주(桂紅酒). 계피로 담근 술. 빛이 붉다.

증성천객(贈成川客)

이름난 우리나라 강선루(降仙樓)는
열두 무산(巫山)이 난간 밖에 떠있다네.
성천(成川)을 보지 못하고 말머리 돌려
사람 만나면 부끄러워 서주 왔다 간단 말 못하겠네.

贈成川客

聞名東國降仙樓① 十二巫山②檻外浮
不見成川回馬去 逢人羞說到西州

註解 ①降仙樓(강선루)-비류강 언덕에 있는 유명한 누각. ②巫山(무산)-강선루 앞에 있는 흘골산(紇骨山)을 지칭함. 봉우리가 열두 봉우리다.

연광정유증패강기(練光亭留贈浿江妓) 2수(二首)

1

비연기 그림 다락 물언덕도 많아라.
석양에 일어나는 이별곡 길손이 들어라.

어느 때나 또다시 서관의 객이 되어
푸른 강에 그림배 띄워 물결 헤쳐 올라갈꼬.

練光亭留贈浿江妓　二首

其一

烟雨樓臺水巖多　行人落日聽勞歌
何時更作關西客　浮碧蘭舟逆上波

2

물가에 내리며 미인들은 객을 보내네.
석양에 모두 배따라기를 부르네.
외로운 배 장림(長林) 쪽으로 내려가노니
눈길 먼 곳 봄 강물 아득하고녀.

其二

臨水紅粧送客多　夕陽齊唱上帆歌
孤舟欲下長林近　極目春江生遠波

도패강(渡浿江)

물 건너 누대들은 새삼 의의하고나
남포(南浦)에 푸른 산은 반쯤 햇빛 슬렸는데.
장림(長林)으로 들어가며 점점 보이지 않는
다정하기 마치 미인과 작별하고 돌아가는 것만 같으이.

渡浿江

樓臺隔水更依依　南浦①青山半夕暉
行人長林漸不見　多情如別美人歸

註解　①南浦(남포)-대동강(大同江) 나루터의 하나. 정지상(鄭知常)의 시에
'우헐장제초색다(雨歇長堤草色多)　송군남포동비가(送君南浦動悲歌)'란
구절이 있음.

평산객사유별한인수(平山客舍留別韓仁叟)　2수(二首)

1

평산(平山) 객사에 가고 머무는 마음
그대는 장안(長安)으로 가고 나는 벽성(碧城)으로 향하네.
천리 길 함께 와 중도에서 작별하노니
차라리 처음부터 동행이나 하지 말 것을.

與韓督郵仁叟必壽 同到平山 分路向長淵 獨留旅舍 夜坐有憶　二首

其一

平山客舍去留情　君向長安①我碧城②
千里同來中路別　不如初不與君行

* 한인수(韓仁叟)의 이름은 필수(必壽). 본관은 청주(淸州)다. 그가 평양의
독우(督郵)로 있었다. 독우는 찰방(察訪) 벼슬의 이름. 평산까지 동행했

다가 작별하고 방에 여사에 혼자 앉아 지은 작품이다.

註解 ①長安(장안)-서울을 가리킴. ②碧城(벽성)-황해도 옹진(甕津)과 장연(長淵)에 접해 있는 고을.

2

나그네 집에서 자네 보내고
외로운 등잔 밑에 앉은 마음
친구는 오늘 밤 개성(開城)에서 자고 있으리.
내일 아침 흰 눈 서주(西州) 길에
필마로 쓸쓸히 바닷가를 가리로다.

其二

旅舘孤燈別後情　故人今夜宿開城
明朝白雪西州路　匹馬蕭條海畔行

마상망구월산(馬上望九月山)

1천 봉 저 서편 바다 구름 사이
말 위에서 아득히 구월산(九月山)인 줄을 알겠노라.
어젯밤 내린 눈에 산빛은 새삼 높아
찬 하늘로 다만 새 한 마리 날아 돌아온다.

馬上望九月山

千峰西望海雲間　馬上遙知九月山[①]
山色更高前夜雪　寒空唯見鳥飛還

[註解] ①九月山(구월산)-문화(文化)에 있는 산 이름. 단군 신화로 이름남.

장연도중(長淵道中)

찬 날에 가는 손이 금사(金沙)를 들르지 못하네.
눈바람 속에 서주는 아득히 멀어지네.
돌아가면 강남 4, 5월에
해당화를 보기가 부끄럽겠네.

長淵①道中

行人寒不到金沙②　風雪西州一望賖
歸去江南四五月　羞看處處海棠花

[註解] ①長淵(장연)-황해도 서쪽 끝에 있는 고을. ②金沙(금사)-명사십리 해당화로 이름 있는 곳이다.

수양산(首陽山)

삼한은 중국의 바깥이건만
또 하나 수양산(首陽山)이 있구나.
지명은 오히려 서로 같아도
인정은 예사롭지 않아라.
봄 고사리는 종자가 있는 듯한데
밤 눈[雪]은 다시 얼굴을 적시네.
고죽성(孤竹城) 머리 빛깔을

어이 이곳에서 보리요.

望首陽山

　三韓中國外　　又一首陽山①
　地號猶相似　　人情未等閑
　春薇如有種　　夜雪更添顏
　孤竹城②頭色　　何如見此間

註解　①首陽山(수양산) — 해주(海州)에 있는 산 이름. 중국 산서성(山西省)에도 동명의 산이 있다. 백이(伯夷) 숙제(叔齊)가 고사리를 캐 먹다가 굶어죽었다는 곳. ②孤竹城(고죽성) — 백이·숙제의 나라.

자장연향해주(自長淵向海州)

관산에 봄이 차고 눈이 옷깃에 뿌려
금사 앞길엔 지나는 사람도 드뭇하다.
양서(兩西) 3천 리를 다 지나노라
새해에 백발만 더해 돌아가네.

自長淵向海州

　關塞春寒雪打衣　　金沙前路見人稀
　兩西①行盡三千里　　秪得新年白髮歸

註解　①兩西(양서) — 황해도와 평안도의 통칭.

해주도중(海州道中)

눈 속에 해주는 행인도 드뭇하다.
남쪽을 바라보니 1천 산에 저무는 햇빛
오늘밤 벽란강(碧瀾江) 위에서 자리
혼자 쓸쓸히 한양으로 돌아간다.

海州道中

雪中人去海州稀　　南望千山但落暉
今夜碧瀾江①上宿　　蕭條獨向漢陽歸

註解　①碧瀾江(벽란강)―예성강(禮成江) 지류, 벽란도(碧瀾渡)가 있는 강 이름.

상원일해주(上元日海州)

동네마다 화적(禾積) 놀이로 풍년을 비네.
세시 풍속은 서나 남이나 어디나 같네.
오늘 고장에서도 아이들이 이 놀이를 하느라
장대가 대 울타리 사이로 삐죽이 나오렷다.

上元日海州道中

村村禾積①祝年豊　　歲俗西南處處同
兒輩故園隨作戲　　一竿應出竹籬中

註解　①禾積(화적)―세시 풍속의 하나로 상원(上元)에 행하던 벼쌓기 놀이.

상원등해주남루(上元登海州南樓) 2수(二首)

1

서관길 돋는 달에 객이 보고 시름하네.
황혼에 혼자서 고을 다락 올랐어라.
알괘라, 내 고장 먼 남쪽 고을
오늘밤 쓸쓸히 해주(海州)에서 자리로다.

上元登海州南樓 二首

其一

關路行人見月愁　黃昏獨上郡城樓
故園南望知何處　今夜蕭然宿海州

2

오늘밤 장안에선 밝은 달에
몇 사람이나 답교하며 지낼꼬.
관하 만리 길에 돌아가는 길손
외로이 하늘 가에서 머리가 세려 하네.

其二

明月長安處處橋　幾人今踏可憐宵
關河萬里東歸客　一夜天涯鬢欲凋

해주도구방백정령(海州悼舊方伯鄭令)

부용당(芙蓉堂)의 사람은 옛 주인 아니어라
성곽(城郭)엔 봄바람이 차고 반쯤 해가 설피네.
보국의 한 마음이 마침내 적막해졌으니
문에 가득찼던 구족(九族)들은 흩어져 허희 탄식하리.
아직도 옥절(玉節)은 감영(監營) 속에 있는 듯
붉은 명정이 영 밖으로 돌아간 일 통 믿기지 않네.
만리 길 서쪽으로 관(關)을 가는 나그네
초종 때 보지 못하고 뒤늦게 눈물로 옷을 적시노라.

過海州悼舊方伯①
芙蓉②新閣主人非　　城郭春寒半夕暉
報國一心隨寂寞　　盈門九族③散戲欷
猶疑玉節④營⑤中住　　不信丹旌嶺外歸
萬里西游關塞客　　經過身後淚沾衣

註解　①方伯(방백)-관찰사.　②芙蓉(부용)-부용당(芙蓉堂). 해주의 누각명.　③九族(구족)-온 집안 친척.　④玉節(옥절)-관직을 제수할 때 주는 옥으로 만든 부신(符信). 옥당(玉堂) 이상의 관직에 있는 이를 높여서 부르는 말이기도 함.　⑤營(영)-감영(監營). 관찰사가 있는 영.

효발해주(曉發海州)

서리 찬 새벽녘에 문 여는 화각(畵角) 소리

열치매 드높은 달이 강성에 가득하다.
수양산(首陽山) 봉우리는 아직도 눈빛인데
아득한 앞길을 말에 맡겨 가노라.

曉發海州

霜曉開門畵角①聲　出看高月滿江城
首陽山色猶殘雪　前路蒼茫信馬行

註解　①畵角(화각)-군악(軍樂). 성문을 여닫을 때에는 뿔피리를 불어 신호함.

도중(道中)

말에 올라 문을 나서니 3월이 저물어가네.
서경(西京) 스물네 곳 장정(長亭)이 아득하다.
석벽에는 진달래꽃이 남아 드문드문 비치고
강밭엔 연맥(燕麥)이 멀리 푸른빛을 일으킨다.
홀로 생각노니 오늘 아침도 어제처럼
바로 앞 영(嶺)에서 삼성(參星)을 보리.
인생의 반은 나그네길에서 늙는 것
내일 밤 닭 소리를 어느 곳에서 들으리요.

道 中

騎馬出門三月暮　西京二十四長亭
鵑花石壁稀餘照　燕麥①江田起遠靑
獨憶今朝如昨日　正於前嶺見參星②
人生半是途中老　後夜鷄鳴何處聽

* 이듬해 신사년에 두 번째로 평양(平壤)을 방문하였다. 서울을 떠나 도중에서 지음.

註解 ①燕麥(연맥)-귀리. ②參星(삼성)-28수(宿) 가운데 21번째 별. 오리온 성좌 중앙에 있는 3개의 큰 별을 삼형제 별이라 함.

출장경문(出長慶門)
― 두 번째 패상(浿上)에 이르다 ―

서경(西京) 3월 손이
이제 비로소 성천(成川)을 찾아가네.
강물은 이미 먼 부벽루
몸은 벌써 강선루(降仙樓)에 오르는 것 같아라.
가을바람에 불려 외로이 말이 가고
낙일엔 매미 소리를 많이 듣는다.
만 리 관산의 뜻은 채찍을 드날려
한번 아득해지고 싶네.

出長慶門(再到浿上)

西京三月客① 今始向成川
水遠先浮碧 身輕已降仙
秋風吹一馬 落日聽多蟬
萬里關山意 揮鞭欲杳然

註解 ①三月客(삼월객)-봄 3월에 평양에 가 여름을 나고 가을에 비로소 성천을 찾음.

우도두릉탄(雨渡杜陵灘)

들물은 가없이 오고
뱃길에 가랑비 많아라.
흰 구름이 먼 물가에 나고
푸른 풀은 빈 강물을 비쳐라.
잠시 기슭에 댔다가 돌아나오는 돛대
사람은 가볍게 젖어
기꺼이 도롱이를 쓴다.
성천이 저 어디메뇨
알러라, 첩첩이 둘린 어지러운 산.

雨渡杜陵灘①

野水來無際　舟行細雨多
白雲生遠渚　青草暎空波
暫泊憐廻棹　輕霑喜用蓑
成都定何處　知向亂山過

註解　①杜陵灘(두릉탄)-성천 근처에 있는 나루터.

만류제(萬柳堤)

강둑에 만 그루 버드나무
푸르러 흡사 봄만 같으이
관 나루터에서 버들가지 만지니

객의 시름 새로워라.
땅이 무산(巫山)에 가까워 오자
저문 비가 많구나.
강선루(降仙樓) 아래에 가
내 누구의 꿈을 꿀거나.

萬柳堤^①値雨

江東^②萬柳綠如春　官渡攀條客恨新
地近巫山多暮雨　降仙樓下夢何人

[註解] ①萬柳堤(만류제)-강동에 있는 둑 이름. 버드나무가 많아 이렇게 이름
함. ②江東(강동)-성천에 인접한 고을 이름.

강선루(降仙樓) 2수(二首)

1

가을물이 새로 나 가는 비단 무늬
잔잔히 물이랑 일고
싸리밭 칡덩굴에 비가 뿌리며
저녁 해 반쯤 설핀다.
영웅은 가고 옛나라엔 빈 피리 소리
높은 다락 신녀(神女) 놀던 곳
오직 구름뿐이어라.
백조는 쌍쌍이 돛대를 따라 날아가고
청산은 점점이 강물 격해 나뉘노라.
난간에 앉아 떠오르는 황혼달 맞노니

하늘 가 아득한 시름 분분하고녀.

降仙樓 二首

其一

秋水新生細縠紋　薜蘿飛雨近斜曛
英雄故國空聞笛　神女高樓只有雲
白鳥雙雙隨棹去　靑山點點隔江分
欄干坐到黃昏月　一遣天涯恨緖紛

2

노래와 춤
사람은 열두 난간
무산(巫山)은
물을 격해
발 걷고 바라본다.
어느 해 제자(帝子)가
퉁소 불어 갔더뇨,
비 연기 높은 다락
온종일 차다.

其二

歌舞留人十二欄　巫山隔水捲簾看
何年帝子①吹簫去　烟雨高樓盡日寒

註解　①帝子(제자) - 고구려 동명왕(東明王)을 가리킴.

범주(汎舟)

능파무(凌波舞) 다 추고
붉은 난간 내리네.
협강 물 푸르고 푸른데
목란주(木蘭舟) 띄워 놓고
무산(巫山) 열두 봉에
불어예는 옥저 소리
흰 구름 가을빛에
온 가람 차구나.

汎 舟

凌波舞歌下紅欄　　峽水青青泛木蘭
十二峰前吹玉笛　　白雲秋色滿江寒

흘골성(紇骨城)

인마(麟馬) 천손(天孫)을
만날 길이 없어라.
석성(石城) 가을물은
짙푸르러 용용하고녀.
공연히 애끊는 옥저 소리만
가람 비껴
무산(巫山) 열두 봉을
다 불어간다.

紇骨城

麟馬天孫^①不可逢　石城秋碧水溶溶
空將玉笛橫江去　吹遍巫山十二峯

[註解] ①麟馬天孫(인마천손) – 고구려 동명왕(東明王)이 기린 말을 타고 하늘로 올라갔다는 전설이 있음.

별강선루(別降仙樓)

애틋한 신선 사닥다리
머뭇머뭇 더디게 내려라.
난간 위에 옥저 불어
다시 한 곡조.
푸른 물 붉은 언덕
아득한 천 리 꿈은
돌아오면 밝은 달이
누(樓)에 가득 이르는 때.

別降仙樓

仙梯惆悵下遲遲　玉笛朱欄更一吹
碧水丹崖千里夢　歸來明月滿樓時

열파정(閱波亭)

말 세우고 나루터 내리노니

외로운 저 정자, 열파(閱波)가 이 아니냐.
물은 이내 옛모습 그대로건만
사람은 부질없이 왕래가 잦아라.
만세에 서로 만나고 또 보내는
뜬 인생 어이하리.
조각배 적벽(赤壁)으로 내리노니
둘러보며 동파(東坡)를 생각한다.

閱波亭[1]

駐馬臨渡口　　孤亭感閱波
水仍今古在　　人自往來多
萬世更相送　　浮生無奈何
扁舟赤壁下　　回首憶東坡[2]

註解　①閱波亭(열파정)-정자 이름.　②東坡(동파)-소동파(蘇東坡). 송(宋)나라의 시인. 그의 〈적벽부(赤壁賦)〉는 널리 알려져 있다.

주하평양(舟下平壤)

가을바람에 한 번 강선루를 떠나노니
협(峽) 물은 하늘 같아 푸름으로 거꾸러져 흐르노라.
쪽배가 날아 돌아온 3백 리
모란봉 빛깔이 뱃머리에 이른다.

舟下平壤

秋風一別降仙樓　　峽水如天倒碧流

片帆飛廻三百里　　牧丹峰色到船頭

증이화춘(贈梨花春)　3수(三首)

1

관(關) 밖에 해마다 봄은 절로 오건만
눈 같은 이화(梨花)는 누굴 위해 피었는고.
가다가 역 정자엔 강남 손이 오고
애틋이 붉은 난간에 달빛이 오네.

贈義州妓梨花春　三首

其一

關外年年春自回　　梨花雪白爲誰開
驛亭時有江南客　　怊悵紅欄月色來

* 의주(義州) 기생 이화춘(梨花春)에게 지어 줌.

2

청천(淸川)을 서녘으로 가면 그곳이 용만(龍灣).
강물이 용만에 이르면 하룻밤에 돌아오네.
오늘처럼 임과 작별하는 곳
보통문(普通門) 밖 다시 푸른 산.

其二

淸川①西去是龍灣　　水到龍灣②一夜還

今日玉人相別處　　普通門③外更青山

註解 ①淸川(청천)-안주(安州)에 흐르는 강 이름. ②龍灣(용만)-의주(義州)의 별칭. ③普通門(보통문)-평양 서문.

3

패강 서녘 머리 석양이 지려 하고
풀 푸른 관산에 가늘게 말이 운다.
부벽루(浮碧樓) 춤 노래 즐기던 곳
새벽 바람 지샌 달에 추억만이 어리리로다.

其三

斜陽欲盡浿江西　　草綠關山細馬嘶
浮碧樓中歌舞地　　曉風殘月憶應迷

기황재지(寄黃載之)

바로 그대 생각을 하고 있었는데
그대 글이 와 나의 시를 칭찬해 주네.
평생을 뉘와 더불어 말하리요
이 세상에는 알아주는 사람이 있구나.
역력히 떠오르는 강과 산은
처처하게 눈비가 내리는 때일러라.
천 리 밖에 한마디 마음이 있어
서로 생각하고 또 서로 설워하노니.

寄黃載之

正憶黃生苦　書來賞我詩
平生與誰語　當世有人知
歷歷江山事　凄凄雨雪時
寸心千里外　相望各相悲

* 황재지(黃載之)의 이름이라든가 기타는 밝혀져 있지 않으나 평양 황고집(黃固執)의 후예인 듯하다.

석북시집(石北詩集) 5권

여강록(驪江錄)

영조(英祖) 37년 신사년 50세 때, 겨울에 영릉(寧陵) 참봉으로 임명되어 시골집에서 서울로 향하였다. 그때 지은 작품. 영릉은 조선왕조 17대 효종왕릉(孝宗王陵)으로 여강(驪江)에 위치하여 있다. 여강을 연하여 신륵사(神勒寺)·청심루(淸心樓) 등이 있고 여말(麗末) 명승(名僧)인 나옹(懶翁)의 의발(衣鉢)과 목은(牧隱) 이색(李穡)의 발자취가 남아 있는 산수 좋은 곳이다.

이곳에서 3년간 봉직하는 동안에 정해좌(丁海左) 외 몇 친구와 더불어 음영(吟咏)하여 《여강록(驪江錄)》이 행세하고 있다. 자신도 여강(驪江)에서 가장 득의작을 썼다고 하였지만 정해좌도 또한 《여강록》 서문에서 '내가 성연(聖淵)과는 뜻을 얻은 벗이고 여강에서 함께 읊은 시는 더욱 뜻을 얻은 것이었다(余與聖淵 爲得意之友 而驪江之遊 尤得意之遊)'고 말하고 있다.

문제명(聞除命)

시(詩)와 글 헛된 이름으로 반세상을 살았노라
밝은 때 나라의 한 소명(召命)이 들 사람을 놀라게 하네.
일찍이 광범(光範)에 투서(投書)할 생각은 없었지만

참으로 오늘 여강(廬江) 봉요(奉邀)의 정이 있네.
물 난간에 어조(魚鳥)를 불러 작별하고
산밭은 아우와 아들들에게 맡겨 갈게 하네.
능지기 벼슬이 조촐한 신하에게 알맞은 직책이거니
아침에 어버이 하직하고 굳이 북행(北行)을 하네.

聞除命①

詞賦虛傳半世名　明時一命②野人驚
曾無光範投書③意　實有廬江奉檄④情
水檻憑呼魚鳥別　山田留與弟兒耕
園陵灑掃恭臣職　朝日辭親便北行

|註解| ①除命(제명)-벼슬을 제수함. ②命(명)-소명(召命). 신하를 부르는 임금의 명. ③光範投書(광범투서)-광범은 존귀한 사람의 모습을 일컬음. 곧 높은 사람에게 글을 보내어 벼슬을 구한다는 뜻. ④廬江奉邀(여강봉요)-중국 여강 땅에 모의(毛義)라는 사람이 효자였다. 늙은 어버이를 봉양하고 있었는데 소명이 내리니 기꺼이 받고 집을 떠나갔다. 그것은 녹을 받아 어버이를 봉양하는 수입원을 위해서였음.

도중(途中)

찬 하늘 말을 달려 여주로 가네.
동짓달 능을 가는 급한 시름.
맑은 새벽 찬 서리에 옷소매는 무겁고
이슥한 밤 눈보라가 흰 머리칼을 적셔 흐른다.
오늘밤 붉은 담요와 따뜻한 집 속에서
편안히 자는 사람은 누구인가

들주막 산다리를 가고 또 가네.
밝는 날 아침 삼전(三殿)에
사은(謝恩)한 후
총총히 광나루 배를 갈아 타네.

途 中

寒天驅馬向驪州　冬至園陵趁急愁
淸曉有霜衣袖重　深更鬪雪鬢華流
紅毹煖屋眠誰足　野店山橋去不休
明日謝恩①三殿後　忽忽又上廣陵舟

註解 ①謝恩(사은)－제명(除名)을 받으면 임금에게 알현(謁見)하고 사은숙배(謝恩肅拜)하고 임소로 떠난다.

사은(謝恩)

청문(靑門)에 아침 햇빛 밝아오고
내가 궁전 부사로 오르네.
아감(阿監)이 불러 외워 숙배를 드리는 때
깊은 숲 봉래각(蓬萊閣)을
누(漏) 소리 듣고 들어서며
향내 먼 창합문이 구름 격해 아슬하다.
벼슬이 얕으매 감히 섬돌 위쪽에 오르기를 바라고
사은례를 마쳐도 오히려 궐문을 하직하기 더디네.
밝아오는 아침
쓸쓸한 두 능(陵) 길
돌아보니 남산엔 눈빛이 희끗희끗하다.

謝　恩

靑門①朝日上罘罳②　阿監③傳呼肅拜④時
深樹蓬萊⑤聞漏⑥入　遠香閶闔⑦隔雲知
官微敢望螭頭⑧近　禮畢猶辭象魏⑨遲
明發蕭然二陵⑩路　終南回首雪參差

註解　①靑門(청문)-동문(東門)을 이름.　②罘罳(부사)-궁전 복도　③阿監(아감)-임금 앞에 드나드는 벼슬아치. 간액(間掖)의 하나.　④肅拜(숙배)-공손히 큰절을 함.　⑤蓬萊(봉래)-봉래각(蓬萊閣). 전각(殿閣) 이름.　⑥漏(누)-궁중(宮中)에서 시간을 알리는 누수.　⑦閶闔(창합)-궁전의 대문.　⑧螭頭(이두)-계석(階石)의 윗머리. 계석의 맨꼭대기.　⑨象魏(상위)-대궐문을 이름.　⑩二陵(이릉)-여강(驪江)에는 세종왕릉인 영릉(英陵)과 효종왕릉인 영릉(寧陵)의 두 능(陵)이 있어 이릉(二陵)이라고 한다.

부릉(赴陵)

청문(靑門)에 해는 떠오르고
여주(驪州)로 향하여 가네.
내가 혼자 송파(松坡) 나룻배에 오르네.
흰 머리 능관(陵官) 행차 초라하구나.
멀리 바라뵈는 아차산(峨嵯山) 빛
눈에 들어 시름한다.

赴　陵

靑門日出向驪州　獨上松坡①渡口舟

白首陵官行草草　峨嵯山②色望中愁

註解　①松坡(송파)-삼전도(三田渡)에 있는 나루 이름.　②峨嵯山(아차산)-청량리 밖에 있는 산 이름.

황여도중억법정유음(黃驪途中憶法正有吟)

창랑에 제지(除紙) 내려 바삐 낚싯대 거두었네
서생 50세에 처음으로 낭관(郎官)이 되었어라.
동쪽 고을 눈들에는 청포(靑袍)가 짧고
윗강 영릉(寧陵)에는 자기(紫氣)가 길다.
늘그막 벼슬살이 도리어 병에 해로운데
그동안 헛된 이름은 이미 문장을 부끄러워하네.
이 길이 다만 원주(原州)에 가까운 것만 미쁘게 여겨
법정(法正)과 만나 만사를 잊으리로다.

黃驪途中憶法正有吟

除紙①滄浪罷釣忙　書生五十始爲郎②
京東雪野靑袍短　水上寧陵紫氣長
垂老仕還妨疾病　向來名已愧文章
此行祗喜原州近　法正相看萬事忘

* 여주(驪州)로 가는 길에 정법정(丁法正)을 생각하며 읊음. 법정의 이름은 범조(範祖), 호는 해좌(海左)다. 원주가 고향임.

註解　①除紙(제지)-벼슬에 임명할 때 내리는 교지(敎旨).　②郎(낭)-낭관(郎官). 각 관아의 당하관(堂下官)의 총칭.

알릉(謁陵)

현무(玄武)엔 여강이 흐르고
구진(鉤陳)으로 상석(象石)이 놓였어라.
의관(衣冠)은 옛 전각 모습인데
성두(星斗)가 빈 산에 가득하구나.
중국엔 호(胡)가 상기 있거늘
창오(蒼梧)에 납신 수레는 영 돌아오실 길 없네.
지금도 애처로운 조서(詔書)가 인간에 흘러
눈물을 짓게 하네.

謁 陵

玄武①驪江勢　鉤陳②象石③斑
衣冠④如舊殿　星斗滿空山
赤縣⑤胡猶在　蒼梧⑥駕不還
至今哀痛詔⑦　流落涕人間

[註解] ①玄武(현무)-별 이름. 북쪽 방위(方位)를 가리킴. ②鉤陳(구진)-별 이름. ③象石(상석)-묘 앞에 세운 돌들. ④衣冠(의관)-예의와 문물을 상징함. ⑤赤縣(적현)-중국을 이름. ⑥蒼梧(창오)-중국의 산 이름. 구의산(九疑山)이라고도 함. 순(舜)임금이 남순(南巡)하다가 창오에서 죽었다. ⑦哀痛詔(애통조)-조(詔)는 임금의 말씀. 효종왕의 북벌 조서를 가리킴.

재거기법정(齋居寄法正)

조용한 능살이가 홀연 하늘 가만 같구나

송백은 어두컴컴한데 세밑이 다가왔네.
백탑(白塔)을 서로 바라보는 신륵사(神勒寺)
청산은 알괘라, 친구의 집 가까워라.
내일 아침 눈 말[馬]로 강을 건너가면
쌓인 돌 틈에 얼음 고기 낚을 만하리.
조히 절간에서 한번 만나 보세나
그대가 오면 다시 이군(李君)의 수레를 맞아 오리라.

齋居寄法正約會神勒寺仍拉成彦來話

端居忽復似天涯　　陵栢陰蒼遍歲華
白塔相望神勒寺①　青山知近故人家
明朝雪馬橫江去　　積石氷魚得穴叉
好向招提開一會　　君來更御李君車

* 재각(齋閣)에 있으며 법정에게 신륵사(神勒寺)에서 만나자는 약속 편지를
보내고 이내 이성언(李成彦)을 오게 하여 읊음.

註解　①神勒寺(신륵사)－여강에 있는 절. 고려말 명승 나옹(懶翁)이 이곳에
　　　거처하였다. 절 경내에 벽탑이 있어 벽절이라는 이름도 가지고 있음.

득법정서(得法正書)

원주(原州) 강 위 편지를 가지고
사람이 눈속에 돌아오데.
자네는 흰 띠집에 매화와 함께 살고
맑은 강에 백로와 더불어 배고프데.
세금을 재촉하는 관리는 급하고

병을 묻는 친구는 드물다.
세모(歲暮)의 동대(東臺) 약속은
미루다가 영 어길까 두려우이.

得法正書

原州水上札　使者雪中歸
白屋同梅住　淸江與鷺饑
催租官吏急　問疾故人稀
歲暮東臺①約　蹉跎恐遂違

註解　① 東臺(동대) - 신륵사(神勒寺)가 있는 동안(東岸)을 일컬음.

유벽사(遊甓寺)

늦게 여강(驪江)의 손이 되어
먼저 신륵사(神勒寺)에 올라라.
땅은 신마굴(神馬窟)을 열고
강물은 나옹(懶翁)의 다락을 움직여라.
만고의 달빛이 저리 많아
해가 맞도록 배에 있고 싶다.
능 벼슬아치가 다행히 일이 없으니
낚시를 드리워 창주(滄洲)에 노니리라.

遊甓寺

晩作驪興客　先爲勒寺遊
地開神馬窟①　江動懶翁②樓

萬古憐多月　　終年欲在舟
陵官幸無事　　垂釣弄滄洲③

|註解| ①神馬窟(신마굴)-남안(南岸)에 마굴(馬窟)이 있는데 그 밑에는 여룡(驪龍)이 살고 있다고 전해 온다.　②懶翁(나옹)-고려의 명승. 신륵사의 강월헌(江月軒)은 그가 거처하던 곳이다.　③滄洲(창주)-강가. 은자(隱者)가 있는 곳을 이름.

벽사모귀(甓寺暮歸)

동대(東臺)엔 푸른 회나무 멀고 한 마리 새가 난다.
여주는 물을 격해 찬 연기 일어나노라.
남여(籃輿)에서 홀로 용문산 눈 봉우릴 바라보며
10리 강변을 해설피에 돌아온다.

甓寺暮歸

蒼檜東臺一鳥飛　　驪州隔水冷烟微
籃輿獨望龍門雪　　十里江邊薄暮歸

벽사벽화(甓寺壁畵)

낙양(洛陽) 동쪽 마을 이화정(梨花亭)에
마고선녀(麻姑仙女)가 이화주(梨花酒)를 팔고 있네.
문 앞에 술 사러 온 이적선(李謫仙)을
천 년 묵은 청삽사리가 잘못 보고 짖어대네.

戲題覺寺壁畫

洛陽①東村梨花亭②　麻姑③家賣梨花酒
門前沽酒李仙④來　錯吠青毛千歲狗

註解　①洛陽(낙양)-옛날 중국의 도읍을 가리킴.　②梨花亭(이화정)-술집 이름.　③麻姑(마고)-중국의 옛적 선녀. 마고할미.　④李仙(이선)-이적선(李謫仙). 시선(詩仙) 이백(李白)을 일컬음.

방성휴산재불우(訪聖休山齋不遇)

눈 내린 뒤 남여(籃輿)가 고을 성으로 들어가네.
외딴 마을 고갯길이 영(嶺) 머리에 나네.
주인은 아침에 나가 사립문 적적히 닫히고
찬 산 해설피에 다듬잇소리.

訪聖休山齋不遇

雪後籃輿入郡城　孤村一逕嶺頭生
主人朝出柴門去　近夕寒山砧杵聲

＊성휴(聖休)의 성은 심(沈), 이름은 의정(宜禎)이다.

효발모과점(曉發木苽店)

새벽 닭 재우추는 산 밑 주막에
한쌍 횃불이 말 앞에 흐르더라.

눈빛에 비쳐 성하(星河)는 차고
바람에 우는 나무들은 이슥하다.
오늘이 섣달 그믐인데
저녁 무렵 여주(驪州)에 가 닿을까.
겨울달 잦은 행역(行役)에
사람의 머리가 모조리 세네.

曉發木苽店

鷄聲山下店　雙炬馬前流
照雪星河冷　鳴風樹木幽
吾行及除夕　今日到驪州
冬月頻繁役　人生白盡頭

* 모과점(木苽店)은 여주 가는 길목에 있는 주막 이름. 관의 일로 서울에 왔다가 돌아가는 길에 지은 작품.

송아(送兒)

부자(父子)가 신년에 작별을 하노니
고향을 함께 돌아가지 못하는 일 한스럽다.
서로 한 등잔불 밑에서 나뉘어
혼자 만산 속에 앉아 있겠구나.
동쪽 고을 눈속엔 노마(奴馬)가 가고
내포(內浦) 바람엔 의상이 차다.
고당(高堂)에 기거 아뢰고
아이들에게 안부 전하여라.

送兒

父子新年別　還鄕恨不同
相分一燈下　獨坐萬山中
奴馬東州雪　衣裳內浦風
高堂起居罷　無恙報兒童

* 임오년 정초의 작품. 부임할 때 따라온 아들을 고향으로 보내며 지음.

증단포주인(贈丹浦主人)

단증포(丹晉浦) 위에 그대 집은 있데.
해설피에 나귀 몰아 눈길이 아득하데.
하룻밤 묵고 도롱이 떨치며 강 북쪽을 가노니
봄물에 도화(桃花) 떠 흐르거든 다시 찾아오겠네.

臨別贈主人

丹晉浦①上是君家　落日驅驢雪逕賒
一宿披蓑江北去　更來春水漲桃花

註解　①丹晉浦(단증포) – 여강(驪江)의 한 갯마을.

모귀(暮歸)

서릉(西陵) 만 그루 나무에 노을이 뜬다.
어느덧 초저녁 달이 돋아오르고

남여(籃輿)는 호수 위 마을로 간다.
다만 고산(孤山)을 향해
동북쪽을 바라보노니
의희(依俙)한 눈(雪)빛 용문산(龍門山).

暮歸齋中
西陵^①萬木帶黃昏　月下籃輿湖上村
但向孤山^②東北望　依俙雪色是龍門^③

* 단포(丹浦)에서 돌아오는 길에 읊은 것.

[註解] ①.西陵(서릉) - 영릉(英陵)을 가리킴.　② 孤山(고산) - 고려말 이존오(李存吾)가 살던 마을.　③ 龍門(용문) - 용문산(龍門山). 여주 30리 지점에 있다.

도최이유(悼崔而有)

섧구나, 최승지(崔承旨)가 세상을 떠나
절명사(絶命辭)만 흘러 전하네.
죽기 전에 문병을 하지 못했고
어디서 다시 시를 논해 볼까.
신선들은 만나서 진실로 서로 웃겠는데
속세의 사람만 새삼 생각하고 슬퍼 우노라.
평생에 광릉(廣陵)에서 작별한 일을
어쩌면 내가 짐작함직하이.

聞崔而有亡悼成一律
痛哭崔承旨　流傳絶命辭

當時未問疾　何處更論詩
仙侶眞相笑　世人應始悲
平生廣陵散　猶或我深知
(臨絶有海上應須三島侶 人間今落九牛毛之句)

*임오년 지음. 최승지(崔承旨) 이유(而有)의 부고를 받고 쓴 애도사(哀悼辭). 이유는 호(號), 이유재(而有齋)이다. 이름은 성대(成大). 죽을 무렵에 쓴〈절명사(絶命辭)〉가 있었다. '해상응수삼도려(海上應須三島侶) 인간금락구우모(人間今落九牛毛)'란 구(句)이다.

설중객(雪中客)
　　—법정(法正)이 오산(鰲山)에서 소를 타고 저물게 오다—

저무는 강가에서 그대를 기다렸더니
그대가 와 소 등에서 한 번 환히 웃어 보이네.
강달이 이미 삼장(三丈)이나 높았는데
눈 속에 서둘러 절 동대(東臺)로 오르네.

法正自鰲山①騎牛暮至
黃昏江上待君來　牛背君來笑一開
江月已高三丈外　雪中催上寺東臺

註解 ①鰲山(오산)－정해좌(丁海左)가 살고 있던 지명.

동대(東臺) 2수(二首)

1

동대에 달이 뜨고 정생(丁生)을 대해 앉았어라.
눈 내린 뒤 빈 가람 새삼 밝고녀.
정히 생각노니 지난해 오늘밤
내가 황혼에 홀로 해주성(海州城)에 올랐었노라.

東臺 二首

其一

東臺月出對丁生①　雪後空江更覺明
正憶去年今夜客　黃昏獨上海州城②

註解 ①丁生(정생)—정법정(丁法正)을 가리킴.　②海州城(해주성)—신사년 상원(上元)에 해주에 있었다.

2

눈 내린 뒤 빈 가람에 달빛 밝아라.
상원(上元)에 맑고맑은 수정궁(水晶宮) 열렸어라.
3경에 흰 탑엔 찬기가 서리고
두 언덕 푸른 산은 해맑갛게 개었구나.
다른 세대에 문장은 도리어 적막한데
몇 사람이나 이 땅에 머뭇거려 놀았던고.
어쩌면 복사꽃 물에 배를 띄워

그대 함께 돌이끼에 낚싯대 잡고 앉으리.

  其二
  明月空江雪後臺 水晶宮殿上元開
  寒多白塔三更出 霽盡青山兩岸來
  異代文章還寂寞 幾人天地此徘徊
  何當鼓枻桃花水 與爾垂竿石上苔

상원기임사군(上元寄任使君)

여주(驪州)에서 오늘밤 황주(黃州)를 생각노니
밝은 달은 거의 지난해 가을 같구나.
노래와 춤 양방(兩坊)에서 답교(踏橋)한 후
사군(使君)은 응당 월파루(月波樓)에 있으리라.

  上元寄任使君
  驪州今夜憶黃州 明月多如去歲秋
  歌舞兩坊橋踏盡 使君應在月波樓

＊임오년 상원(上元)에 황주(黃州) 임사군(任使君)을 생각하고 지어 보냄. 임사군의 이름은 준(埈), 호는 송서(松西)이다. 월파루(月波樓)는 황주에 있는 누각 이름.

재야(齋夜)
  —법정(法正)과 함께 운을 나누다—

오늘밤 눈내리는 영릉(寧陵)에

재실(齋室)이 마치 처사의 집 같구나.
1만 산속에 먼 손이 오고
외로운 촛불엔 남은 꽃이 떨어진다.
강해(江海)에 몇 사람이나 있는가
천지에 두 귀밑 털이 회어라.
밝은 날 아침 그대를 배웅하는 앞길엔
고을 성이 비껴 있네.

齋夜同法正分韻得花字

今夜寧陵雪　官如處士家
萬峰來遠客　孤燭落餘花
江海幾人在　乾坤雙鬢華
明朝相送處　前路郡城斜

송법정귀재유회(送法正歸齋有懷)

소를 탄 정법정(丁法正)이
하룻밤 자고 충주로 떠나갔네.
1만 나무 깊은 속에서 작별을 하고
외로운 등잔불에 비로소 시름한다.
어느 때나 꽃이 만발하여
도처에서 물이 나고 배가 오가리.
벽절 청루(淸樓)의 흥은
그대 이끌고 열흘을 놀지로다.

送法正歸齋夜有懷

騎牛丁法正　一宿向忠州
萬木深中別　孤燈見始愁
何時花滿樹　到處水通舟
覺寺淸樓興　携君十日遊

답법정(答法正)

하룻밤 단구(丹丘)에서 자던 일
의연히 오래도록 잊을손가.
다리 머리에서 바라보니 새삼 멀어지고
말 위의 뜻은 더욱 길더라.
세밑이 다가오매 산바람은 급하고
글이 오니 눈밤이 뒤설레네.
그대 왜 꽃필 때로만 미루려 하는가
지금 바로 강 달이 밝게 떠 있구나.

答法正

一宿丹丘事　依然久可忘
橋頭望更遠　馬上意逾長
歲莫山風急　書來雪夜狂
君何以花約　江月正多光

문초지자도하(文初至自都下) 2수(二首)

1

다른 시골에서 아우의 얼굴을 대하여
새해에 멀리 집 떨어져 있는 마음
저녁 밥상에는 산채만 늘어놓은 것이 가엾고
봄 옷은 눈[雪]에 적신 것을 물어본다.
강산 속에 한 벼슬은 박한데
송백(松栢) 속에 두 능(陵)은 깊었어라.
장차 너로 하여금 열흘을 묵게 하여
동대(東臺)에서 마음껏 시를 읊고 싶다.

文初至自都下齋夜得深字共賦 二首

其一

他鄉逢弟面　新歲遠家心
夕飯憐蔬設　春衣問雪侵
江山一官薄　松栢二陵深
十日將留汝　東臺盡意吟

* 임오년(壬午年) 정초에 계제 진택(震澤)이 서울에서 와 함께 읊음.

2

일찍이 포은(圃隱)과 목은(牧隱)이 놀던 곳에
우리집 아우가 찾아왔네.

강남(江南)은 내일 네가 가면 멀고
네가 가면 이 산은 깊으리.
꽃다운 풀은 봄 언덕에서 돋아나고
복사꽃 물은 숲속에 출렁이리.
네가 없이 어이 지낼꼬
벌써 내 마음이 허전해 오네.
(그때 문초가 覽寺를 구경하고 이튿날 떠나려던 때다)

其二

圃①牧②曾遊地　吾家有弟尋
江南③來日遠　　去後此山深
芳草春生岸　　桃花水拍林
無君不可度　　惆悵已關心

(時文初往觀覽寺明日將歸)

註解　①圃(포)-고려말의 정포은(鄭圃隱). ②牧(목)-이목은(李牧隱). 포은과 목은이 이곳에 놀아 모두 시 작품이 있음. ③江南(강남)-선생의 시골. 서울에서 남쪽이므로 강남(江南)이라고 불렀다.

차법정운(次法正韻)

여강(驪江) 눈 속에 돌아온 중이
백 리 밖의 글월을 전하네.
그대는 외로운 학 그림자 같아
때로 육오산(六鰲山)에서 머무네.
뜻이 맞으면 어찌 먼 것을 탓하리요.
시가 높아 통 깎을 것이 없구나.

이릉(二陵) 밝은 칡 달은
길게 흰 구름 사이로 이르네.

次法正韻

一衲驪江雪　持書百里還
君如孤鶴影　時住六鰲山
道合何妨遠　詩高不用刪
藤蘿二陵月　長到白雲間

* 한 승(僧)이 정해좌(丁海左)의 시찰(詩札)을 가지고 와서 그 운(韻)을 밟아 화답함.

수유선견기(酬幼選見寄)

길게 가림(嘉林) 이선배(李先輩)를 생각노니
우리 형제를 미산(眉山) 같다 일렀었네.
불고 불면 곧 푸른 구름 위에 오르고
논의는 오히려 한 세상 사이에 들려라.
비 구름에 용이 돌아가니 큰 못은 비었는데
풍진 속에 말은 늙어 천한(天閑)에 매였구나.
공융(孔融) 또한 통가(通家)하는 사이건만
총각이 어느덧 지금처럼 머리가 세려 하네
(이선배는 芋亭을 가리킴. 幼選이 어렸을 때 芋亭이 動靜說을 줌)

酬幼選見寄

長憶嘉林李先輩　以吾兄弟似眉山[1]

吹噓直到靑雲上　論議猶聞一世間
雲雨龍歸空大澤　風塵驥老限天閑②
孔融亦是通家子③　總角如今已欲斑

(李先輩指芐亭 幼選童年芐贈動靜説)

* 하정(芐亭)을 생각하며 목유선(睦幼選)이 보낸 글에 답함. 하정은 당시 이름있던 학자 이덕주(李德冑)임. 지봉(芝峰) 이수광(李晬光)의 후예다.

註解 ①眉山(미산)-송(宋)의 소동파(蘇東坡) 집을 일컬음. 소가(蘇家) 부자가 모두 유명한 문장가였다. 석북도 또한 3형제가 다 문명(文名)이 있었음. ②天閑(천한)-임금의 마구(馬廐). ③通家子(통가자)-세교가 있다는 말. 인척의 뜻도 있음.《후한서(後漢書)》〈공융전(孔融傳)〉에 '융조응문어문자왈(融造膺門語門者曰)　아시이군(我是李君)　통가자제(通家子弟)'라는 말이 쓰여 있다.

야기(夜起)

여강(驪江)에 2월 봄 눈[雪]이
석 자나 내려 쌓이데.
한밤중 능(陵) 앞
천 년 묵은 잣나무가 부러져
나무 꼭대기 깃들었던
관학(鸛鶴)들 어지럽게 나는 소리
공산(空山) 잠든 외로운 손을
놀라 일게 하였네.

夜 起

驪江二月雪三尺　夜折陵前千歲栢

樹頭鸛鶴亂飛聲　驚起空山獨宿客

* 임오년 2월 폭설이 내려 밤에 능 앞 잣나무가 부러졌다. 그때 놀라 깨어 읊은 일절(一絶).

주방단포(舟訪丹浦)　2수(二首)

1

단포(丹浦)로 흥겨운 노를 저어 가니
봄 물이 두 산을 끼고 흐르더라.
마치 망천(輞川) 어귀를 따르는 것 같더니만
드디어 무릉(武陵) 속으로 들어왔네.
꽃이 피매 사람은 약속한 것처럼 오고
마을이 깊으매 하룻밤을 묵어 가야 하네.
섬강(蟾江)에도 친구가 있으니
계수나무를 서로 더위잡을 만하네.

舟訪丹浦　二首

其一

丹浦輕橈去　春流夾兩山
如從輞川①口　遂入武陵②間
花發來如約　村深宿始還
蟾江人又在　桂樹可相攀③

註解　①輞川(망천)－중국 섬서성(陝西省)에 있는 물 이름. 당(唐)나라 때 왕

유(王維)가 이곳에 별업을 가지고 있었다.　②武陵(무릉)-중국 호남성에 있는 지명. 이곳에 도원(桃源)이 있다. 도연명(陶淵明)이 지은〈도화원기(桃花源記)〉로 은거 피난처를 의미함.　③桂樹可相攀(계수가상반)-반계지(攀桂枝).《초사(楚辭)》초은사(招隱士)에 보이는 구절. 은서(隱棲)를 뜻함.

　　2

배를 청계(靑溪) 어귀에 대니
청계가 곧 그대의 초당(草堂)이데.
그윽한 꽃은 처음으로 피어나려 하고
햇버들은 벌써 가지가 늘어졌다.
사람이 찾아오면 정다운 대접을 하고
그대는 어초(漁樵)로써 세상을 잊은 듯하데.
아침 나절쯤 배를 돌리노니
자고 가는 곳에 협산이 푸르다.

　　其二

舟泊靑溪①口　靑溪卽草堂
幽花初動意　新柳已成行
鷄黍②逢人設　漁樵與世忘
朝來回棹去　宿處峽山蒼

* 임오년 봄에 단포(丹浦)를 찾아 하룻밤을 묵으며 지음. 단포는 위에 나온 단증포(丹嶒浦)이다.

|註解| ①靑溪(청계)-지명.　②鷄黍(계서)-《논어(論語)》〈미자편(微子篇)〉에 '지자로숙(止子路宿) 살계위서이식지(殺鷄爲黍而食之)'라는 말이 있어 그로 인해 계서(鷄黍)로 손을 대접함으로써 우정의 뜻을 표시함.

동청지명박신륵사(同淸之暝泊神勒寺)

호수 위에 승(僧)을 찾아 작은 배 가노니
동남을 바라보면 아득히 해가 설펴라.
창창한 물 연기 속에 절은 보이지 않고
등불만 멀리 깜박거리는 숲속 마을.
물새는 잠깐 놀라 가까운 언덕으로 돌아가고
목탁 소리 가늘게 움직여 비로소 문을 두드린다.
두 김씨가 일찍 놀던 소쇄한 땅에
우리 형제가 또 한번 배를 같이한다.

同淸之暝泊神勒寺

湖上尋僧小棹翻　　東南望盡欲黃昏
滄波不見烟中寺　　燈火遙知樹裡村
水鳥暫驚還近岸　　木魚微動始敲門
二金①瀟灑曾遊地　　兄弟同舟又一番

* 중제(仲弟) 기록(騎鹿)과 함께 저녁에 신륵사에 배를 대며 읊음.

註解　①二金(이김)—김농암(金農岩)・김삼연(金三淵) 형제를 이름. 농암의 이름은 창협(昌協), 삼연의 이름은 창흡(昌翕). 시문에 뛰어났다. 여강(驪江)에 함께 놀면서 쓴 작품이 있음.

재야장별청지(齋夜將別淸之)

다른 고을에 봄은 저물어가고

내일 너는 돌아가려는구나.
작별하기 어려울손 객 중의 객
가련할손 산 밖에 산이어라.
누대에 오르는 것도 또한 역겹거니
화조(花鳥)의 일은 응당 한가로우리라.
오늘 밤 연구(聯句)를 읊기에 알맞아
만 그루 나무 속에 등잔불을 돋운다.

齋夜將別淸之
異方春欲暮　明日爾將還
難別客中客　可憐山外山
樓臺登亦倦　花鳥事應閒
今夜宜聯句　挑燈萬樹間

섬강방법정동주부하신륵사(蟾江訪法正同舟浮下神勒寺)
　　2수(二首)

1

봄물에 돌아오는 배 백탑(白塔) 서쪽 머리
동쪽 협(峽)에서 멀리 고인을 끼고 함께 오네.
수양버들 1천 집에 성긴 비 멎고
푸른 풀 비낀 해에 두 언덕 희미하다.
고객(估客)이 오늘 밤 강 절에서 함께 묵으려 하노니
자규(子規)야 아예 밤배 가까이 와 울지 마라.
밝는 날 아침 다시 청심루(淸心樓)에 오르리니
끝없는 연기 물결 흥이 자못 얕지 않고녀.

蟾江訪法正同舟浮下神勒寺 二首

其一

春水歸舟白塔西　故人東峽遠相携
綠楊踈雨千家歇　青草斜陽兩岸迷
估客同期江寺宿　子規休近夜船啼
明朝更在淸樓上　無限烟波興未低

* 임오년 봄에 원주(原州)로 정법정(丁法正)을 찾아가 함께 돌아오며 지음.

2

섬강(蟾江)에 밤배를 띄워
멀리 고인을 싣고 돌아오네.
절에 닿으니 종소리 움직이고
누(樓)에 오르자 빗발이 드뭇하다.
늙게 강호(江湖)의 뜻을 잡아
이 봄 칡옷을 같이하여 노니네.
가다가 일간죽(一竿竹) 사 들고
동대(東臺) 낚시터에 오르리로다.

其二

蟾江①浮夜榜　遠載故人歸
到寺鍾初動　登樓雨欲稀
老將湖海志　春共薜蘿衣
行買一竿竹　東臺上釣磯

註解 ① 蟾江(섬강) - 원주(原州)에 흐르는 강.

범호(泛湖)

여호(驪湖)의 고운 빛깔 서호(西湖)만 같구나
담탕한 봄바람에 햇부들이 푸르다.
구름 가 백탑(白塔) 위엔
삼국(三國)의 세월이 어리고
빗속에 이릉(二陵)으로 건너는
사람은 외로워라.
중류에 뜬 그림배
물 하늘 열렸는데
북쪽 물가 푸른 산에
먼 신륵사.
어쩌면 이 연기 물 위에 띠집을 얽고
승(僧)을 찾아 학을 놓아
임포(林逋)를 배워볼까.

泛 湖

驪湖①秀色似西湖　淡蕩春風吹綠蒲
雲際塔連三國遠　雨中人度二陵孤
中流畵楫天空濶　北渚青山寺有無
安得結茅烟水上　尋僧放鶴學林逋②

* 법정(法正)과 함께 여강(驪江)에 배를 띄우고 읊은 작품.

註解 ①驪湖(여호) - 여강(驪江)을 이름. ②林逋(임포) - 송(宋)나라 때 전

당(錢塘) 사람. 서호(西湖) 고산(孤山)에 은거하여 명리를 뜻하지 않았다. 매화를 심고 학을 기르며 시와 서화(書畵)를 잘하였다. 자는 화정(和靖). '암향부동월황혼(暗香浮動月黃昏)'이라는 시구가 매화시(梅花詩)의 절조(絶調)라 하여 이름이 높다. 지금 서호 고산에 그의 묘와 함께 학총(鶴塚)도 있다고 함.

하선등동대(下船登東臺)

외로운 배 신륵사에 닿으니
1백 길 나옹대(懶翁臺)가 아슬하다.
용마굴(龍馬窟)엔 구름도 오히려 젖어 있고
여주(驪州) 나무들이 온통 한눈에 들어오노라.
강산이 이처럼 좋거늘
마음이야 저절로 열리렷다.
날마다 그대 시를 들으며
그대를 돌려보내주고 싶지 않구나.

下船登東臺

孤舟神勒寺　百丈懶翁臺①
龍窟雲猶濕　驪州樹盡來
江山如此好　懷抱自然開
日日聞佳句　君歸不可催

註解　①懶翁臺(나옹대)―나옹이 거처하던 동대(東臺)를 가리킴.

강월헌(江月軒)

나옹이 자고 일던 곳에 강물이 차다.
날이 어둑해지며 쌍회(雙檜)나무는
한결 뚜렷이 떠오르고
숨결을 내뿜는 구룡(九龍)이 서려 있다.
뱃사람은 도란도란 외로운 낚싯불 켜고
절 종소리 멀리 여울을 건넌다.
선문(禪門)에 공색(空色)의 뜻은
흔히 빈 동천(洞天)에서 볼 수 있네.

江月軒夜坐

懶翁棲坐處　　江氣上樓寒
瞑來雙檜①立　吹息九龍②蟠
船語生孤火　　僧鍾度遠灘
禪③宮空色④意　多在浹漻⑤看

* 법정(法正)과 함께 밤에 강월헌(江月軒)에서 지음. 강월헌은 나옹(懶翁)이 거처하던 곳.

註解　①雙檜(쌍회)-강월헌 앞에 쌍회나무가 있음.　②九龍(구룡)-신륵사 앞 강에 용이 살고 있다고 전해 내려옴.　③禪(선)-선문(禪門), 불가(佛家).　④空色(공색)-불가에서 말하는 진공의 색깔.　⑤浹漻(혈요)-동천(洞天), 고을 하늘.

귀신륵사(歸神勒寺)

푸른 강 봄물결에 옷깃을 적실 만하네.
강 위엔 원앙이 서로 좇아 날고
해 으스름 신륵사의 종소리
누(樓)머리 버드나무에서 배를 풀어 돌아간다.

歸神勒寺

綠江春可染人衣　江上鴛鴦相逐飛
向晚聞鍾神勒寺　樓頭楊柳解船歸

주소이호방성언(舟溯梨湖訪成彦)

작은 배 그림 같은 속에
문득 앉은 복건(幅巾) 쓴 선비여라.
들물은 물결도 없이 아득한데
봄산은 그림자가 모두 밝고녀.
저만큼 고인의 마을 나무 보이고
고객(估客)의 배 연기 가벼워라.
사립문 밑에 배를 대노니
알괘라, 그대 백책(白幘)으로 나와 맞아주는구나.

舟溯梨湖訪成彦

小航如畵裏　偶坐幅巾①生
野水無波遠　春山盡影明

故人村樹見　估客②舫烟輕
報泊柴門下　知君白幘③迎

＊이호(梨湖)로 올라가 성언(成彦)을 방문하고 같이 읊음.

註解　①幅巾(복건)-이전에는 선비들이 복건을 썼다.　②估客(고객)-배를 타고 건너는 손님.　③白幘(백책)-관을 쓰지 않은 민머리.

갱등청루(更登淸樓)

영릉(寧陵)이 가까웠다, 노젓던 손 멈추어라.
청심루(淸心樓)에 다시 올라 느지막이 돌아가리.
파사성(婆娑城) 북쪽 이호(梨湖) 어귀
누워 보니 청산은 무진무진 오는다.

更登淸樓

舟近寧陵不可催　淸樓更上晚須廻
婆娑城①北梨湖口　臥見靑山無數來

＊청심루는 여주(驪州) 객관(客館) 북쪽에 있는 다락. 법정(法正)과 함께 배를 띄워 다시 청심루에 올랐다.

註解　①婆娑城(파사성)-여주의 옛 성(城).

중류망루(中流望樓)

우는 노[鳴橈] 삐걱삐걱 중류(中流)에 흐르노니

북저(北渚)에 비낀 노을 이미 배에 가득하다.
자네 함께 올라 놀던 곳
긴 숲 다한 데서 높은 다락 바라본다.

中流與法正望清心樓

鳴橈鴉軋下中流　北渚斜陽已滿舟
爲是與君同上處　長林欲盡望高樓

동구별법정(洞口別法正)

배를 돌려 강 위에 올라 또 그대 함께 있을 제
작별하는 길이 이곳 동구따라 나뉘네.
해는 지고 혼자 깊은 숲으로 돌아가면
만 산봉우리 구름 속에 자규가 우네.

洞口與法正分路

廻舟江上又同君　別路初從洞口分
落日獨歸深樹裏　子規聲在萬峰雲

소강(溯江)

말쑥한 물가 아득히 바라보노니
해설피에 뱃사공은 노래를 부른다.
흰 새는 연기 속에 자취를 잃고
푸른 산은 물에 비쳐 그림자가 많아라.

삿대를 짚어 물 밑에 돌을 막고
닻줄은 연해 높이 드리운 칡덩굴을 스쳐 가네.
구름 자욱한 저 용문산 빛
내일 아침 비오려 하니 어이리.

溯　江

蒼然脩渚望　日暮榜人歌
白鳥烟中失　青山水底多
撑篙防狼石　連笒犯高蘿
滃鬱龍門色　明朝欲雨何

수안소옥(水岸小屋)

시냇가 수양버들 아래 조그만 인가(人家)
채마 꽃밭으로 사립문이 빠끔이 열려 있다.
주인 늙은이는 노란 좁쌀 멍석의 새를 쫓고
푸른 삽살개가 와서 돌 위에 올라가 졸더라.

水岸小屋

垂柳人家水岸邊　柴門開向菜花田
主翁驅雀黃梁席　青犬來登石上眠

주숙두미(舟宿斗尾)

봄 복사꽃 물이 새로 불어
내가 백구와 더불어 돌아가네.

여울은 영릉(寧陵) 북쪽에서 다하고
연기는 두미(斗尾) 사이에 비었어라.
매양 가람 깃이 넓은 곳에
많은 한양(漢陽) 산을 볼 수 있네.
흰 달빛 아래 모래톱에서 자노니
뱃사람은 밤에야 비로소 한가롭다.

發寧陵舟宿斗尾

桃花新水漲　吾與白鷗還
灘盡寧陵北　烟空斗尾[①]間
每於江闊處　多得漢陽山
素月依沙宿　舟人夜始閒

* 임오년 봄 서울로 올라오다가 두미(斗尾)에서 자며 읊음.

상강주행(上江舟行)

두미(斗尾) 월계(月溪)에 봄물은 길다.
뱃사람이 일어나 윗강 배에 오르더라.
외로이 나는 백조는 어디로 가는지
멀리 보이는 아득한 푸른 산 그곳이 한양.
꽃버들 실바람에 봄날 빛은 눈에 어려 부시고
누(樓)와 대(臺) 저녁 노을은 물 거울에 거꾸러져 흔들린다.
창주(滄洲)에 몸을 맡겨 조용히 흘러가노니
인간의 나그네길 바쁜 줄 통 믿어지지 않네.

上江舟行

斗尾月溪①春水長　舟人初起上江檣
孤飛白鳥知何處　遠出靑山是漢陽
花柳輕風暄滿眼　樓臺落日倒搖光
滄洲一任從容去　不信人間客路忙

註解　①斗尾月溪(두미월계)-여강(驪江)에서 오는 도중 양근(楊根) 땅 강마을.

이십탄(二十灘)

동풍이 슬슬 불어 가벼이 물이 차다.
길길이 배를 끌어 오르는 이십탄(二十灘)
연기 물결 해설피에
아득히 보이는 여강(驪江) 위에
한 그루 버드나무.

二十灘

東風吹水作輕寒　百丈牽登二十灘①
一樹驪州江上柳　烟波日暮渺然看

註解　①二十灘(이십탄)-여강에 있는 여울 이름.

금사망권맹용산장(金沙望權孟容山莊)

이슷한 금사협(金沙峽)에

자네 온 식구가 숨어 살아
몇 해나 되었는고.
날마다 어초(漁樵)로 해를 보내고
봄에는 서속밭을 갈데.
외로운 배가 저물녘에 지나는데
두어 리 바라보니 연기가 깊었어라.
인생은 이렇듯 총총한 나그네
강호(江湖)에서 제각기 시름을 하네.

過金沙望權孟容巖山庄

金沙峽裏客　盡室隱多年
日赴漁樵席　春耕黍粟田
孤舟過落日　數里望深烟
人事忽忽外　江湖各悵然

* 금사(金沙)를 지나다가 멀리 권맹용(權孟容) 산장을 바라보며 읊은 작품. 권맹용의 이름은 암(巖), 호는 엽서(葉西)다.

영릉기신(寧陵忌辰)

밤은 침침하고 소나무와 회나무들은 드리우고 드리워
침전(寢殿) 속 쌍촛불이 휘황하게
허유(虛帷)를 비친다.
길게 옥수레를 돌려 남순(南巡)하시던 날에
금과(金戈)로 북벌(北伐)하는 때를 뵙지 못했어라.
석마(石馬)는 봄풀 위에 우짖듯이 서 있고
사관(祠官)은 헛되이 흰 구름을 바라보네.

보라, 맑은 새벽에 뿌리는 가랑비
구슬프게 황령(皇靈)이 하늘에서 내리시네.

寧陵忌辰感吟

松檜陰陰夜自垂　　殿①中雙燭晃虛帷②
長廻玉輅③南巡④日　　不見金戈⑤北伐⑥時
石馬⑦如嘶春草立　　祠官⑧空望白雲悲
請看淸曉霏霏雨　　悽愴皇靈降九疑

* 임오년 영릉기신(寧陵忌辰) 때 읊은 작품. 영릉기신은 음력으로 2월 24일이다.

註解 ①殿(전)-침전(寢殿). 정자각(丁字閣). 능원(陵園)에서 문앞 아래쪽 홍살문 안에 있으며 그 안에서 제사를 지냄. ②虛帷(허유)-소장. ③玉輅(옥로)-임금이 타는 수레. ④南巡(남순)-임금이 순수(巡狩)함을 말한다. ⑤金戈(금과)-임금이 짚은 창. ⑥北伐(북벌)-효종왕 때 호(胡)를 치자는 북벌론이 있었다. ⑦石馬(석마)-말 모양의 석물(石物). ⑧祠官(사관)-능침(陵寢)에 제사 지내는 관리.

몽동도(艨艟島)

배가 봉은사(奉恩寺) 가까이 접어드니
경산이 돛폭 가득히 다가오네.
큰 강은 굽이가 많고
외로운 섬은 배회하는 것 같아라.
먼 물가 사람의 마음은 아득하고
가을바람에 한 고을 열렸어라.

이렇듯 함께 가는 흥으로
백운대에나 한번 올라볼까.

氀氈島

舟近奉恩寺　京山滿帆來
大江多曲折　孤島似徘徊
水氣人心遠　秋風郡國開
相携此去興　一上白雲臺

* 임오년 7월 법정과 함께 배를 타고 서울로 오며 읊음.

동귀(東歸)　2수(二首)

1

동대문 밖 강역 마을 아득하고녀
백발 능관(陵官)은 서울 번화 싫어해라.
동쪽 고을 가을바람 배가 돌아가면
어느 곳 연기 물결 내 집이 아니리요.

東歸 二首

其一

青綺門①前水驛賒　一官頭白厭京華
東歸舴艋秋風後　何處烟波不是家

註解　①青綺門(청기문)—동대문.

2
평구(平丘)협 접어들며 서울은 멀어진다.
물나라엔 붉은 여뀌꽃 밝게 피었구나.
굴러서 용문산 밑으로 들어가노니
이 몸 덧없는 행로를 흰 구름아 알리라.

　其二

　平丘峽路背京師　紅蓼花明水國時
　轉入龍門山下去　此身行住白雲知

재중추사(齋中秋思)

풀과 나무 청산(靑山)은 저물어 가고
원릉(園陵)은 백로(白露)철에 들었어라.
아침에 외기러기 소리를 들었는데
날마다 큰 강물을 바라보며 지낸다.
머리가 짧아지매 차라리 모자 쓰기에 알맞고
집에 돌아가고픈 생각으로 혼자 다락에 오르네.
내일이 또 9월 9일이라
외로운 흥이 원주(原州)로 향하여 가네.

　齋中秋思
　草木靑山暮　園陵①白露②秋
　朝聞一鴈度　日見大江流

衰髮寧宜帽　歸心獨在樓
重陽又來日　孤典上原州

*임오년 가을에 지음.

註解　①園陵(원릉)-능을 말함.　②白露(백로)-음력 9월 백로철.

사공언휴가객견방(謝公彦携歌客見訪)

낙양(洛陽) 노래 손이 가을바람 띠고
가을날 그대 더불어 와 노래를 부르네.
처음엔 애틋한 목소리 골짜기를 움직이더니만
어느덧 이미 먼 허공을 떠가는 것 같으이.
서쪽 못 푸른 풀섶에 머물다가
홀로 만 그루 단풍나무 속에서 보내네.
내일 신륵사에 함께 오르면
우(羽) 가락이 가람 가득 기러기도 날아 일으키련만.

寄公彦謝昨日携歌者見訪林中
洛陽歌客帶秋風　秋日來歌與子同
裊裊初聞哀動壑　依依已覺遠浮空
少留碧草西池上　獨送丹楓萬樹中
明日携登神勒寺　羽聲飛起滿江鴻

*중앙(重陽)에 공언(公彦)이 가객(歌客) 이응태(李應泰)를 데리고 찾아와 창(唱)을 들려주었다.

증가객이응태(贈歌客李應泰)

당세의 명창 이세춘(李世春)이
10년 동안 한양 사람들을 경도(傾倒)시키데.
청루에 협소(俠少)들은 능히 창을 전하고
백수로 강호에서 신(神) 가락을 움직이네.
9월 9일 황화 꽃에 벽사(甓寺)를 찾고
한 잎 배 옥피리로 섬강(蟾江)을 올라라.
영동에 와 놀며 내 시를 많이 얻어가
또 장안 안에 이름을 가득 퍼뜨리겠구나.

贈歌客李應泰

當世歌豪李世春[1]　十年傾倒漢陽人
靑樓俠少[2]能傳唱　白首江湖解動神
九日黃花看甓寺　孤舟玉笛上蟾津
東游定得吾詩足　此去聲名又滿秦

註解　①李世春(이세춘)-이응태의 자(字).　②俠少(협소)-젊은 유야랑(遊冶郞).

구일강행(九日江行)

가을물 여주(驪州)의 적(笛) 소리
섬강(蟾江) 반쯤 해설피에 노을이 흐른다.
누런 국화꽃 옆에 손이 늙어 가고

9월 9일에 친구가 드물다.
구름산 돌벽은 정정히 솟아나는데
바람 돛은 아득히 아득히 돌아가라.
물가에 수없는 기러기
일일이 배를 등지고 날아간다.

九日江行

秋水驪州笛　蟾江半落暉
黃花客子老　九日故人稀
雲壁亭亭出　風帆杳杳歸
汀洲無數鴈　一一背船飛

* 중양(重陽)에 가객과 피리를 싣고 해좌(海左)를 찾아 원주(原州)로 향해 섬강(蟾江)을 올라감. 그러나 그때 중강(中江)에서 그의 편지를 받아 충주에 가고 없음을 알고 창연히 배를 옮겨 단포(丹浦)로 향하였다.

강천(江川)

해설피고 협(峽) 강엔 여울이 많아라
배 돌리니 마음은 아득히 외롭고녀.
엷고 짙은 산빛은 변하려는 듯
멀고 푸른 물은 비어 없는 듯하여라.
어지러운 돌 사이로 숨은 게를 찾으며
가벼운 노 저어 떠가는 오리를 쫓네.
가을빛 함께 내 흘러가노니
흡사 한 폭(幅)의 초강도(楚江圖).

江 川

日暮多灘峽　回舟意轉孤
淡濃山欲變　蒼遠水如無
亂石搜潛蟹　輕橈逐去鳧
吾行與秋色　渾是楚江圖①

* 단포(丹浦)로 향하던 때의 작품.

註解　①楚江圖(초강도) — 초(楚)나라 강을 그린 그림. 초나라는 중국의 동정호(洞庭湖) 근처를 지칭함.

야입단포(夜入丹浦)　2수(二首)

1

내가 가벼운 배로 밤 협구(峽口)에 닿으니
다시 무릉도원(武陵桃源)으로 들어가는 것만 같으이.
맑은 달빛에 피라미가 뛰는 냇물가
아늑한 단풍나무 숲에 개짖는 마을이어라.
갈대 우거진 갯가에서는
이따금 노래가 흘러나오고
적(笛) 소리 들려오는 곳은
바로 그대 집 사립문.
온종일 끌어온 모랫배 닻줄을
오늘밤 바위 뿌리에 매었네.

夜入丹浦 二首

其一

輕舟峽口夜　如復入桃源
山月跳魚浪　楓林吠犬村
有歌時葦岸　聞笛定柴門
終日牽沙纜　今宵繫石根

2

흰 이슬 한 배 가득히 내리고
단호(丹湖)로 달빛 속을 가네.
마을은 가깝고 먼 줄을 모르겠고
오직 호젓한 물빛뿐이어라.
기러기는 날아와 그림자가 많고
갈대는 흔들려 소슬한 소리를 낸다.
그대 집 문전에 닿으면 밤이 다하리
벌써 닭 소리 움직이는 것 같구나.

其二

白露滿船下　丹湖向月行
不知村近遠　惟覺水虛明
鴻雁來多影　蒹葭拂有聲
到門應盡夜　如已動鷄鳴

회도망섬강(回棹望蟾江)

섬강(蟾江)이 아득한 어디메뇨
내 그리운 사람을 보지 못하네.
배 돌리는 곳엔 연기가 멀고
하룻밤 지낸 나루터에 단풍이 흐드러지게 붉다.
조각구름은 새보다도 앞서 날고
저문 산은 배를 따라 새로워져라.
물이 급해 배 댈 길조차 없이
서운한 마음 백빈주(白蘋洲)에 밀리네.

回棹望蟾江

蟾江杳何許　不見所懷人
烟遠回舟處　楓多隔夜津
片雲先鳥去　叢嶂逐帆新
水急行難住　餘情滿白蘋①

* 단포(丹浦)에서 돌아올 때 해좌(海左)를 생각하고 섬강을 바라보며 읊음.

註解　① 白蘋(백빈) — 백빈주(白蘋洲). 흰 마름꽃이 핀 물가. 정다운 사람을 생각할 때 쓰임.

백암(白巖)
— 백암에 이르러 성유(聖猷)가 배에서 내리다 —

자네는 서암(西巖)에서 내리고 저물게 떠가는 배

혼자 긴 피리 불며 중류로 향해 내려가네.
두어 그루 버드나무 침침한 곳에
자네 의희하게 서 있는 물머리…….

至白巖聖猷下舟

君下西巖①日暮舟　獨吹長笛向中流
數株楊柳陰陰處　猶見依俙立水頭

* 단포(丹浦)에서 돌아오던 도중 백암(白巖)에서 성유(聖猷)가 내리고 중류(中流)로 내려가면서 읊은 작품. 성유의 이름은 미상.

註解　①西巖(서암)-곧 백암(白巖)이다. 단암(丹巖)과 함께 여강(驪江)에 있는 지명.

산석(山夕)

외로운 연기 띠집에서 피어오르고
쓸쓸히 산개가 짖는다.
멀리 보니 단풍나무 숲 밑에
저물게 돌아오는 이웃집 나무꾼.

山　夕

孤烟發茅屋　山犬吠蕭蕭
遠見楓林下　暮歸隣舍樵

광주도중(廣州途中)

칡덩굴 우거진 산길에 이름 모를 새가 날고
멀리 두메 속에 인가가 드믓하다.
저물 무렵 동부꽃 핀 밭둑으로
푸른 치마 젊은 각시가 볏단을 이고 돌아온다.

廣州途中
蒼藤一路怪禽飛　十里人家數處稀
日暮荳花山下徑　青裙少婦摘禾歸

쌍령(雙嶺)

서암(西崦)에 인가(人家) 반쯤 해가 설피고
푸른 연기 두어 점 사립문에 피어난다.
시내 건너 가을풀 의희한 길에
노란 송아지가 때를 알고 저절로 혼자 돌아온다.

雙　嶺
西崦人家半落暉　蒼烟數點出柴扉
隔溪秋草依俙逕　黃犢知時獨自歸

협구소견(峽口所見)

푸른 치마 입은 촌각시가 목화밭을 나오다

객을 보고 몸을 돌려 길가에 서네.
흰 개가 멀리 누른 개를 따라가
짝지어 돌아오다 다시 주인 앞으로 달려가네.

峽口所見

青裙女出木花田　見客回身立路邊
白犬遠隨黃犬去　雙還更走主人前

대탄추세(大灘秋稅)

양자강(揚子江) 밭 조[粟] 추수가
올해는 몇 포(包)나 되었을까.
흉년에 소는 다 죽고
찬 빗속에 기러기가 끼룩거리네.
아내는 잠시 뱃소리를 듣고 기뻐하고
이웃은 쌀 꾸는 일로만 사귀는 듯하이.
호중(湖中)이 모두 적지라서
올해는 기교(圻郊)가 부럽네.

話大灘秋稅

揚子江[1]田粟　看秋得幾包
凶年牛盡死　寒雨鴈多咬
妻暫聞船喜　鄰猶乞米交
湖中偏赤地　今歲羨圻郊[2]

* 대탄(大灘) 백성들의 생활을 그린 것이다. 대탄은 여주군 남쪽 10리쯤의

험한 여울이 있는 곳. 여강 하류와 용진(龍津)이 합류하는 곳으로 배가 조난하는 일이 많았음.

註解 ①揚子江(양자강)-중국의 길고 거친 강. ②圻郊(기교)-서울 근교의 이름.

절국(折菊)

남쪽 산 가을에
내 그대 집에 자고
돌아올 때
노란 국화꽃 한 가지를 꺾어 들었네.
견여(肩輿)는 천천히
단풍 숲을 뚫고 가노니
내 이 꽃을 여강(驪江) 백구들에게
웃으며 자랑해 보일까.

折聖休菊花在手歸齋

南山秋宿故人家　折得歸時黃菊花
肩輿①緩入楓林去　笑向驪江白鳥誇

* 임오년 가을, 성휴(聖休)에게서 자고 돌아올 때 국화 한 가지를 꺾어 들고 읊음.

註解 ①肩輿(견여)-어깨에 메고 다니는 승교(乘轎).

법정불의견방즉귀(法正不意見訪卽歸)

강마을에 배를 같이 타고 가던 일
가을이 깊어 이미 아득하구나.
누가 알았으리, 단풍철 지난 뒤에
다시 국화 앞에서 만날 줄을
잠시 수풀 위에서 쉬다가
바삐 윗강 배를 타고 돌아가네.
두 능에 허전한 뜻은
종일토록 1만 봉 연기 속.

法正不意見訪卽歸
江漢同舟去　秋深事杳然
誰知楓葉後　更見菊花前
少歇穿林屐　催歸上峽船
二陵惆悵意　終日萬峰烟

여강절부가오해(驪江節婦家五解)

1해(一解)

여주(驪州)의 외딴 버드나무 집에
어제 마누라 곡성을 들었더니
오늘 아침 곡성이 끊어졌으니
필부(疋婦)가 목숨을 끊기란 쉬운 일이네.

2해(二解)

임을 제사지내 줄 아이가 없으니
첩이 산들 무슨 보람이 있으리요.
임이 죽어서는 첩이 장사지내 주더니
첩이 죽어서는 형이 있어 장사지내 주네.

3해(三解)

오늘 이미 졸곡(卒哭)이 지났으니
혼백이 가서 임을 좇으리라.
지하에 천만 년이나 있을 이가
다만 석 달만 외롭게 지냈구나.

4해(四解)

첩이 있으면 한 몸이 가볍고
첩이 가면 삼강(三綱)이 중하여라.
삼강을 일신에 지녔으니
태산이 무덤보다도 작아라.

5해(五解)

여강의 물이 마르지 않고
여강의 산이 마멸되지 않으리.
여강에 정씨(鄭氏)를 묻었으니
지나는 길손아, 내 노래를 들어라.

驪江節婦歌五解

一解

驪州獨柳家　昨聞哭夫聲
今朝哭聲絶　疋婦易捐生

二解

無兒可祭君　妾生何所望
君死有妻葬　妾死有兄葬

三解

今日旣卒哭　魂魄下從夫
地中千載人　祗得三月孤

四解

妾在一身輕　妾去三綱重
三綱一身持　泰山小於塚

五解

驪之水不絶　驪之山不磨
此是鄭氏葬　行者聽我歌

* 당시 여주에 한 열녀(烈女)가 있었다. 부부 단둘이 살다가 남편이 죽으매 장사지내고 졸곡까지 치른 뒤에 단정히 목숨을 끊어 남편을 뒤따랐다고 한다. 이 사실을 가체(歌體)로 읊은 것.

득양제서(得兩弟書)

하늘 가에 내 두 아우가
늘그막에 가련한 일이 많더라.
삼계사(三溪寺)에서 상수리를 줍고
백월(百粤) 배에 시를 전하였다네
문장에는 궁한 귀신이 있고
조세(租稅)는 흉년일수록 더 급하다.
세밑 동녘 가람 위에
내 마음 꺾이노라, 울어예는 기러기 소리.

得兩弟書

天涯吾二弟　垂老事多憐
橡拾三溪寺①　詩傳百粤船②(文初與浙江 漂商唱和)
文章有窮鬼　租稅急荒年
歲暮東江上　心摧去雁前

註解 ①三溪寺(삼계사)-삼계사는 남포(藍浦)에 있음. ②百粤船(백월선)-문초(文初)가 절강(浙江)에 표류해 온 사람과 수창함.

방월계초자불우(訪月溪樵者不遇)

초부(樵夫)가 본디 월계(月溪) 서편에서 사는데
아침에 남풍을 타고 월계를 건넜다네.
돌부리에다 섶 배를 대니 손은 허행을 했고

연기도 안 나는 사립문에 아낙만 혼자이어라
아득한 창강(滄江) 한 길 어느 곳에 가 찾으리.
1만 산 즈믄 봉이 남우(嵐雨) 어려 희미하다.
다시 갈꽃 읊조리며 배를 돌려 가노니
그대 위해 낚시터에 이끼 쓸고 글 제목 쓰노라.

訪月溪樵者不遇

　樵夫本住月溪西　朝趁南風渡月溪
　繋石柴船空到客　無烟蘿屋獨留妻
　滄江一路尋何處　嵐雨千峯望盡迷
　且詠蒹葭回棹去　爲君磯上掃苔題

* 월계초자(月溪樵者)는 정봉(丁峰)이라 이름하는 남의 집 머슴이었다. 자호(自號)를 월계초객이라 하고 시를 잘했음. 월계에서 살았다. 임오년 가을 영릉으로 돌아오는 길에 찾았다가 만나지 못함.

최북설강도가(崔北雪江圖歌)

　장안(長安) 안 최북(崔北)이 그림을 팔아 생활을 하는데 다 쓰러진 초가집에 네 벽에서는 찬바람이 나는구나. 유리 안경, 나무 필통 종일 문을 닫고 산수(山水)를 그린다. 아침에 한 폭을 팔아 아침 끼니, 저녁에 한 폭을 팔아 저녁 끼니, 찬 겨울날 떨어진 방석 위에 손님을 앉혀 놓고 문 밖 조그만 다리엔 눈이 세 치나 쌓였다. 여보게 자네, 내가 올 때 설강도(雪江圖)나 그려주소. 두미(斗尾) 월계(月溪)에 저는 당나귀 남북 청산(靑山)이 온통 허연 은빛이로구나. 어호(漁戶)는 눈에 눌려 짜부러지고 외로운 낚싯배 한 잎 둥실 떴다. 하필 패교(灞橋) 고산(孤山) 풍설 속에 한갓 맹처사(孟處士) 임처사(林處士)만 그릴 건가. 날 더불어 도화(桃花) 물에 떠 설화지(雪花紙)에 다시 봄산을 그려 보게.

崔北雪江圖歌

崔北賣畵長安中 生涯草屋四壁空 閉門終日畵山水 琉璃眼鏡木筆箾 朝賣一幅得朝飯 暮賣一幅得暮飯 天寒坐客破氈上 門外小橋雪三寸 請君 寫我來時雪江圖 斗尾月溪騎蹇驢 南北青山望皎然 漁家壓倒釣航孤 何必灞橋①孤山②風雪裏 但畵孟處士 林處士 待爾同汎桃花水 更畵春山雪花紙

* 계미년 정월 서울에 올라왔다가 최북(崔北)에게 '설강도(雪江圖)'를 그리게 하고 가체시(歌體詩) 한 수를 지음. 최북은 당시 유명한 화가였다. 애꾸눈이고 미천하였지만 긍지가 대단하여 좀처럼 그림을 얻기 어려웠다. 친한 사이에는 댓가로 돈이나 물건을 받지 않았고 그렇지 않은 사이에는 고가(高價)가 아니면 절대로 그림을 그려주지 않았다고 한다. 이름은 북(北), 자는 칠칠(七七), 호(號)는 호생관(毫生舘), 거기재(居其齋) 등이다.

註解 ①灞橋(패교)-중국 섬서성(陝西省) 장안현(長安縣)에 있는 다리 이름. 이 다리에서 읊은 송별시(送別詩)가 많다. 당시(唐詩)에 많이 보인다. 그 중에도 맹호연(孟浩然)의 시가 유명함. ②孤山(고산)-중국 항주(杭州) 서호(西湖)에 있는 산 이름. 송나라 때 처사 임포(林逋)가 여기에 은거하여 학을 기르고 매화를 가꿔 이름이 남.

공도상원회가(恭覩上元回駕)

나라 경사가 해와 더불어 새로워
우리 임금님이 올해 칠순(七旬)이시네.
하늘 얼굴은 옛날과 다름이 없고

수역(壽域)에는 긴 봄이 있더라.
단정한 종루(鍾樓)의 달이요
조용한 연로(輦路)의 티끌이로다.
사롱(紗籠)을 우러러 보고 지나와
서로 답교(踏橋)하는 사람에게 전해 이르노라.

恭觀上元回駕

邦慶與年新　吾王今七旬
天顔如昔日　壽域有長春
端正鍾樓①月　從容輦路②塵
紗籠瞻望過　相告踏橋人

* 계미년 상원(上元)에 궐내로 회가(回駕)하는 임금을 바라보고 읊음.

註解　①鍾樓(종루)-종각.　②輦路(연로)-임금님 수레가 지나는 길.

송홍시랑부연(送洪侍郞赴燕)　7수(七首)

1

용머리 노학사(老學士)가
연경사자(燕京使者) 부사(副使)로 떠나네.
바람 깃발에 도문(都門)이 밝아오고
연기꽃 이국(異國)에는 봄이 들어라.
오직 신절(臣節)의 괴로움이 있을 뿐
사신행장 빈약함을 꺼리지 않네(舊例는 행자로 가지고 가는 銀이 7만 냥이었는데 그때는 나랏돈이 모자라 1만으로 줄어들었다).

충성스러운 소식 동으로 올 때는
알괘라, 그대 이웃 나라를 승복시켰겠네.

送奏請副使洪侍郞聖源赴燕　七首

其一

龍頭①老學士　象簡②副行人
風斾都門曉　烟花異國春
但令臣節苦　無害使裝貧(舊例賫銀七萬兩是行以國用匱賫一萬)
忠信東來日　知君已服鄰

* 계미년 주청부사(奏請副使)로 연경(燕京)에 가는 홍시랑(洪侍郞) 성원(聖源)에게 준 별장(別章). 시랑은 이조참판을 일컬음. 성원의 이름은 중효(重孝)다.

註解　①龍頭(용두)-홍성원(洪聖源)이 살았던 동네 이름.　②象簡(상간)-사신(使臣) 가는 것을 말함.

　　2

풀과 나무 시(詩) 3백 편
관하(關河)에 길은 4천 리나 되어라.
금백(金帛)을 싣고 또 사자가 가노니
참으로 예부터 조선은 예의가 바르구나.
저녁에는 호(胡) 땅 산 안개 속에 자고
봄은 계문(薊門) 나무 연기 속에 지내리.
빨리 왕사(王事)를 마치고
돌아와 지존께 아뢰오.

其二

草木詩三百^①　關河路四千
金繒^②又使者　禮義舊朝鮮
夕宿胡山霧　春經薊樹烟^③
了當王事早　歸奏至尊前

註解　①詩三百(시삼백)-《시경(詩經)》의 3백 편을 일컬음.　②金繒(금증)-금백(金帛). 사대(事大)에 쓰던 예물. 폐백을 말함.　③薊樹烟(계수연)-계문연수(薊門烟樹). 연경(燕京)의 한 문. 연기나무에 경치가 좋아 이름이 났다.

3

망창한 소왕국(昭王國)을 가며
길손은 그 땅을 슬퍼하리.
가을바람엔 역수(易水)가 있고
봄풀은 금대(金臺)에 가득 우거지네.
연경 아이들은 강적(羌笛)을 불고
호(胡) 등잔 밑에 한객(漢客)이 오네.
중국 백년의 일은
서로 보내어 한번 배회케 하노니.

其三

莽蒼昭王國^①　行人此地哀
秋風有易水^②　春草滿金臺^③
羌笛^④燕兒弄　胡燈漢客^⑤來
中原百年^⑥事　相送一徘徊

註解 ①昭王國(소왕국)-호지(胡地)를 말함. ②易水(역수)-하북성(河北省)의 강물 이름. ③金臺(금대)-연소왕(燕昭王)이 쌓은 황금대. ④羌笛(강적)-오랑캐의 저소리. 명나라가 청나라로 되어 호(胡)의 음악을 하였다. ⑤漢客(한객)-조선 손님이라는 뜻. ⑥百年(백년)-임진란(壬辰亂)과 병자란(丙子亂)을 암시함.

4

서녘 들에서 만 리 손을 보내노니
저문 날 떠나는 노래가 일어나네.
나라에 바친 몸이 이제 늙었는데
호(胡) 땅을 지나면 이미 해가 바뀌리.
외로운 구름은 연경에 들어가면 멀어지고
꽃다운 풀은 관(關)을 나서면서 많네.
오구(吳鉤)를 끌러 주려 하니
서생의 마음 어떠하리요.

其四

西郊萬里別　落日動燕歌
許國身今老　亡胡歲已過
弧雲入京遠　芳草出關多
欲脫吳鉤①贈　書生意若何

註解 ①吳鉤(오구)-활 모양으로 구부러진 칼. '금대패오구(錦帶佩吳鉤)'라는 악부(樂府)의 구(句)가 있음. 송별(送別)할 때 오구(吳鉤)를 풀어 준다고 함.

5

만력(萬曆) 동정(東征)하던 길에

지금 그대는 말을 달려 가네.
무지개 앞에선 갈석(碣石)을 바라보고
기러기 소리 아래 장성(長城)을 지나네.
번기(蕃騎)는 봄 언덕에서 사냥을 하고
요(遼) 사람들은 전쟁터를 갈겠네.
지금 삼한(三韓)의 억울한 눈물을 뿌리며
그대가 신경(神京)을 가노라.

其五

萬曆①東征路　今君驅馬行
虹前望碣石②　鴈下度長城③
蕃騎④春原獵　遼人戰地耕
三韓至今淚　憑灑向神京⑤

註解　①萬曆(만력)-명나라 신종(神宗) 연호. 만력(萬曆) 임진년(壬辰年)에 명군(明軍)이 구원병으로 나와 왜(倭)를 쳤다. ②碣石(갈석)-중국의 산 이름. 《서전(書傳)》에 '협우갈석입우하(夾右碣石入于河)'라는 글이 있음. ③長城(장성)-만리장성을 말함. ④蕃騎(번기)-변방의 군병. ⑤神京(신경)-중국 서울을 이름.

6

왕유(王維)와 이백(李白)이 높이 이름을 날린 뒤에
중국에 지금 누가 있는가.
문장은 기수(氣數)를 따르고
창해는 중국과 조선을 한계로 했어라.
동국(東國)에 시가 있어온 지 오래거니
사람은 작은 나라에 태어난 것만 슬프네.

게림(鷄林) 장사치들 오가는 길에
머잖아 북에서 오는 그대 시를 읽어 보겠네.

   其六

   王李高鳴後　中州近者誰
   文章隨氣數　滄海限華夷
   道在東方久　人生小國悲
   鷄林①商客購　留見北來詩

註解　①鷄林(계림)-조선을 이름.

   7

내가 영릉(寧陵) 능지기로 있어
항시 효종왕(孝宗王)을 생각하며 우네.
금반(金盤)에는 사검(賜劍)의 쇳소리를 듣는 것 같고
구름 하늘에는 용을 타고 달리시는 것을 뵈는 듯하여라.
상석은 강물 가까이에 늘어서 있고
향 연기는 회나무와 소나무를 둘러 어려라.
그대를 보내며 새삼 서러워하노니
밝는 해 또 갑신년을 맞는구나.

   其七

   臣在寧陵直　常時泣孝宗
   金盤聞賜劍①　雲路望乘龍
   象設臨江漢　香烟繞檜松
   送君悲更甚　明歲甲申②逢

註解 ①賜劍(사검)-효종왕이 북벌을 하기 위해 칼을 내렸다는 뜻. ②甲申(갑신)-갑신년(서기 1644)은 명(明)나라가 망한 해이다.

우추증(又追贈) 2수(二首)

1

장림(長林) 나루터에서 관(官) 배에 오르리
내가 배 위에서 시를 쓰던 지난날
그대 내 시를 날 보듯 읽어 보오.
사람 생각하는 버들 강에는 연기가 가득하리.

又追贈 二首

其一

長林渡口上官船　船上留詩憶去年
君見我詩如見我　相思楊柳滿江烟

* 홍부사(洪副使)가 평양을 지나갈 일을 생각하고 다시 추증(追贈)한 시다. 평양에는 선생이 경인(庚寅)년에 가서 남긴 시가 전해 있고 또 모란(牧丹)이라는 기생이 〈관산융마(關山戎馬)〉 가사를 잘 불렀다.

2

소리는 슬픈 옥 깨는 소리 모란(牧丹)의 노랫소리
마흔세 고을 가운데서 제일 가는 미인이라.
대동강 밝은 달밤에

관산융마(關山戎馬) 한 곡(曲) 들어본들 어떠하리
(모란이 내 시 '관산융마'를 잘 불렀음)

   其二

  聲如哀玉牧丹歌　四十三州冠綺羅
  明月大洞江上夜　關山一曲聽如何
       (丹妓善歌余關山戎馬詩故云)

기황상사재지(寄黃上舍載之)

천 리 밖 여강(驪江)에서 황생(黃生)을 생각노니
들으매 집을 옮겨 외성(外城)에서 산다 하네.
남포(南浦)에 그림배와 부벽루에 뜨는 달
옛 놀던 곳 어디에나 정들지 않은 곳이 있으리요.

寄黃上舍載之

  驪江千里憶黃生　聞道移家住外城
  南浦畵船浮碧月　舊遊何處不關情

제조우권증인(題朝雨卷贈人)

아침 비가 그대 위해 오나니
저녁 구름이 어느 곳에 있는 줄 알겠노라.
봄바람이 내 꿈을 불어다
한결같이 무산(巫山)으로 향하여 가네.

題朝雨卷贈人

朝雨爲君來　暮雲知何處
春風吹我夢　一向巫山去

* 어느 집 조우(朝雨) 시권에 쓴 것. 조운모우(朝雲暮雨)는 〈고당부(高唐賦)〉의 고사. 송옥(宋玉)의 〈고당부〉에 '일찍이 선왕(先王)이 고당(高唐)에 놀 때 꿈에 한 부인이 보여 말하기를, 첩이 무산(巫山) 남쪽에 있어 아침에는 구름이 되고 저녁에는 비가 되어 내리노라' 하였다고 쓰여 있다. 이를 양대운우(陽臺雲雨)라 이름.

복증(復贈) 3수(三首)

1

그대 뉘집의 비가 되어
아침마다 젖는 티끌 풀꼬.
낭(郎)은 위성(渭城)의 버들 같아
통 다른 이를 적시지 못하게 하네.

復贈 三首

其一

君作誰家雨　朝朝解浥塵
郎如渭城柳[1]　不許濕他人

註解　① 渭城柳(위성류) — 악곡(樂曲). 왕유(王維)의 '양관곡(陽關曲)'을 이름.

2

아침 구름과 저녁 비가
꿈속에선 본디 한 몸이어라.
아침과 저녁이 고금에 다르니
신녀(神女)도 역시 새것을 좋아하리라.

其二

朝雲與暮雨　夢中元一身
朝暮古今異　神女亦好新

3

양대우(陽臺雨)에게 이르노니
그대가 응당 저녁 구름을 알리로다.
그윽한 사람이 꿈을 이루지 못하노니
더불어 은근한 짝이 되어지이다.

其三

寄語陽臺雨　君應識暮雲
幽人不成夢　媒興作慇懃

숙평구(宿平丘)

조그만 주막 평구역(平丘驛)에 밤이 들고
사립문 가까이에 강물이 흐른다.

구름 물에 멀리 울어예는 기러기
깊은 참나무 숲에서 은은히
개 짖는 소리 들려라.
혼자 연기 자욱한 곳을 바라보며
달 아래 창가에서
잠을 들지 못하네.
내일 아침 윗강 배를 타리니
근심스러이 대탄(大灘)의 여울을 물어본다.

宿平丘

小店平丘驛　柴門夜近江
遠呼雲水鴈　深吠櫟林狵
獨望多烟處　難眠有月窓
明朝上船去　愁問大灘瀧

* 계미년 2월 서울에 올라왔다가 여주(驪州)로 돌아가는 길에 평구역(平丘驛)에서 숙박하며 지음.

숙이수촌(宿二水村)

아득한 강 하늘
밤 드새는 두어 가구 어촌
달은 푸른 산 고을에 밝았는데
한식(寒食) 철에 혼자 가는 외로운 뱃손이어라.
풍연(風烟)은 멀리 시골 꿈속에 들고
강가에 양류(楊柳)는 문득 서울의 봄을 생각케 하네.
홀로 웃어 본다, 창파(滄波) 속에

해마다 번거로이 오가는 이 길.

宿二水村

杳然江氣夕　宿處數家隣
明月靑山郡　孤舟寒食人
風烟入鄕夢　楊柳憶京春
自笑滄波裏　年年來往頻

* 이수촌(二水村)도 역시 여주로 가는 도중의 강 마을이다. 남한강과 북한강이 합류하는 곳.

효기입선(曉起入船)

달빛 여울 소리 사람을 시름케 하네.
하룻밤 강가에서 머리가 세었네.
닭 자추고 바람결에 사공의 우중대는 소리
수양버들 울타리 아래 배를 풀어 간다.

曉起入船

灘聲月色使人愁　一夜江邊堪白頭
鷄後風來艄子語　垂楊籬下解行舟

억경춘(憶京春)

북악(北岳) 골엔 살구꽃이 지기 시작하고

맹원(孟園) 동산에는 개나리가 피렷다.
한식 때 여강(驪江)으로 돌아온 손이
우지지는 새소리 속에 홀로 문을 닫는다.

憶京春

紅杏初飛白岳村　辛夷欲發孟家園
驪江寒食東歸客　啼鳥聲中獨閉門

* 영릉에 돌아와 지음.

별후법정갱등청루(別後法正更登淸樓)

시인이 학(鶴)과 닮아
선(仙) 기운이 강다락에 가득하데.
오직 푸른 소매 손[客]이 자주
백탑(白塔) 고을을 찾아오는 것만 미쁘데.
석양에 많이 작별하는 곳엔
봄풀이 돌아가는 배를 비쳐라.
꽃 속 동호(東湖) 위에
언제 또다시 놀아보려나.

別後更登淸樓

詩人鶴同姓　　仙氣滿江樓
秪愛靑衿①客　頻來白塔州②
夕陽多別處　　春草暎歸舟
花裏東湖③上　何時欲再遊

* 계미년 한식(寒食) 이튿날 해좌(海左)가 찾아와 청심루(淸心樓)에 놀다가 작별하고 다시 누에 올라 읊은 작품. 그때 선생은 여주에 부임한 뒤 처음으로 향리 한산(韓山)에 내려가려던 때였다.

[註解] ① 靑衫(청삼) — 청삼(靑衫). 선비를 뜻함. ② 白塔州(백탑주) — 신륵사 탑을 이름. ③ 東湖(동호) — 원주(原州)를 가리킴.

송파도(松坡渡)

들 주막 가는 길손
옛 전장(戰場) 터
경(京) 나루 가을 새벽
창창하구나.
외론 배엔 기러기 울어예고
단풍 위로 그므는 달
양 언덕 마을로 닭 우는 소리
갈꽃 위에 서리가 허옇다.
늙은 몸으로 부질없이
물 뭍을 오가는 마음
찬 바람에 불리는
의상(衣裳)이 애잔하다.
나무 싣고 소를 몰며
삿갓 쓴 양주(楊州) 장꾼들이
아침때 대어 한양(漢陽)으로 들어가네.

松坡渡

野店行人古戰場　京江曉色望蒼蒼

孤舟鴈度丹楓月　兩崖鷄鳴白葦霜
長愧老年奔水陸　不禁秋氣灑衣裳
柴牛篛笠楊州客　又趂朝炊入漢陽

* 계미년 가을 서울에 올라오다 송파(松坡) 나루에서 지은 작품. 송파는 삼전도(三田渡)에 있음.

전관(箭串)

화양정(華陽亭) 거칠은 가을 풀 바탕
먼젓 조정에서 여기에다 말을 먹였었네.
들 가운데 다리[橋]로 연한 우거진 순무밭
돌담을 둘러선 만 그루 수양버들
일찍이 호병(胡兵)들이 와
말을 길렀다는 것은 헛소문인데
지금처럼 관유지(官有地)로 헛되이 풀이 자란다.
차라리 민간의 소를 길러
들 가득히 봄비 속에
농사짓게 할 것 아닌가.

箭　串

華陽亭①下草茫茫　一望先朝②放馬場
枕野橋連千駄菖　繞垣石護萬株楊
空聞虜騎③曾來牧　不用官蒭有許長
何似與民牛飽吃　滿郊春雨勸耕桑

* 전관(箭串)을 지나며 지음. 전관은 뚝섬에 있는 속칭 살꽂이다리. 태조

(太祖)가 이곳에 목마장(牧馬場)을 두었었다.

註解 ①華陽亭(화양정) - 전관평(箭串坪)에 있는 정자. ②先朝(선조) - 이태조(李太祖)를 가리킴. ③虜騎(노기) - 병자호란 때의 호병(胡兵)을 가리킴.

재중야부언별(齋中夜賦言別) 2수(二首)

1

가람 위에 가을바람 날로 서늘해지고
갈대꽃 저문 햇빛 창창하구나.
흰 구름은 날 더 보러 빈 골짝에 있고
밝은 달은 그대 함께 먼 곳에서 왔네.
나뭇잎 지고 장안(長安)엔 친구가 드뭇한데
푸른 산 사군(四郡)엔 돌아가는 뱃길이 멀다.
동쪽으로 가면 쑥대머리 창강에 낚싯배 띄워
지국총 소리에 자네 영릉(寧陵) 침랑 생각하겠나.

齋中夜賦言別 二首

其一

江上秋風日日凉　蒹葭暮色起蒼蒼
白雲持我在空谷　明月與君來遠方
落葉長安故人少　靑山四郡①去舟長
東歸散髮滄洲水　扣枻歌中憶寢郞

*계미년 가을 서울에 왔다 갈 때 충주(忠州)로 돌아가는 이헌(而憲)이 동

행하여 영릉에 들렀었다. 그때 재실(齋室)에서 같이 지은 작품.

註解 ①四郡(사군)-충주·원주·단양·제천을 내사군(內四郡)이라 한다.

2

들으니 자네 집 총마객(驄馬客)이
장안(長安)에 들어왔다네(同甫가 召命을 받고 서울에 들어감).
흰 머리로 오히려 시구(詩句)를 탐하고
외로운 배에서 벼슬을 받지 않데.
문(門) 길엔 부들과 창포가 우거지고
형제는 어조(魚鳥)로 더불어 차데.
오늘은 이리 가을바람 일어나노니
앞 기약은 월탄(月灘)에서나 있을까.

其二

君家驄馬客^① (指同甫承召入京) 聞道入長安
白首猶貪句　孤舟不受官
菰蒲門逕接　魚鳥弟兄寒
今日秋風起　前期有月灘

註解 ①驄馬客(총마객)-소명(召命)을 받고 갔으므로 이름.

삼협귀객(三峽歸客)

이릉(二陵) 가을밤 강물 소리
삼협(三峽) 돌아가는 손 비가 내리네.

잎 배는 하마 떠나고자
서풍(西風)은 동풍(東風)으로 돌지 않네.

又贈六言

二陵秋夜江上　三峽歸人雨中
惆悵孤舟欲別　西風不作東風

목은구거(牧隱舊居)

부자(夫子)가 한산(韓山) 사람인데 왜 여강(驪江)에 손이 되셨던고. 고려 왕가의 운이 이에 다했거늘 충신이 어찌 액을 면하였으리요. 포은(圃隱)은 사직(社稷)에 죽었고 야은(冶隱)은 산택(山澤)으로 돌아갔었네. 누가 전 왕자를 세우려 했던가. 이 일로 공(公)이 또한 귀양왔구나. 용마굴(龍馬窟) 남쪽 가에 어느 때쯤 집을 지으셨던가. 문 앞엔 큰 강물이 흐르고 강 저편 언덕엔 신륵석(神勒石)이 서 있어라. 공문(空門)의 나옹(懶翁)과 벗하여 들배를 띄워 밤을 지내셨네. 선(禪) 뜻으로써 죽고 삶을 깨달으셨고 겁수(劫數)로 변혁을 궁리하셨으니 중천에 뜬 용문산(龍門山) 기세가 쇠세(衰世)에 버티고 서서 서로 상적할 만 하였네. 모신(謀臣)들이 지나치게 걱정을 했는데 태산북두(泰山北斗)는 중도에서 스스로 터졌어라. 혼령은 고촌(枯村)으로 돌아가고 다른 땅에 붙인 자취를 전하네. 문장을 끝내 폐하지 않아 광대(曠代)에 강하(江河)같이 희셨네. 우리 선조께서 이씨(李氏)에게서 나와 숭문동(崇文洞) 그윽한 곳에 구업(舊業)을 이루셨네. 풍류는 가목(稼牧)이 끼치고 세월은 상재(桑梓)에서 흘렀어라. 마침 이 땅에 벼슬아치로 와 우러러 생각함이 배나 더하구나. 빈 물가로 배를 저어 옛터에 오르니 푸른 보리밭은 우거져 마음을 상케 하누나. 동대(東臺)에 올라 서성이며 묵은 두 그루 잣나무를 어루만져 보노니 고승(高僧)이 또한 보이지 않고 강 달만 다락 그득히 비춰 적적하다.

牧隱舊居

夫子①韓山②人	胡爲黃驪客	麗氏旣訖運
忠臣寧免厄	圃隱③死社稷	冶隱④歸山澤
孰立前王子	此罪公亦謫	龍馬窟南邊
於焉卜新宅	開門大江水	對崖神勒石
空門懶翁友	野航從日夕	禪義了死生
劫數⑤窮變革	浮天龍門勢	衰世峙相敵
謀臣⑥抑過慮	山斗⑦中自圻	元精返枯村⑧
異方傳寓跡	文章有不癈	曠代江河白
吾先李氏出⑨	舊業崇文闥	風流稼牧⑩遺
歲月桑梓覿⑪	爲官適兹土	俛仰倍疇昔
鼓柁沿素渚	登墟傷翠麥	却望東臺去
徘徊雙古栢	高僧又不見	江月滿樓寂

* 여강에는 일찍이 여말[高麗末] 목은(牧隱) 이색(李穡) 선생이 귀양와 살던 옛 사적이 있다.

　석북은 목은 선생의 외손(外孫)이다. 목은 선생은 여강에서 돌아가셨지만 분묘는 한산(韓山) 영모리(永暮里)에 있다. 숭문동(崇文洞) 이웃 동네다. 한산 고촌(枯村)에는 서원(書院)이 있다. 목은이 한산에서 날 때 초목이 모두 말랐다고 하여 고촌(枯村)이라 한다고 전해 오고 있다.

　목은이 우거하던 자취를 찾아서 감구의 회포를 읊은 시다.

註解　①夫子(부자)-그대의 존칭. 고명한 인사에게 씀.　②韓山(한산)-목은(牧隱)의 본관.　③圃隱(포은)-정몽주(鄭夢周).　④冶隱(야은)-길재

(吉再). ⑤劫數(겁수)-액운을 이름. ⑥謀臣(모신)-정사를 획책하던 신하. ⑦山斗(산두)-태산북두(泰山北斗). 태산과 북두성. 세상에서 가장 존경받는 사람의 비유. ⑧枯村(고촌)-목은이 탄생한 곳. ⑨李氏出(이씨출)-석북 6세조 영원(永源)이 목은의 현손서(玄孫婿)였다. ⑩稼牧(가목)-가정(稼亭), 목은 부자(父子)를 일컬음. ⑪桑梓(상재)-농사짓는 일.

과우묘(過禑墓)

반 천년 삼한(三韓) 터를 닦아온 왕가가
지금 한줌 흙으로 가련하다.
운이 가면 군왕도 단갈(短碣)조차 없고
봄이 오면 뫼 바탕에 새로 밭을 일구네.
용린(龍鱗)은 원운곡(元耘谷)에게 묻는다지만
마렵(馬鬣)은 누가 정도전(鄭道傳)에게 들어볼까.
일찍이 만월대(滿月臺) 옛터를 지나던 손이
지금 다시 가을풀 석양머리에 읊조리고 섰네.

寒食日過辛禑墓

三韓基業半千年　野土于今萬事憐
運去君王無短碣　春來封域入新田
龍鱗欲問元耘谷①　馬鬣②誰聞鄭道傳
滿月臺墟曾過客　更歌秋草夕陽前

* 우왕묘(禑王墓)를 지나다가 읊음. 우왕이 이곳에 귀양왔으므로 여주는 여흥부(驪興府)로 승격하였다가 공양왕 때 다시 여주군으로 되었었다.

註解　①元耘谷(원운곡)-원천석(元天錫)의 호. 그의 《비기(祕記)》에 고려

왕계가 겨드랑이 밑에 용 비늘이 달렸다는 말이 있음. ②馬鬣(마렵)-
묘의 용미를 가리킴. 정도전(鄭道傳)은 풍수(風水)에도 조예가 깊었다.
그들이 이태조(李太祖)를 도와 우왕을 몰아냈으므로 그것을 풍자한 것.

사릉(辭陵)

향화(香火)를 3년 동안 받들었거니
의관(衣冠)은 만고의 언덕일레라.
군신(君臣)이 문득 헤어지는 것 같은데
옹중(翁仲)아, 네가 무얼 말하고자 하느뇨.
슬프고도 슬프게 송백(松柏)을 우러러 보고
머뭇거리며 묘문(廟門)을 나서네.
원컨대 한식사(寒食使)를 따라와
다시 태상준(太常樽)을 올리리라.

辭 陵

香火三年職　衣冠萬古原
君臣如便訣　翁仲①欲何言
惻愴瞻松栢　徘徊出廟門
願隨寒食使　重奉太常樽②

*계미년 늦가을 사옹봉사(司饔奉事)로 옮겨 3년간의 사관직(祠官職)을 다
하고 서울로 돌아옴. 능(陵)을 하직하면서 읊은 작품이다.

[註解] ①翁仲(옹중)-장승. ②太常樽(태상준)-태상은 제사를 맡은 관리. 능
묘(陵墓)에 제사드리는 술잔을 이름.

월계(月溪)

찬 비에 단풍들고 객선(客船)은 어둑한데
협강 물 여울져 흘러 쏜살같이 우천(牛川)으로 내려간다.
가마우지〔鸕鷀〕 날아가 가뭇없는 곳
남북 청산이 모두 다 아득한 연기 속이로세.

月 溪

寒雨丹楓暗客船　硤江喧急下牛川
鸕鷀飛去不知處　南北靑山盡是烟

입도문(入都門)

춘초정(春草亭) 앞에 배를 대고
뱃머리에서 말을 타고 빗속을 가네.
3년 동안 살아온 녹수청산(綠水靑山)
도문(都門)에 들어서자 만면(滿面)에 먼지가 불어오네.

入都門

春草亭①前落帆摧　船頭騎馬雨中來
三年綠水靑山事　一入都門滿面埃

|註解| ①春草亭(춘초정)-광나루에 있던 정자 이름.

석북시집(石北詩集) 6권

탐라록(耽羅錄)

  영조 40년, 갑신(1764년, 53세)에 선생은 금오랑(金吾郎)으로 왕명을 받고 제주도에 갔었다. 〈탐라록(耽羅錄)〉서문에 보면 정월 16일 서울을 출발하여 3일 반만에 해남현(海南縣)에 이르러 고달도(古達島)에서 배를 타고 반나절만에 제주에 도착하였다고 쓰여 있다. 다음날 순무어사(巡撫御史)와 전후하여 제주를 떠나서 바다 중간에 이르렀을 때 홀연 태풍을 만나 밤새도록 표류하다가 이튿날 아침에 정신을 차려 보니 제주도에 다시 가 닿았었다. 이렇게 배가 출발했다가는 바람을 만나 다시 회박(回泊)하기를 네 번이나 하여 45일 동안 객관(客舘 : 禾北鎭에 있는 喚風亭이었다고 함)에 머무르다가 3월 13일 밤 해신(海神)에게 제사지내고 비로소 바다를 빠져나와 추자도(楸子島)에서 밤을 지내고 15일 밤에 비를 맞으며 상륙하였다.
  제주에서 유관(留舘)하고 있는 동안 동료 이익(李瀷)과 서리(書吏) 박수희(朴壽喜)와 더불어 시를 읊은 것이 50여편이다. 이 시에는 탐라의 풍토, 이속(俚俗)과 기려(羈旅) 곤돈의 모습이 두루 담겨져 있다. 세상에선 탐라록 또는 부해록(浮海錄), 혹 영주록(瀛洲錄)이라고도 불리워지고 있다.

해월루(海月樓) 2수(二首)

1

만리 하원사(河源使)가
삼경에 해월루(海月樓)에 올랐어라.
구름 돛대는 발[簾箔]에 머물고
신선 길은 아득히 영주(瀛洲)로 접했어라.
천지에 내 몸은 아주 조그마한 것인데
허공으로 온 밤이 떠오른다.
난간에 기대어 하염없노니
밝는 날 한 잎 배를 타네.

海月樓 二首

其一

萬里河源使[1]　三更海月樓[2]
雲帆宿簾箔　仙路接瀛洲[3]
天地吾身小　虛空夜氣浮
憑欄久自失　明日上孤舟

註解　①河源使(하원사) — 하원(河源)은 황하(黃河)의 근원을 말함. 한사(漢使) 장건(張騫)이 하원을 찾았다는 고사가 있다.　②海月樓(해월루) — 해남현(海南縣)에 있는 정자 이름.　③瀛洲(영주) — 신선(神仙)이 있는 곳. 제주도의 별칭이기도 함.

2

밤은 깊고 수루엔 이슷한 북소리

남쪽을 바라보니 온 물 하늘빛
만 리가 아득하다.
내일 아침 사자(使者)는 한 잎 배
옛날부터 탐라국(耽羅國)은
마름처럼 바다에 떠있어라.
달은 절로 서불(徐市)의 배 가운데로 오고
별은 마치 전횡도(田橫島) 위로
내리려는 것만 같으이.
황무 속에 굳이 충의의 뜻으로
임금님 영덕(靈德)만 믿고
거친 물결 건너려 하네.

  其二

  戍樓笳鼓夜深聽　南望浮天萬里溟
  使者明朝身似葉　耽羅①終古國如萍
  自來徐市②舟中月　欲下田橫島③上星
  蠻貊敢言忠信素　鱷波利涉賴君靈

註解　①耽羅(탐라)-옛날에 제주도를 탐라국이라고 일컬었음. ②徐市(서불)-곧 서복(徐福)이다. 진시황(秦始皇)이 바다 속으로 불사약을 구하러 보냈던 사람. ③田橫島(전횡도)-남해에 있는 섬의 하나.

  등주(登舟)

흥화문(興化門) 앞에서 말에 올라
채찍을 드날려 사흘만에 남해에 이르렀네.
감히 쇠하고 병들었다 하여

왕사(王事)를 사퇴할까 보냐.
이제부터 풍파는 나라의 영덕에 맡기네.
바다 밖에 산은 완마굴(宛馬窟)을 열고
하늘 가에 뗏목은 노인성(老人星) 가까이 가노라.
그대 더불어 늘그막에 이 장한 길이 있으니
누선(樓船)으로 동정호(洞庭湖)를 지나는 것보다 훨씬 나으이.

登 舟

興化門①前登一騎　揚鞭三日到南溟
敢將衰病辭王事　此去風波仗國靈
海外山開宛馬窟②　天邊槎犯老人星③
與君頭白玆游壯　全勝樓船④過洞庭⑤

註解 ①興化門(홍화문)-동대문(東大門)을 일컬음. ②宛馬窟(완마굴)-완마는 대완마(大宛馬). 제주도에 목마가 성하므로 말함. ③老人星(노인성)-남극 노인성. 수성(壽星)이라고도 함. 곧 용골좌(龍骨座)다. 2월경에 겨우 남쪽 지평선에 떠오르므로 이 별을 볼 기회가 매우 적다. ④樓船(누선)-높고 큰 배. ⑤洞庭(동정)-동정호(洞庭湖). 중국 악양현(岳陽縣)에 있는 유명한 호수. 두시(杜詩)에 '석문동정수(昔聞洞庭水) 금상악양루(今上岳陽樓)'라는 구절이 그것이다.

숙소안도(宿蘇安島)

말쑥한 외딴 소안도(蘇安島)는
뱃머리에 보니 흰 모래밭뿐이네.
수풀로 들어서매 바다가 보이지 않고
산록을 지나니 비로소 인가가 나선다.

장삿배는 봄에 쌀을 실어 온다는데
촌 밥상엔 저녁에 새우가 오르데.
밤에 관리들의 말을 들으니
궁(宮) 세금이 하늘 가에까지 이른다 하네(섬이 宮莊에 속해 있다 함).

宿蘇安島

淸絶蘇安島① 船頭望白沙
入林無海色　經麓始人家
商舶春通米　村盤夕有鰕
夜聞官吏語　宮稅到天涯(島屬宮莊)

註解 ① 蘇安島(소안도) — 완도(莞島) 남쪽에 위치해 있는 섬. 서쪽에는 보길도(甫吉島)·횡간도(橫看島) 등이 있음.

발소안도(發蘇安島)

긴 바람
바다 1천 리
눈길 닿는 곳
온통 쪽빛이어라.
날과 달은 가
바깥 경계가 없고
곤(鵾)새와 붕(鵬)새가
날아 다한 남쪽 하늘 끝.
봉래(蓬萊)와 영주(瀛洲)가
바로 이 땅인데
진한(秦漢)은 공연한 헛소리어라.

춘분날 저녁에
산봉우리에 올라
손으로 밝은 별을 더듬을 만하겠네.

發蘇安

長風一千里　極目水如藍
日月行無外　鵾鵬①力盡南
蓬瀛②元此地　秦漢③昔空談
嶽頂春分夕　明星手可探

註解　①鵾(곤)·鵬(붕) -《장자(莊子)》의 글에 나오는 상징적인 조류.　②蓬瀛(봉영) - 봉래(蓬萊)와 영주(瀛洲). 모두 신선이 산다는 곳이다.　③秦漢(진한) - 진나라와 한나라.

반양망한라산(半洋望漢拏山)

새파란 물 하늘
저 한 곳, 있는 듯 없는 듯
사자(使者)의 외로운 돛대
백만(百蠻)으로 떠서 가네.
남녘 끝 한 조각 흰 구름 밖에
사공이 가리키며 저게 한라산(漢拏山)이라 하데.

至半洋望漢拏山

靑靑天水有無間　使者孤舟向百蠻①
一片白雲南極外　艄工道是漢拏山

註解 ① 百蠻(백만) – 만지(蠻地).

대양주중(大洋舟中)

만 리 긴 바람이
누선(樓船)을 불어
보내 가노니
바다 밖에 명산을 보는 것도
묵은 인연이구나.
돛대 앞에
다만 해와 달이
돋아옴을 보고
하늘 아래
처음으로 신선이
있음을 알 만하네.
산호 캐는 물가엔
붉은 열매가 많고
귤과 유자 인가(人家)는
모두 다 푸른 연기 속
사자(使者)가 지금 가서
시편(詩篇)이나 한 배
가득 실어 오리라.

大洋舟中

長風萬里送樓船　海外名山也宿緣
但見帆前生日月　始知天下有神仙

珊瑚釣渚多紅實　橘柚人家盡綠烟
使者今行何所得　文章滿載遠游篇

입도(入島)

1천 리 구름 돛대
반나절 바닷바람
날아와서 닿은 곳
제주 동쪽 해안.
남여(籃輿) 대고
언덕에 기다리는
세 관리와
가죽옷 입고
배를 맞는
백 살 늙은이.
옛 조공하던
명주(明珠)는
바다 밑에 있고
올해에
백치(白雉)가
산중에서 나왔다네.
진실로 왕명이
남쪽 바다에
이르는 줄 알아
항용 한 잎 배로 오고가네.

入 島

千里雲帆半日風　落來翻是濟州東
籃輿候岸三官吏　皮服迎船百歲翁
舊貢明珠①沈水底　今年白雉②出山中
極知聲敎南漸海　王命尋常一葦通

|註解| ①明珠(명주)-진주(眞珠)를 일컬음. ②白雉(백치)-흰 꿩이 나면 나라에 상서가 있다고 일러 왔다.

입방영(入防營)

소라와 북소리 떠들썩하게
여울로 내리고
뱃머리엔 털벙거지를 쓴
조방사(助防使)가 맞아들이네.
해맑은 갯마을에
홍교무(紅蛟舞)가 한창이고
섬 산엔 봄이 들어
흰 꿩이 우네.
허하게 놓아 먹이는
대완마(大宛馬) 종자들
최영(崔瑩)의 적회성(荻灰城)도
아직 전해지고 있구나.
지금 태평성대에 이렇듯
나라 판도 장하거니
한 돛대 서생(書生)에게 만 리의

뜻이 이는구나.

入防營

鑼鼓喧喧下瀨聲　船頭羽笠助防[1]迎
日明漁浦紅蛟舞[2]　春入蠻山白雉鳴
虛放大宛天馬種　尚傳崔瑩荻灰城[3]
于今聖代輿圖壯　一帆書生萬里情

註解　①助防(조방)-조방사(助防使). 방어영의 부관.　②紅蛟舞(홍교무)-당시 제주도의 민속.　③荻灰城(적회성)-최영 장군이 팔도 통제사로 있을 때 이곳에 성을 쌓음.

하포(下浦)

청작선(靑雀船) 돌려 매고
하포(下浦)를 하는 때
섬 노래와 들 북소리
해 남쪽 봄이어라.
이내 연기 산허리엔
1천 필 말이 흩어져 있고
용(榕)나무와 귤나무 마을에
백 살 노인이 많다.
진(秦)나라 한(漢)나라는
아득한 어느 때이더뇨
고(高)씨와 양(梁)씨는
초초한 옛 임금 신하일레.
듣자니 연래에는

비바람이 없어
밝은 때 한 세상 소식이
바닷물 가에 전한다 하네.

下 浦①

青雀裝船②下浦新　夷歌田鼓日南春
嵐烟峒散千蹄馬　榕③橘村多百歲人
秦漢茫茫何世代　高梁草草舊君臣
年來試問無風雨　消息明時報海濱

註解　①下浦(하포)-섬사람들이 유관(留官)하며 바람 나기를 기다리는 것.
②青雀裝船(청작장선)-청작선(青雀船). 옛날 배에 새를 새겨 청색으로 칠함. 청한주(青翰舟). ③榕(용)-용나무. 남방에 나는 식물.

한라산(漢拏山)

산이 세 고을에 솟아 하늘 속에 꽂혔는데
옥황상제(玉皇上帝)가 항상 숨쉬는 소리 들리는 듯하이.
목왕(穆王) 팔준마(八駿馬)는 응당 바다를 건넜고
마고(麻姑)할미 한 마리 사슴은 지금 구름 속에 머물러 있네.
은대(銀臺)가 지척에 있건만 올라가보지 못하노니
약초는 깊이 감춰져 캐낼 길 없구나.
만약 남극 노인성(老人星)을 따낼 수만 있다면
돌아갈 때 가지고 가 임금님께 바치리라.

望漢拏山吳體

山出三州①拱天文　帝座②常時呼吸聞

穆王八駿③應渡海　麻姑一鹿④今留雲
銀臺咫尺不可到　藥草深秘何由分
南極老人若堪摘　北歸吾將持贈君

註解　①三州(삼주)-제주도에는 본디 세 고을이 있었다. ②帝座(제좌)-민화(民話)로 하늘에는 옥황상제가 있다고 하나 한라산 천제연(天帝淵)에는 옥황상제의 일곱 선녀가 내려와 목욕했다는 전설도 있다. ③穆王八駿(목왕팔준)-주(周)나라 목왕의 여덟 명마. 팔준마는 그 색깔로 각기 다른 이름을 붙였다고 함. ④麻姑一鹿(마고일록)-마고(麻姑)는 옛 선녀의 하나. '마고할미'라고도 함. 미모에 손톱은 새 발톱 같다고 한다. 마고할미가 먹이던 사슴을 일컬음.

조구회박(遭颶回泊)　2수(二首)

1

남명(南溟)에서 바람을 지키는 손이
마치 축융(祝融)의 노여움을 산 것만 같으이.
높은 물결은 1천 리를 연하고
외로운 배는 두 열흘이나 매었어라.
감히 왕명이 급한 줄을 잊고
오직 성조(聖朝)의 어지심만을 믿고 있네.
사위는 촛불 밑에 잠을 이루지 못해
매양 서로 바라보며 새벽에 이르네.

遭颶回泊滯病三旬憫得一律　二首

其一

南溟①守風客　如見祝融②嗔
高浪連千里　孤舟繫兩旬
敢忘王命急　惟恃聖朝③仁
殘燭難成睡　相看每到晨

* 제주도를 떠났다가 바다 한가운데서 큰 바람을 만나 회박(回泊), 한 달 동안이나 체류하며 지음.

註解　①南溟(남명) — 남쪽 바다속.　②祝融(축융) — 화신(火神).《사류박해(事類博解)》에 보면 남해신(南海神)을 뜻하기도 함.　③聖朝(성조) — 임금을 높여 부른 말.

2

바다 밖에 봄을 맞은 사신이
처음 보는 풀 나무 이름만 많이 익혀 알았네.
이내가 일어 땅이 따뜻해지는 것도 시름이 되고
구름이 변하면 혹시 바람이 날까 기다려지네.
기러기 소리 먼 하늘은 물로 연했는데
교룡(蛟龍)은 큰 물결 몰아와 성을 때린다.
돌아갈 배 다스릴 만도 하이
오늘밤 잠깐
새로 갠 하늘 기뻐라.

其二
海外逢春使　多知草木名
瘴來愁地煖　雲變候風生
鴻鴈天連水　蛟龍浪拍城
北歸舟可理　今夜喜新晴

증녹벽(贈綠璧)

꽃 같은 영주선자(瀛洲仙子) 무환(霧鬟)이 푸르네.
백록(白鹿)을 타고 봄에 바다 정자로 내려왔네.
들으매 사절낭군(使節郎君) 생신날이라 하여
남극노인성(南極老人星)을 따 가지고 제 여기 왔네.
(노인성이 춘분과 추분에 고요한 대해 중에 보인다고 함)

初度日值春分州妓綠璧問病餉橘以詩謝贈

瀛洲仙子①霧鬟②青　白鹿春騎下海亭
聞是使郎初度日　摘來南極老人星
　　　(老人星以春秋分見大靜海中)

* 선생의 생일은 음력 2월 초3일이다. 유관(留舘)하며 병중에 생신을 맞게 되었을 때 마침 춘분(春分)이었다. 주기(州妓) 녹벽(綠璧)이 귤을 가지고 문병을 와서 지어준 작품.

註解　①瀛洲仙子(영주선자)-영주의 선녀. ②霧鬟(무환)-안개 같은 귀밑머리. 여자의 아름다운 모양을 말함.

토풍(土風)

내가 오래 남방에 손이 되어
자못 토속(土俗)에 익숙해졌네.
이곳 사투리는 가늘고 급한 데가 많고
백성들의 성은 반은 고(高)씨나 양(良)씨이네.
다만 봉방석(蜂房石)을 볼 수 있을 뿐
마미상(馬尾裳)은 헛된 소문이어라.
북쪽 사람들이 물을 것 같으면
돌아가 자못 이야기가 길겠네.

土 風

久我南中客　頗於土俗詳
方音多細急　夷姓半高良
只見蜂房石①　虛聞馬尾裳②
北人如問事　歸作話頭長

註解　①蜂房石(봉방석)-물결에 씻겨 벌집 모양으로 구멍이 뚫린 돌. ②馬尾裳(마미상)-제주도 사람들은 말꼬리 치마를 입는다는 말이 있었다. 말총으로 천을 짜 옷을 지어 입었던 모양이다.

망양대(望洋臺)

홀연 바람 소식을 듣고 총총히 배를 놓았더니
바람이 앞바다에 이르자 다시 또 거슬러 오데.

풍백(風伯)이 왕사(王事)의 급한 줄을 몰라
사람을 희롱하여 세 번이나 망양대(望洋臺)에 대게 하였네.

二月十九日第三發回泊悶吟

忽聞風信放船催　風到前洋又逆來
風伯①不知王事急　戲人三泊望洋臺②

註解　①風伯(풍백) – 바람귀신.　②望洋臺(망양대) – 해변의 대(臺) 이름.

체관(滯舘)

쌓인 물 동남쪽 밖에
어느 해에 작은 나라가 열렸던고.
제사는 삼성혈(三姓穴)을 전하고
조수는 칠성대(七星臺)를 때리더라.
성대(聖代)엔 바다에 일이 없고
봄 돛대로 사자(使者)가 오네.
멀리 와서 흰 날에 내가 늙건만
오히려 한라산을 보고 가겠네.

滯舘排悶遣懷

積水東南外　何年小國開
祭傳三姓穴①　潮打七星臺②
聖代滄波靜　春帆使者來
遠遊衰白日　猶見漢拏回

註解　①三姓穴(삼성혈) – 고·부·양(高夫良) 3성(姓)이 났다는 전설의 암혈

(岩穴). ②七星臺(칠성대)-주성 내에 석축으로 된 유지(遺趾). 3성
(姓)이 처음 나와 북두칠성형으로 축대를 쌓고 분거해 살았다고 함.

문어사상계(聞御史狀啓)

들으매 바다에 표류한 소식이
어사(御史)의 장계에 올랐다네.
왕의 영덕으로 신(臣)이 죽지 않았는데
어버이가 늙었으니 내 어떠하리.
온 세상이 모두 죽은 줄만 알았으리
살아남은 목숨이 허공에 붙인 것만 같구나.
우리가 돌아와 묵고 있는 일을
누가 만리 길에 소식 전해 줄까.

聞御史自楸子島登陸以都事船漂風狀聞

漂海新消息　聞登御史書
王靈臣不死　親老我何如
一世疑難定　餘生寄若虛
誰將回泊事　萬里報雙魚

* 당시 순무어사(巡撫御使)가 추자도(楸子島)로 상륙하여 도사(都事)의 배
가 바람을 만나 표류했다는 장계를 올렸다. 이 소문을 듣고 쓴 작품.

문경신(聞京信)

뜻밖에 듣는 서울 소식

배를 맞으며 모두 울먹이네.
우리는 별 남쪽에서 머물고
사람은 하늘 위에서 온 것만 같으이
지나온 경력으로 혼은 상기 놀라고
흘러 전하는 사연은 다시 슬프네.
어쩌면 몸에 날개가 돋혀
1만 리를 한번 날아 돌아가 볼까.

二月晦日北船始通聞京信

不意聞京信　迎船淚已催
斗南留我在　天上有人來
經歷魂猶恐　流傳事更哀
何緣生羽翼　萬里一飛回

* 2월 그믐날 배가 처음으로 통하여 서울 소식을 듣고 일행이 울먹였다.

삼월초육일제주(三月初六日濟州)

서울은 서북쪽 저 하늘 끝
한식날 바다 밖은
꽃도 상심을 하네.
누런 햇살은 중천에서 꼿꼿이 섬에 드리우고
푸른 하늘에 남극성은 돛폭 위로 와 비끼더라.
병과 채롱으로 물을 긷는 섬마을 여자
석책(石柵)으로 밭을 쌓는 말 먹이는 집.
선산(仙山)이 지척이건만
헛되이 바라보며 백발이 더하노니

어느 날에나 서울 향해 뗏목을 돌리리요.

三月初六日濟州將校自京來傳兒輩得回泊消息

秦京西北是天涯　寒食傷心海外花
黃日中原垂島直　靑天南斗掛帆斜
瓶籠負水夷村女　石柵堆田馬戶家
咫尺仙山空悵望　白頭何日返孤槎

춘수(春愁)

땅은 명월포(明月浦)에 깊고
봄은 녹등성(綠橙城)에 어두워라.
관기(官妓)는 능히 말을 타고
뱃사람들은 고래를 두려워하지 않데.
문장은 풍토를 기록하고
꽃과 새는 월조(月朝)의 평(評)이어라.
바다를 아는 방영장(防營將)이
이따금 와서 나그네 근심을 덜어주네.

城上觀妓走馬

地深明月浦[①]　春暗綠橙城[②]
官妓能調馬　船人不畏鯨
文章風土記　花鳥月朝評[③]
知海防營將　時來慰客情

註解　①明月浦(명월포)—진명(鎭名).　②綠橙城(녹등성)—제주성(濟州城)에

는 녹등(綠橙)을 둘러 심어서 속칭 등자성(橙子城)이라 함. ③ **月朝評**(월조평) -여남(汝南) 구속(舊俗). 여남 땅에 허소(許劭)라는 사람이 정(靖)과 더불어 매월 화제를 갈아가며 논평하기를 좋아했다. 이것을 사람들이 월조평(月朝評)이라 했음.

민황(憫荒)

돌밭에 잦은 햇빛 섬 백성들은
연중 배가 고프네.
온 고을에 흉년이 들어 처량하구나.
옛날부터 어염(魚鹽)으로 장이 서지 않는 나라
지금처럼 비바람에 뱃길이 끊긴 때.
장모진(長毛鎭) 역졸들은
관주(官廚)에서 고기를 훔치고
누렇게 부황난 아낙네는 나무껍질을 벗기네.
내 또한 왕의 신하로 이곳에 와
매양 조석을 대할 때마다
절로 숟갈을 멈춘다.

憫荒

石田頻歲海民饑　　滿目凄凉物色悲
從古魚鹽無市國　　如今風雨絶船時
長毛鎭①卒偸廚②肉　黃面蕃姑剝樹皮
我亦王人來此地　　每當朝夕自停匙

註解　①長毛鎭(장모진)-미상.　②廚(주)-관아의 주방.

우민황(又憫荒)

세 고을에서 세 번 돌림으로 식사를 대 왔는데
흉년에 오래 묵기가 난처하구나.
햇가에는 자주 조서(詔書)가 내리고
바다 밖에 관리가 없는 것이 아니네.
풀을 먹고 백성들이 우는 길에
메추라기 털옷 입은 벼슬아치가
밥상을 둘러앉았네.
푸른 옷깃 가난한 사자(使者)로
기한(饑寒)을 구해줄 바이 없구나.

又憫荒

三縣三周供　荒年久客難
日邊頻有詔①　海外不無官
草食民啼路　鶉衣吏繞盤
青衫②貧使者　何術救饑寒

[註解] ①詔(조)-조서(詔書). 왕명(王命). ②青衫(청삼)-푸른 옷깃. 선비를 일컬음.

한식우중(寒食雨中)

퍼렇게 풀이 우거지는 한식철
봄은 구이(九夷) 어디메나 같다.

만사는 풍파가 있은 뒤에
외로운 배에 눈물 짓는 몸이어라.
서울을 바라보면 낙일(落日)이 많고
바다를 걸쳐서 긴 무지개가 서네.
만맥(蠻貊)에 사는 일을 어찌 누(陋)라 이르리요.
때가 오면 길은 스스로 통하련만.

寒食雨中

萋萋寒食草　春到九夷^①同
萬事風波後　孤舟涕淚中
望京多落日　跨海有長虹
蠻貊^②居何陋　時來道自通

* 한식(寒食) 철에 민울(憫鬱)을 금치 못하여 읊은 작품.

註解　①九夷(구이)-동방에 구이(九夷)가 살고 있다는 말에서 온 것. ②蠻貊(만맥)-불모지(不毛地).

모춘(暮春)

남쪽으로 와서 처음 푸른 풀이 우거지고
성 가에는 보리 이삭이 가지런히 피어났다.
긴 날 회랑(廻廊)은 보슬비 내리는 속
꽃을 둘러 노랑나비가 동쪽 또 서쪽.

春　晚

南來始見草萋萋　今與城邊大麥齊

永日回廊微雨裏　繞花黃蝶樹東西

해제(海祭)

삼경 밤 배 위에 타오르는
한 심지 향촉(香燭) 불
온 하늘 별과 달 아래
용왕에게 제사를 지내더라.
의희하게 신령이 내리는 듯
한 쌍 촛불 앞에 바다는 움쭉 않는다.

三月十三日祭海
船上三更一炷香　滿天星月祭龍王
依俙想得神靈意　雙燭花前海不揚

*3월 13일 밤에 바다에 제사를 지냈다. 다행히 바람이 자서 바다를 빠져 나왔다.

증별(贈別)

둥둥둥 북은 울고 배 떠나가는 때
달은 떨어지고 샛바람에 깃발은 터질 듯하네.
만녀야, 너도 왕사(王事)가 급한 줄을 알거든
이별의 한으로 사람을 보내지 말아다오.

別時船上贈一絶

鼕鼕打鼓放船時　月落東風滿兩旗
蠻女亦知王事急　莫將離恨送男兒

추자석박(楸子夕泊) 2수(二首)

1

돌아가는 배가 한번 귀문관(鬼門關)을 나서니
처음으로 청청한 추자산(楸子山)이 보이네.
소쇄한 섬 속에 봄빛은 일찍 오고
대나무 울타리 띠집이 비로소 인간 같으네.

楸子①夕泊　二首

其一

歸舟一出鬼門關　始見青青楸子山
瀟灑島中春色早　竹籬茅屋似人間

註解　①楸子(추자) - 추자도, 즉 제주도로 가는 중간 지점에 있는 섬.

2

두 깃발은 바람을 안아 뱃머리 무거워라.
해 저물어 바람은 더 많이 불어오고
(물결이 누(樓)를 일으킨다)

북쪽을 바라보니 연기 구름에 대륙이 희미하고
동으로 오매 소고 소리 중류에 가득하다.
자주 생겨나는 이름 없는 섬들
언뜻 보면 마치 그림배만 같아라.
알괘라, 2경쯤 돛을 내린 뒤에
달 아래 말을 달려 당주(棠州)로 들어가네.

其二

兩旗風力重船頭　日暮吹多轉作樓[1](沿海浪高爲樓)
北望烟雲迷大陸　東來簫鼓滿中流
頻生點點無名島　忽見時時似畵舟
知到二更帆落後　月明騎馬入棠州[2]

註解 ①樓(누)-연해 방언(方言)에 물결이 높은 것을 누라 일컬었다고 한다.
②棠州(당주)-추자도에 있는 지명(地名)인 듯.

하정숙양중(下碇宿洋中)

달은 떨어지고 안개 연기 배질할 수 없어라,
천 길 중류(中流) 속에 닻을 내렸을 제.
풍파를 함께 겪어온 손이
하룻밤 사이에 머리가 다 세네.

下碇宿洋中

月落烟多不可舟　千尋碇子下中流

風波共是經來客　一夜無眠盡白頭

* 추자도(楸子島)를 떠나 대양(大洋)에 이르렀을 때 달은 떨어지고 장연(瘴烟)이 많아 배질할 수가 없었다. 대양 중에 닻을 내리고 하룻밤을 새움. '십사일무풍하정숙양중(十四日無風下碇宿洋中)'이라 기록되어 있다.

일월도주중(日月島舟中)

돌아가는 배 사흘 밤을 바닷구름 속에 새웠네.
천 리를 하루에 돌아온다 누가 말했던가.
풍랑이 다시 장난을 칠까 두렵고
수토(水土)가 얼굴을 던다고는 말하지 않겠네.
남쪽으로 표류하여 다행히 유구국(琉球國)을 가지 않고
북으로 건너며 다시 일월산(日月山)을 지나네.
완도(莞島)가 새만하였다가 차츰 말[馬]만한데
사공이 비오기 전에 급히 배를 몬다.

日月島舟中

歸舟三宿海雲間　千里誰言一日還
復恐風濤作戱劇　何論水土損容顔
南漂幸不琉球國[1]　北渡重經日月山[2]
莞島[3]如鳥漸如馬　艄工未雨急躋攀

|註解| ① 琉球國(유구국) — 지금의 '오키나와'를 포함한 유구 열도　② 日月山(일월산) — 일월도는 도중의 한 섬.　③ 莞島(완도) — 해남(海南) 해안에 가까운 섬.

망달마산(望達摩山)

뱃머리에 홀연 달마산(達摩山)이 보이네
오늘에사 진정 북으로 돌아가는 줄을 알겠네.
역마 길이 3배나 된다고 말하지 마소
이 몸이 뭍에 닿아야 비로소 인간이네.

望達摩山

船頭忽見達摩山　今日知吾始北還
鞍馬莫言三倍道　此身登陸是人間

추자전양(楸子前洋)

1만 리 남쪽을 갔다가 비로소 북으로 돌아가네.
아득한 창파 속에 먼 한라산.
미인이 작별하며 보내주던 곳
연기 비 창창한 하룻밤 사이일러라.

楸子前洋夕望漢拏山

萬里南征始北還　滄波遠望漢拏山
美人相送孤舟處　烟雨蒼蒼一宿間

한라산가(漢拏山歌)

자네 한라산 영기가 언틀먼틀 남녘 바다에 버티어 서있는 걸 보지 않았는가. 옛적에 영주(瀛洲)라 일컬은 것이 바로 이 땅이라. 묘망한 구주(九州) 밖에 큰 바닷물로 둘렀으니 그 높이 1만 5천 장. 위에는 옥당금궐(玉堂金闕)이 공중에 솟아 있고 금광기초(金光奇草)는 일월(日月)의 정이라. 한 번 먹으면 천년을 죽지 않고 산다 하였으니 진(秦)나라 한(漢)나라 임금들이 일찍이 얻지 못하고 한갓 헛되이 방사(方士)만 보냈것다. 방사가 일찍이 한 번도 이 산 밑에 와본 일이 있었던가. 샛바람이 배를 끌어다 3만 리나 되돌려 보냈더니라.

내가 삼한(三韓)에 한낱 베옷 입은 선비로 태어나 어찌 꿈엔들 여기 올 줄을 생각이나 했으리요만 그제에 왕명(王命)을 받고 탐라국(耽羅國)에 봉사하여 곧 남해(南海)를 건너니 날이 상기 기울지 않더라. 군왕(君王)이 나를 보내 신선을 구하려 하심은 아니지만 내 임을 위하여 불사약(不死藥)을 캐고자 맑은 새벽에 목욕재계하고 산을 향해 절하고 장차 마고선녀(麻姑仙女)를 찾아 백록담(白鹿潭)으로 올랐것다. 마고 주인(主人) 안색이 자못 나긋나긋하여 문전에 모인 손은 모두 마고를 찾아온 사람이라 오늘은 나의 이 흰 머리를 보고 한 번 크게 웃어 보겠지. 제가끔 오색영롱한 지초(芝草) 한 뿌리씩을 주는데 그 중에도 나를 이끌고 절정에 올라 밝은 별을 보여주리로다. 남극노인(南極老人)이 떡 그 별을 따서 내 소매 속에 넣어 주겠지. 크기가 잔만하지. 크기가 잔만하여 황황히 빛이 나렷다. 그런 뒤에 흰 사슴을 빌어주어 내가 백록(白鹿)을 타고 고을 성(城)으로 돌아오는데 가죽옷 입은 섬사람들은 나를 보고서 한번 크게 놀라렷다.

어쩌다가 신명의 시기를 받아 한 달내내 비바람을 퍼부어 한때도 개지 않고 오래도록 구름안개만 자욱이 산 얼굴 덮었으니 날마다 머리를 들어 쳐다만 본다. 하늘은 높고높아 쟁영(崢嶸)하고녀. 허허, 내가 속인이라 신선이 못되어 이러구러 꿈은 허사가 될지로다. 선산(仙山)이 지척이건만 오히려 올라보지 못하거늘 하물며 봉래방장이 아득하여 알 수 없는 일이로다. 풍파는 잇달아 솟구치고 거어(巨魚)는 뒤척인다. 아서라, 차라리 고기잡이배 넌지시 저어 강호(江湖)로 돌아가리.

漢拏山歌

君不見漢拏之山 靈氣磅礴撐南紀 古稱瀛洲無乃是 微茫九州外 環以大海水 其高一萬五千丈 上有玉堂金闕①空中峙 金光奇草② 日月精 一服千年而不死 秦漢之君嘗不得 徒爾年年遣方士③ 方士 何曾到山下 風引舟回三萬里 我是三韓一布衣 夢想焉能身到此 昨者奉使耽羅國 直渡南溟日未昃 君王不使我求仙 我欲爲君而採 藥 淸晨齋沐向山拜 將見麻姑④登白鹿⑤ 麻姑主人顔綽約 羨門 安 期皆是麻姑之客 今日 見我白髮應大笑 各贈芝草一本含五色 携 我絶頂見明星 南極老人⑥搴手摘 袖中納之大如杯 大如杯煌煌白 然後 借騎白鹿還州城 皮服島人當大驚 胡爲苦遭神物猜 風雨一 月無一晴 雲霧冥冥掩山面 擧頭日望天崢嶸 自嗟凡骨非仙徒 庶 幾遇之終失圖 咫尺仙山尚不登何況 方丈蓬萊⑦隔虛無 風濤澒洞 巨魚噴 不如鼓枻歸江湖

* 《탐라록(耽羅錄)》 가운데는 가체시(歌體詩)가 세 편 있는데 이 〈한라산가(漢拏山歌)〉와 〈제주걸자가(濟州乞者歌)〉 그리고 〈잠녀가(潛女歌)〉이다.

〈한라산가〉는 한라산을 눈앞에 두고도 풍우가 심하여 올라가 보지 못하고 다만 바라다보면서 지은 작품.

註解 ① 玉堂金闕(옥당금궐) - 금(金)과 옥(玉)을 깎아 세운 듯한 집. 산 모습을 말함. ② 金光奇草(금광기초) - 금빛나는 기이한 풀. 여기에서는 지초(芝草)를 이름. ③ 方士(방사) - 도인(道人)・술사(術士). 진시황(秦始皇)이 삼신산(三神山)에 방사를 보내어 장생불사약(長生不死藥)을 구했다고 하는데 삼신산이 우리나라에 있다고 전해 온다. ④ 麻姑(마고) - 마고선녀(麻姑仙女). 옛날 중국의 선녀(仙女). 미모의 여인이었다. ⑤ 白鹿(백록) - 백록담(白鹿潭). 한라산 정상에 있는 못. 속전(俗傳)에 신선

들이 흰 사슴을 타고 내려와 물을 먹여서 백록담이라 이르게 된 것이라고 함. ⑥ 南極老人(남극노인) - 수성(壽星)을 이름. 각항(角亢)에 해당되는 별자리.《사기》에 이를 남극노인성이라 부르고 이 별이 보이면 천하가 태평해진다고 쓰여 있음. ⑦ 方丈蓬萊(방장봉래) - 모두 신선이 사는 곳. 봉래와 방장과 영주(瀛洲)를 삼신산(三神山)이라고 한다. 우리나라에서는 금강산을 봉래라 하고 지리산을 방장, 한라산을 영주라 일컬음.

잠녀가(潛女歌)

탐라(耽羅) 여자들이 잠수질을 잘하느니라. 열 살 때 벌써 앞 냇가에서 배운다 한다. 이곳 풍속에 신부감으로는 잠녀(潛女)가 제일, 부모들이 의식(衣食) 걱정 않는다고 자랑을 하것다. 내가 북쪽 사람이라 듣고도 믿지 않았더니 이제 왕사(王使)로 남쪽 바다에 와 보았느니라. 성(城) 동쪽 2월 달에 바람 날 빛 따스한데 집집의 여인네들 물가로 나와 갈구리 하나, 채롱(종다래키) 하나, 뒤웅박 하나로 발가벗은 몸뚱아리엔 조그만 잠방이를 차고 일찍이 부끄럼이나 타본 일 있었던가. 깊고 푸른 바닷물에 펄펄 떨어지는 낙엽처럼 빈 공중으로 뛰어내린다. 북쪽 사람은 깜짝 놀라고 남쪽 사람은 좋아라고 웃어대는구나. 물장구를 치고 장난들을 하며 가로로 물결을 타겠다. 홀연 오리 따오기 모양 물속으로 쑥 들어가 간 곳이 없어라. 뒤웅박만 물 위에 둥실둥실 떠 있다. 조금 있다 창파 속에서 솟구쳐 올라오며 얼른 뒤웅박 끈을 끌러다 배에 매고 긴 휘파람 큰 한숨에 그 소리 참으로 슬프디슬프게 아득히 수궁(水宮)으로 메아리쳐 가는구나.

인생에 하필이면 이같은 험난한 업(業)을 택해 한갓 돈 때문에 죽음을 소홀히 한단 말가. 육지에서는 농사짓고 누에치고 산에서 나무캐는 줄을 왜 듣지 못하였던가. 세상에 제일 무서운 곳이 물만한 곳이 또 있던가. 능한 여인은 물속 근 백 척이나 들어간다 하니 가다간 굶주린 고래떼의

밥이 되기도 하렷다. 균역법(均役法)따라 날마다 관(官)에 바치는 일은 없어져 비록 값은 주고 산다고 하지만 팔도(八道)에 진봉하고 서울로 올려보내자면 하루에 몇 짐이나 생전복・건전복을 내야 할 것인가.

금옥(金玉)은 고관의 포주(庖廚)요, 기라(綺羅)는 공자(公子)의 자리로다. 어찌 저희들 먹는 것이 이처럼 신고하여 오는 줄 알리 있으리요. 겨우 한 입을 씹어보다 상을 물리겠다. 잠녀, 잠녀 그대들 즐거워 떠들고 있다마는 보는 사람은 하마 섧구나. 어이 사람이 사람의 목숨을 농락하여 구복(口腹)을 채울까 보냐. 아서라, 우리 같은 가난한 선비들은 해주(海州) 청어도 제대로 못 얻어먹어 조석 밥상에 부추나물만 올라도 흐뭇하구나.

潛女歌

耽羅女兒能善泅 十歲已學前溪游 土俗婚姻重潛女^① 父母誇無衣食憂 我是北人聞不信 奉使今來南海遊 城東二月風日暄 家家兒女出水頭 一鍬一笭一匏子 赤身小袴何曾羞 直下不疑深靑水 紛紛風葉空中投 北人駭然南人笑 擊水相戲橫乘流 忽學鳧雛沒無處 但見 匏子輕輕水上浮 斯須湧出碧波中 急引匏繩以服留 一時長嘯吐氣息 其聲悲動水宮幽 人生爲業何須此 爾獨貪利絶輕死 豈不聞 陸可農蠶山可採 世間極險無如水 能者深入近百尺 往往又遭飢蛟食 自從均役^②罷日供 官吏雖云與錢覓 八道進奉走京師 一日幾駄生乾鰒 金玉達官庖 綺羅公子席 豈知辛苦所從來 纔經一嚼案已推 潛女潛女 爾雖樂 吾自哀 奈何戱人性命 累吾口腹 嗟吾書生 海州靑魚亦難喫 但得朝夕一籠足

[註解] ①潛女(잠녀)-해녀(海女). 제주도에서는 지금도 잠녀라고 부른다고 함. ②均役(균역)-영조왕(英祖王) 때 균역청을 두고 세공(稅貢) 개혁책을 쓰다가 파한 일이 있다.

석북시집(石北詩集) 7권

북산록(北山錄)

갑신년 제주(濟州)에서 돌아와 선공봉사(繕工奉事)와 예빈직장(禮賓直長) 등을 역임하다가 정해년에 부친상(父親喪)을 당하여 시골로 돌아갔다가 경인년에 다시 서부도사(西部都事)로 복직하였다. 그동안에는 작품이 별로 많지 않다. 갑신년부터 정해년까지의 작품이 〈북산록(北山錄)〉에 보인다.

신유년 가을에 연천(漣川) 현감(縣監)으로 부임하고 이듬해 임술년에 기로과(耆老科)에 장원으로 뽑혀 곧 우승지(右承旨)로 임명되었다. 연천 현감 때의 작품을 〈임장록(臨漳錄)〉이라 하는데 문집 제9권에 수록되어 있다.

임진년 6월에 순천부사(順天府使)로 임명되었다가 9월에는 다시 영월부사(寧越府使)로 체임되었다. 그때의 일은 연기(年紀)에 자세히 기록되어 있다. 을미년에 다시 승지(承旨)로 내각(內閣)에 들어갔다.

영월에서의 작품이 〈월중록(粵中錄)〉으로 문집 9권 가운데 실려 있다.

갑신년으로부터 을미년까지 연천(漣川)과 영월(寧越)에 출사한 외에는 대개 북산(北山)에 거주하여 이곳에서의 작품을 수록한 것을 〈북산록(北山錄)〉이라 일컫는다. 북산은 북촌으로 맹원(孟園) 밑 가회동과 재동 근처를 지칭하는 곳이다.

을미년 서거(逝去) 직전까지의 작품이 이 편에 실려 있다.

정법정단사직중(丁法正壇司直中) 3수(三首)

1

문장이 홀로 옛에 가까우니
자네가 당시의 이름을 저버리지 않았네.
갓과 띠는 깊이 관서(官署)에 머물렀고
연기와 안개는 멀리 성으로 가네.
등잔 앞에는 각기 늘그막의 눈물이요
바다 밖에서 살아온 참으로 남은 삶이구나.
서울과 시골로 머뭇거리는 속에
서로 가지는 세밑의 마음.

歸自海外法正 壇司直中同睦幼選夜宿拈韻 三首

其一

文章獨近古　君不負時名
冠帶深留署①　烟霞遠去城
燈前各老涕　海外實餘生
京洛棲棲裡　相將歲暮情

* 갑신년 제주도에서 돌아와 사직서(社稷署) 재실에서 직장(直長) 정법정(丁法正)과 목유선(睦幼選)과 함께 읊은 시다. 단사(壇司)는 사직서의 별칭이다.

註解　①署(서)-관서. 여기서는 사직서를 가리킴.

2

만 그루 나무 속에 외로운 등잔불 깜박이고
요란하게 귀밑 털이 비껴 있네.
천하에 고난의 행로였어라.
하원(河源)에서 비로소 배가 돌아왔네.
친한 벗에겐 한가로운 밤이 있고
성곽엔 철 늦어 꽃이 없다.
어찌 탐라(耽羅)의 날에
서로 구름바다만 바라보던 거와 같으리요.

其二

孤燈萬木內　撩亂鬢絲斜
天下難行路　河原始返槎
親朋閒有夜　城郭晚無花
何似耽羅日　相望雲海涯

3

사직서(社稷署)에서 그대와 함께 자노니
가난한 벼슬아치에겐 백 가지 꽃나무만 있구나.
아침 꾀꼬리 소리는 하나하나 들려오고
봄비 그림자는 비끼고 비껴라.
성시(城市) 속에도 은거가 없는 것은 아니건만
강호(江湖)에 각기 집이 있네.
서로 찾음을 드물게 하지 마세
다행히 하늘 가에 떨어져 있는 것은 아니로세.

其三

署裡同君宿　貧官有百花
曙鶯聲一一　春雨影斜斜
城市非無隱　江湖各有家
過從莫稀濶　幸不隔天涯

차사직축사(差社稷祝史)

― 사직에 제사지낼 때 축관으로 명을 받아 재실에서 자며 이몽서(李夢瑞)와 함께 읊음 ―

10년 동안에 도문에서 처음 만났는데
봄날 재궁(齋宮)은 그지없이 조용하구나.
빙당(憑唐)의 흰 머리는 온통 학이고
원례(元禮)의 푸른 구름은 절로 용이어라.
어향(御香)과 함께 삼전(三殿)의 축을 거느려 와
금띠 두른 구조송(九朝松)을 둘러보네(사직서 뜰에는 수백 년 묵은 늙은 소나무가 있다. 나라에서 嘉善大夫의 금띠를 내렸음).
오늘밤 주인이 없어
시를 이야기하는 것도 흥이 문득 풀린다
(丁法正이 사직서 直長으로 있었는데 受由를 받아 시골에 갔었다).

差社稷祝史齋宿與李夢瑞同賦

十載都門始一逢　齋宮春日得從容
憑唐①白首渾如鶴　元禮②青雲自是龍
陪到御香三殿祝③　繞看金帶九朝松④

主人今夕江關外　　此地論詩興却慵
　　（法正時以本署直長受由下鄕）

註解　①憑唐(빙당) - 한(漢)나라 때 사람. 문제(文帝) 때에 낭중서(郎中署)의 장(長)이 됨.　②元禮(원례) - 후한(後漢) 이응(李膺)의 자(字). 이응이 천하법칙의 규범으로 되었음.　③三殿祝(삼전축) - 삼전의 축문.　④九朝松(구조송) - 아홉 조정을 지난 소나무의 뜻.

차제남단(差祭南壇)　2수(二首)

늘그막에 옹졸한 축관(祝官)이 되어
재계하는 마음 온종일 남단(南壇) 곁에 있더라.
빈 산에 홀로 뭇 새들과 가까이 앉았는데
먼 나무들은 모두 실비 속에 젖어 으슬으슬하다.
이내 구름 가로 향해 침석을 옮기고
소나무 아래 의관이 젖는 것도 상관하지 않데.
잠두봉(蠶頭峰) 저녁 빛이 어두컴컴해 오노니
달 없이 하룻밤 지내기도 어려운 일이어라.

差祭南壇雨中漫吟　　二首

其一

垂白龍鍾祝史官①　　齋心終日傍南壇②
空山獨與衆禽近　　遠樹皆含微雨寒
擬向雲邊移枕席　　不辭松下濕衣冠
蠶頭③暝色戎戎起　　無月經過一夜難

* 갑신년 지음.

註解 ①祝史官(축사관)-축 읽는 관리. ②南壇(남단)-남산 남쪽 기슭에 있던 제단. ③蠶頭(잠두)-잠두봉(蠶頭峰). 남산 상봉.

2

지난해 친림(親臨)하여 기우제(祈雨祭)를 지내던 때
조정 백관이 이 단 앞에 배종하였었네.
임금님은 참담하게 운한(雲漢)을 바라보시고
옥연(玉輦)은 주저하듯 풀밭을 지났어라.
마침내 창생이 1년을 걱정으로 지내더니
문득 오늘엔 비가 옷을 적시누나.
봄 장마가 본디 농가의 꺼리는 일이라
다시 근심이 3경 밤 침소에 들까 두려우이.

其二

祈雨親臨①憶去年　百官陪祭此壇前
天顏慘憺看雲漢　玉輦②踟躕過草田
遂使蒼生憂一歲　却於今日濕重綿
春霖本作農家忌　復恐愁聞丙枕③邊

註解 ①親臨(친림)-임금 자신이 당함. ②玉輦(옥연)-임금이 타고 다니는 연. ③丙枕(병침)-병야(丙夜)는 3경 밤을 의미함. 3경의 침석.

사월우(四月雨)

4월 모낼 무렵 비가
그윽한 마을에서 놀라 잠을 깨게 하네.

온 나라 땅을 한결같이 적시고
밤새도록 남는 소리가 있다.
지난해는 논밭이 말라붙어
추수를 하지 못했더니만
오늘밤 비로소 검은 구름이
임 정성으로 내리네.
어쩌면 지금쯤 임금님이 구장(鳩杖)에 기대어
빗소리 들으며 밤을 새시겠네.

四月二十七日夜雨

四月秧時雨　深村宿處驚
八方均一潤　終夜有餘聲
赤地哀前歲　玄雲降上誠
君王倚鳩杖^①　聽或到天明

註解　①鳩杖(구장)-임금이 짚던 지팡이. 꼭대기에 비둘기가 새겨져 있었다.
사궤장(賜机杖)에도 씀.

하일직선공(夏日直繕工)

5월 연못가에 그대들로 인해 반나절이 서늘하네
서로 만나면 무슨 할 말이 있으리요
잠깐 떨어져 있는 것도 잊기 어렵구나.
높은 버들은 처음으로 땅에 드리우고
남은 꽃은 담장 위를 넘지 못한다.
이 중에 인사가 그윽하거니

붓 잡고 부들상을 대해 앉노라.

夏日直繕工執熱苦寂 會而法正聯袂步枉 納凉東軒 呼韻得傍字同賦

五月池臺氣　因君半日凉
相逢何所語　少別亦難忘
高柳初垂地　餘花不過墻
此中人事僻　揮翰對匡床

* 선공부(繕工部) 직중(直中)에 유회이(兪會而)와 정법정(丁法正)이 찾아와 같이 읊음.

차법정범주운(次法正汎舟韻)

그대 뱃놀이 작품이
휘황하여 목난(木難)과 같으이.
표연히 인간 밖을 갔는데
어찌 구름 끝에 이르지 않았던고.
어조(魚鳥)는 듣고 오히려 즐거워했겠고
누대(樓臺)는 생각만 해도 저절로 차가워라.
서강(西江)은 오늘부터
이름을 낭관(郎官)으로 고치는 것이 알맞겠네.

次法正西江汎舟韻

君有浮舟作　煌煌似木難[①]
飄然去人外　何不到雲端

魚鳥聞猶樂　樓臺想自寒
西江②今日後　名合改郞官③

註解　①木難(목난) - 구슬 이름. 조식(曹植)의 악부(樂府) 미녀편에 '산호간 목난(珊瑚間木難)'의 구절이 있음. 막난(莫難)이라고도 함.　②西江(서강) - 마포(麻浦) 앞 강을 일컬음.　③郞官(낭관) - 벼슬 위계(位階). 정랑·좌랑 따위 당하관을 이름. 당시 법정이 낭관으로 있었다.

인길견기(仁吉遣騎)

자네 집이 낙산(駱山) 밑에 있는데
사람들이 찾는 일 드물다.
자라(紫邏)는 1천 문을 격해 있고
청림(靑林)에는 6월이 깊었어라.
쇠년에는 소갈병을 앓고
반나절은 이름을 쉬는 마음이로세.
홀로 젊은 반남자(潘南子)가
새로 화성(畵省)의 숙직을 맡았다 하네.
(그때 朴校理 仲涵이 또한 약속을 했었는데 直을 맡아 오지 못함)

仁吉遣騎相邀 幼選 士述亦至呼韻同賦

君家駝駱①下　人事罕叅尋
紫邏②千門隔　靑林六月深
衰年愁渴病③　半日息名心
獨少潘南子④　新持畵省⑤衾
（時朴校理仲涵亦有約值直不來）

註解 ①駝駱(타락)-낙산(駱山). ②紫邏(자라)-풀 이름. 두시(杜詩)에 '춘산자라장(春山紫邏長)'이 그것이다. ③愁渴病(수갈병)-소갈병. 자주 갈증이 나는 병. 지금의 당뇨병을 가리킨다고도 함. ④潘南子(반남자)-박중함(朴仲涵)이 반남 박씨이기 때문에 일컬음. ⑤畫省(화성)-고제(古制) 상서성(尙書省)을 이름. 상서성은 조선 왕조에서 첨의부(僉議府), 삼사(三司) 등으로 개칭하였다.

송목유선지비인(送睦幼選之庀仁) 5수(五首)

1

가을날 도문(都門)길에
신생(申生)이 목생(睦生)을 보내네.
나라 안에 이름높은 선비가
바닷가 조그만 고을살이를 가네.
머뭇거리는 말은 가다가 돌아다보며
서늘한 매미는 날이 저물수록 더욱 많이 운다.
당세의 일은 말하지 마세
오직 친구의 정이 있을 뿐이네.

送幼選之官庀仁 五首

其一

秋日都門路　申生送睦生
名高天下士　官小海邊城
倦馬時相顧　凉蟬晚益鳴
莫論當世事　俱是故人情

* 갑신년 목유선(睦幼選)이 비인(庇仁) 현감으로 갈 때 지어 준 별장(別章). 비인은 서천(舒川) 옆 고을이었다. 지금은 면으로 되어 서천에 병합됨.

2

행인(行人)이 6월을 두려워하거늘
하물며 자네 남방으로 감에랴.
말 위에 구름은 불과 같고
성 앞에 바다는 서늘하지 못하네.
혼자 붕(鵬)새를 따라가
멀리 극림(棘林) 옆에 머무네.
어느 날 군왕이 불러
청총마(靑驄馬)를 타고 다시 한양으로 들어올까.

其二
行人畏六月　況子犯南方
馬上雲如火　城前海不凉
獨隨鵬鳥後　遙止棘林①傍
何日君王召　乘驄入漢陽

註解　①棘林(극림)－옛사람이 송사를 듣던 곳. 동헌(東軒)을 뜻함.

3
— 비인 관해(官廨) 편액이 비한당(庇寒堂)이라 함 —

땅 이름은 당나라 검수(劒水)
풍채는 한나라 낭관(郎官)이어라.
새 법으로 어염(魚鹽)이 귀해졌고
흉년이 들어 민호(民戶)가 쇠잔하다.

오직 맑은 마음으로 보국하고
착한 정사가 가히 백성의 기한을 막아주리.
도임하는 날 삼문 밖엔 즈믄 마을 사람들이
도열하여 말 에워 구경하겠네.

　　其三(庇仁官廨扁曰庇寒堂)
地名唐劒水①　星象漢郎官②
新法魚鹽貴　凶年戶口殘
淸惟答上意　仁可庇民寒
到日公門下　千村擁馬看

註解 ①劒水(검수)-비인의 옛이름. 중국에 검수가 있다. ②漢郞官(한낭관)-
한나라 낭관처럼 잘생긴 인물을 비유함.

　　　　4
오마(五馬)가 내일 떠나가노니
등잔불 앞에 내 노래 들어라.
강에 임하면 고인은 멀어지고
고을에 이르면 가을바람이 많다.
바닷가에 나무는 연무(烟霧)를 열고
관 못에는 연꽃이 떨어지리.
누(樓)에 올라 한양을 바라보면
저무는 날 그 마음 어떠하리.

　　其四
五馬明朝發　燈前聽我歌
臨江故人遠　到郡秋風多

海樹開烟霧　官池落芰荷
登樓望京闕　日暮意如何

5

동백정(冬栢亭) 앞 바다가
창창하게 군 서쪽으로 나가네.
연(燕)나라와 제(齊)나라로 붉은 해가 떨어지고
진(秦)나라와 한(漢)나라는 흰구름 아득하네.
태수(太守)의 시가 어떠하뇨
서생의 기(氣)는 낮아지기 쉽다.
알괘라, 자네 도임한 뒤에
시편(詩篇)이 장관이겠구나.

其五

冬栢亭[1]前海　蒼然出郡西
燕齊紅日下　秦漢白雲迷
太守詩何似　書生氣易低
知君上官後　壯觀筆囊携

註解　①冬栢亭(동백정) — 비인(庇仁) 해안은 동백꽃으로 유명했다. 거기에서 바다 저편은 중국 대륙이기 때문에 연제(燕齊)와 진한(秦漢)을 생각하게도 됨.

간인길(簡仁吉)
― 밤새 갑자기 비가 내려 생각하매 동산(東山)에 새 폭포수가 기관 일 것 같다 ―

밤사이 가을비 소리 많이 들어

알괘라, 그대 집머리엔 폭포가 드리웠으리.
아침이 오면 파탈하고 가서
흰 돌 푸른 숲에 발을 씻고 돌아오리.

簡仁吉(夜來急雨 想東山新瀑奇絶)

秋雨聲多一夜間　知君屋上瀑垂山
朝來不着巾衫去　白石青林洗足還

사금도사최직장(謝金都事崔直長) 2수(二首)

1

늙게 수직(守直)에 매여 있는 것이 시름인데
새로 안 친구가 기꺼이 이웃이 되어주네.
일 없는 밤에 자주 찾는 것이
관에 있는 몸보다 훨씬 낫다.
담론하는 것은 이 세상 시태(時態)가 아니고
문장은 옛사람에 가까워라.
헤어진 뒤 양간(樑間)의 탑(榻)은
사흘이면 먼지가 낄까 두려우이

謝金都事思渾 崔直長 範興見訪直中　二首

其一

垂老愁持被　新知喜作隣
數來無事夜　多勝有官身

談論非時態　　文章近古人
樑間別後榻^①　三日恐生塵

[註解] ①樑間別後榻(양간별후탑) – 손님이 간 뒤에 대들보에 걸어 얹어 두는 자리.

2

상의(尙衣)가 참으로 맑은 지조 있어
많이 고가풍(古家風)을 볼 수 있구나.
같은 조정에서 처음으로 안 뒤에
만년(晚年)에 서로 그리며 사귀네.
서조(西曹)에서 가을에 두 번째 수직하는데
한 길이 밤에 서로 통하누나.
그대 가고 종소리 움직이노니
나무에 기대 외로이 읊조리는 늙은이.

其二

尙衣^①眞雅操　多見故家風
識面同朝後　論交末路中
西曹^②秋再直　一逕夜相通
君去鍾初動　孤吟倚樹翁

[註解] ①尙衣(상의) – 어의(御衣)를 맡아보던 관리.　②西曹(서조) – 형조(刑曹)를 일컬음.

대인만이보령(代人輓李保寧) 3수(三首)

1

느티나무 잎새 누릇한데
동헌(東軒)이 그윽히 닫혔어라.
남녀(籃輿)는 돌아오지 않고
석성(石城)엔 가을이 드네.
세간 문자를 더 보기가 역겨워
주필(朱筆)을 더위잡고 백옥루(白玉樓)로 올랐어라.
(그가 保寧 원으로 石城서 과거 뵈는 데에 갔다가 일을 다 마치지 못하고 갑자기 죽음)

代人輓李保寧 命啓 三首

其一

槐葉黃時鎖院幽　雙鳧不返石城秋
世間文字看應倦　朱筆携登白玉樓
(李以保寧倅參試石城未竣事暴亡)

* 남을 대신하여 이보령(李保寧) 만사를 쓴 것이다. 이보령의 이름은 명계(命啓).

2

오서산(烏鼠山)은 동헌을 둘러 푸르른데
솔바람 거문고 가락 현리(縣吏)들만 듣는구나.

시혼(詩魂)이 아직 서호(西湖)를 기억하는가
밝은 달 영보정(永保亭)에 가을이 짙어가네.

　　其二

　　烏鼠山^①圍縣舍青　松風琴曲吏人聽
　　詩魂尚憶西湖^②否　明月秋多永保亭^③

註解　①烏鼠山(오서산)-보령에 있는 산 이름. 오서산(烏棲山)이라고도 씀.
　　　성주산과 병칭됨. ②西湖(서호)-충남 일대를 일컬음. ③永保亭(영
　　　보정)-보령현사명(保寧縣舍名).

　　　3

오마(五馬)가 길게 울고
그날 길거리에서 작별하였건만
붉은 명정이 오늘 남양(南陽)으로 돌아가네.
청풍강(青楓江) 위에서 초혼을 하며 우노니
인간엔 홀로 이성장(李聖章)이 없구려.

　　其三

　　五馬嘶時別路傍　丹旌今日返南陽^①
　　青楓江上招魂哭　不獨人間李聖章^②

註解　①南陽(남양)-지명. ②李聖章(이성장)-이보령의 자(字).

　　　기홍문주(寄洪雯洲)

세모에 문주(雯洲) 노인은

높은 풍조가 상유(上游)에 가득 차 있어라.
한번 남국으로 돌아간 말이
다시는 강 배에서 내리려 하지 않데.
국화를 심는 것은 가계를 위함이요
바둑을 보는 것은 세상 시름을 잊으려 함이라.
바람 물결에 부쳐 내게 준 시구(詩句)
눈물을 머금고 충주(忠州)를 바라보네.

　　寄洪雯洲　應輔

　歲暮雯洲老　高風滿上游①
　一歸南國馬　更不下江舟
　種菊爲家計　看碁遣世憂
　風波贈我句　含淚望忠州

* 문주(雯洲)의 이름은 응보(應輔). 충주(忠州)에 살고 있었다.

註解　①上游(상유)-상류(上流)와 같음.

소한마상(小寒馬上)

푸른 소매 소한(小寒) 날 혼자 가노니
밝은 달빛 새벽길에 닭의 소리 요란하다.
외로운 말 적막히 언 땅 밟는 발굽 소리
무리 산은 분명히 앞으로 다가오누나.
인생이 늙어서도 오히려 손이 되어
세사(世事)가 다단한데 또 서울로 들어가네.

어디서 지초 노래 들려오는 그윽한 골짜기
알지 못해라, 누가 풍설 속에 사립문을 닫았는고.

甲申冬末受由下鄕 中路以官事牽回 入京 曉發葛山 是日小寒寒甚 馬上得一首

青衫獨犯小寒行　月色鷄聲滿曉程
一馬凍蹄聞寂歷　衆山來勢認分明
人生抵老猶爲客　世事多端又入京
何處芝歌^①深谷裏　不知風雪掩柴荊

* 갑신년 겨울. 수유(受由)를 받아 시골로 내려가다가 관의 일로 중도에 다시 서울로 들어오게 되었다. 그때 마침 소한(小寒) 날이어서 추위가 매우 심했다. 새벽에 갈산(葛山)을 떠나오며 마상(馬上)에서 읊음.

[註解] ①芝歌(지가) - 상산사호(商山四皓)가 진(秦)나라를 피해 남전산(藍田山)에 들어가 자지가(紫芝歌)를 지음.

별이헌(別而憲)

강해(江海)에 봄바람 가득한데
그대는 충주로 향하여 가네.
나라 선비 가운데에 누가 일찍이 영달을 했던가
장안(長安)은 놀 수 없는 곳이어라.
가다가 강마을에 들어 잠자고
연기나무 사이로 돌아가는 배를 보리.
신륵사(神勒寺) 함께 읊던 곳
날 생각하며 다락에 올라 보겠네.

別而憲

春風滿江漢　之子向忠州
國士誰曾達　長安不可遊
水村知宿處　烟木見歸舟
神勒題名寺　相思一上樓

* 충주로 돌아가는 홍이헌(洪而憲)과 창수(唱酬)한 것이다.

설중구호여별(雪中口號與別)

백설(白雪)아, 왜 이리 돋구느뇨
시(詩)하는 사람이 자고로 차다.
자네가 지금 뜻을 얻지 못하고
내가 또한 벼슬 없는 것보다 나을 게 없네.
해설필 무렵 동쪽 서쪽 길
외로운 배 십이탄(十二灘)이어라.
자네 떠나간 뒤 밝은 달이
장안에 가득 떠오르겠네.

而憲臨岐口號與別

白雪何高調　詩人自古寒
爾今難得意　吾不勝無官
落日東西路　孤舟十二灘[1]
不堪君去後　明月滿長安

* 눈 속에 홍이헌(洪而憲)과 작별하며 즉흥적으로 읊음.

註解　①十二灘(십이탄)-충주(忠州) 근처에 있는 여울.

별이헌야억(別而憲夜憶)

나귀를 타고 자네는 상동문(上東門)을 나가데
세밑 슬픈 노래 고원(故園)으로 향해 갔네.
강해(江海) 속에 몇 사람이나
지금 단갈(短褐)로 있는가
온 하늘 풍설은 일고 또, 황혼이 되는구나.

別而憲夜憶

騎驢君出上東門①　歲暮悲歌向故園
江海幾人今短褐②　滿天風雪又黃昏

註解　①上東門(상동문)-동소문(東小門)을 일컬음.　②短褐(단갈)-짧은 베
　　　옷. 농사꾼의 옷을 가리킴.

우기법정회이(又寄法正會而)

그대들 생각하며 빈 골짜기에 사립문 닫고 앉았노니
봄날 아지랑이 산기슭을 둘렀어라.
친구들이 있는 남국에는 꽃다운 풀이 우거졌으련만
북산(北山)은 한식 철에도 아직 이른 꽃이 드물다.
이두(李杜)의 글집이 이웃해 있다는 건 공연히 전하는 말
다만 겸가(蒹葭)로 옥수(玉樹)에 의지해 있네.
언제나 그대들이 문병하러 와

띠집에서 시를 읊다 석양머리 돌아갈꼬.

又寄法正會而

懷君空谷掩柴扉　春日游絲繞翠微
南國故人芳草遍　北山寒食早花稀
虛傳李杜詞垣接　秪以蒹葭①玉樹②依
二妙何時來問疾　茅堂吟到夕陽歸

＊을유년 지음.

註解　①蒹葭(겸가)-《시경(詩經)》진풍편(秦風篇)에 있는 편 이름. 은사(隱士)의 비유.　②玉樹(옥수)-《산해경(山海經)》에 나오는 오채옥수(五彩玉樹)로 아름다운 재목을 비유함.《위지(魏志)》에 명제(明帝) 사후(使后)의 아우 모증(毛曾)과 하후현(夏侯玄)이 나란히 앉은 것을 보고 겸가가 옥수에 의지해 있다고 말했다. 그때 하후현이 황문시랑(黃門侍郞)이 되었으므로 사람들이 옥수(玉樹)라 일컬음.

정임송서(呈任松西)　3수(三首)

1

몸이 약한 황강(黃岡) 옛 사군(使君)이
석교(石橋) 남쪽 동리에서 사람을 멀리하고 사네.
3년 동안이나 금문(金門)의 누수(漏水) 소리 듣지 않고
만사는 항상 자각봉(紫閣峰) 구름만 보아 오네.
가는 빗속에 손을 만나면 정답게 이야기하고
외로운 거문고는 새가 담쟁이를 띠고 듣네.
성조(聖朝)가 어찌 글하는 선비들을 버리리요

흩어져 한가로이 지낸 것도 이미 충분하네.

呈任松西 埈 三首

其一

多病黃岡①舊使君　石橋②南洞遠人群
三年不聽金門③漏　萬事常看紫閣雲
微雨客逢鷄黍話　孤琴鳥帶薜蘿聞
聖朝豈合詞臣棄　散地占閒已十分

註解　①黃岡(황강)-지명. 송서(松西)가 그곳 원으로 있었다.　②石橋(석교)-
　　　미상(未詳).　③金門(금문)-궐문.

2

그대 풍류 남쪽 마을에서 당시를 빛내네.
그대 매화시(梅花詩)가
어찌 사조(謝朓)의 것만 못하리요.
오궤(烏几)에는 홀로 높은 선비의 전기가 높여 있고
흰구름은 친구와 더불어 기약하는 일이 많네.
봄이 깊으매 새로 약초 모를 옮겨 심고
낮이 조용하면 차 화로에서 가는 연기가 나부낀다.
야(野)의 옷으로 문안에 들어오는 서넛 거리 손이
매양 그윽한 멋을 좋아하여 늦게야 돌아가네.

其二

風流南郭暎當時　何遜梅花謝朓①詩

烏几獨留高士傳　白雲多作故人期
春深藥草新移種　晝靜爐烟細颺絲
野服入門西街客　每憐幽事暮歸遲

註解 ①謝眺(사조)-남제(南齊) 사람. 문장이 청려했다. 자는 현휘(玄暉). 선성(宣城) 태수를 지내서 사선성(謝宣城)이라고도 일컬음. 옥사했다.

3

흰 모시골 남쪽에서 오래 이웃해 살다가
내가 요즘 집을 옮겨 북촌 사람이 되었네.
밤에 초롱 들고 자주 다니던 일 어찌 잊으리
새벽에 같이 산 샘에서 물 긷지 못하는구나.
흐르는 시냇가에 닭이 울면 골짝은 점심때가 되고
따뜻한 바람 성에 가득 나비 나는 봄이어라.
지금 솔 밑에서 유연히 바라보노니
자각봉(紫閣峰) 밑 자네 집에 물색이 새로워지네.

其三

白紵村南久卜隣　移家近作北村人
能忘燭籠頻歸夜　不復山泉共汲晨
流水鷄鳴深巷午　暄風蝶舞滿城春
此時松下悠然望　紫閣君家物色新

송감시어사구백은부회령(送監市御史具伯殷赴會寧)
　3수(三首)

　　1

10월에 청인(淸人)이 오고
삼사(三司)로 사자를 보내네.
나라에 화융책(和戎策)이 있어
그대를 보내 멀리 출새시(出塞詩)를 읊게 하네.
가을은 깊어 삭풍이 급히 몰아오고
호(胡) 가까이에 큰 강물이 설레네.
오직 해마다 국경 장터에서
변방 소로 서피(鼠皮)를 바꾸는 것을 볼 수 있네.

送監市御史具伯殷赴會寧 三首

　其一

淸人來十月　　使者用三司[①]
直以和戎策[②]　遙吟出塞詩
秋深朔吹急　　胡近大江悲
徒見年年市　　邊牛換鼠皮

* 구백은(具伯殷)이 감시(監市) 어사로 회령(會寧)에 갈 때 지어 준 작품이다.

[註解] ①三司(삼사)―사헌부(司憲府)・사간원(司諫院)・홍문관(弘文館)의 총칭. 그때 구백은(具伯殷)이 삼사(三司)에 벼슬하고 있었다. 다른 구(句)에 '기라간학사(綺羅看學士)'라고 한 것을 보면 홍문관 학사(學士)였을

것이다. ②和戎策(화융책) - 오랑캐를 화친하는 정책. 당시 친호(親胡)를 이렇게 불렀다.

　　　2

철령(鐵嶺) 돌아가는 구름 밑에
행인은 예부터 시름하네.
그대 지금 어사(御史)로 가
만 리 옥관(玉關)에 노네.
말을 세우고 동해를 바라보며
채찍을 드날려 백두산으로 향하네.
그래 자네는 처자를 꾸려나갈 수 있는가
내가 배웅하며 오구(吳鉤)를 풀어주네.

　　　其二

鐵嶺①歸雲下　行人自古愁
今君繡衣去　萬里玉關②遊
立馬觀東海　揚鞭指白頭
安能守妻子　臨別贈吳鉤

註解　①鐵嶺(철령) - 강원도와 함경도 도계에 있는 큰 재. 예전에 여기에 관문이 있었다. ②玉關(옥관) - 중국 변방, 서역(西域)으로 통한 관문 이름. 여기서는 상징적으로 쓰임.

　　　3

새도 끊긴 선춘령(先春嶺)에
모래 속 잠긴 만고의 비(碑)일러라.
우랄부[烏剌部]에서 인삼을 캐고

홀온아(忽溫兒)에서 사슴을 좇더라.
오히려 토인들이 분(墳)을 여기는 것은
지금도 고려사(高麗史)를 의심하는 일이어라.
연연석(燕然石)에 칙령으로 새기는 글자
자네 언제까지 기다리려 하는가.

其三

鳥絶先春嶺① 沙沉萬古碑
採蔘烏剌部② 追鹿忽溫兒③
猶自土人墳　至今麗史疑
燕然勒銘筆　君欲待何時

註解　①先春嶺(선춘령)―도문(圖門)과 훈춘(渾春) 사이에 있는 큰 재. 여기서 간도(間島)로 들어감. 고려 예종(睿宗) 때 윤관(尹瓘)이 13만 대병을 거느리고 가서 여진족(女眞族)을 정벌하고 이곳에 '고려지경(高麗之境)'이라 쓴 비를 세웠다. ②烏剌部(우랄부)―중소(中蘇) 국경, 우랄산 밑에 부족들이 살던 곳. ③忽溫兒(홀온아)―부족 이름의 하나.

보귀신무문(步歸神武門)

푸른 도포 신직장(申直長)이
걸음 배우는 습유(拾遺)로 돌아오더라.
산 눈[雪] 속에 집은 더 멀어지고
성 밑 햇볕은 길에 내려 으슬하다.
어깨를 나란히하여 나무꾼들은 다 지나가는데
낯익은 관리들을 보긴 드물다.
못내 부끄러운 일은 관명(官名)에 묶여

머뭇거리는 백발이 글렀구나.

致祭北里無馬步歸神武門路上有作

靑袍^①申直長^②　步學拾遺^③歸
山雪令家遠　　城暉下徑微
並肩樵過盡　　知面吏逢稀
所媿官名縛　　棲棲白首非

* 병술(丙戌)년, 북리(北里)에 가 치제(致祭)하고 돌아올 때 말이 없어 신무문(神武門)까지 걸으며 노상에서 읊음. 북리(北里)는 미상. 신무문은 경복궁(景福宮) 북문이다.

|註解| ①靑袍(청포)－나라에서 주는 푸른 베로 만든 관의(官衣). 선비의 옷을 일컫기도 함. ②直長(직장)－관명. 당시 예빈시(禮賓寺) 직장으로 있었음. ③拾遺(습유)－당(唐)의 간관명(諫官名). 두보(杜甫)가 습유 벼슬을 하였었다.

홍상서치사시축운(洪尙書致仕詩軸韻)　5수(五首)

'홍상서(洪尙書)가 치정(致政)하고 돌아가 있을 때 임금이 그의 선고 사당에 사제(賜祭)하였다. 광수(光洙)가 축관(祝官)으로 명을 받고 가 제사지냈는데 상서가 치사시축(致仕詩軸)을 내놓고 모두 다섯 편에 차운(次韻)하기를 부탁하여 집에 돌아와 지어보내노라.'

1 차원보홍공운(次元甫洪公韻)

백수(白首)로 어찌 종(鍾)과 누(漏)에 수고하리요
육순에 돌아갈 계획을 해 반생이 한가롭구나.

남은 바둑에 손을 대어 완전히 판을 막고
고해(苦海)를 되돌아보면 높은 언덕에 와 있어라.
소광(疏廣)에게는 일찍이 원백(元伯)의 그림이 없었고
엄릉(嚴陵)으로도 경현(景賢)의 포장을 얻지 못했었나니.
밝은 때 삼공(三公)의 벼슬은 아들들로 맞게 하고
물러나와 근심을 잊고 저이 무리에 의뢰한다.

* 치정(致政)이 일찍이 정선(鄭歚)의 그림〈설강어주도(雪江漁舟圖)〉를 수장하고 있었다.

洪尚書致仕詩軸韻　五首

洪尚書 致政而歸 上賜祭于其考廟光洙以祝史將事 禮訖尚書出致仕詩軸要遍次凡五篇 退而搆呈

其一　次元甫洪公韻

鍾漏^①何堪白首勞　六旬歸計半生牢
殘棋着手完枰盡　苦海回頭在岸高
疏廣^②曾無元伯^③畵　嚴陵^④不得景賢褒
明時袞職留兒補　身退忘憂賴爾曹

|註解| ①鍾漏(종루)-사직하고 퇴사함을 말함.　②疏廣(소광)-한(漢)나라 난릉(蘭陵) 사람. 선제(宣帝)가 태자 태부로 삼았는데 다섯 해만에 늙은 것을 이유로 사퇴하고 가므로 임금과 태자가 후히 대접해 보냈다. ③元伯(원백)-화가 정선(鄭歚)의 자(字). 호는 겸재(謙齋).　④嚴陵(엄릉)-엄자릉(嚴子陵)을 일컬음. 후한(後漢)의 광무제(光武帝)가 찾아 간의대부를 시켰으나 사양하고 부춘산(富春山)에 들어가 낚시질로 생애를 마쳤다.

2 차태학사이공운(次太學士李公韻)

동쪽 뫼에 와 높이 눕는 것도 또한 임금의 은혜라
같은 은사(隱士)들과 함께 단원(丹元)을 기르네.
빈객이 다투어 와 축하하매 신선에 가깝고
어조(魚鳥)들이 어이 재상(宰相)의 높음을 알리요.
영(嶺)에서 들려오는 종소리는 그곳이 천축사(天竺寺)인 듯하고
명년의 꽃은 바로 무릉도원이 아니냐.
세상에 나서 요순(堯舜)을 만나는 것이 그립지 않은 바 아니로되
분수 밖에 뜬 이름은 모두 다 잊어버리고저.

其二 次太學士李公韻

高臥東岡亦主恩　參同歸學養丹元①
衣冠競賀神仙近　魚鳥何知宰相尊
半嶺鍾如天竺寺②　明年花是武陵源
生逢堯舜非無戀　身外浮名欲樹謖

註解　①丹元(단원)-심신(心神)을 이름. 수(隋)나라에 단원자(丹元子)라는 은사가 있었다.　②天竺寺(천축사)-천축국(天竺國)을 상징함.

3 차상서보향산치사운(次尙書步香山致仕韻)

조정의 몸이 지금 돌아와 그림배에 실려 지내노니
풍파 적은 곳에 낙이 어떠하오.
주문(朱文) 일부로 일찍이 나라를 다스리다가
백수로 돌아올 때 짐 채비가 수레에 차지 않았어라.
수풀 속에 자고 일어나는 중처럼 심기가 고요해진 후에

시냇가 둘러보면 버들은 모두 손수 심은 것.
조정에서 청하는 일 외에는 별로 할 일도 없어
기보(碁譜)와 농사글을 잔 글씨로 적네.

其三　次尙書步香山致仕韻

廊廟身今畫舫居　風波少處樂何如
朱文①一部曾經國　白首歸裝不滿車
留宿林僧機靜後　繞看溪柳手栽餘
除非朝請應無事　碁譜農方自細書

註解　①朱文(주문)－주자(朱子)의 글을 이름.

4　차상서보육일치사운(次尙書步六一致仕韻)

신선의 셈은 화일(化日)을 따라 뻗어 가거니
강호(江湖)에 맑은 복이 이제부터 연면하네.
배에 가득한 글씨와 그림은 가면서 자랑할 만하고
자리를 다투어 찾아드는 어초(漁樵)는 모두 다 어여쁘네.
버들 아래 물은 황발(黃髮)의 그림자를 비치고
빗가에 백구는 푸른 삿갓 가까이 존다.
보오, 아차동(峨嵯洞) 초낭 집을
어찌 구지(仇池) 구십천(九十泉)만 못하다 하리요.

其四　次尙書步六一致仕韻

仙算應隨化日①延　江湖淸福自今年
滿船書畫行當買　爭席漁樵摠可憐
柳下水垂黃髮影　鷗邊雨入綠蓑眠
請看茅屋峨嵯洞②　何讓仇池③九十泉

| 註解 | ①化日(화일)-송(宋)나라《악지(樂志)》에 '화일초장시당모춘(化日初長時當暮春)'이라는 글귀가 있다. 화(化)는 조화를 말함이다. 날이 능히 만물을 생성하므로 화일(化日)이라 함. ②峨嵯洞(아차동)-홍상서가 살고 있던 동네 이름. ③仇池(구지)-중국의 산 이름.

5 차홍상서보김익위어주도운(次洪尙書步金翊衛漁舟圖韻)

뗏목을 띄워 3천 리
동쪽으로 막다른 먼 바다.
군왕께 빌어 들어와
어조(漁釣)로 늙네.
무양한 광문(廣文) 산수폭(山水幅).
10년 지난 오늘 눈[雪] 강 하늘.

其五　次洪尙書步金翊衛漁舟圖韻

浮槎①東盡海三千　　歸乞君王上釣船
無恙廣文山水幅②　　十年今日雪江天

| 註解 | ①浮槎(부사)-홍상서(洪尙書)가 일찍이 일본에 사신으로 간 일이 있었음. ②廣文山水幅(광문산수폭)-홍상서가 정겸재(鄭謙齋)의 〈설강어주도(雪江漁舟圖)〉를 가지고 있었다.

근차좌규김공수친연상운(謹次左揆金公壽親宴上韻)

2수(二首)

1

만세 남산에 북두의 술잔이로다

하늘 집 남은 은혜 승상문을 두드렸네.
서각(犀角) 띠 채의(彩衣) 춤을 누가 일찍 보았던고
어버이 섬기고 인군을 도움은 세상이 다 알고 있네.
선동(仙洞)에 의관들 구름이 모두 둘러 있고
이원(梨園)의 사죽(絲竹) 소리 낮이 이내 옮겨엔다.
한때 황각(黃閣)에 문장이 왕성하여
길이 수역(壽域)을 찬양하는 가사가 있구나.
　　(元輔洪公韻을 次함)

謹次左揆金公壽親宴上韻 二首

其一

萬歲南山北斗厄　　天家餘惠相門推
腰犀舞綵誰曾見　　資父匡君世所知
仙洞①衣冠雲盡繞　　梨園絲竹晝仍移
一時黃閣②文章盛　　壽域揄揚永有辭
　　　　　　(次元輔洪公韻)

＊병술년 좌상(左相) 김공 수친연(壽親宴) 운을 받아 지음.

註解　①仙洞(선동)-신선이 사는 동리.　②黃閣(황각)-정승 집.

2

왕가(王家)의 나무엔 그늘이 많고
자리는 기리(綺里)의 옷으로 깊었어라.
재상(宰相)의 분기는 성하고
천상에서 내린 시가 빛나더라.
인군과 어버이의 수를 즐거워함으로써

몸은 승상의 높음도 잊었노라.
명문에 복을 내리는 뜻은
신(神)이나 군왕이나 다르지 않으이.
(太學士李公鼎輔韻을 次함)

其二

陰滿王家樹　筵深綺里①衣
斗南分氣盛　天上賜詩輝
樂以君親壽　身忘國相巍
名門敷福意　神不聖人違

(次太學士李公鼎輔韻)

註解　①綺里(기리) — 상산사호(商山四皓)의 한 사람에 기리계(綺里季)라는 이가 있었다. 기리의 옷은 신선의 옷을 비유함.

문강선루실화(聞降仙樓失火)

붉은 난간 3백 갑(閘) 좋은 누대
서주(西州)에 참담한 화재가 있었다 하네.
학을 타고 나는 신선은 어느 곳으로 내릴꼬
구름으로 변한 선녀는 뉘를 위해 다시 오리.
청강의 기녀들은 능파무(凌波舞) 생각하며 울겠고
밝은 달에 사람은 옥저 소리를 들으면 슬프리.
백발 서생이 오히려 다행한 일은
6년 전에 한번 그림집에 자고 왔네.
(成都에는 凌波舞와 東明玉笛이 있다. 강건너 열두 봉은 巫山이라 부름)

病中聞降仙樓失火

紅欄三百好樓臺　慘憺西州有刦灰
乘鶴飛仙何處降　化雲神女爲誰來
清江妓憶凌波泣　明月人聞玉笛哀
頭白書生猶一幸　六年前宿畫堂回
（成都有凌波舞東明玉笛隔江十二峰號巫山）

정이몽서(呈李夢瑞)

겨울이 다하도록 북산(北山) 안개 속에 앓고 있노니
언덕 위에 사립문 없는 직장(直長)의 집이어라.
문 길에는 연기가 드물어 더욱 썰렁하고
담 머리엔 늙은 소나무가 구부러져 가누지 못한다.
홀로 어여뻘손 늘그막에는 소수(搔首)를 읊조리고
오히려 봄바람을 기다려 꽃나들이를 가네.
어느 날 그대가 수직에서 풀려나와
빈 골짝에 옥가(玉珂) 울리며 저물녘까지 놀아볼꼬.

歸自夢瑞次霞字奉呈

經冬抱病北山霞　岸上無扉直長家
覆逕烟踈逾覺冷　依墻松老不勝斜
獨憐暮境吟搔首①　猶待春風出見花
幾日銅龍君解直　鳴珂②空谷赴歸鴉

註解　①搔首(소수)－《시경(詩經)》〈패풍(邶風)〉정녀장(靜女章)에 '애이불

견 소수지주(愛而不見 搔首踟躕)'란 구절이 있음. ②鳴珂(명가)-말을 타고 감을 뜻함. 말 굴레의 장식을 옥가(玉珂)라고 한다.

우봉오율(又奉五律)

길을 따라 얼음 언덕 낙수가 듣고
문에 드리워 눈[雪] 나무가 늘어서 있다.
수면은 밤을 겨루듯 적어지고
우환은 봄에 들며 많아라.
티끌 탑엔 그대의 글월이 머물러 있는데
구름 산에 옥가(玉珂)를 그릴 뿐이구나.
한 해가 지나도록 찾아오는 손도 없이
이웃집 학(鶴)과 홀로 벗해 지냈네.
(이웃집에서 학을 먹이고 있어 매양 뜰에 와 거닌다)

又奉五律

帶逕氷厓溜　垂門雪木蘿
睡眠爭夜少　憂患入春多
塵榻留華札　雲山望玉珂
經年無一客　隣鶴獨相過
(隣有獨鶴每到庭徘徊)

남인야귀(南隣夜歸)

남촌에서 오래 이야기하다가
돌아올 땐 달이 수풀에 있데.

점점 가는 물소리 들으면
바야흐로 내 집이 깊은 줄을 알겠데.
구불구불 오솔길엔 인기척조차 없고
청량하게 야반에 이르는 마음.
고향을 생각노니 다시 아득하고녀
가을 뒤엔 내 돌아가 숨고저.

南隣夜歸

留語南隣久　歸時月在林
漸聞水聲細　方信我家深
曲折無人徑　清凉趂夜心
故山懷更遠　秋後欲抽簪

차제혜릉귀로(差祭惠陵歸路)

초록 복색 백발 낭관(郞官)
혜릉에 제사지내고 빗속에 돌아오네.
들밭에는 서속이 가을걷이 접어들고
옛 무덤엔 까마귀와 수리가 멋대로 난다.
천하가 밝고 흐림을 이 밤과 함께하고 있으련만
몇 사람이나 노래와 울음으로 황혼을 보내는고.
명절날 생각노니 남쪽 고을 옛 즐겁던 일
백주(白酒)와 황계(黃鷄), 밤 대추가 여무는 때로구나.

差祭惠陵秋夕歸路漫咏

頭白郎官草綠衣　惠陵微雨祭初歸

平田黍粟成秋近　古墓烏鳶得意飛
萬國陰晴同此夜　幾人歌哭送斜暉
佳辰憶昔南州樂　白酒黃鷄棗栗肥

* 추석에 명을 받아 혜릉(惠陵)에 제사지내고 돌아오는 길에 읊은 것. 혜릉은 동구릉(東九陵)에 있는 경종(景宗) 원비 단의왕후(端懿王后)의 능이다.

별홍군평부나주(別洪君平赴羅州)

군왕이 특별히 묘당(廟堂)의 추천을 택했는데
나주(羅州)는 땅이 크나 백성이 피폐해 있다.
정사는 문장과 더불어 일찍이 멀지 않은 것
도가 청정하면 저절로 다스려지네.
붕정(鵬程) 6월달에 행절이 가고
못 빗속에 들농사는 말을 끼고 따르네.
자주 남북으로 명사들을 작별해 보내노니
중조(中朝)에 홀로 남아 친구 생각만 하고 있노라.
(그때 伯規도 또한 安岳으로 나갔다)

別洪參判君平名漢赴羅州

君王別擇廟堂推　地大羅州百姓疲
政與文章曾不遠　道存清淨自然治
鵬程六月吹鳧去　秧雨三農挾馬隨
南北頻逢名士別　中朝①獨有故人思
(時伯規亦出安岳)

註解　① 中朝(중조) — 내각을 일컬음.

증정생귀장흥(贈鄭生歸長興)

우주 속 광노자(狂奴子)가
장흥(長興)에 이 후손이 있었구나.
황천(皇天)이 일찍이 늙지 않아
유묘(遺墓)를 비로소 증언하였네.
기이한 일 삼한국(三韓國)에
충신 10대의 가문일러라.
그대 돌아가거든 마씨(馬氏)에게 사례하게.
서로 원망한 것이 도리어 은혜로 된 것을.
(이 일이 狂奴子序에 기록됨)

贈鄭生國彦士則歸長興

宇宙狂奴子[1]　長興有此孫
皇天曾不老　遺墓始徵言
奇事三韓國　忠臣十世門
君歸謝馬氏　相怨適爲恩
(事載狂奴子序)

* 병술년 지음.

註解　①狂奴子(광노자) — 정분(鄭苯)의 아들. 정분은 단종(端宗) 때 화를 입은 대신. 영조(英祖)가 단종 때 죽은 사람들을 모두 복직시키고 시호를 내렸는데 정에게는 시호를 충장(忠莊)이라 내렸었다. 그러나 정에게는 자손이 없는 것으로 되었다가 병술년에 장흥 정생이 광노자(狂奴子)의 비문을 가지고 와서 석북선생에게 판독해 달라고 의뢰함으로써 비로소 광노자가 정분의 아들이고 장흥 정씨가 그 후손임을 알게 되었다. 묘지

(墓誌)는 정씨가 같은 고을의 마씨(馬氏)들과 분쟁이 생기는 바람에 묘를 발굴해 출현된 것이다. 말하자면 마씨와는 원수 같은 사이이기는 하였으나 그들로 인해 정씨들이 비로소 정분의 유손(遺孫)임을 증명하게 되어 도리어 은혜가 된 셈이다. 정씨는 여러 대에 걸쳐 충신 효자가 여럿 나왔었다.

중추야문금(仲秋夜聞琴)

산 달은 더디게 더디게 올라라
그대 집 다락에선 객이 거문고를 타라.
퉁기면 가을밤 빗소리
가만히 풀벌레 마음을 울린다.
온 자리 조용히 귀 기울이노니
뉘 홀로 음(音)을 안다 하느뇨.
별 번뜩이고 은하도 옮아
이 가락 다시 찾기 어려워라.

中秋夜元之宅聞琴

山月遲遲上　齋軒客抱琴
一彈秋雨夕　暗動草虫心
四座盡傾耳　何人偏賞音
星翻河亦轉　此曲更難尋

수표교완월(水標橋玩月)

아득하고 아득한 장안 달이

훤하게 열두 다리를 연해 비쳤어라.
물 연기는 고요하게 어려 있고
둑 버들은 저 멀리 드리웠어라.
까마귀와 까치 깃이 번뜩이는 것을 볼 수 있는데
사람의 의관 그림자는 모두 물 위에 흔들려라.
남쪽 둑, 북쪽 거리에
어느 밤엔들 서로 부르지 않으리오.

　　九月十五夜水標橋玩月徘徊呼韻

　渺渺長安月　平連十二橋
　水烟相與靜　堤柳不勝遙
　烏鵲身微見　衣冠影盡搖
　南阡與北陌　何夜不堪招

법정수오월야래화(法正秀五月夜來話)

달 아래 그대들이 찾아와
이 같은 일이 산중에는 씩 드물다.
파사한 국화꽃 자리에
난만하게 술 묻은 옷이어라.
먼 북소리는 서리를 더해 급하고
저녁 수풀엔 이슬이 가늘게 내려라.
저으기 남촌(南村)의 그날 밤 같으이
나도 그대들을 찾고 돌아왔더니라.

法正秀五乘月來話夜深而歸拈得稀字各賦

月下諸公至　山中此事稀
婆娑菊花席　爛熳酒痕衣
遠鼓添霜急　遙林下露微
稍如南郭夜　吾亦訪君歸

* 정법정(丁法正)과 유수오(兪秀五)가 달밤에 와 이야기하다 밤늦게 돌아갔다. 수오의 이름은 항주(恒柱), 성은 유(兪)다.

출문송제군(出門送諸君)

가을 산엔 이슬이 베옷들을 적시네.
술은 다하고 등잔불 그물려 하는데 객은 가려 하네.
주인이 배웅하며 사립 밖에 나서보니
버드나무 달 휘영청 밝았는데 삼고(三鼓)가 드물다.

出門送諸君後吟成

秋山露濕薜蘿衣　酒盡燈殘客始歸
主人送至柴門外　楊柳月明三鼓①稀

註解 ①三鼓(삼고) – 삼경.

실솔(蟋蟀)

엷은 밤 사위는 잠들었는데

벌레 소리만 홀로 무성하구나.
작은 뜰에서 끝없는 읊조림
외로운 달은 차가움에 겨워라.
무슨 한이 있어 이다지 우는고
시름 없이 들을 수가 없어라.
하늘 기틀과 세(歲)의 빛깔이
느끼고 느껴 깊은 한숨 자아내게 하노니…….

蟋 蟀

薄夜物皆息　虫聲也獨閑
小堦無限語　孤月不勝寒
底恨鳴如此　無愁聽亦難
天機與歲色　感後動深歎

송동지사함계군(送冬至使咸溪君)　2수(二首)

1

조선나라 공자(公子)요
한(漢)나라 의관(衣冠)이로다.
연경(燕京) 아이들은 말을 에워 구경하겠네.
열두 제후(諸侯) 동지사(冬至使) 가운데에
인물(人物)은 삼한(三韓)이 제일이네.

送冬至正使咸溪君赴燕　二首

其一

朝鮮公子漢衣冠　　燕市兒童擁馬看
十二諸侯①冬至使　　就中人物在三韓

*함계군(咸溪君) 이훈(李壎)이 동지정사(冬至正使)로 연경에 갈 때 지어 준 별장(別章)이다.

註解　①十二諸侯(십이제후)-조선을 비롯하여 열둘의 작은 나라들이 해마다 동지 때에 하례사(賀禮使)를 중국으로 보냈다.

2

그대는 백마(白馬)를 타고 유주(幽州)로 가네.
한 칼, 슬픈 노래 세모(歲暮)에 가네.
못내 사나이가 작은 나라에 태어나
황금대(黃金臺) 위에서 예 이제 시름하네.

其二

君乘白馬入幽州　　一劒悲歌歲莫遊
終是男兒生小國　　黃金臺①上古今愁

*기자(箕子)가 백마를 타고 유주(幽州)로 들어가 주(周)나라에 조회(朝會) 하였다는 고사를 비유하여 인용한 것임.

註解　①黃金臺(황금대)-연경팔경(燕京八景)의 하나.

정조차제효장묘보귀신무문(正朝差祭孝章廟步歸神武門)

말[馬]없는 가난한 조신(朝臣)이
새해에도 오히려 걸어 돌아오네.
의관은 때로 천대를 받는 일이 있고
근력은 감히 쇠약함을 말하겠네.
대궐문은 고요하고 찬 누(漏) 소리뿐
궁원(宮苑) 앞길에는 행인이 드물다.
이 몸은 본디 분수에 맡길 일이라
배워야 할 일은 대부(大夫)가 그른 일이로세.

正朝差祭孝章廟① 將事罷　未五鼓步歸神武門　路次
昨　年步歸韻

　無馬貧朝士②　新年尚步歸
　衣冠有時賤　筋力敢言微
　寒漏宮門靜　行人苑道稀
　此身元任分　要學大夫③非

＊ 정해년 신정에 효장묘에서 차제(差祭)하여 제사를 마치고 5경이 못될 무렵 신무문(神武門)으로 걸어 돌아왔다. 그때 지은 것. 전해에도 걸어 돌아왔었는데 그 운(韻)을 밟았음.

註解　① 孝章廟(효장묘) - 효장세자(孝章世子)의 사당.　② 朝士(조사) - 조정 신하, 조관(朝官).　③ 大夫(대부) - 당시 선생이 통정으로 대부 지위에 있었음을 스스로 풍자함.

문초지자보령야좌호운(文初至自保寧夜坐呼韻) 2수(二首)

1

봄 들어 백 날이나 연하여
풍우가 괴롭게 그치지 않는구나.
꽃놀이에는 전혀 금령이 내렸고
여염(閭閻)은 아직도 편안치 못하여라.
꿈은 오히려 멀리 식구들에게로 날아가
기한에 이르지 않았는지 걱정스럽네.
마음 약해진 쇠년의 일
내일 아침 널 보내는 것도
또한 어려운 일이구나.

文初至自保寧夜坐呼韻得寒字 二首

其一

入春連百日　風雨苦無端
花柳渾成禁　閭閻尙未安
夢猶關骨肉　憂不到飢寒
情弱衰年事　明朝送亦難

* 경인년 봄 아우 문초(文初)가 보령(保寧)에서 와서 함께 읊음. 이 해에는 봄 내내 풍우가 심하고, 각지엔 여역(癘疫)이 창궐하여 내왕이 끊기고 꽃놀이 등을 금했었다.

2

풍우가 이리도 설레어 언제나 그치런고
봄 술을 빌리기가 어렵네.
병중엔 꽃일이 잠깐인 것 슬프고
몸이 쇠하매 보리 가을 차가움이 두렵다.
길을 묻자니 마음이 먼저 움직이고
시를 좇으매 글자가 편안하지 않네.
어느 때나 여역(癘疫)이 걷혀
온 집안이 함께 모여 즐겨 볼까.

其二

風雨來何已　春醪乞苦難
病憐花事暫　衰恐麥秋寒
問路心先動　追詩字未安
幾時晴癘氣　相作滿堂歡

곡권중약(哭權仲約)

평생 권중약(權仲約)이
내일 빈 산으로 가네.
천성은 강개함이 많고
웃는 낯은 맑고도 깨끗하였어라.
문장이 지하(地下)로 가느라
비바람 속에 인간을 떠나네.
봄풀 우거진 언덕길에

가고 다시 돌아오지 못하는 것 슬프다.

哭權長水仲約攇

平生權仲約　來日是空山
慷慨知天性　淸明憶笑顔
文章歸地下　風雨別人間
春草隔岡路　所悲無往還

우중임혈(雨中臨穴)

푸른 산 찬 빗속에 사군(使君)을 곡(哭)하네.
사군이 어이 내 곡 소리를 들을 수 있으랴.
깊고 깊게 한번 황천(黃泉)을 닫은 뒤에
만사 인생은 한 줌 무덤이 남는 것을.

雨中臨穴

寒雨靑山哭使君[①]　使君那得哭聲聞
深深一閉黃泉後　萬事人生有此墳

* 권중약(權仲約)의 죽음을 애도(哀悼)함. 중약의 이름은 헌(攇)이다. 이 작품은 장사날 산상(山上)에서 지은 것.

|註解| ①使君(사군)-지방관(地方官)을 이름. 당시 중약이 장수현감(長水縣監)으로 있었다.

대리문성중운망(對吏聞成仲云亡)

자네가 살았을 때 술자리에서 헤어졌고
자네 죽음은 옥중(獄中)에서 들었네.
인간의 벗들을 다 보내어
지하에 무리를 더하게 하네.
재주가 있으면 꺼리는 것 많은 줄은 알겠지만
영달하고도 허식이 없기란 어려운 일이네.
한번 통곡하고 싶은 서청(西廳) 눈[雪] 속에
창망한 한 해가 저문다 하네.

對吏聞成仲云亡

君生酒中別　君死獄中聞
送盡人間友　添成地下群
早知才有忌　難作達無文
一慟西廳①雪　滄茫歲暮云

註解　①西廳(서청) – 금부(禁府)의 별칭.

도가(導駕)

궁궐 새벽 하늘에 서늘한 서리 묻은 옷소매
함춘원(含春苑) 바깥 담으로 달이 밝은데
상원(上元) 전날 밤 술을 다 깨지 못하고
서문(西門)으로 나가 임금님 수레 전배를 보네.

曉赴導駕[1]

朝天衣上有微霜　月下含春苑[2]外墻
猶帶上元前夜酒　白門西去導君王

* 신해년 상원에 임금이 거둥할 때 도가(導駕)하고 지은 작품이다. 문집(文集)에는 제목이 〈신묘상원이(辛卯上元其二)〉이고, 초고(草稿)에는 《효부도가(曉赴導駕)》로 되어 있다.

註解　①導駕(도가)-왕이 거둥할 때 앞에서 길잡이하는 일.　②含春苑(함춘원)-창경궁(昌慶宮) 동원.

상원(上元)

해질 무렵 종각(鍾閣)에 종소리
봄바람이 차매 답교(踏橋)하는 사람 드물다.
점점 달은 높아지고 사람이 흩어진 뒤에
광통교(廣通橋)에서 섬섬한 노랫소리 들려온다.

辛卯上元

黃昏鍾閣聽鍾過　游客春寒踏不多
漸到月高人散後　廣通橋[1]上有纖歌

* 신묘년 상원날 밤 답교하며 읊은 것.

註解　①廣通橋(광통교)-광교(廣橋)를 일컬음.

광통교망월(廣通橋望月)

오늘 밤 다리 위에 누굴 함께 기다리리
아득히 밤은 깊어가고 종소리 들려오네.
공연히 늙은이가 흥에 겨워 나왔는데
상서(尙書)님 약속 어긴 것을 굳이 말하고 싶네.
은촛불 피리 소리 모두 다 돌아가고
돌 난간 서리 이슬 머뭇거려 달을 본다.
3경에 한번 웃고 길머리로 가노니
황석(黃石)이 그 당시 속인 것을 풀지 못했더라.

蔡度支伯規留約廣通橋睦幼選 李公會 來自度支家
傳 致客不至 相顧憮然相與席地望月 二更始還

橋上今宵共待誰　踏泥遙赴聽鍾時
多慚老子空乘興　敢道尙書不顧期
銀燭笙歌歸已盡　石欄霜露望猶遲
三更一笑街頭去　黃石①當時未解欺

* 신묘년 지음. 채번암(蔡樊巖)과 광통교(廣通橋)에서 답교를 약속했다가 나오지 않아 희롱하여 읊음.

註解　① 黃石(황석) — 황석공(黃石公)을 이름. 장량(張良)에게 병서(兵書)를 가르친 도사.

북영주중념운(北營酒中拈韻)

봄날 빈 산에 나무 찍는 소리
오솔길에 혼자 칡덩굴을 뚫고 왔노라.
녹음 우거진 누각에는
산놀이 나온 사람들이 다 돌아가고
푸른 풀 짙은 못에 잘 새가 지나간다.
흥에 따라 매양 이슥한 곳을 좋아하노니
벼슬을 내놓아도 도리어 예쁜 벗들이 많네.
옥 잔을 잔질하며 붉은 난간에 밤을 새우리
백발에 그대 더불어 취치 않고 어이리.

北營同朴仲涵酒中拈韻

春日空山伐木歌　晚來林逕獨穿蘿
綠陰樓閣遊人盡　青草池塘倦鳥過
隨興每憐幽處近　罷官還得好友多
玉壺朱檻湏終夕　頭白同君不醉何

만홍문주(挽洪雯洲) 3수(三首)

1

높이 누운 문주옹(雯洲翁)이
용문(龍門)에서 한때를 굽었어라.
천하의 일을 말하지 않고
혼자 한 세상의 시를 쓸었어라.

우리의 길은 중원에 있거늘
이 사람이 가고 없구나.
가람 가 들밭 길에
이헌(而憲)이여, 어디로 가려느뇨.

挽洪雯洲應輔 三首

其一

高臥雯洲老①　龍門②俯一時
不言天下事　　獨掃世間詩
吾道中原在　　斯人萬古爲
江邊野田路　　而憲③欲何之

註解　①雯洲老(문주로)-문주옹. 성은 홍(洪), 이름은 응보(應輔).　②龍門(용문)-명망이 높은 데에 쓰이는 말.　③而憲(이헌)-문주의 아우. 함께 시를 잘했음. 이름은 한보(翰輔).

2

가문이 국조를 통하여 번영했는데
그대는 광문(廣文)과 같이 빈한했구나.
한 벼슬이 헌납(獻納)으로 마쳤나니
그 길에서 알아줄 만한 사람이 없었네.
낚싯배에는 바야흐로 봄물이 붇고
글읽는 집은 절로 구름 속에 둘렸어라.
이 몸이 찾아가 칼을 걸고자
외로운 무덤 어디메뇨.

其二
門戶通朝盛　公寒似廣文[1]
一官終獻納[2]　當路莫知聞
釣艇春方水　書堂夜自雲
此生思掛劒[3]　何處是孤墳

註解　①廣文(광문)-당나라 때 정건(鄭虔)이 시와 서화를 잘하여 삼절이라 일컬었는데 집이 가난하였다. 현종(玄宗)이 그 재주를 아껴 광문관(廣文舘)에 두고 박사(博士)를 삼아 세상에서 정광문이라고도 불렀음. ②獻納(헌납)-사간원(司諫院)의 정5품 벼슬. ③掛劒(괘검)-춘추시대 오계찰(吳季札)이 노(魯)나라에 사신으로 가다 서군(徐君)에게 들렀더니 서군이 계찰의 칼을 보고 부러워하였다. 계찰이 속으로 줄 마음을 먹고 사신으로 갔다 돌아오는 길에 다시 들렀더니 서군은 이미 죽고 없었다. 그래서 그 무덤에 가 칼을 풀어 걸고 갔다고 한다. 두보(杜甫)의 시에 '욕괘유서검(欲掛留徐劒) 유회억재선(猶廻憶載船)'이라는 구절이 있음.

3

우리 무리 가운데 청고한 선비를 말한다면
그대가 가장 완전한 이더라.
처세하는 데에 능히 도를 알고
벼슬이 없어도 몸을 일으키지 않았네.
외로운 배에는 흘러간 세월이 많고
만 수의 시는 모두 정신을 다한 것이어라.
탄식할 만한 일은 세상에 도도한 자들이
드높은 수레를 타고 길에 가득 티끌을 일고 있구나.

其三

　清論吾黨士　公是一完人
　畏世能知道　無官不起身
　孤舟多歲月　萬首極精神
　歎息滔滔者　高車滿路塵

육신사(六臣祠)

창황한 군신 사이에서
그대들이 한번 죽음을 하였구나.
영월(寧越)은 오히려 바라다보는 것이 있고
천하가 모두 슬픔을 이기지 못하네.
일월은 동국에 드리웠고
정령은 한 사당에 같이 모였어라.
문 앞에 흐르는 큰 강물
해설피에 어디로 가느뇨.

六臣祠

　倉卒君臣際　諸公一死爲
　越中猶有望　天下不勝悲
　日月垂東國　精靈聚一祠
　門前大江水　日莫欲何之

수남정언이관(酬南正言履寬)

그대와 같은 이름난 선비를
늙어서야 비로소 알게 되었네.
내 벼슬이 졸한 것은 병으로 여기지 않지만
그대 재주가 높은 것은 스스로도 알고 있네.
요즘 동악리(東岳里)에 살아
곧잘 두기(杜機)의 시를 읽고 있다 하네.
쇠하고 병들어 자주 만나기 어려우니
혹시 조용히 기약할 길 있을는지.

酬南正言履寬見贈韻

如君名下士　識面白頭時
官拙非吾病　才高貴自知
近居東岳里①　能讀杜機②詩
衰疾頻難會　從容或有期

註解　①東岳里(동악리)-남(南)이 살고 있던 동네 이름.　②杜機(두기)-최두기(崔杜機). 그 당시 사람으로 시명(詩名)이 높았다. 조금 앞서 죽음.

박중함택우중서화(朴仲涵宅雨中叙話)　2수(二首)

1

남촌의 그대 집 산기슭 가까운데
1년내 세객(勢客)들은 찾아오는 일 드물다.

벼슬을 쉬어 이미 조천마(朝天馬)는 팔았어도
객이 오면 오히려 술 살 전당잡힐 옷은 있구나.
남새밭엔 누른 닭이 나무를 둘러 모여들고
대추나무 꽃 아랜 흰 나비가 담을 넘어 날고 있네.
뜬구름 자각(紫閣)이 얼만 줄을 알겠노라
오늘 와 비 맞으며 돌아가는 것도 두려워하지 않네.

朴仲涵宅雨中叙話呼韻各賦　二首

其一

南郭君居近翠微　終年達者到門稀
休官己賣朝天馬①　見客猶存典酒衣
菜圃黃鸝依樹聚　棗花白蝶過墻飛
浮雲紫閣②知多少　不畏今來冒雨歸

註解　①朝天馬(조천마) - 조정에 있을 때 타고 다니던 말.　②紫閣(자각) -
　　　여기서는 호화로운 집을 뜻하는 상징적 의미가 짙음.

2

천 그루 여름 나무에 비는 가늘게 뿌리고
낮은 1년처럼 길어 속된 일 드물다.
흐르는 물 청학동(靑鶴洞) 속 그윽한데
주인 집에는 흰 구름옷이 있어라.
파초(芭蕉) 잎은 펄렁여 남은 물방울이 듣고
참새들은 함초롬히 젖어 날으려 하지 않네.
맑은 돗자리와 성긴 발에 저녁 가까운 줄도 모르다가
두어 잔 술 서로 배웅하며 북산(北山)으로 돌아간다.

其二

千章夏木雨纖微　晝永如年俗事稀
流水地深青鶴洞①　主人家有白雲衣②
芭蕉欲展猶殘漏　烏雀愁霑不肯飛
淸簟踈簾忘近夕　數盃相送北山歸

註解 ①靑鶴洞(청학동)-《동국여지승람(東國輿地勝覽)》에 의하면 남산에 청학동이 있었음. ②白雲衣(백운의)-신선의 옷을 뜻함.

곡호곡이상서(哭壺谷李尙書)

상서는 이미 구원(九原)으로 가서
인간에는 다시 볼 수 없어라.
오늘 머리가 허연 지기인(知己人)이 와
눈물을 뿌리노니
푸른 느티나무 뜰은
쓸쓸한 가을 바람…….

哭壺谷李尙書

尙書去已九原①中　不復人間見至公
今日白頭知己②淚　綠槐門巷③盡秋風

* 이상서(李尙書)의 이름은 정보(鼎輔), 호는 삼주(三洲)이다. 영조(英祖) 때 이름 있는 문사요 재상이었다. 시조 작가로도 이름이 있음. 서기 1766년에 서거했다. 이 시는 그가 서거한 후에 지은 것인 듯하다.

註解 ①九原(구원)-저승. ②知己(지기)-서로 마음이 통하는 사람. ③綠槐門巷(녹괴문항)-푸른 느티나무 문 안. 상징적인 의미가 짙다.

기방축운(耆榜軸韻) 3수(三首)

 기로과(耆老科) 방이 난 후 조상서(趙尙書) 명정(明鼎)이 시관(試官)으로 맨 먼저 운을 내어 짓고 박학사(朴學士) 중함(仲涵)이 화답했다. 내가 방의 수위에 뽑혔으므로 곧 화답하라는 독촉을 받아 삼가 차운하노라.

1

이름이 무리 용(龍)의 머리를 욕되게 하였고
나이가 어느덧 환갑이 되었네.
그때로부터 명수를 안 지 오래언만
감히 출신 늦은 것만이 한스럽데.
이빨은 홍릉병(紅綾餠)으로 빠지고
은혜는 태액지(太液池)에 깊었어라.
원컨대 동방(同榜)을 좇아 늙어
장하게 무공(武公)의 시를 읊고지고.

次趙尙書明鼎 朴承旨師海耆榜軸中韻 三首
　耆榜後 趙尙書明鼎 以考官有首唱韻　朴學士仲涵和之以不佞忝居榜首要和屢督謹玆奉次

　其一

名忝群龍首① 　星周六甲期

由來知命久　敢恨出身遲
齒觖紅綾餅②　恩深太液池③
願從同榜老　莊誦武公詩④

* 임진년(61세) 기로과 창방 후에 조상서[明鼎]와 박승지[師海]가 함께 창수한 기방축운(耆榜軸韻)에 차(次)한 작품이다.

註解　①群龍首(군룡수)-기로과에 뽑힌 가운데 장원으로 수위(首位)를 차지함. ②紅綾餅(홍릉병)-떡 이름. ③太液池(태액지)-궁궐 속에 있는 연못. ④武公詩(무공시)-무왕(武王)이 지은 〈팔일(八佾)〉이나 《시경(詩經)》 주송(周頌)편 등을 뜻함.

2

삼광(三光)이 천수를 고루하였고
여섯 노인이 영화의 때를 맞았어라.
계수나무 열매는 가을 시름이 늦었고
신선의 배를 불어 보낼 바람은 더디데.
어사화(御賜花)를 꽂고 두 귀밑 털은 허연 눈[雪]인데
화창한 봄빛 옛 궁 못에 어리더라.
장안 집집에서 이 소식 듣고
즐거이 좌주(座主)의 시를 전하네.

其二

三光①調壽域　六老②際昌期
桂實秋成晚　仙舟風送遲
御花③雙鬢雪　春色舊宮池
聞喜家家夕　榮傳座主④詩

註解 ①三光(삼광)-해와 달과 별을 일컬음. ②六老(육로)-기로과에 뽑힌 이가 여섯 명이었음. ③御花(어화)-창방 때 하사하는 어사화. ④座主(좌주)-시관(試官)을 가리킴.

3

주(周)나라 선비에는 늙은이들이 많고
요(堯)임금의 나이는 90에 이르네.
하늘 얼굴 가까이에 봄 부름을 하사하시고
궁(宮) 누수 들으며 밤에 돌아오는 것이 늦데.
허연 머리로 서울 안을 경도케 하며
비단옷이 고을 연못을 비치네.
한때 영광스러운 일 전하여
천 년에 새로운 시를 사치하네.

其三

周士①多耆耇　堯年②及耄期
天顏春賜近　宮漏夜歸遲
皓首傾都市　緋袍暎郡池
一時傳盛事　千載侈新詩

註解 ①周士(주사)-주(周)나라와 같이 밝은 세상의 선비. ②堯年(요년)-요(堯)임금의 나이. 영조왕(英祖王)을 가리킴. 영조가 이 해 79세임.

남원가희춘섬(南原歌姬春蟾)

붉은 석류꽃 핀 어사(御史)의 집

미인이 어쩌면 석류꽃과 같은고.
오늘 꽃 앞에서 한번 웃고 난 뒤
미인 소식은 하늘 가가 되리로다.

贈南原歌姬春蟾

紅石榴花御史家　美人何似石榴花
今日花前一笑後　美人消息是天涯

수동린이진산(酬東隣李珍山)

봄내 참다운 즐거움은
자네와 담을 격해 이웃해 사는 일이라.
앓아 누우면 진기한 약을 서로 나눠 쓰고
꽃 사이에서 작은 편지 쪽지를 받는다.
맹원(孟園)은 소나무 달 아래요
신령(申嶺)은 보릿바람 머리어라.
몸이 이리 쇠하였거늘
오가는 일 반드시 성곽을 나서야 할까 보냐.
(孟園, 申嶺은 모두 齋洞 지명이다)

酬東隣李珍山益焌見寄韻

春來眞率意　多喜隔墻居
枕上分奇藥　花間得小書
孟園松月下　申嶺麥風初
來往衰年事　何須出里閭
(孟園申嶺皆齋洞地名)

우차인운(又次隣韻)

도령(陶令)댁 문 앞에 살고 있는 것이
그지없이 기쁜 일인데
봄내 자운(子雲)의 집을 닫고 있었네.
병이 많은 뒤에는 화류(花柳)도 감당하기 어렵고
관(官)을 파해선 원림(園林)에서 서로 찾아
노는 것만 즐겁네.
시(詩)는 노경을 당해도 마음이 오히려 있고
술은 신년에 들어 조금 금령(禁令)이 풀렸구나.
이제부터 가끔 취하여 모자를 떨어뜨리기 일쑤려니
다만 문 앞 세 길에 잡초나 매도록…….

又次隣韻

春來吾閉子雲廬　陶令①門前喜卜居
花柳不堪多病後　園林相逐罷官餘
詩當老境心猶在　酒入新年禁稍除
從此接䍦頻倒着　但敎三逕草茅鋤

|註解| ①陶令(도령) - 도연명(陶淵明)을 일컬음.

십사야동한종보호운(十四夜同韓宗甫呼韻)　2수(二首)

1

꽃다운 것이란 오래 머무는 것이 아니라

동산 수풀이 벌써 녹음으로 뒤덮이네.
적력(寂歷)히 때를 만나 술잔을 나누고
창량한 밤 거문고 소리를 듣노라.
부디 내일 일을 말하지 마소
아직 노년의 마음일랑 버리세.
일어나 달 아래 남쪽 뜰을 거니노니
숲에 깃든 잘 새 놀라 깰까 두려우이.

十四夜同韓宗甫呼韻 二首

其一

芳菲不可住　園綠向新陰
寂歷時逢酒　蒼涼夜有琴
無論明日事　且遣老年心
起步南庭月　恐教驚宿禽

* 갑오년 지음.

2

포도 시렁 위 달빛이
한 반쯤 옮겨 그늘이 많아라.
맑은 밤은 학의 소리 듣기에 알맞고
늘그막엔 거문고를 사고 싶다.
병이 깊으매 장차 도를 배워야겠고
관(官)이 파해도 마음은 놀라지 않네.
어느 때나 자녀들의 혼사를 마치고
명산을 찾아 새를 좇아 놀아볼까.

其二

葡萄架上月　一半轉多陰
清夜宜聞鶴　衰年欲買琴
病深將學道　官罷不驚心
婚嫁何時畢　名山逐向禽

십오야호운별종보(十五夜呼韻別宗甫)　2수(二首)

1

봄이 다했는데 이내 그대와 작별하노니
느지막이 달 아래 문을 나서네.
밝은 임금 세상인 줄을 모르고
왜 부평촌(富平村)에 가 늙으려 하는가.
시와 예(禮)는 사람을 머무르게 하고
전원(田園)은 바다에 들어 번뜩이네.
궁하고 통하는 것이 본디 명수가 있는 것이니
만사를 말하고 싶지 않네.

十五夜呼韻別宗甫　二首

其一

春盡仍君別　遲回月下門
不知明主世　何老富平村
詩禮留人在　田園入海飜

窮途元有命　萬事欲無言

2

그대가 성 안 가득한 달 아래 가노니
형제가 사립문 밖에 나와 배웅을 하네.
돌아다보며 남은 꽃 일을 그리워하고
돌아가선 옛 바다 마을에 밭갈이를 하네.
여생을 조히 술잔으로 보낼지라
뜬 세상 판국은 뒤집히는 것이 많다.
상기 집 지닐 아들이 있어
청전(靑氈) 옛 사업이 곧 기언(記言)이네.

其二

君行滿城月　兄弟出柴門
顧戀餘花事　歸耕舊海村
殘年盃可送　浮世局多翻
尙有持家子　靑氈①是記言

註解　①靑氈(청전)-세전(洗氈)하는 물건.

이상서상화운(李尙書賞花韻)

남여(籃輿)는 느릿느릿 1백 꽃 속으로 들어가네.
몇몇 곳이나 이름난 동산에 흰 날이 저물던고
태평히 한가로운 세월 조히 즐겨 가리로다.

서녘 다락에 모시고 놀아 봄바람에 취하네.

次李尚書益炡賞花韻

籃輿緩入百花中　幾處名園白日窮
好送太平閒歲月　西樓陪醼醉東風

* 갑오년 지음.

가희매월(歌姬梅月)

매화 밝은 달이 누(樓)에 가득 들어온다.
밤중만 맑은 노래 즐거움 끝없어라.
오늘 이 술잔 앞에 다시 한 곡
해마다 스물네 번 꽃바람아 불어라.

贈尚書歌姬梅月

梅花明月滿樓中　子夜淸歌樂未窮
今日樽前更一曲　年年二十四番風[1]

* 이상서(李尙書) 연회석상에서 가희 매월(梅月)에게 읊어 줌.

註解　①二十四番風(이십사번풍) — 봄에 스물네 번 철 꽃바람이 분다고 한다.

송강희원부서영(送姜希元赴西營)　2수(二首)

― 강희원 필악(必岳)이 선대인《국포집(菊圃集)》을 상재하기 위해
평양으로 채번암(蔡樊巖)을 찾아가다 ―

1

노(魯)나라 선비들의 사업이요
용문(龍門) 일대(一代)의 스승이어라.
앞장을 서 찬양하면 누가 와 따르지 않으리요.
감격함은 가장 우리가 서로 알고 있었네.
만사는 내가 이미 늙었고
그때 자네는 아이 적이었네.
서영(西營)에서도 또한 이 뜻을 알아
응당 태현(太玄)의 시름을 했으리라.

姜希元必岳自嶺外抱先大人菊圃集赴西營將入梓次
丁睦兩韻以贈　　二首

其一

魯國諸生[①]業　龍門[②]一代師
吹噓誰不到　感激最相知
萬事吾垂老　當時爾小兒
西營亦此意　應爲太玄[③]悲

＊갑오년 지음.

　국포(菊圃) 강박(姜樸)선생은 문장과 명절로 일컫던 명유(名儒). 그의
아들 희원(希元)이 부공(父公)의 문집을 발간하기 위해 평양감사 채번암

(蔡樊巖)을 찾아가던 때다. 그때 정해좌(丁海左)와 목여와(睦餘窩)가 문집을 읽어보고 일찍이 사사(師事)하지 못했음을 한스럽게 여겨 각기 시를 썼고 이 운을 밟아 읊었다.

|註解| ①魯國諸生(노국제생)-공자의 문인들이 하던 일에 비유함. ②龍門(용문)-명망이 높음을 일컬음. 등용문(登龍門)이란 낱말이 있다. ③太玄(태현)-한(漢)나라 양웅(揚雄)이 찬(撰)한 《태현경(太玄經)》.

2

이 글이 오히려 세상에 있거니
우리에게 어찌 스승이 없다 하겠느뇨
큰 업적은 마침내 멸하지 않고
희귀한 시어(詩語)는 오래될수록 더 알게 되네.
푸른 마름, 값을 허락한 땅에
흰 머리, 글을 품은 아일러라.
만 리 관(關) 가람 밖에 그대 가면
가을 바람이 서글피 불어오네.

其二

斯文猶在世　吾黨詎無師
大業終難沒　希音久益知
青萍許價①地　白首抱書兒
萬里關河外　秋風此去悲

|註解| ①青萍許價(청평허가)-글의 가치를 알아줌.

사번암방백(謝樊巖方伯) 4수(四首)

1 감홍로(甘紅露)

관서(關西)의 감로주(甘露酒) 맛을
그대 만나 늙어서야 알았네.
한사(寒士)의 입에는 너무 사치스럽고
참으로 달관(達官)의 비위에 알맞겠구나.
구름 밖엔 금경(金莖)의 기운이 떠오르고
인간엔 불 우산이 내리는 때.
강다락 10년의 시름을 깨고
지금 한 잔을 기울여 보네.

謝樊巖方伯茶酒筆墨之惠

其一 甘紅露①

甘露關西味　逢君白首知
不宜寒士口　眞可達官②脾
雲外金莖③氣　人間火傘時
江樓十年恨　今破一盃爲

* 갑오년 지음. 평양감사로 있던 번암(樊巖)이 차(茶)와 술과 붓과 먹을 보내주어 그에 답사한 시다.

註解 ①甘紅露(감홍로)-감로주. 평양의 명주. ②達官(달관)-고관. ③金

莖(금경)-금줄기.

2 삼등초(三登草)

황학루(黃鶴樓) 앞 풀이
차(茶) 중에는 제일 절품이라.
금빛 올은 머리카락보다도 가늘고
향훈은 몸에 들어 맑다.
누습한 염천(炎天) 때와
소량(疎凉)한 밤 빗소리.
이 무렵이 가장 맛볼 만한 때
친구의 정이 편벽됨을 알겠네.

　　其二　三登草①

黃鶴樓②前草　茶中絶品名
金光勝髮細　　香暈入身淸
積濕炎天氣　　疎凉夜雨聲
此時尤可愛　　知癖故人情

註解　①三登草(삼등초)-차(茶) 이름.　②黃鶴樓(황학루)-중국 무창(武昌)에 있는 다락 이름. 산인(山人) 자안(子安)이 황학을 타고 이곳을 지났다고 하여 이름함.

3 호모필(胡毛筆)

평양에서 나는 호지황모필(胡地黃毛筆)이 참으로 좋네.
풍상(風霜)은 지기를 품은 지 오래이고
마음과 손은 쓰기를 함께 하네.

조적(鳥跡)이 기이한들 어디에 쓰리요
계령(鷄翎)은 모지라져 이미 매몰되었네.
그대 천리의 뜻을 느껴
진중히 내 찬 글집을 장식하겠네.

　　其三　胡毛筆

　　胡地黃毛勁　箕城彩筆佳
　　風霜含氣久　心手作謀偕
　　鳥跡①奇何用　鷄翎②禿已埋
　　感君千里意　珍重侈寒齋

註解　①鳥跡(조적)-조전(鳥篆). 창힐(蒼頡)이 새 발자국을 보고 전자를 발명했다고 이름. ②鷄翎(계령)-닭의 깃. 《이고록(妮古錄)》에 송(宋)나라 때 계모필(鷄毛筆)이 있었다고 함.

　　4　진유묵(眞油墨)

평해(平海) 송연묵(松烟墨)이
3년을 갈아도 다 쓰지 못하네.
영롱한 패강 제품
연지(硯池)엔 윤택한 물결이 이네.
온 면에 가는 금 꽃가루가 뿌려져 있고
붓에 적시면 사향내가 많다.
내 문방(文房)이 이제 부유해졌으니
흥에 겨워 한번 읊어 보네.

　　其四　眞油墨

　　平海松烟墨　三年欲盡磨

玲瓏浿江製　滋潤硯池波
灑面金花細　沾毫麝氣多
文房從此富　乘興試吟哦

우기번암(又寄樊巖)　5수(五首)

1

그대는 드높은 초헌(軺軒)을 타고
5월에 국문 서쪽으로 나갔네.
한길 아득한 행진 속에
살수(薩水)와 패수(浿水)가 희미하네.
감히 문장으로 특별한 제우(際遇)를 말할까마는
우연한 궁달이 구름과 진흙으로 격하게 했구나.
지중한 임무 넓은 도부(都府)가 열리고
헌거로운 풍류는 대제(大堤)를 생각케 하네.
들으니 남호(南湖) 관배 위엔
친구의 시구(詩句)가 아직 남아 있다 하네.

又寄樊巖　五首

其一

軒①車五月國門西　一路行塵薩②浿③迷
敢道文章殊際遇④　偶然窮達隔雲泥
重關鎖鑰瞻開府⑤　緩帶風流想大堤⑥
聞說南湖⑦官舫上　故人詩句尚留題

* 갑오년 지음. 위의 〈관서(關西) 선물〉과 같은 때다.

註解 ①軒(헌)-초헌(軺軒). 종2품 이상의 고관(高官)이 타는 수레. 앉는 자리는 의자와 같이 되어 있고 위는 꾸미지 않았으며 밑에 외바퀴가 달렸음. ②薩(살)-살수. 청천강(淸川江)의 별칭. ③浿(패)-패수. 대동강(大同江)의 별칭. ④際遇(제우)-군신(君臣)이 만남을 말함. ⑤府(부)-관청을 이름. ⑥大堤(대제)-중국 악부(樂府)의 곡명.〈대제곡(大堤曲)〉. ⑦南湖(남호)-남포(南浦)라고도 함. 공(公)이 경진년 평양에 갔을 때 읊은 시가 남아 전하고 있었다.

2

번화하기론 평양이면 그만
관서(關西) 산천이 본디 유명하네.
노래와 춤, 누각들, 고운 꽃 속에 잠자고
능라금수로 밝은 그림 속을 가겠네.
보라, 흰 날이 오래 머무르지 않거니
황금(黃金) 아껴 태평을 저버리지 말기를.
청승맞은 월중태수(粤中太守)는
두 해 동안 오직 자규(子規) 소리만 들어 왔네.

其二

繁華東國說箕城　　西子江山本有名
歌舞樓臺花裏宿　　綾羅錦繡①畵中行
須看白日無長駐　　莫惜黃金負太平
愁殺粤中貧太守②　　二年惟聽子規聲

註解 ①綾羅錦繡(능라금수)-수를 놓은 비단옷. ②粤中太守(월중태수)-공(公)이 전년[癸巳] 12월까지 영월부사(寧越府使)로 있었음.

3

고려시대 이원(梨園) 제자의 집
지금 노랫소리가 온 성안에 가득하네.
들으매 그대는 매양 금사무(金獅舞)를 보고
이따금 기녀를 끼고 벽한사(碧漢槎)에 오른다네.
동락(東洛)의 친구들은 모두 흰 집인데
남산 9일은 오직 국화뿐.
심상한 술 빚이 어디 있는 줄 알괘라
서주 계당주(桂糖酒)를 혼자 자랑하네.

其三

麗代梨園弟子①家　至今絲管滿城譁
聞君每看金獅舞②　携妓時登碧漢槎③
東洛④故人皆白屋　南山九日但黃花
尋常酒債知何有　桂露西州獨自誇

註解 ①梨園弟子(이원제자)－이원(梨園)은 교방(敎坊). 교방의 기생(妓生)들을 일컬음. ②金獅舞(금사무)－사자(獅子) 탈춤. ③碧漢槎(벽한사)－달밤 은하 밑에 띄운 배. ④東洛(동락)－서울 동촌(東村).

4

백발 띠집 속에 짧은 해가 내리고
패강을 바라보니 아득하고녀.
그대 가던 땐 관(關)길에 낙화가 지더니
오늘밤 장안에는 새(塞) 기러기 날아오네.

녹이 두터우매 그대는 다정하게 묻는 것이 있건만
나는 궁한 길에 만사가 처량하구나.
아소, 조복(朝服) 전당잡혀 동쪽 동네 술을 사서
황혼 무렵 맹원(孟園) 동산에나 올라볼까.

  其四

  垂老茅茨短景催 浿江西望思悠哉
  去時關路林花落 今夜長安塞雁來
  厚祿多情唯有問 窮途百事轉多哀
  朝衫①典得東隣酒 薄暮聊登孟氏臺

|註解| ①朝衫(조삼)-조복. 조회 때 입는 예복. 관복.

5

내가 15년 전에 필마로
초초히 서관을 다녀왔었네.
맑은 강 흰 여장(女墻)에 두루 시를 읊고
지는 해 붉은 다락 홀로 자주 올랐어라.
옥잔에 계당주(桂糖酒)를 취토록 마시지 못했지만
난주(蘭舟) 위엔 한 떨기 모란(牧丹)의 노래를 실었었네.
지금처럼 적막한 마음의 재가 되어
다시 가보지 못하고 늙어가니 어이하리.

  其五

  十五年前騎一騾 西關草草布衣過
  淸江白堞①高吟遍 落日朱欄獨倚多

玉椀雖空桂糖酒　蘭舟猶載牧丹②歌
如今寂寞成陳跡　無計重遊奈老何

註解　① 白堞(백첩) – 흰 여장(女墻). 말쑥하게 다듬은 강둑. ② 牧丹(모란) – 평양에 갔을 때 같이 놀던 기생(妓生). 〈관산융마곡(關山戎馬曲)〉을 잘 불렀다. 계미년 홍시랑(洪侍郞) 부연(赴燕)에게 준 시에도 '성여애옥모란가(聲如哀玉牧丹歌)' '관산일곡청여하(關山一曲聽如何)' 등의 시구가 있다.

이신중만사(李申仲挽詞)

묻노라, 그대 지금 어느 곳에 노니는고
꽃 지는 시절 사람으로 하여금 시름케 하네.
향을 머금고 금란전(金鑾殿)에 오르지 않고
학을 타고 도리어 백옥루(白玉樓)로 올랐어라.

李申仲挽

借問君今何處游　落花時節使人愁
含香不上金鑾殿①　騎鶴還登白玉樓

註解　① 金鑾殿(금란전) – 당(唐)의 전각 이름. 그곳에 학사원(學士院)을 두었었다. 이신중(李申仲)은 한림학사였음.

차령수각운(次靈壽閣韻)

이 해 가을 성수(聖壽)가 망팔(望八)이시라 왕세손(王世孫)

이 백관을 거느리고 진연(進宴)할새 두어 날 앞서 상(上)이
영수각(靈壽閣)에 납시어 기로재신(耆老宰臣) 여덟 명을 부르
사 가인례(家人禮)로 잔치를 베풀어 밤 늦도록 즐기다. 이에
영의정(領議政) 홍공(洪公)이 먼저 시 한 수를 지어 경사를
표하고 또 광수(光洙)에게 명하여 이에 화답케 하므로 외람되
이 삼가 읊노라.

요장(堯墻) 순모(舜慕)에 넉넉한 정이 있으사
기로(耆老)들을 서쪽 다락에 예주(醴酒) 차려 맞으셨네.
황극(皇極)의 성인이 원래 오복 겸전하셨는데
낙원(洛園)의 사삿모임은 한갓 무리 영재(英才)들
팔선(八仙)이 배장(陪仗)해 모시니 수미(鬚眉)는 허옇고
만세가 산과 같아 일월이 밝았도다.
원컨대 사중(社中)의 모든 수(壽)를 합하여
청궁(靑宮)에 또 축수하는 술잔 바치고저

次靈壽閣韻

是年秋以 聖壽望八① 王世孫 將率百官進宴 先數日 上幸靈壽
閣② 召耆老宰臣八人 如家人禮③ 驩讌 終夕而罷 於是 領議政洪公
首賦一詩 以識慶喜又 命光洙續和不揆僭率 敬次以復

堯墻舜慕④有餘情　耆耉西樓設醴迎
皇極聖人元五福　洛園私會⑤但群英
八仙陪仗⑥鬚眉白　萬歲如山日月明
願合社中諸壽算　靑宮⑦又戲祝年觥

* 갑오년 지음.

註解　①望八(망팔)-여든을 바라본다는 뜻으로 일흔한 살을 일컬음. 영조

(英祖)가 숙종 갑술(甲戌)생으로 영조 갑오년에 71세였다. ②靈壽閣(영수각)-기로소(耆老所) 안에 있는 어첩(御帖)을 보관하던 누각명. ③家人禮(가인례)-한(漢)나라 때 양가의 사람을 입궁케 하여 가인(家人)이라 일컫고 두식(斗食)으로써 우대했다. 두식(斗食)은 1년에 백 석 가량 되었다고 한다. ④堯墻舜慕(요장순모)-임금님을 보좌하고 충성하는 울. ⑤洛園私會(낙원사회)-낙양(洛陽)에 백거이(白居易) 등의 구로회(九老會)가 있었음. 향산낙사(香山洛社)라 이름. ⑥陪仗(배장)-임금님을 모셔 배석함. ⑦青宮(청궁)-태자궁. 춘궁, 동궁이라고도 함.

도화동(桃花洞)
── 중함(仲涵)과 함께 읊다 ──

봄빛은 아늑한 취기 속에 어렸는데
나귀 타고 이부(吏部)에서 문을 나섰네.
동구로 들어서니 몽몽하게 복사꽃 비가 내리고
담담한 제비 바람이 옷깃을 스친다.
해가 기울어도 집을 잊어 가뭇없고
솔이 깊으매 폭포 소리 어디인 줄 몰라라.
대견해라, 쇠잔함이 올들어 심하고녀
골짜기 건너고 봉우리 오르는 것도 거년의 일이로세.

桃花洞同仲涵呼韻

春事渾如酒氣中　騎驢吏部[①]出門同
濛濛入洞桃花雨　淡淡吹人燕子風
日昃猶忘家近遠　松深不辨瀑西東
自憐衰到今年劇　度壑穿峰去歲翁

* 을미년 3월 박중함(朴仲涵)과 함께 도화동에 꽃구경을 하러 나가 지음.

註解 ① 吏部(이부) – 이조(吏曹).

필운대상화(弼雲臺賞花)

필운대 꽃놀이가 장안을 압도하네.
눈앞에 꽃다운 빛깔 만 가구에 어렸어라.
저문 햇빛은 모두 아늑한 노을이 되고
가는 티끌은 가라앉아 이슥히 바람도 없다.
오릉(五陵)의 말탄 손들 멀리 북쪽에서 왔는데
두 궁궐 기왓머리 다 동쪽에 있구나.
30년 전 봄에 와 바라보던 곳
다시 오니 지금은 백발 늙은이······.

歸路登弼雲臺賞花復用前韻

雲臺花事壓城中　滿眼芳華萬戶同
晚照蒸深都作霧　輕塵飛靜暫無風
五陵鞍馬遙從北　雙闕甍稜盡在東
三十年前春望處　再來今是白頭翁

* 위와 같은 을미년 3월 지음. 도화동(桃花洞)에서 다시 필운대(弼雲臺)에 오름.

만김첨지(輓金僉知) 2수(二首)

1

들으니 인간에 소봉래(小蓬萊)가 있다네.
이 노인 전신은 윗세상에서 온 사람
때가 되매 유유히 승화하여 갔느니
사람이 90을 살고 죽으면 무엇이 슬프리요.
(金翁 집에 石假山이 있어 小蓬萊라 함)

輓淸州金僉知 二首

其一

人間聞有小蓬萊　此老前身上界來
時到儵然乘化去　人生九十死何哀
(金翁家有石假山號小蓬萊)

2

신령스런 나뭇가지
그늘이 뜰에 가득 차
한 집에만 편벽되이
노인성(老人星)이 비쳤네.
인간에 중로연(重牢宴)이
오대(五代)나 있어 왔으니
물어보소, 마고(麻姑) 할미더러
이런 일을 몇 번이나 들었는가고.

其二

靈樹枝枝蔭滿庭　一家偏照老人星
人間五世重牢宴①　爲問麻姑幾度聽

註解　①重牢宴(중로연)-회혼례(回婚禮) 잔치.

희간정여질(戱簡鄭汝質)

누가 정광문(鄭廣文)의 벼슬이 차다 일렀던고
백발 늙은 몸에 장안 미녀들을 다 거느렸네.
이원(梨園) 제자들 예상곡(霓裳曲)을
다른 사람에겐 통 들려주지 않네.
(鄭協律이 장악관으로 進宴과 기생습의, 梨園을 맡아보았다)

戱簡鄭協律汝質

誰道官寒鄭廣文　白頭身領綺羅群
梨園弟子霓裳曲　不許他人也一聞
(鄭以掌樂官領進諸妓習儀梨園)

* 을미년 지음.

문패기모란이악이원(聞浿妓牧丹肄樂梨園)　2수(二首)

1

명기 모란(牧丹)이 머리가 희어

한경에 들어와
그 노래 솜씨 만인을 놀라게 한다네.
연광정(練光亭) 위에서 듣던 관산곡(關山曲)을
오늘밤 어쩌면 다시 들을 수 있을까.
(내가 西州에 놀 때 매양 丹妓를 데리고 湖樓畵舫이나 등잔불 앞과 달 아래에 있었다. 단기가 문득 내 〈關山戎馬詩〉를 노래할 때는 목소리가 가는 구름도 멈추게 하는 것 같았다)

聞浿妓牧丹肆樂梨園戱寄 二首

其一

頭白名姬入漢京　清歌能使萬人驚
練光亭上關山曲①　今夜何因聽舊聲
(余之西遊每携丹妓於湖樓畵舫間灯前月下丹妓輒唱余關山戎馬舊詩響過行雲)

註解 ①關山曲(관산곡) — 선생의 〈관산융마곡(關山戎馬曲)〉.

2

이원은 남쪽 광통교(廣通橋)
지척에 신선 치마 약수(弱水)가 멀다.
듣자니 그대 고운 노랫소리 여전하다는데
얼굴은 벌써 잔주름이 잡혀 있을라.

其二

梨園南接廣通橋①　咫尺仙裙弱水②遙
聽說歌聲依舊好　秪應顏色到今凋

|註解| ①廣通橋(광통교)-광교(廣橋) ②弱水(약수)-중국 감숙성(甘肅省)에 있는 흑하(黑河)를 이름. 또《후한서(後漢書)》〈동이전(東夷傳)〉에는 '부여국북유약수(夫餘國北有弱水)'라 하여 부여국(夫餘國) 북쪽에 약수(弱水)가 있었다고도 하였다. 그러나 시에서는 신비화(神秘化)되어 신선이 살았다는 전설적인 강으로 쓰였다. 길이가 3천 리나 되고 부력(浮力)이 약해 기러기 털도 가라앉는다고 함.

석북시집(石北詩集) 8권

임장록(臨漳錄)

우도대탄(又渡大灘)

9월 임장(臨漳)의 손이
나귀를 타고 낙조(落照) 속을 가네.
멀리서 오는 어느 고을 물이뇨
양 언덕에는 흐드러지게 떨어지는 단풍잎.
새 한 마리 날아가는 서울 하늘은 휑하니 멀고
구름이 돌아가매 고을 절은 비어 있는 것 같구나.
배 속에 홀로 말이 없는
쇠적한 시(詩) 짓는 늙은이.

又渡大灘

九月臨漳客　騎驢返照中
遠來何郡水　多落兩厓楓
去鳥都門逈　歸雲縣寺空
舟中獨無語　衰寂一詩翁

* 신묘년 60세 음력 9월 21일에 연천(漣川) 현감(縣監)으로 부임함.

대탄(大灘)

협강을 가을에 두 번째 건너나니
단풍은 다 지고 돌이 푸른 때일러라.
먼 햇빛은 언덕이 먼저 받고
가는 노을은 물에서 절로 일어라.
산천은 기이한 곳이 많거니
백구 백로와는 새로 친구가 되네.
10일의 임장수(臨漳守)가
배 가운데에서 비로소 시를 읊는다.

大 灘

峽江秋再渡　楓盡石蒼時
遠旭厓先受　微霞水自爲
山川多異境　鷗鷺得新知
十日臨漳守[①]　舟中始有詩

* 신묘년 10월 지음.

註解　①臨漳守(임장수) — 연천(漣川) 원. 연천의 고호(古號)가 장주(漳州)로 서 임장(臨漳)의 별칭이 있음.

모귀(暮歸)

양주(楊州) 한길은 청산이 둘렀어라
온종일 단풍과 흰 돌 사이를 가네.

나귀 등에 원님은 추흥(秋興)이 흡족하여
두어 마디 뿔피리 소리 고을로 돌아온다.

暮 歸

楊州一路繞靑山　盡日丹楓白石間
驢背使君秋興足　數聲殘角縣中還

징강주중(澄江舟中)

징파강(澄波江) 물은 맑아 모래 환히 들여다보인데
태수(太守)가 새로 와서 문득 성을 나서네.
10리를 뚫고 가는 단풍나무 숲
외로운 배엔 인낭(印囊)을 차고 앉아 가볍다.
청산은 한가로운 사람을 기쁘게 할 만한데
백조는 온통 권마성 소리에 놀라누나.
흥이 나면 이따금 필마로 달려가
오래 사귄 친구와 머물 만도 하이.

澄江舟中

澄波江①水見沙淸　太守②新來偶出城
十里穿行楓樹遠　孤舟攜坐印囊③輕
靑山可悅騎牛客　白鳥渾驚勸馬聲
乘興有時單騎去　不妨留與長年盟

註解　①澄波江(징파강)-연천 서쪽에 흐르는 강 이름.　②太守(태수)-원.
③印囊(인낭)-인장 주머니. '휴좌인낭경(携坐印囊輕)'은 소중한 직인

을 차고 앉았어도 경치가 좋아 가볍게 느껴진다는 뜻.

임진무조(臨津霧朝)

막막하게 강에 비낀 안개
꽃 새벽에 혼자 배 위에 있다.
처음으로 성 마루 나무를 분간하겠는데
벌써 물 언덕 다락은 볼 수가 없어라.
사람의 말소리는 가없는 곳으로 오고
배는 떠가며 머무는 듯하구나.
마침내 아침이 한번 열려
백 리 통주(通州)를 볼 수 있네.

臨津霧朝舟下牛尾嶼

漠漠橫江霧　淸晨獨在舟
初分城上樹　已失水邊樓
人語來無際　吾行去若留
終朝一開盡　百里見通州①

*연천(漣川)에서 임장강(臨漳江) 아침 안개 속에 쇠꼬리섬으로 내려오며 지은 작품.

註解　①通州(통주)-통진(通津)을 일컬음.

부락도중(赴洛道中)

달 밝고 서리 찬데 길 가는 사람

푸른 산 열린 곳에 동쪽이 훤해진다.
온 새벽 닭소리 들으며 가는 양주(楊州) 길
하마 종이 울기 전에 한양(漢陽)으로 들어가리라.

赴洛道中
　明月行人滿地霜　靑山開處見東方
　鷄聲聽盡楊州路　應不鳴鍾入漢陽

치우숙루원(値雨宿樓院)

수락산(水落山) 앞에 해는 지고
행인이 주막에 드니 실비는 보슬보슬
하룻밤 수적한 양주의 손이 되어
도문에서 형제 술 들기가 늦어지는구나.
(그때 文初가 시골에서 올라왔다는 소식을 들음)

値雨宿樓院
　水落山前落日時　行人入店雨絲絲
　愁爲一夜楊州客　兄弟都門把酒遲
　(時聞文初自鄕上來)

현재춘사(縣齋春辭)

지난해 봄 글은 마방(馬坊)에서 썼더니만
올해 봄 첩(帖)은 임장(臨漳)에서 쓰네.

벼슬아치에게 병이 없는 것은 집의 복이고
백성들에게 기한이 없는 것은 나라의 상서이라.
홍로주(紅露酒) 벽산채(碧山菜)로
석대(石臺) 금수(金水)에 글을 쓰네.
원컨대 여생이 이렇게 한가롭기만 했으면
동국 문화(文華)를 섭렵하기에도 10년은 바쁘다네.

縣齋春辭

去歲春辭題馬坊①　　今年春帖在臨漳
官無疾病爲家福　　民不飢寒是國祥
紅露②碧蔬③隨飮喙　　石臺④金水⑤放文章
餘生只願閒如此　　償盡東華⑥十載忙

* 임진년 지음. 영조 48년 임진년은 공(公)의 회갑해이다. 정초(正初)에 연천(漣川) 관사(官舍)에서 쓴 작품.

[註解] ①馬坊(마방)-태복시(太僕寺)의 별칭.　②紅露(홍로)-홍로주(紅露酒). 술 이름.　③碧蔬(벽소)-벽산채(碧山菜). 산채 나물.　④石臺(석대)-돌로 이루어진 대.　⑤金水(금수)-미상.　⑥華(화)-문화(文華)·문조(文藻). 문명의 빛깔을 이름.

월중록(粵中錄)

사은(謝恩)

숭정문(崇政門) 앞에 새벽이 밝아 오고
월주도호(越州都護)가 사은을 하는 제
당시 70명 홍첨리(紅籤吏) 가운데서
오늘 오직 소신에게만 분부가 내렸네.

謝　恩
崇政門[①]前絳幘晨　越州都護[②]謝恩新
當時七十紅籤吏[③]　今日分符獨小臣

* 임진년 9월 영월부사(寧越府使) 명(命)이 내려 사은(謝恩)하던 때의 작품. 앞서 순천부사(順天府使)로 임명되었다가 외임문신(外任文臣)들을 모두 조정으로 불러들이라는 왕명이 있어 도중에서 소환(召還)되었는데 공(公)에게만 다시 월주(越州)의 명이 내렸었다.

註解　①崇政門(숭정문)-경희궁(慶熙宮) 숭정전(崇政殿) 남문(南門). 경희궁은 해방 후 서울고교 자리에 있었던 이궁(離宮). 숙종왕과 영조왕이 모두 이곳에서 나고 이곳에서 승하하였으니 정궁(正宮)으로도 사용하였다. ②越州都護(월주도호)-영월부사(寧越府使)를 일컬음. ③紅籤吏(홍첨리)-미상. 아마 붉은 패를 내려 불러들였던 문관들을 말함인 듯.

사조(辭朝) 2수(二首)

1

대전에 하직하고 다시 한번 발길을 멈추네.
성수(聖壽)가 이제 팔순(八旬)에 드셨어라.
장모(將母)의 특은이 이처럼 망극하니
군왕을 기리는 마음이야 어떠하리.
쌍부(雙鳧) 오마(五馬)로 서울은 멀어지고
눈고개 구름산을 세모(歲暮)에 가네.
동대문 앞에서 한 번 머리를 돌리니
상림(上林) 그윽히 석양이 성깃하다.

辭朝 二首

其一

臨辭玉陛更踟躕　聖算今當八耋初
將母特恩①雖罔極　戀君微悃亦何如
雙鳧五馬②朝天遠　雪嶺雲山向歲除
東大門前回首去　上林③西北夕陽踈

註解　①將母特恩(장모특은)－이 해 봄에 기로과(耆老科)에 장원하여 승지(承旨)로 들어갔을 때 공(公)에게 노모(老母)가 있음을 왕이 듣고 희귀한 일이라 하여 양주(楊州)의 악(樂)을 내려 연천(漣川)에 가 어머니를 데려오라 했다. 그리고 특히 전택노비(田宅奴婢)를 하사하는 특은(特恩)을 베풀었다(年記 참조). ②雙鳧五馬(쌍부오마)－수령의 행렬을 말함. 쌍부(雙鳧)는 《후한서》에 왕교(王喬)가 쌍오리를 타고 임현(任縣)에서 조

정에 들어왔다는 고사로 지방관(地方官)을 이름. 오마(五馬)는 태수(太守)의 수레를 네 필 말로 끌고 또 한 필 말을 곁들였기 때문에 일컬음. 소식(蘇軾)의 시(詩)에 '고취미용영오마(鼓吹未容迎五馬) 수운선기양쌍부(水雲先己颺雙鳧)'가 그것이다. ③上林(상림)-어원(御苑).

2

승평(昇平)을 겨우 잃고 또 월주(粵州)로 가네
새옹(塞翁)의 말 한 필을 믿고 유유히 가네.
굳이 관양(官樣)의 부하고 박한 것을 말하랴
홀로 성은(聖恩)이 무리에서 뛰어난 것만 감축하네.
강원도 석청과 민물고기로 어머님을 봉양하고
단풍언덕 푸른 산에 아이와 더불어 놀리라.
늙게 이 고을이 나의 분수에 맞거니
한가로운 것밖에 인생에 다시 구할 것이 없어라.

其二

纔失昇平①又粵州②　塞翁③一馬信悠悠
敢論官樣④殊饒薄　獨感天恩出彙流
石蜜溪鱗供母養　丹厓碧嶂與兒遊
衰年此邑眞吾分　閒外人生更不求

註解 ①昇平(승평)-순천(順天)의 옛 이름. ②粵州(월주)-영월(寧越)의 옛 이름. ③塞翁(새옹)-새옹의 말. '새옹지마(塞翁之馬)'의 고사에서 나온 말. 순천(順天)이 곧 영월(寧越)로 바뀌었으므로 이름. ④官樣(관양)-벼슬 모양.

삼전도(三田渡)

남한산성(南漢山城)은 아슬하고
마전포(麻田浦)의 강물은 짙푸르구나.
삼한국(三韓國)에 학사로 태어났다면
누가 백 년 선우비(單于碑)를
쓰러뜨리려 하지 않으리오.
길 주막에 홀로 서서 낙일(落日)을 보노니
옛 전쟁터는 북풍 속에 슬프구나.
상기 우리 원한이 남는고야, 저 연연석(燕然石)
만고에 오공(吳公)의 시가 있네(燕超子를 가리킴).

三田渡感吟

南漢山城高漠漠　　麻田浦水碧離離
如生學士三韓國　　不倒單于百歲碑①
酒店獨看西日落　　戰場猶入北風悲
書生恨在燕然石②　萬古吳公昔有詩(指燕超子③)

註解 ① 單于碑(선우비) — 병자호란 때 청태종(淸太宗)에게 항복하는 뜻으로 삼전도(三田渡)에 세웠던 비. ② 燕然石(연연석) — 한(漢)나라 임금이 북쪽 선우(單于)를 치고 연연산(燕然山)에 올라가 비를 세우고 돌아왔다. 연연석은 그에 유래함. ③ 燕超子(연초자) — 오상렴(吳尙濂). 죽남(竹南) 준(埈)의 종손. 그의 시에 '장수무주책(將帥無籌策) 문장유시비(文章有是非)'라는 구절이 있음. 오죽남이 삼전도 비문 글씨를 썼다는 말을 듣고 있었기 때문에 언급한 것이다.

광령망영릉(廣嶺望寧陵)

바라다보니 온 하늘은 석양빛 광령(廣嶺) 동쪽
영릉(寧陵)이 희미하게 흰 구름 속에 떠있다.
그날 향화(香火)를 받들며 내가 오가던 길
차마 말을 달려 총총히 지날 수가 없어라.

廣嶺望寧陵有感

一望斜陽廣嶺東　寧陵①浮在白雲中
當日奉香來往路　不堪驅馬過怱怱

[註解] ① 寧陵(영릉) - 효종왕릉(孝宗王陵). 신사년에 참봉으로 봉직했음.

강성초우거(姜聖初寓居)

막막한 가을 들판에
쓸쓸한 진사(進士)의 집이어라.
네 이웃은 밤에 글 읽는 소리 들리고
여남은 이랑 들밭에는 봄갈이를 붙였어라.
흰 머리는 낙착한 삶을 슬퍼하는 듯
얼룩진 옷은 한정된 기거를 말하는구나.
총총한 월강(越江) 길에 주고받는 술잔도
해를 격한 나머지여라.

歷訪長好院姜聖初世南寓居

漠漠秋風野　蕭蕭進士廬

四鄰聞夜讀　十畝寄春鋤
白首悲流落　斑衣限起居
忽忽越江路　盃酒隔年餘

망옥강정(望玉江亭)

동으로 온 영월 태수 큰 강가 다다르니
충주(忠州) 물색도 10년 동안에 많이 새로워졌구나.
멀리 벽탄(碧灘)을 향해 온종일 가노니
언덕 위엔 갈대꽃 희끗희끗
어느 뉘를 곡하리.

將哭雯洲隔水望玉江亭馬上感吟
東來越吏大江濱　十載忠州物色新
遙赴碧灘終日去　蒹葭岸上哭何人

* 충주(忠州) 홍문주(洪雯洲)를 조상하려고 강을 건너다가 옥강정(玉江亭)을 바라보며 느낀 바를 읊음. 옥강정은 문주(雯洲)의 구거다. 북산록(北山錄) '문주 만사' 참조.

방이헌불우(訪而憲不遇)

가을바람 오마(五馬)는 울고
월강(越江)은 구름인데
내가 충주에 이르러
그대 못 보고 돌아가네.

만약 귀촉도 울음 울 때 날 생각커든
1만 봉 깊은 곳에 은근히 찾아주소.

訪而憲不遇

秋風五馬越江雲　我到忠州不見君
杜宇啼時如見憶　萬峰深處訪慇懃

* 이헌(而憲)은 문주(雯洲)의 아우. 조상하러 들렀다가 이헌을 만나지 못함.

이헌추도화별(而憲追到話別)

강머리 월주(越州) 행인 저물게 헤어져 가네.
동쪽 고을은 아득한 만 첩 구름 속
머리를 돌리니 여라(女蘿) 얽힌
가파른 언덕길에
저기 말타고 가는 사람
자네인 줄 알겠노라.

而憲追到北倉草草叙話卽別

江頭越客暮相分　一望東州萬疊雲
回首女蘿蒼壁路　有人騎馬遠知君

* 홍이헌(洪而憲)이 뒤따라 쫓아와 북창(北倉)에서 만나 잠깐 이야기하고 작별하였다. 언덕길로 말타고 가는 이헌의 뒷모습을 바라보며 읊음.

기권군석(寄權君錫)

탄금대(彈琴臺) 아래 해는 설피고
물 건너 갈꽃 우거진 그대 집.
앞길이 멀어 총총히 말 몰아 가노니
두 늙은이 월강(粵江) 가에서나 만나 보세.

寄權君錫

彈琴臺①下夕陽新　隔水蒹葭望故人
前路忽忽驅馬去　白頭相對粤江②濱

註解　①彈琴臺(탄금대)-충주(忠州) 서쪽 견문산(犬門山) 절벽 위에 있음. 옛날에 우륵(于勒)이 거문고를 타던 곳이라는 전설이 있다. ②粤江(월강)-영월(寧越)에 있는 강.

제천억정사술(堤川憶鄭士述)

가을바람 의림지(義林池) 물은 푸르다.
쓸쓸히 해는 저물고 오마(五馬)는 가지 않네.
정곡(鄭谷)의 외로운 무덤 어디메뇨
내 월중시(越中詩)를 물어볼 사람이 없구나.

過堤川憶鄭士述感吟

秋風水碧義林池　五馬踟躕日暮時
鄭谷孤墳何處是　無人聞我越中詩

* 제천을 지나다 정사술(鄭士述)을 생각하고 지음. 정사술에 대하여는 '한 경잡영' 참조.

일일도삼대령(一日度三大嶺)　2수(二首)

1

세 영(嶺)을 마치 촉도(蜀道)처럼 오르는데
온종일 어지러운 산속에 외로운 말발굽 소리.
사람이 살려면 어느 곳엔들 발을 딛지 않으리요
머리가 희어져 올해 영월산으로 들어가네.

一日度三大嶺如入瓮中　回思京洛杳然心折有吟　二首

其一

三嶺行如蜀道^①攀　馬蹄終日亂峯間
人生跡不來何處　頭白今年入越山

註解　①蜀道(촉도)-중국의 성도(成都) 근처를 옛날 촉(蜀)이라 일컬었음. 산이 깊고 길이 험악하다. 〈촉도난(蜀道難)〉의 사곡(詞曲)이 있음.

2

오마(五馬)는 동으로 오고 10월은 찬데
백단(白檀) 서북쪽 장안(長安)은 멀었어라.
즈믄 산 즈믄 물길 고되다 말라
세상길은 이 길보다 더 어렵다네.

其二

　　五馬東來十月寒　白檀西北望長安
　　千峰萬水休言苦　世路難於此路難

조범령(曺凡嶺)

두 깃발 군리(軍吏)들이 남여(籃輿)를 끌어
조범령 넘어 동쪽으론 영월 경계 시작되네.
오직 산협 속 빠꼼히 열린 하늘을 바라보며 가느니
아득히 떠오르는 서울 생각 어떠하리.

至曺凡嶺卽越州初境州吏前導向楊淵站
　　兩旗官吏引籃輿　曺凡東開越境初
　　唯見峽天開處去　暗思京洛意何如

월주신리(越州新吏)
　　── 원주(原州)에 와 법정(法正)에게 부치다 ──

월주(越州) 새 원님 늙어서 비척거리는데
관복에 홀을 잡고 새벽에 현신(現身)하러 나가네.
감영 군교는 긴 소리로 이름을 불러 급하건만
야부(野夫)는 소방(疏放)하여 허리 굽히기가 어렵다.
고을 일 생각하면 소조하기 짝이 없고
머리를 돌이키니 산골짝이 울률하게 차구나.

이역(吏役)이 사람을 몰아 말이 아니로세
돌아가는 구름 백리 길에 강마을 돌아본다.

至原州寄法正

越州新吏老蹣跚　　袍笏晨趨謁①上官
營校訶呼投刺急　　野夫疎放②折腰難
關心邑事蕭條劇　　回首山蹊鬱嵂寒
吏役③驅人違一面　　歸雲百里睠江于

* 원주(原州) 감영에 왔다가 정법정(丁法正)에게 보낸 작품. 원주에 살고 있는 법정은 그때 내각(內閣)에 들어가 있었다.

|註解| ①趨謁(추알)―현신(現身). 새로 원이 도임하면 정복을 입고 홀(笏)을 잡고 감사(監司)에게 알현하여야 했다. 그것을 현신이라 일컬음. ②疎放(소방)―세련되지 못함. ③吏役(이역)―벼슬아치의 일.

망단구홍상서댁(望丹丘洪尙書宅)

단양(丹陽)을 바라보니 눈물이 나려 하네.
슬프다 상서(尙書)는 돌아가 옛사람이 되었구나.
남촌에서 나귀 매던 일 어제 같건만
동쪽 고을에서 학을 탄 지 이미 즈믄 봄.
섬강(蟾江)은 멀리 가을바람 속에 차고
치악(雉岳)은 저문 눈 덮여 높았어라.
임의 기개와 문장을 다시 볼 수 없어
한갓 산수에 비껴 옛 모습을 생각는다.

望丹丘洪尙書重孝宅有感

丹丘一望欲霑巾　怊悵尙書作古人
南郭繫驢如昨日　東州乘鶴已千春
蟾江遠入秋風冷　雉岳高添暮雪新
氣槪文章無處見　謾憑山水憶前塵

* 단구(丹丘) 홍상서(洪尙書) 집을 바라보고 추도하며 읊음. 상서의 이름은 중효(重孝).《북산록(北山錄)》참조.

야문자규(夜聞子規)

영월(寧越) 깊은 산에 자규 우는 소리
네가 어이 괴롭게 울어 3경에 그치지 않는고.
이처럼 꽃 사이 맺힌 피 토하지 말라
만 가지 장릉(莊陵) 한이 풀린 지 오래어늘.

夜聞子規有感

越絶深山蜀魄聲　爲何啼苦到三更
如今莫吐花間血　萬事莊陵恨已平

* 계사년 지음. 장릉(莊陵)은 단종(端宗)의 능. 영월부(寧越府)에 있음.

백묘방연초자구댁(百畝訪燕超子舊宅)

백묘(百畝) 서당은 이미 풀밭으로 되었어라

연초(燕超)가 돌아간 뒤 세상에 재사가 없네.
도리어 송옥(宋玉)의 강 윗집 같아
저물 무렵 길손이 슬피 바라보며 지나간다.

百畝訪燕超子舊宅

百畝^①書堂已草萊　燕超^②歸後世無才
還同宋玉^③臨江宅　落日行人悵望回

註解　①百畝(백묘)-지명.　②燕超(연초)-'임장록'에 보임.　③宋玉(송옥)-초(楚)나라 사람. 굴원(屈原)이 축출됨을 보고 분개하여 〈구변(九辯)〉을 지음. 〈구변〉 가운데 비추(悲秋)가 유명하다.

청령포(淸泠浦)　2수(二首)

1

비 연기 칡덩굴에 날새조차 드뭇하다
월중(越中)에 산은 첩첩 저문 날빛 비꼈어라.
행인이 제천(堤川)을 지나면
청령포(淸泠浦) 닿기 전에 눈물이 옷깃을 적시네

淸泠浦　二首

其一

烟雨藤蘿鳥亦稀　越山千疊又斜暉
行人一過堤川後　未到淸泠^①淚滿衣

註解　①淸泠(청령)-청령포(淸泠浦). 영월읍 서남쪽에 있음. 단종(端宗)이

노산군(魯山君)으로 강봉되어 쫓겨온 곳이 바로 이 청령포다. 읍내 관풍헌(觀風軒)으로 옮기기까지 이곳에 있었다.

2

봉우리는 칼날 같고 물은 고리인데
새조차 날 수 없고 잔나비도 오르지 못할레라.
그날 모신(謀臣)들 용심의 탓으로
세상에 이 깊은 산이 있음을 알게 했어라.

其二

峰如劒束水如環　鳥不能過猿不攀
當日謀臣用心苦　世間知有此深山

기장릉유참봉(寄莊陵柳參奉)

흰 구름 속 봉래산에 아침이 상쾌하고
원님이 돌아온 흥 절로 표표하고녀.
잊기 어려울손 깊은 이 산중에 자네 있는 일
어젯밤 몰아친 비에 능 앞 다리 물 찼겠다.

寄莊陵柳參奉晦之應爀

雲白蓬萊爽氣朝　使君歸興一飄飄
難忘只有山中客　夜雨陵前水漲橋

* 비갠 아침 장릉 참봉 유회지(柳晦之)에게 지어 보냄. 회지의 이름은 응혁(應爀)이다.

모저평창(暮抵平昌)

여울 물소리 외로운 말 따르고
온종일 어지러운 산속을 가네.
이 길이 왕사(王事)로 인함이라
쇠년에 대관령(大關嶺)을 넘어가네.
저문 수풀은 가까운 읍으로 다가오고
봄 불은 산에서 많이 일어난다.
백월(百越) 속 꽃이 핀 뒤에
내가 구군(九郡)을 거쳐 돌아오네.

暮抵平昌

鳴灘隨一馬　終日亂峰間
此路因王事　衰年度大關
暝林來近邑　春火起多山
百越①花開後　吾從九郡②還

* 저물게 평창(平昌)에 이르러 읊음. 평창은 영월 이웃 고을이다.

[註解] ①百越(백월) - 영월 근처 깊은 산골들을 통칭. ②九郡(구군) - 동해변의 아홉 고을.

모노령(毛老嶺)

대관령이 높다고 말하지 마소
모노령(毛老嶺)이 벌써 오르기 어렵다네.

이리처럼 쭈그리고 있는 것은 천연의 돌이요
괴상하게 구부러진 것은 만세의 등(藤)이로다.
사람이 사노라면 온갖 곳에 오고
세상길은 생각하면 각계각층이구나.
다만 이 봉래도(蓬萊島)만은
신선이 아니면 이르지 못하나니.

毛老嶺①

休言大關嶺　毛嶺已難登
狼是先天石　奇應萬歲藤
人生來處處　世路覺層層
只是蓬萊島②　非仙不可能

|註解| ①毛老嶺(모노령)-미상.　②蓬萊島(봉래도)-바다 가운데 있는 신선의 섬.《한서(漢書)》에 봉래·방장(方丈)·영주(瀛州)의 삼신산(三神山)이 발해(渤海) 가운데 있다고 전함.

조향월정사(朝向月精寺)

홍진(紅塵)에 변해 다한 귀밑 털이 얼룩지네.
심상한 꿈 한길이 구군(九郡) 사이 오갔노라.
오늘 장차 대관령을 오르려다가
맑은 새벽에 먼저 오대산(五臺山)으로 들어가네.
명승의 처소에서 참선(參禪)을 파한 후에
도사(道士)의 약화로에 비결 물어 돌아오리.
동구 밖에 풍설이 사납다 말하지 마오(缺).
…… 눈 속을 올라간다.

朝向月精寺

紅塵變盡鬂毛斑　一夢尋常九郡間
今日將登大關嶺　清晨先入五臺山
名僧丈室參禪罷　道士丹爐問訣還
休道洞門風雪惡(缺)　……雪中攀

대관령고주(大關嶺沽酒)

강릉 후리(候吏)의 술동이가 비었구나.
남여는 2월 바람 새[鳥]길따라 오르는다.
대관령 위에서 시골 막걸리 사 마시니
동해는 질펀하게 큰 눈 속에 누워 있다.

朝登大關嶺沽酒御寒

江陵候吏①酒樽空　鳥道籃輿二月風
大關嶺上沽村濁　東海平臨大雪中

註解　①候吏(후리)-마중나온 벼슬아치.

강릉도중(江陵道中)

동해 푸른녘에 다시 동쪽 없어라.
삼산(三山)은 어디메뇨 아득한 먼 구름 속
문득 춘설(春雪)이 몰아칠 무렵에 와

명사(明沙)에 해당화(海棠花) 못 보는 일 한스러우이.

江陵道中

靑靑東海更無東　何處三山雲氣中
却恨來時春雪盛　明沙不見海棠紅

관무(觀舞)

누른 한삼 긴 소매로 하늘하늘 춤을 출 때
동풍에 나부끼는 양류(楊柳) 가지
누가 네 한 몸에 백 가지 태(態)를 지니게 했던가.
누각(樓閣)에 향내음 아득코 날이 저문다.

觀 舞

黃衫長袂舞垂垂　裊裊東風弱柳枝
誰使一身兼百態　畵堂看到日斜時

죽서루(竹西樓)

죽서루(竹西樓) 밝은 달은 발[簾] 가득 차가워라.
오십천(五十川) 여울 소리 그림난간 움직인다.
오늘밤 처음으로 동해의 손이 되어
사선(四仙) 놀던 곳을 흰 머리로 보노매라.

竹西樓

西樓①明月滿簾寒　五十②灘聲動畵欄
今夜始爲東海客　四仙③遊處白頭看

註解　①西樓(서루)-죽서루(竹西樓). 삼척(三陟)에 있는 다락. 관동팔경의 하나. ②五十(오십)-오십천(五十川). 죽서루 밑에 흐르는 강 이름. ③四仙(사선)-신라(新羅) 때의 국선(國仙)인 영랑(永郞)·술랑(述郞)·안상(安詳)·남석행(南石行) 등 네 사람을 일컬음.

중대동별제기(中臺洞別諸妓)

중대동(中臺洞) 밖의 물은 동쪽으로 흐르고
반쯤 해가 비낀 백령(白嶺) 머리
임 보내는 천리곡(千里曲)은
차라리 처음 죽서루에서 작별한 것만 같지 못하네.

中臺洞口駐馬別竹西諸妓

中臺洞①外水東流　一半斜陽白嶺②頭
聞唱送君千里曲　不如初別竹西樓

註解　①中臺洞(중대동)-죽서루 입구에 있는 동 이름. ②白嶺(백령)-역시 그곳에서 보이는 산 이름.

기임영재(寄臨瀛宰)

그대 고을살이 봉래산(蓬萊山) 가까이 있어

3년 동안 경포대(鏡浦臺)를 관장하는구나.
가인(佳人) 옛 무덤엔 푸른 풀빛 띠었는데
명사(明沙)에 흰 해오라기 동헌으로 날아든다.
찔레꽃 따다 맛있는 조원병(調元餠)을 만들고
오디로 술을 빚어 늙지 않는 잔을 기울이네.
마침내 세상 인연이 다하지 않아
영랑(永郞)이 그대를 오늘 놓아 보냈구려.

寄臨瀛宰李仲羽亨逵

爲官猶得近蓬萊① 管領三年鏡浦臺②
古墓紅粧春草色 明沙白鳥訟庭來
蘿花好作調元餠③ 桑葚長傾却老盃
終是世緣磨不盡 永郞④今日放君廻

* 강릉(江陵) 원으로 있는 이중우(李中羽)에게 부침. 임영(臨瀛)은 강릉의 옛 이름이다.

註解 ①蓬萊(봉래)-봉래산. 신선이 사는 곳. 금강산의 별칭. ②鏡浦臺(경포대)-경포호에 있는 누대. ③調元餠(조원병)-세시 때에 먹는 떡 이름. ④永郞(영랑)-경포대에서 영랑이 놀았다는 고사가 있음.

제장릉재실(題莊陵齋室)

첩첩한 월산(越山) 속에 내 늙도록
두견(杜鵑)에게 절하는 신하가 되었어라.
읍양(揖攘)하는 삼한(三韓)의 나라에
허희하는 만고의 사람이어라.

흰 구름 속에 선침(仙寢)은 멀고
한식날 협꽃이 새롭다.
영왕(寧王)의 덕이 아니던들
어떻게 성혼을 위로할 길 있었으리오.

題莊陵齋室

蓁蓁越山裡　老作拜鵑臣①
揖讓②三韓國　欷歔萬古人
白雲仙寢③遠　寒食峽花新
不有寧王④德　如何慰聖神

註解 ①拜鵑臣(배견신)-능관(陵官)을 일컬음.　②揖讓(읍양)-공손하여 잘 순종한다는 뜻.　③仙寢(선침)-능침.　④寧王(영왕)-《서전(書傳)》의 '영왕유아대보(寧王遺我大寶)'에 주공(周公)이 말하기를 '안천하지왕(安天下之王)이니 문왕(文王)을 이름이다'라고 하였고, 정주(鄭注)에는 문왕뿐 아니라 '안천하지전왕(安天下之前王)'을 총칭한다고도 하였다. 여기에서는 숙종(肅宗) 왕을 가리킴. 숙종이 장릉을 추봉하였었다.

장릉기신(莊陵忌辰)

천하(天下)가 상심하는 곳이요
천하가 상심하는 날이어라.
내가 들으니 자규(子規) 울음은
춘삼월(春三月)이라 하더니만
자규(子規)가 해마다 오늘밤에 울어
능앞 가지가지 찬 나무에
맑은 피를 뿌리네.

莊陵忌辰十月二十四日

天下傷心處　天下傷心日
吾聞子規啼① 乃在春三月
不如年年今夜哭
陵前枝枝寒木　灑淸血

* 장릉(莊陵) 제향날에 읊음. 기신(忌辰 : 忌日)은 10월 24일이다.

註解 ①子規啼(자규제) – 단종이 관풍매죽루(觀風梅竹樓)에 있을 때 읊은 자규시. '달밝은 밤 자규새 울면 시름 못 잊어 다락에 기대었네. 네 울음 슬퍼 내 듣기 괴롭구나. 네 소리 없으면 내 시름 없을 것을. 이 세상 괴로운 이에게 이르노니 춘삼월 자규루(子規樓)엘랑 삼가 부디 오르지 마소.'

거군일첨망장릉지감(去郡日瞻望莊陵志感)

월절(越絶) 깊은 산에 암암한 드렁칡에
내가 3년 동안 쓰게 자규 소리를 들었어라.
외로운 신(臣)이 감히 능을 하직하지 못하고 가
해질 무렵 청령포(淸泠浦)를 눈물 지으며 지나가네.

去郡日瞻望莊陵志感

越絶深山暗薜蘿　三年苦聽子規多
孤臣不敢辭陵去　落日淸泠掩涙過

* 갑오년 영월을 떠나면서 장릉(莊陵)을 바라보고 지은 시. 초고(草稿)에는

'월강별곡(越江別曲)'이라 제(題)하고 우장재현판(右莊齋懸板)이라고 쓰여 있다.

제금강정(題錦江亭)

강 하늘에 백구와 작별하고 내가 돌아가네.
표묘한 외론 정자 노을 속에 떠서 있네.
춤과 노래 붉은 난간 다시 찾기 어려워라
이 생이 길이길이 이 강산을 기억하리로다.

題錦江亭

滄洲今別白鷗還　落日孤亭縹緲間
歌舞朱欄更難到　此生長憶此江山

* 금강정(錦江亭) 현판(懸板)을 위해 쓴 작품. 금강정은 영월에 있는 정자 이름이다. 금장강(錦障江) 언덕에 있음.

금강정야별(錦江亭夜別)

가는 사람 다시 한번 금강정에 올라라
밝은 달 붉은 난간 옛 정을 말하는 듯
북두칠성은 벌써 반이나 비꼈는데
무슨 일로 돌아가지 않고 닭의 소리 듣는다.

錦江亭夜別

行人更上錦江亭　月色紅欄似有情

北斗七星橫已半　不歸何事到鷄鳴

임별증제기(臨別贈諸妓)

서강(西江)에 지는 해는 반이나 황황한데
갈 길은 장안 천 리 역로가 멀다.
떠나간 후 홍장미인 뉘 아니 생각하리
금강정·어라사(於蘿寺)를 다시 잊기 어려워라.

臨別贈諸妓
西江落日半荒荒　去路長安千里長
別後紅粧誰不憶　錦亭蘿寺①更難忘

註解　①蘿寺(나사)-어라사(於蘿寺). 영월에 있는 절 이름.

석북시집(石北詩集) 9권

관산융마(關山戎馬)

가을 가람[江] 적막하구나 어룡(魚龍)은 차다
쓸쓸한 서녘 바람 사람은 중선루(仲宣樓)에 올랐어라.
매화곡(梅花曲) 1만 나라 자주 듣는 황혼 적(笛) 소리
도죽장(桃竹杖) 늙은 몸이 백구따라 흐르노라.
난간에 기대어 생각노니 오만(烏蠻)으로 지는 저녁 노을
북녘 군사 티끌은 어느 날에나 그치련고.
고국 봄꽃에 조히 눈물을 뿌린 뒤에
어느 곳 강산이 내 시름 아닐네냐.
햇부들 가는 버들 곡강(曲江) 동산과
옥이슬 푸른 단풍 기자(夔子) 고을과
푸른 도포로 한번 만리(萬里) 배에 올랐느니
동정호(洞庭湖)는 하늘 같아 물결이 가을을 비롯하노라.
가없는 초(楚)나라 빛 7백 리 높은 다락은
예 이제 호수 위에 둥실 떠있다.
떨치매 흐느끼는 가을 하늘 나뭇잎 지는 소리
저편 청초호(靑草湖) 기슭은 아득하고녀.
크나큰 풍연(風煙)이 저렇듯 눈앞에 비쳐 오건만
애달파라 나는 동남으로 떠돌아다니네.
중원(中原) 몇몇 곳에 전고(戰鼓) 소리 요란턴고

신(臣) 두보(杜甫)가 남먼저
천하(天下)의 근심을 하노라.
푸른 산 흰 물가에 과부가 울고
거여목 포도 우거진 곳에 호마(胡馬)가 짖는고야.
개원(開元)의 꽃과 새 수령궁(繡嶺宮) 굳게 닫고
강남으로 홍두(紅荳)의 노래를 울며 들어엔다.
서원(西垣)에 오동나무와 대나무는 어떠하더니
초나라 땅 서리 찬 다듬잇소리에
옛 습유(拾遺)는 백발만 남았는다.
소소히 외론 돛대 백만(百蠻)으로 떠 가노니
백 년 인생이 삼협(三峽)의 한 닢 배만 같아라.
풍진(風塵) 속에 오누이들 눈물이 마르려 하고
호해(湖海)에 흩어진 벗들은
서로 편지마저 전할 길 없네.
뜬 마름 같은 천지 속에 이 다락이 높아
어지러운 시대에 내가 올라 초수(楚囚)를 슬퍼하노라.
서경(西京) 만사가 한바탕 엎지른 장기판인가
멀리 북녘을 바라본다 임 행차는 평안하신가.
파릉(巴陵) 봄술에 수월히 취하지 못하여
금낭(錦囊)에 풍물을 담을 마음조차 없구나.
조종강한(朝宗江漢)이 이 어느 땅이기에
다락 아래 소상(瀟湘) 물만 예사로 흐르느냐.
교룡(蛟龍)은 물에 있고 범은 산에 있는 것
옥뜰에 조회하던 날 몇 해나 지났는고.
군산(君山)에 어린 이내 차고 아득한 녘에
한 발[簾] 비낀 해는 뉘엿뉘엿하여라.
세 마리 초나라 잔나비 우는 소리 슬퍼라.
두우성(斗牛星) 너머 서울 하늘로

눈은 뚫어지라 하염없다.

登岳陽樓歎關山戎馬

秋江寂寞魚龍①冷　　人在西風仲宣樓②
梅花③萬國④聽暮笛　　桃竹⑤殘年隨白鷗
烏蠻⑥落照倚檻恨　　直北⑦兵塵何日休
春花⑧故國濺淚後　　何處江山非我愁
新蒲細柳⑨曲江苑⑩　　玉露青楓⑪夔子州⑫
青袍⑬一上萬里船⑭　　洞庭⑮如天波始秋
無邊楚色⑯七百里　　自古高樓湖上浮
秋聲徒倚落木天　　眼力初窮青草⑰洲
風煙非不滿目來　　不幸東南⑱飄泊遊
中原⑲幾處戰鼓多　　臣甫⑳先爲天下憂㉑
青山白水㉒寡婦哭　　首蓿葡萄㉓胡馬啾
開元㉔花鳥鎖繡嶺㉕　　泣聽江南㉖紅荳謳㉗
西垣㉘梧竹舊拾遺㉙　　楚戶霜砧餘白頭
蕭蕭孤棹犯百蠻㉚　　百年生涯三峽㉛舟
風塵弟妹淚欲枯　　湖海㉜親朋書不投
如萍天地此樓高　　亂代登臨悲楚囚㉝
西京㉞萬事弈棋場　　北望黃屋㉟平安不
巴陵㊱春酒㊲不成醉　　錦囊㊳無心風物㊴收
朝宗江漢㊵此何地　　等閒瀟湘㊶樓下流
蛟龍㊷在水虎在山　　青瑣朝班㊸年幾周
君山㊹元氣莽蒼邊　　一簾斜陽不滿鉤
三聲㊺楚猿喚愁生　　眼穿京華倚斗牛

* 영조(英祖) 22년 병인(丙寅)에 응시한 과시(科詩)의 하나다. 방이 나자

곧 널리 퍼져 관현가사(管絃歌詞)에 올라 악원(樂院)·기방(妓房)에서 2백여 년 동안 읊어 내려왔다.

이 시의 본 글제는 '등악양루탄관산융마(登岳陽樓歎關山戎馬)'로 두보(杜甫)의 고사에서 온 것이다. 관산은 관새(關塞)의 산, 융마는 병란으로 곧 고국의 난리를 뜻함이다. 두보가 악양루에 올라 고향의 난리를 생각하며 탄식하던 광경을 읊은 것이다.

당(唐) 현종 때 안녹산(安祿山)의 난에 이어 티베트 등 변방의 군사들이 침입해 오고 그 위에 장안(長安) 근처는 대기근이 들어 혼란에 빠져 있었다.

건원(乾元) 2년에 두보는 식량을 구하러 진주(秦州)로 내려갔다가 성도(成都)에서 완화초당(浣花草堂)을 짓고 살았다고 한다. 한 3년 동안의 이 초당 생활이 두보에게는 일생을 통하여 가장 평화스런 생활이었다. 그러나 두보는 다시 고향으로 돌아오려고 강남을 전봉(轉蓬)하다가 상강(湘江) 주중에서 병을 얻어 59세로 생애를 마쳤다. 그때 동정호(洞庭湖) 악양루에 올라 '등악양루(登岳陽樓)' 작을 남겨놓았던 것이다.

昔聞洞庭水　今上岳陽樓
吳楚東南拆　乾坤日夜浮
親朋無一字　老病有孤舟
戎馬關山北　憑軒涕泗流

녜 洞庭 므를 듣나니 오늘 岳陽樓의 올오라.
吳와 楚 왜 東南녀귀 뼈뎟고 하늘과 따콰는 日夜에 떳도다.
親호 버디 혼字ㅅ글월도 업스니 늘거가매 외르윈 비옷 잇도다.
사호맷 무리 關山北녀긔 잇느니 軒檻을 비겨서 눉므를 흘리노라.(杜諺)

* 관산융마(關山戎馬)는 두보(杜甫)의 이 시를 주제로 한 것이다.

註解　①魚龍(어룡)-두시(杜詩) '어룡적막추강랭(魚龍寂寞秋江冷) 고국평거유소사(故國平居有所思)'의 구(句)에서 온 것으로 어룡은 어족의 상징

어. ②仲宣樓(중선루)-중선(仲宣)은 위(魏)나라 시인 왕찬(王粲)의 자. 그의 〈등루부(登樓賦)〉가 있다. 이 고사에서 온 말. 여기서는 악양루(岳陽樓)를 가리킴. 두시 '장부형남기별이금주(將赴荊南寄別李錦州)'에도 '융마상봉경하일(戎馬相逢更何日) 춘풍회수중선루(春風回首仲宣樓)'의 구가 있다. 악양루는 중국 호남 악양현 동정호의 동북안에 있는 누각. 당(唐)의 장설(張說)이 창건하고 송(宋)의 슬자경(膝子京)이 중수, 범중엄(范仲淹)의 기(記)가 있다. ③梅花(매화)-매화곡(梅花曲). 한(漢)에서 전해온 적곡(笛曲)의 하나. ④萬國(만국)-전국 또는 천하를 뜻함. 두시(杜詩)〈세안행(歲晏行)〉에 '만국성두취화각(萬國城頭吹畵角) 차곡애원하시종(此曲哀怨何時終)'이 그것이다. ⑤桃竹(도죽)-도죽장(桃竹杖).《군 방보(群芳譜)》에 '도죽은 잎새가 북과 같고 줄기는 대나무와 같은데 마디가 많고 속이 비지 않아 천연적으로 지팡이가 될 만하다'라고 하였다. 두보가 늘 도죽장을 짚고 다녔다. 그의 시에 〈도죽장인(桃竹杖引)〉이 있음. ⑥烏蠻(오만)-운남성(雲南省) 근처의 만족을 일컬음. 또는 그곳의 땅. ⑦直北(직북)-장안(長安)을 가리킴. 악양루에서 장안은 북쪽에 위치함. ⑧春花(춘화)-두시〈춘망(春望)〉에 '국파산하재(國破山河在) 성춘초목심(城春草木深) 감시화천루(感時花濺淚) 한별조경심(恨別鳥驚心)'의 '화천루(花濺淚)'에서 온 것.《두시언해》에 '꽃에 눈물을 뿌린다'고 번역되어 있다. 〈춘망〉은 두보가 안녹산(安祿山)의 군대에게 붙들려 장안에 억류되어 있을 때의 작품이다. ⑨新蒲細柳(신포세류)-두시〈애강두(哀江頭)〉에 '강두궁전쇄천문(江頭宮殿鎖千門) 세류 신포위수록(細柳新蒲爲誰綠)'이라고 하는 곡강의 포류(蒲柳)를 가리킴.《두시언해》에 'ᄀᆞ는버들과 새 줄픠'라 하였는데 줄픠는 부들의 고어이다. ⑩曲江苑(곡강원)-장안에 있던 원지(園地) 이름. 두시〈곡강(曲江)〉,〈애강두(哀江頭)〉 등이 있음. ⑪玉露青楓(옥로청풍)-두시〈추흥(秋興)〉에 '옥로조상풍수림(玉露凋傷楓樹林) 무산무협기소삼(巫山巫峽氣蕭森)' 구절이 있다. 이것은 기주(夔州)에서의 작품. 강남을 유랑할 때 두보는 기주에서 한동안 있었다. ⑫夔子州(기자주)-사천성(四川省)의 기주. 무산 무협이 그 동쪽에 있음. ⑬青袍(청포)-선비의 옷. ⑭萬里船(만리선)-두보의 완화초당(浣花草堂) 동편에 금강(錦江)을 건너는 만리교(萬里橋)가 있었다. 이곳에 동쪽 삼협(三峽)으로 가는 배들이 일단 모였다고 한다. '문박동오만리선(門泊東吳萬里船)'이 그것이다. ⑮ 洞庭(동정)-동정호(洞庭湖). 악양루(岳陽樓)에서 내려다보이는 호수. 태호(太湖)라고도 함. 호수 가운데에는 조그만 산들이 들어서 있다. ⑯ 楚色(초색)-저물어가는 동정호의 물 빛깔. 초나라 땅 빛깔. 가을 빛깔 등의 복합 이미지로 쓴 시어. 7백 리라고 한 것은 동정호의 넓이를 가리킴. ⑰ 靑草(청초)-청초호(靑草湖). 동정호 남쪽, 소상(瀟湘)으로 연하는 부분. 봄이나 겨울이나 풀이 우거져 마르지 않기 때문에 이름함. ⑱ 東南(동남)-동정호는 중국의 동남방에 있음. ⑲ 中原(중원)-중국 근기(近畿)의 땅. ⑳ 臣甫(신보)-두보 자신을 가리킴. ㉑ 天下憂(천하우)-범중엄(范仲淹)의 〈악양루기(岳陽樓記)〉에 '선천하지우이우(先天下之憂而憂) 후천하지락이락(後天下之樂而樂)'의 구절에서 옴. ㉒ 靑山白水(청산백수)-두시 〈신안리(新安吏)〉에 '백수모동류(白水暮東流) 청산유곡성(靑山猶哭聲)'의 구가 있음. 《두시언해》에 '흰무리 나조희 東녀그로 흘러가느니 프른미해 오히려 우는 소리로다'라고 하였다. ㉓ 苜蓿葡萄(목숙포도)-두시 〈우목(寓目)〉에 '일현포도숙추산목숙다(一縣葡萄熟秋山苜蓿多)'의 구가 있음. 이 시는 진주잡시(秦州雜詩) 가운데의 하나. 진주는 강녀(羌女) 호아(胡兒)의 만족들이 잡거하는 땅이었다. 거여목과 포도는 한나라 때 서역(西域) 중앙아시아에서 중국에 들어온 식물로 당나라 때 장안 근처에는 많지 않았다고 함. ㉔ 開元(개원)-당 현종(唐玄宗)의 연호. 후기에는 천보(天寶)로 고쳤다. 또 즉위하던 해의 연호는 선천(先天)이었다. 화조(花鳥)는 기라한 궁중물색과 궁녀들의 모습을 상징. 양귀비(楊貴妃)를 생각하게 하는 시어(詩語)이다. ㉕ 繡嶺(수령)-수령궁(繡嶺宮). 이동(李洞)의 시에 '수령궁전학발옹(繡嶺宮前鶴髮翁) 유창개원태평곡(猶唱開元太平曲)'이라는 구가 있는데 수령궁은 곧 현종이 양귀비와 더불어 즐기던 화청궁(華淸宮)이다. ㉖ 江南(강남)-장강(長江) 이남 땅을 일컬음. ㉗ 紅荳謳(홍두구)-왕유(王維)의 시에 '홍두생남국(紅荳生南國) 춘래발기지(春來發幾枝)'라는 구절이 있다. 강남에 홍두가 많이 나고 그에 관한 민요가 있었던 모양이다. ㉘ 西垣(서원)-두보가 좌습유(左拾遺) 벼슬을 하고 있을 때 〈춘 숙재성(春宿在省)〉의 시가 있음. 좌성(左省)은 곧 서원이다. ㉙ 拾遺(습유)-당나라 때 간관(諫官) 이름. 좌습유는 문하성(門下省)

에 속하고 우습유는 중서성(中書省)에 속해 있었다. 두보는 숙종(肅宗) 때 좌습유 벼슬을 함. ㉚ 百蠻(백만) - 백월(百越)과 같음. 초(楚)나라와 월(越)나라 사이의 땅. 여러 종족들이 잡거하여 당에서 만지(蠻地)라 이름. ㉛ 三峽(삼협) - 구당협(瞿唐峽)·무협(巫峽)·서릉협(西陵峽)을 가리킴. 동정호로 통하는 협곡. ㉜ 湖海(호해) - 사방(四方)의 뜻. ㉝ 楚囚(초수) - 초나라의 포로. ㉞ 西京(서경) - 서한(西漢)에서 장안(長安)으로 도읍했었는데 동한(東漢)에서 낙양(洛陽)으로 천도하고 장안을 서경(西京)이라 불렀다. 당(唐) 개원(開元) 연간에는 장안에 국도가 있었기 때문에 낙양을 서경(西京)이라 했으나 이 시에서는 장안을 가리킴. ㉟ 黃屋(황옥) - 천자가 타는 수레. 그로 인하여 제왕의 기거(起居)를 말함. ㊱ 巴陵(파릉) - 악양성의 서남 교외. 동정호에 임함. ㊲ 春酒(춘주) - 동짓달에 빚는 술. 얼 때 빚으므로 동요(凍醪)라고도 함. 동짓달은 주(周)나라에서는 춘정월로 쳤기 때문에 춘주라 하였다. ㊳ 錦囊(금낭) - 당(唐)나라 때 이하(李賀)가 비단주머니를 가지고 다니며 시를 쓰면 그 속에 담았다. 이 일로 인해 시를 금낭가구(錦囊佳句)라 일컬음. ㊴ 風物(풍물) - 산천 풍경을 말함. ㊵ 朝宗江漢(조종강한) - 《서경(書經)》〈하서(夏書)〉 '우공(禹貢)'에 '강한(江漢) 조종우해(朝宗于海)'라는 말이 있다. 모든 물이 바다로 흘러 들어가는 것이 제후(諸侯)가 천자에게 조현하는 것과 같다는 뜻. 강한(江漢)은 강물을 뜻하는 보통명사이나 당시(唐詩)에서는 동정호 일대를 지칭하는 고유명사로 쓰였다. ㊶ 瀟湘(소상) - 동정호 남쪽에 흐르는 상수(湘水). 동정호는 남으로 상수에 연하고 북으로 형계(荊溪)에 접해 있다. 소(瀟)는 깊고 맑다는 뜻, 그래서 소상강이라고도 함. ㊷ 蛟龍(교룡) - 용을 일컬음. 상징적인 어족. ㊸ 靑瑣朝班(청쇄조반) - 청쇄는 옛날 문창의 장식. 그로 인해 임금이 있는 곳을 청쇄(靑瑣)라 일컬었다. 당나라 때 조회(朝會)를 맡은 합문리(閤門吏)라는 관아가 있었다. 우리나라에도 고려 때 합문에서 조회를 맡아보았다. 여기에서 조반(朝班)을 기록하였다. 두시〈추흥〉에 '일와창강경세월(一臥滄江驚歲月) 기회청쇄점조반(幾回靑瑣點朝班)'의 구가 있음. 그러나 실지 조회는 정전(正殿)에서 행하였다. ㊹ 君山(군산) - 동정호 가운데에 있는 산. 동정산(洞庭山)이라고도 하며 호 가운데 제일 큰 산이다. 일찍이 순비(舜妃) 상군(湘君)이 이곳에 놀았다 하여 상산이라고 한다. ㊺ 三聲(삼성) - 원숭이가 울 때에 세 마디 소리를 내어 그 소리가 매우 슬프게 들린다고 한다. 두시 〈주흥〉에 '기부고성낙일사(夔府孤城落日斜) 매의북두망경화(每依北斗望京華) 청원실하삼성루(聽猿實下三聲淚) 봉사허수팔월사(奉使虛隨八月槎)'의 구가 있음.

어제배율십운이십사교명월야(御題排律十韻二十四橋明月夜) 옥인하처교취소(玉人何處敎吹簫)

꽃난간 3백 갑(閘)에
밝은 달이 2푼쯤 새로워라.
땅에는 집집이 옥이 있고
다리에는 밤마다 사람이 많아라.
새벽 산은 멀리 초(楚)나라를 격했고
가을 피리는 흐느껴 진(秦)나라 소리를 하여라.
곱고 아름다운 양주맥(楊州陌)에
수장(繡帳) 속의 풍류객(風流客)
관현(管絃)이 끊이지 않는 밤
연기 나무는 봄을 견지 못하여라.
어드메 사람은 천리(千里)
오늘밤 한 바퀴 달이랐다.
정히 피리 부는 사람 이끌어
다투어 무지개 누운 나루를 건넌다.
가락은 용이 잠자는
물에 철(徹)하고
소리는 말[馬] 가는

티끌로 날아라.
산과 물은 온통 옥인데
예우곡(霓羽曲)에 시름 은하로 오르랐다.
하늘 밖에 듣는 메아리
멀고 또 아득하고녀.

製進 賜題二十四橋明月夜 玉人何處敎吹簫 以排律
十韻魁

紅欄三百閒① 明月二分新
地有家家玉 橋多夜夜人
曉山遙隔楚 秋竹咽如秦
佳麗楊州陌② 風流繡幕賓
管絃無絶夜 烟樹不勝春
何處人千里 今宵月一輪
正携吹鳳客 爭渡偃虹津
曲徹眠龍水 聲飛去馬塵
山河疑暎玉 霓羽③想昇銀
空外如聞響 迢迢不可親

* 영조(英祖) 51년 을미(乙未 : 1775년) 지음. 이해 4월에 선생이 별세했으므로 절필(絶筆)이라 할 수 있다.

〈이십사교명월야(二十四橋明月夜) 옥인하처교취소(玉人何處敎吹簫)〉는 당의 두목지(杜牧之)의 시구(詩句). 이를 제목으로 왕이 명하여 오언배율 십운(五言排律十韻)을 지어 올려 장원을 획득하였다. 영조왕이 특히 표피(豹皮)를 내리고 얼마 후에는 백표리(帛表裡)를 하사했다고 여기에 적혀 있다. 표피는 초헌(軺軒)에서 쓰게 되어 있고 초헌과 백표리는 종2품 이상의 재상이 쓰던 물건이다.

註解 ①三百閘(삼백갑)-갑(閘)은 문빗장. 3백 개나 되는 문을 말함. ②楊州陌(양주맥)-양주의 저잣거리. 번화한 곳을 가리킴. ③霓羽(예우)-예우곡(霓羽曲). 예상우의곡(霓裳羽衣曲). 당(唐)나라 명왕 때의 가곡이라고 한다.

악부(樂府) 상(上)

악부(樂府)는 중국 문학에서 나온 시 형태다. 시가(詩歌) 가운데에 악(樂)에 맞는 것과 사곡(詞曲)의 총칭이다. 본래는 한(漢)나라 때 악을 맡은 관청 이름이었으나 직책이 가사를 모아 관현(管絃)에 올리는 일이었으므로 가사 자체도 악부라 명칭을 붙이게 되었다고 한다.

석북(石北)은 이 시 형태를 우리나라 언어와 음악에 맞도록 독특한 악부를 창조하였다. 다음의 〈한벽당십이곡(寒碧堂十二曲)〉 외에 〈관서악부(關西樂府)〉〈금마별가(金馬別歌)〉〈연행별곡(燕行別曲)〉 등이 있고 다른 율시(律詩)에도 왕왕 악부체가 엿보인다.

한벽당곡은 선생이 가장 젊었을 때의 작품으로, 영조(英祖) 25년(己巳, 1749) 작이다.

한벽당12곡(寒碧堂十二曲)

1곡(一曲)

오늘이 머물리야 내일이 다시 오제
내일이 다시 오면 꽃도 저 땅에 가득 날리나니
사람이 살면 몇 백년이나 사더란 말이냐
한벽당(寒碧堂) 속에 매일장 취하리라.

一曲

今日不留來日至　來日又去花滿地
人生幾何非百年　寒碧堂①中每日醉

註解　①寒碧堂(한벽당)-전라도 전주(全州)에 있는 정자 이름. 당시 그 지방 관리의 연향과 여악(女樂)의 장소로 되어 있었다. 이 시편은 그때의 풍속과 그들의 질탕한 향락상을 노래한 것이다.

2곡(二曲)

전라 사또 도임하면
한벽당에 별난 봄놀이가 벌어지제.
하마 교방(敎坊)엔 누가 제일?
금병홍촉(錦屛紅燭)에 밤에 오는 사람이라.

二曲

全羅使道①上營新　寒碧堂中別看春
借問敎坊②誰第一　錦屛紅燭③夜來人

註解　①全羅使道(전라사도)-전라감사를 일컬음. ②敎坊(교방)-고려 때 기생들이 악(樂)을 배우던 곳. 조선 시대에는 장악원(掌樂院)이라 개칭했다. 좌방(左坊) 우방(右坊)이 있어 양방(兩坊)이라고 함. 좌방은 아악(雅樂), 우방은 속악(俗樂)을 맡고 있었다. ③錦屛紅燭(금병홍촉)-비단병풍과 붉은 밀촛불. 수청들러 들어가는 사또 침소를 가리킴.

3곡(三曲)

전주 색시들은 남장(男裝)을 좋아하제
한벽당 속에 검무 춤이 한창이제.

유리빛 푸른 물에 그림자가 떠돌아
온 당(堂) 기세가 서릿발 같제.

　　三曲

　全州兒女學男裝　寒碧堂中劒舞長
　轉到溜漓看不見　滿堂回首氣如霜

　　4곡(四曲)

봄 성(城)으로 쌍쌍이 사뿐사뿐
한벽당에서 악(樂) 연습을 하고 돌아가누나.
모두 완산(完山) 새 별곡[新別曲]을 부르며
내일엔 판관(判官) 영감 수연 잔치가 열리지라.

　　四曲

　春城聯袂踏輕埃　寒碧堂中習樂回
　齊唱完山新別曲①　判官②來日壽筵③開

註解　①完山新別曲(완산신별곡)—완산은 전주의 옛 이름. 새로 나온 전주별
　　　곡. ②判官(판관)—큰 고을에 두던 벼슬, 종5품. 영감은 그의 존칭.
　　　③壽筵(수연)—생일잔치.

　　5곡(五曲)

연한 색 빨간 능(綾)은 시체(時體)에 알맞지라
새로 지은 옷맵시는 모두 서울 유행 따랐지라.
꽃자리에 바삐 올라 수줍음도 어려
한벽당 속에 얼이춤이 더디더라.

五曲

輭色紅綾^①時體宜　裁成裙樣學京師
綺筵催上多羞澁　寒碧堂中對舞遲

註解　①綾(능)-비단의 일종.

6곡(六曲)

한벽당 속엔 여러 관행(官行)
현신하며 의례히 첩자(帖子)를 드리제.
화압(花押) 놓고 붉은 인(印) 찍은 뒤에
엽전 석 냥으로 인연을 맺제.

六曲

寒碧堂中各官行^①　現身^②依例帖子^③呈
花押^④着成紅踏印　錢文三兩作人情

註解　①官行(관행)-관행차.　②現身(현신)-아래 벼슬아치나 기생들이 처음으로 사또에게 인사드림을 말함.　③帖子(첩자)-이름이나 물목을 적은 쪽지.　④花押(화압)-수결.

7곡(七曲)

한벽당의 먹거지 끝나고 밤중에 혼자 집에 돌아오면
송도(松都) 거상(巨商)님이 와 기다린 지 오래라.
걸어둔 징 다 풀기 전에 안전(案前)께선 또 입직하라는 성화
돌아서서 등불 밑에 옷을 갈아입제.

七曲

寒碧堂中夜宴歸　松都估客到多時
又被案前①催入直　背人燈下著羅衣

註解　①案前(안전)-고급 관리에게 하는 존칭대명사.

8곡(八曲)

한산백저(韓山白苧)는 배꽃보다 희더라
쌍침적삼을 지어 입어 소매가 좁다랗다.
한벽당 속에 5월 바람 쌀쌀하여
살갗이 시려 약약하구나.

八曲

韓山白苧①梨花白　削作雙針衫袖窄
寒碧堂中五月時　風多力弱不堪着

註解　①韓山白苧(한산백저)-익혀서 희게 만든 한산세모시. 한산은 모시 고장이다.

9곡(九曲)

스무 살 난 아객(衙客)님은 얼굴이 백옥 같제
은비녀를 뺏아 들고 장난도 심히 치제.
한벽당 속에서 돌아갈 줄을 모르고
만당명월 깊은 밤을 이대로 지새잔다.

九曲

二十衙客①面如玉　奪取銀釵多戲劇
寒碧堂中不肯歸　滿堂明月要人宿

註解　①衙客(아객)-원이나 감사를 찾아 지방 관아에 와 묵는 손님.

10곡(十曲)

중영(中營) 영감 동달이는 푸르디푸르제
한벽당 속에서 쌍륙을 치제.
젊은 호기가 문관보담 나아
백금(百金)짜리 장도칼을 선뜻 던져 주제.

十曲

中營①令監夾袖②綠　寒碧堂中賭雙陸③
少年豪氣勝文官　　抛擲粧刀百金直

註解　①中營(중영)-중군영(中軍營)의 대장을 일컬음. 중군은 부대의 중간에서 대개는 대장 스스로가 통솔하는 군대였다. ②夾袖(협수)-동달이. 군복의 하나. 소매 곁에 댄 줄로 그 등급을 표하여 부르는 말이기도 하였음. ③雙陸(쌍륙)-장기와 같은 놀이 도구.

11곡(十一曲)

한벽당 앞을 굽이굽이 흐르는 물
난간에 비친 사람 꽃처럼 고와라.
무단히 원앙새를 때려 꺽꺽 날아 일으켜

사군(使君)님 보시게 하고 꾸지람 듣잔다.

十一曲

寒碧堂前曲曲水　闌干臨照如花人
無端打起鴛鴦隊　賺得使君^①回首嗔

[註解] ①使君(사군)-지방관의 경칭. 왕이 보낸 사신(使臣)의 뜻.

12곡(十二曲)

한벽당에 잔치는 파하고
황화정(黃花亭) 북쪽에 봄풀이 푸르더라.
이 땅엔 연년히 이별도 잦아
낭군님 배웅하고 낭군님 맞아들이기에 날이 모자란다.

十二曲

寒碧堂中罷宴曲　黃花亭^①北春草綠
此地年年多別離　送郎迎郎日不足

[註解] ①黃花亭(황화정)-전주에 있는 정자 이름.

금마별가 32수(金馬別歌三十二首)

병서(幷序)

사군(使君) 남태보(南泰普)의 치적이 호남 호서에서 가장 뛰어나, 갈려 갈 때에 금마(金馬) 백성들이 반드시 수레채를 잡고 눈물지을 사람들이 있을 것이니 내가 그 뜻을 일러 시(詩)로 지어 민의(民意)를 남게 하고, 한 나라 풍요(風謠)의 진작에 대비하려 함이다. 내 자신 생각하니 조잡하나마 악부(樂府)의 끼친 뜻을 얻어 왕왕 여항(閭巷)의 가락이 있는가 하노라. 훗날 사가(史家)가 시(詩)를 채집한다면 거의 다 이를 취택하게 될 것이다.

金馬別歌 幷序

使君南泰普治行 爲兩湖最 於其歸 金馬之民 必有 攀轅涕泣者 僕 爲歌道其意 以遺其民思 備一邦風謠之作 而自以爲頗得樂府 遺意 往往有閭巷聲口 有如異日太史氏採詩 庶幾有取焉云

* 자서(自序)에 있듯이 금마(金馬) 원으로 와 있던 친우 남태보(南泰普)가 갈려 갈 때 지어 보낸 별장이다. 그러나 단순한 별장이 아니라 당시 지방관의 풍습과 백성들의 생활 실상을 풍요(諷謠)로 읊어 전하려 한 것이다. 경진(庚辰)년 지음.

  1

금마사군(金馬使君)이 가노라
아홉 면(面) 백성들이 나와 배웅을 하네.
모두 사군을 붙들고 울며
'성주(城主)님 가지 마시오.'

  其一

金馬使君①行 九面②萬男女
爭持使君啼 使君③便莫去

註解 ①金馬使君(금마사군)—금마는 전라북도 익산(益山)의 옛 이름. 사군은 군수를 일컬음. ②九面(구면)—금마군에 아홉 면이 있었음. ③使

君(사군)-성주(城主). 자기 고을 원님을 일컬음.

2

3경에 말[馬]아 울지 마라
5경에 닭아 홰치지 마라.
날이 새면 원님이 가시니
천하에 모진 인정이네.

其二

三更馬莫喫　五更鷄莫聲
天明使君去　天下憐人情

3

관문에서 말다리를 부둥켜안고
말 위의 꾸지람도 두려워하지 않네.
몹쓸놈의 육년한(六年限)이
금마 백성을 다 죽이네.

其三

官門①抱馬足　不畏馬上嗔
却罵六年限②　枉殺金馬民

註解　①官門(관문)-동헌(東軒)으로 들어가는 문.　②六年限(육년한)-당시 군수의 재직연한이 6년이었다.

4

가엾은 을병년(乙丙年)에

말 쌀과 돈이 2백 냥.
하느님이 생불(生佛)을 보내시어
백성들이 모두 천덕을 입었네.

其四

可憐乙丙年① 斗米錢二百
天遣活佛來　百姓衣天德

註解　①乙丙年(을병년) — 을·병 양년이 흉년들어 백성들이 굶주리고 있었던 듯하다.

5

탐관은 기민에게 줄 재물을 아껴
송곳으로 부황을 찌르더니만
안전(案前)께선 벌겋게 주점(朱點) 찍은
기민초(飢民抄)가 백 발이나 길데.

其五

貪官愛賑財　持錐刺浮黃①
案前飢民抄②　朱點百把長

註解　① 錐刺浮黃(추자부황) — 송곳으로 부황민들의 피부를 찌름. 탐관들의 포악상. ② 飢民抄(기민초) — 두루마리에 적은 기민(飢民)들의 명부. 주묵으로 벌겋게 주점을 찍었다.

6

암관(暗官)은 아전 손아귀에 들어

읍 중에 기와집도 많더니만
성주님은 구실아치 맘을 유리 속같이 들여다보아
감(監)과 색(色)이 헌 옷들만 입데.

　　其六

暗官入吏袖　邑中多瓦屋
案前見吏心　監色^①無完服

註解　①監(감)·色(색)-지방관청의 과(課)와 계(係) 같은 벼슬아치의 직위 명칭.

　　　7

관청 월료미(月料米)는
누가 무춘전(貿春錢)을 금했던고.
세세히 기민곡에 보태 쓰고
양근(楊根) 밭을 사지 않데.

　　其七

官廳月料米^①　誰禁貿春錢^②
細細補作賑　不買楊根^③田

註解　①月料米(월료미)-관리의 월급. 옛날에는 곡식으로 봉급을 주었었다. ②貿春錢(무춘전)-음식비 혹은 연향비 따위로 월급에서 떼었던 것이 아닌가 한다. ③楊根(양근)-경기도 고을 이름. 남태보의 고향이다.

　　　8

섣달 설한풍(雪寒風)에

죽을 끓여 부글부글 끓데.
각기 큰 주발로 한 그릇씩
전신의 한기가 가시데.

   其八

 凍天十二月　烹粥熱浮浮
 各名一大椀　遍身寒粟收

   9

큰 견대와 작은 부대에
말말이 조[粟]를 받아
집에 돌아와 저녁밥을 지어
식구들이 둘러앉아 먹었네.

   其九

 大橐及小囊　斗斗齊受粟
 還家夕擧火　子女環坐食

   10

군관 신차남(申次男)이
영남에 가 옷감을 사들여오데.
헐벗던 사람들이 일시에
새 옷소매를 들어 뵈며 동네동네 자랑하데.

   其十

 軍官①申次男　貿衣嶺南市

一時百寒人　擧袖誇鄰里

註解　①軍官(군관)-군사 일을 맡아보는 벼슬아치. 신차남은 당시 군관으로
　　　있었던 사람 이름.

11

혼인은 누가 때를 놓칠세라
상장(喪葬)은 누가 못 치를세라
면임(面任)이 일일이 보고하여
차례대로 돈과 곡식을 대어 주데.

其十一

婚姻誰過時　喪葬誰不擧
一一面任①報　隨例錢米與

註解　①面任(면임)-면 일을 맡아보던 사람.

12

봇물이 없는 봄들에는
관에서 나와 큼직한 둑을 쌓아 주었네.
해마다 봇물 고기를 잡아다
성주님과 함께 먹었네.

其十二

春浦無水野　大堤官高築
年年春浦魚　捉與案前喫

13

춘삼월 뻐꾸기 울 때
창고에서 종자벼를 내어 주데.
곳간에는 쥐도 새도 없어
한 섬이 도로 온전한 한 섬이 되데.

其十三

春月布穀鳴　司倉散種食
倉中無雀鼠　一石還一石

14

단오 망종 비에
들판은 모 심는 장고 소리.
소가 없어 미처 갈지 못하는 논은
관령으로 소를 빌려 갈게 하데.

其十四

端午芒種雨　四野秧鼓聲
無牛未移秧　官令借牛耕

15

벼가 세 치쯤 자랐을 때
관에서 나와 말[馬]을 끌어 주었네.
허리에는 백초(白草) 미투리를 차고
논밭을 높낮이로 뛰어다니데.

其十五

稻欲三寸時　官來一牽馬
腰繩白草鞋①　田田逐高下

註解　①白草鞋(백초혜)-백초 껍질로 삼은 미투리. 백초는 포도과의 만목이다. 가위톱이라고도 함.

16

곳곳에 산유화(山有花) 가락
푸른 벼논에 메나리가 퍼질 때
흔연히 농부더러 이르는 말
'좋도다 부디 힘써 농사짓소'

其十六

處處山有花①　齊發翠禾中
欣然謂農夫　善哉勤用功

註解　①山有花(산유화)-부여(扶餘)에서 생겨난 메나리의 일종. 숙종(肅宗) 때 가장 성행했었다고 함.

17

7월 호미 씻는 날 밤에
마을 떡의 크기가 달만하데.
안전께도 젓수셨으면 했건만
패두(牌頭)가 호통칠까봐 차마 말을 못 내었네.

其十七
七月洗鋤①夜 村餠大如月
願作案前甞 畏逢牌頭②喝

註解 ①七月洗鋤(칠월세서)-7월에 농부들이 농사일을 마치고 호미를 씻는
다. 그때 떡을 만들고 술을 빚어 두레 잔치를 하였다. ②牌頭(패두)-
형(刑)을 맡은 사령, 형방사령.

18

추수 때 환상곡(還上穀)은
이정(里丁)이 재촉할 짬도 없었네.
창고만 열면 소 바리 말 바리에 실어다
넉근히 바쳤네.

其十八

秋成還上①令 不待里丁②催
一心開倉日 牛馬輸納來

註解 ①還上(환상)-환상곡(還上穀). 관에서 대여해 주고 받아들이는 곡식.
②里丁(이정)-이임(里任). 지금의 이장.

19

이전에는 서리 아침에 굶주린 것을 업고
계집 사내가 관아에 가 호소하더니만
지금 같은 세초시(歲抄時)에도
우리 아이는 편안히 잠만 자데.

其十九

霜朝背黃口　夫妻昔訴官
今等歲抄時^①　儂兒睡穩安

[註解] ①歲抄時(세초시) - 해마다 6월과 섣달에 군병(軍兵)의 결원을 보충하던 일.

20

삼세(三稅) 오뉴월에
가난한 집서 곤장을 맞지 않았네.
그래도 용산(龍山) 삼포(三浦)엔
여전히 익산(益山) 배만 보이데.

其二十

三稅^①五六月　貧戶不與杖
龍山三浦^②口　猶見益山舫

[註解] ①三稅(삼세) - 고제(古制). 대동(大同)·전세(田稅)·호포(戶布) 세 종류의 세금. 6월과 섣달 2기에 냈었다. ②龍山三浦(용산삼포) - 서울 용산 삼개. 이곳으로 지방에서 세곡을 싣고 들어옴.

21

10전 한 닢으로 역군을 모아
구름처럼 모여들어 객사청(客舍廳)을 지었네.
등에 진 나무가 무겁지 않고
손에 든 돌이 무겁지 않았네.

其二十一
十錢募一夫　登登客舍①役
儂背不知木　儂手不知石

註解　①客舍(객사) - 임금의 명을 받아 지방에 내려가는 관리들을 접대하고 묵게 하던 집. 고을마다 둠.

22
6년 여염간은
밤개[夜犬]가 짖고 다니는
이속(吏屬)이 없었네.
솔괭이불을 환히 켜고 길쌈을 하며
남녀들이 웃고 즐겼네.

其二十二
閭閻六年間　夜犬無吠吏
松明績麻火　男女作笑戲

23
집집에서 흰 밥을 지어 놓고 빌었네.
'육년에 한 해만 더해 주오.'
'이웃 고을 원이 돈을 써서 오려 하니
우리 안전 뺏어가게 하지 마소.'

其二十三
家家白飯禱　六年加一年

鄰官願買去　休奪儂案前

24

오늘 안전께서 가시면
우리는 어찌 살란말가.
어린 것들이 어미를 잃은 것 같으니
옷이며 밥이며 누가 꾸려 줄 건가.

其二十四

今日案前歸　敎儂若爲住
幼兒失爺孃　衣飯誰當厝

25

젊은 애들은 밭구렁에서 탄식을 하고
부로(父老)들은 집 속에서 눈물을 짓네.
서늘바람 팔월 초승에
성주님이 읍을 떠나시네.

其二十五

子弟田中歎　父老室中泣
凉風八月初　案前行發邑

26

마류교(瑪瑠橋)를 언뜻 지나
어느새 금강(錦江) 배로 몸을 감으시네.
신관이 서울에서 온다니

구관 사또 어이 만류하리.

　　其二十六

摧却瑪瑠橋^① 藏去錦江^②舟
新官自京來　舊官難可留

註解　①瑪瑠橋(마류교)-금마 현계에 있는 다리 이름.　②錦江(금강)-전라도와 충청도 사이에 흐르는 강.

27

향소(鄕所)는 인(印)을 거느려
지난 겸관(兼官)을 하직하고
당을 내리며 눈물이 비오듯
'행차 부디 안녕하시오.'

　　其二十七

鄕所^①領印信 下直向兼官^②
下堂淚如雨　行次祝平安

註解　①鄕所(향소)-수령(守令)이 궐이 났을 때 그 지방의 좌수(座首)를 일컬음.　②兼官(겸관)-겸직.

28

닭을 잡아 관행을 전송하려 하나
삼취(三吹)에 관행은 일어서려 하네.
'관행차여 잠깐만 말을 멎고
한 번만 더 익산 물을 마셔 주오.'

其二十八

殺鷄欲饋官　三吹①官欲起
煩官少駐馬　更飮益山水

註解 ①三吹(삼취)-군대가 출발할 때 세 번 나팔을 불던 일. 수령 행차에는
　　 으레 군대가 따랐다.

29

표요한 조라산(皂羅傘)에
살지고 날랜 황류마(黃騮馬)로다.
권마성 한 소리에
10리 들 행진이 아득하구나.

其二十九

飄飆皂羅傘①　駅駿黃騮馬②
勸馬一聲③遠　行塵④十里野

註解 ①皂羅傘(조라산)-수령 행차에 받는 양산. 검은 나사로 만듦. ②黃
　　 騮馬(황류마)-누른 빛 말. ③勸馬聲(권마성)-관행차 앞에서 길잡이
　　 하던 소리. ④行塵(행진)-행렬.

30

오실 때에도 별난 물건이 없었고
가실 때에도 별난 물건이 없네.
청홍복 한 쌍에
묵은 간찰만 여덟 권이네.

其三十
來時無別物　去時無別物
靑紅一雙袱①　八卷古簡札②

註解　①靑紅袱(청홍복)-붉고 푸른 보자기.　②簡札(간찰)-편지쪽.

31
관행을 배웅하러 눈물지으며
곧장 여산(礪山)을 갔다 오고
부녀자들은 관행을 바라보며
멀리 미륵산(彌勒山)에 오르데.

其三十一
儂持送官淚　直到礪山①還
婦女望官去　遙登彌勒山②

註解　①礪山(여산)-익산 옆 고을.　②彌勒山(미륵산)-익산에 있는 산 이름.

32
황충이 벼를 먹어 살년(殺年)을 당하였네
신관은 어떤인고.
관인들이 돈을 좋아하고
대장(大杖)으로 백성을 되우 치네.

其三十二

蝗虫殺①晩禾　新官問何人
官人多愛錢　大杖②善打民

註解　①殺(살)-살년(殺年). 모질게 흉년이 든 해.　②大杖(대장)-큰 곤장.

강정십영(江亭十咏)

임오년 지음. 친구 최덕응(崔德膺)의 강정(江亭)에 쓴 것이다. 최덕응에게 준 편지에 보면 '십영은 내가 평생 이런 시를 짓는 것을 싫어했는데 형을 위하여 파계하였으나 가다가 왕마힐(王摩詰)의 현오한 경지가 없지 않으니 형의 안목으로는 어떠한지 하하(呵呵)(十咏 弟平生厭作此語 爲兄破戒 間不無摩詰玄境 未知兄眼 當以爲如何 好呵)'라고 쓰여 있다. 그의 청탁으로 쓴 것이다. 최덕응의 이름은 인우(仁祐), 그의 정자가 한강 언덕에 있었다. 첨학정(瞻鶴亭)이라 이름하였다. 이하 제목들은 그곳의 십경(十景)을 나타낸 것이다.

1　구정대사(鷗亭臺榭)

묻노라 저 백구야, 네가 일찍이
한상국(韓相國)을 보았느냐.
백구는 주인 아랑곳없이
봄물에 떠 노니더라.

其一　鷗亭臺榭

問爾江上鷗　曾見韓相國①
鷗不問主人　愛泛春波色

[註解] ①韓相國(한상국)－상당부원군(上黨府院君) 한명회(韓明澮)를 이름. 세조(世祖) 때 정승이다. 그가 드못개[豆毛浦] 남쪽 언덕에 정자를 짓고 명나라에 사신으로 갔을 때 한림학사 예겸(倪謙)에게 정자 이름을 지어 달라 하여 예겸이 압구정(押鷗亭)이라 이름하고〈압구정기(押鷗亭記)〉를 지어 주었다고 한다(《東國輿地勝覽》).
　　최씨 강정에서 압구정의 대사(臺榭)가 건너다 보였다.

　　2　학야구주(鶴野溝塍)

해난 곡우(穀雨) 뒷날에
농부들이 다 들로 나와
밭둑 논두렁을 일신하여
환히 상하가 없네.

其二　鶴野溝塍

暄日穀雨後　農人齊出野
田疇一時新　遠望無上下

　　3　능실장빙(凌室藏氷)

석 자 한강 얼음
유리처럼 번지르르하네.
찬 물속에 얼음 뜨는 머슴아이가

삼복 염천에 갈증을 못 면하네.

    其三　凌室藏氷

凌陰漢江氷　三尺琉璃滑
氷丁入水寒　炎天不解渴

    4　공상채엽(公桑采葉)

뽕나무밭에 봄비가 내리고
뽕잎을 따다 저녁 누에 먹이네.
관잠(官蠶)이 다 먹고 잠에 오른 뒤에
들사람들은 남은 잎 따다 제 누에 먹이데.

    其四　公桑采葉

春雨下桑田　采采歸向夕
公蠶旣飽眠　餘葉野人摘

    5　동진만도(銅津晚渡)

해 저문 나루터에 배 건너느라
서로 다투어 떠들썩하네.
저리 봄비는 모양 언제나 끝나려노
모두 다 성 안으로 들어가데.

    其五　銅津晚渡

渡頭返照時　爭渡多讙語
紛紛何日已　盡入城中去

6 와서석등(瓦署夕燈)

강나무 차츰 어두워지며
강마을엔 주욱 등불이 켜지네.
밤들어 불은 드뭇하고
온 하늘 별들만 총총 물속에 있데.

其六　瓦署夕燈

江樹漸冥冥　連村燈火起
夜深始稀踈　繁星獨在水

7 관수화층(冠岫花層)

층층한 관악산(冠岳山) 높낮이에
산꽃이 피어 만발하네.
봄이 오면 강 위에서 바라보며
열흘을 집에 돌아가지 않데.

其七　冠岫花層

層層菓州山　高下滿山花
春來江上望　十日不還家

8 기호망집(碁湖網集)

작은 그물이 큰 그물을 따라
배를 저어 수양버들 속으로 들어가네.
고기를 잡아다 장대에 널어 말리는

울타리가에 석양이 내리네.

其八 碁湖網集

小網隨大網　搖艇入垂楊
捕魚歸來曬　籬間多夕陽

9 하사귀승(霞寺歸僧)

깊고 깊은 자하동(紫霞洞)에
해질 무렵 외로운 승(僧)이 돌아가고
먼 절 뒤 산봉우리
들릴락말락 은은한 종소리.

其九 霞寺歸僧

深深紫霞洞　薄暮一僧歸
遙見寺後峰　隱約聞鍾微

10 신평행객(晨坪行客)

남으로 가고 북으로 오는 사람들
들판은 넓어 아득하네.
예나 이제나 늘 이러하고
한가론 사람이 적다는 것을 알 만하네.

其十 晨坪行客

南去北來人　平野極杳杳
今古長如此　始知閒者少

연행별곡(燕行別曲) 19곡(十九曲)

갑오(甲午)년 지음. 동지사(冬至使)로 연경(燕京)에 가는 하사(下使) 이성보(李聖輔)에게 준 별장(別章)이다. 본집(本集)에는 〈송동지하개이성보세석부연(送冬至下价李聖輔世奭赴燕)〉으로 되어 있다. 그러나 선생 수고(手稿)에는 그대로 단순히 〈연행별곡(燕行別曲)〉이라 쓰여 있다. 악부체의 하나로 쓴 것이다. 이성보의 이름은 세석(世奭), 본관은 연안(延安)이다.

  1

조선 나라 사신이 요하(遼河)를 건너가네
10월달 유주(幽州)엔 눈비가 많네.
그대 가거든 호녀(胡女) 술집에 물어보소
누가 지금도 비가(悲歌)를 부르는가.

　　其一

靑丘槎客渡遼河①　十月幽州②雨雪多
君去胡姬酒肆③問　何人今日更悲歌④

註解　①遼河(요하) — 요녕현(遼寧縣) 평정산(平頂山)에서 근원한 동요하와 열하성(熱河省) 백분산(白岔山)에서 근원한 서요하가 합쳐 요동 땅으로 흐른다. 연경(燕京) 길목에서 건너야 하는 강.　②幽州(유주) — 지금의 요영현.　③胡姬酒肆(호희주사) — 만주(滿洲) 꾸냥의 술집. 만주는 요동을 이름. 이백(李白)의 시에 '낙화답진유하처(落花踏盡遊何處) 소입호희주사중(笑入胡姬酒肆中)'이 그것이다.　④悲歌(비가) — 슬픈 노래. 연(燕)나라 조(趙)나라에는 옛부터 비가강개(悲歌慷慨)한 사람이 많았다.

2

그대 가는 곳 연경(燕京)이라, 그대 가는 곳 진경(秦京)이 아니어라
가고 보내는 사람은 왜 백의인(白衣人)이던고.
명년은 건륭(乾隆) 40년
압록강(鴨綠江) 동쪽으로 돌아오는 길에
춘삼월(春三月) 꽃이 피네.

其二

君入燕京①不入秦② 送行何是白衣人
明年鴨綠東歸路　花發乾隆③四十春

註解　①燕京(연경)-지금의 북경(北京).　②秦(진)-진경(秦京). 중국 서울의 총칭. 진경을 가지 않고 연경을 간다는 구절은 중국 한족(漢族)의 서울이 아니라 호족인 청나라 서울을 간다는 것을 풍자함.　③乾隆(건륭)-청 고종(高宗)의 연호.

3

고죽사(孤竹祠)는 난수(灤水) 물머리에 있고
그대 지날 때 거의 해가 설필라.
사람은 기자국(箕子國)에서 가는 손님
한양(漢陽) 집에 팔홍문(八紅門)이 있더라.

其三

孤竹祠①臨灤水②源　過時君可近黃昏
爲是身從箕子國　漢陽家有八紅門③

|註解| ①孤竹祠(고죽사)-백이(伯夷)와 숙제(叔齊)를 제사지내는 사우(祠宇). ②灤水(난수)-열하성(熱河省)에 흐르는 물. 장성(長城)을 뚫고 청룡하(靑龍河)와 발해(渤海)로 들어감. ③八紅門(팔홍문)-연안이씨(延安李氏)에 홍문(紅門)이 여덟 개가 되는 팔홍문 집이 있다. 이성보는 이 집안의 후예였다.

4

왜국(倭國)을 치러 온 장병 봉황성(鳳凰城)은
구름바다 즈믄 산에 눈물 뿌린 슬픔이라.
그날 철의(鐵衣)가 동으로 달리던 길에
해마다 우리 방물(方物)이 청나라로 들어간다네.

其四

征倭將士鳳凰城① 　雲海千峰灑淚情
當日鐵衣②東去路　每年方物③入皇清

|註解| ①鳳凰城(봉황성)-성 이름. ②鐵衣(철의)-철갑(鐵甲). ③方物(방물)-중국 사신으로 들어갈 때 공물로 가지고 가던 우리나라의 토산품(土産品).

5

심하(深河) 백초(白草)에 보슬비 내리고
유하장군(柳下將軍)은 그날 돌아오지 않았네.
고국 사람이 와서 귀곡성(鬼哭聲)을 듣노니
옛 전쟁터엔 지금 반딧불이 나네.

其五

深河白草①雨霏霏　柳下將軍②昔未歸
故國人來聞鬼哭　戰場燐火至今飛

註解　①深河(심하)·白草(백초)-모두 지명.　②柳下將軍(류하장군)-미상.

6

듣자니 영원(寧遠) 조장군(祖將軍)은
삼대 패루(牌樓)가 구름 속에 솟아 있다네.
인생부귀에 남북이 없으니
가문(家門)을 지키긴 어려워도 임금을 배반하긴 쉽네.

其六

吾聞寧遠祖將軍①　三世牌樓②尚入雲
人生富貴無南北　難保家聲易負君

註解　①祖將軍(조장군)-영원(寧遠)에서 공을 세운 조관(祖寬)을 가리킴.
②三世牌樓(삼세패루)-3대에 이르는 조가(祖家)의 다락.

7

동으로 달린 곤륜산(崑崙山) 첫가지에
심양(瀋陽) 형세는 성지(城池)도 장하여라.
영릉(寧陵)이 가 계시던 질관(質館)은 지금 어디메
폐백을 싣고 가며 이곳에 닿으면 슬퍼라.

其七

東走崑崙^①第一枝　瀋^②中形勢壯城池^③
寧陵^④質館^⑤今何處　玉帛君行到此悲

註解　①崑崙(곤륜)-곤륜산(崑崙山). 중국의 가장 큰 산맥.　②瀋(심)-심양(瀋陽). 지금의 봉천(奉天).　③城池(성지)-도읍.　④寧陵(영릉)-효종(孝宗)을 가리킴.　⑤質館(질관)-병자호란 때 영릉이 인질로 가 있던 처소.

8

요양(遼陽) 정령위(丁令威)는
3천 세 뒤엔 한번 돌아온다오.
이런 때 다시 화표주(華表柱)로 돌아오면
성시와 인민은 더욱 옛날이 아니어라.

其八

聞道遼陽丁令威^①　三千歲後一番歸
如今更若歸華表^②　城郭人民恐益非

註解　①丁令威(정령위)-한곡(漢曲) 〈아태소관도사수신후기(阿太霄觀道士搜神後記)〉에 정령위가 영허산(靈虛山)에서 도를 닦아 학(鶴)이 되어 요(遼)에 돌아와 공중에 날며 노래하기를 '새야 새야 정령위야, 집 나간 지 천 년만에 돌아오니 성곽은 예와 같으나 인민은 그때 인민들이 아니더라'하고 높이 떠 하늘로 올라갔다는 말이 있음.　②華表(화표)-화표주(華表柱). 요동에 있음.

9

일찍이 나는 장수[飛將]가 우북평(右北平)에 왔더니라
사내로선 한(漢)나라에 난 것이 다행이라.
명(明)나라는 다만 표숭환(表崇煥)을 죽임으로
요동 한 갈피가 그만 가벼워졌더니.

其九

飛將^①曾來右北平　男兒猶幸漢時生
皇朝只殺表崇煥^②　斷送遼東一局輕

註解　①飛將(비장)-비장군(飛將軍). 한(漢)나라 때의 명장인 이광(李廣)을
가리킴. 흉노를 쳐서 공을 세움. 흉노들이 그를 두려워하여 나는 장군
[飛將軍]이라 별명하였다. 우북평(右北平)에 와 지킴. ②表崇煥(표숭
환)-명(明)나라 때 명장. 청병(淸兵)이 영원(寧遠)을 공격했을 때 표숭
환이 사수하였다. 뒤에 모함을 당하여 죽음.

10

진(秦)나라 때 36만 병(兵)이
공연히 호(胡)를 막는다고 만리성(萬里城)을 쌓았네.
장성을 쌓고 난 뒤 호는 더욱 들끓어
중국이 길게 목마성(牧馬聲)을 들어오노라.

其十

秦時三十六萬兵　虛築防胡萬里城
長城築後胡逾盛　中國長聞牧馬聲

11

산해관(山海關) 닫힌 문을 내가 깨치고 싶으이
숭정(崇禎) 때 나랏일은 슬픔을 이기기 어려우이.
어이 오삼계(吳三桂)를 멀리하여
오랑캐 오기 전에 도적이 이미 생겼던고.

其十一

山海關①門我欲推　崇禎②國事不勝哀
如何緩召吳三桂③　胡未來時闖已來

註解　①山海關(산해관) — 하북성(河北省) 임유현(臨楡縣) 동문(東門). 명나라에서 이곳에 산해위(山海衛)를 두어 이름함. 요(遼)의 중요 문호이다. ②崇禎(숭정) — 명(明)나라 마지막 황제의 연호　③吳三桂(오삼계) — 요동 사람. 명나라 숭정 때 산해관을 지키고 있었는데 애첩 진원원(陳圓圓)이 청병을 끌어들여 중국의 판국을 변하게 했음.

12

해마다 해마다 삼한(三韓)에서 사자(使者)가 가네.
호녀호아(胡女胡兒)가 길을 메워 구경하네.
백발 한인(漢人)이 눈물을 머금고 말하기를
'우리집에도 일찍이 이 의관(衣冠)이 있었노라.'

其十二

年年使者自三韓　胡女胡兒挾路看
垂白漢人①含淚道　我家曾着此衣冠

[註解] ①漢人(한인)-청나라 때 호인이 들끓는 속에서 한족(漢族) 노인이 옛날을 생각하고 탄식함.

13

악의(樂毅) 무덤엔 가을풀 거칠고
황금대(黃金臺) 위에 선 소왕(昭王)을 생각하네.
지금 연경 저자에 준마(駿馬)가 많다 하니
푸른 당나귀를 사지 말고 심양(瀋陽)을 지나소.

其十三

樂毅①之墳秋草荒　黃金臺②上哭昭王
至今燕市應多駿　莫買靑驢③度瀋陽

[註解] ①樂毅(악의)-전국시대 연(燕)나라 사람으로 현명한 용장(勇將). 소왕(昭王) 때 상장군이 되어 제(齊)나라를 대파하였다. ②黃金臺(황금대)-연나라 소왕이 황금대를 쌓고 천하의 선비를 모아 우대하였다. 뒷사람들이 현군(賢君)이라 일컬음. ③靑驢(청려)-푸른 당나귀. 당시 심양에는 조그만 당나귀만이 있었다.

14

연산(燕山)에 한 곡조 만강홍(滿江紅)은
천하가 상심하는 신국공(信國公)이라.
갈대잎 호피리 소리 시시(柴市) 길에
그대 석양 속으로 말을 달려가리라.

其十四

燕山①一曲滿江紅②　天下傷心信國公③
蘆葉胡笳柴市④路　知君驅馬夕陽中

註解 ①燕山(연산)-연경(燕京)의 별칭. ②滿江紅(만강홍)-사패명(詞牌名). ③信國公(신국공)-연나라 소왕(昭王)의 아들. ④柴市(시시)-지명. 북경 교충방(敎忠坊) 서북에 있음.

15

침향(沈香) 연기 옥사란(玉獅欄)에
천자(天子)는 누렇게 안개 속에 아슬하다.
좋이 명나라 황극전(皇極殿)을 차지하여
만주의 한(汗)이 와 앉은 지 이미 백 년이라.

其十五

沈香①烟氣玉獅欄②　天子③黃如霧裡看
好把明朝皇極殿④　百年來坐滿洲汗⑤

註解 ①沈香(침향)-향의 일종. ②玉獅欄(옥사란)-옥으로 사자를 새겨 만든 난간. 황제가 있는 곳이다. ③天子(천자)-제왕을 높여 말함. ④皇極殿(황극전)-중국 황제의 전각. ⑤滿洲汗(만주한)-청태조(淸太祖)를 가리킴.

16

일찍이 운남(雲南)으로 영력(永曆)이 달아나
백 년 동안 중원에는 소식이 감감.
그후부터 면국(緬國)엔 전쟁이 많다니
주가(朱家)의 자손이 아직도 남아 있음이오.

其十六

曾說雲南①永曆②奔　百年消息隔中原
伊來緬國③聞多戰　莫是朱家④尚有孫

註解　①雲南(운남)-중국의 성(省) 이름.　②永曆(영력)-명말(明末) 영명왕(永明王)의 연호　③緬國(면국)-먼 나라를 가리킴. 지금의 미얀마를 이르기도 함.　④朱家(주가)-명나라 황실이 주씨(朱氏)임.

17

우산(虞山)의 이름 천계(天啓) 숭정(崇禎) 때 드높더니
요즈음 중국 문인은 어떤 이가 있다던고.
우리나라가 바다 밖이라 이르지 마소.
송나라 소동파(蘇東坡)와 당나라 이태백(李太白)은 예부터 들어 아오.

其十七

虞山①名譟啓②禎時　中國文人近有誰
莫道鷄林隔海外　　宋蘇唐白昔聞知

註解　①虞山(우산)-목재(牧齋) 전겸익(錢謙益). 청나라 시인이다.　②啓(계)-천계(天啓). 명나라 희종(熹宗)의 연호.

18

다행히 동국에 남아로 태어나서
예악과 문장을 조금은 알고 있네.
중국을 가보지 못하고 이미 백발이 되었으니

한갓 연경 길에 그대 보내는 시를 쓰네.

　　其十八

　生於東國幸男兒　禮樂文章亦粗知
　不見中國已白頭　只題燕路送君詩

　　19

팔포(八包)로 연경(燕京) 장엔 돈벌이가 생긴다오.
매양 고려국 손님이 드나든다 하오.
한길 겸대(兼臺)의 풍력이 막중하거니
태평거(太平車) 위에 이름만 싣고 돌아오소.

　　其十九

　八包①燕市利源開　每説高麗販客來
　一路兼臺②風力重　太平車③上載名廻

|註解| ①八包(팔포)-연경에 조공할 때 2천냥 3천냥 한도를 넘는 은자(銀子).
　　　②兼臺(겸대)-미상.　③太平車(태평거)-인력거와 같은 차 이름.

석북시집(石北詩集) 10권

악부(樂府) 하(下)

관서악부 108곡(關西樂府 百八曲)
병서(幷序)

평양(平壤)은 기자(箕子)와 동명왕(東明王)이 도읍했던 곳이다. 옛적부터 아름답고 화려하기로 나라 안에 이름나 있다. 중국 사신들 가운데 장방주(張芳洲)·허해악(許海嶽)·주난우(朱蘭嵎) 같은 이들이 혹은 천하 제일강산(天下第一江山)이라 일컫고 혹은 금릉전당(金陵錢塘)과 같다 하였다.

우리나라 조정의 태평한 수백 년 동안에 사대부(士大夫)와 관리로서 이곳에 와 노는 사람이 많아 그림배 강다락과 미색과 음악으로 유연 침감하여 실로 진회(秦淮)의 연기 달과 서호(西湖)의 연꽃 달에 노는 즐거움이 없지 않다. 그러나 금릉과 전당에는 모두 당(唐)·송(宋)의 재사들의 시가(詩歌)가 있어 호산(湖山)의 풍치를 도와 태평시대를 장식했었다.

동국(東國)에는 악부(樂府)가 없다. 서경(西京)의 시가 오직 목은(牧隱)과 이상국(李相國) 혼(混) 외에 근세 김삼연(金三淵) 옹의 작품들이 아름답기는 해도 모두 율체(律體)이다. 정지상(鄭知常)의 관선(官船) 일절(一絶)이 비로소 악부의 뜻을 얻어 가락이 천 년 절창이라

할 만하고 성당(盛唐)에 견줄 만하다. 선조(宣祖) 때 이달(李達)·최경창(崔慶昌)·백광훈(白光勳)이 삼당(三唐)이라 일컬었고, 한때 또 서익(徐益)이 있어 함께 정(鄭)씨 운(韻)을 밟아 지은 시가 매우 명작이라 일컬어오기는 하지만 선배들이 또한 그 채련곡(採蓮曲)조를 병(病)으로 삼고 있는 것이다. 대개 그 진수는 아니다.

나도 또한 일찍이 평양에 놀아 그의 운을 밟으려다가 마치 황학루(黃鶴樓)에 최호(崔顥)의 시가 있었던 것 같아 붓을 잡고 강에 임하여 얼마나 김황원(金黃元)의 울음을 터뜨리려 했던고. 참으로 시의 길은 어려운 것이로구나. 연광정(練光亭)과 부벽루(浮碧樓) 사이에서 내 개연히 방황하지 않을 수 없었다.

지금 다시 관서악부(關西樂府)를 지어 이곳의 방백(方伯)에게 보내려 하니 생각하매 50 포의(布衣)로 뜻을 잃고 서황(棲遑)하여 귀인들이 소중히 여길 바 못되고 또 불소한 나이에 서경의 손이 되었다가 울울하게 돌아와 어느덧 10여 년이 지나 머리털이 희어지려 하고 있으니 한스러울 뿐이로다. 하지만 그곳의 호산(湖山)이 사랑스럽기 담장미인 같아 잊기 어렵고 왕왕 꿈이 패강의 배 가운데에 이르게 된다.

번암상서(樊巖尙書)가 서주절도(西州節度)로 갈 때 경중 인사들이 많이 시가를 지어 전송했었다. 내가 마침 영릉(寧陵)에 봉직(奉職)하여 돌아오지 못하니 그 뒤 낙랑(樂浪) 사자가 올 때마다 글월을 보내어 시를 독촉하여 왔다. 번암(樊巖)은 나의 친우이다. 풍류 문채가 족히 평양산천과 서로 빛날 만하고 내 또한 옛 집념이 움직여 마치 백수폐장(白首廢將)이 10년 동안 전원에 묻혔다가 홀연 출새(出塞)의 북소리와 말 우는 소리를 듣고 걸어두었던 활을 내려 저도 모르게 한번 뛰쳐나가듯이 공(公)을 위해 기꺼이 붓을 들었다. 마침내 왕건궁사체(王建宮詞體)를 본따 약그릇을 옆에 놓고 붓을 놀려 관서악부를 지으니 또한 관서백사시행락사(關西伯四時行樂詞)라고도 이름 할 만하다.

먼저 여름철로 시작한 것은 번암이 부임한 것이 5월 단오였기 때문이다. 서도(西都)의 형세와 경개, 요속(謠俗), 역대흥망과 충효 절협,

신선 사찰, 변새군여(邊塞軍旅)와 누대선방(樓臺船舫)으로부터 여악(女樂) 유흥의 일에 이르기까지 기술하지 않음이 없으니 또한 가히 일종의 서관지(西關志)라고도 이를 수 있지 않을까.

가다가 섬세한 말이 항간의 이속(俚俗)에 섞여 거의 풍아(風雅)가 없고 경박한 가락을 면치 못한 것도 같으나 왕건(王建) 시의 백팔구(百八句)를 따른 것은 선가(禪家)의 염주법(念珠法)을 쓰려 함이라. 선가의 지계(持戒)하는 이들이 백팔염주로 선을 닦고 순환무궁의 이치를 염하는 것을 내가 평생 기꺼이 여기는 바다. 서토(西土)가 비록 분냄새 나고 사치스러운 땅으로 이름나 있기는 하되 이곳에 노는 자가 항상 수주(數珠)의 법을 생각한다면 미녀의 추파와 관현의 가락이 어찌 족히 사람을 탐닉케 할까 보냐. 하지만 재사 호걸들로서 또한 부귀하여 뜻을 얻고 성색(聲色)의 장에 이르게 되면 능히 미혹하지 않을 사람이 몇몇 사람이나 되리요.

아난(阿難)은 세존(世尊)의 높은 제자다. 마등가음실(摩騰伽淫室)에 떨어져 삼순(三旬)을 돌아오지 못하다가 세존이 청정대법(淸淨大法)을 나타내어 고해(苦海)에서 구해냈었으니 번암의 정력(定力)이 아난과 어떠한지 내가 알 수 없거니와 나에게 세존의 신통광대한 법을 가지지 못했고 백팔악부(百八樂府)가 또 당・송의 재자들의 글처럼 족히 호산을 비쳐 빛내지는 못할 망정 또한 그것이 청정대법으로 되지 않을 것을 어이 알리요.

청컨대 번암은 나의 시를 선가수주(禪家數珠)로 삼아 기련 주석에서 한번 노래하고 한번 춤출 때마다 생각하고 생각하여 자성(自省)하라. 묻노니 주인옹(主人翁)은 깨달음이 있을는지 어떨는지?

關西樂府 幷序

平壤箕子東明王[①]之所都也 自古號佳麗壇國中 皇朝勑使如張芳洲 許海嶽 朱欄嵎 諸公 或稱天下第一江山[②] 或稱如金陵錢

塘③ 國祖昇平屢百年 士大夫宦游者 畫舫江樓 粉黛笙歌 留連沉酗 有秦淮④烟月 西湖⑤荷桂之娛 然金陵錢塘 皆有唐宋才子歌詩 輝暎湖山 以篩太平 東國無樂府西京題詠 唯牧隱與李相國混外 近世三淵金翁作亦佳 然皆律體⑥也 鄭知常官船一絶⑦ 始得樂府音調 爲千年絶唱 足與盛唐方駕 穆陵朝李達 崔慶昌 白光勳號三唐⑧ 一時又有 徐益 倂次鄭氏韻 頗稱名作 先輩亦病其爲採蓮曲⑨ 盖非其至者也 僕亦嘗游平壤次其韻如黃鶴樓⑩崔顥詩在上 擺筆臨江 幾欲爲金黃元⑪之哭 甚矣此道之難也 練光浮碧之間僕未嘗不慨然彷徨 欲更賦關西樂府 以遺是邦之爲方伯地主者 被之聲歌 自念五十布衣 失意棲遑不足爲貴人重 恨不少年⑫爲客悒悒而歸 至今十數年顚髮益種種矣 愛其湖山如淡粧美人 秀媚難忘往往夢想在浿江舟中 樊巖尚書⑬之以節西⑭也 都人士多爲歌詩以送之 僕奉香寧陵未還 後樂浪使者至 飛書督詩 樊巖吾友也 風流文采 足與平壤山川相暎發 僕亦宿念所動 爲公欣然如白首廢將⑮十年田間忽聞出塞金鼓馬鳴蕭蕭 不覺彈弓一起 遂依王建宮詞體⑯ 蘸藥汁戲筆 作關西樂府 亦名關西伯四時行樂詞 先之以夏者以樊巖赴鎭在端午也 凡西都之形勝 謠俗 歷代興替 忠孝節俠 神仙寺刹 邊塞軍旅 樓臺船舫 以至女樂游衍之事 靡不備述 亦可謂一部西關志 而往往纖靡之語 雜以閭巷俚俗 幾於風雅掃地 恐不免輕薄之誚 然較王建詩百有加入 盖用禪家數珠法也 禪家持戒者⑰ 以百八珠 念念修善循環不窮 僕平生喜其法手之常念 西土雖號粉華 游是邦者常作此念如數珠法 蛾眉矉睞管絃嗢噍 不足以溺人情性 然豪傑之士 富貴得意而聲色⑱當場 能不迷者亦幾人哉 阿難⑲世尊高足也 墮摩騰伽淫室⑳ 三旬不返世尊現淸淨大法 救拔苦海 樊巖定力 吾未知與阿難何如 僕無世尊神通廣大法力 百八樂府又不足以輝暎湖山如唐宋才子 亦安知其不爲淸淨大法乎

請樊巖以吾詩爲禪家數珠 綺筵酒席一歌一舞 念念自省 問 主人翁[21]惺惺否也

* 서(序)에서 보듯이 이 시는 번암(樊巖 : 蔡濟恭)이 평양감사로 출사했을 때 지어 보낸 별장(別章)이다. 부임 당시 지어 주지 못한 것은 선생이 영릉(寧陵)에 봉직하던 때이기도 했지만 이같은 장편을 구상하고 있었기 때문인 것도 같다.

註解 ① 東明王(동명왕) – 동명성왕(東明聖王)이라 함. 고구려 시조 고주몽(高朱蒙). 졸본(卒本) 골성(骨城)에 도읍하였다가 동천왕(東川王) 때 평양으로 천도했다. 일설에 장수왕(長壽王) 때 평양에 복도(復都)하였다고도 함. 그러나 기자(箕子)나 동명왕이 평양에 도읍했다는 전설은 오전이다. ② 天下第一江山(천하제일강산) – 연광정 현판. 명나라 사신 주지번(朱之蕃. 蘭嵎는 그의 호다)이 와서 평양의 아름다움에 감탄하여 '천하제일강산'이라고 써서 현판을 달았는데 병자호란 때 청태조(淸太祖)가 보고 중국에 이미 금릉 전당이 있거늘 과찬이라 하여 천하(天下) 두 글자를 제거했다고 전한다. ③ 金陵錢塘(금릉전당) – 금릉은 남경(南京)의 별칭. 전당은 항주(杭州)의 별칭이다. ④ 秦淮(진회) – 강소성(江蘇省)에 있는 물이름. 유람지로 유명함. 두목(杜牧)의 시에 '연롱한수월롱사(烟籠寒水月籠沙)'가 그것이다. ⑤ 西湖(서호) – 항주시(杭州市) 서쪽에 있는 호수. 일명 전당호(錢塘湖). 평호추월(平湖秋月)은 서호십경 중의 하나. ⑥ 律體(율체) – 한시의 형식. 오언사율 칠언사율 등의 율시체. 근체시(近體詩)라고도 함. ⑦ 官船一絶(관선일절) – 정지상(鄭知常)의 대동강 시를 가리킴. '우헐장제초색다(雨歇長堤草色多) 송군남포동비가(送君南浦動悲歌) 대동강수하시진(大同江水何時盡) 별루년년첨록파(別淚年年添綠波)'가 그것이다. ⑧ 三唐(삼당) – 이달(李達)·최경창(崔慶昌)·백광훈(白光勳)의 시가 당시(唐詩)에 가깝다고 하여 삼당이라 일컬음. ⑨ 採蓮曲(채련곡) – 악부(樂府) 청상곡(淸商曲)의 하나. 남녀 상사곡. ⑩ 黃鶴樓(황학루) – 중국 무창(武昌)에 있는 다락. 최호(崔顥)의 황학루 시가 유명하다. 이백(李白)이 황학루에 올라 최호의 시에

감격, 시를 쓰지 못하고 봉황대(鳳凰臺)에 가서 그 운을 밟아 지었다는 일화가 있음. ⑪金黃元(김황원)-고려 때 시인. 연광정에 올라 종일 시 생각을 하다가 '장성일면용용수(長城一面溶溶水) 대야동두점점산(大野東頭點點山)'이라는 한 구를 얻고 다시 계속할 수 없어 통곡하고 내려왔다고 전함. ⑫不少年(불소년)-석북(石北)이 경진년에 서경에 놀음.《서관록(西關錄)》참조   ⑬樊巖尙書(번암상서)-번암이 판서(判書)로서 평양에 출사함.   ⑭以節西(이절서)-서주절도사(西州節度使). 평양감사가 겸임함. ⑮白首廢將(백수폐장)-늙어서 퇴역해 있는 장수. ⑯王建宮詞軆(왕건궁사체)-왕건은 당(唐)의 시인. 궁사(宮詞)를 많이 지어 자체를 이루었다. ⑰持戒者(지계자)-불교의 계를 지키는 자. ⑱聲色(성색)-음악과 여색. ⑲阿難(아난)-아란타(阿難陀)의 이름. 석가 10제자 중의 한 사람. 석가와는 종형제간이었다. ⑳摩騰伽淫室(마등가음실)-마등가는 여자의 이름. 마술을 써서 아난(阿難)을 유혹하려 자기 방에 억류시킴. ㉑主人翁(주인옹)-그대의 뜻.

1

서경(西京)은 고운지고 항주(杭州)인 양 화려하다.
태평성대가 4백년을 일렀세라.
천하제일 강산에 부귀마저 갖췄으니
풍류순사(風流巡使)가 예 이제 노니나니.

  其一

西都①佳麗似杭州②　聖代昇平四百秋③
第一江山④兼富貴　風流巡使⑤古今游

註解 ①西都(서도)-서경(西京)이라고도 함. 고려 광종(光宗)이 개성(開城)에 대해 서경(西京)이라 이름함. ②杭州(항주)-중국 절강성(浙江省)에 있는 지명. ③聖代昇平四百秋(성대승평사백추)-성대의 태평한 세

월이 4백년이나 되었다는 뜻. ④第一江山(제일강산)-천하제일강산. 서주(序註)에 보임. ⑤風流巡使(풍류순사)-풍류는 운치 있는 일, 또는 사람. 순사는 조선왕조 때 도(道)에 군부를 순찰하는 벼슬로 감사가 겸임하였다. 풍류 있는 감사란 뜻.

2

상서 옥절(尙書玉節)이 서번(西藩)으로 내려간다.
일품감사 지면도 높았세라.
평양 부로(父老)들은 놀라 일어나
날마다 깃발 들고 대동문(大同門)④만 바라본다.

其二

尙書玉節①降西藩②　一品監司③地面尊
驚動樂浪諸父老　　旌旗日望大同門④

註解　①尙書玉節(상서옥절)-상서는 대신(大臣)의 별칭. 옥절은 옥으로 만든 부신(符信). 벼슬을 제수할 때 내림. ②西藩(서번)-서새(西塞). ③一品監司(일품감사)-평양감사는 재상 지위라야 임명되었으므로 일품감사라 이르고 지면(地面)이 높다고 말함. ④大同門(대동문)-평양 동문의 이름.

3

중화현(中和縣) 경계까지 복성이 나와 마중을 하네.
43관(四十三官) 예장도 산처럼 쌓이는데
밝는 날 사(巳)시쯤 군령판(軍令板)엔
충성 충자 꽉 눌러서 거행을 재촉하겠다.

其三

中和①界首福星②來　四十三官③禮狀堆
明日巳時軍令板④　押成忠字擧行催

註解　①中和(중화)-중화현(中和縣). 평양 옆에 있는 고을 이름.　②福星(복성)-감사가 도임할 때 마중나오는 관리. 어원은 복덕성(福德星) 별의 뜻.　③四十三官(사십삼관)-당시 평안도에는 마흔세 고을이 있었다. 감사가 도임할 때면 수령(守令)들이 새 사또에게 인사장을 올리는 것이 관례이다.　④軍令板(군령판)-군령을 적은 판. 감사가 행차할 때 충성 충자를 박은 군령판을 내걸어 거행 분부함.

4

전배는 이미 패강변에 이르고
생양관(生陽舘) 속에선 상기 일지 않은 몸이어라.
하늘 넓고 풀 푸른 서북들에
백릉 사령기(司令旗)가 구름 떨쳐 나부낀다.

其四

前排①已到浿江②濱　未起生陽舘③裡身
天濶草靑西北野　白綾司令④拂雲新

註解　①前排(전배)-행차를 인도하는 앞에 배치된 행렬.　②浿江(패강)-대동강의 별칭.　③生陽舘(생양관)-중화현 역원(驛院).　④司令(사령)-사령기(司令旗). 감사 행차에 휘하 군대를 지휘하는 기. 흰 비단으로 만든다.

5

재송원(栽松院) 속에서 파교구(罷交龜)를 하누나.
이 땅엔 연년히 이별도 잦아라.
푸른 풀 석양머리 천리 길에
애끓는 저 사람아, 말이 가자 운다.

其五

栽松院①裡罷交龜②　此地年年多別離
芳草夕陽千里路　　斷腸人是馬嘶時

註解　①栽松院(재송원)-원정(院亭)의 하나. 평양 남쪽에 있었다. 원(院) 옆에 소나무 수십 그루가 심어져 있어 전별하는 장소로 됨. ②罷交龜(파교구)-교구(交龜)는 관장들이 교체할 때 인부(印符)의 인계를 뜻하는 말.

6

장림(長林) 5월 녹음이 우것는데
십리 쌍가마에 권마성 소리
영제교(永濟橋) 머리에 노랑 나삼(羅衫) 3백명 기생들은
길 양편에 쭉 늘어서서 행차를 맞는다.

其六

長林①五月綠陰平　十里雙轎勸馬聲
永濟橋②頭三百妓　黃衫分作兩行迎

註解　①長林(장림)-대동강 남쪽 나루터 10리에 벌목을 금하여 항상 숲이 우거져 장관이었다. ②永濟橋(영제교)-평양으로 들어가는 다리 이름.

재송원(栽松院) 서북쪽에 있었다.

7

유리빛 패강물이 파아랗게 비쳐 오네.
여장(女墻)은 강을 연해 일자로 돌아드네.
부벽루(浮碧樓) 연광정(練光亭)은 남쪽 북쪽
배에 오르기 전에 벌써 누대가 보이노라.

其七

琉璃水色浿江來　粉堞①臨江一字廻
浮碧練光②南北岸　未登船已見樓臺

註解　①粉堞(분첩)-여장(女墻). 또는 분화장. 환하게 닦아놓은 강둑의 담을 일컬음.　②浮碧練光(부벽연광)-부벽루(浮碧樓)와 연광정(練光亭)으로 평양의 유명한 두 정자. 부벽루와 연광정은 남북으로 대해 서 있다.

8

평양 아가씨들은 강가로 모여들어
다투어 감사님 배[船]를 바라보네.
배는 두어 번 삿대를 지르고 배는 벌써 다가오는데
수염이 까뭇까뭇 창창한 얼굴에 나이는 중년(中年)쯤.

其八

箕城兒女簇江邊　個個爭看使相船
船刺數篙船已近　少髥蒼白可中年①

註解　①中年(중년)-당시 번암이 50세쯤 된 때다.

9

견여(肩輿)는 곧장 연광정(練光亭)으로 올라가며
안팎 강성의 지형을 자세히 살피겠다.
만호 누대는 주렴(珠簾) 걷고
즈믄 돛대 장사배에 술파는 깃발 퍼렇게 나부낀다.

其九

肩輿①直上練光亭　內外江城看地形
萬戶歌樓珠箔捲　千帆商舶酒旗靑

註解　①肩輿(견여)-사람이 어깨에 메는 가마.

10

선화당(宣化堂)에 처음 도임을 하는제
육방 군속은 차례로 늘어선다.
효위(驍尉) 선 양편 쪽엔 금글씨 날랠 용자
에라, 비켜서라 썩 물러서렷다.

其十

宣化堂①中到任初　六房軍吏②雁行舒
驍尉③兩邊金勇字　喝敎行步莫徐徐

註解　①宣化堂(선화당)-관찰사가 정사하는 정당(正堂).　②六房軍吏(육방 군리)-감영에도 정부 육조(六曹)와 같은 육부의 벼슬아치를 둔다. 군리는 군속과 관리.　③驍尉(효위)-영군속(營軍屬)의 하나.

11

동기(童妓)는 긴 소리 뽑아 다담(茶啖)을 고하고
은수저 두서너 번 가벼이 들었다 놓았다.
칠홍빛 놋다리 상을 높이 들어
예방비장은 앞서서 감을 보는제.

其十一

曼聲小妓告茶啖①　銀箸輕輕下二三
擎退漆紅高足案　禮房裨將②向前監③

註解　①茶啖(다담) - 요기상. 간식으로 내놓는 음식.　②禮房裨將(예방비장) - 감사 밑에서 의식을 맡아보는 관리.　③監(감) - 음식 등을 살피고 감독함.

12

사흘쨋날 청유막(靑油幕)에 태좌(太坐)를 벌이나니
널찍한 뜰에 죽 늘어선 군기(軍器)들은 정신이 번쩍 나는구나.
구슬 갓끈에 옥물린 사철리을 입고
단정히 붉은 담의자에 앉은 몸이라.

其十二

三日靑油①太坐②陳　廣庭軍物變精神
珠纓玉鏤紗天翼③　端正紅氍椅④上身

註解　①靑油(청유) - 청유막(靑油幕). 도임한 사흘째면 청유막에 크게 자리를 벌이고 군물을 점검하고 휘하 수령들의 현신을 받고 기생 점고 등

을 한다. 청유목으로 장막을 치기 때문에 청유막이라 일컬음. ②太坐
(태좌)-높은 자리. ③紗天翼(사천익)-사(紗)로 지은 철릭. 무관의
공복(公服). ④紅氈椅(홍등의)-붉은 담요를 깐 교의.

13

연명관들은 모두 감영으로 올라와
오중석(五重席) 자리 아래 넙죽이 엎드려 절을 하것다.
푸른 깃발 그림창은 숲처럼 깊고 삼엄한데
범절 따라 조용조용 거동을 한다.

其十三

延命官①來赴上營   五重席下首腰平
碧幢畵戟深森裡   隨例從容擧袖輕

註解 ①延命官(연명관)-각 고을 수령을 이름. 감사가 새로 갈리면 진퇴가
알 수 없게 되므로 연명관이라 풍자하여 부름.

14

책상 앞머리에선 기생 점고를 하는데
치마를 거머잡고 차례로 나직히 대답하며 절을 한다.
분양댁(汾陽宅) 속 봄잔치엔
연경(燕京) 비단으로 새 치장한
몸맵시가 저마다 환하여라.

其十四

書案前頭點妓名   歛裙離次拜低聲
汾陽宅①裡春宵宴   燕錦新裝隊隊明

|註解| ① 汾陽宅(분양댁) — 곽자의(郭子儀)가 당(唐)나라 공신으로 분양왕(汾陽王)에 봉하여 수복(壽福)을 떨쳤다. 팔자 좋은 이를 일컬음.

15

처음 시작하는 창(唱)은
거의 다 양태진(楊太眞)을 노래한 장한가라.
지금도 마외역(馬嵬驛)의 한을 슬퍼하는 듯.
일반 시조(時調)에 장단을 붙인 이는
장안에서 온 이세춘(李世春)이라.

其十五

初唱聞皆説太眞① 至今如恨馬嵬②塵
一般時調排長短 來自長安李世春③

|註解| ① 太眞(태진) — 양귀비(楊貴妃)의 자. ② 馬嵬(마외) — 마외역에서 양귀비가 죽음. ③ 李世春(이세춘) — 당시 유명한 가객(歌客).(《여강록》 참조)

16

행수(行首) 기생은 가만히 미색을 살피나니
수청(守廳)은 양방(兩坊) 중에서 각별히 고르렷다.
금비녀 열두 폭 홍초장(紅綃帳) 속에
제일가는 가인 일점홍(一點紅)이로다.

其十六

行首①偸看氣色工 守廳②別揀兩坊③中

金釵十二紅綃帳④　第一佳人一點紅⑤

註解　①行首(행수)-우두머리 기생을 이름.　②守廳(수청)-수종 드는 기생을 말함.　③兩坊(양방)-교방(敎坊)에는 우방과 좌방이 있었음.　④紅綃帳(홍초장)-붉은 생초장.　⑤一點紅(일점홍)-기생의 이름.

17

밝는 아침엔 문묘(文廟)에 가 알성(謁聖)을 하고
단군(檀君) 사당 앞에서 잠깐 거닐다 온다.
요(堯)임금 때 병진년에 신시(神市)를 열은 후에
동방 풍기가 이때에 열렸어라.

其十七

文廟①平明謁聖②廻　檀君祠下一徘徊
堯代丙辰神市③後　東方風氣此時開

註解　①文廟(문묘)-공자의 사당.　②謁聖(알성)-여기서는 공자 위패에 절하는 것을 뜻함.　③神市(신시)-단군이 요(堯)임금 시절 병진년에 태백산 단목(檀木) 아래에 신시를 열음.

18

백마(白馬)를 타고 동쪽으로 온 은태사(殷太師)
정전(井田) 경계가 지금도 그때처럼 남아 있다.
함구문(含毬門) 밖엔 뽕나무 숲 푸른데
보슬비 속에 권농(勸農)을 하며 뻐꾸기가 우노라.

其十八

白馬東來殷太師①　井田②經界似當時

含毬門③外桑林碧　微雨觀農布穀隨

註解　①殷太師(은태사)-기자(箕子)를 가리킴. 은(殷)나라 태사로 있었다.
②井田(정전)-기자가 와서 여덟 가지 유교를 베풀고 정전법을 만들었다고 하나 이것은 전설이고 정전은 뒤에 만들어 놓은 것. ③含毬門(함구문)-평양의 남문(南門).

19

팔조유교(八條遺敎)는 반쯤 거의 없어졌건만
풍속은 지금껏 야폐문(夜閉門)을 하더라.
오직 옛날 궁밭 둑이 남아
달빛 속에 노랫가락 들려오는 외성촌(外城村).

其十九

八條遺敎半無存　風俗如今夜閉門
惟有舊時宮井畔　月明絃誦外城村①

註解　①外城村(외성촌)-평양성 밖에 외성(外城)이 있었음. 남포(南浦)에 있음.

20

높이 솟은 감영 북쪽 칠성문(七星門)은
기자(箕子) 의관이 묻힌 만고의 언덕일네.
송백(松栢) 대신 벼와 기장 우거진 들판으로
밭갈이하는 농군들은 거의 다 본향의 자손이니라.

其二十

峨峨營北七星門①　箕子衣冠萬古原

禾黍野田松栢處　耕夫半是本鄕孫[2]

[註解] ①七星門(칠성문)-평양 북문.　②本鄕孫(본향손)-기자의 자손이 아니라 본향인의 자손이라는 뜻.

21

성곽(城廓) 강산이 나는 새 앞이로다.
주몽(朱蒙)이 나라 열던 날 아득하고녀.
사람들은 지금도 진주묘(眞主墓)라 이르건만
임금님 백옥편(白玉鞭)을 묻은 빈 무덤이어라.

其二十一

城郭江山過鳥前　朱蒙開國事茫然
土人猶說眞主[1]墓　虛葬君王白玉鞭

[註解] ①眞主(진주)-고주몽(高朱蒙)을 가리킴. 동명성왕 또는 동명진주(東明眞主)의 칭호가 있다.

22

더부룩한 수염장이 연개소문(淵蓋蘇文)이
동쪽으로 당나라 대군을 끌어들였세라.
이 일이 고려학사(高麗學士)님에게 전하여
현화백우(玄花白羽)로 당태종(唐太宗)을 웃었더니.

其二十二

亂髥客是蓋蘇文[1]　句引東來大國軍
留與高麗學士[2]話　玄花白羽[3]笑唐君

註解 ①蓋蘇文(개소문)-연개소문(淵蓋蘇文). 고구려 말엽의 재상. 임금을 바꿔 보장왕(寶藏王)을 세우고 독재하였다. 자주 신라를 치니 신라에서 당(唐)에 의뢰하여 당의 사신이 와서 조정하려 했으나 연개소문이 듣지 않고 사신까지 구금하므로 당태종이 분격하여 친히 군사를 거느리고 쳐들어와 안시성(安市城)에서 실패하고 돌아갔음. ②高麗學士(고려학사)-이목은(李牧隱)을 가리킴. ③玄花白羽(현화백우)-안시성 싸움에서 수비대장 양만춘(楊萬春)의 화살에 맞아 당태종이 눈을 잃었다는 전설이 있음. 현화(玄花)는 눈살, 백우(白羽)는 화살. 목은의 시에 '나지 현화낙백우(那知玄花落白羽)'라는 구절이 있다.

23

소를 탄 공주(公主)님은 궁문을 나와
칠보단장을 하고 두엽촌(荳葉村)으로 나왔다네.
금지옥엽(金枝玉葉)이
바보 온달(溫達)에게 시집가기를 원했으니
하늘이 정한 인연을 뉘가 어이 피하리오.

其二十三

騎牛公主①出宮門　七寶粧來荳葉村②
金枝③願嫁愚溫達　天定人緣莫避婚

註解 ①騎牛公主(기우공주)-고구려 평원왕(平原王) 때 평강공주(平康公主)가 바보 온달(溫達)에게로 시집가겠다고 고집을 부려 왕이 소를 태워 내보냈다. 온달은 후에 전성공신이 되어 영달함. ②荳葉村(두엽촌)-바보 온달이 살던 마을. ③金枝(금지)-금지옥엽(金枝玉葉). 공주 등 귀한 몸을 일컬음.

24

호화스런 고려 조정에서 서도(西道) 거동을 즐겼어라.
해마다 구춘(九春) 꽃달에 대동강이 붐비더니
공연히 묘청(妙淸)이가 유병계(油餠計)를 꾸며 내어
태평한 백성들만 피비린내에 젖게 했구나.

其二十四

豪華麗代樂西巡　　花月年年浿水春
空使妙淸①油餠計②　太平民物汚腥塵

註解　①妙淸(묘청)-고려 인종(仁宗) 때 중. 서경(西京) 사람. 서기 1135년에 반란을 일으켰다가 실패하고 부하에게 죽음. ②油餠計(유병계)-인심을 현혹시키기 위하여 묘청이 쓴 계략. 떡 속에 기름을 가득 담아 달밤에 대동강에 띄워 달빛에 반짝거리게 하여 길조(吉兆)라고 사칭했다고 함.

25

장락궁(長樂宮) 빈 터전에 풀피리 소리 처량하다.
춘방(春坊) 옛가락은 지금 뉘가 알고 있을꼬.
서남협구에 무산(巫山)은 푸르른데
다만 여랑(女娘)들이 죽지사(竹枝詞)만 부르더라.

其二十五

長樂宮①墟草笛悲　春坊②舊曲問誰知
西南峽口巫山③碧　惟有兒娘唱竹枝④

[註解] ①長樂宮(장락궁)-고려 때 행궁(行宮)의 하나. ②春坊(춘방)-곡(曲)명. ③巫山(무산)-성천(成川) 흘골산. ④竹枝(죽지)-죽지사(竹枝詞). 가곡명.

26

동으로 온 제독(提督)이 왜병(倭兵)을 멸하고 돌아갔네.
잉수잔산(剩水殘山)은 낙조(落照)가 서렸어라.
평양 한량들이 행락하는 곳
오늘이 명나라가 아님을 어이 모르는다.

其二十六

征東提督①破倭歸　剩水殘山②帶落暉
平壤遊人行樂處　不知今日大明非

[註解] ①提督(제독)-명장 이여송(李如松)을 가리킴. ②剩水殘山(잉수잔산)-전쟁을 겪어 황폐한 산천을 말함.

27

청양관(靑陽館)에서 왜상 소서비(小西飛)는
피가 인신(鱗身)을 적셔 갑옷까지 스몄니라.
그날 칼자국은 지금도 기둥에 역력히 남았건만
장군은 계선(桂仙)과 함께 돌아오지 않았노라.

其二十七

靑陽館①裡小西飛②　血濺鱗身③透鐵衣
當日劍痕猶着柱　將軍不與桂仙④歸

註解 ①靑陽館(청양관)-객관(客館) 이름. ②小西飛(소서비)-일본 장수 소서행장(小西行長)의 부장(副將)으로 성명이 분명치는 않으나 야사(野史)에 '소서비(小西飛)'라 일컬음. ③鱗身(인신)-갑옷 밑에 입는 비늘같이 된 군복의 하나. ④桂仙(계선)-계월향(桂月香)을 이름. 기생으로 소서비를 접대하여 우리 장군 김경서(金景瑞)와 짜고 그를 죽였다. 소서비는 용맹무쌍한 자로 죽으면서 칼을 던져 기둥에 꽂혔다고 한다. 김경서는 소서비의 머리를 베어 가지고 나오다가 계월향과 함께 가면 붙들리게 되어, 하는 수 없이 계월향도 칼로 베고 단신으로 빠져나왔다.

28

중국으로 사신 가는 만 리 물길 비단돛대 떠서 간다.
지국총 소리 그 시름 어떠하뇨.
보통문(普通門) 밖에 해는 뉘엿뉘엿
연경(燕京) 구름 가으로 줄곧 사자(使者)만 보내더라.

其二十八

朝天水路錦帆歌　　至匊忽聲恨若何
普通門①外斜陽處　　長送燕雲使者多

註解 ①普通門(보통문)-평양 서문.

29

문장 성대(文章盛代)가 다시 오기 어려워라.
그 옛 임백호(林白湖)가 휘파람 불며 왔더니라.
무슨 일로 호남(湖南) 백진사(白進士)는
당시 조룡대(釣龍臺)라 일렀던고

其二十九

文章盛代更難廻　　林悌^①曾吹口笛來
何事湖南白進士^②　當時錯道釣龍臺^③

註解　①林悌(임제)-선조 때 유명한 시인. 호는 백호(白湖). 성품이 호협하여 평양 명기 매선(梅仙)을 그리노라 휘파람을 불었다는 일화가 있음. ②白進士(백진사)-옥봉(玉峰) 백광훈(白光勳). 삼당(三唐)의 한 사람. 호남에서 살았다. ③釣龍臺(조룡대)-부여(扶餘) 8경의 하나로 유명하나 실제 가보면 풍치가 별 수 없다. 백옥봉이 하도 유명하여 평양 기생들이 한번 보기를 원했으나 실제 풍채는 옹졸하여 조룡대라 야유하였다는 일사가 있음.

30

백수(白首)로 글 읽던 황고집(黃固執)은
도둑도 훔친 말을 돌려보내고
노상(路上)에서 읍(揖)하더라.
도리담(桃李潭) 가 돈씨비(頓氏碑)는
노감사(盧監司) 떠난 후에 이끼만 꼈네.

其三十

白首讀書黃固執^①　　偸兒還馬路中揖
桃李潭^②邊頓氏碑^③　盧監司去綠苔澁

註解　①黃固執(황고집)-늙게까지 글읽는 것을 그치지 않고 예의가 발라 평양 인사들이 모두 추앙한 선비. 말도둑도 자기가 훔친 말이 황진사(黃進士) 집 것임을 알고 곧 돌려보냈다는 일화가 있음. ②桃李潭(도리

담)-못 이름. ③頓氏碑(돈씨비)-평양에 돈씨가 살고 있었는데 아버지가 낚시질을 하다가 물에 빠지자 그 딸이 애통하며 뛰어들어 함께 죽었다. 이튿날 서로 부둥켜 안은 시체가 떠올라 주민들이 장사지내 주었다. 감사 노식(盧植)이 그 묘를 개축하고 비석을 세웠었다.

31

종루(鍾樓)에 해질 무렵 주정꾼이 많다.
붉은 불 푸른 연기 자욱한데
'낙풍년(樂豊年)'을 부르는 노랫가락.
감영 밑 아이들은 웃고 떠들며
'올해 방채전(放債錢)은 얼마나 되느니.'

其三十一

鍾樓日暮醉人多　朱火靑烟樂歲歌①
營下兒童笑相問　今年放債②政如何

註解　①樂歲歌(낙세가)-낙풍년(樂豊年). 가곡 이름.　②放債(방채)-방채전(放債錢). 돈놀이하는 금전.

32

설렁줄 드뭇하고 이속들은 늘어지게 낮잠만 자것다.
녹사청(綠莎廳)에 일이 없어 와신선(臥神仙)이 되었구나.
완평대감(完平大監) 산 사당 뫼신 뒤에
줄곧 맑은 바람 2백년이라.

其三十二

鈴索聲稀吏晝眠　綠莎廳①事臥神仙

完平大監²生祠後　一路淸風二百年

註解　①綠莎廳(녹사청)-영속(營屬)들이 사무 보는 곳. 완평(完平)이 녹사청을 창건했다고 하는데 녹사(綠莎)는 푸른 띠로 지붕을 이은 검소함을 뜻함.　②完平大監(완평대감)-오리(梧里) 이 정승을 가리킴. 선조(宣祖) 때의 명신. 이름은 원익(元翼)이다. 임진왜란(壬辰倭亂) 무렵 평양 감사로 나가 잘 수습하여 백성들이 경모하고 산 사당[生祠]을 지어 제사지냈다. 우리나라 생사(生祠)의 시초가 됨.

33

포정문(布政門) 앞 대동강은 맑고 깨끗이 흐르는데
감사님의 정사도 저 물처럼 말갛고녀.
지금 같은 도내(道內)는 맑고 일이 없어
은화(銀貨)와 비단동이가 감영에는 얼씬도 못한다.

其三十三

布政門①前浿水淸　政如淸水使家聲
于今道內淸無事　銀貨盆紬莫近營

註解　①布政門(포정문)-감영의 이름.

34

감영은 바다만큼 깊었는데 영문(營門)은 언제나 열려 있다.
아객(衙客)들은 말을 달려 겹문으로 들어간다.
친구와 가난한 종족들이 돌아가 원망할 일 없으니
지금 사또님은 연릉(延陵)의 종외손이라.

其三十四

如海深營不禁閽　客來馳馬入重門
故交貧族歸無怨　今使延陵①從外孫

[註解] ①延陵(연릉)-이우당(二憂堂) 이만원(李萬元)을 가리킴. 본관은 연안(延安), 자는 백춘(伯春). 숙종(肅宗) 무오에 문과에 급제했고, 기백(箕伯)을 역임했으며 연릉군(延陵君)에 봉함.

35

낮잠을 겨우 깨어 담배를 찾는구나.
백동장죽(白銅長竹)은 몸보다 길었는데
동기는 붉은 입술로 입김을 불어
삼등초(三登草) 추긴 후에
섬섬옥수로 네댓번 부비나니.

其三十五

午睡初廻索淡婆　白銅長竹①過身多
朱脣細吸三登草②　欲進飜成四五摩

[註解] ①白銅長竹(백동장죽)-긴 담뱃대. 담배통과 물부리는 백동(白銅)으로 만들었다.　②三登草(삼등초)-담배 이름.

36

늘어진 버들가지 문전을 가리우고 흰 날은 느긋한데
박산향(博山香)이 잦아지며 돗자리 서느랗다.

등한(等閑)한 문서 재결 끝낸 뒤에
왜지(倭紙)에다 패강의 자작시를 베끼노라.

其三十六

柔柳垂門白日遲　博山香①歇簟凉時
題罷等閑公牒外　蠻牋自寫浿江詩

註解　①博山香(박산향) – 박산은 중국 산동성(山東省)에 있는 땅 이름. 그곳에서 나는 향(香)이 유명하였다.

37

깊숙한 원(院) 안으로 쌍쌍이 연자(燕子) 날아들고
발을 격해 하염없이 지는 붉은 해당화(海棠花).
앞 강물은 본디 모두 인삼수(人蔘水)라
중하수 건듯 떠다 낮차를 달이것다.

其三十七

深院雙雙燕子斜　隔簾閒落海棠花
前江自是人蔘水　汲取中冷煎午茶

38

생모시 치마에 흰모시 적삼을 받쳐 입어
단오 옷차림은 밝고도 고운지고.
오동꽃 피는 별원(別院) 속에 그넷줄 오락가락
꽃 같은 여인을 반공중에 밀어 올려 몸을 붙여 난다.

其三十八

青苧裙和白苧衣　一時端午着生輝
桐花別院①鞦韆索　推送空中貼體飛

註解　①別院(별원)-따로 떨어진 누원(樓院).

39

촌 여인들은 남갑사치마에 옥반지를 끼고
천중절(天中節)에 대성산(大城山)에 올라
묘제를 지내노라.
저녁 무렵 장경문 바깥 길에
모두 갈삿갓을 깊숙이 쓰고 돌아들 온다.

其三十九

村女紗裙玉指環　天中①祭墓大城山②
夕陽長慶門前路　皆着深深荻笠還

註解　①天中(천중)-천중절(天中節). 단오를 일컬음.　②大城山(대성산)-
장경문 밖에 있는 산 이름.

40

복사꽃 댕기머리, 분홍색 비단치마
이마엔 학첩지를 달고
번드는 기생들은 모두 시체에 알맞도록 치장을 했겠다.
하얀 나비처럼 홀리게 몰려가며

석류꽃 아래 숨바꼭질을 하느니라.

其四十

桃鬟鶴額粉紅裳　列侍輕盈時體粧
爭趁雙飛白蝴蝶　石榴花下捉迷藏

41

어젯밤엔 송도(松都) 장사치가 오고
오늘밤엔 연경사신(燕京使臣) 역관님이 돌아오네.
남경(南京)의 별난 비단과 이궁정(泥宮錠)은
교방 아가씨들이 벌써 서로 시샘을 하겠구나.

其四十一

昨夜松都估客來　今宵燕使譯官廻
南京別錦泥宮錠[①]　面面同坊已暗猜

註解　①泥宮錠(이궁정)－패물류의 이름.

42

경중(京中)의 노랫기생 진연(進宴)을 드리는제
주인들은 모두 다 한량들이라.
당제(唐製) 옷에 빨간 산호(珊瑚) 가지를 차고
평양길 몸치장에 만금(萬金)이나 들었세라.

其四十二

京上歌兒進宴[①]時　主人皆是狹斜兒

唐衣盡佩珊瑚穗　　西路身裝値萬金

註解 ①進宴(진연)-잔치를 드림. 그때 서울 기생들은 제각기 한량들을 끼고 있었다.

43

성도(成都) 기생 일지홍(一枝紅)은
비단 같은 마음씨에 행동도 고와라.
나는 듯 말에 실려 3백 리를 달려왔건만
야속타 교서랑(校書郎)은 기라(綺羅) 속에 있구려.

其四十三

成都^①少妓一枝紅　　錦繡心肝解語工
飛馬駄來三百里　　校書郎^②在綺羅^③中

註解 ①成都(성도)-성천(成川)을 가리킴.　②校書郎(교서랑)-고제(古制)에 고려 때 비서성(秘書省)의 정9품 벼슬. 일설에 기생의 별칭이라고도 함.　③綺羅(기라)-화려한 꾸밈. 그 빛깔.

44

은촛대 금술잔에 깊은 밤 맑았는제
높고 청아하게 드날리는 모란(牧丹)의 노랫소리.
지금은 흰머리에 비파(琵琶) 안은 여인
일찍이 이원(梨園)에서 제일 이름을 떨쳤더니.

其四十四

銀燭金樽子夜淸　　樑塵飛盡牧丹^①聲

如今白首琵琶女　曾是梨園第一名

|註解| ①牧丹(모란)－가기(歌妓)의 이름. 선생이 서경(西京)에서 놀 때 관산
융마(關山戎馬)를 읊던 기생이다.

45

운모(雲母)틀 창안에 곡연(曲宴)이 깊었세라.
쌍쌍이 염불하는 낭자들은
도화선(桃花扇) 펼쳐 들고 간드러지게 춤을 추며
손님마다 시주금(施主金)을 청하것다.

其四十五

雲母窓間曲宴①深　雙雙念佛小娘音
當前進退桃花扇　面面生要施主金②

|註解| ①曲宴(곡연)－소연(小宴).　②施主金(시주금)－중이나 절에 베풀어
주는 돈. 여기서는 가무기(歌舞妓)들에게 주는 행하(行下)로 쓰임.

46

쌍쌍이 돌아가는 검무(劍舞) 춤은
당(堂)에 가득 찬기가 도네.
등잔불 춤소매에 풍우(風雨)가 인다.
열세 살 때 이 춤을 익힌 추강월(秋江月)이
밤마다 동헌(東軒)에 와 선을 보이나니.

其四十六

雙廻劍舞滿堂寒　手勢燈前風雨闌

十三能學秋江月①　來作東軒夜夜看

註解　①秋江月(추강월)-검무를 추던 기생 이름.

47

연광정(練光亭)에 피리 소리 달빛도 은은한데
붉은 촛불 청사초롱이 부연에 주욱 걸렸구나.
불빛에 비쳐 강물은 대낮 같고
금물결 마름샘이 출렁이며 연잇는다.

其四十七

笙歌明月練光亭　紅燭紗籠掛百椽
遍照澄江如白日　金波藻井蕩相連

48

바람불어 붉은 난간에 비단 장막 펄렁이고
교방(敎坊)의 새 가락은 들끓어 오르는데.
중당(中堂)엔 차례로 정재(呈才) 춤이 끝나
무동(舞童)이 학을 타고 내려와 선도(仙桃)를 바친다.

其四十八

風動朱闌錦幕高　敎坊新樂沸嘈嘈
次第中堂呈①舞了　小童騎鶴獻仙桃

註解　①呈(정)-정재(呈才). 잔치에서 벌이는 노래와 춤.

49

집집에서 등잔 밑에 옷상자 챙길 적에
옷채마다 가벼운 비단 사향내가 풍기겠다.
내일은 부벽루(浮碧樓)에 잔치가 열리느니
각별히 치장을 하노라 마음이 뒤설레는구나.

其四十九

家家燈下檢衣箱　襲襲輕紗染麝香
浮碧樓中明日宴　別般裝束整齊忙

50

호산(湖山) 연기 비에 햇빛도 몽롱하다.
백조(白鳥)는 고기를 입에다 물고 동쪽으로 서쪽으로,
빨간 이슬 같은 계당주(桂糖酒) 천 말을 실어 놓고
봄놀이 하련다, 자주 화방(畵舫) 속에 있노라.

其五十

湖山烟雨日空濛　白鳥含魚西復東
紅露桂糖①千斗酒　春游多在畵船②中

註解　①桂糖(계당)-계당주(桂糖酒). 평양에서 나는 계피술.　②畵船(화선)-
화방(畵舫). 그림배.

51

바람은 잔잔하고 날씨는 따뜻한데 목란주(木蘭舟) 띄워

청아(靑娥) 가득 싣고 역수(逆水)로 올라가네.
명경같이 맑은 물에 홍장(紅粧)이 비쳐
앞뒤로 흔드는 몸매, 일백 꽃이 한데 어려 노니는 듯.

其五十一

輕風暖日木蘭橈　滿載靑娥①逆浪遙
蕩碎紅粧②明水底　繞身前後百花嬌

註解　①靑娥(청아)-새파랗게 젊은 여인.　②紅粧(홍장)-여인들의 단장한 모습.

52

절[寺] 아래 푸른 물가 넌지시 배를 매고
강 경개 빨리 보려 다락으로 오르나니.
'장성대야(長城大野)'는 누구의 시구(詩句)런고
이목은(李牧隱) 시 옆에 겨우겨우 머무노라.

其五十二

寺下靑潭初繫舟　爲看江景急登樓
長城大野①何人句　李穡②詩邊許强留

註解　①長城大野(장성대야)-김황원(金黃元)의 시구(詩句) '장성일면용용수(長城一面溶溶水)　대야동두점점산(大野東頭點點山)'이 그것이다.
　　②李穡(이색)-이목은(李牧隱). 부벽루(浮碧樓) 시를 명작으로 일컬음.

53

층층이 쌓은 댓돌 아스라히 높았는데

난간 그림자가 강심에 거꾸러져 물속에 흔들린다.
마치 윤주(潤州) 감로사(甘露寺)
강 건너 지나는 손이 남조(南朝)를 바라보는 것 같구나.

其五十三

層臺百尺倚岩嶢　水打欄干倒影搖
渾似潤州甘露寺①　隔江行客望南朝②

註解 ①甘露寺(감로사) - 중국 윤주(潤州)에 있는 이름난 절. ②南朝(남조) - 중국이 강남에 도읍해 있던 때를 이름. 오계시대(五季時代) 양·당·진·한·주가 모두 강남에 도읍하여 불교를 숭상했다. '남조사백팔십사(南朝四百八十寺) 다소루대연우중(多少樓臺烟雨中)'이라는 시구(詩句)가 있음. 그 중에도 윤주 감로사가 제일 좋은 절이었다.

54

피리젓대 가야금이 벽산(碧山)을 울어엔다.
아마도 삼도십주(三島十洲) 신선 사는 곳이런 듯
밝은 달 그려 다락 속에 밤샘을 하지 마소.
누구나 한 종년(終年)하고 돌아가기 싫어하리.

其五十四

豪竹哀絲響碧山　只疑三島十洲①間
莫憐明月樓中宿　終歲敎人不肯還

註解 ①三島十洲(삼도십주) - 삼도는 삼신산을 가리킴. 모두 신선이 살고 있다는 곳.

55

푸른 잔디 흩어진 주춧돌에 구제궁(九梯宮) 빈 터로다.
이곳에 궁녀(宮女)들은 꽃같이 붉었더니
지금엨 패강변에 임금님 지나시는 길처에
봄놀이 나온 기생들이 풀싸움만 하더라.

其五十五

靑莎斷礎九梯宮①　宮女如花昔日紅
伊今浿上春遊妓　鬪草抽蒬輦路中

註解　①九梯宮(구제궁)－고구려 왕의 이궁(離宮).

56

절문은 강물에 임하였고 영명사(永明寺) 호젓하다.
중이 혼자 가사 입고 앉아 염불을 하는구나.
저 스님 전조(前朝)의 일 어떻더뇨
스님은 말이 없고 다만 빈 뜰 안 흰 탑만 가리키더라.

其五十六

門臨流水永明①僧　寂寞袈裟禮佛燈
行人試問前朝事　惟指空庭白塔層

註解　①永明(영명)－영명사(永明寺). 원래 구제궁(九梯宮)을 절로 만들었다는 설도 있고 고구려 광개토왕이 세운 9사 중 하나라는 설도 있다. 이 절에 있는 팔각오중석탑(八角五重石塔)은 수법이 우수하다.

57

기린말[麟馬]은 길게 울어 옥경(玉京)으로 향하였네.
어디메 흰 구름 밟으며 나르에는고.
푸른 산 옛굴(窟)이 3천 세나 되었으니
천손(天孫)은 어느 날에나 패성(浿城)으로 돌아오리.

其五十七

麟馬①長嘶向玉京　至今應踏白雲行
青山古窟三千歲　何日天孫②返浿城

註解　①麟馬(인마)-기린말. 동명왕이 기린말을 타고 하늘로 올라갔다는 전설. 그로 인해 평양에는 기린굴(麒麟窟)과 조천석(朝天石) 등이 있다.
②天孫(천손)-동명왕을 가리킴. 별의 이름이기도 함.

58

구름 사이 단정히 솟은 모란봉(牧丹峰)은
흡사 새 치장한 옥녀(玉女)의 얼굴이로다.
옛날부터 평양 미색(美色)들이
모두 다 명산 수기(秀氣)의 모임이라.

其五十八

雲間端正牧丹峰①　恰似新粧玉女容
古來平壤傾城色　多是名山秀氣②鍾

註解　①牧丹峰(모란봉)-금수산의 최상봉.　②秀氣(수기)-정기.

59

선연동(嬋娟洞)에 풀빛은 치맛자락 같고
한 많고 정 많은 무덤만 즐비하다.
그 옛날 부벽루 연광정 가무(歌舞)하던 자리에
모두 구름이 되고 비가 되어 있었더니.

其五十九

嬋娟洞①裡草如裙　多恨多情今古墳
浮碧練光歌舞席　昔年爲雨更爲雲

註解　①嬋娟洞(선연동)－평양성 북쪽에 있음. 기생들의 무덤이 많아 이렇게 이름했다고 한다.

60

시동(侍童)에게 취한 몸 기대 천천히 누(樓)를 내리노라.
북녘 물가로 배 돌리면 해는 뉘엿뉘엿.
저 멀리 중류에 떠오르는 푸른 산빛
모두 다 탁문군(卓文君)의 곱게 그린 눈썹만 같아라.

其六十

侍兒扶醉下樓遲　北渚廻船欲暮時
中流遠到靑山色　皆是文君①淺畵眉

註解　①文君(문군)－탁문군(卓文君). 한(漢)나라 사람. 탁왕(卓王)의 손녀로 문명(文名)이 있고 미모였다.

61

노자병(鸕鶿瓶) 앵무배(鸚鵡杯)로 술은 아직 거나한데
배를 옮겨 다시 주암(酒巖) 가로 내리노라.
그날 주천(酒泉)이 만약 끊이지 않았다면
온 강물이 모두 다 울금향(鬱金香)이리.

其六十一

鸚鵡①鸕鶿②興未央　移舟更近酒巖③傍
當日酒泉④如不絶　滿江都是鬱金香⑤

註解　①鸚鵡(앵무)-앵무배(鸚鵡杯). 앵무새가 그려져 있는 술잔.　②鸕鶿(노자)-노자병(鸕鶿瓶). 가마우지 그림이 들어 있는 술병.　③酒巖(주암)-평양 동북쪽에 있음.　④酒泉(주천)-술이 저절로 솟아나는 샘이 있었다는 전설이 있음.　⑤鬱金香(울금향)-식물명. 그것으로 술을 담는다.

62

능라도(綾羅島) 푸른 풀 흰 모래바탕 질펀한데
연미(燕尾)에 돛을 내려 오리떼가 놀래노라.
꽃자리 옮겨 깔아 아늑한 곳
양류 그늘 속으로 가느다란 악(樂)소리 들려온다.

其六十二

綾羅①芳草白沙平　燕尾②停橈鳧雁驚
移鋪綺席深深處　楊柳陰中細樂聲

註解 ①綾羅(능라)-능라도(綾羅島). 백은탄(白銀灘)에 있는 섬 이름. 풍경이 아름답다. ②燕尾(연미)-미상.

63

청류벽(淸流壁)은 그림병풍 펼쳐 있고
강 위에 비낀 해는 반쯤 설피어라.
온종일 노니던 곳 부벽루는
배를 대고 돌아보니 저쪽 성모퉁이 아득하구나.

其六十三

淸流壁①面畵屛鋪　江上斜陽半欲無
終日碧樓歌舞地　住船回首隔城隅

註解 ①淸流壁(청류벽)-대동강의 석벽. 장경문 밖에 있음. 부벽루로 가는 길이 가장 기절하다.

64

용용히 지는 해는 저 멀리 물가에 가득한데
이별곡 삼현(三絃) 소리 배 가까이 일어난다.
남쪽을 바라보니 휘엿하게 물 연기 비어 있고
배는 중천에 떠서 대동루(大同樓)로 내려간다.

其六十四

溶溶落日滿滄洲　別曲三絃①在近舟
南望水烟空濶處　中天浮下大同樓②

註解 ①三絃(삼현)-세 현악기. ②大同樓(대동루)-평양 정동문의 문루.

65

조천석(朝天石) 옛 사적은 돌아, 네가 알리라.
옛 나라는 창상(滄桑)이 되었어도
물건은 옮기지 않았구나.
성 아래 강물 위에 가득 오는 밝은 달에
어이 기린말은 적적히 오가지 않는고.

其六十五

朝天①舊事石應知　故國滄桑②物不移
城下滿江明月夜　豈無麟馬往來時

[註解] ① 朝天(조천)－조천석(朝天石). 부벽루 아래 기린굴(麒麟窟) 남쪽 강 가운데 있음. 동명왕이 기린말을 타고 이 굴 속에 들어갔다가 땅속에서 조천석이 되어 솟아나와 하늘로 올라갔다 하고, 말발굽 자국이 돌 위에 있다 함. 그러나 전설에 불과하다. ② 滄桑(창상)－바다가 뽕나무밭이 되듯이 변함을 일컬음.

66

장성(長城) 동북쪽에 가장 높은 대(臺) 위에
을밀(乙密) 선인은 다시 돌아오지 않아라.
삼국(三國) 강산에 바람 달 짙은 밤에
감사또만 때때로 옥퉁소를 들어 온다.

其六十六

長城①東北最高臺　乙密②仙人不復廻
三國江山風月夜　使家時捻玉簫來

[註解] ①長城(장성)-평양의 성. ②乙密(을밀)-선인(仙人) 이름. 을밀대(乙密臺)는 을밀선인이 놀아 이렇게 이름했다고 함.

67

장림(長林) 나루터는 백은(白銀)의 서쪽이라
10리 선창가로 묵은 길 희미하다.
신선배 당(唐)나라 사신은 지금 볼 수 없고
눈에 가득 어려 오는 바람연기 홀로 시를 읊조린다.

其六十七

長林渡口白銀①西　十里船槍古道迷
仙舟不見唐天使②　滿目風烟獨品題

[註解] ①白銀(백은)-여울 이름. ②唐天使(당천사)-당나라 사신. 당나라 때 사신들이 이곳 장림으로 왕래했다.

68

남포(南浦)엔 성가에 푸른 천만 실버들가지
드리고 드리워 짐짓 그림배에 들어와 나부낀다.
동풍아, 네 그리 흐느적거리지 마라
흡사 아름다운 여인이 가는 허리 흔드는 듯.

其六十八

南浦①依城萬柳條　垂垂故入畵船搖
東風遮莫吹無力　爭似佳人宛轉腰

[註解] ①南浦(남포)-당포(唐浦)라고도 함. 평양의 서남쪽에 있다. 정지상(鄭

知常)의 시로 유명함.

69

옛부터 동국(東國)에는 문장이 왕성했노라
몇몇 곳이나 사롱(紗籠)이 화량(畵樑)에 가득턴고.
그날 임을 보내던 남포곡(南浦曲)은
천 년 절창 정지상(鄭知常)이라.

其六十九

從來東國盛文章　幾處紗籠①滿畵樑
當日送君南浦曲②　千年絶唱鄭知常③

註解　①紗籠(사롱)－사(紗)로 만든 등롱. 사롱이 화량(畵樑)에 가득함은 곳곳의 다락에서 시를 읊음을 말함. ②南浦曲(남포곡)－서문(序文)에 보임. ③鄭知常(정지상)－외성(外城)에서 살고 시를 잘하였다. 과거에 장원하여 기거주(起居注) 벼슬을 지냄.

70

천하에 명승지는 이곳 외성(外城)이라.
강을 연해 십릿 길이 그림인 양 밝고녀.
황혼에 홰 잡히고 말 몰아 돌아올제
달빛 아래 노랫가락이 사람을 홀리게 들려온다.

其七十

天下名區是外城　沿江十里畵圖明
黃昏騎火歸時路　歌吹迷人月下聲

71

맑은 밤 연꽃 향기 온 못이 달빛인데
작은 배는 노래하는 아이 오붓싣기 알맞아라.
백판교(白板橋) 머리에 가늘고 붉은 닻줄은
물정자 남북으로 둘러 느슨히 끌어간다.

其七十一

淸夜荷香月色池　小船恰受一歌兒
白板橋①頭紅細纜　水亭南北繞牽遲

[註解] ① 白板橋(백판교) — 송판 다리. 《평양지(平壤志)》에 보면 관선판교(觀善板橋)가 대제교(大濟橋) 하류에 있었다고 함.

72

먼지채에 파리 드뭇해지고 귀뚜리 울음 울제
서늘바람 처음으로 그림난간 서편에 인다.
갑자기 들려오는 술꾼들의 양양곡(襄陽曲)
생가(笙歌)를 급히 불러 대제(大堤)로 내리노라.

其七十二

白拂蠅稀絡緯啼　凉風初起畵欄西
忽聞酒後襄陽曲①　催喚笙歌②下大堤

[註解] ① 襄陽曲(양양곡) — 중국 악부(樂府) 서곡(西曲)의 노래 이름. 노래 가운데 '양양내야악(襄陽來夜樂)'이라는 어구가 있어 이렇게 이름한 것이다. 또 대제곡(大提曲)도 이에서 나왔다. 당(唐)나라 때에도 최국보(崔

國輔)·이단(李端) 등이 양양곡을 지음.   ②笙歌(생가)-음악을 이름.

73

치마를 새리치고 여반(女伴)은 홍련(紅蓮) 꽃 따내것다
남호(南湖)에 밝은 달은 다시 한결 가련해라.
붉은 꽃을 담뿍 안고 조수는 이미 떨렸는데
2경쯤 한 배 서리이슬을 가득 싣고 돌아오리.

其七十三

牽裙女伴①採紅蓮　明月南湖②更可憐
採得紅蓮湖已落　二更霜露滿船歸

註解　①女伴(여반)-같이 간 여인.　②南湖(남호)-남쪽 호수.

74

은빗장에 성문 열리고 오고(五鼓)가 잔잔한데
다홍치마 쌍쌍이 여울물 길러 나오노라.
모두 다 양가집 규중 처녀들
달빛 아래 몰래 나와 사람이 볼까 저어하나니.

其七十四

銀鑰城門五鼓①殘　茜裙隨伴汲淸灘②
摠是良家隱身女　月中偸出畏人看

註解　①五鼓(오고)-오경(五更). 지금의 새벽 3시에서 5시 사이를 가리킴.
　　②淸灘(청탄)-맑은 여울. 여울물이 맑아 마실 만하다.

75

방민(坊民)들 횃불을 들어 달빛은 어둑한 때
성머리에 파대(擺待) 나온 백천 가지.
관(官) 배에선 외북 소리 끊이지 않고
온 하늘 별똥이 떨어져 가람 가득 흐르났다.

其七十五

投火坊民①月黑時　城頭擺待②百千枝
一鼓官船聲未絶　滿天星落滿江馳

註解　①坊民(방민)-동민(洞民).　②擺待(파대)-늘어서서 기다림.

76

여뀌잎 마름꽃에 초가을 7월이라
기망(旣望)에 동쪽 호수로 적란주(赤欄舟) 띄워 놓고
외가락 퉁소 소리 청류벽(淸流壁)을 불어 건너
달빛과 강물 소리가 모두 다 처량코녀.

其七十六

蓼葉蘋花七月秋　東湖旣望①赤欄舟②
洞簫吹裂淸流壁　月色江聲盡欲愁

註解　①旣望(기망)-보름 다음날. 16일. 추7월 기망에 소동파(蘇東坡)가 적벽(赤壁)에 배를 띄우고 놀며 지은 〈적벽부(赤壁賦)〉가 있음.　②赤欄舟(적란주)-붉게 칠한 난간이 있는 그림배.

77

거문(車門)에서 서쪽으로 바라다뵈는 석호정(石湖亭)에
삼현(三縣)의 무릿산이 물 위에 떠 푸르구나.
날은 저물고 봉황대(鳳凰臺) 밑에 배를 대어
술배에 불어오는 바람물결, 사람을 흔들어 취기마저 가시노라.

其七十七

車門①西望石湖亭②　三縣③群山水上靑
日暮鳳凰臺④下泊　酒船風浪攪人醒

註解　①車門(거문)-거문원(車門院) 다경루(多景樓) 서쪽에 있는 옛 성문. 일설에 옛나루터라고도 함. 조위(曺偉)의 팔영시(八詠詩) 가운데 〈거문범주(車門泛舟)〉가 있음. ②石湖亭(석호정)-역시 그 서편 쪽에 있는 정자 이름. ③三縣(삼현)-세 고을을 뜻함. ④鳳凰臺(봉황대)-다경루(多景樓) 서쪽에 있는 대(臺) 이름.

78

강바람 엽렵(獵獵)하고 바다 구름 음음한데
누른 갈대 망망하고 벽도(碧島)는 깊었세라.
만고 삼한국(三韓國)에 홍학사(洪學士)를
호인(胡人)이 어찌 이곳에 와 붙들었던고.

其七十八

江風獵獵①海雲陰　黃葦茫茫碧島②深
萬古三韓洪學士③　胡人來向此中擒

|註解| ①獵獵(엽렵)-바람이 불어 건들거리는 모양. ②碧島(벽도)-벽지도(碧只島). 평양 서남쪽에 있는 섬. ③洪學士(홍학사)-병자호란 때 삼학사(三學士)의 한 사람인 홍익한(洪翼漢). 당시 창황한 가운데에 평양의 서윤(庶尹)으로 부임했다가 이곳에서 호(胡)에게 붙들려 갔다.

79

군악(軍樂)과 들물바람 강하늘에 가득하다.
마치 용이 나와 날치는 듯 배가 여울로 내리는데
한번 보산(寶山)을 지나면 창해가 넓었구나
수다락에서 저 멀리 서북쪽으로 유연(幽燕)이 바라다보이노라.

其七十九

風潮軍樂滿江天　髣髴龍驤下瀨船
一過寶山①滄海濶　戍樓西北望幽燕②

|註解| ①寶山(보산)-평양 서쪽으로 나가 있는 대보산(大寶山). ②幽燕(유연)-중국의 북쪽 땅. 지금의 만주 일대를 가리킴. 유주(幽州)와 연(燕) 나라에서 온 말.

80

구름 장막 강다락에 백일장(白日場)이 열리나니
석양에 누가 장원랑(壯元郎)에 뽑히던고.
붉은 난간에는 백 줄로 늘어선 맑은 목청 뽑는 기생들이
가는 조로 이름을 불러 짐짓 길게길게 끄니는다.

其八十

雲幕江樓白日場　夕陽誰是壯元郎

紅欄百隊淸喉妓　細調呼名故故長

81

관서(關西) 무사(武士)들은 몸매도 훤칠하다.
세류영(細柳營) 문안에선 사장(射帳)이 열리노라.
그림 활 흰 깃 화살로 관중(貫中)하는 사수(射手)에겐
별고(別庫)에서 은전을 꺼내어 상을 준다.

其八十一

關西武士好身材　細柳①轅門射帳②開
雕弓白羽穿楊手　別庫銀錢賞格催

註解　①細柳(세류)-세류영(細柳營). 한(漢)나라 때 주아부(周亞夫)가 세류 땅에 둔치고 있는데 문제(文帝)가 가서 노군(勞軍)을 하려니 아부가 군례(軍禮)로 만나겠다고 하여 그대로 하였다. 그래서 규율 있는 군영(軍營)을 세류영이라 일컬음. 여기서는 절도영(節度營)을 가리킴.　②射帳(사장)-활쏘기.

82

멀고 먼 옥우(玉宇)가 천애에 격했어라
가을 다 간 서녘머리 그리운 생각 있어라.
다시 남쪽 다락으로 막객(幕客)을 이끌고 가
곡란(曲欄) 밝은 달에 작은 술자리 벌일 만하구나.

其八十二

迢迢玉宇①隔天涯　秋盡西方有所懷
更向南樓携幕客②　曲欄明月小筵排

註解 ①玉宇(옥우)-무리별을 일컬음. 은하(銀河).　②幕客(막객)-막료(幕僚).

83

청남(淸南) 청북(淸北)으로 초순시(初巡視)를 떠나노니
황토흙 관길에는 티끌조차 고요하다.
녹색 휘장에 수레가 잠시 머무는 곳
깊은 산중에 지팡이 짚고 나와 맞는
백두민(白頭民)들 있어라.

其八十三

淸南淸北①發初巡　黃土官途不起塵
綠帳行車時蹔駐　深山扶杖白頭民②

註解 ①淸南淸北(청남청북)-청천강(淸川江) 이남을 청남, 청천강 이북을 청북이라 함. 평안도 일원을 가리킴.　②白頭民(백두민)-초도순시를 할 때 심산유곡의 백두 노인들도 반가이 나와 환영한다는 뜻.

84

안주병사(安州兵使)는 전복(箭服)을 단정히 차려 입고
군악을 울리며 팔팔문(八八門) 열어 행차 맞아들이것다.
화각성(畵角聲) 속에 말을 달려 단숨에 들어가니
백상루(百祥樓) 아래엔 상기 날이 저물지 않더라.

其八十四

安州兵使①整槖鞬②　旗鼓迎開八八門③

畫角聲中驅馬到　　百祥樓④下未黃昏

註解　①安州兵使(안주병사)-안주(安州)의 원.　②橐鞬(탁건)-전복(箭服). 궁시를 갖춘 공복.　③八八門(팔팔문)-안주 성문.　④百祥樓(백상루)-안주 성내 청천강에 임해 있는 다락.

85

도도한 살수(薩水) 물은 발 깃발 나부끼며
수(隋)나라 집 백만 병이 예 와서 전사했더니라.
일곱 부처님이 서녘에서 와 수양제(隋煬帝)를 속인 일은
해동에 을지문덕(乙支文德) 이름을 높였어라.

其八十五

滔滔薩水①蕩簾旌　　猿鶴隋家百萬兵
七佛②西來欺煬帝③　　海東成就乙支名

註解　①薩水(살수)-청천강(清川江)을 일컬음.　②七佛(칠불)-일곱 부처. 그때 전설에 일곱 부처님이 나타나 살수를 배도 없이 건너가고 있었다. 수나라 군대들이 그것을 보고 강물이 얕은 줄만 알고 그대로 건너려다가 많이 빠져 죽었다고 함.　③煬帝(양제)-수양제(隋煬帝). 수양제가 우문술(于文述)을 보내어 고구려를 침범했을 때 을지문덕이 거짓 항복하는 체하고 군사를 돌려가며 왕조에 품하여 답해 주겠다고 약속했다. 우문술이 평양성의 견고함을 알고 속으로 기뻐 돌아갈 때 살수(薩水)에 이르러 군사가 반이나 건너갔을 무렵 을지문덕이 급히 쳐서 거의 멸망 타진했었다. 수나라 군사가 들어올 때는 30만 5천이었었는데 돌아간 것은 겨우 2천7백 명이었다고 함.

86

운우(雲雨) 인간은 이곳이 곧 초향(楚鄉)이라

강선루(降仙樓) 위에 강선랑(降仙郎)이어라.
뜬세상 사람들 성천(成川)의 즐거움을 말하지 마오.
열두 무산(巫山)이 매양 인간애를 끊나니.

其八十六

雲雨^①人間是楚鄕　降仙樓上降仙郎
浮生莫道成川樂　十二巫山每斷腸

[註解] ①雲雨(운우)-송옥(宋玉)의 〈고당부(高唐賦)〉 서문에 말하기를 '초왕(楚王)이 고당(高唐)에 놀 때 선녀가 내려와 동침하는 꿈을 꾸었다. 떠나갈 때 선녀가 아침에는 구름이 되고 저녁때는 비가 되겠다[旦爲行雲暮爲行雨]'는 말을 남겼다고 한다. 이로 인해 후세에서 남녀 상환을 운우(雲雨)라 일컫게 됨.

87

3백 문짝 붉은 난간 비류강(沸流江)은 흐르고
능파무(凌波舞) 춤을 추는 소매 그림자 몇 쌍이나 되든고.
배에 다시 돌아와 옥적(玉笛)을 불어예니
관노(官奴)들도 오히려 옛나라 곡조를 전하더라.

其八十七

紅欄三百沸流江^①　舞袖凌波^②影幾雙
更向舟中吹玉笛　官奴^③故國尙傳腔

[註解] ①沸流江(비류강)-강선루(降仙樓) 아래 흐르는 강 이름. ②凌波(능파)-능파무(凌波舞). 성천 기생들에게 전하는 춤 이름. ③官奴(관노)-사령.

88

천하에 높고 높은 철옹성(鐵瓮城)
약산(藥山)에서 남으로 바라다뵈는
이곳이 병영(兵營)이라.
영변(寧邊) 태수 원기학(元騎鶴)이
주수루대(珠樹樓臺)의 만호(萬戶)를 가벼이 여겼어라.

其八十八

天下高高鐵瓮城①　藥山②南望是兵營
寧邊太守元騎鶴③　珠樹樓臺④萬戶⑤輕

註解　①鐵瓮城(철옹성)-맹산(孟山)에 있는 낭림산맥(琅琳山脈) 중의 고산. 견고한 성의 비유로도 쓰임. ②藥山(약산)-영변(寧邊)의 지명. 약산 동대로 이름이 있다. ③元騎鶴(원기학)-출처 미상. ④珠樹樓臺(주수루대)-구슬같이 화사한 누와 대. ⑤萬戶(만호)-썩 많은 집들. 고제(古制)에 군직(軍職)의 하나이기도 함.

89

향산불국(香山佛國)엔 탑이 층층이 솟아 있고
한 법(法)이 맑게 비었는데 구세(九世)의 등불이라.
흰 구름 흐르는 물 인간을 떠난 곳에
알지 못케라, 순사 또는 상방의 승(僧)이런가.

其八十九

香山佛國①塔層層　一法淸虛九世②燈
流水白雲人境外　不知巡使上方僧③

| 註解 | ① 香山佛國(향산불국)-향산은 영변(寧邊)에 있는 묘향산. 선조(宣祖) 때 서산대사(西山大師)와 사명대사(四溟大師)가 도를 닦던 곳이다. 중국에도 낙양(洛陽)에 향산사(香山寺)가 있어 향산불국이라면 불법 흥왕의 땅으로 전한다. 백거이(白居易)의 〈향산사기(香山寺記)〉가 있음. ② 九世(구세)-불교의 한 법이 구세나 등불로 되어 있다. ③ 上方僧(상방승)-순시하는 사또가 상방의 승이 된 것처럼 인간이 떠난 절에 들러 숙박함.

90

쓸쓸한 일곱 고을 큰 가람가엔
삼멧꾼들이 쑥대머리로 말 앞에 와 울리라.
강 건너 누런 구름 검은 산 있는 곳에
아침마다 호 땅의 사냥하는 연기만 바라다 보이네라.

其九十

蕭條七邑大江邊　蔘戶①蓬頭哭馬前
隔水雲黃山黑處　朝朝望見獵胡烟

| 註解 | ① 蔘戶(삼호)-압록강 가에는 산삼을 캐어 진상하는 민호(民戶)들이 있다. 그네들을 방언으로 '삼멧꾼'이라고 한다. 진상 수량을 채울 삼이 없어 봉두난발로 말 앞에 나와 읍소(泣訴)한다. 강 건너는 삭막한 호 땅이다.

91

만부(灣府)는 조선의 경계가 다하는 곳
통군정(統軍亭) 위에선 요동(遼東) 땅이 바라다보이네.
삼강(三江)에 해 저물고 지금은 봉화(烽火)에 아무 일 없으니
거문고 가야금에 노랫가락으로 오야(午夜)가 깊어간다.

其九十一

灣府^①朝鮮地界窮　統軍亭^②上望遼東
三江^③日暮烽無事　錦瑟嬌歌午夜中

[註解] ①灣府(만부)-의주(義州)의 별칭.　②統軍亭(통군정)-의주에 있는 정자.　③三江(삼강)-미상.

92

압록강(鴨綠江) 강기슭엔 돌무덤이 쌓이네.
정든 임 보내어 해지나서 돌아오네.
다만 저 수루(戍樓) 찬밤에 외로운 손이 있어
천아성(天鵝聲) 소리 속에 시골 생각 간절해라.

其九十二

鴨綠江邊石子堆^①　情人送作隔年廻
只有戍樓寒夜客　天鵝聲^②裡望鄕哀

[註解] ①石子堆(석자퇴)-왕조 때 우리나라에서 중국으로 사신으로 가려면 압록강 가에 가서 전별을 하며 작은 돌을 서로 주고받아 쌓았다고 함.　②天鵝聲(천아성)-군사를 모을 때 부는 나팔 소리.

93

위화도(威化島)에 가을 깊어 풀나무는 평평한데
풍모우혈(風毛雨血) 사냥꾼의 몰이 소리
수옷[繡服] 입고 요가(鐃歌) 부르는 화살 멘 기생들이
모두 달단마(㺚狚馬)를 타고 고을 성으로 들어간다.

其九十三

威化^①深秋草樹平　風毛雨血^②獵軍聲
繡服鐃歌^③弓箭妓　皆騎㺚馬^④入州城

註解　① 威化(위화)-위화도(威化島). 압록강 하류에 있는 섬. 이태조(李太祖)가 회군하던 곳이기도 하다.　② 風毛雨血(풍모우혈)-바람깃과 피 흐르는 것 등 사냥하는 모습.　③ 鐃歌(요가)-군악. 채옹(蔡邕)의《예악지(禮樂志)》에 '한악사품기사왈단소요가군악야(漢樂四品其四曰短簫鐃歌軍樂也)'라 하였음.　④ 㺚馬(달마)-달단마(㺚狚馬). 몽고 말.

94

유성(流星) 같은 파발말이 사또 환차(還次) 알리는데
이레 동안 서울길을 하루에 달려온다.
10월 달은 서녘 성에 조련(組練)이 열리나니
아병(牙兵)을 점검하면 또한 8천명이라.

其九十四

流星撥馬報還營　七日京師一日程
十月西城催組練^①　牙兵^②又點八千名

註解　① 組練(조련)-병사 훈련.　② 牙兵(아병)-관(官)에 소속된 병사.

95

영하(營下)엔 신수 좋은 백면랑(白面郞)들
선명하게 금군장(禁軍裝)을 하고 뽐내며 지나간다.
붉은 치마에 동다리 입은 원앙대(鴛鴦隊)는
또 깃발을 앞세우고 교장(敎場)으로 들어가노라.

其九十五
營下長身白面郞①　鮮明賽過禁軍裝②
猩裙夾袖鴛鴦隊③　又導門旗入敎場

註解　①白面郞(백면랑)－신수 좋은 얼굴의 허연 병사들. ②禁軍裝(금군장)－금군청(禁軍廳) 군사들의 복색. ③鴛鴦隊(원앙대)－미상.

96

푸른 융단 군막 속에 진 친 모습도 둥그런데
막막한 모래 바탕 1만 조(竈)에 일제히 연기가 난다.
비포(飛砲) 큰 한 소리 엄한 호령 전하며
홍왜(紅倭)를 포박해다 장대(將臺) 앞에 바치겠다.

其九十六
靑絨軍幕陣形圓　漠漠平沙萬竈烟
飛砲一聲傳號令　紅倭①縛獻將臺前

註解　①紅倭(홍왜)－미상. 조련하는 모습을 그린 그림.

97

하늘하늘 눈은 흩날리고 밤에 동방(洞房)은 차라.
번철(燔鐵) 동(銅)화로 옆에 끼고 둥그렇게 둘러앉아
분빨같이 희고 긴 국수가닥 강계면(江界麵)을
다시 일러 작은 은반에 끓여내게 하느니라.

其九十七

輕輕雪夜洞房①寒　煮鐵銅爐雜坐團
粉白長絲江界麪②　更敎湯進小銀盤

註解　①洞房(동방)-아늑한 방.　②江界麪(강계면)-강계의 면은 명물이다.

98

양피 배자는 몸맵시도 날씬하다.
달 아래 서상(西廂)으로 좁은 복도 밝았세라.
가만히 책방(冊房)으로 드니 통인(通人)은 물러가고
은(銀) 등잔 깜박이며 야폐문(夜閉門) 소리만 들려온다.

其九十八

羊皮褙子壓身輕　月下西廂①細路明
暗入冊房知印②退　銀燈吹滅閉門聲

註解　①西廂(서상)-서쪽 곁채.　②知印(지인)-통인을 일컬음.

99

섣달은 강이 얼어 썰매[雪馬]가 달리고
말머리엔 한 사람씩 미녀를 끼었어라.
황혼 무렵 쏜살같이 건너는 유리거울
해시(亥時)쯤에나 군악소리와 함께
감영(監營)으로 돌아오리.

其九十九

臘月氷江雪馬馳　馬頭皆挾一蛾眉
黃昏鶯轉琉璃鏡　笳吹還營到亥時

100

1천 집 집집마다 얼음기둥 파 동이 만들어
그믐밤에 등불 혀는 것은
상원(上元) 풍속에서 배운 것이라.
한 번 성중 높은 곳에 올라 바라다보면
온통 말쑥한 수정궁(水晶宮) 빛 황혼이 차고녀.

其一百

千家氷柱鑿成盆　除夜張燈學上元①
試向城中高處望　水晶宮色冷黃昏

註解　①上元(상원)-고려 때 상원(上元)에 연등회(燃燈會)가 있었음.

101

누른 왕골미투리가 수혜(繡鞋)보다도 낫다.
금연 꽃이 눈을 밟아 동쪽 뜰로 내리는다.
그림 그린 담머리를 높낮이로 돌아갈제
은 물린 대비녀가 땅에 떨어져도 가뭇 모르고 지내것다.

其百一

黃秸紋鞋①勝繡鞋　金蓮②踏雪下東堦

墻頭畫板③身高下　忘墮銀嵌竹節釵

註解 ①黃秸紋鞋(황결문혜)-왕골 속으로 만든 노란빛 미투리. 눈 위를 걷기엔 수놓은 비단신보다 낫다.　②金蓮(금련)-여자의 맵자한 발. 미인의 걸음걸이를 금련보(金蓮步)라 일컬음.　③墻頭畫板(장두화판)-옛날에는 큰 집 담머리에 사군자(四君子)·십장생(十長生) 따위 그림을 그려 장식함.

102

2월이라 강성엔 온갖 새가 지저귀네.
살구꽃 피는 한식철에 물은 동쪽, 서쪽,
교방(敎坊)에 분부하여 서둘러 악(樂)을 익힌 후에
날마다 미기(美妓) 옆에 끼고 누대 곳곳 노니노라.

其百二

二月江城百鳥啼　杏花寒食水東西
分付敎坊勤習樂　樓臺處處日相携

103

3월은 아지랑이 끼어 온 누리 봄이어라.
도화물 불은 후에 푸른 가람 새롭고녀.
촌아씨들 늦어가는 연화(年華)를 아낄 줄 알아
비단 같은 산 위에 비단 같은 사람이 많더라.

其百三

三月流絲滿目春　桃花水後綠江新
村娥解惜年華①晚　錦繡山②多錦繡人

|註解| ①年華(연화)-나이 꽃. 세월을 뜻함. ②錦繡山(금수산)-산 이름. 말 그대로 비단 같은 산이다.

104

수도 없이 봄놀이 나온 사람들 관현(管絃)은 울먹이고
윗강 배는 아랫강 배를 끌어간다.
삐걱삐걱 노젓는 소리 모두 다 능라도(綾羅島)로 향하여 가노니
해가 맞도록 몇 백금(百金)이나 이곳에 뿌리는고.

其百四

無數遊人咽管絃　　上江船戞下江船
鳴枻盡向綾羅島①　銷破終年幾陌錢②

|註解| ①綾羅島(능라도)-금수산 모란봉에서 마주 바라보이는 아름다운 섬. ②陌錢(백전)-백(陌)은 백(百)으로 통함.《몽계필담(夢溪筆談)》에 '지금 돈을 셀 제 백전(百錢)의 백(陌)자는 차자한 것이고 실은 백(百)자다'라고 했음. 백금(百金)을 말한다.

105

붉은 휘장 다락배와 푸른 하늘 작은 뗏목
가람 가득 소고 소리 가람 가득 꽃이로다.
아련히 단장한 산수 속에 신선 같은 사또님은
이가 소동파(蘇東坡) 아니면 백낙천(白樂天)이 이 아니냐.

其百五

紅幔樓船碧漢槎　　滿江簫鼓滿江花
淡粧山水神仙吏　　除是蘇家是白家

106

노래는 끝나련 듯 북두성은 비끼련 듯
밤은 차고 금장(金帳) 속에 어린 정 애틋하다.
누가 저 소리 마을 닭 우는 소리라 하느뇨
강 가운데 백로(白鷺) 우는 소리로다.

其百六

歌欲終時斗欲橫　夜寒金帳①淺斟情
傍人莫道村鷄唱　知是江中白鷺聲②

註解　①金帳(금장)－금 장막.　②白鷺聲(백로성)－백로 우는 소리. 평양 기생 월비(月飛)가 감사와 더불어 풍월루(風月樓)에서 연락을 하다가 새벽이 되어 무리 닭이 울매 감사가 저게 무슨 소리냐고 물으니 월비가 얼른 대답하기를 강 가운데 백로 우는 소리라고 했다는 고사(故事)가 있음.《西京志》

107

황금 많은 곳에 다시 무슨 시름이리
백 년 인생을 뜻대로 놀으리라.
웃으며 은잔을 잡아 들고 첩자(帖子)를 불러
꽃자리에 금전두(錦纏頭)를 넌즛 던져 떨어지노라.

其百七

黃金多處更無愁　百歲人生盡意遊
笑把銀盃呼帖子①　當筵抛下錦纏頭②

| 註解 | ①帖子(첩자)-장부. 장부를 맡아보는 영속. ②錦纏頭(금전두)-가무(歌舞)하는 사람들에게 주는 행하(行下). 두시(杜詩)에 '준전응유금전두(樽前應有錦纏頭)'가 그것이다.

108

청사(青絲)로 꿴 30만 민전(緡錢)은
강정자 사지 않고 밭도 사지 않네.
돌아오는 날 보국하는 일편단심.
흰 나귀 동으로 건너며 다만 채찍 하나 드리우리라.

其百八

青絲三十萬緡錢①　　不買江亭不買田
歸日報君心一片　　白驢東渡但垂鞭

| 註解 | ①緡錢(민전)-꿰미에 꿴 돈. 푸른 실로 꿰었다. 30만 민전은 평양감사 봉급에 해당함.

자하시집

紫霞詩集

신 위(申緯)

汉文句读

朱自清

（附日译）

차 례

자하시집(紫霞詩集) 해설 —— 586

자하시집(紫霞詩集) 1권

서경차정지상운(西京次鄭知常韻) —— 589
속추사(屬秋史) 김참판 정희(金參判 正喜) —— 589
회령령(會寧嶺) —— 590
백탑(白塔) —— 591
태자하(太子河) —— 592
동관역지양수하작(東關驛至凉水河作) —— 592
강녀사효판상운(姜女祠傚板上韻) 3수(三首) —— 593
진자점조계문란(榛子店弔季文蘭) —— 595
석묵서루공부(石墨書樓共賦) —— 595
차운옹담계방강제여소조(次韻翁覃溪方綱題余小照) —— 596
노가장(盧家莊) —— 597
제청수부용각(題淸水芙蓉閣) —— 598
동한제원진사유용봉(同韓霽原進士遊龍峰) —— 598
기남팽석(寄男彭石) 5수(五首) —— 599
구월구일범주마하탄(九月九日泛舟摩訶灘) —— 601
은파(銀波) —— 603
부용당야연봉증안사(芙蓉堂夜宴奉贈按使) —— 603

제왕재청기혜방손우거화(題汪載淸寄惠倣孫雨居畵) —— 604
동선관설중(洞仙關雪中) —— 605
환부상산로중서사(還赴象山路中書事) —— 605
서안사선두(書按使扇頭) 2수(二首) —— 606
초추문성강범주(抄秋文城江泛舟) —— 607
봉사풍고(奉謝楓皐) 2수(二首) —— 607
상산29영(象山二十九詠) —— 609
  1. 백우산(白羽山)/ 2. 척서루(滌暑樓)/ 3. 명슬원지(明瑟園池)
  4. 청수부용각(淸水芙蓉閣)/ 5. 소어탑(小於榻)/ 6. 세연지(洗硏池)
  7. 심시경(尋詩徑)/ 8. 유교(柳橋)/ 9. 유림석탑(柳林石塔)
  10. 오동도(梧桐島)/ 11. 대롱판(大隴阪)/ 12. 무산(霧山)
  13. 난뢰교(蘭瀨橋)/ 14. 아미산(峨嵋山)/ 15. 달운고성(達雲古城)
  16. 조음동(鳥音洞)/ 17. 황고만(黃姑灣)/ 18. 반도석(蟠桃石)
  19. 후월대(候月臺)/ 20. 알운령(遏雲嶺)/ 21. 자하담(紫霞潭)
  22. 백구만(白鷗灣)/ 23. 유랑(柳浪)/ 24. 도화동(桃花洞)
  25. 관적사(觀寂寺)/ 26. 문성진(文城鎭)/ 27. 마하탄(摩訶灘)
  28. 은금령(銀金嶺)/ 29. 월괘령(月掛嶺)
한보정(閑步亭) —— 621
윤6월15야월명(潤六月十五夜月明) 3수(三首) —— 622
추야독서(秋夜讀書) —— 623

자하시집(紫霞詩集) 2권

도화진곡(桃花塡曲) 4수(四首) —— 625

칠송정상춘(七松亭賞春)　2수(二首) ── 627
3월3일소우신청(三月三日小雨新晴) ── 628
담계부지(覃溪訃至)　2수(二首) ── 628
청평산15절구(淸平山十五絶句) ── 630
　1. 청평동구(淸平洞口)/ 2. 산정화(山頂花)/ 3. 구송정폭포(九松亭瀑布)/
　4. 서향원(瑞香院)/ 5. 영지(影池)/ 6. 극락전(極樂殿)/7. 강선각(降仙閣)/
　8. 진락공중수문수원비(眞樂公重修文殊院碑)/ 9. 나옹철주장(懶翁鐵拄
　杖)/ 10. 천년고삼(千年古杉)/ 11. 송파화상(松坡畫像)/ 12. 서천(西川)/
　13. 선동(仙洞)/ 14. 고골(古骨)/ 15. 선인국(仙人局)
만월대회고(滿月臺懷古) ── 637
제서긍고려도경(題徐兢高麗圖經) ── 637
채하동(彩霞洞) ── 638
반가장(潘家莊) ── 638
야조대농월(夜釣臺弄月) ── 639
판문점희음(板門店戱吟) ── 640
답객문(答客問) ── 640
벽로음(碧蘆吟)　4수(四首) ── 641
서강(西江) ── 643
홍백매(紅白梅) ── 644
시흥잡시(始興雜詩)　2수(二首) ── 645
서료구점(書寮口占) ── 646
입춘설(立春雪) ── 647
행화절구(杏花絶句) ── 647

초하만성(初夏謾成) 2수(二首) —— 648
차운문암비서신첩(次韻問庵秘書新睫) —— 650
낙엽시(落葉詩) —— 651
후낙엽(後落葉) —— 652
남각매화(南閣梅花) —— 653
춘반(春半) —— 653
자제벽로방도(自題碧蘆舫圖) —— 654
기사오난설(寄謝吳蘭雪) —— 654
석춘(惜春) —— 655
자하동(紫霞洞) 2수(二首) —— 656
소원절구(小園絕句) —— 657
도망(悼亡) 4수(四首) —— 658
영국(詠菊) —— 659
별세(別歲) —— 660

자하시집(紫霞詩集) 3권

강도유후사조일중희당인대(江都留後辭朝日重熙堂引對)
  2수(二首) —— 661
숙금릉회구서사(宿金陵懷舊書事) —— 662
세심재(洗心齋) —— 663
금향각선면산수화(琴香閣扇面山水畫) —— 664
송정경산지임회령(送鄭經山之任會寧) —— 664

단엽홍매(單葉紅梅) ── 665
추차정묘교운(追次丁卯橋韻) ── 666
심화(尋花) 5수(五首) ── 667
소악부 23수(小樂府 二十三首) ── 669
   1. 인월원(人月圓)/ 2. 백마청아(白馬靑娥)/ 3. 홍촉루(紅燭淚)
   4. 죽미(竹謎)/ 5. 신내로(神來路)/ 6. 자규제전강(子規啼前腔)
   7. 자규제후강(子規啼後腔)/ 8. 추산청효(秋山淸曉)/ 9. 영파(影波)
   10. 장중배(掌中盃)/ 11. 호접청산거(蝴蝶靑山去)/ 12. 어락(漁樂)
   13. 실사구시(實事求是)/ 14. 관간빈(慣看賓)/ 15. 벽계수(碧溪水)
   16. 녹초청강마(綠草靑江馬)/ 17. 축성수(祝聖壽)/ 18. 야춘(冶春)
   19. 낙화유수(落花流水)/ 20. 쌍옥저(雙玉筯)/ 21. 향섭의(響屧疑)
   22. 인생행락이(人生行樂耳)/ 23. 십주가처(十洲佳處)

기엽동경(寄葉東卿) ── 681
자제묵죽(自題墨竹) ── 682
춘진일대우(春盡日對雨) ── 683
제기우초(題寄雨蕉) ── 684
추회(秋懷) 2수(二首) ── 685
9월기망아집(九月旣望雅集) ── 686
차운하상오엽시(次韻荷裳五葉詩) ── 687
   1. 태정엽(苔庭葉)/ 2. 석경엽(石徑葉)/ 3. 이정엽(離亭葉)
   4. 객사엽(客舍葉)/ 5. 이하엽(籬下葉)/

도가인조씨(悼家人趙氏) ── 689
칠석육언(七夕六言) 3수(三首) ── 690

자하시집(紫霞詩集) 4권

차운죽타동사전춘(次韻竹坨桐士餞春) ─ 692
추화이재제황산오주고목도(追和彛齋題黃山五株枯木圖) ─ 693
8월9일익종대왕탄신(八月九日翼宗大王誕辰) ─ 694
4월8일원정절구(四月八日園亭絶句) 2수(二首) ─ 695
5월26일한여득우희성(五月二十六日旱餘得雨喜成) ─ 696
초설주후자제황불황미불미정측(初雪酒後自題黃不黃
 米不米幀側) ─ 697
춘소견회(春宵遣懷) ─ 698
추풍청(秋風淸) 2수(二首) ─ 698
무술8월11일70생조(戊戌八月十一日七十生朝) ─ 699
회양(淮陽) ─ 700
국화(菊花) 3수(三首) ─ 701
매화(梅花) ─ 702
낙매(落梅) ─ 703
차운묵농월석절구(次韻墨農月夕絶句) 2수(二首) ─ 704
중춘응명서어병풍(仲春應命書御屛風) ─ 705
무명씨고초산수십절구(無名氏古綃山水十絶句) ─ 705
대서답초의사(代書答草衣師) ─ 710
증변승애여사(贈卞僧愛女史) ─ 711
쌍회정상화(雙檜亭賞花) ─ 712

우일양연산방(又一養硯山房) — 712
억자하산장유감(憶紫霞山莊有感) — 713
제금성여사운향화난(題錦城女史芸香畫蘭) — 714
갱하돈만반작(羹河豚晚飯作) — 714
병중몽사녹용(病中蒙賜鹿茸) — 715
송별조벽합득림부임영변(送別趙碧霅得林赴任寧邊) — 716
임우신청(霖雨新晴) — 716
매하소작(梅下小酌) — 717
낙매부용전운(落梅復用前韻) — 718
제박석재명마고헌수도(題博晳齋明麻姑獻壽圖) — 719

연보(年譜) — 720
석북시집 색인(索引) — 726
자하시집 색인(索引) — 798

자하시집(紫霞詩集) 해설

자하 신위(紫霞 申緯) 선생은 조선왕조 정조(正祖) 순조(純祖) 양대에 걸쳐 시·서·화 삼절(三絶)로 이름을 떨친 시인이다. 창강 김택영(滄江 金澤榮)의 말에 의하면 '시가 가장 높았고 화(畵)가 그 다음인데 묵죽(墨竹)을 잘 그렸고 서(書)가 다음간다'고 하였다.

영조 45년(1769)에 났으니 강산(薑山) 이서구(李書九, 1754) 등 사가(四家)의 뒤를 이어 나온 시인이었다. 또 창강의 말을 빌면 영묘(英廟) 이하는 시의 기풍이 일변하여 이혜환(李惠寰) 금대(錦帶) 부자와 이형암(李炯菴) 류냉재(柳冷齋) 박초정(朴楚亭) 이강산(李薑山)의 차례로 혹은 기위한 것을 주로 삼았고 혹은 첨신한 것을 주로 삼았는데 자하(紫霞)는 바로 그를 이어 나왔다고 하였다. 그러나 자하는 실학파적인 경향을 띠고 있었던 그들과는 달리 매우 귀족적이고 호화 취미가 농후하였던 시인이다.

일찍이 문과에 올라 입조(立朝)하였고 순조 12년(1812) 44세에는 주청사 서장관(奏請使 書狀官)으로 연경(燕京)에 갔었다. 이 길이 그의 시작 생활에 주요한 영향을 끼친 계기로 되었던 것도 같다. 이에 앞서 완당(阮堂, 1786년생)이 선비로 북경에 가서 옹담계(翁覃溪)에게 서법(書法)을 배웠었다. 그때 옹(翁)에게 완당이 자하의 시를 소개한 일이 있었다. 완당은 자하보다 18세 아래인 후배였다. 옹담계 부자가 자하를 만나자, 곧 그의 뛰어난 재주에 경도하게 된 것이다. 연경에서 귀국한 뒤로 그들과는 계속 서신과 문교를 끊이지 않았다. 시집에는 중국인들에게 보낸 시가 많다.
　순조 28년 문조(文祖)가 대리를 보던 이듬해에 선생은 강화유수(江華留守)로 출사했다. 이것은 문조가 문학을 좋아하여 특명을 내린 것이라고도 한다. 문조는 또 선생을 시켜 당시절구선(唐詩絶句選)을 편찬하게도 하였고 손수 양연산방(養硯山房)이라는 편액을 써서 하사한 일도 있었다. 문조의 이러한 권애가 도리어 화가 되어 문조가 일찍 돌아가자 척신들의 공격을 받아 결국 평산(平山)으로 귀양을 가게 되었던 것이다. 귀양에서는 1년만에 풀려났다. 이 무렵부터 선생은 시흥(始興) 자하산(紫霞山) 밑에 은거하며 자호를 자하라 일컬었다. 자하산에는 그의 선영이 있었다.
　적지(謫地)에서 돌아와 도승지(都承旨)가 되고 벼슬은 참판(參判)에 이르렀다. 액운은 있었을 망정 비교적 평탄하고 일찍 영달했기 때문에 여유있는 금도(襟度)가 선생의 시작에 나타나 보인다. 선생의 시상은 낙관주의적이고 재기활발하여 미감(美感)으로 가득차 있으며 기교의 묘가 있다. 완연 중만당(中晚唐)의 기라한 속에 든 거와 같은 현휘를 느끼게 하는 것이 그 시의 특색이다.
　다시 창강(滄江)의 말에 의하면 '그의 시가 소자첨(蘇子瞻)을 스승으로 삼았는데 일방으로는 서릉(徐陵)과 왕마힐(王摩詰) 육무관(陸務觀)의 사이에 출입하여 능히 염(艶)하고 능히 야(野)하며 능히 환(幻)하고 능히 실(實)하며 능히 졸하고 또 능히 호탕하여 천태만상이 목현신취(目眩神醉)케 한다'고 하였다. 선생이 처음에는 성당(盛唐)을 배우다가 뒤에 소동파(蘇東坡)에 기울어졌는바 이것은 옹담계와의 교우를 돈독케 하는 주요한 요인으로 되었었다. 담계 자신이 크게 소자첨을 존중한 사람이었다. 일찍이 송본소시(宋本蘇詩)를 비장하고 있어 자기 서재 이름을 보소재(寶蘇齋)라 이름하기까지 할 정도였다. 이러한 관계로 선생은 만년에 시작을 자선(自選)할 때 당시를 섭렵하던 시대의 작품은 모두 버리고 43세 때 것부터 편집하여 담계가 써 준 당명(堂名)을 붙여 《경수당집(警修

堂集)》이라 이름하였다. 그것을 선생이 별세한 후 아들 명연(命衍)과 문인이 신미년 이전의 시 약간 권을 첨부하여 도합 10여 책으로 만들고, 문(文)도 수책을 곁들였다고 한다.

선생은 헌종(憲宗) 11년(1845) 을사년에 77세로 한경 장홍방(長興坊) 본제에서 서거하였다. 풍채가 아름답고 세속을 초탈하여 시와 서화로 유유자적한 만년을 지냈다고 일러오고 있다.

그후 김창강(金滄江)이 《경수당집》을 얻어다가 시만 베껴 가지고 중국에 가서 다시 고선하여 6권으로 엮어 상재한 것이 《신자하시집(申紫霞詩集)》 2책이다.

내가 쓴 번역 원전은 이 김창강 본(本)이다. 지면 사정으로 그 가운데에서도 정선하여 4권으로 만들었다. 그러나 중요한 것은 거의 수록된 걸로 생각된다. 창강이 말하기를 '세상에 공의 시를 좋아하는 사람들이 그 수의 많은 것만 바랄 게 아니라 다만 그 광세의 기재(奇才)가 일대에 걸쳐 변화를 다한 것만을 구하면 가하다'고 하였다. 이 작은 역시집(譯詩集)으로도 선생의 뛰어났던 시재(詩才)를 엿보기엔 족하지 않을까 한다. 다시 기회가 있는 대로 남은 부분을 더 번역하여 보충하려고 한다.

자하시집(紫霞詩集) 1권

서경차정지상운(西京次鄭知常韻)

급한 피리 술잔을 재촉하고, 이별시름 많아라
술마저 취치 않고 노래도 나오지 않네.
저절로 생긴 강물이 서편으로 흘러가
물머리 정든 님 위해 동쪽으로 돌리지 않네.

西京次鄭知常韻

急管催觴離思多　不成沉醉不成歌
天生江水西流去　不爲情人東倒波

* 평양에서 정지상(鄭知常)이 운을 밟아 읊음. 그의 〈송인(送人)〉 시에 '양헐장제초색다(兩歇長堤草色多) 송군남포동비탄(送君南浦動悲歎) 대동강수하시진(大同江水何時盡) 별루년년첨녹파(別淚年年添綠波)'라는 칠언절구가 있다.

속추사(屬秋史) 김참판 정희(金參判 正喜)

밝은 시대 담론(談論)이 바른 소리 퍼뜨리고
모임에는 드날리고 드날려 정이 매우 깊더라.

내 이젠 영준을 논하는 데 게을러졌으니
청매(青梅)로 술 덥히는 일은 후생에게 맡기리라.

屬秋史(金參判正喜)

昭代春容播正聲　蒐羅揚挖有深情
吾今倦矣論英雋　煮酒青梅①屬後生

* 신미년 지음. 그때 선생은 43세이고 추사(秋史)는 26세였다.

註解　①煮酒青梅(자주청매)-청매로 빚은 술. 친한 벗 사이에 나누는 술자리를 일컬음.

회령령(會寧嶺)

땅을 둘러 무릿 봉우리 뿔뿔이 달아나고
전 요(遼) 땅의 험지 속에 이 재가 제일 웅대하구나.
하늘은 희고 푸른 구름 밖에 드리우고
가을은 단사(丹砂) 칠한 물감 속에 깊었세라.
협길에 호랑이와 싸우며 토우(土雨)낀 저녁때
성은 어둑어둑 갈가마귀와 솔개가 난다.
구름층에 웃고 말하는 소리 때때로 잃어버려
산중간 거친 사우(祠宇)에서 일동이 점검을 해본다.

會寧嶺

匝地群峰忙自退　全遼嶺陁此爲雄
天垂繚白縈青外　秋入丹砂點漆中
峽鬪虎狼霾短景　城昏鴉鸇舞回風

雲層笑語時相失　山半荒祠一會同

* 임신년 44세 연행(燕行) 때 지음. 주청사(奏請使) 서장관(書狀官)으로 따라갔었다.
* 부기 : 옛날이나 지금이나 시구 가운데에 뜻하지 않게 같은 구절이 있을 수가 있다. 내 연행시(燕行時) 회령령(會寧嶺)에서 읊은 한 구절에 '천수료백영청외(天垂潦白縈青外)　추입단사점칠중(秋入丹砂點漆中)'이라 한 것이 있어 내 스스로 잘된 구라고 생각했었는데 뒤에《육방옹집(陸放翁集)》을 보니 '천수료백영청외(天垂潦白縈青外)　인재해홍분록중(人在駭紅忿錄中)'이라는 구절이 있지 않은가. 이 두 구가 다 류유주(柳柳州) 산수기(山水記)의 말을 쓴 것인데, 나는 유주(柳州)와 두릉(杜陵)에게서 취재하였었다. 뒤에 사람들이 '표절한 것'이라고 말할는지 모르나 실로 우연에서 나온 일이다. 덧붙여 말하여 시경(詩境)의 혹 옛사람에게 이를 수 있음을 스스로 기뻐하는 바이다.(정해 10월 자하노인)

　　古今人詩 有不謀而同者 余燕行時 會寧嶺 得一句曰 天垂潦白縈青外 秋入丹砂點漆中 自以爲佳 後閱放翁集 有曰 天垂潦白縈青外 人在駭紅忿綠中 此二句 皆用柳柳州山水記語 余則取材於柳州與杜陵耳 後人必曰剽竊 而余實偶然 不謀而同也 附識於詩後 自喜詩境之或能到古人 丁亥 十月 紫霞老人

백탑(白塔)

흰 탑은 아득하고 먼 하늘로 향해 가네
묵은 성 서쪽 두둑 절문 동쪽 편.
길손은 사공을 불러 모래톱에 섰노니
104개 요령소리 멀리 바람결에 들려온다.

白 塔

白塔^①亭亭向遠空　古城西畔寺門東
行人喚渡立沙渚　一百四鈴遙語風

註解　① 白塔(백탑) – 요동(遼東)에 있음.

태자하(太子河)

진(秦)나라를 피해 왔으나
연수(衍水)도 진나라임에야 어찌하랴.
이래서 연수를 태자하라 이름했노라.
내가 물가에 이르러 옛일을 고증하려 하니
찬바람 지는 해에 물만 흘러가누나.

太子河

避秦衍水^①奈秦何　衍水因稱太子河^②
我欲臨河徵舊事　寒風落日自類波

註解　① 衍水(연수) – 요녕성 경계에 흐르는 물.　② 太子河(태자하) – 연(燕)나라 태자 단(丹)이 이곳에 숨어 살아서 태자하라 이름하였다.

동관역지양수하작(東關驛至凉水河作)

고요한 바람 비갠 뒤 따뜻한 하늘에

나무끝에 이는 가을이 어쩌면 이리도 맑고 고으뇨.
수레는 진흙길에 들어 반질한 바다 같고
차맛은 입에 돌아 아득한 졸음 선(禪)에 든 것 같구나.
옛 수자리 황화꽃 말채찍 밖이요
술 파는 집 붉은 깃발 기러기 소리 가이로다.
좋은 시구는 한 번 잊어버리면 이어나가기 어렵거니
진실로 입에서 솟는대로 급취편(急就篇)을 만든다.

東關驛至凉水河作

暖日恬風雨後天　杪秋那得此淸姸
車音入滑泥爲海　茶味回甜睡是禪
古戍黃華鞭影外　酒家紅旆鴈聲邊
好詩一失難追補　衝口眞成急就篇①

* 동관역(東關驛)에서 양수하(凉水河)에 닿아 읊음.

註解　①急就篇(급취편) — 한(漢)나라 때 글 이름. 물명·지명 등을 기록한 책.

강녀사효판상운(姜女祠傚板上韻)　3수(三首)

1

강녀사(姜女祠) 앞엔 가을 국화 누렇고
강녀사 밖은 가을빛이 서늘터라.
어디서 들려오는 다듬잇소리 공연히 창자를 끊노니
함초롬히 정든 눈 모아 멀리 서로 바라본다.

姜女祠倣板上韻　三首

其一

姜女祠前秋菊黃　姜女祠外秋光凉
藁砧何在空腸斷　凝眸瞭曼遙相望

2

강녀사 앞엔 가을날이 뉘엿뉘엿
강녀사 아랜 다듬잇소리 서느랗다.
어유하(魚遊河) 곡조가락은 쓰고 괴롭기 쉬운데
어이해 그리운 생각은 만리장성처럼 기뇨.

其二

姜女祠前秋日黃　姜女祠下砧杵凉
魚游河①曲調易苦　所思何極長城長

註解　①魚遊河(어유하)－중국의 사패(詞牌) 명.

3

강녀사 밖엔 초승달이 그믈고
강녀사 가운데엔 패옥 소리 서늘하다.
곧은 혼이 한갓 망부석(望夫石)에 있노니
그림 기(旗) 움쩍 않고 연기만 아득하다.

其三

姜女祠外初月黃　姜女祠中環珮凉

貞魂只在望夫①處　畵旗不動烟蒼茫

註解　①望夫(망부)-망부석(望夫石). 망부석은 강녀가 남편을 기다리던 곳.

진자점조계문란(榛子店弔季文蘭)

도화(桃花)로 낯을 긋고 남은 단장 지우고
예 입던 비단치마 눈물로 다 적셨네.
박명(薄命)이 어이 상부(商婦) 한보다도 많아
비파를 비껴안고 심양(潯陽)을 지나니라.

榛子店弔季文蘭
　桃花劈面洗殘粧　泣盡香羅舊著裳
　薄命較多商婦恨　琵琶斜抱過潯陽

석묵서루공부(石墨書樓共賦)

이역(異域)에서 뜻있는 선비들이 만났는데
기러기는 남쪽으로 가고 나는 북쪽으로 왔더라.
만 리나 떨어진 다른 하늘에서 숙연(宿緣)이 모였고
구문(九門)은 바다 같은데
갖가지 우스개 이야기를 하고 돌아가네.
문수(汶水)의 대가 반드시
연(燕)나라에서 심지 않은 것이 아니며
초(楚)나라 귤이 이내 진(晉)나라의 나무로 되었느니

부질없이 오래 누머리에 머뭇거리지 마오.
황금대(黃金臺)에 낙조가 슬프구료.

翁星原樹崑葉東卿志詵 汪載清汝翰招集石墨書樓星原賞余所携楓皐公詩扉仍用原韻卽席共賦

逢迎秋士望鄕臺　鴻雁南來我北來
萬里各天宜契合　九門①如海劇談回
汶②篁未必非燕植　楚橘仍須化晋材
莫漫樓頭憑眺以　黃金落照③氣悲哉

* 옹성원수곤(翁星原樹崑), 섭동경 지선(葉東卿志詵) 왕재청여한(汪載清汝瀚)이 공을 청하여 석묵서루(石墨書樓)에 모였다. 그때 공이 가지고 있었던 풍고(楓皐) 시가 쓰인 부채를 성원(星原)이 보고 칭찬하여 곧 운을 밟아 같이 지음. 성원은 옹방강(翁方綱)의 아들. 풍고는 김조순(金祖淳)의 호다.

註解　①九門(구문)-연경에 아홉 개의 문이 있음.　②汶(문)-문수(汶水). 산동성(山東省) 경계를 흐르는 물.　③黃金落照(황금낙조)-연경8경의 하나.

차운옹담계방강제여소조(次韻翁覃溪方綱題余小照)

노파(老坡)가 주빈(周邠)에게 답한 선구(禪句)
그 뜻을 따 집 이름을 짓고 또 그림으로 그렸네.
묻노니 5백 칸 속 몇째 탑(榻)에다
맑은 바람 쓸고 이 사람을 놓았는고

次韻翁覃溪①方綱題余小照

老坡②禪偈答周邠③　取作齋名寫作眞
問五百間幾第楹　清風淨掃置斯人

*옹방강(翁方綱)이 청풍오백간(淸風五百間)이라는 재명(齋名)을 지어주고 겸하여 공의 초상을 그려 주어 그에 답함.

註解 ①翁覃溪(옹담계)–옹방강(翁方綱). 청(淸)의 학사(學士). 금석학(金石學)에 밝고 글씨를 잘 써 자체를 이루었다. 호를 담계(覃溪)라 하고 일찍이 송본소시(宋本蘇詩)를 얻어 재명(齋名)을 보소재(寶蘇齋)라 부름. ②老坡(노파)–소동파(蘇東坡)를 가리킴.　③周邠(주빈)–소동파 당시의 송인(宋人).

노가장(盧家莊)

외론 마을 연기 불은 넓은 들판으로 깜박이고
산은 먼 하늘에 들어 아득하다.
기억하겠는가? 일찍이 이곳에 수레 머문 일
노가장(盧家莊) 버드나무 셋째 그루.

盧家莊

孤村烟火隱平蕪　山入遙天淡靄無
記否停車曾此地　盧家楊柳第三株

제청수부용각(題淸水芙蓉閣)

서늘바람 쫓아 청수부용각에 혼자 읊조리노니
연꽃은 푸른 못을 가득히 덮었세라.
이곳에 앉으매 삼복더위도 모르고
문득 육조(六朝)의 시를 생각케 하누나.
새는 날아 한 점 푸른 빛깔 지나가고
고기는 놀아 1천 마리 금빛이 흩어지네.
조그만 관부(官府)가 아주 환하게 열렸는데
바람도 없이 푸른 숲 그림자가 참치(參差)하다.
(閣은 谷山관부의 원정이다. 그때 翁學承이 淸水芙蓉閣의 액자를 써 보내와서 刻하여 걸었다.)

題淸水芙蓉閣

追凉淸水芙蓉閣　獨咏朱華冒綠池
對此不知三伏熱　令人却憶六朝詩
禽飛一點翠光去　魚戲千頭金色披
小署自開明瑟境　無風林影碧參差
(閣卽谷山官府之園亭時翁學承寄至淸水芙蓉閣扁公乃刻而揭亭)

* 계유년 곡산(谷山) 원으로 나가 있을 때 지음.

동한제원진사유용봉(同韓霽原進士遊龍峰)

한 구비 고요한 마을 그림으로 그려도 같지 못할네라

그 옛날 저제(邸第)는 오히려 터를 남겼구나.
비 뒤에 시냇물은 땅보다도 많고
가을이 오니 버들잎은 고깃두름으로 다 나가네.
춤추든 기생이 비녀를 떨어뜨리매 꽃다운 풀 매끄럽고
취한 사람 돌아가는 말[馬]에 석양이 성깃하다.
높은 데 올라 시를 짓는 것도 구차한 일이로다.
누가 양공(羊公)의 조각돌이 남은 것을 보았다 하느뇨.

同韓齋原進士遊龍峰

一曲康村畵不如　當年邸第①尚遺墟
溪流雨後多於地　楊葉秋來半是魚
舞妓遺簪芳草滑　醉人歸騎夕陽踈
登高作賦區區耳　誰見羊公②片石餘

註解 ①邸第(저제) – 현비(顯妃) 강씨(康氏)의 본집을 가리킴. ②羊公(양공) – 진(晉)나라 양호(羊祜). 양양(襄陽) 진관으로 있을 때 갑옷을 걸치지 않고 덕을 닦아 죽은 뒤에 백성들이 현산(峴山)에다 비를 세웠다. 그 비를 바라보는 사람들이 눈물을 흘려 타루비(墮淚碑)라 일컬었음.

기남팽석(寄男彭石) 5수(五首)

1

하찮은 벼슬아치 집 생각하는 손이요
맑은 가을 조정을 떠나온 신하여라.
함께 와서 너를 먼저 보내고
이내 돌아가지 못하는 사람이 되었구나.

寄男彭石用坡公韻　五首

其一

薄官思家客　淸秋去國臣
同來先送汝　仍是未歸人

* 곡산(谷山)에 부임할 때 같이 왔던 아들 팽석(彭石)을 집으로 보내고 지음.

2

석양머리에 너를 보내고
멍하니 앉았으니 새벽별이 드뭇하다.
가만히 험한 산길을 헤여보노니
망연히 관말[官馬]이 돌아가겠구나.

其二

斜陽送汝處　痴坐曉星稀
默數山程險　放心官馬歸

3

관말은 먼길에 지치고
사방 들에는 풀벌레가 울리라.
나그네 시름 아직 어린 나이로
어이 말을 달릴 줄 알으리요.

其三

官馬倦長程　草虫鳴四野

辛苦在童年　何知鞭策把

4

밤비가 쏟아지려 하나
구름을 헤쳐낼 칼이 어디 있으리오
길 멀고 지금쯤 날 생각하노라.
어느 마을 주막에 울고 누웠는고.

　其四

夜雨欲翻盆　抉雲安得劒
貪程兼戀余　啼臥何村店

5

비인 관집은 저절로 저물어가고
누구 한 사람 말 부칠 이도 없구나.
불현듯 식구들 생각이 나서
개연히 관(官)을 그만두고 싶다.

　其五

空齋自日夕　無與一言酬
骨肉轉成憶　慨然官欲休

구월구일범주마하탄(九月九日泛舟摩訶灘)

지난 해 중양은 연경(燕京)길에서 이역 서풍에 모자를 떨어뜨렸더니 올해 중양은 마하탄(摩訶灘)에 조각배 지는 해에 하찮은 벼슬아치 되었구나. 사람이 살아가는 자취 무상한 것이라 명년 중양은 또 어느 곳에서 지내리. 아직은 술잔 속에 가득한 국화꽃 기뻐하고 검은 머리 눈 되는 것 관계치 않네. 1백 길 강배를 끌어 바람 여울 올라가니 예[舊] 들던 오연(烏淵) 풍치가 다시 기절하고녀. 푸른 신나무 잎이 빨개진 솔나무 회나무 묵은 재에 흰 모랫길은 그윽한 절간으로 그들어 간다. 그대 맞는 곳에 서늘바람 불어오고 신녀가 돌아갈 때 패옥 소리 차도다. 내가 조정을 떠나온 것을 잘못이라 하지 마오. 산수 좋은 곳에 원되어 만족히 즐기노라. 취객을 한 배 가득 싣고 떠들어대노니 지방장관 위엄이 깎이는 듯도 하구나. 참으로 이곳에서 만나 반갑거늘 다시 또 무슨 고(糕)자를 쓰는 호걸이 될까보냐. 배를 옮겨 승방을 빌어 자니 남은 술이 깨지 않고 선(禪)은 이미 달아났다. 부처 앞엔 연꽃 등이 까물거리며 이상한 새 부르짖는 소리 서녘 봉우리에 달이 진다.

九月九日泛舟摩訶灘 至烏淵返宿觀寂寺作

去年重九燕①山道 異域西風吹落帽 今年重九摩訶灘 扁舟落日寄微官 人生縱跡易怊悵 重九明年何處看 且喜黃菊杯中實 不管青絲頭上雪 百丈牽江逆風湍 舊聞烏淵更奇絶 青楓葉赤松檜嶺 白沙路黑招提境 夫君迎處參差吹 神女歸時環佩冷 先生去國莫作惡 山水出宰差足樂 醉客滿船起喧譁 功曹椽吏等威削 眞堪可賀玆邱遭 不須更待題糕豪② 移棹就借僧房宿 殘酒未醒禪已逃 佛前蓮燈遞明滅 怪禽叫落西峰月

註解　①燕(연)－연행(燕行). 임신년(壬申年)에 주청사서장관(奏請使書狀官)으로 연행(燕行)했음. ②糕豪(고호)－고(糕)자를 쓰는 호걸. 유몽득(劉夢得)이 일찍이 구일시(九日詩)를 쓰는데 고(糕)자를 쓰고 싶으나 자사(字思)와 육경(六經)에 그 글자가 없어 단념했다고 한다. 그래서 송경문(宋景文)의 구일시에 '유랑불긍제고자(劉郎不肯題糕字) 허부인생일세호(虛負人生一世豪)'라는 구가 있다.

은파(銀波)

은파(銀波) 일대가 좋은 농장이라.
호걸스런 만호후(萬戶侯)를 부러워할 게 없더라.
벼 논은 가없이 역길로 둘러있고
콩밭은 끊이지 않고 오이밭으로 이르더라.

銀波

銀波一帶好莊院　何羨繁雄萬戶侯
稻隴無邊縈驛路　豆滕不斷到苽疇

부용당야연봉증안사(芙蓉堂夜宴奉贈按使)

부용당 위에 꽃다운 술자리
벼슬길과 나그네 시름이 둘다 함께 망연하다.
살북(薩北) 해서(海西)에서 자주 이 모임이 있고
술잔 앞 등잔 아래 세월은 빠르구나.
푸른 물을 둘러 연꽃은 대궁만 남고
붉은 난간 느즛이 상현달 떠올라라.
옥퉁소 불어에어 사람도 옥 같은데
벽성(碧城) 맑은 밤에 마주앉아 잠이 없다.

芙蓉堂夜宴憶安陵舊遊吟成短律奉贈按使

芙蓉堂上綺羅筵　宦跡羈懷兩惘然

薩北①海西②頻此會　樽前燈下易流年
縈廻綠水荷留柄　宛轉朱欄月上弦
吹徹玉簫人似玉　碧城淸夜對無眠

註解　①薩北(살북)-청천강 이북을 가리킴.　②海西(해서)-황해도의 다른 이름.

제왕재청기혜방손우거화(題汪載淸寄惠倣孫雨居畵)

소재(蘇齋)에서 또 하나의 인연을 맺어
합경도(合景圖)를 만들어 만 리에 전해 왔구나.
푸른 들에 봄이 길어 사슴이 수하는 줄을 알겠고
청산은 늙지 않으매 솔 나이로 증험한다.
시내 바람 쓸쓸하니 수선이 차고
매우(梅雨)가 축축한데 홍두(紅豆)는 타는 듯하구나.
내가 〈이소(離騷)〉 읽듯이 그림을 읽노니
그리운 사람 꽃다운 풀에 생각이 어리어라.

題汪載淸寄惠倣孫雨居畵

蘇齋又結一重緣　合景圖成萬里傳
綠野長春知鹿壽　靑山不老驗松年
溪風瑟瑟水仙冷　梅雨脩脩紅豆然
我讀離騷如讀畵　美人香艸思纏綿

* 계유년 지음. 중국인 왕재청(汪載淸)이 손우거(孫雨居)를 모방하여 그린 그림을 보내주어 읊은 것이다. 왕재청은 옹방강(翁方綱)을 찾았을 때 친한 사람이었다.

동선관설중(洞仙關雪中)

동선(洞仙)이 내가 시구를 찾아온 줄을 알고
짐짓 용을 보내어 급작스레 눈을 내리게 했어라.
울울한 푸른 솔 천만 그루
일시에 혼(魂)이 영 머리 매화로 돌아왔네.

洞仙關雪中

洞仙知我覓詩來　故遣龍公急雪催
鬱鬱蒼松千萬樹　一時魂返嶺頭梅

환부상산로중서사(還赴象山路中書事)

집사람을 작별하고 뜻은 총총하여
잠깐 성안에 들렀다가 다시 시골로 굴러 가누나.
한식 청명에 봄이 저물 무렵
강마을 산동네로 객이 가는 중이어라.
고기잡는 항구는 따뜻하여 오리떼가 모이고
나물 솎는 밭에 향기로운 나비바람이 분다.
이곳 풍경 속에 내가 살아 늙는다면
편안히 쉬며 채마 가꾸는 할아비가 되리라.

還赴象山路中書事

家人慘別意匆匆　暫入城闉又轉蓬

寒食淸明春暮節　水村山郭客程中
撈魚港暖鳧鷖日　挑菜田香蛺蝶風
是處烟光招我老　息機須學灌園翁

* 갑술년 서울에 왔다가 다시 상산(象山) 임소로 내려가며 읊음.

서안사선두(書按使扇頭)　2수(二首)

1

그림 촛불 다락 위에 춤추는 허리
금물결 땅에 가득 비파(琵琶)소리 뒤끓는다.
다른 해 황주(黃州)서 마시던 일 기억해 낸다면
삼월 초승 여섯째 밤.

書按使扇頭 二首

其一

畵燭登樓見舞腰　金波滿地鬧檀槽
他年記取黃州飮　三月初旬第六宵

2

황주의 버들빛 물감보다 푸르고
언덕 위 배꽃은 살갗처럼 희다.
붉으레한 비단으로 온통 영(嶺)을 덮었으니
동선령(洞仙嶺) 진달래가 천하에 제일이구려.

其二

黃州柳色綠于染　隴上梨花白如膚
肉紅宮錦裏全嶺　洞仙杜鵑天下無

초추문성강범주(抄秋文城江泛舟)

항구에는 배들이 모이고
다리 머리에선 군악이 맞아들인다.
눈부신 꽃떨기는 모두 기생들인데
즐비한 어호(漁戶)가 바로 산성이구나
나루가 널찍하니 뭇 시내가 합하고
서리가 무성하매 온갖 나무 밝고녀.
참으로 한 잎 작은 배가
가벼이 백구를 쫓는다.

抄秋文城江泛舟

港口帆檣集　橋頭騎吹迎
花叢元妓隊　水戶是山城
津濶諸溪合　霜酣雜樹明
小舟眞一葉　身逐白鷗輕

봉사풍고(奉謝楓皐) 2수(二首)

1

햇가에 편지가 서주(西州)를 찾아왔으니

기억하는가 우리는 어릴 적부터 친해 왔었네.
하찮은 쑥이 꽃다운 풀과 함께 늙어
사시(四時) 기미(氣味)가 이미 깊은 가을이구려.

乙亥歲首蒙被楓皐公書 問傷衰 感舊情溢於辭 輒用韻語 奉謝盛眷 二首

其一

日邊①書札問西州　記得童年結識不
蕭艾同隨芳草老　四時氣味已深秋

* 올해년 정초에 풍고(楓皐)가 편지를 보내와 사연이 자못 구정(舊情)에 넘쳐 있었다. 시를 지어 답사함.

註解 ① 日邊(일변) - 임금의 주변을 가리킴. 그때 풍고가 재상으로 있었다.

2

오래 초야(草野)에 묻혀 몸을 잃을까 두렵고
흘러 떨어져 친구들에게 갚을 길 없네.
하나 옛날부터 교우(交友)의 일을 알아보면
새 사람이 묵은 사람보다 낫다는 것은 믿을 수가 없구려.

其二

久辱泥塗恐失身　蹉跎知己報無因
古來點檢交遊際　不信新人勝舊人

상산29영(象山二十九詠)

1 백우산(白羽山)
— 고을 북쪽 증격산(甑擊山) 밑에 백우산이 있음 —

명산이 고을 속에 들어와
나처럼 짜그라져 있지 않다.
짐짓 흰 깃[羽]처럼 희여
하늘 높이 눈봉우리를 쌓아올렸네.

其一 白羽山(府北甑擊山之下有山曰白羽)

名山入官府　不與我偃蹇
故作白羽白　穹窿堆雪巇

2 척서루(滌暑樓)

버들 달은 시냇물 반짝여 누렇고
솔 구름은 영머리 자욱 푸르데.
장관(長官)이 본디 더운 줄을 몰라
응당 씻어낼 더위도 없네.

其二 滌暑樓

柳月漾溪黃　松雲屯嶺碧
長官本不熱　應無暑可滌

3 명슬원지(明瑟園池)

온 못이 털끝만한 티끌도 없어
온갖 시름 쓸어 말갛다.
한 점 밝은 거울 깨뜨리고
물새가 고기를 물고 날아가네.

其三　明瑟園池

無物隔纖塵　棲神澄百慮
一點破明瑟　翠鳥銜魚去

4 청수부용각(淸水芙蓉閣)

부용(芙蓉)은 본래 깨끗한 식물이고
청수(淸水)는 이것이 공(空)의 성품이라.
맑은 몸으로 또한 물건들을 비치노니
군자가 본따 정사를 하네.

其四　淸水芙蓉閣

芙蓉本淨植　淸水是空性
潔身兼照物　君子視爲政

5 소어탑(小於榻)

무릎을 접으면 거문고를 탈만하고
팔뚝을 꼬부리면 턱을 고일 만하네.
원룡(元龍)이 공연히 백 척 탑을 썼나니

여기서도 높이 누울 만하네.

　　其五　小於榻

　盤膝宜彈琴　橫肱可挂笻
　元龍①空百尺　於此寄傲兀

註解　①元龍(원룡)-한(漢)나라 사람. 진등(陳登)의 자(字). 거만스러워 백
　　　척의 탑(榻)에 누워 손님을 대했다. 이를 원룡고와(元龍高臥)라 일러옴.

　　6　세연지(洗硏池)

골짜기 물이 비록 험하게 흘러내려도
관못〔官池〕에 이르면 저절로 질펀하네.
채마밭에 물을 댄 뒤에
남은 물로 벼루를 씻네.

　　其六　洗硏池

　山溜來雖險　官池到自平
　蔬畦助一漑　餘力洗陶泓

　　7　심시경(尋詩徑)

사람들은 시를 찾아 간다고 말하지만
나는 약을 먹고 내리려 오네.
홀연 또 시경(詩境)에 들면
푸른 이끼에 발자취도 남기네.

　　其七　尋詩徑

　人謂尋詩去　我自行藥來①

忽又入詩境　印破靑莓苔

註解 ①行藥來(행약래)-약을 먹고 그것이 잘 내려가도록 걷다. 진(晋)나라 사람들이 약을 먹고 잘 내려가도록 산책을 하는데 이것을 행약(行藥)이라 일컬었다. 원진(元稹)의 시에 '행약보장음(行藥步墻陰)'이라는 구가 있음.

8 유교(柳橋)

유교(柳橋)의 묵은 버드나무가
그늘져 관도(官道)에 둘려 있네.
사람을 보내며 무던히 잘라냈으련만
어쩌면 이리도 자랐을까.

其八　柳　橋

柳橋古時柳　蔭周官道傍
挽斷亦已屢　那能如許長

9 유림석탑(柳林石塔)

어느 해 예사로운 나무숲이
변하여 양류원(楊柳院)으로 되었던고.
장광설(長廣舌)이나 빌린 듯이
탑을 둘러 꾀꼬리가 수없이 울어대네.

其九　柳林石塔

何年祇樹林　化作楊柳院
如借廣長舌　繞塔鶯百囀

10   오동도(梧桐島)

두 물이 어울려 도는 곳에
오동도(梧桐島)가 뜨려는 듯하이.
거문고 재목은 이미 땔감으로 없어졌지만
나는 마땅히 옛뜻을 구하리라.

其十   梧桐島

二水瀠洄處　梧桐島欲浮
琴材誰已爨　古意吾當求

11   대롱판(大隴阪)

둑 언덕에 행인은 적고
바람이 없어도 모래가 절로 난다.
낙엽지는 철이 아니더라도
쓸쓸히 가을 소리를 하네.

其十一   大隴阪

隴阪行人少　無風沙自驚
非關搖落候　淅淅有秋聲

12   무산(霧山)

용이 안개를 불어다 산이 되고
안개가 걷히면 산이 뚜렷하다.
뜬 이내와 따뜻한 푸른빛

하늘에 비껴 안개런 듯 안개 아니런 듯.

其十二 霧山

龍噓霧爲山　霧罷山如故
暖翠與浮嵐　橫天霧非霧

13 난뢰교(蘭瀨橋)

진주가 저를 아끼지 않고
뛰어서 객의 옷을 적시더라.
만일 열두 폭포를 찾으려거든
이곳에서 꺾이어 남쪽으로 가야 하네.

其十三 蘭瀨橋

眞珠不自惜　跳濺客衣衫
要尋十二瀑　從此折而南

14 아미산(峨嵋山)

봉우리가 돌아 반만 보이고
영(嶺)은 첩첩 아미를 감추었네.
산 모습이 모조리 보이지 않기 전에
쑥배 창머리에서 잠깐 바라보는 때.

其十四 峨嵋山

峰回露半視　嶺疊隱修眉
姿態方未已　篷窓徒倚時

15 달운고성(達雲古城)

그윽한 곳을 찾으나 뜻이 어이 다하리요
서운한 듯 남은 정이 있네.
창창히 먼 빛이 오노니
저녁 해가 옛성으로 떨어지네.

其十五 達雲古城

幽尋意何極　怊悵有餘情
遠色蒼然至　落暉下古城

16 조음동(鳥音洞)
―― 성우계(成牛溪)가 조음동기(鳥音洞記)를 지음 ――

큰 현인이 옛적에 고향을 떠나
이곳에 띠집을 얽었다 하네.
야사(野史)가 의심스러운 듯이 말하나
내가 마땅히 연보를 찾아보리라.

其十六 鳥音洞(成牛溪有鳥音洞記)

大賢昔播越　云此結茆宇
野言然疑作　吾當訪年譜

17 황고만(黃姑灣)

황고(黃姑)가 홀로 그윽한 곳에 있어
맑은 단장을 뉠 위해 자랑하노.
흐르는 시냇물을 놓아보내기가 싫어

이곳에 거울같이 맑은 물 웅덩이를 만들었네.

其十七 黃姑灣

黃姑處幽獨　明粧爲誰艶
不肯放溪流　持作鏡澄潋

18 반도석(蟠桃石)

신선산이 고을 안에 가득하여
내가 오래도록 머뭇거리네.
시골샘이 어이 그립지 않으리요만
반도(蟠桃)에 세 번이나 꽃피는 것을 보았네.

其十八 蟠桃石

仙山足官府　而我久婆娑
鄉井能無戀　蟠桃三見花

19 후월대(候月臺)

달을 기다리니 달이 더디 떠오르고
달이 높았으니 달낯이 다시 멀구려.
조금 지나 1천 자 대(臺) 위에
사람의 그림자가 물속으로 숨네.

其十九 候月臺

候月月較遲　蟾高兎更遠
少焉千尺臺　人影水中偃

20 알운령(遏雲嶺)

초옹(樵翁)이 도(道)나 있는 듯이
흰 머리가 옷깃 위에 드리워 있네.
내가 더불어 말하려 하나
길게 휘파람불며 날아서 영으로 올라가네.

其二十 遏雲嶺

樵翁類有道　素髮垂衣領
我欲與之言　長嘯飛上嶺

21 자하담(紫霞潭)

이름을 다투어 또 돈대가 놓였는데
소동파(蘇東坡)에게 먼저 나루가 있었네.
내가 자하담(紫霞潭)에 와 보고
이내 숙세를 깨달음이 있었네.

其二十一 紫霞潭

爭名且置墩　來蘇①先有渡
我至紫霞潭　因之夙世悟

註解　①蘇(소)-소동파(蘇東坡). 중국 서호에 소가도(蘇家渡), 즉 소동파 나루가 있음.

22 백구만(白鷗灣)

꽥꽥 소리치다 이내 둥실둥실 떠

용용하고 양양하게 떠돌아 노니네.
내 몸을 백구에다가 비겨
물결 위에 한 번 호탕하네.

其二十二　白鷗灣

拍拍仍汎汎　溶溶復漾漾
將身比白鷗　波上一浩蕩

23　유랑(柳浪)

유랑이 또한 아름다운 마을이라
녹음 속에 사람이 다시 조용하고녀.
작은배 대어 매어 보노니
분분한 꾀꼬리 소리 일어난다.

其二十三　柳　浪

柳浪亦佳村　綠陰人更靜
小舟爲一纜　黃鳥紛相請

24　도화동(桃花洞)

꽃이 따뜻하니 닭이 우는 지붕이요
강이 출렁이매 개짖는 동산이로다.
마을마다 모두 비단 같은 물결에
도원(桃源) 속 아닌 곳이 없구나.

其二十四　桃花洞

花暖鷄鳴屋　江鳴犬吠園

有村皆錦浪　無處不桃源

25　관적사(觀寂寺)

사리(舍利)는 전탑 속에 가믈고
금신(金身)은 감실을 닫았세라.
비를 읽으며 잠깐 섰노니
꽃비가 보슬보슬 내리더라.

其二十五　觀寂寺

舍利藏甎塔　金身閉石龕
看碑人小立　花雨落毵毵

26　문성진(文城鎭)

저자에는 고기 그물을 말리고
나루에는 쌀배가 모였더라.
성 위에선 뿔피리 불고
초승달이 그믈더라.

其二十六　文城鎭

晒市銀鱗網　銜津白粲檣
嚴城吹畫角　纖月一鉤黃

27　마하탄(摩訶灘)

물 저자로 배돛대 모여들고
문에는 여랑들이 맞아들이네.

비록 패수(浿水) 사람의 처가 되었으나
자주 낭군과 만나네.

其二十七　摩訶灘

趁市來帆檣　迎門簇釵釧
雖爲浿人妻　數與郎相見

28 은금령(銀金嶺)

모래 돌이 모두 다 보석이라
광채가 나서 언덕들을 빛내네.
벼슬아치로 온 사람들이 이곳에 이르면
욕심을 내는 것이 이상치 않구나.

其二十八　銀金嶺

沙石摠成寶　光氣發崖巓
不妨遊宦子　到此歊貪泉

29 월괘령(月掛嶺)

산협 사람들은 호랑이를 막노라
날만 저물면 일찍 문을 닫는다.
오직 구실독촉하는 이속들만
괘월촌(掛月村)으로 횡행하네.

其二十九　月掛嶺

峽人防虎密　日暮早關門

猶有催租吏　橫行掛月村

한보정(閑步亭)　병서(幷序)

　관아(官衙) 서쪽편 조그만 협문으로 나가면 밭 사이 시냇가에 길이 나서 남여를 버리고 한가로이 걸으면 곧 남산에 이른다. 바위 밑에 옹달샘이 읍 중 제일 깨끗하고 시원한 물이라 오래 마시면 병을 고칠 수 있다고 한다. 조그만 정자를 그 곁에 세우고 샘물을 길어 차 달이는 곳으로 삼고 이내 예천명(醴泉銘)에 한보서성(閑步西城)의 말을 따서 정자 이름을 지었다.

閑步亭　幷序

　由衙西小夾門　取徑于田間水邊　可以却輿閑步者　卽南山之陰 而岩下汎泉　爲邑中第一水　久飮可蠲百疾　乃作小亭于傍　以爲挹泉注茗之所　仍取醴泉銘閑步西城之語　顔其亭云

수레를 대신해 천천히 걸어간 곳에
삿갓 같은 조그만 정자 하나 있다.
돌을 골라서 시쓰는 벼루를 놓게 하고
샘물을 길어 차를 끓이도록 하였네.
내사 있다가 떠나야 할 사람이지만
아직은 이곳에 유연(悠然)하다.
더구나 공사가 한가롭고 보면
뒤에 오는 사람에게 물려줌직도 하이.

當車緩步處　如笠小亭開

選石安詩硯　斛泉注茗杯
行將吾去矣　且復此悠哉
一段閑公案　無妨贈後來

윤6월15야월명(潤六月十五夜月明)　3수(三首)

1

천지가 온통 금물결 남우(嵐雨)를 씻었어라
글집이 문득 수정궁같이 되었구나.
창을 둘러 발로 새어 들어와
다시 부엌 휘장을 뚫고 베개 위로 비치네.

潤六月十五夜月極明　三首

其一

滿地金波雨洗嵐　水晶宮殿化書龕
縈窓漏箔如無隔　更透紗厨到枕函

* 병자년 지음.

2

밝은 달이 사람을 찾아 방으로 들어오는 것은
약속도 없었고 생각조차 한 일이 아니어라.
어이하리 잠 깊이 들고 밤 깊은 뒤에
저 혼자 복도로 돌아 담을 지나가노니.

其二

明月尋人直入房　原無約束絶商量
那堪睡熟更深後　獨轉廻廊過短墻

3

맑고 맑은 은하수에 달이 둥실하니 떴어라
기왓골은 씻은 듯하고 나무 그늘 쌓였구나.
1만 가구 누각들은 인정(人定)에 들었는데
밤빛을 독차지하고 온갖 벌레 울더라.

其三

皎潔銀潢月正中　瓦溝如沐樹陰重
萬家樓閣人初定　管領宵光是百蟲

추야독서(秋夜讀書)

햇가을 병을 고친 뒤요
남은 더위에 관(官)을 내논 때어라.
외로운 촛불 밝히고 책을 펴며
날아드는 벌레 두들기며 글을 보네.
밤 서늘한 기운은 옷깃으로 스며들고
저녁 이슬은 뜰 섶에 내리네.
늙어서 글읽는 것이 무슨 쓰임 있으리오만
오히려 좀벌레에게 포식시키는 것보다는 나으리로다.

秋夜讀書

新秋養痾後　殘暑解官初
孤燭明開帙　飛虫撲檢書
宵涼在巾舃　夕露下階除
老讀知何益　猶賢飽蠹魚

자하시집(紫霞詩集) 2권

도화진곡(桃花塡曲) 4수(四首)

1

초록색 치마 허리 푸르름 하늘 같고
붉은 다리 10리쯤에 작은 도화 옆이어라.
향그러운 수레 굴러가며 노는 사람 그림자
한 갈피 비낀 해는 담담한 연기가 슬린다.

偶愛羅兩峰聘桃花塡曲　演成四絶句　未知明童按歌
兩峰度曲　亦復合度否　　四首

其一

草綠裙腰綠到天　紅橋十里小桃邊
香輪轢去遊人影　一例斜陽淡抹烟

* 병자년 지음. 나양봉(羅兩峰)의 도화진곡(桃花塡曲)을 좋아해서 문득 네 절구를 읊음.

2

석양은 서쪽으로 내리고 물은 동쪽으로 흘러

가는 봄빛을 매어둘 길 없어라.
단명한 도화가 피었다 또 져가노니
한 번 비가 내리고 한 번 바람이 불더라.

其二

夕陽西下水流東　無計春光繫玉驄
短命桃花開又落　一番勻雨一番風

3

내가 꽃으로 근심해 머리가 희었는데
시름하는 바람 시름하는 비는 어느 때나 그치련고
봄이 오니 별양 이별 마음 그리워라
문득 도화가 날 위해 근심함이런가.

其三

我爲花愁白了頭　愁風愁雨幾時休
春來別樣離情苦　却是桃花爲我愁

4

회포는 삭막하고 처량하고녀
다리 북쪽 다리 남쪽 꽃보기도 역겨워라.
한 번 임이 떠나간 뒤 소식이 아득하여
한갓 비바람만 하늘가에 가득 차게 하누나.

其四

懷情索莫凄凉甚　橋北橋南嬾看花

一自玉人春信杳　任他風雨遍天涯

칠송정상춘(七松亭賞春)　2수(二首)

1

지팡이 밑 세 푸른 봉(峰)이 공중을 쓸어
저문 연기 바다 같고 뭇 기러기 희롱한다.
누대는 땅에 가득 꽃버들은 찌는 듯
붉고 푸른 것이 흐릿하게 눈에 어린다.

七松亭賞春　二首

其一

杖底三峰翠掃空　暮烟如海戲群鴻
樓臺滿地蒸花柳　紅綠模糊一氣中

* 정축년 지음.

2

붉은 잎 다락 속에 한묵(翰墨)으로 인연한 일
어느덧 서른여섯 돌 봄이 되었어라.
누가 알리 지팡이 짚고 배회하는 손이
일찍이 난간에 기대서서 멀리 바라보던 사람인 것을.

其二

紅葉樓中翰墨因　于今三十六回春
誰知倚杖徘徊客　曾是憑欄縹緲人

3월3일소우신청(三月三日小雨新晴)

흐릿한 하늘 자욱하며 즈믄 까마귀 날고
연기비 꽃다운 풀에 1만 집 잠겨 있다.
나라를 기울이는 풍류는 상사(上巳)의 버들이요
일생에 슬프디슬픈 것은 석양 꽃이라.
아아(鵝兒)의 술 덥혀 붉은 촛불 대하고
제비 바람 진흙길에 푸른 수레 보내네.
홀로 서재로 향해 시흥을 돋우노니
채색 종이에 먹을 적셔 되는대로 쓰더라.

三月三日小雨新晴

空濛滅沒點千鴉　烟雨芳菲鎖萬家
傾國風流上巳柳　一生惆悵夕陽花
鵝兒①酒煖迎紅燭　燕子泥融送碧車
獨向書齋吟興劇　彩箋濡墨任欹斜

[註解] ①鵝兒(아아)-두보(杜甫)의 〈주전소아아시(舟前小鵝兒詩)〉에 '아아황사주(鵝兒黃似酒) 대주애신아(對酒愛新鵝)'라는 구가 있는데, 구주(仇注)에 아황은 한(漢)나라 술 이름이니 두시는 술빛을 말한 것이라고 하였다.

담계부지(覃溪訃至)　2수(二首)

1

외교로 변박(邊樸)을 닦지 않아

북평(北平)의 그대 부자(父子)가 이연(犁然)하였네.
아들은 하늘 위로 가 먼저 부처가 되고
원례(元禮)의 배 가운데에는 오히려 신선이 있었구나.
만 리에 문득 부고가 전해온 날
이로부터 아득한 천추(千秋)가 되리로다.
청풍오백한(淸風五百閒)의 편액 글자는 날 허락했는가.
금니(金泥)를 푸른 전지(箋紙)에 뿌려 있구나.

覃溪以今年正月二十七日亡 訃至以詩悼之 二首

其一

不以外交修襁邊　北平父子①卽犁然
客兒天上先成佛　元禮②舟中尙有仙
萬里無端傳訃日　千秋在後自今年
淸風五百閒③楣字　許否金泥灑碧箋

* 무인년 지음. 이해 정월 27일 담계 옹방강(覃溪 翁方綱)이 별세했다. 부고를 보내와 시를 지어 조상함.

註解　①北平父子(북평부자)-옹방강의 부자를 이름. 아들의 이름은 수곤(樹崑), 자는 성원(星原)이다. 병자년에 죽음.　②元禮(원례)-후한(後漢) 이응(李膺)의 자.　③淸風五百閒(청풍오백한)-옹방강이 선생에게 써준 편액 글씨다.

2

잠깐 부사(浮槎)를 벽한변(碧漢邊)에 매었는데
선생이 돌아보고 웃던 일 지금 꿈에 의연하네.
동경(東京)은 세대가 멀어 옛일을 고증하기 어렵고

남극성이 떨어져 이미 신선을 장사지냈구나.
한묵(翰墨)으로 인연 맺은 경오년 후요
유림(儒林)의 액이 닥친 무인년이어라.
곡원(谷園)에서 조히 소가(蘇家)의 맥을 전해 왔노니
시 뜻이 아스라히 판각에 남아 있더라.

其二

小繫浮槎碧漢邊　先生顧笑夢依然
東京世遠難徵古　南極星漂已葬仙
翰墨緣深庚午後　儒林運厄戊寅年
谷園秘妙傳蘇脈①　詩旨微茫刺刷箋

註解　①蘇脈(소맥) - 소가(蘇家)의 맥(脈). 옹방강이 송본소시(宋本蘇詩)를 비전함.

청평산15절구(淸平山十五絶句)

1 청평동구(淸平洞口)

큰 강이 꺾이어 흐르는 곳에
작은 시내들이 와 모이네.
선경과 속계가 이곳을 경계로 삼았을까
시내를 지나며 내가 절로 의심해 보네.

其一　淸平洞口

太江折流處　小溪來會之

仙凡此爲界　過溪吾自疑

2 산정화(山頂花)

누가 절정 험한 곳에 이 꽃을 심었던가
붉은 것들이 져서 비처럼 쏟아지네.
소나무는 구름 속에 푸르고
그 속에 한 채 인가(人家)가 있네.

　其二　山頂花

誰種絕險花　雜紅隕如雨
松靑雲氣中　猶有一家住

3 구송정폭포(九松亭瀑布)

이 재에 만 그루 소나무가 있거늘
누가 단지 아홉 그루로 셈했던고.
신령스런 지경엔 기이한 변화가 많은 것이니
홀연 한 폭포수가 두 줄기로 쏟아지네.

　其三　九松亭瀑布

此嶺萬松耳　誰能以九數
靈境眩奇變　一瀑忽雙注

4 서향원(瑞香院)
── 매월당(梅月堂) 김시습(金時習) 유적 ──

이슥한 서향원(瑞香院)에

어쩌면 그이가 있는 듯도 하이.
매화 가지의 달은 새로운 것 같아
연대(年代)를 기다리지 않네.

    其四　瑞香院

  寥寥瑞香院　庶幾伊人在
  梅梢月如新　年代不相待

    5　영지(影池)

초목의 그림자를 그릴 때
능히 옳은 모습 그릴 수 있을까.
너와 함께 이 물을 마시고 나면
영영 거꾸러진 모습과 떠나리라.

    其五　影　池

  草樹取映時　能以正面狀
  與君歃此水　永離顚倒相

    6　극락전(極樂殿)

단칠과 금박이
이 수정궁을 더럽혔구나.
요승(妖僧)을 가히 참할지로다
전각 하나를 짓는 데 한 나라 국력을 다했겠구나.

    其六　極樂殿

  丹漆與金碧　汚此水晶域

妖僧眞可斬　一殿竭一國

7　강선각(降仙閣)

오늘의 거친 냉이밭이
구름 같은 회랑과 달 같은 전당이었네.
외로운 전각 하나가 문득 허물어지지 않아
오히려 온 불원(佛院)을 가리웠네.

其七　降仙閣
此日荒薺田　雲廊與月殿
孤閣偶不毀　尙掩諸佛院

8　진락공중수문수원비(眞樂公重修文殊院碑)

해서는 솔경령(率更令)이 쓰고
행서는 성교서(聖敎序)의 글씨로다.
탄연(坦然)이 또한 고려 사람이니
별다른 결구(結構)가 있었으리오

其八　眞樂公重修文殊院碑
楷書率更令①　行書聖敎序②
坦然③亦麗人　豈有別機杼

註解　①率更令(솔경령)-구양순(歐陽詢)을 가리킴. 솔경령 벼슬을 한 일이 있었다. 솔경령은 누각(漏刻)을 맡아보던 관직.　②聖敎序(성교서)-현장(玄奘)법사가 불경 번역한 일을 비로 세우는 데 왕희지(王羲之) 초서를 집자하여 세운 것을 집왕성교서(集王聖敎序)라 일컫고 있다.　③坦然(탄연)-고려 때 중으로 글씨를 잘 썼음. 호는 대감국사(大鑑國師).

9 나옹철주장(懶翁鐵拄杖)

홍두적(紅頭賊)을 치지 못하고
백 근이나 되는 철장을 헛되이 썼어라.
나옹이 본디 생불(生佛)이거늘
슬프도다, 불제자(佛弟子)여.

其九 懶翁鐵拄杖

不打紅頭①走　百斤鐵虛使
懶翁②固生佛　哀哉佛弟子

|註解| ①紅頭(홍두)-홍두적(紅頭賊). 원(元)나라 말년의 홍건적.　②懶翁(나옹)-고려 말의 명승.

10 천년고삼(千年古杉)

진락공(眞樂公) 때에
이 같은 삼(杉)나무를 심었던가.
꼿꼿이 상서로운 구름 이마 떨치고
푸른빛은 천추에 비꼈어라.

其十 千年古杉

眞樂公在者　得如此杉不
直拂慶雲頂　黛色橫千秋

11 송파화상(松坡畵像)

송파(松坡)에겐 한 게구(偈句)가 없었고

화승(畫像)도 한마디 말이 없구나.
말씀은 오히려 떠날 수 있었으되
어이 그림 속에서 사는고.

其十一 松坡畫像

松坡無一偈 畫僧無一言
言說尚可離 安事生綃礬

12 서천(西川)

두 폭포수가 절벽에 무지개로 걸려 있어
처음 하늘 문에서 쏟아져 내리는가 하였네.
돌을 뛰어넘으며 긴 내를 둘러가노라니
홀연 두 폭포 근원에 닿네.

其十二 西 川

雙瀑掛層虹 初疑漏天門
跋石弄長川 忽至雙瀑源

13 선동(仙洞)

한 번 겹치고 또 한 번 가리워져
벌써 사람들의 발자취 막다른 곳이네.
들으매 선동(仙洞)이란 곳은
다시 3백 굽이나 돌아야 한다네.

其十三 仙 洞

一重又一掩 已窮遊人躅

聞說仙洞處　更轉三百曲

14 고골(古骨)

나그네 집을 한 번 떠나간 후
누가 그 발자취를 매어놓을 수 있으리요.
산승은 마침내 말할 게 없어라
구차하게 그 번데기만을 지키고 있네.

其十四　古　骨

傳舍一去後　行踪誰可繫
山僧竟無謂　區區守其蛻

15 선인국(仙人局)

자취를 멸하고 구름산으로 들어갔으니
누구와 더불어 희고 검은 것을 가리리오.
산 밖의 일을 듣는 것이 역겨웠으리라
자겸(資謙)이 바야흐로 나라를 걸었었도다.

其十五　仙人局

滅跡入雲峰　誰與算白黑
厭聞山外事　資謙①方賭國

註解　①資謙(자겸)－이자겸(李資謙). 고려 인종 때 척신(戚臣). 왕위를 찬탈하려다가 귀양가서 죽음.

만월대회고(滿月臺懷古)

삼한(三韓)을 통일한 큰 사업이었건만
자손들이 못났으니 어찌하리오.
궁궐은 진탕(震蕩)하여 집 병정이 들어왔고
범패 소리 처량하게 가람만 열렸더라.
당진(唐鎭)에 공신들은 발호가 많았고
진안(晉安)의 높은 자리는 슬픔에 붙였어라.
번화한 옛 자취 물어보는 사람도 없이
만월대(滿月臺) 앞엔 푸른 이끼만 끼누나.

滿月臺懷古
大業三韓一統來　子孫付託奈非才
宮闈震蕩家兵入　梵唄凄淸佛國開
唐鎭①勳名多跋扈　晉安②尊位寄悲哀
繁華往跡無人問　滿月臺前生綠苔

* 기묘년 개성(開城)에서 놀다.

註解　①唐鎭(당진) - 당(唐)나라의 수자리.　②晉安(진안) - 진(晋)나라 사안(謝安). 높은 벼슬에 있었다.

제서긍고려도경(題徐兢高麗圖經)

한 권의 도경(圖經) 속에 성시(城市)가 온전히 담겨졌구나
책 끼고 지나는 길손 거친 연기 조상하네.

미뻘손 위봉루(威鳳樓) 앞 빗돌이
오히려 서긍(徐兢)의 사신 왔던 해를 알려주누나.

題徐兢高麗圖經
一卷圖經城市全　携書過客吊荒烟
可憐威鳳樓前石　猶見徐兢奉使年

* 서긍(徐兢)의 《고려도경》을 생각하고 읊음. 서긍은 중국 송(宋)나라 때 사람으로 고려에 사신으로 왔다가 가서 《고려도경》 40권을 지었다.

채하동(彩霞洞)

무릇산 돌아드니 한 작은 글집이 있고
물수풀은 가을 들어 더욱 황량하고녀.
만약 화본(畫本)을 들어 무법(撫法)을 정한다면
미불(米芾)이면서도 미불이 아니고
황정견(黃庭堅)이면서도 황정견이 아니로다.

彩霞洞
歷盡重峰一草堂　水林況値秋荒涼
欲將畫本定撫法　米不米時黃不黃

반가장(潘家莊)

외딴 마을에 외나무다리 비끼고

떨어지는 해에 쌍방망이 소리 매달려라.
가을물은 맑게 사람을 맞고
석벽은 글제를 쓸 만하여라.
나뭇잎 쓸어 차를 끓이고
구름에 쉬어 술을 기울여라.
바라보매 연기들 끝이 없고녀
돌아갈 길 아득한 어드메뇨.

潘家莊

孤村橫一彴　落日懸雙杵
秋水澹迎人　石壁堪題序
烹茶掃紅葉　憩雲傾綠醑
烟郊望不極　歸程杳何許

*기묘년 지음.

야조대농월(夜釣臺弄月)

용용한 물결 위의 달이요
버린 잎 사이 서리어라.
서릿빛 달빛이 함께 떨어져
연기가 아득하더라.
낚시터에 한 조각 돌이
물 한가운데에 버티어 있어라.
밤이 깊고 얕은 줄을 모르되
점점 사람의 그림자가 길어지더라.

夜釣臺弄月

溶溶波上月　除除葉間霜
霜光與月色　併墮烟渺茫
釣臺一片石　據此水中央
不知夜深淺　漸見人影長

*기묘년 지음.

판문점희음(板門店戲吟)

나귀 등에 먼 산 푸른 눈썹 가물거리고
담담한 연기 가을 경치 햇봄 같구나.
어이 알았으리, 어농(漁農)에 묻혀 사는 이날에
기정(旗亭)의 물색한 사람이 있었던 것을.

板門店人傳言有 除命戲吟一詩

驢背遙山翠黛蟬　澹烟秋景似新春
那知混跡漁農日　也有旗亭物色人[1]

*판문점(板門店)에 이르렀을 때 사람이 제명(除命)이 있음을 알려주어 희롱해 읊음.

註解　①物色人(물색인) – 자기도 모르게 누가 추천하였다는 뜻.

답객문(答客問)

벽 위에는 하나의 술 쪽박이 있고

당 아래에는 한 필 나귀가 있도다.
술 쪽박과 나귀는 공연히 장만한 것
내려 차지도 않고 타고 달리지도 않도다.
손이 와 주인에게 물으면
주인은 다만 물음에 대답할 뿐이로다.
살구꽃 비에는 술을 짤 만하고
붉은 잎 가을에는 시를 찾아 나설 만하도다.
때로는 달리고 또 마실지니
손이여, 뜻이 있는가.

答客問

壁上一葫蘆　堂下一匹驢
葫蘆驢虛設　不挂又不馳
客來問主人　主人但謝辭
榨酒杏花雨　尋詩紅葉秋
時時馳且挂　客亦有意不

벽로음(碧蘆吟)　4수(四首)

― 기묘년에 공(公)이 사는 장흥방(長興坊) 집 정원에 푸른 갈대가 두어 떨기 저절로 났다. 그래서 공이 제명(齋名)을 벽로방(碧蘆坊)이라 지음 ―

1

풀 중에도 갈대는 아름다운 것
쑥과 쑥으로 짝짓지 말라.
요부(堯夫)가 품제를 한 뒤로

진중히 8백 년이 지났노라.

碧蘆吟 四首
(己卯歲公所居長興坊第園中碧蘆數叢自生公遂名堂爲碧蘆坊)

其一

草有可嘉者　莫將蕭艾儔
堯夫①題品後　珍重八百秋

|註解| ①堯夫(요부)-송(宋)나라 소옹(邵雍)의 자(字).

2

푸른 갈대가 저절로 돋아나서
내가 일부러 심은 것이 아니로세.
문앞은 거마(車馬)가 다니는 길
한 조각 가을 소리를 대해 앉았네.

其二

碧蘆自羅生　翠叢非種成
門前車馬道　一片對秋聲

3

하늘이 지극히 공정하여
한가로운 물건엔 한가로운 사람이 있다.
어찌 반드시 천묘의 대밭을 지니고
위수(渭水) 가에 뽐내는 봉후(封侯)가 되리.

其三

天翁至公正　閑物與閑人
豈必千畝竹　封侯傲渭濱^①

註解　①封侯傲渭濱(봉후오위빈) — 위빈봉후(渭濱封侯). 《사기(史記)》〈화식전(貨殖傳)〉에 '위천천묘죽기인여천호후등(渭川千畝竹其人與千戶侯等)'이란 말이 있음.

4

매양 강호(江湖)로 간다 말하였지만
강호엔 생업이 없었네.
벼슬을 내놓고 한가로운 날을 보내노니
이것이 바로 작은 강호로세.

其四

每說江湖去　江湖産業無
罷官閑日月　此是小江湖

서강(西江)

다시 와 물에 비치는 백발이 부끄럽다
서호(西湖)를 보지 못한 지 20년이나 되었어라.
한 봄 도리(桃李)의 눈을 맑게 씻어 주는
야인(野人)의 울타리 가엔 환한 채마밭이 있네.

西江

重來照水媿華顚　不見西湖二十年
淨洗一春桃李眼　野人籬落菜花田

홍백매(紅白梅)

쌀쌀한 봄바람에 매화 때가 돌아왔네
이 꽃이 해마다 추위 속에 피어난다.
문득 선웃음이 역겨워 정정히 멀어가고
또 눈길을 모아 맥맥히 오는 듯하구나.
노년에 듣는 향기는 임화정(林和靖)의 복이요
온 몸 굳은 철석 광평(廣平)의 재줄레라.
우리집 두 나무에 하나는 하양 하나는 빨강
흰 놈이 다 지기 전에 붉은 놈이 피려 하네.

紅白梅

料峭東風梅信回　此花年例犯寒開
翻嫌欸笑亭亭遠　又似凝眸脈脈來
送老影香和靖福[①]　通身鐵石廣平[②]才
吾廬兩樹能紅白　白未離披紅欲催

* 임오년 지음.

|註解| ①和靖福(화정복) — 임화정(林和靖)의 시구(詩句) '암향부동월황혼(暗香浮動月黃昏)'은 매화시의 교조로 일컬음.　②廣平(광평) — 당(唐)나라 송경(宋璟)의 자.《매화부(梅花賦)》를 지음.〈금자전(錦子箋)〉에 '송경

의 성품이 강직하여 그 철장석심(鐵腸石心)이 미사여구를 쓸 것 같지 않으나 《매화부》는 맑고도 염미하다'라고 말하였음.

시흥잡시(始興雜詩)　2수(二首)

1

자하산(紫霞山) 밑에 오지 못한 것이
이내 19년이나 되었어라.
묵은 느티나무는 무성하여 어우러지고
어린 잣나무는 서까래만큼이나 자랐다.
가을비는 시냇물을 돌 위에 뿌리고
동네에는 저녁 연기가 일어나네.
산천이 인사처럼 변하지 않아
지팡이 의지해 바라보니 의희하고녀.

始興雜詩　二首

其一

不到霞山下　因循十九年
古槐森似束　稚栢大於椽
秋雨澗中石　夕陽墟里烟
不隨人事變　倚杖看依然

*임오년 지음.

2

소 걷는 이 언덕길을 따라가면

뉘 집 묵은 들정자 나설까.
행인은 모래 위에 희고
오래된 기와 지붕은 나무 사이 푸르러라.
동네는 환히 그림처럼 열려
머무르니 마음이 즐겁다.
모년(暮年)에 혼자 돌아와 사노니
아름다운 시구(詩句) 뉘와 함께 들으리.

其二

此去牛陂路　誰家舊野亭
行人沙上白　老瓦樹間靑
映蔚開圖畵　留連悅性靈
暮年還獨往　佳句與誰聽

서료구점(書寮口占)

하늘 차고 나뭇잎 떨리니 산집이 드러난다.
백토벽이 도리어 비바람을 막아주는구나.
네 벽은 온통 서화(書畵)로 점령되고
한갓 밝은 달 머물러 영창을 비치노라.

書寮糊窓綃壁訖口占示兒輩
天寒葉脫露山家　墐戶還須風雨遮
四壁盡敎書畵占　只留明月印欞紗

입춘설(立春雪)

오늘 아침 눈이 거의 한 자 길이나 왔는데
땅에 떨어지며 봄볕에 선선히 녹는다.
금새 나부껴 푸른 기왓골에는 쌓이지 못하고
희부옇게 저편 쪽 붉은 다리께로 쓸리어 가네.
사람은 매화와 마주앉았으니 서로 맑디맑고
갈가마귀와 까치는 숲속으로 들어가 기척이 없다.
활발한 봄바람은 어느 곳에 가 볼꼬
길머리엔 도리어 버들이 가지가지 늘어져 있구나.

十二月二十四日立春雪拈坡韻

今朝得雪應深尺　落地春陽旋旋消
飄瞥未堪留碧瓦　模糊纔辨去紅橋
人梅對榻淸相似　鴉鵲投林靜不囂
活潑東風何處見　街頭還有柳千條

* 임오년 지음.

행화절구(杏花絶句)

병석에서는 추위를 녹이는 데 술도 도움이 안 된다
밤마다 된서리 치고 문바람이 세어라.
오늘 머리 들어 털모자 벗어보노니
살구꽃 가지가 벌써 일 푼이나 붉었구나

杏花絶句
消寒病榻酒無功　夜夜繁霜透幕風
今日扶頭披絮帽　杏梢初見一分紅

초하만성(初夏謾成)　2수(二首)

1

참으로 날이 해만큼 긴 것을 보노니
봄이 저물었다고 하지 않겠는가.
빈파(頻婆)꽃이 핀 뒤로
옥뺨에는 짙은 이슬이 맺혀라.
깊게깊게 잠긴 녹음 집에
허옇게 센 모습을 보여라.
귀밑 털이 선(禪)에 든 지 오래이거늘
게자(偈子)가 한 시구(詩句)로 남는구나.
창자 속을 찾아도 탐스러운 말은 없으니
공연히 빨강과 보랏빛 따위로 투기케 하지 마라.

初夏謾成　二首

其一

眞見日抵年　不謂春能暮
頻婆①花殿後　玉頰浤繁露
深沉綠陰院　皎然見風度

鬒絲禪定久　偈子②留一句
搜腸無艷語　莫敎紅紫妬

[註解] ①頻婆(빈파)-네가래과의 꽃. ②偈子(게자)-불전(佛典) 중의 송(頌)
을 일컬음. 게타(偈佗).

2

그늘진 나물꽃 밭으론
고운 나비들 다투어 난다.
뜰에는 파초가 심을 뽑아 올려
처음 잎새가 벌써 너울너울하다.
여름경치가 맑고도 무성하거니
오만 꽃들 가마득 어디로 사라졌느뇨.
제비새끼와 우는 뻐꾸기는
서로 남남, 은원이 달라라.
제비는 재잘거려 날이 개기를 원하는 듯
뻐꾸기는 울어 도리어 비가 올 것 같구나.

其二

陰陰蘺花田　飛蜨爭媚嫵
庭蕉抽卷心　初葉已軒擧
夏景秀而野　穠華杳何許
乳燕與鳴鳩　恩怨相爾汝
乳燕如願晴　鳩鳴還欲雨

차운문암비서신접(次韻問庵秘書新蜨)

햇나비가 아직 나직이 날아
사람에게 놀라고 또 사람에게 가까이 오네.
사람은 상기 겨울 옷을 갈아 입지 안했건만
편 날개가 먼저 봄을 알았구나.
슬프다, 내가 이 우주(宇宙) 속에
문득 형신(形身)을 붙였어라.
사람과 미물이 비록 다르다 하나
생성하는 이치는 가까운 것이로세.
그 조화의 낌새로 보면
홀연 하나의 작은 티끌이어라.
가벼운 몸은 난만하게 분을 칠했고
짧은 머리카락은 표연히 은빛으로 드리웠세라.
화창한 이 날씨에
도리(桃李)의 때를 함께 즐긴들 어떠리.

次韻問庵秘書新蜨

新蜨飛未高　駭人且近人
人衣不改冬　蝶翅先解春
嗟余宇宙內　邂逅寄形身
靈蠢雖有別　生成理則親
自其化者觀　焂忽一微塵
輕身爛塗粉　短髮飄垂銀
何妨美風日　共樂桃李辰

* 을유년 지음.

낙엽시(落葉詩)

이렇듯 지상에 쌓임으로 하여
저 숲이 얇아짐을 알겠어라.
낙엽이 꽃처럼 져
수북하게 붉은 비 지었어라.
풍상이 어이 너를 속일 리 있으리오
슬프다, 이 떨리고 떨림이여.
저녁 햇살은 높은 나무로 쏟아져 내리고
성긴 가지 흔들리며 까치가 섰어라.
그윽한 사람이 문을 나서 보노니
늦가을 풍경이 아주 나쁘지 않구나.
아직 물건의 조화를 볼지라
어찌 서둘러 떨림만 탄식하리오.

落葉詩借査初白韻
以此地上厚　驗彼林間薄
落葉落如花　簌簌紅雨作
風霜豈欺汝　慨此㩣兮㩣
夕陽寫喬木　竦枝搖立鵲
幽人出戶看　晚景殊不惡
且可觀物化　何遽歎搖落

후낙엽(後落葉)

누가 푸른 산속을 향해
가만히 낙엽의 말을 듣느뇨.
나풀나풀 또 우슬우슬
우수수 떨어져 서로 남이 되는도다.
슬픈 바람은 동쪽 언덕을 휩쓸고
서쪽 바위에 비를 뿌리는도다.
사람마다 귀가 있어 들을 수 있으나
가을 소리는 본디 주인이 없도다.
매양 쉬이 떠나감을 싫어하고
쫓아가 찾는 건 나그네만 같아라.
올가을은 참으로 저버리지 않아
지팡이 거머잡고 선려(仙侶)를 따르노라.

後落葉又用初白韻

誰向靑山裡　靜聽落葉語
彐彐復調調　于喁相爾汝
悽風卷東岡　灑作西巖雨
人人耳有得　秋聲本無主
每嗟易失去　追覓似行旅
今秋眞不負　杖策携仙侶

남각매화(南閣梅花)

머리카락 허옇게 센 사람이
사립 닫고 매화와 함께 앉았세라.
봄바람은 아직도 쌀쌀한데
초승달이 황혼을 깨고 떠올랐다.
매화야, 옥 같은 네 뼈다귀 파리함을 탓하랴
난초는 옆에서 새초롬히 말이 없구나.
언젠가도 한번 널 본 듯한 것은
나귀 타고 찾아든 강마을에서였던가.

南閣梅花盛開
領髮垂垂白　梅花共掩門
東風餘薄冷　初月破黃昏
玉骨何嫌瘦　蘭盟不肯言
似曾相識面　驢背水邊村

*병술년 지음.

춘반(春半)

한 해 봄이 또 반이나 지났는데
비바람은 왜 이리 뒤설레느뇨.
따스하나 추우나 꽃놀이가 한창이련만
삭막하게 사람은 술 금한 나라에 살고 있구나.

작은 탑은 오뚝하니 개사(開士)의 집 같고
평가마는 이따금 회현방(會賢坊)으로 나가네.
잠겨 읊조려 시사(時事)를 기록해 보노니
그래도 옆엔 아름다운 사람이 수종을 들고 있다.

春 半

又一年春過半強　風風雨雨太匆茫
暖寒天入看花局　索莫人居禁酒鄉
小榻兀如開士室　便輿罕出會賢坊
沉吟記得年時事　猶是佳人錦瑟傍

자제벽로방도(自題碧蘆舫圖)

집은 작은 배만하고
갈대잎 갈대꽃에 가을이 들려 하네.
뜰 앞에 그늘 사다리 맨 뒤로는
비바람이 쑥창을 두들겨 한시름 더하여라.

自題碧蘆舫圖

無多容膝小子舟　蘆葉蘆花作意秋
一自涼棚添設後　更堪風雨打篷愁

기사오난설(寄謝吳蘭雪)

내 집이 소쇄하게 왕성에 숨어 있어

곁채 아래 고운 남산이 비꼈어라.
돌을 짝한 먹못[硯池]에는 비 기운을 품고
들창 밑 갈대잎은 가을 소리 더하노라.
손이 오면 차를 끓여 외론 연기 일어나고
관에서 사퇴해 나오면 뜰에 두 학(鶴)이 맞는다.
홍진 속에 늙어가는 것을 아예 웃지 마오
찬 벼슬아치의 거동이 선비나 다름이 없네.

寄謝吳蘭雪

吾廬瀟洒隱王城　廡下南山紫翠橫
伴石墨池含雨氣　當窓蘆葉助秋聲
客來茶屋孤烟起　公退苔庭二鶴迎
莫笑軟紅塵送老　冷卿居止似諸生

* 병술년 지음. 오난설(吳蘭雪)은 중국 사람으로 연경에 갔을 때 사귄 친구.

석춘(惜春)

헛되이 봄을 아껴보나 봄은 늙어가고
손은 돌아가고 술병만 굴러 석양이 밝다.
느지막 부는 바람 남은 꽃 위함 아니어
밤비야 어이 푸른 잎 피어나는 줄 알리요.
나비들은 낭자하게 옆을 지나가고
달팽이 치사하게 벽에 붙어 느노라.
정자렴(丁字簾) 밖에 꾀꼬리와 제비들은
무슨 또 은원으로 그닷 울어예는다.

惜 春

刻意惜春春老矣　客歸甁臥夕陽明
晚風不爲殘花計　夜雨何干綠葉成
蛺蝶過隣眞浪跡　蝸牛黏壁太痴情
喃喃爾汝何恩怨　丁字簾前鶯燕聲

*정해년 지음.

자하동(紫霞洞) 2수(二首)
―송경(松京)에 자하동이 있으므로 이유수(李留守)가 나를 생각하고 시를 지어 보냈다. 운을 밟아 대답함―

1

이 무슨 옹졸한 자하(紫霞) 늙은이
지명(地名)으로 그대가 나를 생각해주어 고마우이
사가돈(謝家墩)과 소가도(蘇家渡)가
명실이 서로 다르니 내 어이하리.

崧陽有紫霞洞 二首

其一

何物龍鍾老紫霞　得公因地見懷多
謝家墩①與蘇家渡②　名實相懸奈我何

註解　①謝家墩(사가돈)―사안돈(謝安墩). 남경(南京) 성내에 진(晋)나라 사

안(謝安)이 놀던 곳. ②蘇家渡(소가도)-소공제(蘇公堤)라 일컬음. 항주(杭州) 서호에 소동파(蘇東坡)가 물 가운데 둑을 쌓고 배를 댐.

2

나도 일찍이 자하동에 놀던 일 생각노라
먹 향기 다 사라지고 속객들의 발자취만 많더라.
10년 동안 숭양(崧陽)의 꿈을 깨지 못하노니
그 돌빛 샘물 소리에야 어이 할 줄 있으리.

其二

我亦記曾尋紫霞　墨香消盡屐痕多
十年未覺崧陽①夢　無奈泉聲石色何

註解 ①崧陽(숭양)-송도(松都)의 별칭.

소원절구(小園絶句)

복사 열매 푸르고 살구는 누렇구나
꾀꼬리 울고울고 제비들은 부산해라.
지팡이 짚고 여름 경치 우거진 그늘 밑에
한 구(句)를 읊고 나니 울타리 구름 슬려간다.

小園絶句

桃實青青杏子黃　鶯雛恰恰燕兒忙
支筇夏景陰森下　得句籬雲歷落傍

도망(悼亡) 4수(四首)

1

내사 사는 것이 지리하건만 그래도 좀더 머물러 있고
부인은 세상을 떠나 백 가지 근심이 없어졌구려.
정 붙인 늙은 교전비(轎前婢)가
상식(上食) 올릴 때마다 울음을 그치지 못하는구려.

悼亡 四首

其一

我自支離且小留　　夫人厭世百無憂
癡情白髮轎前婢①　　上食移時哭未休

* 정해년 지음.

註解　①轎前婢(교전비) — 시집올 때 데리고 온 몸종.

2

신부가 처음 온 것이 열세 살이었는데
늙고 쇠할수록 금슬이 좋았네.
돌아가는 길에 동행 못하는 한일랑 말하지 마오
종래는 신주가 같은 한 감(龕) 속에 들리라.

其二

新婦初來恰十三　　從衰得老樂鸞驂

歸程莫以參差恨　粟主終同住一龕

3

석곡(夕哭)을 하고 나니 등잔불에 옛 방은 썰렁하고
벌레 소리 즉즉거려 가을바람 난다.
살아 있을 때 철 시윗것은 아직도 남아
원추리꽃이 봉의 부리 물어 누렇다.

其三

夕哭燈光冷舊房　陰虫喞喞向秋凉
生時節物今猶在　萱草花含鳳嘴黃

4

구름연기 돌샘에 다하지 못한 인연
자하산(紫霞山) 밑에 한가로운 밭이 있네.
이 속에서 이미 행장을 반이나 풀었는데
부인을 먼저 보내 왼쪽편 언덕에 묘를 썼네.

其四

泉石烟雲未了緣　紫霞山下有閑田
此中已卸行裝半　先送夫人啓左阡

영국(詠菊)

올해 윤달이 마침 중양(重陽)에 들어

중양이 이미 지났어도 상기 싸늘하지 않다.
황화꽃을 위해 서리 소식 물러난 듯
담담한 구름 해를 가리고 빗소리만 낭랑하다.

詠 菊

今年閏恰展重陽　已過重陽尚嬾凉
似爲黃花霜信退　淡雲籠日雨浪浪

별세(別歲)

해를 작별하는 것이 사람을 작별하는 것 같은데 재빨라서 통 주춤거리지 않는구나. 내 귀밑 털을 세며 가노니 한번 가면 어디 쫓아가 붙들으리. 광음은 무정하고 인생은 한계가 있도다. 오는 해도 또한 그러하리니 작별하지 않는 때가 없으리로다. 집집에서 전송 음식을 차려내는 보시와 술잔은 향기롭고도 또 풍부해라. 내가 소장(素帳)에 제사를 드리며 겸하여 남은 슬픔을 쏟아 보노니 아내 있던 해가 오늘로 영영 사라져 가는구나. 만나는 것은 옛것이 없거늘 어이 쇠해가지 않으리요.

別 歲

別歲如別人 恝然不少遲 瞋我顏髮去 一去那復追 光陰則無情
吾生也有涯 來歲亦復爾 未有不別時 家家設饌飮 尊俎香且肥 我
以奠惟宮 兼爲洩餘悲 寒妻在時年① 永從今日辭 所遇無故物 焉
得不頓衰

註解　①妻在時年(처재시년)-공(公)이 정해년에 상배(上配)함.

자하시집(紫霞詩集) 3권

강도유후사조일중희당인대(江都留後辭朝日重熙堂引對)
2수(二首)

1

향로 연기 자욱한데 조의(朝儀)를 이끌어
임금님 말씀 낭랑하고 누(漏) 소리 더디더라.
가만히 일생의 구슬픈 일 헤어보노니
중화문(重華門) 밖에 석양이 내리는 때.

江都留後辭朝日重熙堂引對退後口占二絶句　二首

其一

鑪香氤氳引朝儀[1]　睿語琅琅刻漏遲
細數一生惆悵事　重華門[2]外夕陽時

* 무자년 지음. 강도(江都) 유수 때 조정을 떠나던 날 중희당(重熙堂)에서 인견하고 물러나와 읊음.

註解　①朝儀(조의)-조정에서의 의례.　②重華門(중화문)-미상.

2

어제 금란전(金鑾殿)에서 밀지(密旨)를 받들고
오늘 아침 옥절(玉節)이 분사(分司)로 향하네.
뱃머리 한 점 물감보다 푸르른 것
오직 삼각산(三角山)이 멀리까지 따르더라.

其二

昨日金鑾①承密旨　今朝玉節②向分司③
船頭一抹靑於染　唯有三山遠遠隨

[註解] ①金鑾(금란)-금란전(金鑾殿). 한림원(翰林院)의 별칭.　②玉節(옥절)-벼슬을 제수할 때 주는 부신(符信).　③分司(분사)-분서(分署).

숙금릉회구서사(宿金陵懷舊書事)

금릉(金陵)으로 흘러들어 술을 빌어 잠자노니
옥절(玉節)이 거듭 와서 백발을 느끼는다.
오늘밤 달빛은 희기가 옥 같고
비단처럼 흐르는 강물 위에 묵은 해가 가노라.
어디서 단풍잎 건너 사람의 말이 들려오는데
그림 다락 쓸쓸히 고각(鼓角) 소리 애끊는다.
내일 아침 다시 간구(刊溝)로 향해 가리니
홍교(虹橋)에 물은 써고 생각 아득하고녀.

宿金陵懷舊書事

浪跡金陵^①貰酒眠　重來玉節感華顚
似珪月色近今夕　如練江光逝舊年
人語蕭蕭紅葉外　角聲咽咽畫樓前
明朝更向刊溝^②去　潮落虹橋思渺然

註解　①金陵(금릉)-김포(金浦)의 옛 이름.　②刊溝(간구)-미상.

세심재(洗心齋)

행궁(行宮)에 깊은 가을 저녁 날빛 맑았는데
그림 담장 서쪽 부리에 붉은 문 하나 열려 있다.
한 번 웃어보니 황화꽃은 나처럼 늙었고
거듭 오니 백구는 전에 아닌 사람 느끼어라.
뜻 맞은 난간으로 술잔을 옮기노니
분 밖의 계산(溪山)이 자리에 들어와 비껴난다.
옛날 보던 못속의 그 금붕어 떼
유유히 헤엄치며 함께 세상을 잊으리로다.

洗心齋

行殿深秋澹夕暉　畵墻西角啓朱扉
一笑黃花如我老　重來白鷗歎人非
意中欄檻移罇得　分外溪山入座飛
舊識池溏金色鯽　盡情游泳共忘機

* 무자년 지음.

금향각선면산수화(琴香閣扇面山水畵)

나청(螺靑)빛 한 머리에 먼 산이 열렸는데
이것은 금향각(琴香閣) 화실에서 온 그림이라.
신부의 기두(磯頭)에는 고기잡이 불이 있는 줄을 알겠고
부인성 아래로는 뱃노래가 돈다(금향각 낙관에 石溪漁婦라는 인발이 있음)
좋은 벗에게는 처음부터 수재인 부인이 있고
아름다운 시구(詩句)는 참으로 다른 세대의 재주를 놀라게 하네.
알괘라, 그대들이 함께 숨어 사는 곳
구리매화(九里梅花)에 암자릉(巖子陵)의 낚시터로구나.
(蘭雪山莊은 巖灘에 있어 九里梅花村舍라 이름함)

吳蘭雪屬哲配琴香閣於扇面畵山水寄余以詩答謝

　　螺靑一角遠山開　知自琴香畵閣來
　　新婦磯頭漁火認　夫人城下棹歌回(琴香閣有印曰石溪漁婦)
　　良朋自有閨房秀　麗句眞驚異代才
　　領取君家偕隱處　梅花九里子陵臺(蘭雪山莊在巖灘曰九里梅花村舍)

* 기축년 지음. 오난설(吳蘭雪)이 그 부인 금향각(琴香閣)을 시켜 부채 면에 산수화를 그려 그에 답사한 작품이다.

송정경산지임회령(送鄭經山之任會寧)

고개 넘고 물 건너면 해가 첨 짧아지네.

우수수 낙엽지고 달 아래서 시를 쓰리
원래 중양절은 느끼기 쉬운 때
2천 리 밖에 다시 나뉘어 가누나.
누른 구름 화각(畵角) 소리 그대는 북으로 가고
흰 이슬 푸른 갈대에 나는 서쪽으로 향하네.
알괘라, 떠나는 정 어리는 꽃다운 풀은
봄이 오면 어느 곳엔들 또 우거지지 않으랴.

送鄭經山閣學之任會寧
登山臨水日初低　落葉紛紛響月題
重九節中原易感　二千里外更分携
黃雲畵角君行北　白露蒼葭我向西
須識離情遍芳草　春來無處不萋萋

* 기축년 지음. 정경산(鄭經山)이 회령으로 출사하던 때의 별장. 경산의 이름은 원용(元容)이다.

단엽홍매(單葉紅梅)

단엽 홍매가 우리나라 안에는 없고 이월사(李月沙) 사당 앞에 다만 한 그루 있을 뿐. 유종묘령(兪宗廟令)이 참으로 일을 좋아하여 거년에 한 가지 건장한 놈을 옮겨다 내 사랑 석가산(石假山) 뒤쪽에다 심었더니라. 꽃이 필 무렵 내가 집을 나와서 보지 못했다가 올해는 마침 꽃 필 때에 오니 가지 사이에 빨긋빨긋 숱한 꽃봉오리가 맺었구나. 직무에 얽매어 또다시 수레를 돌리며 푸른 담머리로 꽃 모습 돌아다 보노니 작은 꽃망울들아, 너희들은 남의 속도 모르면서 사람을 뇌살하려는 듯 함초롬히 시름하는 것 같아라.

單葉紅梅

紅梅單葉國中無 月沙①祠前但一株 俞宗廟令②眞好事 去年一枝移健奴 置我書廊假山背 花開我出不相待 今年恰赴花時來 枝間紅綴千蓓蕾 職務牽迫又廻鞘 青粉墻頭顧映眸 小鬢不解惆悵事 惱人如有滿腔愁

* 경인년 지음.

註解 ①月沙(월사)-이정귀(李廷龜)의 호 ②俞宗廟令(유종묘령)-유(俞)의 이름은 미상. 종묘의 영(令) 벼슬에 있었음.

추차정묘교운(追次丁卯橋韻)

만 리 절강(浙江) 가에 거듭 인연 기이코야
어젯밤 그대와 함께 꿈 속에서 놀았노라.
가람 가득 밝은 달에 외로운 학 그림에
푸른 갈꽃 언덕으로 배를 저어 갔었네.

丁卯橋中翰泰於雲客齋中見余詩畵口占一絶句 遙訂神交久而未復追次原韻

浙江萬里疊緣奇 與子前宵夢見之
明月滿江孤鶴影 碧蘆花畔掠舟時

* 경인년 지음. 정묘교(丁卯橋)가 공(公)의 시화를 보고 시 한 절귀를 지어 주었었는데 그때 답하지 못하고 있다가 뒤에 화답함. 정묘교는 절강(浙江) 사람으로 이름은 태(泰)였다.

심화(尋花) 5수(五首)

1

가벼운 수레 대신 걸어서 꽃 찾아드니
황사랑(黃四娘)집 꽃이 갓 피어난다.
시구(詩句)를 지으려고 종이와 붓을 찾지 마라
시냇가 백사장에 손으로 쓸 만하다.

尋花 五首

其一

尋花緩步當輕車　黃四娘家花發初
覓句不須呼紙筆　溪邊恰好細沙書

2

제비 날고 뻐꾸기 울고 마을 경개 한가롭다.
들 둘레 평원힌데 봄산을 그렸어라.
살구꽃 울을 덮고 양류는 냇가에 누워
그 사이 누른 띠집 8, 9칸은 점점이 깔려 있다.

其二

乳燕鳴鳩村景閒　郭熙平遠畵春山
臥溪楊柳壓籬杏　粧點黃茅八九間

3

앞대에도 꽃이 피고 뒷대에도 꽃이로세
절간이 번화로운 춘삼월이라.
솔 푸르고 돌빛은 쪄오는 듯 암암한
구름 쌓인 곳에 두견화가 붉었구나.

其三

前臺花發後臺同　佛國繁華三月中
渝以松靑蒸石翠　亂雲堆裡杜鵑紅

4

흰구름 터진 곳에 또다시 청산이라
잔잔한 물 한 굽이 봄기운 노곤하다.
빨래빠는 여인네 복사빰 붉으레한데
사람을 취케 하는 나비들은 품안으로 드는다.

其四

白雲破處又靑山　春在淪漣水一灣
浣女桃花釀瞼際　醉人蝴蝶入懷間

5

논갈이 다 끝나니 먼 산에 석양이 걸려 있다.
꽃에 홀린 대삿갓 돌아갈 줄 모르는데
한 마을 스물넷 누른 송아지는

평원 춘초간에 점점이 흩어져 있다.

　　其五

岼罷夕陽生翠巒　迷花篝笠不知還
一村二十四黃犢　散點平原春草間

소악부 23수(小樂府 二十三首)

병서(幷序)

　동국(東國)의 언어문자(言語文字)가 번거롭고 간략함이 특수하다. 고래(古來)의 사곡(詞曲)이 모두 언어문자와 삼합(參合)으로 이루어진 것과는 다르다. 그러므로 처음부터 질서정연한 평측(平仄)과 구두(句讀)의 운(韻)이 없고 다만 후음(喉音)의 장단과 순치음(脣齒音)의 경중으로 혹은 빠르고 짧고 혹은 늘이고 뻗어서 그 가사(歌詞)의 각수(刻數)에 준하였다. 그런 후에 타성(墜聲)은 우음(羽音)이 되고 항성(抗聲)은 상음(商音)으로 되었다. 그 사(詞)를 채우고 곡을 붙이는 법이 가위 비속하기 짝이 없다. 그렇기는 해도 관현(管絃)에 올려보면 저절로 율려(律呂)를 이루어 애락 변태가 사람의 마음을 감동시키니 이것은 천지간에 원래 자연의 악(樂)이 있어 가히 한지(限地)와 분강(分疆)으로 논할 바 아님을 알 수 있는 것이다. 지금 그 사(辭)를 뽑아 시로 옮기려 해보니 혹은 그 구절의 장단을 다르게도 해야 하고 혹은 그 운을 바꾸어 놓아야 할 때도 있다. 굳이 고체(古體)로 명명은 했으나 읊고 되새겨보는 동안에 도무지 소리와 향이 어긋나서 사곡(詞曲)의 본색을 회복할 수가 없다. 진실로 그에 손을 대기가 어렵도다. 이래서 문원(文苑) 제공이 불문에 붙여와 역대 가요가 점차 흩어져 없어지고 전하지 못하니 개탄할 일이 아니겠는가. 고려 이익재(李益齋)[1]선생이 채곡(採曲)하여 칠절(七絶)로 만들어 소악부(小樂府)라 이름하였다. 선생 문집 속에 있다. 대부분이 오늘 악가(樂家)들이 전하지 않는 곡으로 그 사(辭)가 남아 있는 것은 이 시가 있기 때문이다. 문인의 글이 귀중하다 하겠다. 내가 적이 이를 기쁘게 생각하여 우리 소곡(小曲) 중에서 내가 기억하는 것들을 또한 칠절(七絶)로 읊었다. 비록 그 사조(詞調)의 빛깔이 도저히 선생을 따를 수는 없으되 다른 시대에 생각을 같이하여 국풍(國風)을 채집하는 일은 한가지라 할 수 있다. 대개 아조(我朝) 충신·지사·철학·거장·고명·유일·재사·가인들이 득의한 때나 불우한 때나 읊조리고 남은 것의 대략을 이에 엿볼 수 있을 것이다. 비록 〈황하원상(黃河遠上)〉의 사구만은 못할지언정 〈기정(旗亭)〉에는 비길 만하고 또한 거의 1대의 풍아가 있어 시가(詩家)의 글을 보충할 만하니 뒷사람들이 바람 달 앞에서나 향촛불·등잔불 밑에서 한 번 음영할 때 반드시 사관(絲管)에 올린 것 같지는 못하더라도 역시 상음(賞音)하는 이가 있을 것이다. 그 시대 선후는 수시로 기록하고 수시로 지어 일시에 나온 것이 아니기 때문에 다시 차례를 정하지 않았다.

小樂府 幷序

東國言語文字 繁簡懸殊 古來詞曲 皆參合言語文字而成也 故初無秩然之平仄 句讀之叶韻 但以喉嚨間長短 唇齒上輕重 或促而斂之 或引而伸之 以準其歌詞之刻數然後墜之爲羽聲 抗之爲商音 其視花間樽前塡詞度曲之法 亦可謂鄙野之極矣 雖然 被之管弦 自成律呂 哀樂變態 感動心志 是知天地間原有自然之樂 有不可以恨地分疆而論也 今欲採其辭入詩 則或可以長短其句 散押其韻 强名之曰古體 然吟咏咀嚼之間 頓乖聲響 非復詞曲之本色 儘可謂戛戛乎 其難於措手矣 是以文苑諸公 置若罔聞 將使昭代歌

謠 聽其散亡而不傳 可勝慨哉 高麗李益齋①先生 採曲爲七絶 命之曰小樂府 今在先生集中 擧皆今日管弦家不傳之曲 而其辭之不亡 賴有此詩 文人命筆 顧不重歟 余竊喜之 就我朝小曲中 余所記憶者 亦以爲七言絶句 藻采雖萬萬不逮先生 而異代同調 各採其國之風則一也 …中略… 凡我朝忠臣志士 哲輔鴻匠 高明 幽逸 才子 佳人 得志不遇 出於詠歎嚬呻之餘者 略備於此 縱不堪與黃河遠上②之詞 甲乙於旗亭③ 亦庶幾存一代之風雅 補詩家之闕文 後之覽者於風前月下 香燭燈光試一吟諷 未必不如品竹彈絲 而亦必有賞音者矣 若其時代先後則 隨記隨作非出於一時者 故不復詮次云爾

註解 ①李益齋(이익재) — 여말(麗末)의 시인 이제현(李齊賢)의 호. 우리말 가사를 한시로 옮겨 '소악부'라 칭함. ②黃河遠上(황하원상) — '황하원상백운간(黃河遠上白雲間) 일편고성만인산(一片孤城萬仞山)……' 왕지환(王之煥)의 〈양주사(涼州詞)〉를 이름. ③旗亭(기정) — 역시 왕지환의 시에 나옴.

1 인월원(人月圓)

금사오죽(金絲烏竹) 자포도(紫葡萄)로
쌍모란총(雙牧丹叢) 일장초(一丈蕉)를
사창(紗窓)에 어른어른 하엽잔(荷葉盞) 그림자
달밤에 정든 임과 함께 둘이서 앉았세라.

其一　人月圓

　金絲烏竹①紫葡萄②　雙牧丹叢一丈蕉
　影落紗窓荷葉盞　　意中人對月中宵

* 원전(原典)을 찾지 못하여 역자가 그 대의(大意)를 전한다.

註解　①金絲烏竹(금사오죽)-악기(樂器)를 이름.　②紫葡萄(자포도)-술 이름.

2 백마청아(白馬靑娥)

말은 가자 울고 임은 잡고 아니 놓네.
석양은 재를 넘고 갈길은 천리로다.
저 임아, 가는 나를 잡지 말고 지는 해를 잡아라.

　　其二　白馬靑娥

　欲去長嘶郎馬白　挽衫惜別小娥靑
　夕陽冉冉銜西嶺　去路長亭復短亭

* 작자 미상.

3 홍촉루(紅燭淚)

방안에 혓는 촛불 뉘와 이별하였는데
겉으로 눈물지고 속타는 줄 모르는고
저 촛불 나와 같아여 속타는 줄 몰라라.

　　其三　紅燭淚

　房中紅燭爲誰別　風淚汎瀾不自禁
　畢竟怪伊全似我　任情灰盡寸來心

* 단종(端宗) 때 이개(李塏) 지음.

4 죽미(竹謎)

백초(百草)를 다 심어도 대는 아니 심으리라.
젓 대는 울고 살 대는 가고 그리나니
본대로 다 울고 가고 그리는 대를 심어 무삼하리요.

其四 竹 謎

人間百草皆堪種　唯竹生憎種不宜
箭往不來長笛怨　最難畵出筆相思

* 작자 미상.

5 신내로(神來路)

물 구름 아득하다 신(神)이 내린 길이로다.
거문고로 다리 놓아 큰 냇물 건너났다.
12주(柱) 12현(絃)에 어느 주(柱)에 신 줄이 내리는고.

其五 神來路

水雲渺渺神來路　琴作橋梁濟大川
十二琴弦十二柱　不知何柱降神弦

* 원전 불명.

6 자규제전강(子規啼前腔)

이화(梨花)에 월백(月白)하고 은한(銀漢)이 삼경인제
일지춘심(一枝春心)을 자규(子規)야 알랴마는

다정도 병인 양하여 잠 못들어 하노라.

其六 子規啼前腔

梨花月白五更天　啼血聲聲怨杜鵑
儘覺多情原是病　不關人事不成眠

* 여말(麗末) 공민왕 때 이조년(李兆年) 지음.

7 자규제후강(子規啼後腔)

자규야 울지 마라 울어도 속절없다.
울거든 너만 울지 남은 어이 울리는다
아마도 네 소리 들을 제면 가슴 아파 하노라.

其七 子規啼後腔

寄語子規休且哭　哭之無益到如今
云何只管渠心事　我淚翻敎又不禁

* 숙종(肅宗) 때 이유(李瑈) 지음.

8 추산청효(秋山淸曉)

송간석실(松間石室)에 가 효월(曉月)을 보자 하니
배 붙여라 배 붙여라, 공산낙엽(空山落葉)에 길을 어찌 알아볼꼬
지국총 지국총 어사와 백운(白雲)이 쫓아오니 여라의 무겁고야.

其八 秋山淸曉

蒼凉曉月照人歸　石室松關鎖翠微

落葉滿山無路入　白雲肩重女蘿衣

* 인조(仁祖) 때 고산(孤山) 윤선도(尹善道) 지음. 〈어부사(漁父詞)〉 추사(秋詞)의 하나.

9 영파(影波)

추산(秋山)이 석양을 띠고 강심에 잠겼는데
일간죽(一竿竹) 비껴 들고 소정(小艇)에 앉았으니
천공(天公)이 한가로이 여겨 달을 좇아 보내도다.

其九　影　波

秋山夕照蘸江心　釣罷孤憑小艇吟
漸見水光迎棹立　半彎新月一條金

* 광해(光海) 때 유자신(柳自新) 지음.

10 장중배(掌中盃)

들은 말 즉시 잊고 본 일도 못본 듯이
내 인사 이러하매 남의 시비 모르도다
다만 손이 성하니 잔 잡기만 하노라.

其十　掌中盃

耳朶有聞旋旋忘　眼兒看故不看樣
右堪執盃左持螯　兩手幸吾無病恙

* 중종(中宗) 때 송인(宋寅) 지음.

11 호접청산거(蝴蝶靑山去)

나비야 청산 가자 범나비 너도 가자
가다가 저물거든 꽃에 들어 자고 가자
꽃에서 푸대접하거든 잎에서나 자고 가자.

其十一 蝴蝶靑山去

白蝴蝶汝靑山去　黑蝶團飛共入山
行行日暮花堪宿　花薄情時葉宿還

* 작자 미상.

12 어락(漁樂)

우는 것이 뻐꾸기냐 푸른 것이 버들이냐
어촌(漁村) 두세 집이 모연(暮烟)에 잠겼세라.
아해야 새 고기 오른다 흰 그믈 내어라.

其十二　漁　樂

鳴者鵓鳩靑者柳　漁村烟淡有無疑
山妻補網纔完未　正是江魚欲上時

* 윤고산(尹孤山) 지음.

13 실사구시(實事求是)

풍파에 놀란 사공 배 팔아 말을 사니
구절양장(九折羊腸)이 물보다 어려왜라

이후론 배도 말도 말고 밭 갈기만 하리라.

  其十三 實事求是

 喫驚風波旱路行 羊腸①豺虎險於鯨
 從今非馬非船業 紅杏村深雨映耕

* 작자는 장만(張晩)이라고도 하고, 이언기(李彦紀)라고도 함.

註解 ① 羊腸(양장) - 구절양장(九折羊腸). 굽이굽이 틀어진 양의 창자처럼 험준한 산길.

  14 관간빈(慣看賓)

짚방석 내지 마라 낙엽 깐들 어떠하리.
굳이 관솔불 혀 밝힐 줄이 있으리
어젯밤 지던 달이 다시 떠서 오노라.

  其十四 慣看賓

 休煩款待黃茅薦 且坐何妨紅葉堆
 豈必松明燃照室 前宵落月又浮來

* 작자 미상.

  15 벽계수(碧溪水)

청산리 벽계수야 쉬이 감을 자랑마라
일도창해(一到滄海)하면 다시 오기 어려우리
명월이 만공산(滿空山)하니 쉬어간들 어떠리.

其十五　碧溪水

青山影裡碧溪水　容易東流爾莫誇
一到滄江難再見　且留明月映婆娑

* 중종(中宗) 때 황진이(黃眞伊) 지음. 진이의 자가 명월(明月)이다.

16　녹초청강마(綠草靑江馬)

녹초(綠草) 청강상(靑江上)에 굴레 벗은 말이 되어
머리 들어 북향해 우는 뜻은
석양이 산 넘어가니 임자 그려 함이로다.

其十六　綠草靑江馬

草草綠草靑江上　老馬身閑謝轡銜
奮首一鳴時向北　夕陽無限戀君心

* 선조(宣祖) 때 서익(徐益) 지음.

17　축성수(祝聖壽)

천세(千歲)를 누리소서 만세(萬歲)를 누리소서
무쇠기둥에 꽃피어 열매가 열려 따 드리도록 누리소서
그밖에 억만세(億萬歲) 외에 또 만세를 누리소서.

其十七　祝聖壽

千千萬萬萬千千　又享千千萬萬年

鐵柱開花花結子　殷紅子熟獻宮筵

* 작자 미상.

18　야춘(冶春)

황산곡(黃山谷) 돌아들어 이백화(李白花)를 꺾어 쥐고
도연명(陶淵明) 찾으려고 오류촌(五柳村)에 들어가니
갈건(葛巾)의 술 붓는 소리에 세우성(細雨聲)인가 하노라.

　其十八　冶春

黃山谷裡蕩春光　李白花枝手折將
五柳村尋陶令宅　葛巾漉酒雨浪浪

* 작자 미상.

19　낙화유수(落花流水)

졸다가 낚싯대를 잃고 춤추다가 도롱이를 잃어
늙은이의 망령을 백구야 웃지 마라
저 건너 10리 도화(桃花)에 춘흥 겨워하노라.

　其十九　落花流水

睡失漁竿舞失簑　白鷗休笑老人家
溶溶綠浪春江水　泛泛紅桃水上花

* 작자 미상.

20 쌍옥저(雙玉筯)

백천(白川)이 동도해(東到海)하니 하시(何時)에 부서귀(復西歸)오
고왕금래(古往今來)에 역류수(逆流水) 없건마는
어찌타 간장 녹은 물은 눈으로 내리는고.

其二十 雙玉筯

逝者滔滔挽不得　百川東倒幾時回
如何點滴肝腸水　却向秋波滾上來

* 작자 미상.

21 향섭의(響屧疑)

내 언제 무신하여 임을 언제 속였관데
월침삼경(月沈三更)에 올 뜻이 전혀 없노
추풍에 지는 잎 소리야 낸들 어이하리요.

其二十一 響屧疑

寡信何曾瞞著麼　月沈無意夜經過
颯然響地吾何與　原是秋風落葉多

* 황진이(黃眞伊) 지음.

22 인생행락이(人生行樂耳)

인생을 헤아리니 한바탕 꿈이로다.
좋은 일 궂은 일이 꿈속의 꿈이로다.

아마도 꿈속의 인생이니 아니 놀고 어이리.

　　其二十二　人生行樂耳

　一度人生還再否　此身能有幾多身
　借來若夢浮生世　可作區區做活人

* 숙종(肅宗) 때 주의식(朱義植) 지음.

　　23　십주가처(十洲佳處)

문노라 저 선사(禪師)야 관동풍경(關東風景) 어떻더니
명사십리 해당화(海棠花) 붉어 있고
원포(遠浦)에 양양백구(兩兩白鷗)는 비소우를 하더라.

　　其二十三　十洲佳處

　釋子相逢無別語　關東風景也如許
　明沙十里海棠花　兩兩白鷗飛小雨

* 백제(百濟) 의자왕(義慈王) 때 성충(成忠)이 지었다고 전함.

　　기엽동경(寄葉東卿)

촌 농사꾼과 섞여 엄화계(罨畫溪)에 살아
꿈이 번화한 거리에 이르지 못하네.
명아주와 기장을 삶는 왕마힐(王摩詰)이요
날씨나 헤아려 보고 있는 당자서(唐子西)로다.
이웃 절 종소리에 산 달이 뜨고

연지(硯池)에 꽃이 지니 물새가 우네.
내 마음의 친구 자오천(子午泉) 머리에 있노니
단청(丹靑)을 빌어 함께 그림이나 그리며 살았으면.

自題扇頭山水寄與葉東卿

混跡村農罨畵溪①　夢魂不到軟紅堤
蒸藜炊黍王摩詰　較雨量晴唐子西
隣寺鍾鳴山月掛　硯池花落水禽啼
神交子午泉頭在　好借丹靑手共携

* 신묘년 지음. 중국인 섭동경(葉東卿)에게 산수화 분채를 보내며 읊은 것이다.

註解 ① 罨畵溪(엄화계) — 절강성(浙江省)에 있는 계수(溪水) 이름. 정곡(鄭谷)의 시에 '계촌엄화통(溪村罨畵通)'의 구절이 있음.

자제묵죽(自題墨竹)

창문이 허여지매 남은 구름 떠가고
새가 울며 아침 날이 빛난다.
호젓한 글집에 눈이 처음 개었는데
벼루 못에서는 맑은 기운이 도는구나.
소상강(瀟湘江) 한 조각 푸름이
열 손가락에 떨어져 날아라.
옛사람에게도 이런 필법(筆法)은 없었노니
이것이 꼭 하늘 기틀과 맞는 것만도 아니로세.
차라리 길거리에 버려 소와 양이 밟게 할지언정

삼가 아예 돈 많은 관리의 물건으론 되지 말기를.

十一月十日始雪自題墨竹

窓白宿雲去　　禽鳴朝日暉
小屋雪晴初　　硯池淸氣歸
瀟湘一片碧　　歷落十指飛
古人用筆無此法　不似是似合天機
棄之寧爲牛羊踐　愼莫輕贈肉食肥

* 신묘년 지음.

춘진일대우(春盡日對雨)

조화(造化)는 사사로움이 없고 물건은 한계가 있거니
봄빛은 필경 누가 많이 차지했던고
정을 붙일 것은 제비와 꾀꼬리의 수작이요
제물에 기뻐하는 것은 도화 다음 행화로다.
순잔을 들어 질병을 막으려 하나
되우치는 비바람이 화사한 것들을 덜어가네.
지난해도 이러했고 올해 또한 이러하니
사람의 수명과 꽃다움을 함께 스러짐에 맡기리라.

春盡日對雨

造化無私物有涯　春光畢竟屬誰多
關情燕語酬鶯語　得意桃花殿杏花
準備杯觴防疾病　折除風雨損華奢

去年如此今年又　人壽芳菲任共磨

*임진년 지음.

제기우초(題寄雨蕉)

내 집이 비록 궁벽하나 그윽한 삶에 알맞고
초여름 고이 앉았으니 물건의 변하는 모습 보겠네.
갈대 순은 유독 자라 줄기보다 크고
꾀꼬리 새끼는 나면서 저절로 불러대네.
조각 구름에 문득 낭랑한 비가 내리다가는
으슥할 때 도리어 활짝 갠다.
벽도화 지고 그대 오지 않노니
뜰에 가득 쌓인 눈을 남이 먼저 밟을라.

雨蕉書云趂碧桃未謝　當一就晤今見雨後花事已非　悵
然題寄雨蕉

吾廬雖僻愜幽貞　初夏端居見物情
蘆笋特長時過母　鶯雛生小自呼名
片雲却下浪浪雨　薄晩翻成冉冉晴
謝盡碧桃君不至　滿庭堆雪怕人行

*우초(雨蕉)가 편지를 보내고 벽도화가 지기 전에 한번 찾겠다고 하였다.
그러나 벌써 꽃이 떨어지고 있음을 보고 창연하여 읊음.

추회(秋懷) 2수(二首)

1

비가 멎고 벌레소리 일어나노니
함초롬히 온갖 풀이 젖어있네.
빗물 방울은 처마 끝에 있고
남은 윤기가 삿자리에 스며든다.
작은 쑥집을 찾아들 양이면
여울 지나다 짧은 돛대 머물라.
차 화로에는 불이 있는가
보글보글 동병(銅瓶)이 끓는구나.

秋懷 二首

其一

雨止虫聲作　空濛百草濕
淋鈴在簷宇　餘潤枕簟襲
如寄小蓬屋　過灘停短楫
茶爐有火否　唧唧銅瓶泣

2

풀벌레가 한 개의 미물이건만
우는 소리 사람의 마음 간절케 하누나.
이미 《시경(詩經)》에서부터 보였고
이름이 《이아(爾雅)》에 들어 있었어라.

내가 홀로 어떠한 사람이기에
일곱 정[七情]에서 애심(哀心)이 결해 있을꼬
내일 떠나려 하고 오늘밤 잠들지 못하노니
회포는 있어도 더불어 말할 이 없어라.

其二

草虫一微物　鳴聲感人切
已自毛詩見　名入爾雅①列
余獨何爲者　七情哀心缺
明發不能寐　有懷無人說

註解　①爾雅(이아)－13경(經) 중의 하나로서 천문・지리・초목・조수・음
악・기재 등에 이르는 고금 문자(文字)를 설명한 책.

9월기망아집(九月旣望雅集)

진(晋)나라 죽림(竹林)에
한(漢)나라 석거(石渠)를 겸해
풍류와 문채가 찬 집을 비치네.
가을들어 시구(詩句)를 생각하매 신(神) 가락이 많고
달 맞아 술잔 들어 병후를 시험해 보네.
서리 앞 붉은 잎에 산기운이 변하고
물같이 푸른 구름 밤이 처음 서느랗다.
시집[詩家]에 그대들이 다시 와
갈꽃 깊은 곳에 어부(漁父) 불러일으켰구나.

九月旣望之夜 海居都尉 約與 朴雨蕉侍郎 李石見明府
丁酉山學淵 李東樊晩用 洪春山祐吉 洪菊農成謨 雅集敵居之
養硯山房 拈吳蘭雪集中韻 同賦 兒子命準 命衎 柳問菴樹軒
二秘書 李石顚海遠 雨蕉二哲嗣琴坨齊喆 靑棠齊兢 東樊哲嗣
溪堂之衡 徐竹坨眉淳 韓藕人在洛 李藕船尙廸亦賦

晉竹林①兼漢石渠②　風流文采照寒廬
逢秋鍊句多神助　　邀月開罇試病餘
紅葉未霜山氣變　　碧雲如水夜凉初
詩家近日得君重　　喚起蘆花深處漁

註解 ①竹林(죽림)-진(晋)나라 때 선비들이 죽림에서 놀았음. 칠현(七賢)의 고사(故事).　②石渠(석거)-한(漢)나라 때 궁전의 비서각(秘書閣)을 가리킴.

차운하상오엽시(次韻荷裳五葉詩)

1　태정엽(苔庭葉)

경서(經書) 책과 약화로에 박달나무 산뽕나무 그늘진 속에
선(禪) 마음과 시(詩) 생각에 병이 서로 침노하네.
산 뜰에 비 뿌리고 찾아오는 사람도 없노니
누른 잎 푸른 이끼가 한 자나 깊었구나.

其一　苔庭葉

經卷藥爐檀柘陰　禪心詩思病相侵

山庭雨打無人見　黃葉靑苔一尺深

　　2　석경엽(石徑葉)

바위 등진 초가집으로 오솔길 돌고
산이 차매 오구목(烏桕木)은 벌써 빨갛게 물이 든다.
저녁 햇빛 그늘지고 낙엽 밟는 소리
어느 시인이 글귀를 찾아 혼자 왔는고.

　　其二　石徑葉

背石茅菴一徑回　山寒烏桕染紅催
夕陽翳翳鞁鳴葉　有個詩人覓句來

　　3　이정엽(離亭葉)

쇠잔한 버들 가지가지에 이별 한(恨)이 어리네
석양머리 아득하니 먼 산이 잦았세라.
장정(長亭)에 휘날리는 슾고도 쓸쓸한 소리
모두 다 아롱말을 보내고 난 뒤 일일레라.

　　其三　離亭葉

衰柳千條別恨生　夕陽無限遠山平
長亭摵摵蕭蕭響　總是斑騮送後情

　　4　객사엽(客舍葉)

우수수 나뭇잎 지는 하늘
기러기 울음 잦아진 곳에 새벽 등불 그믈러라.
꿈속엔 비록 고향길이 있다 한들
가을 창에 잠들지 못하니 그를 어이하리요.

其四　客舍葉
淅瀝蕭森葉落天　雁聲窮處曉燈前
夢中縱有還鄕路　其奈秋窓初不眠

5　이하엽(籬下葉)

울타리 아랜 누른 잎 쌓이고 나뭇가지 성깃하다.
동자(童子)는 빗자락 얹어두고 객이 처음 오는 때
휘날려 오류촌(五柳村) 도잠(陶潛)댁에 슬리다가
다시 미친꽃 어울려 유신(庾信)의 집으로 휘몰아 가더라.

其五　籬下葉

籬下堆黃樹上踈　奚童縛帚客來初
紛飛五柳陶潛①宅　更伴狂花庾信②居

註解　①陶潛(도잠)-도연명(陶淵明). 그의 집에 다섯 그루 버들이 서 있어 그곳을 오류촌이라 하고 도연명을 오류선생이라고도 함. ②庾信(유신)-육조(六朝) 때 문장대가.〈애강남부(哀江南賦)〉를 지음.

도가인조씨(悼家人趙氏)

금년의 내가 거년의 나이건만
집에 들어와 그대 없으니 심사가 어떠하료.
정자렴(丁字簾) 앞에 사람은 보이지 않고
푸른 애벌레와 베짱이하고만 대해 앉았노라.

去年余之北轅也 猶與家人趙氏相見 今年賜環也 伊
人不可見矣 愴然吟成一絶
今年我是去年吾　情況胡然入室無
丁字簾①前人不見　青虫相對絡絲絇

* 갑오년 지음. 평산(平山)으로 귀양갔다가 풀려나 돌아오니 맞아줄 부인이
없다. 창연하여 한 절구를 읊음.

註解　①丁字簾(정자렴)-정(丁)자 무늬의 발.

칠석육언(七夕六言)　3수(三首)

1

7월 7일 은하수에 견우와 직녀 꽃등이라.
천상의 아름다운 기약은 표준이 있다마는
인간 서약은 믿을 것이 없어라.

七夕六言　二首

其一

七月七日銀浦　牽牛織女花燈
天上佳期有準　人間信誓無憑

2

한 띠 은하수에 물이 붇고 반달에 오작교는 떠 갔어라.

선랑이 건너려다 건너지 못하고
공연히 직녀만 애타게 하누나.

　　其二

　一帶銀河水漲　半彎烏鵲橋漂
　欲渡仙郎未渡　好敎織女魂銷

　　3

분단장 꽃손톱 바느질로 아녀들은 서로 잘 보이려 하건만
인생엔 정한 연분이 있나니
본디 교함이 어수룩한 것만 같지 못하니라.

　　其三

　匜粉瓜花針帨　兒娘乞巧相呼
　自有人生定分　本知巧不如愚

자하시집(紫霞詩集) 4권

차운죽타동사전춘(次韻竹坨桐士餞春)

올봄 꽃이 지난봄 꽃과 같건만
꽃이 지면 해마다 보내는 시름 새롭다.
나를 속인 낙천(洛川)의 패물 떨어뜨린 여자가
누굴 위해 금곡(金谷)의 누(樓)에 떨어지는 사람되었는고
선가(禪家)에서는 탈바꿈이 공(空)이요 색(色)이 아니라 하며
향국(香國)에 화사한 꿈은 참된 것이 아니로세.
제 이미 총총히 가는 것을 굳이 붙들지 마소
보리바람 매화비는 왜 이리 또 잦느뇨.

次韻竹坨桐士餞春

今春花似去年春 花落年年惜別新
欺我洛川損佩女① 爲誰金谷墮樓人②
禪家幻脫空非色 香國繁華夢不眞
己是忽忽歸莫挽 麥風梅雨又何頻

* 을미년 지음.

註解 ①損佩女(손패녀)-조식(曹植)이 낙수(洛水)에서 신녀(神女)를 만난 고사. ②墮樓人(타루인)-진(晉)나라의 석숭(石崇)이 금곡(金谷)에 정원을 꾸몄는데 그의 여자 녹주(綠珠)가 누에서 떨어져 죽었다. 이상 두

시구(詩句)는 다 꽃을 비유함.

추화이재제황산오주고목도(追和彝齋題黃山五株枯木圖)

연기 구름 천만 모습이 모두 먹의 진수로구나.
틀을 밟지 않고도 문인이 창조한 교묘한 것 있어라.
낙락한 열 손가락 사이에 천연스럽게 빼낸 자태로다.
황산(黃山)의 영혜로운 슬기가 시와 그림에 한결같이 흐르노라.
풀어서 펴면 그림이 되고 거두어 뭉치면 시로 되나니
진정한 요체는 감추어 나타내지 않고
오묘한 깨달음은 자기 혼자만이 아네.
골짜기를 건너면 빽빽한 숲이 보이고
깎아지른 언덕으론 누대가 기이하다.
비 듣는 창가에서 혼자 펴볼 만하니
남에게 갖다주고 싶지 않네.
그리운 사람이 하늘 가에 있어
자주 세월이 바뀜을 탄식하였구나.
소식으로 아름다운 그림을 보냈으니
이것을 아끼지 않은 때일러라.
천 리 밖에 한 집을 밝게 하였고
임학(林壑) 속에 기약이 있었구나.
참된 마을을 그림정에 붙였으니
빌리는 것도 어리석은 일이고
돌려 보내는 것도 또한 어리석은 일이로다.

追和彝齋按北藩時題黃山所寄五株枯木圖韻

烟雲千萬態　都是墨髓爲

而不涉畦徑　文人創巧思
落落十指間　天然出風姿
黃山靈慧性　詩畫一貫之
渙宣則爲畫　揪歛則爲詩
眞諦秘不示　妙悟心獨知
陡壑密林景　翻跌麓臺奇
雨窓只自看　贈人不堪持
所思在天末　頻嗟歲月移
充信卷此圖　不惜於此時
千里晤一室　林壑中相期
心欽寄畫情　借痴還一痴

* 을미년 지음. 이재(彛齋)가 북번(北藩)에 있을 때 황산이 보낸 '소송단학도(踈松短壑圖)'에 화제로 쓴 시가 있었다. 뒤에 선생이 그에 차운함. 이재는 권돈인(權敦仁), 글씨를 잘 썼다. 벼슬이 영상에 오름. 황산은 김유근(金逌根), 그림을 잘 그렸다.

8월9일익종대왕탄신(八月九日翼宗大王誕辰)

경인(庚寅)년에 승하하신 후로
자주 8월이 오는 것을 슬퍼하노라.
외로운 신하가 완명히 죽지 않고
만 생각은 재처럼 차구나.
금중(禁中)에 수직하며 신선의 짝을 쫓고
궁 자리에서 탄신 술잔을 올리네.
이제 가만히 지난 일을 생각해 보노니
걸어온 자취에 모두 이끼가 낀다.

八月九日 翼宗大王誕辰 上親行酌獻禮陪班 退感賦
一詩
自哭庚寅後　頻傷八月來
孤臣頑不死　萬念冷如灰
禁直追仙侶　宮筵上壽盃
依辰懷往事　行跡遍生苔

* 을미년 지음. 이해 효명세자(孝明世子) 묘호를 익종(翼宗)으로 추숭하였다. 8월 탄신에 지음.

4월8일원정절구(四月八日園亭絶句)　2수(二首)

1

동산에 내리는 비 황매(黃梅) 철에 접어들어
발 밖에 봄바람이 조금 쌀쌀하다.
푸른 소매 붉은 치마가 한데 어울려 있는 양
매화해당화(梅花海棠花) 한껏 난간을 덮었네.

四月八日園亭絶句　二首

其一

林園一雨入梅①惈　簾外東風作意寒
翠袖紅裙如簇擁　梅棠無數壓欄干

註解　①梅(매)-황매(黃梅). 4, 5월 황매가 익을 무렵 오는 비를 매우(梅雨)

라 하고 또 견색우(慳嗇雨)라고도 한다.

2

눈 어리는 붉은 것과 요매로운 흰 것이 다 없어지고
느티나뭇잎 그늘 짙어 여름경(景)인데
마치 우리집은 봄빛이 머물러 있는 듯
벽도화(碧桃花) 핀 곳에 등불을 달아본다.

其二
嫣紅嬌白轉頭空　槐葉陰濃夏景中
恰喜吾廬春色駐　碧桃花發試燈風

5월26일한여득우희성(五月二十六日旱餘得雨喜成)

하늘이 반가운 비를 내리사
다시 민물(民物)을 소생케 하네.
온 땅 위에 단술을 흘리며
퍼부어서 옥과 구슬을 쏟는구나.
기쁜 마음 초목들과 함께 일어나고
쇠잔한 몸이 윤택히 살찌는 것 같으이.
내 즐거움이 이러하거늘
농사짓는 들 사람들이야 어떠하리.

五月二十六日旱餘得雨喜成
天心賜甘雨　再使民物蘇
遍地傾醪醴　翻盆瀉玉珠

欣情同草木　衰軆潤肌膚
私慶有如此　想聽農野娛

*정유년 지음.

초설주후자제황불황미불미정측(初雪酒後自題黃不黃米不米幀側)

햇발은 얼어붙고 바람은 노호(怒呼)하고
다락 그늘 산 눈썹이 모두 흐릿하고녀.
꿈에서 돌아오니 술 기운 말끔히 사라져
사람은 고요하고 향 연기 화로에 상기 있다.
눈 한 점 날아들어 따뜻한 벼루에 녹으며
마른 바람소리 모여와 찬 갈대를 변케 하네.
문득 수묵이 황정견(黃庭堅)과 미불(米芾)에 끼어
시 마음이 홀연 방대도(訪戴圖)에 노는구나.

初雪酒後自題黃不黃米不米幀側

日脚凝氷風怒呼　樓陰山黛合模糊
夢回酒氣全消席　人靜香烟尚在爐
一點斜飛融暖硯　乾聲驟至變寒蘆
偶然水墨參黃米　驀地神遊訪戴圖①

*정유년 지음. '황불황 미불미(黃不黃米不米)' 그림폭에 자제(自題)한 것이다.

註解　①訪戴圖(방대도)-산음 설야에 왕휘지(王徽之)가 대규(戴逵)를 찾아 가는 그림.

춘소견회(春宵遣懷)

즐거운 봄도 날로 쇠잔해가니 어이하리
상사(上巳) 청명으로 철시를 재촉하누나.
모두 괴로운 시가 되어 적막을 견디어 가고
잠시 바깥놀이로 거닐어 보네.
친구와 약속한 원락(院落)엔 종소리가 먼저 나고
바람 잠잠한 난간으로 달이 절로 떠오른다.
봄빛이 아직 차다 이르지 마소
살구꽃 한 가지가 가득 피어 있구려.

春宵遣懷

嬉春無奈日衰頹　上巳淸明節序催
總爲苦吟甘寂寞　暫因行樂少徘徊
人期院落鍾先到　風定欄干月自來
莫謂韶光寒勒住　杏花饒有一枝開

* 무술년 지음.

추풍청(秋風淸)　2수(二首)

1

가을바람 밝고 가을달은 밝아라. 가을구름 역력(歷歷)하고 가을산은 서느렇다. 그 밤이 어떠하뇨. 오경(五更) 그 한밤에 종가(鍾街)의 종소리, 내 글방 휘장을 흔드는다. 글방 휘장을 흔들어, 내가 잠들지 못하노니 한결 시름 새로워라. 온갖 벌레 우니는다.

秋風淸 二首

其一

秋風淸秋月 朗秋雲歷歷秋山爽 夜如何 其夜五更 鍾街鍾聲撼書幌 撼書幌人未眠 一段新愁百蟲響

2

가을달은 밝고 가을바람 맑아라, 가을하늘 깨끗하고 가을은하 기울어라. 오작(烏鵲)이 은하를 메우려다 메우지 못하고, 언제나 다름없는 견우 직녀 마음이라. 직녀의 애타는 마음 또 1년, 그래도 인간의 사생이 한정된 것보담 나아라.

其二

秋月朗 秋風淸 秋天皎潔秋河傾 烏鵲塡河塡不得 依舊牛郞織女情 織女情 又一年 猶勝人間限死生

무술8월11일70생조(戊戌八月十一日七十生朝)

인간 70이 고희(古稀)의 해라니
내게 무슨 복으로 이 자리가 있었던고.
지금은 예사로운 촌늙은이 되었건만
일찍이는 옥당(玉堂) 신선들과 놀기도 했더니라.
이미 부처가 되어 한가로이 초탈해 있노니

내가 난 선후천(先後天)을 비껴 무삼하리.
한갓 연양(蓮洋)에 즐거움이 하나 더한 것은
그대 시 글자가 성기고 전편이 아주 원만한 일이로세.

戊戌八月十一日僕七十生朝也 棯溪侈以壽詩卽用原韻爲謝

人間七十古稀年　何福吾能有此筵
且作尋常田舍老　亦曾追逐玉堂仙
已知成佛閑商略　莫把生天較後先
自得蓮洋①添一樂　來詩字踈更篇圓

* 무술년 지음. 70세 되던 해 아침에 금계(棯溪)가 축수하는 시를 보내어 그에 답사하다. 금계의 이름은 정현(定鉉), 성은 윤(尹). 공(公)의 문인이었다.

註解　①蓮洋(연양)-불가의 말.

회양(淮陽)

수레는 삐걱삐걱 길은 아득한데
동으로 와서 예닐곱 고을을 지내왔어라.
산이 금강(金剛)에 접어드니 모두 다 부처 기운이고
하늘이 철령(鐵嶺)에 비껴 비로소 변방 시름을 하네.
의희한 수묵 단청 그림 속에
홍황자록(紅黃紫綠) 물감들인 가을이어라.
천 리 먼 길 바야흐로 험지에 접어들어
서진(西津) 다리 아래에서 나룻배를 찾는다.

淮　陽

征軺轆轆路悠悠　歷遍東來六七州
山近金剛皆佛氣　天橫鐵嶺①始邊愁
依俙水墨丹靑畵　點染紅黃紫綠秋
千里修程方試險　西津橋下覓行舟

* 무술년 지음. 둘째 아들 홍원(洪原)이 임소에 가던 때의 작품이다. 회양 (淮陽)은 강원도(江原道)에 있는 고을 이름.

註解　①鐵嶺(철령)-강원도와 함경도 사이에 있는 큰 재.

국화(菊花)　3수(三首)

1

한겨울 버티는 절개 찬 선비보다도 늠름하다.
우리 집에서 담담하게 나와 함께 있기 알맞아라.
춘삼월 울긋불긋한 잡꽃을 떠나 있어
서왕모(西王母)가 꽃구슬 놓아 주는
일에는 상관할 것이 없겠구나.

菊　花　三首

其一

凌冬氣節稟寒儒　陋室偏宜澹對吾
生在三春紅紫外　不關王母赦花租

2

찬 겨울에도 방장을 치지 않고
책과 화분으로 바람막이를 하고 있네.
오리 화로에 차 끓이는 일만 빼놓는다면
상머리엔 온통 국화 향기라.

其二

寒天受用不籬房　盆盎圖書繞在傍
睡鴨爐薰除一事　臥床渾是菊花香

3

손이 있으면 함께 마시는 것이 본 뜻이어니와
손이 없으면 혼자 마시는 것도 그르지는 않으이
술병이 말라 국화꽃의 웃음을 살까봐
책을 잡히고 또 옷을 잡히네.

其三

有客同觴固可意　無人獨酌未爲非
壺乾恐被黃花笑　典却圖書又典衣

매화(梅花)

시의 경지와 꽃의 마음이 함께 오묘하여
선풍(禪風)이 마치 허(虛)와 공(空)을 깨달은 것 같구나.

가난한 집에 세월은 당당히 가고
탑(榻)에 누워 봄빛은 날로 화창해지네.
그윽한 꽃가지 그림자 등잔 밑에 서리며
향기로운 혼이 벼루 물로 스며든다.
고산(孤山)의 절창(絶唱)이 천고에 다시 없거니
꽃잎마다 신운을 전하고 글자마다 묘하구나.

梅 花

詩境花心妙處同　禪風髣髴悟虛空
貧家歲色堂堂去　臥榻春光日日融
逸態橫陳燈影下　香魂沁入硯池中
孤山絶唱①無千古　瓣瓣傳神字字工

註解　①絶唱(절창) — 임화정(林和靖)의 매화시를 일컬음.

낙매(落梅)

창지에 봄은 비어 긴 밤을 새고
구리 병은 얼어붙어 찬 하늘 싸늘하다.
이끼낀 뜨락에 학(鶴)이 쪼아대나 오히려 눈이 남고
차 끓이는 집에 사람이 가도 찬 연기가 있어라.
지나가는 번화(繁華)란 잠시도 머무는 것이 아닌데
뒤미처 생각나는 얼굴빛은 새삼 곱구나.
내년이면 다시 볼 줄이야 알고 있건만
늙은이 나이 또 한 해를 어이 겨루리요.

落 梅

紙帳春空消永夜　銅甁氷結怕寒天
苔庭鶴啄猶殘雪　茶屋人歸有冷烟
過去繁華無暫久　追思顔色更嬋娟
亦知來歲重相見　爭奈翁年又一年

차운묵농월석절구(次韻墨農月夕絕句) 2수(二首)

1

지나던 비 그치고 흰 달이 중천에 떠
밝은 은하가 떨어져 글 다락에 들어올 것 같다.
햇가을 밤기운이 서늘하기 물 같아
사람은 절로 잠들지 못하건만
그댓 시름이 아니어라.

次韻墨農月夕絕句 二首

其一

素月當空過雨收　明河欲墮入書樓
新秋夜色凉如水　人自無眠不是愁

* 경자년 지음. 묵농(墨農)의 달 밤 절구(絕句)에 차운한 것이다.

2

벽로방(碧蘆舫) 집 ㄱ자 발에 밤빛이 서늘하여

갈꽃은 눈 같고 달은 서리 같고녀.
내 몸이 마치 하늘 뜨락에 있는 것도 같아
누운 곳에서 계수나무 향기를 듣는다.

其二

舫閣鉤簾夜色凉　蘆花如雪月如霜
是身自訝天階近　臥處時聞桂子香

중춘응명서어병풍(仲春應命書御屛風)

한기 가시는 경칩에도 봄은 흔적이 없고
입맛이 가셔 먹지 못할 때는 술이 공이 있더라.
나도 의아하노니 취중에 팔힘이 남아
붓을 휘둘러 어병풍(御屛風)을 썼노라.

仲春二十五日應命書御屛風是日適有佳酒醉甚

消寒啓蟄春無跡　減食扶衰酒有功
自訝醉中餘腕力　揮毫落墨御屛風

＊신축년 중춘에 명을 받고 어병풍을 써 올림.

무명씨고초산수십절구(無名氏古綃山水十絶句)

1

구름 속에 인가(人家)가 있고 한 마을 고요한데

언덕 위엔 천만 가지 복사꽃이 만발해 있네.
발[簾] 걷고 가벼운 노(櫨) 천천히 저어가노니
봄 강물 잠잠한 파란 유리빛.

無名氏古綃山水十絶句朴聖叟進士承赫屬題

其一

雲中鷄犬一村靜　岸上桃花千萬枝
捲幔輕橈徐轉去　春江滑笏碧琉璃

* 신축년 지음. 무명씨가 명주에 그린 산수화에다 쓴 열 수의 절구. 박진사 성수(聖叟) 승혁(承赫)이 부탁한 것이다.

2

봄이 오매 베옷으로 연하(烟霞)를 찾아드니
시냇물 솔바람 오솔길 비꼈어라.
낮은 길고 풍경이 우는 절간에
온 산이 모두 다 부처 앞 꽃이어라.

其二

春來布襪訪烟霞　澗籟松風一徑斜
晝永鍾魚金碧殿　滿山都是佛前花

3

아침이 오니 산빛은 티끌을 쓸어 말쑥하다.
어젯밤 쑥베창에 가는 빗소리 들었어라.

노젓는 한 소리 강물도 아득한 양
앞내에 꽃이 피고 뒷내엔 구름이라.

　其三

　朝來山色洗塵氛　細雨蓬窓獨夜聞
　柔櫓一聲忘近遠　前溪花發後溪雲

4

비자나무 책상에 향 사르고 도경(道經)을 읽고 있노니
늙은 솔 닦인 대숲에 외딴 정자 서 있고녀.
비 지난 뒤 꽃다운 풀은 천을 깐 것 같고
사람은 고라니와 함께 눈이 푸르더라.

　其四

　棐几燒香讀道經　喬松脩竹一茅亭
　雨餘芳草厚如織　人與麋麋俱眼靑

5

버들가지 대줄기가 한데 어슷비슷한데
단정히 앉아 말도 없이 작은 못을 대했어라.
등 뒤에 백구(白鷗)는 절로 날아가노니
한 강 봄물에 석양이 내리는 때.

　其五

　柳絲筠粉共參差　端坐無言面曲池

背後白鷗飛自去　一江春水夕陽時

　　6

글읽고 농사짓는 것이 둘 다 뜻같지 않아
강마을 생애에는 없는 것도 많다.
고기 낚아 돌아와 싸리문 반쯤 닫고
다른 것은 돛배로 객상(客商)이 지나는 데 맡기노라.

　　其六

讀書耕種兩蹉跎　江上生涯不在多
罷釣歸來門半掩　任他帆影客商過

　　7

푸른 벽 붉은 언덕에 처음 비가 지나고
흰 구름 붉은 단풍 가을로 변하는 때
들늙은이 표연히 명아주 지팡이 짚고
잠깐 냇가 다리에 서서 무엇을 생각는고.

　　其七

翠壁丹崖初過雨　白雲紅樹變秋時
飄然野老一藜杖　小立溪橋何所思

　　8

바람도 없이 잎은 져서 가을소리 보내노니
이렇듯 강 위엔 느낌이 많구나.

외로운 학 동쪽으로 와서 반 튼 밤이 되어
배 놓아 서쪽으로 내리니 달도 따라 기울더라.

其八

無風葉脫送秋聲　如此江上易感情
孤鶴東來夜將半　放船西去月隨傾

9

높은 가을이 바로 누(樓)에 오르는 철이라
멀고 질펀한 계산(溪山)은 그림 같구나.
금서(琴書)를 짊어지고 나룻배 부르는
뉘 집 더벅머리 사랑스런 아인고.

其九

高秋正是登臨節　平遠溪山似畵圖
擔却琴書來喚渡　誰家髥髮愛才奴

10

검은 구름 컴컴하게 반쯤 산이 잠기고
쇠잔한 풀 찬 연기 도는 그곳이 물굽이라.
작은 배로 고기잡는 할아범 그림에 들어와
도롱이 갈 삿갓으로 눈 속에 돌아온다.

其十

玄雲靉靆半沉山　衰草寒烟轉處灣

短棹漁翁堪入畵　蓑衣篛笠雪中還

대서답초의사(代書答草衣師)　병서(幷序)

'지난 경인년 겨울에 대둔사(大芚寺) 중 초의(草衣)가 자하산(紫霞山) 속으로 나를 찾아와 그의 스승 완호삼여탑명(玩虎三如塔銘)에 서문과 글씨를 써달라고 하였다. 그때 서문은 썼으나 글씨는 미처 못 쓴 채 내가 바닷가로 귀양가는 몸이 되어 문자(文字)가 흩어져 없어진 것이 많았는데 이 서문 원고도 잃어버려 심히 민망히 여겼었다. 그랬더니 올해 신축년에 초의가 서신을 보내고 다행히 그 부본(副本)을 함께 보내왔다. 그것은 초의의 배낭 속에서 찾아낸 것으로 벌써 12년이나 지난날의 것이다. 마치 급총고서(汲冢古書)를 얻은 것 같아 비로소 글씨를 써 돌에 새기게 되니 거의 초의의 소원을 푼 셈이다. 먼저 시 한 수를 지어 축하하고 또 편지와 함께 보내준 차(茶)에 대해 감사를 표하노라.'

바닷고을 산골 속으로 귀양가던 날
창황한 속에 글쓴 것이 많이 없어졌노라.
탑명(塔銘)을 가뭇 잃어 어쩌지 못하더니
선사가 베낀 글자 차착이 없구나.
그대 일을 마치니 마침내 천불(千佛)의 힘에 자료가 되겠고
내가 노심한 것은 조히 10년의 마(魔)가 되었어라.
글이 오니 완연 독경하는 방을 대해 앉은 듯
풍미를 맛본 것은 그대가 손수 만든 차(茶)로구나.

代書答草衣師　幷序

往在庚寅冬　大芚僧草衣　訪余紫霞山中　以其師玩虎三如塔銘乞

余序幷書 序則成而書未成 旋余湖海竄逐 文字散亡 序稿亦失甚
恨之 今年辛丑春 草衣書來 幸有其副本之在鉢囊中而搜出者十二
年之久 而重讀之 如得汲冢古書① 始可以成書 上石庶畢草衣之願
也 先以一詩賀之 且謝佳茗之充信也

海鎭山郵遷謫日　恫惶文稿在亡多
塔銘一失嗟無及　禪墨重翻字不訛
葳事終資千佛力　勞心好作十年魔
書來宛對繙經室　風味分嘗自製茶

註解 ①汲冢古書(급총고서)-진(晋)나라 때 급군(汲郡) 고총에서 선진(先
秦)의 고서가 출토된 일이 있었다.

증변승애여사(贈卞僧愛女史)

아미(蛾眉)를 맑게 쓸어 흰 모시 적삼 입은 여인
충정을 말하는 양 제비처럼 예쁘구나.
가인(佳人)이여, 낭군의 나이 몇인 줄을 묻지 마오
50년 전에 스물세 살이었네.

畿南卞僧愛女史　纖小娟慧情願以筆墨侍我　旣謝以
老且爲詩贈之　實自嘲也
澹掃蛾眉白苧衫　訴衷情語鷰呢喃
佳人莫問郞年幾　五十年前二十三

* 신축년 지음. 변승애(卞僧愛) 여사가 필묵(筆墨)의 시중을 들며 선생을

모시겠다고 하여 시로써 사례함.

쌍회정상화(雙檜亭賞花)

왜 우리들을 팔순 늙은이라 이르노
남병(南屛)에 술을 차고 같이 봄놀이를 나왔어라.
짚신 밑에 이끼는 거듭 오는 손임을 알고
손수 심은 소나무는 옛주인 맞아준다.
바위 골짜기에 붉게 찌는 듯 꽃은 비단 같고
산뜰에 푸른 풀은 그냥 자리가 되는도다.
친구들이 모두 시들어 없어진다고 상심하지 마소
큰 잔으로 한 순배 더한들 어떠리.

今春鄭碩汝明府 適自湖鄉來 共賞花于雙檜亭 亭乃
碩汝三十年舊宅也 今屬張姓武人

豈謂吾曹向八旬　南屛携酒共尋春
屐痕苔認重來客　手種松迎舊主人
岩洞蒸紅花似錦　山庭茸綠草爲茵
休傷故友凋零盡　大酹不如添一巡

* 임인년 지음. 정석여(鄭碩汝)가 시골에서 와 함께 쌍회정(雙檜亭)에서 꽃
구경을 하며 지음. 쌍회정은 정석여의 옛집이었다.

우일양연산방(又一養硯山房)

우일산방(又一山房) 양연거(養硯居) 현판이

임금님이 처음 써 주시던 때와 같이 황홀하네.
지금 신이 완력은 쇠했지만
오히려 운필(運筆)할 만하여
어병풍(御屛風)을 써서 옥뜰에 바치이다.

又一養硯山房

又一山房養硯①居　怳如恩賜睿書初
臣今衰腕猶堪運　寫御屛風進玉除

* 임인년 지음.

註解　①又一山房(우일산방), 養硯(양연)－우일산방, 양연산방(養硯山房)은 모두 공의 재명(齋名)이다.

억자하산장유감(憶紫霞山莊有感)

날마다 따뜻한 봄바람에 버들가지 푸르고녀
자하산장 생각하니 아득히 마음이 상하노라.
푸른 소나무는 이미 늙어 조신부(曹新婦)는 갔고
방초(芳艸)도 무정할손 조숙인(趙淑人)도 갔어라.
아이도 가서 지금쯤 황천의 낙(樂)을 알고 있는지
늙은이만 혼자 남아 어이 꿈속의 사람이 되었는고.
일찍이 난설(蘭雪)에게 시 써보내던 일 기억노니
물에서 나무하고 산에서 고기잡아 이웃을 잃었구나.

憶紫霞山莊有感

日日喧風楊柳春　霞莊回首暗傷神

蒼松已老曹新婦① 芳艸無情趙淑人②
兒③去知否泉下樂 翁留奈此夢中身
憶曾蘭雪④詩相贈 樵水漁山⑤絶四隣

* 계묘년 지음.

註解 ①曹新婦(조신부)-먼저 부인을 가리킴. ②趙淑人(조숙인)-뒤의 부인을 이름. ③兒(아)-아이. 명준(命準)을 가리킴. 전 해에 죽었음. ④蘭雪(난설)-오난설(吳蘭雪). ⑤樵水漁山(초수어산)-엉뚱한 짓을 하여 이웃이 끊어졌다는 뜻. 침류수석(枕流漱石)과 같은 어법(語法).

제금성여사운향화난(題錦城女史芸香畵蘭)

사람을 그리는 데 한을 그리기 어렵고
난초를 그리는 데 향기를 그리기 어려워라.
향기를 그리고 한마저 그렸으니
응당 그림 그릴 때 그대 애가 끊겼을라.

題錦城女史芸香畵蘭

畵人難畵恨 畵蘭難畵香
畵香兼畵恨 應斷畵時腸

* 계묘년 지음.

갱하돈만반작(羹河豚晚飯作)

벽로방(碧蘆舫) 집에 갈대 싹이 짤막하게 돋아나

바로 이 무렵에 복생선이 맛있는 때라
배불리 먹고 천천히 거닐매 해는 정오가 되고
살구꽃 한 떨기가 빨갛게 뜰에 비쳐 있다.

羹河豚晚飯作
碧蘆舫子蘆芽短　正是河豚膵味佳
飽食緩行日亭午　杏花一簇紅映階

* 갑진년 지음.

병중몽사녹용(病中蒙賜鹿茸)

이 인생이 무엇으로 은영(恩榮)에 보답하리요
허튼 나이 기년(耆年)을 넘은 찬 재상이네.
임금님이 산방(山房)에 병을 물으시고 약물을 내리시니
푸른 이끼낀 뜰 아래 자의(紫衣)를 맞이하노라.

病中猥蒙聖上連日下問因賜鹿茸紀恩有詩
此生何以答恩榮　散秩耆年^①一冷卿
問疾山房宣藥物　綠苔庭下紫衣^②迎

* 갑진년 지음. 임금이 연일 문병하고 녹용을 하사하여 은혜를 생각하며 쓴 것이다.

註解　①耆年(기년)－60이 넘은 노인을 기(耆)라 일컬음.　②紫衣(자의)－조신(朝臣)의 공복(公服).

송별조벽합득림부임영변(送別趙碧雪得林赴任寧邊)

공사가 한가로워 관가는 고요하고
약초를 달이고 나면 전자(篆字) 연기 붉겠구나.
그대에게 신선의 풍모가 없었다면
어떻게 명산이 있는 고을을 얻었으리요.

送別趙碧雲得林赴任寧邊
朱墨閑時鈴閣靜　黃精蒸罷篆烟[1]紅
非君夙有神仙骨　安得名山在府中

* 갑진년 지음.

註解　①篆烟(전연) - 전자(篆字) 글씨 모양의 향 연기.

임우신청(霖雨新晴)

지리한 한 달 비가 오늘 개어 햇볕이 쬐이네. 거리는 진흙 속이라 수레가 잘 다니지 못하니 친구가 오는 것이 잦지 못하다. 내 시가 무슨 좋은 데가 있으리요. 책 상자 속에 묻어두어 좀 먹이에 알맞도다. 그대가 와 한마디 말도 없이 먼저 나의 시를 들어 읽는도다. 노는 나비는 한가로운 장막을 지나고 먼 산은 말쑥히 새로 목욕한 것 같구나. 이 속에 시경(詩境)이 있노니 그대만이 홀로 이 뜻을 아노라.

霖雨新晴岱瑞相過園亭
支離一月雨　有此晴日曝　巷泥無車轍　故人來不速　吾詩有何好

堪充蟬蠹麓 君來無一言 但把吾詩讀 遊蝶過閑慢 遠黛增新沐 此中有詩境 禪悟君應獨

* 갑신년 지음.

매하소작(梅下小酌)

  내게 아홉 가지 매화가 있는데 가지가지 성깃하게 서서 한 길이나 되고 아주 촘촘히 꽃이 피어 향기가 물씬한 것이 원미지(元微之)의 구영매(九英梅)만 못하지 않다. 조경초(曹景初) 노인 시진(始振)과 함께 꽃 밑에서 밤마다 술을 마시며 시를 지었다.

한가론 뜻을 붙이기엔 매화에 맞지 않은 곳 없으니
서호(西湖)와 유령(庾嶺)에서부터 심어왔도다.
무릎 위에 거문고 비껴들면 나직이 달이 떨어지고
수풀 속에 저를 불면 맑게 이끼가 푸르다.
가인(佳人)이 잠시 조니 향기는 휘장 속으로 엉겨들고
시인이 깊이 취할제 그림자가 술잔에 뜨네.
스스로 의아해 보노니 몸이 갑자기 요대(瑤臺)에 들어온 듯
구슬 가지 옥나무가 일시에 피었구나.

梅下小酌

  余有九枝梅 枝枝竦立一丈 繁英密綴 香氣勃勃 無減於元微之[①]九英梅也 與曹景初老人 始振 花下連夜徵歌小酌

閑情無處不宜梅 種自西湖庾嶺[②]來

膝上橫琴低落月　林間吹笛澹靑苔
佳人小睡香凝帳　詞客沈酣影入杯
自訝瑤臺身忽至　瓊柯玉樹一時開

註解　①元微之(원미지)-당(唐)나라 때의 원진(元稹).　② 庾嶺(유령)-광동성(廣東省)과 강서성(江西省) 사이에 있는 대유령(大庾嶺). 홍백 매화가 길을 끼고 있어 유명했음.

낙매부용전운(落梅復用前韻)

옥골(玉骨) 빙심(氷心)으로 한 그루 매화가
몇 전생 수련을 겪어 현재에 왔는고.
영창에 그림자 던지면 사람은 달이 떴나 의심하고
땅을 쓸어 향내 풍기면 학이 와 이끼를 쪼네.
꽃이 지면 이웃집 저소리를 어이 들으리
정다울손 그대여 잔을 들라.
노래보다도 곱고 그림보다도 맑아
시인의 집에서 해마다 한 번씩 피어나느니.

落梅復用前韻

玉骨氷心一樹梅　幾生修得現今來
當窓影到人疑月　掃地香留鶴啄苔
吹落那堪送隣笛　含情聊復勸君杯
艷於歌曲淸於畵　詩境年年爲一開

제박석재명마고헌수도(題博晰齋明麻姑獻壽圖)

만사가 뜬 구름이라 한 잔 술에 붙일 일이로다
바라보니 재촉하는 세(歲) 빛도 아직 유연하다.
옹(翁)의 나이 80이나 능히 건강하거늘
마고(麻姑) 할미가 헌수(獻壽)를 하는 것도
그리 부럽지 않구려.

　　題博晰齋明麻姑獻壽圖
　　萬事浮雲付一杯　看催歲色且悠哉
　　翁年八十能康健　不羨麻姑獻壽來

* 을사년 지음. 박석재(博晰齋)가 그린 〈마고헌수도(麻姑獻壽圖)〉에 쓴 것.

연보(年譜)

석북(石北) 신광수(申光洙)

선생의 성은 신(申)씨, 본관은 고령(高靈)이다. 암헌(巖軒) 장(檣)의 11세손이고 부제학 담(湛)의 5대손, 첨지 호(澔)의 아들이다. 이름은 광수(光洙), 자는 성연(聖淵), 호는 석북(石北), 또 오악산인(五嶽山人)이라고도 한다.

조선왕조 숙종(肅宗) 38년(1712 : 임진) 음력 2월 초3일 미시(未時)에 한경(漢京) 가회방(嘉會坊) 재동(齊洞) 외가에서 태어났다.

1717년 정유(丁酉)　　6세

모친상(母親喪)을 당하다. 13세 때인 경종(景宗) 4년 계모 이부인(李夫人)을 맞다.

약관에 시명(詩名)이 나라 안을 움직이다. 이직심(李直心) 강국포(姜菊圃) 두 선배가 천재라고 격찬함.

1741년 신유(辛酉)　　30세

영조(英祖) 17년, 승보시(陞補試) 합격.

1746년 병인(丙寅)　　35세

한성시(漢城試)에 〈관산융마(關山戎馬)〉로 합격(2等). 겨울에 또 승보시 장원.

〈관산융마(關山戎馬)〉 등 작품이 가사(歌詞)에 오르다.

1750년 경오(庚午)　　39세

진사(進士)에 오르다.

1757년 정축(丁丑)　　46세

과장(科場)에서 누가 이르기를 '그대 글이 너무 높으니 수준을 좀 낮추면 어떠냐고 말하자 '그것은 내가 미숙한 탓'이라 응수하고 이로부터 과장에 들어서지 않았다.

  1760년 경진(庚辰) 49세
  관서(關西)에 놀아 〈서관록(西關錄)〉을 지음.
  1761년 신사(辛巳) 50세
  다시 패강(浿江)에 놀다. 겨울에 영릉참봉(寧陵參奉)을 제수하다. 이후 3년 동안 봉직, 〈여강록(驪江錄)〉을 지음.
  1763년 계미(癸未) 52세
  사옹봉사(司饔奉仕)로 옮김.
  1764년 갑신(甲申) 53세
  정월에 금오(金吾)로 옮겨, 명을 받고 제주도(濟州島)에 들어갔다가 큰 바람을 만나 표류, 제주에서 2개월여 유관(留館)하며 〈탐라록(耽羅錄)〉을 짓다.
  1765년 을유(乙酉) 54세
  예빈직장(禮賓直長)에 오르다.
  1767년 정해(丁亥) 56세
  봄에 부친상을 당하여 향리에 돌아가 집상(執喪)하다.
  1770년 경인(庚寅) 59세
  서부도사(西部都事)로 복직.
  1771년 신묘(辛卯) 60세
  가을에 연천(漣川) 현감(縣監)으로 부임하다.
  1772년 임진(壬辰) 61세
  2월에 모부인을 비롯한 여러 사람들의 강권으로 기로과(耆老科)에 나가 갑과제일(甲科第一)에 뽑히다.
  우승지(右丞旨)를 명 받다.
  영조가 양주(楊州)의 악(樂)을 내려 연천(漣川)에 귀근케 하다(당시 모당이 그곳에 있었음).
  3월에 돈령도정(敦寧都正)을 명받다. 왕이 도정(都正)의 주택이 없음을 듣고 중국에서 장원(壯元)한 자에게 주택을 준 예를 들어 호부(戶部)에 명하여 가옥을 사 주게 하고 모당에게는 노비(奴婢) 각 한 사람씩을 내리도록 하였다. 그러나 이달 9일에 상소를 올려 제택노비(第宅奴婢)의 명을 사양하다. 다시 왕이 비답(批答)을 내려 '내 뜻이 사사로움이 아니니 사양치 말고 받으라'고 하다.

이달 11일에 병조참의(兵曹參議)를 명받다.

6월에는 순천부사(順天府使)를 제수. 부임하다가 8도에 문신(文臣)으로 수령 나간 사람들을 모두 불러들이라는 왕명이 내려 중도에 파하고 돌아오다.

9월에 영월부사(寧越府使)로 출사하다. 〈월중록(粤中錄)〉을 지음.

1775년 을미(乙未)   64세

영조(英祖) 51년. 2월에 다시 우승지로 입각하다.

4월 26일 북산(北山) 우사(寓舍)에서 별세. 부인은 해남윤씨로 고산(孤山) 선생의 현손녀(玄孫女)이고 공재(恭齋) 두서(斗緖)의 딸이다. 5남 1녀를 둠.

유집(遺集) 16권 8책을 남겼다.

자하(紫霞) 신 위(申 緯)

공(公)의 성은 신씨(申氏), 이름은 위(緯), 자는 한수(漢叟), 호는 자하(紫霞), 본관은 평산(平山)이다. 영조(英祖) 45년 기축년(1769) 8월 11일 한성에서 태어났다.

약관 때부터 시로 이름이 나고 서화를 잘하여 삼절(三絶)이라 일컬었음.

1799년 기미(己未)   31세
문과(文科)에 급제.

1811년 신미(辛未)   43세
벼슬이 정삼품(正三品)에 오름.

1812년 임신(壬申)   44세

7월에 주청사서장관(奏請使書狀官)으로 연경(燕京)에 가다. 옹담계 방강(翁覃溪方綱)과 만나 옹의 부자와 친해지다. 옹의 아들은 수곤(樹崑). 앞서 완당(阮堂) 김정희(金正喜)가 선비로 연경에 가 옹담계에게 글씨를 배웠는데 그때 자하의 재주를 이야기하여 담계가 익히 알고 있었다고 함. 연경에서 돌아와 병조참지(兵曹參知)를 제수하다.

1813년 계유(癸酉)   45세
곡산부사(谷山府使)로 출사.

1816년 병자(丙子)   48세
곡산부사 해임. 승지를 역임하다.

1818년 무인(戊寅)   50세
춘천부사(春川府使)로 나가다.

1822년 임오(壬午)   54세
병조참판(兵曹參判)에 오름.

1828년 무자(戊子)   60세
문조(文祖) 대리 둘째 해 강화유수(江華留守)로 출사. 문조가 문학을 좋아하여 특히 이 벼슬을 명하다. 문조가 명하여 당시절구(唐詩絶句)를 선(選)하다.

1830년 경인(庚寅)   62세

문조 대리 4년, 문조가 친히 양연산방(養硯山房) 편액을 써서 하사하다. 5월에 문조가 돌아가매 공이 불안하여 강화유수를 사임. 외척 가운데에 문조의 특우를 미워하는 자가 있어 공을 모함하여 대죄(待罪)하다. 왕이 모함한 자를 귀양보내어 무사했으나 시흥 자하산장(紫霞山莊)으로 내려가 은거함. 자하는 곧 그의 선영이 있던 곳. 어렸을 때 이곳에서 글을 읽어 스스로 호(號)로 씀.

1831년 신묘(辛卯)   63세

형조참판을 명했으나 병으로 사양함.

1832년 임진(壬辰)   64세

도승지를 명함. 이에 다시 공격하는 상소가 들어와 궁문 밖에서 대죄. 왕이 엄명을 내려 공소(攻疏)하는 자들을 누르고 평신진첨사(平薪鎭僉使)로 보(補)하다.

1833년 계사(癸巳)   65세

대사간(大司諫)을 제수함. 겨울에 경기어사(京畿御史) 이시원(李是遠)이 공의 강화유수 때 독직사(瀆職事)를 들어, 평산(平山)으로 귀양가다.

1834년 갑오(甲午)   67세

귀양에서 풀려나 도승지가 됨.

1835년 을미(乙未)   68세

왕이 이조참판(吏曹參判)을 명했으나 전주(銓注)가 잘못됐다고 논란이 생겨 파함. 다시 대사간을 명했으나 사양하고 조금 있다가 병조참판을 제수함.

1838년 무술(戊戌)   70세

이조참판을 명 받음.

1844년 갑진(甲辰)   76세

병석에 있을 때 임금님이 사람을 보내 문병하고 녹용을 하사함.

1845년 을사(乙巳)   77세

한성 장흥방(長興坊) 본제에서 별세. 자하산(관악산 자락)에 묻혔다가 이천시(利川市) 장호원으로 이장함.

공은 풍채가 아름답고 성품은 호탕하고 탈속했었다. 부인은 창녕조씨(昌寧曹氏), 소생이 없음. 측실(側室)에서 명준(命準)·명연(命衍)·명우(命藕)·명두(命斗) 네 아들을 두었다. 그러나 우리나라 제도에 서자(庶子)는 청환(淸宦)에 참여하지 못하게 되어 있었으므로 적자(嫡子)가 없을 경우에는 양자로 하여 집을 잇게 하고 있었는데 선생이 홀로 명준(命準)을 사자(嗣子)로 삼았다. 순조(純祖) 국구(國舅) 풍고 김조순(楓皐 金祖淳)과는 어려서부터 죽마고우(竹馬故友)로 곤경에 빠졌을 때 그의 도움을 많이 받았다.

유집(遺集)으로 《경수당집(警修堂集)》이 있다.

석북시집 색인(索引)

[ㄱ]

가가동작화도전(家家同作畵圖傳) ····· 115
가가등하검의상(家家燈下檢衣箱) ····· 545
가가백반도(家家白飯禱) ················ 493
가가아녀출수두(家家兒女出水頭) ····· 352
가고상문란가주(笳鼓尙聞鑾駕住) ····· 44
가곡청명후(歌哭淸明後) ················ 150
가구시감위객심(佳句時堪慰客心) ····· 133
가도진경우십성(家度秦京又十城) ····· 215
가려양주맥(佳麗楊州陌) ················ 475
가련금야성서회(可憐今夜城西會) ····· 173
가련래일제분전(可憐來日祭墳前) ····· 193
가련을병년(可憐乙丙年) ················ 485
가련진솔제공회(可憐眞率諸公會) ····· 118
가릉사리육년전(嘉陵寺裡六年前) ····· 196
가림도애분(嘉林到崖分) ················ 68
가무누대화리숙(歌舞樓臺花裏宿) ····· 426
가무송영최(歌舞送迎催) ················ 61
가무양방교답진(歌舞兩坊橋踏盡) ····· 259
가무유인십이난(歌舞留人十二欄) ····· 237
가무주난갱난도(歌舞朱欄更難到) ····· 465
가빈매주상대객(家貧買酒尙待客) ····· 169
가사명일무주귀(袈裟明日茂州歸) ····· 195
가야승자무릉환(伽倻僧自武陵還) ····· 195

가연산외산(可憐山外山) ················ 269
가욕종시두욕횡(歌欲終時斗欲橫) ····· 574
가절군형제(佳絶君兄弟) ················ 181
가진억석남주락(佳辰憶昔南州樂) ····· 390
가취미인월하성(歌吹迷人月下聲) ····· 555
가취환영도해시(笳吹還營到亥時) ····· 571
가향삼월거(家鄕三月去) ················ 171
각괴동문거마객(却怪洞門車馬客) ····· 109
각련임진완구려(却憐林盡緩驅驢) ····· 220
각망동대거(却望東臺去) ················ 318
각망충주경하처(却望忠州更何處) ····· 175
각매육년한(却罵六年限) ················ 484
각명일대완(各名一大椀) ················ 487
각사서상대월시(却似西廂待月時) ····· 158
각상견혈부족고(脚傷見血不足苦) ····· 84
각소화간대무아(各笑花間對舞兒) ····· 120
각어금일습중면(却於今日濕重綿) ····· 358
각증지초일본함(各贈芝草一本含) ····· 350
각한내시춘설성(却恨來時春雪盛) ····· 460
간군경세도(看君經歲到) ················ 187
간기견세우(看碁遣世憂) ················ 370
간난제용력(艱難齊用力) ················ 103
간추득기포(看秋得幾包) ················ 292
갈교행보막서서(喝敎行步莫徐徐) ····· 524
감격최상지(感激最相知) ················ 420
감군리차배저성(歛裙離次拜低聲) ····· 526

감군천리의(感君千里意) 424
감도문장수제우(敢道文章殊際遇) 425
감도상서불고기(敢道尙書不顧期) 403
감로관서미(甘露關西味) 422
감론관양수요박(敢論官樣殊饒薄) 445
감망왕명급(敢忘王命急) 334
감색무완복(監色無完服) 486
감위천고의(敢爲千古意) 177
감장쇠병사왕사(敢將衰病辭王事) 325
감한출신지(敢恨出身遲) 412
감호춘수영천문(鑑湖春水暎千門) 56
감후동심탄(感後動深歎) 395
강개지천성(慷慨知天性) 400
강기상루한(江氣上樓寒) 273
강남가려지(江南佳麗地) 186
강남고음인시환(江南孤吟人始還) 169
강남곡우청(江南穀雨晴) 37
강남내일원(江南來日遠) 263
강남야수쌍원앙(江南野水雙鴛鴦) 183
강동나옹루(江動懶翁樓) 251
강동만류녹여춘(江東萬柳綠如春) 236
강두월객모상분(江頭越客暮相分) 449
강루십년한(江樓十年恨) 422
강릉후리주준공(江陵候吏酒樽空) 459
강변야전로(江邊野田路) 405
강변청한주(江邊靑翰舟) 218
강북강남양류화(江北江南楊柳花) 182
강산거익지(江山去益遲) 92
강산격소제(江山隔小弟) 205
강산여차호(江山如此好) 272
강산일관박(江山一官薄) 262
강상사양반욕무(江上斜陽半欲無) 552
강상원앙상축비(江上鴛鴦相逐飛) 274

강상추풍일일량(江上秋風日日凉) 315
강선루상강선랑(降仙樓上降仙郎) 564
강선루하몽하인(降仙樓下夢何人) 236
강수점명명(江樹漸冥冥) 501
강원수가서(江遠數家樓) 85
강월만루적(江月滿樓寂) 318
강월이고삼장외(江月已高三丈外) 257
강월정다광(江月正多光) 261
강적연아롱(羌笛燕兒弄) 302
강풍엽렵해운음(江風獵獵海雲陰) 559
강풍자하지(罡風自何至) 53
강한다추수(江漢多秋水) 142
강한동주거(江漢同舟去) 294
강한상봉매일추(江漢相逢每一秋) 190
강해기인금단갈(江海幾人今短褐) 373
강해기인재(江海幾人在) 260
강해시청다락사(江海時淸多樂事) 56
강호각유가(江湖各有家) 356
강호각창연(江湖各悵然) 280
강호고객유시봉(江湖估客有時逢) 161
강호청복자금년(江湖淸福自今年) 383
강화고국주(江花故國舟) 181
개개쟁간사상선(個個爭看使相船) 523
개골단풍벽수추(皆骨丹楓碧水秋) 87
개괘소염하(開卦踈簾下) 47
개국경영력(開國經營力) 199
개기달마입주성(皆騎獹馬入州城) 568
개문대강수(開門大江水) 318
개시문군천화미(皆是文君淺畫眉) 550
개원화조쇄수령(開元花鳥鎖繡嶺) 469
개지신고소종래(豈知辛苦所從來) 352
개착심심적립환(皆着深深荻笠還) 540
객래산적연(客來山寂然) 102

객래치마입중문(客來馳馬入重門) ····· 538
객로회회진(客路回回盡) ················· 49
객사다풍우(客舍多風雨) ················ 152
객사세운모(客舍歲云暮) ················ 194
객행임거갱주저(客行臨去更躕躇) ····· 210
갱견국화전(更見菊花前) ················ 294
갱교탕진소은반(更教湯進小銀盤) ····· 570
갱래춘수창도화(更來春水漲桃花) ····· 255
갱불하강주(更不下江舟) ················ 370
갱상동루무서기(更上東樓無暑氣) ····· 139
갱음익산수(更飲益山水) ················ 496
갱하난주가일곡(更下蘭舟歌一曲) ····· 222
갱향남루휴막객(更向南樓携幕客) ····· 561
갱향주중취옥적(更向舟中吹玉笛) ····· 564
거두일망천쟁영(擧頭日望天崢嶸) ····· 350
거로장안천리장(去路長安千里長) ····· 466
거문서망석호정(車門西望石湖亭) ····· 559
거세춘사제마방(去歲春辭題馬坊) ····· 442
거수과린리(擧袖誇鄰里) ················ 488
거승반구지(居僧半舊知) ················ 125
거시관로임화락(去時關路林花落) ····· 428
거시무별물(去時無別物) ················ 497
거조도문형(去鳥都門逈) ················ 437
거주심천리(去住心千里) ················ 155
거후차산심(去後此山深) ················ 263
건곤쌍빈화(乾坤雙鬢華) ················ 260
건곤일야부(乾坤日夜浮) ················ 470
걸여금단일립환(乞與金丹一粒還) ····· 145
검수일최황(劍水日催黃) ················ 214
겁수궁변혁(劫數窮變革) ················ 318
격강행객망남조(隔江行客望南朝) ····· 547
격계추초의희경(隔溪秋草依俙逕) ····· 291
격렴한락해당화(隔簾閒落海棠花) ····· 539

격수겸가망고인(隔水蒹葭望故人) ····· 450
격수상희횡승류(擊水相戲橫乘流) ····· 352
격수운황산흑처(隔水雲黃山黑處) ····· 566
견객유존전주의(見客猶存典酒衣) ····· 409
견객회신입로변(見客回身立路邊) ····· 292
견군여반채홍련(牽裙女伴採紅蓮) ····· 557
견아백발응대소(見我白髮應大笑) ····· 350
견여완입풍림거(肩輿緩入楓林去) ····· 293
견여직상연광정(肩輿直上練光亭) ····· 524
견화석벽희여조(鵑花石壁稀餘照) ····· 233
결려인경외(結廬人境外) ················· 38
겸가모색기창창(蒹葭暮色起蒼蒼) ····· 315
겸가불유성(蒹葭拂有聲) ················ 288
겸가안상곡하인(蒹葭岸上哭何人) ····· 448
겸모고사일시옹(兼謨故事一詩翁) ····· 117
경가추초석양전(更歌秋草夕陽前) ····· 319
경강효색망창창(京江曉色望蒼蒼) ····· 313
경경설야동방한(輕輕雪夜洞房寒) ····· 570
경과물태동(經過物態同) ················ 150
경과신후누첨의(經過身後淚沾衣) ····· 232
경국매년억상처(京國每年憶賞處) ····· 110
경기공산독숙객(驚起空山獨宿客) ····· 266
경기숙원앙(驚起宿鴛鴦) ················· 67
경기실인궁(經紀實因窮) ················ 103
경년무일객(經年無一客) ················ 388
경동낙랑제부로(驚動樂浪諸父老) ····· 520
경동설야청포단(京東雪野青袍短) ····· 248
경동포병북산하(經冬抱病北山霞) ····· 387
경등저별국(京燈低別菊) ················ 143
경락서서리(京洛棲棲裡) ················ 354
경력혼유공(經歷魂猶恐) ················ 339
경록시인가(經麓始人家) ················ 326
경뢰원수시요과(輕雷遠水時搖過) ····· 132

경부반시본향손(耕夫半是本鄕孫) ····· 530
경사금성희(更似錦城稀) ················ 186
경산만범래(京山滿帆來) ················ 282
경상가아진연시(京上歌兒進宴時) ····· 541
경세남산하(經歲南山下) ················ 179
경수무풍야(鏡水無風夜) ·················· 68
경순객침인방정(經旬客枕鄰房靜) ····· 131
경요축거부(輕橈逐去鳧) ················ 287
경전보국은(耕田報國恩) ·················· 86
경점희용사(輕霑喜用蓑) ················ 235
경주협구야(輕舟峽口夜) ················ 288
경진비정잠무풍(輕塵飛靜暫無風) ····· 432
경착십년래(耕鑿十年來) ·················· 36
경퇴칠홍고족안(擎退漆紅高足案) ····· 525
경풍난일목난요(輕風暖日木蘭橈) ····· 546
경화당북두(京華當北斗) ·················· 82
경화춘산설화지(更畵春山雪花紙) ····· 299
계남두화전(溪南荳花田) ·················· 94
계령독기매(鷄翎禿己埋) ················ 424
계로서주독자과(桂露西州獨自誇) ····· 427
계림상객구(鷄林商客購) ················ 305
계명시박처(鷄鳴是泊處) ·················· 68
계서봉인설(鷄黍逢人設) ················ 267
계석시선공도객(繫石柴船空到客) ····· 298
계선강적적(繫船江寂寂) ·················· 67
계성산하점(鷄聲山下店) ················ 254
계성십리장(鷄聲十里長) ·················· 67
계성청진양주로(鷄聲聽盡楊州路) ····· 441
계수가상반(桂樹可相攀) ················ 266
계실추성만(桂實秋成晚) ················ 412
계씨채방풍(季氏採防風) ················ 103
계옥개신모(桂玉豈身謀) ················ 181
계운과연행(溪雲過硯行) ·················· 78

계후풍래소자어(鷄後風來艄子語) ····· 311
고객동기강사숙(估客同期江寺宿) ····· 270
고객미능면(孤客未能眠) ················ 200
고객방연경(估客舫烟輕) ················ 275
고거만노진(高車滿路塵) ················ 407
고곡종하익(苦哭終何益) ················ 200
고교빈족귀무원(故交貧族歸無怨) ····· 538
고국인내문귀곡(故國人來聞鬼哭) ····· 506
고국창상물불이(故國滄桑物不移) ····· 553
고궁방초색(故宮芳草色) ················ 199
고금요조가(孤琴窈窕家) ················ 180
고금조대설라문(孤琴鳥帶薛蘿聞) ····· 375
고당기거파(高堂起居罷) ················ 255
고도사배회(孤島似徘徊) ················ 282
고도수분류(孤島水分流) ················ 221
고등견시수(孤燈見始愁) ················ 261
고등구재벽(孤燈久在壁) ················ 148
고등만목내(孤燈萬木內) ················ 355
고등재벽우성다(孤燈在壁雨聲多) ····· 130
고랑연천리(高浪連千里) ················ 334
고래평양경성색(古來平壤傾城色) ····· 549
고려구국단청산(高麗舊國但靑山) ····· 211
고려왕업석하여(高麗王業昔何如) ····· 210
고루잉욕대추풍(高樓仍欲待秋風) ····· 132
고류초수지(高柳初垂地) ················ 360
고목심전진(古木心全盡) ·················· 45
고목초의희(古木稍依俙) ·················· 41
고목한강망불궁(古木寒江望不窮) ····· 132
고묘오연득의비(古墓烏鳶得意飛) ····· 390
고묘홍장춘초색(古墓紅粧春草色) ····· 462
고불거천다(高不去天多) ················ 128
고비백조지하처(孤飛白鳥知何處) ····· 279
고산회갱원(故山懷更遠) ················ 389

고색의장수(古色依墻壽) ·················· 192
고승우불견(高僧又不見) ·················· 318
고신불감사릉거(孤臣不敢辭陵去) ······ 464
고아장견남제후(告我將見南諸侯) ······ 161
고애양양노(苦愛襄陽老) ···················· 78
고양초초구군신(高梁草草舊君臣) ······ 332
고연발모옥(孤烟發茅屋) ·················· 290
고연시모사(孤烟始茅舍) ···················· 86
고연여화사(顧戀餘花事) ·················· 418
고와동강역주은(高臥東岡亦主恩) ······ 382
고와문주로(高臥雯洲老) ·················· 405
고와북창시(高臥北窓時) ·················· 188
고왕금래비취산(古往今來悲聚散) ······ 170
고운의무진(孤雲意無盡) ·················· 137
고운조채의(孤雲照綵衣) ·················· 153
고원남망지하처(故園南望知何處) ······ 231
고원동진도의침(故園同趁擣衣砧) ······ 133
고원전로망유유(故園前路望悠悠) ······· 65
고원형제격(故園兄弟隔) ·················· 129
고월불승한(孤月不勝寒) ·················· 395
고음의수옹(孤吟倚樹翁) ·················· 367
고인금야숙개성(故人今夜宿開城) ······ 227
고인다호의(故人多好意) ·················· 179
고인동협원상휴(故人東峽遠相携) ······ 270
고인불견서재리(故人不見西齋裡) ······ 111
고인시견희(故人時見喜) ·················· 151
고인시구상류제(故人詩句尙留題) ······ 425
고인장입채운유(故人將入綵雲遊) ······· 87
고인지주문황화(故人持酒問黃花) ······ 144
고인창해대추생(故人滄海待秋生) ······· 42
고인천리거(故人千里去) ·················· 149
고인촌수견(故人村樹見) ·················· 275
고인화성유왕유(故人華省有王維) ······· 70

고잔의야독(孤盞宜夜讀) ···················· 46
고정감열파(孤亭感閱波) ·················· 240
고주과낙일(孤舟過落日) ·················· 280
고주다세월(孤舟多歲月) ·················· 407
고주번양순(孤舟繁兩旬) ·················· 334
고주불견무중행(孤舟不見霧中行) ······· 55
고주불수관(孤舟不受官) ·················· 316
고주신륵사(孤舟神勒寺) ·················· 272
고주십이탄(孤舟十二灘) ·················· 372
고주안도단풍월(孤舟鴈度丹楓月) ······ 314
고주옥적상섬진(孤舟玉笛上蟾津) ······ 285
고주욕하장림근(孤舟欲下長林近) ······ 225
고주체루중(孤舟涕淚中) ·················· 343
고주한식인(孤舟寒食人) ·················· 311
고주휴좌인낭경(孤舟携坐印囊輕) ······ 439
고죽사임난수원(孤竹祠臨灤水源) ······ 504
고죽성두색(孤竹城頭色) ·················· 229
고촉낙여화(孤燭落餘花) ·················· 260
고촌일경영두생(孤村一逕嶺頭生) ······ 253
고추홍안진(高秋鴻鴈盡) ·················· 155
고출대강파(高出大江波) ·················· 128
고칭영주무내시(古稱瀛洲無乃是) ······ 350
고타연소저(鼓柁沿素渚) ·················· 318
고포문경접(菰蒲門逕接) ·················· 316
고포진사가(菰蒲進士家) ·················· 104
고풍만상유(高風滿上游) ·················· 370
고하만산화(高下滿山花) ·················· 501
고해회두재안고(苦海回頭在岸高) ······ 381
고회채록빈(孤懷採綠蘋) ···················· 76
고흥상원주(孤興上原州) ·················· 284
곡구간산시독행(谷口看山時獨行) ······· 86
곡구도화발(谷口桃花發) ···················· 40
곡구의초하(谷口宜初夏) ···················· 35

곡난명월소연배(曲欄明月小筵排) ····· 561
곡령청송혼욕단(鵠嶺靑松渾欲短) ····· 210
곡일조의냉(谷日照衣冷) ····· 189
곡절무인경(曲折無人徑) ····· 389
곡철면용수(曲徹眠龍水) ····· 475
곤붕력진남(鵾鵬力盡南) ····· 327
곤인추서역지리(困人秋暑亦支離) ····· 132
골육빈다산(骨肉貧多散) ····· 108
골육생초별(骨肉生初別) ····· 92
공강야식파(空江夜息波) ····· 128
공교경숙금(恐敎驚宿禽) ····· 416
공련금일모(共憐今日暮) ····· 151
공명감모년(功名感暮年) ····· 93
공명미가지(功名未可知) ····· 175
공명후생재(功名後生在) ····· 98
공문나옹우(空門懶翁友) ····· 318
공문노기증내목(空聞虜騎曾來牧) ····· 314
공사구인일야행(公事驅人日夜行) ····· 201
공사묘청유병계(空使妙淸油餠計) ····· 532
공산독여중금근(空山獨與衆禽近) ····· 357
공상선왕경필래(恭想先王警蹕來) ····· 45
공석욕하지(公昔欲何之) ····· 46
공소삼복활여하(共銷三伏豁如何) ····· 136
공시일완인(公是一完人) ····· 407
공외여문향(空外如聞響) ····· 475
공우모가제일선(公又茅家第一仙) ····· 122
공융역시통가자(孔融亦是通家子) ····· 265
공잠기포면(公蠶旣飽眠) ····· 500
공장옥적횡강거(空將玉笛橫江去) ····· 239
공한사광문(公寒似廣文) ····· 406
과령고인희(過嶺故人稀) ····· 153
과시군가근황혼(過時君可近黃昏) ····· 504
과종막희활(過從莫稀濶) ····· 356

과해유장홍(跨海有長虹) ····· 343
곽락모년신(廓落暮年身) ····· 90
관가진유금(官家眞有禁) ····· 49
관기능조마(官妓能調馬) ····· 340
관노고국상전강(官奴故國尙傳腔) ····· 564
관대심류서(冠帶深留署) ····· 354
관도반조객한신(官渡攀條客恨新) ····· 236
관래일견마(官來一牽馬) ····· 490
관령차우경(官令借牛耕) ····· 489
관로행인견월수(關路行人見月愁) ····· 231
관리수운여전멱(官吏雖云與錢覓) ····· 352
관무질병위가복(官無疾病爲家福) ····· 442
관문포마족(官門抱馬足) ····· 484
관미감망리두근(官微敢望螭頭近) ····· 247
관방진유험(關防眞有險) ····· 211
관산남극정(關山南極情) ····· 205
관산일곡청여하(關山一曲聽如何) ····· 307
관새춘한설타의(關塞春寒雪打衣) ····· 229
관서무사호신재(關西武士好身材) ····· 561
관소해변성(官小海邊城) ····· 362
관수제송영남시(寬愁弟誦嶺南詩) ····· 132
관심읍사소조극(關心邑事蕭條劇) ····· 453
관여처사가(官如處士家) ····· 260
관영삼년경포대(管領三年鏡浦臺) ····· 462
관외연년춘자회(關外年年春自回) ····· 241
관인다애전(官人多愛錢) ····· 498
관졸비오병(官拙非吾病) ····· 408
관지낙기하(官池落芰荷) ····· 365
관청월요미(官廳月料米) ····· 486
관파불경심(官罷不驚心) ····· 417
관하거익장(關河去益長) ····· 214
관하고인재(關河故人在) ····· 221
관하로사천(關河路四千) ····· 302

관하만리동귀객(關河萬里東歸客) 231
관하지사타시분(關河志士他時憤) 213
관하추기성(關河秋氣盛) 140
관현무절야(管絃無絶夜) 475
광대강하백(曠代江河白) 318
광려불가도(匡廬不可到) 63
광정군물변정신(廣庭軍物變精神) 525
광통교상유섬가(廣通橋上有纖歌) 402
괘범군이원(掛帆君已遠) 54
괘석동래규적일(掛席東萊窺赤日) 161
괴류풍래타맥장(槐柳風來打麥場) 109
괴엽황시쇄원유(槐葉黃時鎖院幽) 368
교농약위주(敎儂若爲住) 494
교다야야인(橋多夜夜人) 475
교두망갱원(橋頭望更遠) 261
교룡낭박성(蛟龍浪拍城) 335
교룡재수호재산(蛟龍在水虎在山) 469
교맥소단석밀비(蕎麥燒團潟蜜脾) 88
교방신악비조조(敎坊新樂沸嘈嘈) 544
교상금소공대수(橋上今宵共待誰) 403
교서랑재기라중(校書郎在綺羅中) 542
교제유다사(交際猶多事) 46
교한무수수(橋寒霧樹垂) 54
구객금래승불식(舊客今來僧不識) 126
구공명주침수저(舊貢明珠沈水底) 330
구관난가류(舊官難可留) 495
구로득신지(鷗鷺得新知) 438
구로서계상(鷗鷺西溪上) 38
구룡영석동운간(九龍靈石動雲間) 145
구마서관답황진(驅馬西關踏黃塵) 161
구면만남녀(九面萬男女) 483
구변우입녹사면(鷗邊雨入綠蓑眠) 383
구불문주인(鷗不問主人) 499

구사토인지(舊事土人知) 46
구설가중억침랑(扣枻歌中憶寢郞) 315
구시고인정(俱是故人情) 362
구아남중객(久我南中客) 336
구업숭문벽(舊業崇文闢) 318
구우인첨병(久雨人添病) 49
구월임장객(九月臨漳客) 437
구유하처불관정(舊遊何處不關情) 307
구인동래대국군(句引東來大國軍) 530
구일고인희(九日故人稀) 286
구일황화간벽사(九日黃花看甓寺) 285
구주련상근(久住憐相近) 165
구진상석반(鉤陳象石斑) 249
국사수증달(國士誰曾達) 372
국화동군조(菊花東郡早) 175
군가총마객(君家驄馬客) 316
군가타낙하(君家駝駱下) 361
군간석북신거사(君看石北申居士) 147
군거종초동(君去鍾初動) 367
군거추풍추수벽(君去秋風秋水碧) 159
군거호희주사문(君去胡姬酒肆問) 503
군견아시여견아(君見我詩如見我) 306
군고금시숙(君苽今始熟) 106
군관신차남(軍官申次男) 487
군국수공가색추(郡國收空稼穡秋) 73
군귀불가최(君歸不可催) 272
군귀사마씨(君歸謝馬氏) 391
군독마생전(君讀馬生傳) 177
군래갱어이군거(君來更御李君車) 250
군래귀해상(君來歸海上) 109
군방지피아환가(君方持被我還家) 69
군불견한라지산(君不見漢拏之山) 350
군불부시명(君不負時名) 354

군사부운출태백(君似浮雲出太白) ····· 147
군사옥중문(君死獄中聞) ················ 401
군사유처장(君死有妻葬) ················ 296
군산원기망창변(君山元氣莽蒼邊) ····· 469
군생주중별(君生酒中別) ················ 401
군승백마입유주(君乘白馬入幽州) ····· 396
군승춘수상원주(君乘春水上原州) ····· 190
군식세도난(君識世途難) ················ 194
군신여편결(君臣如便訣) ················ 320
군여고학영(君如孤鶴影) ················ 264
군왕별택묘당추(君王別擇廟堂推) ····· 390
군왕불사아구선(君王不使我求仙) ····· 350
군왕의구장(君王倚鳩杖) ················ 359
군왕자기가(君王自棄家) ·················· 66
군욕귀시천지로(君欲歸時天地老) ····· 186
군욕대하시(君欲待何時) ················ 379
군유부주작(君有浮舟作) ················ 360
군응식모운(君應識暮雲) ················ 309
군응일도영강상(君應一棹迎江上) ····· 114
군입연경불입진(君入燕京不入秦) ····· 504
군자천청색(裙子淺靑色) ················ 157
군작수가우(君作誰家雨) ················ 308
군작영남인(君作嶺南人) ················ 165
군재낙양나해미(君在洛陽那解味) ······· 96
군저견일족(裙底見一足) ················ 157
군촉회선조수홍(軍燭回船照水紅) ······· 43
군하서암일모주(君下西巖日暮舟) ····· 290
군하이화약(君何以花約) ················ 261
군행만성월(君行滿城月) ················ 418
군향장안아벽성(君向長安我碧城) ····· 226
궁경불입성(躬耕不入城) ·················· 78
궁녀여화석일홍(宮女如花昔日紅) ····· 548
궁누야귀지(宮漏夜歸遲) ················ 413
궁도망연동남행(窮途惘然東南行) ····· 161
궁도백사전다애(窮途百事轉多哀) ····· 428
궁도야기호(窮途也氣豪) ················ 187
궁도원유명(窮途元有命) ················ 418
궁도차의이응지(窮途此意爾應知) ····· 190
궁세도천애(宮稅到天涯) ················ 326
궁인보경춘전득(宮人寶鏡春田得) ····· 210
권마시상고(倦馬時相顧) ················ 362
권마일성원(勸馬一聲遠) ················ 496
권생구일경상손(權生舊日卿相孫) ····· 161
권생세모욕하지(權生歲暮欲何之) ····· 161
권생지척시사해(權生咫尺視四海) ····· 161
귀객야심고(歸客夜心孤) ·················· 89
귀거강남사오월(歸去江南四五月) ····· 228
귀거억군수견월(歸去憶君愁見月) ····· 173
귀걸군왕상조선(歸乞君王上釣船) ····· 384
귀경구해촌(歸耕舊海村) ················ 418
귀래명월만루시(歸來明月滿樓時) ····· 239
귀사모요증(歸思暮遙增) ·················· 67
귀시월재림(歸時月在林) ················ 389
귀심독재루(歸心獨在樓) ················ 284
귀양무전영야차(歸養無田永夜嗟) ····· 202
귀운백리권강우(歸雲百里睠江于) ····· 453
귀운현사공(歸雲縣寺空) ················ 437
귀일경의의(歸日更依依) ················ 197
귀일공춘생(歸日恐春生) ················ 205
귀일보군심일편(歸日報君心一片) ····· 575
귀작화두장(歸作話頭長) ················ 336
귀주삼숙해운간(歸舟三宿海雲間) ····· 347
귀주일출귀문관(歸舟一出鬼門關) ····· 345
귀주지존전(歸奏至尊前) ················ 302
귤유인가진녹연(橘柚人家盡綠烟) ····· 329
극목수여남(極目水如藍) ················ 327

극목춘강생원파(極目春江生遠波) 225
극지성교남점해(極知聲教南漸海) 330
근거동악리(近居東岳里) 408
근득단양신(近得丹陽信) 77
근력감언미(筋力敢言微) 397
근석한산침저성(近夕寒山砧杵聲) 253
근창여유소(近窓如有訴) 200
금강춘색귀래만(錦江春色歸來晚) 70
금고상심만월대(今古傷心滿月臺) 209
금고장여차(今古長如此) 502
금광기초일월정(金光奇草日月精) 350
금광승발세(金光勝髮細) 423
금군구마행(今君驅馬行) 304
금군수의거(今君繡衣去) 378
금낭무심풍물수(錦囊無心風物收) 469
금년방채정여하(今年放債政如何) 536
금년백치출산중(今年白雉出山中) 330
금년시원유(今年始遠遊) 205
금년입교방(今年入教坊) 222
금년제석우경화(今年除夕又京華) 202
금년춘첩재임장(今年春帖在臨漳) 442
금대연릉자(今代延陵子) 163
금등세초시(今等歲抄時) 492
금령개개마두명(金鈴箇箇馬頭鳴) 213
금마도천지(金馬到天遲) 152
금마사군행(金馬使君行) 483
금반문사검(金盤聞賜劒) 305
금방성명쟁박수(金榜姓名爭搏手) 99
금방수선창(金榜誰先唱) 98
금병홍촉야래인(錦屛紅燭夜來人) 477
금사연릉종외손(今使延陵從外孫) 538
금사전로견인희(金沙前路見人稀) 229
금사협리객(金沙峽裏客) 280

금상악양루(今上岳陽樓) 470
금서대조홍(琴書帶早鴻) 142
금서십이홍초장(金敍十二紅綃帳) 528
금석상림당구월(錦石霜林當九月) 115
금성새자연년기(金城塞自年年起) 215
금세선기교(今歲羡圻郊) 292
금소계석근(今宵繫石根) 288
금소연사역관회(今宵燕使譯官廻) 541
금소월일륜(今宵月一輪) 475
금소홀억사천구(今宵忽憶槎川句) 201
금수산다금수인(錦繡山多錦繡人) 572
금수심간해어공(錦繡心肝解語工) 542
금슬교가오야중(錦瑟嬌歌午夜中) 567
금시향성천(今始向成川) 234
금야남루경초창(今夜南樓更怊悵) 207
금야벽란강상숙(今夜碧瀾江上宿) 230
금야불회도(今夜不回棹) 185
금야소연숙해주(今夜蕭然宿海州) 231
금야숙황주(今夜宿黃州) 218
금야시위동해객(今夜始爲東海客) 461
금야영릉설(今夜寧陵雪) 260
금야욕편지(今夜欲偏遲) 174
금야의연구(今夜宜聯句) 269
금야장안새안래(今夜長安塞雁來) 428
금야하인청구성(今夜何因聽舊聲) 435
금야희신청(今夜喜新晴) 335
금여성변대맥제(今與城邊大麥齊) 343
금연답설하동계(金蓮踏雪下東垍) 571
금오직쇄심심지(金吾直鎖深深地) 202
금옥달관포(金玉達官庖) 352
금일기졸곡(今日旣卒哭) 296
금일도여주(今日到驪州) 254
금일백두지기루(今日白頭知己淚) 410

금일부유공주마(今日腐儒空駐馬) ⋯⋯ 215	기군파조음(期君把釣吟) ⋯⋯⋯⋯⋯ 95
금일분부독소신(今日分符獨小臣) ⋯⋯ 443	기도동래석상사(幾度同來石上眺) ⋯⋯ 193
금일불류내일지(今日不留來日至) ⋯⋯ 477	기라공자석(綺羅公子席) ⋯⋯⋯⋯⋯ 352
금일안전귀(今日案前歸) ⋯⋯⋯⋯⋯ 494	기려군출상동문(騎驢君出上東門) ⋯⋯ 373
금일연개임간정(今日筵開臨磵亭) ⋯⋯ 118	기려반조중(騎驢返照中) ⋯⋯⋯⋯⋯ 437
금일옥인상별처(今日玉人相別處) ⋯⋯ 242	기려이부출문동(騎驢吏部出門同) ⋯⋯ 431
금일의춘원(今日宜春苑) ⋯⋯⋯⋯⋯ 98	기로각천애(岐路各天涯) ⋯⋯⋯⋯⋯ 177
금일장등대관령(今日將登大關嶺) ⋯⋯ 459	기룡거상태청도(騎龍去上太淸道) ⋯⋯ 186
금일적무사(今日適無事) ⋯⋯⋯⋯⋯ 85	기룡접준재(蘷龍接儁才) ⋯⋯⋯⋯⋯ 36
금일준전갱일곡(今日樽前更一曲) ⋯⋯ 419	기마출문삼월모(騎馬出門三月暮) ⋯⋯ 233
금일지오시북환(今日知吾始北還) ⋯⋯ 348	기무린마왕래시(豈無麟馬往來時) ⋯⋯ 553
금일추풍기(今日秋風起) ⋯⋯⋯⋯⋯ 316	기보남정월(起步南庭月) ⋯⋯⋯⋯⋯ 416
금일춘분직상연(今日春分直上烟) ⋯⋯ 106	기보농방자세서(碁譜農方自細書) ⋯⋯ 383
금일화전일소후(今日花前一笑後) ⋯⋯ 414	기사삼한국(奇事三韓國) ⋯⋯⋯⋯⋯ 391
금장계홍무야취(金帳桂紅無夜醉) ⋯⋯ 223	기성비동수궁유(其聲悲動水宮幽) ⋯⋯ 352
금정라사갱난망(錦亭蘿寺更難忘) ⋯⋯ 466	기성아녀족강변(箕城兒女簇江邊) ⋯⋯ 523
금조곡성절(今朝哭聲絕) ⋯⋯⋯⋯⋯ 296	기성채필가(箕城彩筆佳) ⋯⋯⋯⋯⋯ 424
금조막시반도회(今朝莫是蟠桃會) ⋯⋯ 122	기세갱쟁영(氣勢更崢嶸) ⋯⋯⋯⋯⋯ 60
금조필마서관로(今朝匹馬西關路) ⋯⋯ 217	기수명일광욕감(己愁明日光欲減) ⋯⋯ 110
금증우사자(金繒又使者) ⋯⋯⋯⋯⋯ 302	기수용사정진통(杞樹龍蛇井盡通) ⋯⋯ 117
금지원가우온달(金枝願嫁愚溫達) ⋯⋯ 531	기시차사귀사만(祇是蹉蛇歸事晚) ⋯⋯ 133
금천삼십리(金川三十里) ⋯⋯⋯⋯⋯ 211	기시청려기(幾時晴癘氣) ⋯⋯⋯⋯⋯ 399
금천점리월륜사(金川店裏月輪斜) ⋯⋯ 212	기심오이식(機心吾已息) ⋯⋯⋯⋯⋯ 40
금파일배위(今破一盃爲) ⋯⋯⋯⋯⋯ 422	기어양대우(寄語陽臺雨) ⋯⋯⋯⋯⋯ 309
금파조정탕상연(金波藻井蕩相連) ⋯⋯ 544	기연유객침라록(綺筵留客沈葹綠) ⋯⋯ 43
금호문전립마시(金虎門前立馬時) ⋯⋯ 70	기연최상다수삽(綺筵催上多羞澁) ⋯⋯ 479
급인포승이복류(急引匏繩以服留) ⋯⋯ 352	기우공주출궁문(騎牛公主出宮門) ⋯⋯ 531
급취중냉전오다(汲取中冷煎午茶) ⋯⋯ 539	기우정법정(騎牛丁法正) ⋯⋯⋯⋯⋯ 261
기개문장무처견(氣槪文章無處見) ⋯⋯ 454	기우친림억거년(祈雨親臨憶去年) ⋯⋯ 358
기고영개팔팔문(旗鼓迎開八八門) ⋯⋯ 562	기응만세등(奇應萬歲藤) ⋯⋯⋯⋯⋯ 458
기고일만오천장(其高一萬五千丈) ⋯⋯ 350	기인가곡송사회(幾人歌哭送斜暉) ⋯⋯ 390
기공소석록라음(期公掃石綠蘿陰) ⋯⋯ 131	기인금답가련소(幾人今踏可憐宵) ⋯⋯ 231
기구서루설례영(耆耈西樓設醴迎) ⋯⋯ 430	기인천지차배회(幾人天地此徘徊) ⋯⋯ 259

기일동룡군해직(幾日銅龍君解直) ····· 387
기자의관만고원(箕子衣冠萬古原) ····· 529
기처명원백일궁(幾處名園白日窮) ····· 419
기처사롱만화량(幾處紗籠滿畵樑) ····· 555
기학환등백옥루(騎鶴還登白玉樓) ····· 429
기향아호복소축(己向鵝湖卜小築) ····· 169
기회고좌청무생(幾回高座聽無生) ····· 135
기회음차지(幾回吟此地) ····· 180
기후간유이(氣候看逾異) ····· 63
길고첨하현(桔橰簷下懸) ····· 102

[ㄴ]

나고훤훤하뢰성(羅鼓喧喧下瀨聲) ····· 331
나능공저양구거(那能共著羊裘去) ····· 168
나대금산사(羅代金山寺) ····· 58
나옹서좌처(懶翁棲坐處) ····· 273
나지세로편(那知世路偏) ····· 154
나포연공활(羅浦連空闊) ····· 68
낙래번시제주동(落來翻是濟州東) ····· 330
낙목만서성(落木滿西城) ····· 172
낙양가객대추풍(洛陽歌客帶秋風) ····· 284
낙양동촌이화정(洛陽東村梨花亭) ····· 253
낙여제공담관곡(樂與諸公談款曲) ····· 121
낙엽장안고인소(落葉長安故人少) ····· 315
낙원사회단군영(洛園私會但群英) ····· 430
낙의지분추초황(樂毅之墳秋草荒) ····· 510
낙이군친수(樂以君親壽) ····· 386
낙일고정표묘간(落日孤亭縹緲間) ····· 465
낙일과교승(落日過橋僧) ····· 67
낙일구려설경사(落日驅驪雪逕斜) ····· 255
낙일귀장경(落日歸長慶) ····· 221
낙일독귀심수리(落日獨歸深樹裏) ····· 276

낙일동서로(落日東西路) ····· 372
낙일동연가(落日動燕歌) ····· 303
낙일반시문(落日半柴門) ····· 86
낙일어룡래극포(落日魚龍來極浦) ····· 222
낙일운종격영심(落日雲鍾隔嶺深) ····· 131
낙일주란독의다(落日朱欄獨倚多) ····· 428
낙일청다선(落日聽多蟬) ····· 234
낙일청려일객래(落日靑驢一客來) ····· 209
낙일청령엄루과(落日淸泠掩淚過) ····· 464
낙일행인공(落日行人恐) ····· 211
낙일행인창망회(落日行人悵望回) ····· 455
낙재친붕결사중(樂在親朋結社中) ····· 120
낙화시절도강귀(落花時節渡江歸) ····· 166
낙화시절사인수(落花時節使人愁) ····· 429
난간임조여화인(闌干臨照如花人) ····· 482
난대등임비초수(亂代登臨悲楚囚) ····· 469
난류상답불문성(亂流相答不聞聲) ····· 86
난만잡향취(爛漫雜香炊) ····· 106
난만주혼의(爛熳酒痕衣) ····· 394
난망지유산중객(難忘只有山中客) ····· 456
난면유월창(難眠有月窓) ····· 310
난별객중객(難別客中客) ····· 269
난보가성이부군(難保家聲易負君) ····· 506
난석수잠해(亂石搜潛蟹) ····· 287
난염객시개소문(亂髥客是蓋蘇文) ····· 530
난우좌도황혼월(欄于坐到黃昏月) ····· 237
난위세모행(難爲歲暮行) ····· 172
난작달무문(難作達無文) ····· 401
난주유재모란가(蘭舟猶載牧丹歌) ····· 429
난진등전어(難盡灯前語) ····· 198
난풍치도낙화비(暖風馳道落花飛) ····· 156
남거백운천만리(南去白雲千萬里) ····· 215
남거북래인(南去北來人) ····· 502

남경별금니궁정(南京別錦泥宮錠) ······ 541
남곽계려여작일(南郭繫驢如昨日) ······ 454
남곽군거근취미(南郭君居近翠微) ······ 409
남국고인방초편(南國故人芳草遍) ······ 374
남국문명이십년(南國聞名已十年) ······ 217
남극간산천(南極看山川) ················· 154
남극노인건수적(南極老人搴手摘) ······ 350
남극노인약감적(南極老人若堪摘) ······ 333
남녀독망용문설(籃輿獨望龍門雪) ······ 252
남녀애상어(男女崖上語) ················· 102
남녀작소희(男女作笑戱) ················· 493
남당만리교(南塘萬里橋) ················· 162
남대개사진동림(南臺開士晋東林) ······ 131
남두개림석상사(南斗皆臨石上斜) ······· 74
남래시견초처처(南來始見草萋萋) ······ 343
남린조안명(南隣照眼明) ·················· 40
남망부천만리명(南望浮天萬里溟) ······ 324
남망수연공활처(南望水烟空濶處) ······ 552
남망천산단락휘(南望千山但落暉) ······ 230
남명수풍객(南溟守風客) ················· 334
남북빈봉명사별(南北頻逢名士別) ······ 390
남북청산망교연(南北青山望皎然) ······ 299
남북청산진시연(南北青山盡是烟) ······ 321
남산구일단황화(南山九日但黃花) ······ 427
남산일추색(南山日秋色) ·················· 81
남산추숙고인가(南山秋宿故人家) ······ 293
남아생리전소슬(男兒生理轉蕭瑟) ······ 161
남아유행한시생(男兒猶幸漢時生) ······ 508
남여도처숙운경(籃輿到處宿雲扃) ······· 51
남여완입백화중(籃輿緩入百花中) ······ 419
남여후안삼관리(籃輿候岸三官吏) ······ 330
남연동산천제마(嵐烟峒散千蹄馬) ······ 332
남우의관근석청(嵐雨衣冠近夕青) ······ 118

남우천봉망진미(嵐雨千峯望盡迷) ······ 298
남자노일시(男子怒一時) ·················· 84
남자유가여자난(男子猶可女子難) ······· 84
남전무수갱석문(南轉無愁更石門) ······· 79
남전성하별(藍田城下別) ·················· 76
남주모색기창연(南州暮色起蒼然) ······· 75
남주시서만(南州時序晚) ·················· 67
남천여북맥(南阡與北陌) ················· 393
남포의성만류조(南浦依城萬柳條) ······ 554
남포청산반석휘(南浦青山半夕暉) ······ 226
남포화선부벽월(南浦畵船浮碧月) ······ 307
남표행불유구국(南漂幸不琉球國) ······ 347
남한산성고막막(南漢山城高漠漠) ······ 446
납월빙강설마치(臘月氷江雪馬馳) ······ 571
납월행인야도난(臘月行人夜渡難) ······ 213
납촉간요경경화(蠟燭看搖耿耿花) ······ 202
납촉대명서(蠟燭對名書) ················· 178
낭묘신금화방거(廊廟身今畵舫居) ······ 383
낭시선천석(狼是先天石) ················· 458
낭여위성류(郎如渭城柳) ················· 308
내세중래간국화(來歲重來看菊花) ······ 121
내시무별물(來時無別物) ················· 497
내왕쇠년사(來往衰年事) ················· 414
내외강성간지형(內外江城看地形) ······ 524
내위한양성리객(來爲漢陽城裡客) ······ 147
내일두릉하(來日杜陵下) ··················· 54
내일서관시(來日西關是) ················· 218
내일시공산(來日是空山) ················· 400
내일우거화만지(來日又去花滿地) ······ 477
내자장안이세춘(來自長安李世春) ······ 527
내작동헌야야간(來作東軒夜夜看) ······ 544
내재춘삼월(乃在春三月) ················· 464
내하희인성명(奈何戱人性命) ············ 352

노감사거녹태삽(盧監司去綠苔澁) ····· 535
노견기나수(老見綺羅羞) ················ 205
노국제생업(魯國諸生業) ················ 420
노납소영전도객(老衲笑迎前度客) ····· 127
노년수령절(老年酬令節) ················ 189
노령천봉북망련(蘆嶺千峰北望連) ····· 75
노마동주설(奴馬東州雪) ················ 255
노병유고주(老病有孤舟) ················ 470
노병일신한(老病一身閒) ················ 98
노부난개설나정(老夫難改薛蘿情) ····· 100
노비루전무(奴婢屢傳無) ················ 49
노연주우영의세(爐烟晝雨縈衣細) ····· 70
노엽호가시시로(蘆葉胡笳柴市路) ····· 510
노인연라망욕미(路人烟蘿望欲迷) ····· 200
노자비거부지처(鸕鷀飛去不知處) ····· 321
노작배견신(老作拜鵑臣) ················ 463
노장호해지(老將湖海志) ················ 270
노화강상도가성(蘆花江上棹歌聲) ····· 55
녹강춘가염인의(綠江春可染人衣) ····· 274
녹괴문항진추풍(綠槐門巷盡秋風) ····· 410
녹문처자계(鹿門妻子計) ················ 78
녹사청사와신선(綠莎廳事臥神仙) ····· 536
녹시초성산적적(鹿柴初成山寂寂) ····· 51
녹양소우천가헐(綠楊踈雨千家歇) ····· 270
녹양수애진루대(綠楊垂崖盡樓臺) ····· 183
녹음누각유인진(綠陰樓閣遊人盡) ····· 404
녹장행차시잠주(綠帳行車時蹔駐) ····· 562
논교말로중(論交末路中) ················ 367
논의유문일세간(論議猶聞一世間) ····· 265
농가련야곡(農家連野哭) ················ 50
농배부지목(儂背不知木) ················ 493
농수부지석(儂手不知石) ················ 493
농아수온안(儂兒睡穩安) ················ 492

농인제출야(農人齊出野) ················ 499
농지송관루(儂持送官淚) ················ 497
누대격수경의의(樓臺隔水更依依) ····· 226
누대낙일도요광(樓臺落日倒搖光) ····· 279
누대등역권(樓臺登亦倦) ················ 269
누대상자한(樓臺想自寒) ················ 361
누대처처일상휴(樓臺處處日相携) ····· 572
누두단좌연부처(樓頭端坐鷰夫妻) ····· 107
누두양류해선귀(樓頭楊柳解船歸) ····· 274
누상장취육월풍(樓上長吹六月風) ····· 43
누오구복(累吾口腹) ························ 352
누항존오도(陋巷存吾道) ················ 46
능관행무사(陵官幸無事) ················ 252
능독두기시(能讀杜機詩) ················ 408
능라금수화중행(綾羅錦繡畵中行) ····· 426
능라방초백사평(綾羅芳草白沙平) ····· 551
능망촉롱빈귀야(能忘燭籠頻歸夜) ····· 376
능백음창핍세화(陵栢陰蒼逼歲華) ····· 250
능음한강빙(凌陰漢江氷) ················ 500
능자심입근백척(能者深入近百尺) ····· 352
능전지지한목(陵前枝枝寒木) ·········· 464
능파무헐하홍란(凌波舞歇下紅欄) ····· 238

[ㄷ]

다견고가풍(多見故家風) ················ 367
다득한양산(多得漢陽山) ················ 278
다락양애풍(多落兩厓楓) ················ 437
다병경년기거지(多病經年寄去遲) ····· 113
다병국화개(多病菊花開) ················ 36
다병약난소(多病藥難疎) ················ 91
다병양빈설첨화(多病兩鬢雪添華) ····· 110
다병황강구사군(多病黃岡舊使君) ····· 375

다사괴오군(多事愧吾君) ……………… 48
다사제승송아행(多謝諸僧送我行) …… 127
다승유관신(多勝有官身) ……………… 366
다시명산수기종(多是名山秀氣鍾) …… 549
다재혈료간(多在汦滲看) ……………… 273
다정여별미인귀(多情如別美人歸) …… 226
다지초목명(多知草木名) ……………… 335
다참노자공승흥(多慚老子空乘興) …… 403
다한다정금고분(多恨多情今古墳) …… 550
다희격장거(多喜隔墻居) ……………… 414
단거홀복사천애(端居忽復似天涯) …… 250
단견범전생일월(但見帆前生日月) …… 328
단견주인노(但見主人怒) ……………… 84
단견청산전(但見靑山轉) ……………… 184
단공겸절주인노(但恐鎌折主人怒) …… 84
단교삼경초모서(但教三逕草茅鋤) …… 415
단구일망욕점건(丹丘一望欲霑巾) …… 454
단군사하일배회(檀君祠下一徘徊) …… 528
단도상마시(但道桑麻時) ……………… 64
단득조석일해족(但得朝夕一饎足) …… 352
단령신절고(但令臣節苦) ……………… 301
단무삼월면(但無三月面) ……………… 63
단송요동일국경(斷送遼東一局輕) …… 508
단애벽장여아유(丹厓碧嶂與兒遊) …… 445
단양기마입성중(端陽騎馬入城中) …… 155
단오망종우(端午芒種雨) ……………… 489
단장생리부어하(但將生理付魚鰕) …… 69
단장인시마시시(斷腸人是馬嘶時) …… 522
단정금일반남양(丹旌今日返南陽) …… 369
단정종루월(端正鍾樓月) ……………… 300
단정홍등의상신(端正紅鐙椅上身) …… 525
단제만장무귀조(丹梯萬丈無歸鳥) …… 74
단포상시군가(丹晉浦上是君家) …… 255

단포경요거(丹浦輕橈去) ……………… 266
단향고산동북망(但向孤山東北望) …… 256
단혈가성우흑두(丹穴家聲又黑頭) …… 72
단호향월행(丹湖向月行) ……………… 288
단화맹처사(但畵孟處士) ……………… 299
담농산욕변(淡濃山欲變) ……………… 287
담담취인연자풍(淡淡吹人燕子風) …… 431
담론비시태(談論非時態) ……………… 367
담장산수신선리(淡粧山水神仙吏) …… 573
담탕춘풍취녹포(淡蕩春風吹綠蒲) …… 271
답니요진청종시(踏泥遙赴聽鍾時) …… 403
답사인심곡(蹋死人心曲) ……………… 157
당로막지문(當路莫知聞) ……………… 406
당세가호이세춘(當世歌豪李世春) …… 285
당세욕무명(當世欲無名) ……………… 78
당세유인지(當世有人知) ……………… 243
당세창창수운죽(當世蒼蒼岀雲竹) …… 42
당시동각탑장현(當時東閣榻長懸) …… 101
당시미문질(當時未問疾) ……………… 257
당시이소아(當時爾小兒) ……………… 420
당시착도조룡대(當時錯道釣龍臺) …… 535
당시칠십홍첨리(當時七十紅籤吏) …… 443
당연포하금전두(當筵抛下錦纏頭) …… 574
당의진패산호수(唐衣盡珮珊瑚穗) …… 542
당일검흔유착주(當日劍痕猶着柱) …… 533
당일모신용심고(當日謀臣用心苦) …… 456
당일봉향내왕로(當日奉香來往路) …… 447
당일송군남포곡(當日送君南浦曲) …… 555
당일주천여부절(當日酒泉如不絶) …… 551
당일차반환(當日此盤桓) ……………… 192
당일철의동거로(當日鐵衣東去路) …… 505
당전진퇴도화선(當前進退桃花扇) …… 543
대강다곡절(大江多曲折) ……………… 282

대경빙애류(帶迥氷厓溜) 388
대관령상고촌탁(大關嶺上沽村濁) 459
대두일석망진경(擡頭日夕望秦京) 100
대물사명절(對物思名節) 192
대애신륵석(對崖神勒石) 318
대업종난몰(大業終難沒) 421
대여배황황백(大如杯煌煌白) 350
대이동범도화수(待爾同汎桃花水) 299
대이일기관(待爾一奇觀) 77
대이휴천수(待爾携千首) 174
대장선타민(大杖善打民) 498
대제관고축(大堤官高築) 488
대탁급소낭(大槖及小囊) 487
도가응재입춘전(到家應在立春前) 75
도강추색원(渡江秋色遠) 153
도견연년시(徒見年年市) 377
도군관하사(到郡官何似) 76
도군추풍다(到郡秋風多) 364
도도만안수(滔滔滿眼水) 46
도도살수탕염정(滔滔薩水蕩簾旌) 563
도독유전총(都督猶傳塚) 66
도두반조시(渡頭返照時) 500
도등만수간(挑燈萬樹間) 269
도령가아지후문(陶令家兒只候門) 114
도령문전희복거(陶令門前喜卜居) 415
도리담변돈씨비(桃李潭邊頓氏碑) 535
도문응진야(到門應盡夜) 288
도사단로문결환(道士丹爐問訣還) 459
도사종초동(到寺鍾初動) 270
도시심상망국처(道是尋常亡國處) 210
도심수지득(道心隨地得) 38
도욕삼촌시(稻欲三寸時) 490
도원계견가개근(桃源鷄犬家皆近) 117

도원태원속(桃源太遠俗) 102
도이연년견방사(徒爾年年遣方士) 350
도일공문하(到日公門下) 364
도일령남한(到日嶺南寒) 155
도재동방구(道在東方久) 305
도전사부가가권(徒傳詞賦家家卷) 223
도존청정자연야(道存淸淨自然冶) 390
도좌산운의공백(到坐山雲衣共白) 120
도죽잔년수백구(桃竹殘年隨白鷗) 469
도처묵화간(到處墨花看) 163
도처수통주(到處水通舟) 261
도처억풍류(到處憶風流) 205
도처한유다패의(到處寒儒多敗意) 216
도학천봉거세옹(度壑穿峰去歲翁) 431
도합하방원(道合何妨遠) 264
도홍선타오삼비(桃紅扇打汙衫飛) 166
도화선저반면신(桃花扇底半面身) 158
도화수박림(桃花水拍林) 263
도화수후녹강신(桃花水後綠江新) 572
도화신수창(桃花新水漲) 278
도화여취유여면(桃花如醉柳如眠) 165
도화증부종(桃花曾不種) 35
도환학액분홍상(桃鬟鶴額粉紅裳) 541
독감천은출배류(獨感天恩出輩流) 445
독당서극일문개(獨當西極一門開) 215
독련모경음소수(獨憐暮境吟搔首) 387
독망다연처(獨望多烟處) 310
독배동헌문기거(獨拜東軒問起居) 111
독비성시적유체(獨悲城市跡猶滯) 169
독비유원야(獨悲留遠野) 98
독상송파도구주(獨上松坡渡口舟) 247
독서송자락(讀書松子落) 36
독서양질청생당(讀書養疾淸生堂) 169

독소반남자(獨少潘南子) 361
독소세간시(獨掃世間詩) 405
독송단풍만수중(獨送丹楓萬樹中) 284
독수붕조후(獨隨鵬鳥後) 363
독수조발야인가(獨樹早發野人家) 110
독억금조여작일(獨憶今朝如昨日) 233
독왕심승만독회(獨往尋僧晚獨廻) 139
독유진경객(獨有秦京客) 186
독좌만산중(獨坐萬山中) 255
독좌청산근(獨坐靑山近) 49
독취장적향중류(獨吹長笛向中流) 290
동강풍엽료화추(東江楓葉蓼花秋) 113
동계독대구황화(東堦獨對舊黃花) 193
동구풍표선송음(洞口風飇禪誦吟) 131
동귀산발창주수(東歸散髮滄洲水) 315
동귀책맹추풍후(東歸舴艋秋風後) 282
동남망진욕황혼(東南望盡欲黃昏) 268
동대문전회수거(東大門前回首去) 444
동대상조기(東臺上釣磯) 270
동대월출대정생(東臺月出對丁生) 258
동대잠추창(東臺暫惆悵) 58
동대진의음(東臺盡意吟) 262
동동타고방선시(鼕鼕打鼓放船時) 345
동락고인개백옥(東洛故人皆白屋) 427
동래소고만중류(東來簫鼓滿中流) 346
동래월리대강빈(東來越吏大江濱) 448
동림유절처(東林幽絶處) 129
동방풍기차시개(東方風氣此時開) 528
동배남포객(同盃南浦客) 180
동백정전해(冬栢亭前海) 365
동북천마만기래(東北天磨萬騎來) 207
동생식성지(同生食性知) 106
동선령상망진경(洞仙嶺上望秦京) 215

동소취열청류벽(洞簫吹裂淸流壁) 558
동소횡단월중환(洞簫橫斷月中還) 159
동심거마절경화(洞深車馬絶京華) 144
동월빈번역(冬月頻繁役) 254
동유정득오시족(東游定得吾詩足) 285
동적하인격채하(銅笛何人隔彩霞) 74
동정여천파시추(洞庭如天波始秋) 469
동주곤륜제일지(東走崑崙第一枝) 507
동주승학이천춘(東州乘鶴已千春) 454
동지원릉진급수(冬至園陵趁急愁) 246
동천십이월(凍天十二月) 487
동풍이십사(東風二十四) 149
동풍차막취무력(東風遮莫吹無力) 554
동풍취수작경한(東風吹水作輕寒) 279
동해평림대설중(東海平臨大雪中) 459
동협경영복지신(東峽經營卜地新) 73
동호기망적란주(東湖旣望赤欄舟) 558
동화별원추천색(桐花別院鞦韆索) 540
두남류아재(斗南留我在) 339
두남분기성(斗南分氣盛) 386
두두제수속(斗斗齊受粟) 487
두미월계기건려(斗尾月溪騎蹇驢) 299
두미월계춘수장(斗尾月溪春水長) 279
두미전이백(斗米錢二百) 485
두백금년입월산(頭白今年入越山) 451
두백낭관초록의(頭白郞官草綠衣) 389
두백동군불취하(頭白同君不醉何) 404
두백명희입한경(頭白名姬入漢京) 435
두백반오려(頭白返吾廬) 91
두백서생유일행(頭白書生猶一幸) 387
두우제시여견억(杜宇啼時如見憶) 449
두화문항광릉전(荳花門巷廣陵田) 193
득친랑수세(得親郞手勢) 159

등군자각려(登君紫閣廬) ………… 178
등등객사역(登登客舍役) ………… 493
등라이릉월(藤蘿二陵月) ………… 264
등루망경궐(登樓望京闕) ………… 365
등루우욕희(登樓雨欲稀) ………… 270
등전각노체(燈前各老涕) ………… 354
등전이식조사심(燈前已識祖師心) … 131
등전청아가(燈前聽我歌) ………… 364
등주사월서강장(登舟四月西江長) … 169
등진재고루(燈盡在高樓) ………… 141
등하국화희(燈下菊花稀) ………… 173
등한소상루하류(等閒瀟湘樓下流) … 469
등허상취맥(登墟傷翠麥) ………… 318
등화가가타병성(灯火家家打餠聲) … 201
등화요지수리촌(燈火遙知樹裡村) … 268

[ㅁ]

마고가매이화주(麻姑家賣梨花酒) … 253
마고일록금류운(麻姑一鹿今留雲) … 333
마고주인안작약(麻姑主人顔綽約) … 350
마두개협일아미(馬頭皆挾一蛾眉) … 571
마렵수문정도전(馬鬣誰聞鄭道傳) … 319
마상남정부북환(馬上南征復北還) … 146
마상명명홍곡비(馬上冥冥鴻鵠飛) … 161
마상비가만월대(馬上悲歌滿月臺) … 207
마상요지구월산(馬上遙知九月山) … 227
마상운여화(馬上雲如火) ………… 363
마상의유장(馬上意逾長) ………… 261
마수홀생허백처(馬首忽生虛白處) … 200
마작소소명(馬作蕭蕭鳴) ………… 204
마전포수벽리리(麻田浦水碧離離) … 446
마제종일난봉간(馬蹄終日亂峯間) … 451

막견재명허만세(莫遣才名虛滿世) … 190
막도계림격해외(莫道鷄林隔海外) … 512
막련명월루중숙(莫憐明月樓中宿) … 547
막론당세사(莫論當世事) ………… 362
막막야심비(漠漠夜心悲) ………… 92
막막추풍야(漠漠秋風野) ………… 447
막막평사만조연(漠漠平沙萬竈烟) … 569
막막횡강무(漠漠橫江霧) ………… 440
막매청려도심양(莫買靑驢度瀋陽) … 510
막문고승입정처(莫問高僧入定處) … 196
막석황금부태평(莫惜黃金負太平) … 426
막시주가상유손(莫是朱家尙有孫) … 512
막이비가송(莫以悲歌送) ………… 172
막장이한송남아(莫將離恨送男兒) … 345
막탄봉지유미도(莫歎鳳池猶未到) … 71
만각어초명가장(晩覺漁樵名可藏) … 169
만강도시울김향(滿江都是鬱金香) … 551
만강소고만강화(滿江簫鼓滿江花) … 573
만고삼한홍학사(萬古三韓洪學士) … 559
만고연다월(萬古憐多月) ………… 252
만고오공석유시(萬古吳公昔有詩) … 446
만고호서소쇄지(萬古湖西瀟灑地) … 136
만교춘우권경상(滿郊春雨勸耕桑) … 314
만국음청동차야(萬國陰晴同此夜) … 390
만녀역지왕사급(蠻女亦知王事急) … 345
만년방호도(晩年方好道) ………… 78
만당명월요인숙(滿堂明月要人宿) … 481
만당부진소상색(滿堂不盡瀟湘色) … 42
만당회수기여상(滿堂回首氣如霜) … 478
만래공유낙천풍(晩來公有樂天風) … 120
만래임경독천라(晩來林逕獨穿蘿) … 404
만력동정로(萬曆東征路) ………… 304
만리고륜월(萬里孤輪月) ………… 128

만리관산의(萬里關山意) ……………… 234
만리관하외(萬里關河外) ……………… 421
만리남정시북환(萬里南征始北還) …… 348
만리보쌍어(萬里報雙魚) ……………… 338
만리서유관새객(萬里西游關塞客) …… 232
만리약평생(萬里若平生) ……………… 57
만리옥관유(萬里玉關遊) ……………… 378
만리인종창해군(萬里人從滄海郡) …… 132
만리일비회(萬里一飛回) ……………… 339
만리종금일(萬里從今日) ……………… 140
만리하원사(萬里河源使) ……………… 323
만마강변호기흑(萬馬彊藩胡氣黑) …… 213
만맥감언충신소(蠻貊敢言忠信素) …… 324
만맥거하누(蠻貊居何陋) ……………… 343
만목비오토(滿目非吾土) ……………… 175
만목심중별(萬木深中別) ……………… 261
만목처량물색비(滿目凄涼物色悲) …… 341
만목풍연독품제(滿目風烟獨品題) …… 554
만목황혼고국수(滿目黃昏故國愁) …… 208
만벽명산다자화(滿壁名山多自畫) …… 168
만봉경구유(晚逢京口遊) ……………… 181
만봉내원객(萬峰來遠客) ……………… 260
만봉심처방은근(萬峰深處訪慇懃) …… 449
만부조선지계궁(灣府朝鮮地界窮) …… 567
만빙산수억전진(謾憑山水憶前塵) …… 454
만사건곤쌍백발(萬事乾坤雙白髮) …… 96
만사상간자각운(萬事常看紫閣雲) …… 375
만사오수로(萬事吾垂老) ……………… 420
만사욕무언(萬事欲無言) ……………… 418
만사원수분(萬事元隨分) ……………… 91
만사인생유차분(萬事人生有此墳) …… 400
만사장릉한이평(萬事莊陵恨已平) …… 454
만사창망내침상(萬事蒼茫來枕上) …… 202

만사풍파후(萬事風波後) ……………… 343
만산풍설야(滿山風雪夜) ……………… 93
만선서화행당매(滿船書畫行當買) …… 383
만성소기고다담(曼聲小妓告茶餤) …… 525
만세갱상송(萬世更相送) ……………… 240
만세남산북두치(萬歲南山北斗巵) …… 385
만세여산일월명(萬歲如山日月明) …… 430
만수극정신(萬首極精神) ……………… 407
만수천산일조비(萬水千山一鳥飛) …… 195
만안방화만호동(滿眼芳華萬戶同) …… 432
만월대허증과객(滿月臺墟曾過客) …… 319
만의풍로우신추(滿衣風露又新秋) …… 138
만작여흥객(晚作驪興客) ……………… 251
만재청아역랑요(滿載靑娥逆浪遙) …… 546
만전자사패강시(蠻賤自寫浿江詩) …… 539
만조증심도작무(晚照蒸深都作霧) …… 432
만지상화취화각(滿地霜華吹畫角) …… 112
만천성락만강치(滿天星落滿江馳) …… 558
만천성월제용왕(滿天星月祭龍王) …… 344
만천풍설우황혼(滿天風雪又黃昏) …… 373
만풍취백발(晚風吹白髮) ……………… 41
만학동시문(萬壑動柴門) ……………… 50
만호가루주박권(萬戶歌樓珠箔捲) …… 524
만호의의가곡기(萬戶依依歌哭起) …… 208
망경다락일(望京多落日) ……………… 343
망문지도기(望門知道氣) ……………… 104
망원오생소(望遠吾生小) ……………… 53
망정재이난(忘情在爾難) ……………… 163
망창과강선(莽蒼過江船) ……………… 83
망창소왕국(莽蒼昭王國) ……………… 302
망타은감죽절채(忘墮銀嵌竹節釵) …… 572
망호세이과(亡胡歲已過) ……………… 303
매년방물입황청(每年方物入皇淸) …… 505

매당조석자정시(每當朝夕自停匙) 341
매설고려판객래(每說高麗販客來) 513
매약한강백(賣藥韓康伯) 103
매어강활처(每於江闊處) 278
매어판염근양친(賣魚販鹽勤養親) 161
매연유사모귀지(每憐幽事暮歸遲) 376
매화동소작(梅花動小酌) 178
매화만국청모적(梅花萬國聽暮笛) 469
매화명월만루중(梅花明月滿樓中) 419
매화수여간(梅花誰與看) 194
매흥작은근(媒興作慇懃) 309
맹원송월하(孟園松月下) 414
면면동방이암시(面面同坊已暗猜) 541
면면생요시주김(面面生要施主金) 543
면앙배주석(俛仰倍疇昔) 318
멸촉창명설(滅燭窓明雪) 89
명가공곡진귀아(鳴珂空谷趂歸鴉) 387
명고천하사(名高天下士) 362
명관조미상(明官照未詳) 223
명년압록동귀로(明年鴨綠東歸路) 504
명년차회갱류기(明年此會更留期) 120
명년차회지개건(明年此會知皆健) 119
명년화시무릉원(明年花是武陵源) 382
명래쌍회립(瞑來雙檜立) 273
명림내근읍(瞑林來近邑) 457
명문부복의(名門敷福意) 386
명발소연이능로(明發蕭然二陵路) 247
명사백조송정래(明沙白鳥訟庭來) 462
명사불견해당홍(明沙不見海棠紅) 460
명산축향금(名山逐向禽) 417
명성수가탐(明星手可探) 327
명세갑신봉(明歲甲申逢) 305
명승장실삼선파(名僧丈室參禪罷) 459

명시감부해(明時敢浮海) 93
명시곤직유아보(明時袞職留兒補) 381
명시일명야인경(明時一命野人驚) 245
명요아알하중류(鳴橈鴉軋下中流) 276
명월공강설후대(明月空江雪後臺) 259
명월난점북해준(明月難霑北海樽) 79
명월남호갱가련(明月南湖更可憐) 557
명월다여거세추(明月多如去歲秋) 259
명월대동강상야(明月大洞江上夜) 307
명월만장안(明月滿長安) 372
명월여군내원방(明月與君來遠方) 315
명월이분신(明月二分新) 475
명월인문옥적애(明月人聞玉笛哀) 387
명월장안처처교(明月長安處處橋) 231
명월청산군(明月青山郡) 311
명월추다영보정(明月秋多永保亭) 369
명월행인만지상(明月行人滿地霜) 441
명일과소상(明日過瀟湘) 137
명일군귀풍수적(明日君歸楓樹赤) 147
명일기용동입해(明日騎龍東入海) 134
명일사시군령판(明日巳時軍令板) 521
명일사은삼전후(明日謝恩三殿後) 246
명일산성엄속오(明日山城嚴束伍) 73
명일상고주(明日上孤舟) 323
명일생양관(明日生陽舘) 214
명일이장환(明日爾將還) 269
명일휴등신륵사(明日携登神勒寺) 284
명조강한상(明朝江漢上) 173
명조갱약주인거(明朝更約主人去) 121
명조갱재청루상(明朝更在清樓上) 270
명조백설서주로(明朝白雪西州路) 227
명조상선거(明朝上船去) 310
명조상송처(明朝相送處) 260

명조설마횡강거(明朝雪馬橫江去) ····· 250	묘당주책문수재(廟堂籌策問誰裁) ····· 215
명조송역난(明朝送亦難) ················· 398	묘묘장안월(渺渺長安月) ················· 393
명조시한식(明朝是寒食) ················· 165	묘연강기석(杳然江氣夕) ················· 311
명조욕우하(明朝欲雨何) ················· 277	무가구정담(無暇舊情談) ················· 124
명조우원향(明朝又遠鄕) ················· 198	무계중유내노하(無計重遊奈老何) ····· 429
명조일천리(明朝一千里) ················· 204	무관불기신(無官不起身) ················· 407
명조해보검(明朝解寶劒) ················· 177	무군불가도(無君不可度) ················· 263
명종승타입서루(暝鍾僧打立西樓) ····· 138	무단보립춘풍하(無端步立春風下) ····· 158
명즐진향능라도(鳴榔盡向綾羅島) ····· 573	무단육월우(無端六月雨) ··················· 50
명첨군룡수(名忝群龍首) ················· 411	무단타기원앙대(無端打起鴛鴦隊) ····· 482
명탄수일마(鳴灘隨一馬) ················· 457	무로망천안(無路望天顔) ··················· 98
명풍수목유(鳴風樹木幽) ················· 254	무로장보평안사(無勞長報平安使) ······· 42
명합개낭관(名合改郞官) ················· 361	무론명일사(無論明日事) ················· 416
명향치서다심협(名鄕置墅多深峽) ····· 200	무마빈조사(無馬貧朝士) ················· 397
모귀린사초(暮歸隣舍樵) ················· 290	무모아삼아(無母我三兒) ················· 108
모당음도석양귀(茅堂吟到夕陽歸) ····· 374	무변초색칠백리(無邊楚色七百里) ····· 469
모란봉색도선두(牧丹峰色到船頭) ····· 241	무사전가일각장(無事田家日覺長) ····· 109
모령이난등(毛嶺已難登) ················· 458	무산격수권렴간(巫山隔水捲簾看) ····· 237
모매일폭득모반(暮賣一幅得暮飯) ····· 299	무수능파영기쌍(舞袖凌波影幾雙) ····· 564
모신억과려(謀臣抑過慮) ··················· 318	무수유인인관현(無數遊人咽管絃) ····· 573
모옥불승사(茅屋不勝斜) ··················· 104	무수청역난(無愁聽亦難) ················· 395
모옥오시연(茅屋午時烟) ··················· 102	무아가제군(無兒可祭君) ················· 296
모운지하처(暮雲知何處) ··················· 308	무양광문산수폭(無恙廣文山水幅) ····· 384
보자팔구옥(茅茨八九屋) ··················· 185	무양보아동(無恙報兒童) ················· 255
목근입지겸자절(木根入地鎌子折) ······· 84	무연나옥독유처(無烟蘿屋獨留妻) ····· 298
목숙포도호마추(苜蓿葡萄胡馬啾) ····· 469	무연제삽국화귀(舞筵齊揷菊花歸) ····· 116
목어미동시고문(木魚微動始敲門) ····· 268	무우미이앙(無牛未移秧) ················· 489
목왕팔준응도해(穆王八駿應渡海) ····· 333	무월경과일야난(無月經過一夜難) ····· 357
몽롱일일행(朦朧一日行) ··················· 150	무의영남시(貿衣嶺南市) ················· 487
몽몽입동도화우(濛濛入洞桃花雨) ····· 431	무인문아월중시(無人聞我越中詩) ····· 450
몽상언능신도차(夢想焉能身到此) ····· 350	무정격귀신(無情隔鬼神) ··················· 90
몽유관골육(夢猶關骨肉) ··················· 398	무차향산낙사중(無此香山洛社中) ····· 117
몽중원일신(夢中元一身) ··················· 309	무처량포의(無妻兩布衣) ················· 197

무청화발소정외(蕪菁花發小庭隈) ····· 111
무한연파흥미저(無限烟波興未低) ····· 270
무해사장빈(無害使裝貧) ····· 301
문계애상거(聞鷄崖上去) ····· 185
문계우답상(聞鷄又踏霜) ····· 214
문군매간금사무(聞君每看金獅舞) ····· 427
문도요양정령위(聞道遼陽丁令威) ····· 507
문도이가주외성(聞道移家住外城) ····· 307
문도이가태백산(聞道移家太白山) ····· 145
문도입장안(聞道入長安) ····· 316
문도춘유월출산(聞道春遊月出山) ····· 145
문등어사서(聞登御史書) ····· 338
문로심선동(問路心先動) ····· 399
문림석보수성전(門臨石堡水聲田) ····· 101
문림유수영명승(門臨流水永明僧) ····· 548
문명동국강선루(聞名東國降仙樓) ····· 224
문묘평명알성회(文廟平明謁聖廻) ····· 528
문방과하소년시(文房過夏少年時) ····· 127
문방종차부(文房從此富) ····· 425
문설남호관방상(聞說南湖官舫上) ····· 425
문시사랑초도일(聞是使郞初度日) ····· 335
문외소교설삼촌(門外小橋雪三寸) ····· 299
문이강상구(問爾江上鷗) ····· 499
문장귀지하(文章歸地下) ····· 400
문장근고인(文章近古人) ····· 367
문장독근고(文章獨近古) ····· 354
문장만재원유편(文章滿載遠游篇) ····· 329
문장발공단(文章髮共短) ····· 198
문장봉혈아(文章鳳穴兒) ····· 152
문장부직전(文章不直錢) ····· 93
문장불용명(文章不用名) ····· 46
문장성대갱난회(文章盛代更難廻) ····· 535
문장수기수(文章隨氣數) ····· 305

문장유궁귀(文章有窮鬼) ····· 297
문장유불폐(文章有不癈) ····· 318
문장인대이(文章人代異) ····· 61
문장자상우(文章自相友) ····· 64
문장탄아기(文章歎我奇) ····· 177
문장풍토기(文章風土記) ····· 340
문적정시문(聞笛定柴門) ····· 288
문전고주이선래(門前沽酒李仙來) ····· 253
문전대강수(門前大江水) ····· 407
문질고인희(問疾故人稀) ····· 251
문창송군천리곡(聞唱送君千里曲) ····· 461
문호통조성(門戶通朝盛) ····· 406
문희가가석(聞喜家家夕) ····· 412
물물함자수(物物咸自邃) ····· 64
미감무춘풍(未敢舞春風) ····· 157
미기생양관리신(未起生陽舘裡身) ····· 521
미능종면속(未能終免俗) ····· 149
미도금산사(未到金山寺) ····· 57
미도청령누만의(未到清泠淚滿衣) ····· 455
미등선이견누대(未登船已見樓臺) ····· 523
미량점각소인폐(微凉漸覺蘇人肺) ····· 133
미량하목취(微凉夏木吹) ····· 188
미륵산서회마지(彌勒山西回馬地) ····· 112
미망구주외(微茫九州外) ····· 350
미면갱배회(未免更徘徊) ····· 61
미문적상상(微聞荻上霜) ····· 67
미우객봉계서화(微雨客逢鷄黍話) ····· 375
미우관농포곡수(微雨觀農布穀隨) ····· 529
미우도등전(微雨到灯前) ····· 58
미우산중석(微雨山中夕) ····· 180
미우초래소한식(微雨初來小寒食) ····· 65
미음독야루(微吟獨夜樓) ····· 82
미인상송고주처(美人相送孤舟處) ····· 348

미인소식시천애(美人消息是天涯) ······ 414
미인장파석춘최(美人粧罷惜春催) ······ 181
미인하사석류화(美人何似石榴花) ······ 414
미첨수애봉(微沾水崖逢) ················ 103
미풍불만주(微風不滿舟) ················ 221
미하수자위(微霞水自爲) ················ 438
민가사협중(民家似峽中) ················ 150
민불기한시국상(民不飢寒是國祥) ······ 442

[ㅂ]

박명다생한(薄命多生恨) ················ 223
박모요등맹씨대(薄暮聊登孟氏臺) ······ 428
박모일승귀(薄暮一僧歸) ················ 502
박산향헐점량시(博山香歇簟凉時) ······ 539
박야물개식(薄夜物皆息) ················ 395
반공종경사문개(半空鍾磬寺門開) ······ 139
반령종여천축사(半嶺鍾如天竺寺) ······ 382
반세진경객(半歲秦京客) ·················· 90
반시이여상촉슬(半是爾汝相促膝) ······ 161
반의한기거(斑衣限起居) ················ 448
반일식명심(半日息名心) ················ 361
반찬야미희(盤餐夜味稀) ·················· 41
반타홍수애(盤陀紅樹崖) ················ 189
방경여년신(邦慶與年新) ················ 300
방불룡양하뢰선(髣髴龍驤下瀨船) ······ 560
방비불가주(芳菲不可住) ················ 416
방사하증도산하(方士何曾到山下) ······ 350
방수비화낙경대(芳樹飛花落鏡臺) ······ 181
방신아가심(方信我家深) ················ 389
방음다세급(方音多細急) ················ 336
방인막도촌계창(傍人莫道村鷄唱) ······ 574
방장봉래격허무(方丈蓬萊隔虛無) ······ 350

방장삼한승학려(方丈三韓乘鶴儷) ······ 116
방초만장안(芳草滿長安) ················ 163
방초석양천리로(芳草夕陽千里路) ······ 522
방초천애양망사(芳草天涯兩望賖) ······· 69
방초춘생안(芳草春生岸) ················ 263
방초출관다(芳草出關多) ················ 303
방초헐여하(芳草歇如何) ·················· 39
배곽유유입초가(背郭幽幽入草家) ······ 144
배도어향삼전축(陪到御香三殿祝) ······ 356
배상짐작고지지(盃觴斟酌故遲遲) ······ 120
배인등하저라의(背人燈下著羅衣) ······ 480
배주격년여(盃酒隔年餘) ················ 448
배회쌍고백(徘徊雙古栢) ················ 318
배회영정천봉사(徘徊影靜千峰寺) ······ 138
배회출묘문(徘徊出廟門) ················ 320
백견원수황견거(白犬遠隨黃犬去) ······ 292
백관배제차단전(百官陪祭此壇前) ······ 358
백년내좌만주한(百年來坐滿洲汗) ······ 511
백년동국포의수(百年東國布衣羞) ······ 223
백년미료홍진사(百年未了紅塵事) ······ 146
백년산하수향풍(百年山下壽鄕風) ······ 117
백년생애삼협주(百年生涯三峽舟) ······ 469
백년소식격중원(百年消息隔中原) ······ 512
백년여차족(百年如此足) ·················· 48
백년유수전장한(百年流水戰場寒) ······ 213
백년회포잠시배(百年懷抱暫時盃) ······· 45
백단서북망장안(白檀西北望長安) ······ 452
백동장죽과신다(白銅長竹過身多) ······ 538
백두남국영광전(白頭南國靈光殿) ······ 121
백두상대월강빈(白頭相對粤江濱) ······ 450
백두신령기라군(白頭身領綺羅群) ······ 434
백두심사재(白頭心事在) ················ 197
백두하일반고사(白頭何日返孤槎) ······ 340

백려동도단수편(白驢東渡但垂鞭) …… 575	백운다작고인기(白雲多作故人期) …… 376
백로만선하(白露滿船下) …………… 288	백운동작수봉연(白雲同作數峰緣) …… 197
백록춘기하해정(白鹿春騎下海亭) …… 335	백운생원저(白雲生遠渚) …………… 235
백릉사령불운신(白綾司令拂雲新) …… 521	백운선침원(白雲仙寢遠) …………… 463
백리견통주(百里見通州) …………… 440	백운수족등애도(白雲垂足藤崖度) …… 52
백리추풍강상려(百里秋風江上驢) …… 173	백운지아재공곡(白雲持我在空谷) …… 315
백리파릉주(百里巴陵酒) …………… 150	백운추색만강한(白雲秋色滿江寒) …… 238
백마동래은태사(白馬東來殷太師) …… 528	백운하사엄송비(白雲何寺掩松扉) …… 196
백무서당이초래(百畝書堂已草萊) …… 455	백원억청동림사(白猿憶聽東林寺) …… 79
백문서거도군왕(白門西去導君王) …… 402	백월화개후(百越花開後) …………… 457
백발가빈쇠속소(白髮家貧衰俗笑) …… 190	백장견등이십탄(百丈牽登二十灘) …… 279
백발수승등하배(白髮數僧灯下拜) …… 126	백장나옹대(百丈懶翁臺) …………… 272
백불승회낙위제(白拂蠅稀絡緯啼) …… 556	백저촌남구복린(白紵村南久卜隣) …… 376
백상루하미황혼(百祥樓下未黃昏) …… 563	백조쌍쌍수도거(白鳥雙雙隨棹去) …… 237
백석상각각견혈(白石傷脚脚見血) …… 84	백조연중실(白鳥烟中失) …………… 277
백석청림세족환(白石青林洗足還) …… 366	백조함어서부동(白鳥含魚西復東) …… 545
백설하고조(白雪何高調) …………… 372	백조혼경권마성(白鳥渾驚勸馬聲) …… 439
백성봉분반폐휴(百姓封墳半廢畦) …… 200	백주황계조율비(白酒黃鷄棗栗肥) …… 390
백성의천덕(百姓衣天德) …………… 485	백죽리하산도화(白竹籬下山桃花) …… 110
백세인생진의유(百歲人生盡意遊) …… 574	백탑상망신륵사(白塔相望神勒寺) …… 250
백수강호해동신(白首江湖解動神) …… 285	백탑전조사(白塔前朝寺) …………… 221
백수귀장불만거(白首歸裝不滿車) …… 383	백판교두홍세람(白板橋頭紅細纜) …… 556
백수능관행초초(白首陵官行草草) …… 248	번관소주마(煩官少駐馬) …………… 496
백수독서황고집(白首讀書黃固執) …… 535	번기춘원렵(蕃騎春原獵) …………… 304
백수비류락(白首悲流落) …………… 448	번번요로거(翻翻搖櫓去) …………… 67
백수유탐구(白首猶貪句) …………… 316	번성독재수(繁星獨在水) …………… 501
백수정전취(栢樹庭前翠) …………… 124	번화동국설기성(繁華東國說箕城) …… 426
백수포서아(白首抱書兒) …………… 421	번화종고낙동촌(繁華終古洛東村) …… 93
백악종남세(白岳終南勢) …………… 199	범설유관외(犯雪遊關外) …………… 198
백옥동매주(白屋同梅住) …………… 251	범수불승한(范睢不勝寒) …………… 194
백우창등진도수(白雨蒼藤盡倒垂) …… 132	범장북타잉남타(帆檣北垜仍南垜) …… 56
백우창산세벽라(白雨蒼山洗薜蘿) …… 136	법정상간만사망(法正相看萬事忘) …… 248
백운고자거(白雲孤自去) ……………… 39	벽당화극심삼리(碧幢畵戟深森裡) …… 526

벽도일발삼천년(碧桃一發三千年) ····· 186	보학습유귀(步學拾遺歸) ····· 380
벽사청루흥(甓寺淸樓興) ····· 261	복경연소유각냉(覆逕烟踈逾覺冷) ····· 387
벽수단애천리몽(碧水丹崖千里夢) ····· 239	복공수문병침변(復恐愁聞丙枕邊) ····· 358
벽수추천진일풍(碧樹秋遷盡日風) ····· 156	복공풍도작희극(復恐風濤作戲劇) ····· 347
변마상회수(邊馬相回首) ····· 140	복불요전만세명(卜不要錢滿世名) ····· 217
변우환서피(邊牛換鼠皮) ····· 377	복중음작계(腹中陰作計) ····· 159
별각시정손(別覺詩情損) ····· 39	본자무래거(本自無來去) ····· 83
별고은전상격최(別庫銀錢賞格催) ····· 561	봉군백수지(逢君白首知) ····· 422
별곡삼현재근주(別曲三絃在近舟) ····· 552	봉래무도로(蓬萊無道路) ····· 53
별군각주치경상(別君却走治耕桑) ····· 169	봉사금래남해유(奉使今來南海遊) ····· 352
별래무안해전서(別來無鴈解傳書) ····· 173	봉산천리도무연(鳳山千里到無緣) ····· 217
별로초종동구분(別路初從洞口分) ····· 276	봉여검속수여환(峰如劒束水如環) ····· 456
별반장속정제망(別般裝束整齊忙) ····· 545	봉영원차지(蓬瀛元此地) ····· 327
별시계수추화발(別時桂樹秋花發) ····· 135	봉인수설도서주(逢人羞說到西州) ····· 224
별시근위아옹전(別時勤爲我翁傳) ····· 122	봉인창졸애고저(逢人倉卒崖高低) ····· 200
별시화류만장안(別時花柳滿長安) ····· 170	부녀망관거(婦女望官去) ····· 497
별의재선지(別意在船知) ····· 54	부도고인방(不到故人傍) ····· 198
별후단구이백년(別後丹丘已百年) ····· 101	부도단우백세비(不倒單于百歲碑) ····· 446
별후소두억아정(別後梳頭憶我情) ····· 217	부도문계이안미(不到聞鷄已眼迷) ····· 220
별후지당냉일추(別後池塘冷一秋) ····· 112	부도천왕정(不到天王頂) ····· 154
별후홍장수불억(別後紅粧誰不憶) ····· 466	부독인간이성장(不獨人間李聖章) ····· 369
병견초과진(並肩樵過盡) ····· 380	부로실중읍(父老室中泣) ····· 494
병련춘색과(病憐春色過) ····· 39	부모과무의식우(父母誇無衣食憂) ····· 352
병련화사삼(病憐化事暫) ····· 399	부모불포처자제(父母不飽妻子啼) ····· 161
병롱부수이촌녀(瓶籠負水夷村女) ····· 340	부벽난주역상파(浮碧蘭舟逆上波) ····· 225
병심장학도(病深將學道) ····· 417	부벽루중가무지(浮碧樓中歌舞地) ····· 242
병이상간일일청(病裏相看日日淸) ····· 42	부벽루중명일연(浮碧樓中明日宴) ····· 545
병중상별춘이모(病中相別春已暮) ····· 169	부벽연광가무석(浮碧練光歌舞席) ····· 550
보국일심수적막(報國一心隨寂寞) ····· 232	부벽연광남북안(浮碧練光南北岸) ····· 523
보박시문하(報泊柴門下) ····· 275	부사동진해삼천(浮槎東盡海三千) ····· 384
보보양선음취벽(步步涼蟬吟翠壁) ····· 139	부생막도성천락(浮生莫道成川樂) ····· 564
보통문외갱청산(普通門外更靑山) ····· 242	부생무나하(浮生無奈何) ····· 240
보통문외사양처(普通門外斜陽處) ····· 534	부생정자승(浮生情自勝) ····· 61

부세국다번(浮世局多翻) ... 418	북도중경일월산(北渡重經日月山) ... 347
부세종하사(浮世終何事) ... 57	북두칠성횡이반(北斗七星橫已半) ... 466
부세최오로(浮世催吾老) ... 149	북망연운미대륙(北望烟雲迷大陸) ... 346
부용신각주인비(芙蓉新閣主人非) ... 232	북망진경한약하(北望秦京恨若何) ... 112
부용조진녹평부(芙蓉凋盡綠萍浮) ... 112	북망황옥평안불(北望黃屋平安不) ... 469
부운시구산(浮雲詩句散) ... 163	북산한식조화희(北山寒食早花稀) ... 374
부운유게재(浮雲遺偈在) ... 58	북영행락진방비(北營行樂趁芳菲) ... 156
부운자각지다소(浮雲紫閣知多少) ... 409	북영화리화춘산(北營花裡畵春山) ... 96
부운탑유신(浮雲塔有神) ... 58	북인여문사(北人如問事) ... 336
부유갱하사(腐儒更何事) ... 86	북인해연남인소(北人駭然南人笑) ... 352
부유무일사(腐儒無一事) ... 36	북저사양이만주(北渚斜陽已滿舟) ... 276
부유불입정남막(腐儒不入征南幕) ... 44	북저청산사유무(北渚靑山寺有無) ... 271
부자신년별(父子新年別) ... 255	북저회선욕모시(北渚廻船欲暮時) ... 550
부자한산인(夫子韓山人) ... 318	북풍병기도나주(北風兵氣到羅州) ... 73
부장송시비(扶杖送柴扉) ... 41	북풍취만대공가(北風吹滿戴公家) ... 162
부장일승유흥거(扶杖一乘幽興去) ... 131	분강이감촌(犇江已減村) ... 50
부지금일대명비(不知今日大明非) ... 533	분묘충주기(墳墓忠州寄) ... 141
부지명주세(不知明主世) ... 417	분백장사강계면(粉白長絲江界麵) ... 570
부지순사상방승(不知巡使上方僧) ... 565	분부교방근습악(分付敎坊勤習樂) ... 572
부지신세재삼명(不知新歲在三明) ... 201	분분풍엽공중투(紛紛風葉空中投) ... 352
부지자소지자비(不知者笑知者悲) ... 161	분분하일이(紛紛何日已) ... 500
부지주자행(不知舟自行) ... 184	분양택리춘소연(汾陽宅裡春宵宴) ... 526
부지초창위하인(不知怊悵爲何人) ... 158	분첩임강일자회(粉堞臨江一字廻) ... 523
부지촌근원(不知村近遠) ... 288	분첩파도요화방(粉堞波濤搖畵舫) ... 43
부지풍설엄시형(不知風雪掩柴荊) ... 371	분향소우중(焚香小雨中) ... 47
부지하처창이가(不知何處唱離歌) ... 130	불감구마과총총(不堪驅馬過忽忽) ... 447
부지하처파심배(不知何處把深杯) ... 71	불감군거후(不堪君去後) ... 372
부처석소관(夫妻昔訴官) ... 492	불감전로석양다(不堪前路夕陽多) ... 112
부천용문세(浮天龍門勢) ... 318	불감한명시(不敢恨明時) ... 152
부취귀래야화로(扶醉歸來野花路) ... 156	불견금과북벌시(不見金戈北伐時) ... 281
북귀오장지증군(北歸吾將持贈君) ... 333	불견명산기백두(不見名山已白頭) ... 87
북귀주가리(北歸舟可理) ... 335	불견성천회마거(不見成川回馬去) ... 224
북극오서반기웅(北極烏棲蟠氣雄) ... 117	불견소회인(不見所懷人) ... 289

불견존공보국시(不見尊公報國時) 164
불견중주이백지(不見中州已白只) 513
불귀하사도계명(不歸何事到鷄鳴) 466
불금추기쇄의상(不禁秋氣灑衣裳) 314
불능무실의(不能無失意) 214
불대리정최(不待里丁催) 491
불등회수향남촌(佛燈回首向南村) 89
불매강정불매전(不買江亭不買田) 575
불매양근전(不買楊根田) 486
불면감인정(不免感人情) 57
불방유여장년맹(不妨留與長年盟) 439
불법등삼매(佛法灯三昧) 124
불복산천공급신(不復山泉共汲晨) 376
불복영웅만마귀(不復英雄萬馬歸) 59
불복하기인(不復下機人) 90
불부인간견지공(不復人間見至公) 410
불사송하습의관(不辭松下濕衣冠) 357
불사천암경(不辭穿暗逕) 129
불승추야심(不勝秋夜心) 171
불신단정영외귀(不信丹旌嶺外歸) 232
불신인간객로망(不信人間客路忙) 279
불약시무정(不若始無情) 172
불언관장사(不言官長事) 64
불언천하사(不言天下事) 405
불여고설귀강호(不如鼓枻歸江湖) 350
불여연년금야곡(不如年年今夜哭) 464
불여초별죽서루(不如初別竹西樓) 461
불여초불여군행(不如初不與君行) 226
불외금래모우귀(不畏今來冒雨歸) 409
불외마상진(不畏馬上嗔) 484
불외인가거(不畏鄰家去) 103
불용관추유허장(不用官蒭有許長) 314
불용염심홍(不用染深紅) 157

불위소수지(不爲消愁地) 171
불유영왕덕(不有寧王德) 463
불의문경신(不意聞京信) 339
불의초제경(不意招提境) 60
불의한사구(不宜寒士口) 422
불인부매화(不忍負梅花) 179
불인해은계(不因偕隱計) 95
불행동남표박유(不幸東南飄泊遊) 469
불허습타인(不許濕他人) 308
불허타인야일문(不許他人也一聞) 434
붕정육월취부거(鵬程六月吹鳧去) 390
비등조소년(飛騰條少年) 154
비마태래삼백리(飛馬駄來三百里) 542
비석원과고학영(飛錫遠過孤鶴影) 197
비선불가능(非仙不可能) 458
비시절인군(非是絶人群) 35
비욕문궁통(非欲問窮通) 47
비장증래우북평(飛將曾來右北平) 508
비파성재격장가(琵琶聲在隔墻家) 212
비포영군지(緋袍暎郡池) 413
비포일성전호령(飛砲一聲傳號令) 569
비화만사린(飛花滿四鄰) 40
빈가여노양각적(貧家女奴兩脚赤) 84
빈관유백화(貧官有百花) 356
빈래백탑주(頻來白塔州) 312
빈불차의상(貧不借衣裳) 223
빈생점점무명도(頻生點點無名島) 346
빈주종래불문수(賓主從來不問誰) 120
빈천사하장(貧賤事何長) 198
빈촌주실고(貧村酒失沽) 49
빈호불여장(貧戶不與杖) 492
빙난구자실(憑欄久自失) 323
빙당백수혼여학(憑唐白首渾如鶴) 356

빙쇄향신경(憑灑向神京) 304
빙정입수한(氷丁入水寒) 500
빙헌체사류(憑軒涕泗流) 470

[ㅅ]

사가시넘옥소래(使家時捻玉簫來) 553
사가야체수(思家也涕垂) 92
사경삼점저청포(四更三點著青袍) 99
사관공망백운비(祠官空望白雲悲) 281
사군귀흥일표표(使君歸興一飄飄) 456
사군귀흥입전원(使君歸興入田園) 114
사군나득곡성문(使君那得哭聲聞) 400
사군모설비(思君暮雪飛) 197
사군응재월파루(使君應在月波樓) 259
사군편막거(使君便莫去) 483
사금삼이구형제(四金三李俱兄弟) 117
사롱첨망과(紗籠瞻望過) 300
사루조입여운다(寺樓朝入與雲多) 136
사린문야독(四鄰聞夜讀) 448
사면다심목(四面多深木) 199
사면추성야(四面秋聲夜) 83
사문성두중봉요(寺門星斗衆峰搖) 134
사문유재세(斯文猶在世) 421
사미상송석문서(沙彌相送石門西) 200
사벽류제반아시(寺壁留題半我詩) 127
사부허전반세명(詞賦虛傳半世名) 245
사선유처백두간(四仙遊處白頭看) 461
사십삼관예장퇴(四十三官禮狀堆) 521
사십삼주관기라(四十三州冠綺羅) 307
사십중인동(四十衆人同) 47
사아래시설강도(寫我來時雪江圖) 299
사야앙고성(四野秋鼓聲) 489

사양과객무인식(斜陽過客無人識) 211
사양욕진패강서(斜陽欲盡浿江西) 242
사월강종협군래(四月江從峽郡來) 183
사월산청욕우미(四月山青欲雨迷) 107
사월앙시우(四月秧時雨) 359
사월청청수(四月青青水) 185
사의월조량(簑衣月照凉) 137
사인만고위(斯人萬古爲) 405
사일어구수류전(斜日御溝垂柳轉) 156
사자고주향백만(使者孤舟向百蠻) 327
사자금행하소득(使者今行何所得) 329
사자명조신사엽(使者明朝身似葉) 324
사자설중귀(使者雪中歸) 251
사자용삼사(使者用三司) 377
사좌진경이(四座盡傾耳) 392
사죽어룡황홀애(絲竹魚龍恍惚哀) 183
사중제수시능한(社中諸叟始能閒) 119
사창산종식(司倉散種食) 489
사침만고비(沙沉萬古碑) 379
사하청담초계주(寺下青潭初繫舟) 546
사호산중무서치(四皓山中無序齒) 118
사회용출벽파중(斯湏湧出碧波中) 352
삭작쌍침삼수착(削作雙針衫袖窄) 480
산개천장우(散開千嶂雨) 128
산거협소문(山居愜所聞) 48
산견폐소소(山犬吠蕭蕭) 290
산경야귀문극원(山逕夜歸聞屐遠) 136
산경입춘성(散磬入春城) 60
산과임간처처현(山菓林間處處懸) 114
산교야점행인절(山橋野店行人絶) 161
산남백옥원다사(山南白屋元多士) 101
산두중자탁(山斗中自坼) 318
산색갱고전야설(山色更高前夜雪) 227

석북시집 색인(索引) 753

산설령가원(山雪令家遠) ……… 380	산해관문아욕추(山海關門我欲推) …… 509
산설소조석(山雪蕭條夕) ………… 41	산현상전초목소(山縣霜前草木踈) …… 173
산성설월정황혼(山城雪月正黃昏) …… 89	산호조저다홍실(珊瑚釣渚多紅實) …… 329
산성역자진공주(山城亦自鎭公州) …… 44	살계욕전관(殺鷄欲餞官) ……… 496
산수단성재(山水丹城宰) ………… 152	삼강일모봉무사(三江日暮烽無事) …… 567
산승야비속(山僧也非俗) ………… 124	삼강일신지(三綱一身持) ………… 296
산시한연귀동원(山市寒烟歸洞遠) …… 88	삼경마막끽(三更馬莫喫) ………… 484
산심이조괴행인(山深異鳥怪行人) …… 73	삼경일소가두거(三更一笑街頭去) …… 403
산요비각부강류(山腰飛閣俯江流) …… 138	삼경청두견(三更聽杜鵑) ………… 199
산월도어랑(山月跳魚浪) ………… 288	삼경해월루(三更海月樓) ………… 323
산월지지상(山月遲遲上) ………… 392	삼광조수역(三光調壽域) ………… 412
산읍속환고(山邑俗還古) …………… 40	삼국강산풍월야(三國江山風月夜) …… 553
산저반범출(山低半帆出) …………… 85	삼년고청자규다(三年苦聽子規多) …… 464
산전유여제아경(山田留與弟兒耕) …… 245	삼년녹수청산사(三年綠水靑山事) …… 321
산조개인전대곡(山鳥豈因前代哭) …… 209	삼년불청금문루(三年不聽金門漏) …… 375
산조규기거(山鳥窺碁去) …………… 78	삼년욕진마(三年欲盡磨) ………… 424
산조문주역(山鳥聞周易) …………… 97	삼대유풍견보령(三代遺風見保寧) …… 118
산중독유서(山中獨有書) …………… 91	삼동귀학양단원(參同歸學養丹元) …… 382
산중만결반년정(山中慢結半年情) …… 135	삼령행여촉도반(三嶺行如蜀道攀) …… 451
산중차사희(山中此事稀) ………… 394	삼성초원환수생(三聲楚猿喚愁生) …… 469
산지점한이십분(散地占閒已十分) …… 375	삼세오육월(三稅五六月) ………… 492
산책동고상(散策東皐上) ………… 105	삼세패루상입운(三世牌樓尙入雲) …… 506
산천다이경(山川多異境) ………… 438	삼십구년신진사(三十九年申進士) …… 165
산천도처주려간(山川到處駐驢看) …… 213	삼십년전춘망처(三十年前春望處) …… 432
산천두견희(山淺杜鵑稀) …………… 62	삼십육봉개화병(三十六峰開畫屛) …… 51
산천사마후(山川司馬後) …………… 77	삼십칠년하초초(三十七年何草草) …… 186
산출삼주공천문(山出三州拱天文) …… 332	삼오유잔도해성(三五猶殘倒海星) …… 136
산풍송자락(山風松子落) ………… 177	삼월앵화려경훤(三月鶯花麗景暄) …… 93
산풍취빈사(山風吹鬢斜) ………… 189	삼월유사만목춘(三月流絲滿目春) …… 572
산하기창연(山下起蒼烟) ………… 105	삼일공생진(三日恐生塵) ………… 367
산하시문주일개(山下柴門晝日開) …… 111	삼일청유태좌진(三日靑油太坐陳) …… 525
산하의영옥(山河疑暎玉) ………… 475	삼절풍류도일시(三絶風流倒一時) …… 190
산함조세채(酸醎調細菜) ………… 106	삼척유리활(三尺琉璃滑) ………… 500

삼천갑자거연근(三千甲子居然近) ····· 116
삼천세후일번귀(三千歲後一番歸) ····· 507
삼취관욕기(三吹官欲起) ····· 496
삼한기업반천년(三韓基業半千年) ····· 319
삼한세족개왕사(三韓世族皆王士) ····· 209
삼한일통증진주(三韓一統曾眞主) ····· 208
삼한중국외(三韓中國外) ····· 229
삼한지금루(三韓至今淚) ····· 304
삼합속반불요기(三合粟飯不饒飢) ····· 84
삼현군산수상청(三縣群山水上靑) ····· 559
삼현삼주공(三縣三周供) ····· 342
삼협귀인우중(三峽歸人雨中) ····· 317
삼호봉두곡마전(蔘戶蓬頭哭馬前) ····· 566
상간매도신(相看每到晨) ····· 334
상간부행인(象簡副行人) ····· 301
상간원객심(相看遠客心) ····· 148
상강선알하강선(上江船憂下江船) ····· 573
상객거연예주연(上客居然醴酒筵) ····· 122
상고답교인(相告踏橋人) ····· 300
상기석장풍진외(相期錫杖風塵外) ····· 135
상당수부모(上堂壽父母) ····· 64
상린절도영(相隣節度營) ····· 60
상림서북석양소(上林西北夕陽䟽) ····· 444
상마구곡수(桑麻九曲邃) ····· 97
상마동성기가촌(桑麻同姓幾家村) ····· 79
상마민속고(桑麻民俗古) ····· 77
상마연기증려처(桑麻烟起蒸藜處) ····· 109
상망각상비(相望各相悲) ····· 243
상망백관고(相望白鸛孤) ····· 49
상망사해활(相望四海闊) ····· 141
상망운해애(相望雲海涯) ····· 355
상박춘통미(商舶春通米) ····· 326
상별매초창(相別每怊悵) ····· 109
상봉무소언(相逢無所言) ····· 109
상봉백발다추의(相逢白髮多秋意) ····· 134
상봉하소어(相逢何所語) ····· 360
상분일등하(相分一燈下) ····· 255
상사양류만강연(相思楊柳滿江烟) ····· 306
상사일상루(相思一上樓) ····· 372
상산채신다백석(上山採薪多白石) ····· 84
상서거기구원중(尙書去已九原中) ····· 410
상서옥절강서번(尙書玉節降西藩) ····· 520
상설임강한(象設臨江漢) ····· 305
상송일배회(相送一徘徊) ····· 302
상송호계상(相送虎溪上) ····· 129
상시읍효종(常時泣孝宗) ····· 305
상심장경각로배(桑葚長傾却老盃) ····· 462
상십삼계사(橡拾三溪寺) ····· 297
상원명월숙창간(上元明月宿窓間) ····· 126
상원적위은(相怨適爲恩) ····· 391
상위백분분(霜葦白紛紛) ····· 68
상유옥당금궐공(上有玉堂金闕空) ····· 350
상유지가자(尙有持家子) ····· 418
상의진아조(尙衣眞雅操) ····· 367
상작만당환(相作滿堂歡) ····· 399
상장세모정(相將歲暮情) ····· 354
상장수불거(喪葬誰不擧) ····· 488
상전최영적회성(尙傳崔瑩荻灰城) ····· 331
상조배황구(霜朝背黃口) ····· 492
상진동화십재망(償盡東華十載忙) ····· 442
상하조지삼숙계(桑下早知三宿戒) ····· 135
상호촉역잔(相呼燭易殘) ····· 155
상환계두상권반(相喚溪頭相勸飯) ····· 86
상효개문화각성(霜曉開門畵角聲) ····· 233
상효황주화각성(霜曉黃州畵角聲) ····· 219
상휴차거흥(相携此去興) ····· 282

새옹일마신유유(塞翁一馬信悠悠) 445
생가명월연광정(笙歌明月練光亭) 544
생봉요순비무연(生逢堯舜非無戀) 382
생사각노력(生事各努力) 93
생사녹문춘(生事鹿門春) 40
생사축시개(生事逐時開) 38
생애여관령(生涯與官令) 49
생애월일감(生涯月一龕) 124
생애초옥사벽공(生涯草屋四壁空) 299
생어동국행남아(生於東國幸男兒) 513
생호수현역해위(生乎雖賢亦奚爲) 161
서가노수리전어(西家老叟籬前語) 106
서강금일후(西江今日後) 361
서강낙일반황황(西江落日半荒荒) 466
서검적무명(書劍適無名) 140
서경만사혁기장(西京萬事弈碁場) 469
서경방예악(西京方禮樂) 154
서경부벽루(西京浮碧樓) 205
서경삼월객(西京三月客) 234
서경이십사장정(西京二十四長亭) 233
서관고객야능행(西關估客夜能行) 213
서관초초포의과(西關草草布衣過) 428
서교만리별(西郊萬里別) 303
서기우지종실도(庶幾遇之終失圖) 350
서남부진무천수(西南不盡無天水) 136
서남협구무산벽(西南峽口巫山碧) 532
서당야자운(書堂夜子雲) 406
서도가려사항주(西都佳麗似杭州) 519
서래상아시(書來賞我詩) 243
서래설야광(書來雪夜狂) 261
서로신장직만금(西路身裝値萬金) 542
서루명월만염한(西樓明月滿簾寒) 461
서루배연취동풍(西樓陪讌醉東風) 419

서릉만목대황혼(西陵萬木帶黃昏) 256
서리동군숙(署裡同君宿) 356
서망한양사백리(西望漢陽四百里) 169
서생권마향변주(書生倦馬向邊州) 208
서생기이저(書生氣易低) 365
서생빙낙일(書生憑落日) 61
서생오십시위랑(書生五十始爲郞) 248
서생의약하(書生意若何) 303
서생한재연연석(書生恨在燕然石) 446
서서백수비(棲棲白首非) 380
서안전두점기명(書案前頭點妓名) 526
서앵성일일(曙鶯聲一一) 356
서엄인가반락휘(西崦人家半落暉) 291
서영역차의(西營亦此意) 420
서원오죽구습유(西垣梧竹舊拾遺) 469
서자강산본유명(西子江山本有名) 426
서정봉화망생애(西征烽火溔生哀) 45
서조추재직(西曹秋再直) 367
서주춘유사(西州春有使) 153
서풍부작동풍(西風不作東風) 317
서호망조비(西湖望鳥飛) 186
서호절도북루웅(西湖節度北樓雄) 43
석교남동원인군(石橋南洞遠人群) 375
석교남반채삼화(石橋南畔採蔘花) 196
석교유수서루월(石橋流水西樓月) 127
석년위우갱위운(昔年爲雨更爲雲) 550
석대금수방문장(石臺金水放文章) 442
석란상로망유지(石欄霜露望猶遲) 403
석류화하착미장(石榴花下捉迷藏) 541
석마여시춘초립(石馬如嘶春草立) 281
석문동정수(昔聞洞庭水) 470
석문우작전가객(石門又作田家客) 88
석밀계린공모양(石蜜溪鱗供母養) 445

석반연소설(夕飯憐蔬設) 262	선위늑사유(先爲勒寺遊) 251
석성추벽수용용(石城秋碧水溶溶) 239	선의료사생(禪義了死生) 318
석숙호산무(夕宿胡山霧) 302	선인불외경(船人不畏鯨) 340
석양다별처(夕陽多別處) 312	선자수호선이근(船刺數蒿船已近) 523
석양다처시전조(夕陽多處是前朝) 208	선재근용공(善哉勤用功) 490
석양수시장원랑(夕陽誰是壯元郞) 560	선제추창하지지(仙梯惆悵下遲遲) 239
석양유재반공주(夕陽猶在半公州) 65	선조판탕시(先朝板蕩時) 199
석양장경문전로(夕陽長慶門前路) 540	선주불견당천사(仙舟不見唐天使) 554
석양제창상범가(夕陽齊唱上帆歌) 225	선주풍송지(仙舟風送遲) 412
석전빈세해민기(石田頻歲海民饑) 341	선죽교전독배환(善竹橋前獨拜還) 211
석전한식우(石田寒食雨) 102	선착망우명(先着亡友名) 57
석책퇴전마호가(石柵堆田馬戶家) 340	선화당중도임초(宣化堂中到任初) 524
선객착기응차지(仙客着碁應此地) 52	설나비우근사훈(薛蘿飛雨近斜曛) 237
선궁공색의(禪宮空色意) 273	설색당태삼십리(雪色唐馱三十里) 213
선기만강루(仙氣滿江樓) 312	설영운산향세제(雪嶺雲山向歲除) 444
선동의관운진요(仙洞衣冠雲盡繞) 385	설월한종갱차루(雪月寒鍾更此樓) 208
선두기마우중래(船頭騎馬雨中來) 321	설위삼야화(雪爲三夜話) 95
선두망백사(船頭望白沙) 326	설중인거해주희(雪中人去海州稀) 230
선두우립조방영(船頭羽笠助防迎) 331	설중최상사동대(雪中催上寺東臺) 257
선두홀견달마산(船頭忽見達摩山) 348	설후공강갱각명(雪後空江更覺明) 258
선려진상소(仙侶眞相笑) 257	설후남여입군성(雪後籃輿入郡城) 253
선령아아망분회(仙嶺峨峨望粉灰) 215	섬강묘하허(蟾江杳何許) 289
선로접영주(仙路接瀛洲) 323	섬강반낙휘(蟾江半落暉) 286
선명새과금군장(鮮明賽過禁軍裝) 569	섬강부야방(蟾江浮夜榜) 270
선방주폐도화동(仙狵晝吠桃花洞) 71	섬강원입추풍냉(蟾江遠入秋風冷) 454
선사부도해명명(仙槎不到海冥冥) 51	섬강인우재(蟾江人又在) 266
선산응수화일연(仙算應隨化日延) 383	성계폭도풍림백(星溪瀑倒楓林白) 51
선상다위공물화(仙賞多違共物華) 69	성곽강산과조전(城郭江山過鳥前) 530
선상류시억거년(船上留詩憶去年) 306	성곽만무화(城郭晚無花) 355
선상삼경일주향(船上三更一炷香) 344	성곽불수인사개(城郭不隨人事改) 208
선소상야환(仙簫想夜還) 98	성곽인민공익비(城郭人民恐益非) 507
선어생고화(船語生孤火) 273	성곽춘한반석휘(城郭春寒半夕暉) 232
선연동리초여군(嬋娟洞裡草如裙) 550	성군협수원앙대(猩裙夾袖鴛鴦隊) 569

성궐춘음중(城闕春陰重) …… 179	세로난어차로난(世路難於此路難) …… 452
성남연소송군시(城南年少誦君詩) …… 164	세로연년개(世路年年改) …………… 41
성다표묘루(城多縹緲樓) …………… 218	세로행유외(世路行逾畏) …………… 77
성대승평사백추(聖代昇平四百秋) …… 519	세류원문사장개(細柳轅門射帳開) …… 561
성대창파정(聖代滄波靜) …………… 337	세맥평포야(細麥平鋪野) …………… 150
성도소기일지홍(成都少妓一枝紅) …… 542	세모동강상(歲暮東江上) …………… 297
성도정하처(成都定何處) …………… 235	세모동대약(歲暮東臺約) …………… 251
성동이월풍일훤(城東二月風日暄) …… 352	세모문주노(歲暮雯洲老) …………… 370
성두만공산(星斗滿空山) …………… 249	세모북풍천우설(歲暮北風天雨雪) …… 161
성두파대백천지(城頭擺待百千枝) …… 558	세모불가별(歲暮不可別) …………… 162
성번하역전(星翻河亦轉) …………… 392	세모비가서출관(歲暮悲歌西出關) …… 211
성변욕문한종처(城邊欲問寒鍾處) …… 207	세모비가향고원(歲暮悲歌向故園) …… 373
성비거마진(聲飛去馬塵) …………… 475	세모산풍급(歲暮山風急) …………… 261
성산금당팔질초(聖算今當八耋初) …… 444	세모차동유(歲暮此同遊) …………… 221
성상고루연자비(城上高樓燕子飛) …… 59	세사다단우입경(世事多端又入京) …… 371
성상수성여(城上數星餘) …………… 178	세사문향노(細事聞鄕奴) …………… 89
성상한낭관(星象漢郎官) …………… 364	세세보작진(細細補作賑) …………… 486
성서대삼고(城西黛杉古) …………… 191	세속서남처처동(歲俗西南處處同) …… 230
성시비무은(城市非無隱) …………… 356	세우시춘경(細雨試春耕) …………… 46
성여애옥모란가(聲如哀玉牧丹歌) …… 307	세월상재적(歲月桑梓覿) …………… 318
성우녹수동노가(城隅綠水動勞歌) …… 112	세유갈암서종자(世有葛菴書種子) …… 101
성음이조아(城陰已噪鴉) …………… 189	세인응시비(世人應始悲) …………… 257
성전해불량(城前海不凉) …………… 363	세작등화락(細酌燈花落) …………… 188
성조개합사신기(聖朝豈合詞臣棄) …… 375	세소호명고고상(細調呼名故故長) …… 561
성주육갑기(星周六甲期) …………… 411	소간부세낙화간(笑看浮世落花間) …… 145
성하만강명월야(城下滿江明月夜) …… 553	소계무한어(小堦無限語) …………… 395
성화수수춘(城花數樹春) …………… 165	소공도시한라산(艄工道是漢拏山) …… 327
성휘하경미(城暉下徑微) …………… 380	소공미우급제반(艄工未雨急隮攀) …… 347
세간극험무여수(世間極險無如水) …… 352	소광증무원백화(疏廣曾無元伯畵) …… 381
세간문자간응권(世間文字看應倦) …… 368	소괴관명박(所愧官名縛) …………… 380
세간지유차심산(世間知有此深山) …… 456	소년낙락칭준일(少年落落稱俊逸) …… 161
세갈남방유각냉(細葛南方猶覺冷) …… 155	소년소쇄출풍진(少年瀟灑出風塵) …… 168
세로각층층(世路覺層層) …………… 458	소년호기승문관(少年豪氣勝文官) …… 481

소동기학헌선도(小童騎鶴獻仙桃) ······ 544
소량야우성(踈涼夜雨聲) ················ 423
소류벽초서지상(少留碧草西池上) ····· 284
소망수대망(小網隨大網) ················ 502
소벽불승운(素壁不勝雲) ·················· 35
소별역난망(少別亦難忘) ················ 360
소부우중향(少婦雨中餉) ·················· 94
소비무왕환(所悲無往還) ················ 400
소선흡수일가아(小船恰受一歌兒) ····· 556
소소고도범백만(蕭蕭孤棹犯百蠻) ····· 469
소소기마귀(蕭蕭騎馬歸) ················ 153
소소송아귀(蕭蕭送我歸) ················ 172
소소일기출산성(蕭蕭一騎出山城) ····· 219
소소진사려(蕭蕭進士廬) ················ 447
소쇄가릉북(瀟灑嘉陵北) ·················· 97
소쇄간오서(瀟灑看吾書) ·················· 50
소쇄강루만래객(瀟灑江樓晚來客) ······ 45
소쇄도중춘색조(瀟灑島中春色早) ····· 345
소수대강빈(搔首大江濱) ················ 165
소식명시보해빈(消息明時報海濱) ····· 332
소염창백가중년(少髥蒼白可中年) ····· 523
소원강산충우송(少阮江山衝雨送) ······ 42
소월의사숙(素月依沙宿) ················ 278
소읍계성내(小邑溪聲內) ················ 150
소점평구역(小店平丘驛) ················ 310
소조기루해운변(蕭條寄淚海雲邊) ····· 101
소조독향한양귀(蕭條獨向漢陽歸) ····· 230
소조칠읍대강변(蕭條七邑大江邊) ····· 566
소조해내지음소(蕭條海內知音少) ····· 144
소주국화단(小酒菊花團) ················ 155
소파은배호첩자(笑把銀盃呼帖子) ····· 574
소파종년기백전(銷破終年幾陌錢) ····· 573
소항여화리(小航如畫裏) ················ 274
소향여강백조과(笑向驪江白鳥誇) ····· 293
소허비고사(巢許非高士) ·················· 36
소헐천림극(少歇穿林屐) ················ 294
소헐풍근석(少歇楓根石) ·················· 67
속노지전상포물(贖奴持錢償逋物) ····· 161
송군비경심(送君悲更甚) ················ 305
송도고객도다시(松都估客到多時) ····· 480
송도일망세웅재(松都一望勢雄栽) ····· 207
송랑영랑일부족(送郎迎郎日不足) ····· 482
송명적마화(松明續麻火) ················ 493
송문수최읍(送門誰最泣) ················ 108
송백이릉심(松栢二陵深) ················ 262
송별영남루(送別嶺南樓) ················ 181
송소당백석문지(宋蘇唐白昔聞知) ····· 512
송심불변폭서동(松深不辨瀑西東) ····· 431
송악귀승원상어(松岳歸僧遠相語) ····· 208
송진인간우(送盡人間友) ················ 401
송풍금곡리인청(松風琴曲吏人聽) ····· 369
송풍독수초(松風讀邃初) ·················· 91
송하연년채복령(松下年年採茯苓) ······ 51
송행하시백의인(送行何是白衣人) ····· 504
송회음음야자수(松檜陰陰夜自垂) ····· 281
쇄면금화세(灑面金花細) ················ 425
쇄청혈(灑淸血) ··························· 464
쇠공맥추한(衰恐麥秋寒) ················ 399
쇠년도대관(衰年度大關) ················ 457
쇠년수갈병(衰年愁渴病) ················ 361
쇠년욕매금(衰年欲買琴) ················ 417
쇠년차읍진오분(衰年此邑眞吾分) ····· 445
쇠발영의모(衰髮寧宜帽) ················ 284
쇠세치상적(衰世峙相敵) ················ 318
쇠적일시옹(衰寂一詩翁) ················ 437
쇠질빈난회(衰疾頻難會) ················ 408

석북시집 색인(索引) 759

수가설후신개화(誰家雪後新開畵) ····· 190
수가아여농춘수(誰家兒女弄春水) ····· 183
수간백일무장주(須看白日無長駐) ····· 426
수간처처해당화(羞看處處海棠花) ····· 228
수경신백발(數莖新白髮) ····· 82
수광산색원창창(水光山色遠蒼蒼) ····· 222
수국홍비원(水國鴻飛遠) ····· 137
수금무춘전(誰禁貿春錢) ····· 486
수금회풍비작사(誰禁回風飛作斜) ····· 110
수급행난주(水急行難住) ····· 289
수기인심원(水氣人心遠) ····· 282
수기춘음북영화(繡旗春飮北營花) ····· 69
수난학가무(羞難學歌舞) ····· 223
수노수지피(垂老愁持被) ····· 366
수도관한정광문(誰道官寒鄭廣文) ····· 434
수도용만일야환(水到龍灣一夜還) ····· 241
수두관학난비성(樹頭鸛鶴亂飛聲) ····· 266
수락산전낙일시(水落山前落日時) ····· 441
수래무사야(數來無事夜) ····· 366
수례종용거수경(隨例從容擧袖輕) ····· 526
수로광문관(垂老廣文官) ····· 194
수로모자단경최(垂老茅茨短景催) ····· 428
수로사다련(垂老事多憐) ····· 297
수로사환방질병(垂老仕還妨疾病) ····· 248
수로원유증불의(垂老遠遊曾不意) ····· 213
수루가고야심청(戍樓笳鼓夜深聽) ····· 324
수루서북망유연(戍樓西北望幽燕) ····· 560
수류동원의(水流同遠意) ····· 77
수류인가수안변(垂柳人家水岸邊) ····· 277
수리망심연(數里望深烟) ····· 280
수리수궁처(數里水窮處) ····· 102
수면쟁야소(睡眠爭夜少) ····· 388
수문대탄롱(愁問大灘瀧) ····· 310

수문설목나(垂門雪木蘿) ····· 388
수배리하향린옹(數盃籬下向鄰翁) ····· 156
수배상송북산귀(數盃相送北山歸) ····· 410
수백룡종축사관(垂白龍鍾祝史官) ····· 357
수백한인함루도(垂白漢人含淚道) ····· 509
수복요가궁전기(繡服鐃歌弓箭妓) ····· 568
수북산남모각환(水北山南暮各還) ····· 119
수사일신겸백태(誰使一身兼百態) ····· 460
수사창생우일세(遂使蒼生憂一歲) ····· 358
수살월중빈태수(愁殺粤中貧太守) ····· 426
수상영릉자기장(水上寧陵紫氣長) ····· 248
수상용문일야부(水上龍門日夜浮) ····· 113
수생내포비은궐(水生內浦肥銀鱖) ····· 96
수성잔각현중환(數聲殘角縣中還) ····· 439
수세등전풍우란(手勢燈前風雨闌) ····· 543
수수고입화선요(垂垂故入畫船搖) ····· 554
수시중원장상재(誰是中原將相才) ····· 45
수양리하해행주(垂楊籬下解行舟) ····· 311
수양산색유잔설(首陽山色猶殘雪) ····· 233
수역유양영유사(壽域揄揚永有辭) ····· 385
수역유장춘(壽域有長春) ····· 300
수연상여정(水烟相與靜) ····· 393
수예전미여(隨例錢米與) ····· 488
수욕지사향(遂欲置思鄕) ····· 214
수운구로분명견(水雲鷗鷺分明見) ····· 183
수원산장세모정(水遠山長歲暮情) ····· 148
수원선부벽(水遠先浮碧) ····· 234
수위일야양주객(愁爲一夜楊州客) ····· 441
수이강류곡곡허(樹裏江流曲曲虛) ····· 220
수입무릉간(遂入武陵間) ····· 266
수잉금고재(水仍今古在) ····· 240
수장회박사(誰將回泊事) ····· 338
수정궁색냉황혼(水晶宮色冷黃昏) ····· 571

수정궁전상원개(水晶宮殿上元開) ······ 259
수정남북요견지(水亭南北繞牽遲) ······ 556
수조농창주(垂釣弄滄洲) ······ 252
수조잠경환근안(水鳥暫驚還近岸) ······ 268
수주양류음음처(數株楊柳陰陰處) ······ 290
수중납지대여배(袖中納之大如杯) ······ 350
수지추후견(雖知秋後見) ······ 108
수지풍엽후(誰知楓葉後) ······ 294
수청별간양방중(守廳別揀兩坊中) ······ 527
수청사루가(誰聽寺樓歌) ······ 129
수촌지숙처(水村知宿處) ······ 372
수타난간도영요(水打欄干倒影搖) ······ 547
수편초정부호사(數篇樵艇付蒿師) ······ 113
수풍불긍강남거(隨風不肯江南去) ······ 181
수하시봉산귀희(樹下時逢山鬼戲) ······ 131
수함빙호어조별(水檻憑呼魚鳥別) ······ 245
수흥매련유처근(隨興每憐幽處近) ······ 404
수흥호산난만회(隨興湖山爛漫廻) ······ 183
숙입전왕자(孰立前王子) ······ 318
숙처수가린(宿處數家隣) ······ 311
숙처조문호과리(宿處朝聞虎過籬) ······ 88
숙처협산창(宿處峽山蒼) ······ 267
순의리요반(鶉衣吏繞盤) ······ 342
숭정국사불승애(崇禎國事不勝哀) ······ 509
숭정문전강책신(崇政門前絳幘晨) ······ 443
습습경사염사향(襲襲輕紗染麝香) ······ 545
승상일일대소연(繩床日日對蕭然) ······ 197
승종도원탄(僧鍾度遠灘) ······ 273
승총입한양(乘驄入漢陽) ······ 363
승춘입한양(乘春入漢陽) ······ 198
승학비선하처강(乘鶴飛仙何處降) ······ 387
승흥시음아(乘興試吟哦) ······ 425
승흥유시단기거(乘興有時單騎去) ······ 439

시가노익빈(詩家老益貧) ······ 77
시가백곡선(詩家白谷禪) ······ 58
시견청청추자산(始見靑靑楸子山) ······ 345
시고불용산(詩高不用刪) ······ 264
시당노경심유재(詩當老境心猶在) ······ 415
시도소연승화거(時到翛然乘化去) ······ 433
시래도자통(時來道自通) ······ 343
시래위객정(時來慰客情) ······ 340
시래장박모(時來將薄暮) ······ 165
시련안면합(始憐顏面合) ······ 142
시명노이경(詩名老易輕) ······ 172
시문개향채화전(柴門開向菜花田) ······ 277
시문백발전(柴門白髮前) ······ 83
시문십일계공선(柴門十日繫空船) ······ 114
시문야근강(柴門夜近江) ······ 310
시법이가전(詩法爾家傳) ······ 154
시서송재구(詩書誦在口) ······ 64
시서원조업(詩書元祖業) ······ 181
시서행고풍(詩書幸古風) ······ 47
시성계우창(詩成鷄又唱) ······ 178
시성삼세응무적(詩聲三世應無敵) ······ 168
시성욕기수(詩成欲寄誰) ······ 54
시승취미사(詩僧翠微寺) ······ 128
시시유조하청태(時時幽鳥下靑苔) ······ 139
시아부취하루지(侍兒扶醉下樓遲) ······ 550
시예유인재(詩禮留人在) ······ 417
시우근부로(時遇近父老) ······ 64
시우란입양주객(柴牛籃笠楊州客) ······ 314
시인수의왕(詩人隨意往) ······ 40
시인원이로(詩人元易老) ······ 175
시인자고한(詩人自古寒) ······ 372
시인학동성(詩人鶴同姓) ······ 312
시전백오선(詩傳百奧船) ······ 297

시절윤전농(時節潤田農) 103	신세원가심(新歲遠家心) 262
시주육오산(時住六鰲山) 264	신시노래반백일(身是老萊斑白日) 116
시지천하유신선(始知天下有神仙) 328	신시별후하인견(新詩別後何人見) 69
시지한자소(始知閒者少) 502	신여고루지유운(神女高樓只有雲) 237
시평호복거(時平好卜居) 97	신외부명욕수훼(身外浮名欲樹譭) 382
시향성중고처망(試向城中高處望) 571	신은유차행(新恩有此行) 57
시혼상억서호부(詩魂尙憶西湖否) 369	신이욕발맹가원(辛夷欲發孟家園) 312
시흥유감차주서(詩興猶堪借酒舒) 173	신재영릉직(臣在寧陵直) 305
시흥제군일일과(詩興諸君日日過) 136	신지화성금(新持畫省衾) 361
식면동조후(識面同朝後) 367	신지희작인(新知喜作隣) 366
식면백두시(識面白頭時) 408	신초농가집(新抄農家集) 173
식물무상주(植物無常主) 191	신추일포위(新秋一飽爲) 106
신경이강선(身輕已降仙) 234	신퇴망우뢰이조(身退忘憂賴爾曹) 381
신관문하인(新官問何人) 498	신포세류곡강원(新蒲細柳曲江苑) 469
신관자경래(新官自京來) 495	실로간고검(失路看孤劍) 143
신녀역호신(神女亦好新) 309	실유려강봉격정(實有廬江奉檄情) 245
신년복신지(新年復新至) 64	심갱지역마(深更知櫪馬) 89
신년빈발소(新年鬢髮疎) 178	심갱투설빈화류(深更鬪雪鬢華流) 246
신년상보귀(新年尙步歸) 397	심배고인차(深盃故人借) 143
신령맥풍초(申嶺麥風初) 414	심산부장백두민(深山扶杖白頭民) 562
신류이성행(新柳已成行) 267	심상주채지하유(尋常酒債知何有) 427
신륵제명사(神勒題名寺) 372	심수량생뢰(深樹凉生籟) 128
신망국상외(身忘國相巍) 386	심수봉래문누입(深樹蓬萊聞漏入) 247
신명만선월(身明滿船月) 68	심수작모해(心手作謀偕) 424
신무질병휴관후(身無疾病休官後) 120	심승방학임포(尋僧放鶴學林逋) 271
신법어염귀(新法魚鹽貴) 364	심심일폐황천후(深深一閉黃泉後) 400
신보선위천하우(臣甫先爲天下憂) 469	심심자하동(深深紫霞洞) 502
신불성인위(神不聖人違) 386	심야백두등하좌(深夜白頭燈下坐) 195
신사기신성(新舍旣新成) 64	심원쌍쌍연자사(深院雙雙燕子斜) 539
신생송목생(申生送睦生) 362	심장원객중(心長遠客中) 151
신성독비의(新成犢鼻衣) 62	심전향로야우명(深殿香爐夜雨鳴) 135
신성자제문(新成子弟文) 35	심중형세장성지(瀋中形勢壯城池) 507
신성풍속근상산(新城風俗近商山) 119	심지득실도관수(深知得失都關數) 100

심처갱유맹(深處更留盟) 78
심처욕구전(深處欲求田) 93
심촌숙처경(深村宿處驚) 359
심최거안전(心摧去雁前) 297
심추임수로(深秋臨水鷺) 67
심폐역림방(深吠櫟林狵) 310
심하백초우비비(深河白草雨霏霏) 506
십년경도한양인(十年傾倒漢陽人) 285
십년금일설강천(十年今日雪江天) 384
십년비이물(十年悲異物) 57
십년회수적성하(十年回首赤城霞) 196
십륙량가자(十六良家子) 222
십리강변박모귀(十里江邊薄暮歸) 252
십리몽몽주기미(十里濛濛酒氣微) 156
십리반선구리회(十里盤旋九里廻) 181
십리사풍청약립(十里斜風靑箬笠) 113
십리선창고도미(十里船槍古道迷) 554
십리쌍교권마성(十里雙轎勸馬聲) 522
십리인가수처희(十里人家數處稀) 291
십리천행풍수원(十里穿行楓樹遠) 439
십무기춘서(十畝寄春鋤) 448
십삼능학추강월(十三能學秋江月) 544
십세이학전계유(十歲已學前溪游) 352
십오년전기일라(十五年前騎一騾) 428
십월서성최조련(十月西城催組練) 568
십월유주우설다(十月幽州雨雪多) 503
십이무산매단장(十二巫山每斷腸) 564
십이무산함외부(十二巫山檻外浮) 224
십이봉전취옥적(十二峰前吹玉笛) 238
십이제후동지사(十二諸侯冬至使) 396
십일불환가(十日不還家) 501
십일임장수(十日臨漳守) 438
십일장류여(十日將留汝) 262
십일촌리외(十日村籬外) 103
십재도문시일봉(十載都門始一逢) 356
십재봉전금재과(十載峯前今再過) 74
십재충주물색신(十載忠州物色新) 448
십재호변괴백구(十載湖邊愧白鷗) 65
십전모일부(十錢募一夫) 493
쌍거마전류(雙炬馬前流) 254
쌍궐고릉진재동(雙闕觚稜盡在東) 432
쌍부불반석성추(雙鳧不返石城秋) 368
쌍부오마조천원(雙鳧五馬朝天遠) 444
쌍수행궁심자쇄(雙樹行宮深自鎖) 45
쌍쌍염불소랑음(雙雙念佛小娘音) 543
쌍적춘풍출마전(雙笛春風出馬前) 165
쌍촉화전해불양(雙燭花前海不揚) 344
쌍환갱주주인전(雙鐶更走主人前) 292
쌍회검무만당한(雙廻劍舞滿堂寒) 543

[ㅇ]

아가증착차의관(我家曾着此衣冠) 509
아감전호숙배시(阿監傳呼肅拜時) 247
아녀창망유대방(兒女蒼茫猶待榜) 100
아도충주불견군(我到忠州不見君) 449
아문청어가(兒問靑魚價) 49
아미고면능생기(峨眉顧眄能生氣) 222
아배고원수작희(兒輩故園隨作戲) 230
아병와산중(我病臥山中) 109
아병우점팔천명(牙兵又點八千名) 568
아손부성열(兒孫復成列) 64
아시북인문불신(我是北人聞不信) 352
아시삼한일포의(我是三韓一布衣) 350
아시습구전(兒時習舊傳) 191
아아영북칠성문(峨峨營北七星門) 529

아역왕인내차지(我亦王人來此地) ····· 341
아욕위군이채약(我欲爲君而採藥) ····· 350
아욕종군태백산(我欲從君太白山) ····· 146
아욕추위한강객(我欲秋爲漢江客) ····· 114
아제읍수추후도(阿弟泣收秋後稻) ····· 193
아차산색망중수(峨嵯山色望中愁) ····· 248
악사감등욕효청(嶽寺龕燈欲曉靑) ····· 136
악정춘분석(嶽頂春分夕) ····· 327
악파리섭뢰군령(鱷波利涉賴君靈) ····· 324
안기개시마고지객(安期皆是麻姑之客) 350
안능수처자(安能守妻子) ····· 378
안득결모연수상(安得結茅烟水上) ····· 271
안력초궁청초주(眼力初窮青草洲) ····· 469
안마내하이(鞍馬來何已) ····· 214
안마막언삼배도(鞍馬莫言三倍道) ····· 348
안마산서동(鞍馬散西東) ····· 151
안상무비직장가(岸上無扉直長家) ····· 387
안전견이심(案前見吏心) ····· 486
안전기민초(案前飢民抄) ····· 485
안전행발읍(案前行發邑) ····· 494
안주병사정탁건(安州兵使整槖鞬) ····· 562
안천경화의두우(眼穿京華倚斗牛) ····· 469
안하도장성(鴈下度長城) ····· 304
안하평무막막전(鴈下平蕪漠漠田) ····· 75
암관입이수(暗官入吏袖) ····· 486
암동초충심(暗動草虫心) ····· 392
암두자수혜(岩頭紫繡鞋) ····· 157
암사경락의하여(暗思京洛意何如) ····· 452
암월낙화전(巖月落花前) ····· 200
암입책방지인퇴(暗入冊房知印退) ····· 570
압록강변석자퇴(鴨綠江邊石子堆) ····· 567
압성충자거행최(押成忠字擧行催) ····· 521
앙간천상운(仰看天上雲) ····· 176

앙우삼농협마수(秧雨三農挾馬隨) ····· 390
애범춘파색(愛泛春波色) ····· 499
애상인가아압훤(崖上人家鵝鴨喧) ····· 56
애상초제독수문(崖上招提獨樹門) ····· 89
애이초당주상한(愛爾草堂晝常閑) ····· 169
애제수자모(愛弟隨慈母) ····· 39
액원화발양삼지(掖垣花發兩三枝) ····· 70
앵무로자흥미앙(鸚鵡鸕鶿興未央) ····· 551
앵앵황조문(嚶嚶黃鳥聞) ····· 35
야객하능숙(野客何能宿) ····· 128
야견무폐리(夜犬無吠吏) ····· 493
야경통나세(夜逕通蘿細) ····· 180
야고원공비(夜叩遠公扉) ····· 129
야광성하락(野曠星河落) ····· 54
야교유수입강지(野橋流水入江遲) ····· 88
야래창숙노인성(夜來窓宿老人星) ····· 118
야로시상견(野老時相見) ····· 36
야문관리어(夜聞官吏語) ····· 326
야발행인불문계(夜發行人不問鷄) ····· 219
야복입문서향객(野服入門西嚮客) ····· 376
야부소방절요난(野夫疎放折腰難) ····· 453
야부수사적(野夫隨事適) ····· 50
야설경첨안(夜雪更添顏) ····· 229
야수내부제(野水來無際) ····· 235
야수무파원(野水無波遠) ····· 274
야수상호지(野水相呼地) ····· 63
야수욕원앙(野水浴鴛鴦) ····· 61
야시신선일세간(也是神仙一世間) ····· 119
야심시회소(夜深始稀踈) ····· 501
야연통강수(野燕通江樹) ····· 104
야옹부장도소소(野翁扶杖到蕭蕭) ····· 134
야우능전수창교(夜雨陵前水漲橋) ····· 456
야은귀산택(冶隱歸山澤) ····· 318

야인무시비(野人無是非) 62
야인생리낙시풍(野人生理樂時豊) 96
야인하소애(野人何所愛) 103
야절능전천세백(夜折陵前千歲栢) 265
야절등화복(夜絶燈花卜) 77
야점산교거불휴(野店山橋去不休) 246
야점행인고전장(野店行人古戰場) 313
야조계수징(夜照溪水澄) 123
야주무장어(夜酒無長語) 177
야태무희사(野態無簁辭) 64
야토우금만사련(野土于今萬事憐) 319
야한금장천짐정(夜寒金帳淺斟情) 574
야항명월고(野航明月孤) 185
야항종일석(野航從日夕) 318
야화당원객(野花當遠客) 150
약로응학연단사(藥鑪應學鍊丹砂) 121
약산남망시병영(藥山南望是兵營) 565
약수비화편(掠水飛花片) 37
약위심처휴가거(若爲深處携家去) 52
약초심비하유분(藥草深秘何由分) 333
양가아자배환석(兩家兒子陪歡席) 120
양간별후탑(樑間別後榻) 367
양근별업사시사(楊根別業四時詞) 113
양기관리인남여(兩旗官吏引籃輿) 452
양기풍력중선두(兩旗風力重船頭) 346
양류수삼주(楊柳數三株) 185
양류억경춘(楊柳憶京春) 311
양류월명삼고희(楊柳月明三鼓稀) 394
양류음중세악성(楊柳陰中細樂聲) 551
양서단오파이앙(讓西端午罷移秧) 109
양서행진삼천리(兩西行盡三千里) 229
양선만익명(凉蟬晩盆鳴) 362
양수조래종북령(凉樹鳥來從北嶺) 138

양애계명백위상(兩崖鷄鳴白葦霜) 314
양애청산일십리(兩崖青山一十里) 55
양자강전속(揚子江田粟) 292
양주일로요청산(楊州一路繞青山) 439
양진비진목단성(樑塵飛盡牧丹聲) 542
양편삼일도남명(揚鞭三日到南溟) 325
양편지백두(揚鞭指白頭) 378
양풍초기화난서(凉風初起畵欄西) 556
양풍팔월초(凉風八月初) 494
양피배자압신경(羊皮褙子壓身輕) 570
어가압도조항고(漁家壓倒釣航孤) 299
어언복신택(於焉卜新宅) 318
어조문유락(魚鳥聞猶樂) 361
어조상망금수춘(魚鳥相忘錦水春) 168
어조제형한(魚鳥弟兄寒) 316
어조하지재상존(魚鳥何知宰相尊) 382
어초개식시군은(漁樵豈識是君恩) 56
어초여세망(漁樵與世忘) 267
어화쌍발설(御花雙髮雪) 412
어화원산포(漁火圓山浦) 82
억도송경천일애(憶度松京天一涯) 212
억이백운강상한(憶爾白雲江上寒) 170
억착가사상법연(憶着袈裟上法筵) 196
엄릉부득경현포(嚴陵不得景賢褒) 381
여강이월설삼척(驪江二月雪三尺) 265
여강천리억황생(驪江千里憶黃生) 307
여강한식동귀객(驪江寒食東歸客) 312
여견축융진(如見祝融嗔) 334
여관고등별후정(旅舘孤燈別後情) 227
여군도서와동림(與君逃暑臥東林) 133
여군동객한양성(與君同客漢陽城) 147
여군두백자유장(與君頭白茲游壯) 325
여군명하사(如君名下士) 408

여군안득갱소안(與君安得更笑顔)	169	여지수부절(驪之水不絶)	296
여금갱약귀화표(如今更若歸華表)	507	여평천지차루고(如萍天地此樓高)	469
여금막토화간혈(如今莫吐花間血)	454	여하완소오삼계(如何緩召吳三桂)	509
여금백수비파녀(如今白首琵琶女)	543	여하위성신(如何慰聖神)	463
여금적막성진적(如今寂寞成陳跡)	429	여하체한경(如何滯漢京)	149
여금풍우절선시(如今風雨絶船時)	341	여해심영불금혼(如海深營不禁閽)	538
여급견의관(如及見衣冠)	192	여호수색사서호(驪湖秀色似西湖)	271
여대이원제자가(麗代梨園弟子家)	427	여화불과장(餘花不過墻)	360
여배사군추흥족(驢背使君秋興足)	439	여화호작조원병(藜花好作調元餠)	462
여배자위문호계(汝輩自爲門戶計)	100	역력강산사(歷歷江山事)	243
여부입도원(如復入桃源)	288	역류천가우(驛柳千家雨)	165
여생기약허(餘生寄若虛)	338	역류행인우(驛柳行人雨)	181
여생지원한여차(餘生只願開如此)	442	역작병중비(易作病中悲)	108
여생학사삼한국(如生學士三韓國)	446	역정시유강남객(驛亭時有江南客)	241
여씨기흘운(麗氏旣訖運)	318	역지군염아(亦知君念我)	39
여역남귀내포주(余亦南歸內浦舟)	190	연강십리화도명(沿江十里畵圖明)	555
여염공지금(閭閻恐至今)	63	연강화유사(緣江花柳事)	62
여염상미안(閭閻尙未安)	398	연거초초위(憐渠草草爲)	108
여염육년간(閭閻六年間)	493	연공두미간(烟空斗尾間)	278
여엽야인적(餘葉野人摘)	500	연공백조성(連空百鳥聲)	37
여이동계명(如已動鷄鳴)	288	연광정상관산곡(練光亭上關山曲)	435
여이수간석상태(與爾垂竿石上苔)	259	연군미곤역하여(戀君微悃亦何如)	444
여입천태과석교(如入天台過石橋)	134	연군수지국(憐君數枝菊)	171
여자노다단(女子怒多端)	84	연금신장내내명(燕錦新裝隊隊明)	526
여작령남인(如作嶺南人)	76	연년각사소상안(年年却似瀟湘雁)	190
여장고하축산회(女墻高下逐山廻)	215	연년내왕빈(年年來往頻)	311
여정만백빈(餘情滿白蘋)	289	연년사자자삼한(年年使者自三韓)	509
여종망천구(如從輞川口)	266	연년이십사번풍(年年二十四番風)	419
여주격수냉연미(驪州隔水冷烟微)	252	연년춘포어(年年春浦魚)	488
여주금야억황주(驪州今夜憶黃州)	259	연년풍우족(年年風雨足)	104
여주독류가(驪州獨柳家)	296	연래시문무풍우(年來試問無風雨)	332
여주수진래(驪州樹盡來)	272	연맥강전기원청(燕麥江田起遠靑)	233
여지산불마(驪之山不磨)	296	연명관래진상영(延命官來趂上營)	526

연명무사인(淵明無事人) 81	영광발초목(榮光發草木) 64
연목견귀주(烟木見歸舟) 372	영교가호투랄급(營校訶呼投刺急) ... 453
연미정요부안경(燕尾停橈鳧雁驚) ... 551	영기방박탱남기(靈氣磅礴撐南紀) ... 350
연산일곡만강홍(燕山一曲滿江紅) ... 510	영남내일군천리(嶺南來日君千里) ... 162
연색홍릉시체의(輭色紅綾時體宜) ... 479	영남내일성천리(嶺南來日成千里) ... 148
연생시두릉(烟生是杜陵) 66	영랑금일방군회(永郞今日放君廻) ... 462
연소우능시(年少又能詩) 174	영령혼사출인간(泠泠渾似出人間) ... 52
연수불승춘(烟樹不勝春) 475	영롱패강제(玲瓏浿江製) 425
연시아동옹마간(燕市兒童擁馬看) ... 396	영릉부재백운중(寧陵浮在白雲中) ... 447
연심기리의(筵深綺里衣) 386	영릉질관금하처(寧陵質館今何處) ... 507
연여소공제(憐輿小笻齊) 85	영문구족산희희(盈門九族散戲欷) ... 232
연연늑명필(燕然勒銘筆) 379	영변태수원기학(寧邊太守元騎鶴) ... 565
연우고루진일한(烟雨高樓盡日寒) ... 237	영색성희이주면(鈴索聲稀吏晝眠) ... 536
연우등라조역희(烟雨藤蘿鳥亦稀) ... 455	영선누이최(迎船淚已催) 339
연우루대수암다(烟雨樓臺水巖多) ... 225	영수지지음만정(靈樹枝枝蔭滿庭) ... 434
연우창창일숙간(烟雨蒼蒼一宿間) ... 348	영외극소소(嶺外劇蕭蕭) 162
연원회주처(烟遠回舟處) 289	영웅고국공문적(英雄故國空聞笛) ... 237
연장어랑포(烟瘴漁郞浦) 104	영웅진입수성류(英雄盡入水聲流) ... 208
연전이과목(年前移菓木) 85	영은산중삼야숙(靈隱山中三夜宿) ... 52
연제홍일하(燕齊紅日下) 365	영일회랑미우리(永日回廊微雨裏) ... 344
연차침근로(燃茶枕近爐) 89	영전좌주시(榮傳座主詩) 412
연착범고라(連笮犯高蘿) 277	영제교두삼백기(永濟橋頭三百妓) ... 522
연천동해고(連天東海高) 53	영주선자무환청(瀛洲仙子霧鬟靑) ... 335
연초귀후세무재(燕超歸後世無才) ... 455	영하수가숙불환(嶺下誰家宿不還) ... 96
연촌등화기(連村燈火起) 501	영하아동소상문(營下兒童笑相問) ... 536
연파독상금강주(烟波獨上錦江舟) ... 65	영하장신백면랑(營下長身白面郞) ... 569
연파일모묘연간(烟波日暮渺然看) ... 279	예방비장향전감(禮房裨將向前監) ... 525
연하원거성(烟霞遠去城) 354	예보오현수(預報吾賢嫂) 106
연향모년유(憐向暮年游) 218	예수봉영환초초(禮數逢迎還草草) ... 120
연화검무소홍의(蓮花劒舞小紅衣) ... 167	예악문장역조지(禮樂文章亦粗知) ... 513
연화이국춘(烟花異國春) 301	예우상승은(霓羽想昇銀) 475
열시경영시체장(列侍輕盈時體粧) ... 541	예의구조선(禮義舊朝鮮) 302
염천불해갈(炎天不解渴) 500	예필유사상위지(禮畢猶辭象魏遲) ... 247

오가유제심(吾家有弟尋) ……… 263
오경계막성(五更鷄莫聲) ……… 484
오구천첩장(午鳩千疊嶂) ……… 49
오궤독류고사전(烏几獨留高士傳) …… 376
오궤청포백갈건(烏几青袍白葛巾) …… 168
오년강해객(五年江海客) ……… 198
오년유리남해상(五年流離南海上) … 161
오년초사십(吾年初四十) ……… 77
오당거무사(吾黨詎無師) ……… 421
오도동남거(吾道東南去) ……… 141
오도중원재(吾道中原在) ……… 405
오려심불미(吾廬深不迷) ……… 85
오릉안마요종북(五陵鞍馬遙從北) … 432
오마동래십월한(五馬東來十月寒) … 452
오마명조발(五馬明朝發) ……… 364
오마시비별로방(五馬嘶時別路傍) … 369
오마지주일모시(五馬跙躅日暮時) … 450
오만낙조의함한(烏蠻落照倚檻恨) … 469
오문영원조장군(吾聞寧遠祖將軍) … 506
오문자규제(吾聞子規啼) ……… 464
오백년래망차허(五百年來莽此墟) … 210
오불승무관(吾不勝無官) ……… 372
오사무가설(吾師無可說) ……… 176
오서산위현사청(烏鼠山圍縣舍青) … 369
오선이씨출(吾先李氏出) ……… 318
오수불감상(吳樹不堪霜) ……… 137
오수초회색담파(午睡初廻索淡婆) … 538
오신유폭객(誤身由暴客) ……… 223
오십탄성동화난(五十灘聲動畫欄) … 461
오여백구환(吾與白鷗還) ……… 278
오역방군귀(吾亦訪君歸) ……… 394
오연모옥일구명(午烟茅屋一鳩鳴) … 86
오왕금칠순(吾王今七旬) ……… 300

오월신성별(五月新城別) ……… 108
오월여문풍설성(五月如聞風雪聲) … 42
오월지대기(五月池臺氣) ……… 360
오월협강고(五月峽江高) ……… 187
오작신미견(烏鵲身微見) ……… 393
오장패서거(吾將浿西去) ……… 203
오조종하년(吾祖種何年) ……… 191
오종구군환(吾從九郡還) ……… 457
오중석하수요평(五重席下首腰平) … 526
오초동남석(吳楚東南析) ……… 470
오초실파도(吳楚失波濤) ……… 53
오행거약류(吾行去若留) ……… 440
오행급제석(吾行及除夕) ……… 254
오행여추색(吾行與秋色) ……… 287
오호시명불모신(嗚呼時命不謀身) … 161
옥각산초원조작(屋角山椒喧鳥雀) … 109
옥로양풍발(玉露凉風發) ……… 82
옥로청풍기자주(玉露青楓夔子州) … 469
옥루신패퇴식지(玉漏申牌退食遲) … 70
옥백군행도차비(玉帛君行到此悲) … 507
옥연지주과초전(玉輦跙躅過草田) … 358
옥완수공계당주(玉椀雖空桂糖酒) … 429
옥적주란경일취(玉笛朱欄更一吹) … 239
옥전홍망이(玉殿興亡易) ……… 61
옥호주함회종석(玉壺朱檻湏終夕) … 404
옹우백골전(翁憂白骨錢) ……… 49
옹울용문색(滃鬱龍門色) ……… 277
옹중욕하언(翁仲欲何言) ……… 320
와견청산무수래(臥見青山無數來) … 275
완대풍류상대제(緩帶風流想大堤) … 425
완도여오점여마(莞島如烏漸如馬) … 347
완평대감생사후(完平大監生祠後) … 537
왕기전조연암담(王氣前朝烟黯黮) … 207

왕래지수가(往來秪數家) ·················· 179
왕령신불사(王靈臣不死) ·················· 338
왕명심상일위통(王命尋常一葦通) ····· 330
왕살금마민(枉殺金馬民) ·················· 484
왕시호기래(往時胡騎來) ·················· 211
왕왕우조기교식(往往又遭飢蛟食) ····· 352
왕이고명후(王李高鳴後) ·················· 305
외가위객다(外家爲客多) ···················· 39
외봉패두갈(畏逢牌頭喝) ·················· 491
외세능지도(畏世能知道) ·················· 407
요간계류수재여(繞看溪柳手栽餘) ····· 383
요간금대구조송(繞看金帶九朝松) ····· 356
요견사후봉(遙見寺後峰) ·················· 502
요공낙조로(搖空落照勞) ···················· 53
요년급모기(堯年及耄期) ·················· 413
요뇨동풍약유지(嫋嫋東風弱柳枝) ····· 460
요뇨초문애동학(嫋嫋初聞哀動壑) ····· 284
요뇨춘분우(嫋嫋春分雨) ·················· 102
요당왕사조(了當王事早) ·················· 302
요대병진신시후(堯代丙辰神市後) ····· 528
요등미륵산(遙登彌勒山) ·················· 497
요락병중추(搖落病中秋) ···················· 82
요란빈사사(撩亂鬢絲斜) ·················· 355
요림하로미(遙林下露微) ·················· 394
요서무채수증견(腰犀舞綵誰曾見) ····· 385
요승백초혜(腰繩白草鞋) ·················· 490
요신전후백화교(繞身前後百花嬌) ····· 546
요엽빈화칠월추(蓼葉蘋花七月秋) ····· 558
요원석호만주양(繞垣石護萬株楊) ····· 314
요음출색시(遙吟出塞詩) ·················· 377
요인전지경(遼人戰地耕) ·················· 304
요장순모유여정(堯墻舜慕有餘情) ····· 430
요정입수양(搖艇入垂楊) ·················· 502

요지극림방(遙止棘林傍) ·················· 363
요진벽탄종일거(遙趂碧灘終日去) ····· 448
요학대부비(要學大夫非) ·················· 397
요화황접수동서(繞花黃蝶樹東西) ····· 344
욕귀수미귀(欲歸愁未歸) ·················· 197
욕매백운심처가(欲買白雲深處家) ····· 196
욕문서래의(欲問西來意) ·················· 176
욕성천리몽(欲成千里夢) ·················· 218
욕식풍류강한의(欲識風流江漢意) ······· 43
욕종선령차전원(欲從仙令借田園) ······· 79
욕진번성사오마(欲進鱕成四五摩) ····· 538
욕탈오구증(欲脫吳鉤贈) ·················· 303
욕하전횡도상성(欲下田橫島上星) ····· 324
용굴운유습(龍窟雲猶濕) ·················· 272
용귤촌다백세인(榕橘村多百歲人) ····· 332
용녀박생유차간(龍女朴生遊此間) ····· 159
용두노학사(龍頭老學士) ·················· 301
용린욕문원운곡(龍鱗欲問元耘谷) ····· 319
용마굴남변(龍馬窟南邊) ·················· 318
용문부일시(龍門俯一時) ·················· 405
용문산색대강동(龍門山色大江東) ····· 175
용문일대사(龍門一代師) ·················· 420
용산삼포구(龍山三浦口) ·················· 492
용용낙일만창주(溶溶落日滿滄洲) ····· 552
용지어류반무여(龍池御柳半無餘) ····· 210
우금다가수오객(于今多暇誰邀客) ······· 44
우금도내청무사(于今道內淸無事) ····· 537
우금성대여도장(于今聖代興圖壯) ····· 331
우금아압천가정(于今鵝鴨千家靜) ······· 59
우도궁방견(友道窮方見) ·················· 172
우도문기입교장(又導門旗入教場) ····· 569
우마수납래(牛馬輸納來) ·················· 491
우배군래소일개(牛背君來笑一開) ····· 257

우부도기한(憂不到飢寒) ………… 398
우산명조계정시(虞山名諜啓禎時) … 512
우설고인행(雨雪故人行) ………… 140
우설변주차세란(雨雪邊州此歲闌) … 213
우성비기만강홍(羽聲飛起滿江鴻) … 284
우연궁달격운니(偶然窮達隔雲泥) … 425
우연근동리(偶然近東籬) …………… 81
우유인인격수경(偶有隣人隔水耕) … 86
우일수양산(又一首陽山) ………… 229
우조영산당세희(羽調靈山當世稀) … 166
우좌폭건생(偶坐幅巾生) ………… 274
우주광노자(宇宙狂奴子) ………… 391
우중계포자(雨中鷄抱子) …………… 40
우중비백로(雨中飛白鷺) ………… 105
우중인도이릉고(雨中人度二陵孤) … 271
우중한설적성산(雨中閒說赤城山) … 195
우진조취입한양(又趁朝炊入漢陽) … 314
우피안전최입직(又被案前催入直) … 480
우헐남산연자숭(雨歇南山軟紫崧) … 96
우헐조경수북전(雨歇朝耕水北田) … 106
우혈추심석기청(禹穴秋深石氣靑) … 51
우환입춘다(憂患入春多) ………… 388
운간단정모란봉(雲間端正牧丹峰) … 549
운거군왕무단갈(運去君王無短碣) … 319
운납신마수석간(雲衲新磨水石間) … 195
운대화사압성중(雲臺花事壓城中) … 432
운로망승용(雲路望乘龍) ………… 305
운막강루백일장(雲幕江樓白日場) … 560
운모창간곡연심(雲母窓間曲宴深) … 543
운목창창영월명(雲木蒼蒼嶺月明) … 135
운무명명엄산면(雲霧冥冥掩山面) … 350
운백봉래상기조(雲白蓬萊爽氣朝) … 456
운범숙염박(雲帆宿簾箔) ………… 323

운벽정정출(雲壁亭亭出) ………… 286
운변후풍생(雲變候風生) ………… 335
운산망옥가(雲山望玉珂) ………… 388
운석빈부마(雲石頻扶馬) …………… 60
운여십년심(雲與十年心) …………… 95
운역시하처(雲亦是何處) …………… 83
운외금경기(雲外金莖氣) ………… 422
운우용귀공대택(雲雨龍歸空大澤) … 265
운우인간시초향(雲雨人間是楚鄕) … 564
운제탑연삼국원(雲際塔連三國遠) … 271
운창숙객초개경(雲窓宿客悄開扃) … 136
운학의상삼하랭(雲壑衣裳三夏冷) … 134
운해천봉쇄루정(雲海千峰灑淚情) … 505
원견풍림하(遠見楓林下) ………… 290
원고첨상급(遠鼓添霜急) ………… 394
원녹향신음(園綠向新陰) ………… 416
원래하군수(遠來何郡水) ………… 437
원릉백로추(園陵白露秋) ………… 283
원릉쇄소공신직(園陵灑掃恭臣職) … 245
원림상축파관여(園林相逐罷官餘) … 415
원망무상하(遠望無上下) ………… 499
원상유민쌍야로(元爽遺民雙野老) … 117
원성공가련(冤聲空可憐) ………… 200
원수개함미우한(遠樹皆含微雨寒) … 357
원수한식사(願隨寒食使) ………… 320
원예청운자시용(元禮靑雲自是龍) … 356
원욱애선수(遠旭厓先受) ………… 438
원위마두석(願爲磨豆石) ………… 159
원유쇠백일(遠遊衰白日) ………… 337
원이선생난로법(願以先生難老法) … 122
원작안전상(願作案前嘗) ………… 491
원재고인귀(遠載故人歸) ………… 270
원정반고촌(元精返枯村) ………… 318

원종동방로(願從同榜老) 412
원주수상찰(原州水上札) 251
원출청산시한양(遠出靑山是漢陽) 279
원학수가백만병(猿鶴隋家百萬兵) 563
원합사중제수산(願合社中諸壽算) 430
원향창합격운지(遠香閶闔隔雲知) 247
원호운수안(遠呼雲水鴈) 310
월락계명후(月落鷄鳴後) 89
월락동풍만양기(月落東風滿兩旗) 345
월락서봉재(月落西峰在) 128
월락연다불가주(月落烟多不可舟) 346
월명기마입당주(月明騎馬入棠州) 346
월명천뢰생한범(月明天籟生寒梵) 197
월명평초원(月明平楚遠) 186
월명현송외성촌(月明絃誦外城村) 529
월산천첩우사휘(越山千疊又斜暉) 455
월색강성진욕수(月色江聲盡欲愁) 558
월색계성만효정(月色鷄聲滿曉程) 371
월색홍난사유정(月色紅欄似有情) 465
월절심산암설라(越絶深山暗薜蘿) 464
월절심산촉백성(越絶深山蜀魄聲) 454
월주도호사은신(越州都護謝恩新) 443
월주신리노반산(越州新吏老蹣跚) 453
월중유유망(越中猶有望) 407
월중투출외인간(月中偸出畏人看) 557
월출강남수십주(月出江南數十州) 138
월출산청망갱수(月出山靑望更愁) 73
월출제봉처처동(月出諸峯處處同) 132
월하남여호상촌(月下籃輿湖上村) 256
월하남주원(月下南州遠) 67
월하무인진야행(月下無人盡夜行) 219
월하서상세로명(月下西廂細路明) 570
월하제공지(月下諸公至) 394

월하함춘원외장(月下含春苑外墻) 402
위간강경급등루(爲看江景急登樓) 546
위갈승휴산하주(慰渴僧携山下酒) 132
위객다기로(爲客多岐路) 197
위객매행다장지(爲客每行多瘴地) 75
위관유득근봉래(爲官猶得近蓬萊) 462
위관적자토(爲官適玆土) 318
위군기상소태제(爲君磯上掃苔題) 298
위문마고기도청(爲問麻姑幾度聽) 434
위보사중제자제(爲報社中諸子弟) 115
위보산승추도사(爲報山僧秋到寺) 196
위수삼복왕환망(爲誰三伏往還忙) 109
위시신종기자국(爲是身從箕子國) 505
위시여군동상처(爲是與君同上處) 276
위지당별야(威遲當別夜) 142
위하남주유자현(爲下南州孺子賢) 101
위하제고도삼경(爲何啼苦到三更) 454
위화심추초수평(威化深秋草樹平) 568
유가시위안(有歌時葦岸) 288
유각수허명(惟覺水虛明) 288
유객춘한답부다(游客春寒踏不多) 402
유견북래시(留見北來詩) 305
유견의희입수두(猶見依俙立水頭) 290
유견익산방(猶見益山舫) 492
유견한라회(猶見漢拏回) 337
유견협천개처거(唯見峽天開處去) 452
유급병시유(猶及幷時游) 141
유대상원전야주(猶帶上元前夜酒) 402
유대춘풍출견화(猶待春風出見花) 387
유락체인간(流落涕人間) 249
유래반수목(猶來攀樹木) 192
유래불견흔(由來不見痕) 50
유래지명구(由來知命久) 412

유래천외신(由來天外信) 76
유류수문백일지(柔柳垂門白日遲) 539
유리수색패강래(琉璃水色浿江來) 523
유리안경목필용(琉璃眼鏡木筆筩) 299
유면성명통(猶免姓名通) 142
유몽도중아(幽夢到中阿) 39
유묘시징언(遺墓始徵言) 391
유사고인의(猶似故人意) 171
유생현승촉군평(劉生賢勝蜀君平) 217
유성발마보환영(流星撥馬報還營) 568
유성탄곡사도원(楡城炭谷似桃源) 79
유수계명심항오(流水鷄鳴深巷午) 376
유수고금외(流水孤琴外) 83
유수공산정(流水空山靜) 129
유수도화만사한(流水桃花萬事閒) 52
유수백운인경외(流水白雲人境外) 565
유수지심청학동(流水地深靑鶴洞) 410
유수천년사적요(流水千年事寂寥) 208
유숙임승기정후(留宿林僧機靜後) 383
유시경화여식인(猶是京華旅食人) 147
유시기마도인간(有時騎馬到人間) 145
유시봉주령(有時逢酒令) 179
유시산중별(有是山中別) 205
유시성조인(惟恃聖朝仁) 334
유아실야양(幼兒失爺孃) 494
유어남인구(留語南隣久) 389
유여고려학사화(留與高麗學士話) 530
유여조장지(遊女照粧池) 199
유연금고해(有緣今苦海) 124
유연이불언(悠然已不言) 86
유유곡구춘(幽幽谷口春) 80
유류구시궁정반(惟有舊時宮井畔) 529
유유아랑창죽지(惟有兒娘唱竹枝) 532

유유우상도(悠悠又上途) 89
유유일인지(猶有一人知) 177
유의옥절영중주(猶疑玉節營中住) 232
유인기마원지군(有人騎馬遠知君) 449
유인불성몽(幽人不成夢) 309
유자삽유화(猶自揷萸花) 189
유자토인분(猶自土人墳) 379
유전사갱애(流傳事更哀) 339
유전절명사(流傳絶命辭) 256
유제절구소무난(留題絶句笑無難) 170
유주문역풍(維舟問逆風) 143
유지공정백탑층(惟指空庭白塔層) 548
유첨만리심(逾添萬里心) 206
유하수수황발영(柳下水垂黃髮影) 383
유하장군석미귀(柳下將軍昔未歸) 506
유한동빈천(有恨同貧賤) 90
유혹아심지(猶或我深知) 257
유화초동의(幽花初動意) 267
유회백년심(猶會百年心) 63
유흥명초반(幽興暝初返) 85
유흥족생애(幽興足生涯) 180
육가농잠산가채(陸可農蠶山可採) 352
육년가일년(六年加一年) 493
육년전숙화당회(六年前宿畵堂回) 387
육노제창기(六老際昌期) 412
육박삼현사왕년(六簙三絃似往年) 75
육방군리안행서(六房軍吏雁行舒) 524
육순귀계반생뢰(六旬歸計半生牢) 381
융마관산북(戎馬關山北) 470
은거요득야부정(隱居聊得野夫情) 86
은근화아구풍류(慇懃話我舊風流) 126
은대지척부가도(銀臺咫尺不可到) 333
은등취멸폐문성(銀燈吹滅閉門聲) 570

은심태액지(恩深太液池) 412
은안조시전광철(銀鞍照市電光掣) 161
은약문종미(隱約聞鍾微) 502
은약성문오고잔(銀鑰城門五鼓殘) 557
은약야청서액우(銀鑰夜聽西掖雨) 69
은저경경하이삼(銀箸輕輕下二三) 525
은촉금준자야청(銀燭金樽子夜淸) 542
은촉생가귀이진(銀燭笙歌歸已盡) 403
은화분주막근영(銀貨盆紬莫近營) 537
을밀선인불부회(乙密仙人不復廻) 553
음만왕가수(陰滿王家樹) 386
음서원불시(音書遠不時) 108
음애천척괘빙계(陰厓千尺掛氷溪) 200
음음풍세대(陰陰風勢大) 92
읍양삼한국(揖讓三韓國) 463
읍중다와옥(邑中多瓦屋) 486
읍청강남홍두구(泣聽江南紅豆謳) 469
응불명종입한양(應不鳴鍾入漢陽) 441
응위태현비(應爲太玄悲) 420
의관경하신선근(衣冠競賀神仙近) 382
의관만고원(衣冠萬古原) 320
의관여구전(衣冠如舊殿) 249
의관영진요(衣冠影盡搖) 393
의관유시천(衣冠有時賤) 397
의반수당조(衣飯誰當厝) 494
의발선종창대명(衣鉢禪宗暢大名) 135
의상내포풍(衣裳內浦風) 255
의식우한세(衣食憂寒歲) 93
의식유풍세(衣食猶豊歲) 47
의연구가망(依然久可忘) 261
의연화이항주로(依然畵裏杭州路) 220
의연후문자(依然候門子) 90
의의발구하처제(疑疑鵓鳩何處啼) 107
의의발범가(依依發梵歌) 128
의의이각원부공(依依已覺遠浮空) 284
의자요지파연귀(疑自瑤池罷宴歸) 167
의장송노불승사(依墻松老不勝斜) 387
의중양봉운(衣重兩峰雲) 68
의향운변이침석(擬向雲邊移枕席) 357
의희상득신령의(依俙想得神靈意) 344
의희설색시용문(依俙雪色是龍門) 256
이가근작북촌인(移家近作北村人) 376
이가전고일남춘(夷歌田鼓日南春) 332
이가제객주(夷歌濟客舟) 82
이간다석양(籬間多夕陽) 502
이갱상로만선귀(二更霜露滿船歸) 557
이갱승숙수정궁(二更僧宿水晶宮) 132
이공롱매비(已恐隴梅飛) 153
이궁처처석생태(離宮處處石生苔) 209
이금난득의(爾今難得意) 372
이금패상춘유기(伊今浿上春遊妓) 548
이김소쇄증유지(二金瀟灑曾遊地) 268
이내면국문다전(伊來緬國聞多戰) 512
이년유청자규성(二年惟聽子規聲) 426
이대문장환적막(異代文章還寂寞) 259
이독탐리절경사(爾獨貪利絶輕死) 352
이락현포만(籬落懸匏蔓) 67
이릉추야강상(二陵秋夜江上) 317
이릉추창의(二陵惆悵意) 294
이묘하시내문질(二妙何時來問疾) 374
이방전우적(異方傳寓跡) 318
이방춘욕모(異方春欲暮) 269
이백통선기(二白通仙氣) 153
이별잠관정(離別暫關情) 149
이빈위차별(以貧爲此別) 203
이색시변허강류(李穡詩邊許强留) 546

이생오애제(李生吾愛弟) ………… 174	인간화산시(人間火傘時) ………… 422
이생초당남간방(李生草堂南澗傍) … 169	인경안안전(人耕岸岸田) ………… 105
이성반고량(夷姓半高良) ………… 336	인계입저화(隣鷄入渚花) ………… 104
이수락오자애(爾雖樂吾自哀) …… 352	인관원매거(鄰官願買去) ………… 494
이시랑서불가전(李侍郞書不可傳) … 216	인군반일량(因君半日凉) ………… 360
이실수변루(已失水邊樓) ………… 440	인귀내포시(人歸內浦時) ………… 174
이십구년수불비(二十九年誰不悲) … 164	인도심화십리외(人道尋花十里外) … 122
이십년래무일어(二十年來無一語) … 145	인마장시향옥경(麟馬長嘶向玉京) … 549
이십년전차사유(二十年前此寺遊) … 126	인마천손불가봉(麟馬天孫不可逢) … 239
이십수위낙백인(二十遂爲落魄人) … 161	인사총총외(人事忽忽外) ………… 280
이십아객면여옥(二十衙客面如玉) … 481	인사한참심(人事罕叅尋) ………… 361
이역구인위일면(吏役驅人違一面) … 453	인생구십사하애(人生九十死何哀) … 433
이역자송서(爾亦自松西) ………… 203	인생기하비백년(人生幾何非百年) … 477
이오형제사미산(以吾兄弟似眉山) … 264	인생내처처(人生來處處) ………… 458
이원남접광통교(梨園南接廣通橋) … 435	인생다한시서주(人生多恨是西州) … 223
이원사죽주잉이(梨園絲竹晝仍移) … 385	인생반시도중로(人生半是途中老) … 233
이원제자예상곡(梨園弟子霓裳曲) … 434	인생백진두(人生白盡頭) ………… 254
이월강성백조제(二月江城百鳥啼) … 572	인생부귀무남북(人生富貴無南北) … 506
이전송시회(籬前送始回) …………… 36	인생소국비(人生小國悲) ………… 305
이전야수욕원앙(籬前野水浴鴛鴦) … 109	인생수연족(人生數椽足) …………… 97
이종초당전(移種草堂前) ………… 105	인생위업하회차(人生爲業何須此) … 352
이주갱근주암방(移舟更近酒巖傍) … 551	인생저로유위객(人生抵老猶爲客) … 371
이포기석심심처(移鋪綺席深深處) … 551	인생적불래하처(人生跡不來何處) … 451
이하견호인(籬下犬嘷人) …………… 40	인어내부제(人語來無際) ………… 440
이헌욕하지(而憲欲何之) ………… 405	인왕모우성문개(仁旺暮雨省門開) … 71
이화설백위수개(梨花雪白爲誰開) … 241	인유걸미교(鄰猶乞米交) ………… 292
이화세우래(移花細雨來) …………… 38	인일위경객(人日爲京客) ………… 178
인가비민한(仁可庇民寒) ………… 364	인자왕래다(人自往來多) ………… 240
인가일석행화서(人家日夕杏花西) … 107	인재서풍중선루(人在西風仲宣樓) … 469
인간문유소봉래(人間聞有小蓬萊) … 433	인정량처제(人情兩處齊) ………… 203
인간오세중뢰연(人間五世重牢宴) … 434	인정미등한(人情未等閑) ………… 229
인간자실청운사(人間自失靑雲士) … 72	인정야자연(人情也自然) ………… 191
인간행로협(人間行路狹) ………… 148	인주초매어(隣舟初買魚) ………… 185

인학독상과(隣鶴獨相過) ……… 388
일가편조노인성(一家偏照老人星) …… 434
일간응출죽리중(一竿應出竹籬中) …… 230
일검비가세막유(一劍悲歌歲莫遊) …… 396
일견대강류(日見大江流) ……… 283
일견천애한서분(一遣天涯恨緖紛) …… 237
일경야상통(一逕夜相通) ……… 367
일고관선성미절(一鼓官船聲未絶) …… 558
일과보산창해활(一過寶山滄海濶) …… 560
일관고적사천애(一官孤寂似天涯) …… 202
일관두백염경화(一官頭白厭京華) …… 282
일관종헌납(一官終獻納) ……… 406
일구양구명(一鳩兩鳩鳴) ……… 94
일귀남국마(一歸南國馬) ……… 370
일납여강설(一衲驪江雪) ……… 264
일년화류갱동풍(一年花柳更東風) …… 96
일대홍광국(一代洪光國) ……… 188
일로겸대풍력중(一路兼臺風力重) …… 513
일로청풍이백년(一路淸風二百年) …… 537
일로행진살패미(一路行塵薩浿迷) …… 425
일마강호외(一馬江湖外) ……… 197
일마동제문적력(一馬凍蹄聞寂歷) …… 371
일마일노편백절(一馬一奴鞭百折) …… 161
일마장수수(一馬長隨水) ……… 95
일막욕하지(日莫欲何之) ……… 407
일망동주만첩운(一望東州萬疊雲) …… 449
일망사양광령동(一望斜陽廣嶺東) …… 447
일망선조방마장(一望先朝放馬場) …… 314
일명어포홍교무(日明漁浦紅蛟舞) …… 331
일모난등수거마(日暮亂藤愁去馬) …… 73
일모다탄협(日暮多灘峽) ……… 287
일모대신일속귀(日暮戴薪一束歸) …… 84

일모두화산하경(日暮荳花山下徑) …… 291
일모방인가(日暮榜人歌) ……… 277
일모봉황대하박(日暮鳳凰臺下泊) …… 559
일모연강상(日暮烟江上) ……… 76
일모의여하(日暮意如何) ……… 365
일모취다전작루(日暮吹多轉作樓) …… 346
일몽심상구군간(一夢尋常九郡間) …… 459
일몽취미응매도(一夢翠微應每到) …… 132
일반사양백령두(一半斜陽白嶺頭) …… 461
일반시조배장단(一般時調排長短) …… 527
일반전다음(一半轉多陰) ……… 417
일범서생만리정(一帆書生萬里情) …… 331
일법청허구세등(一法淸虛九世燈) …… 565
일변빈유조(日邊頻有詔) ……… 342
일별사년중도차(一別四年重到此) …… 193
일병선방십일과(一病禪房十日過) …… 130
일복천년이불사(一服千年而不死) …… 350
일부어초석(日赴漁樵席) ……… 280
일사촌고급(日斜村鼓急) ……… 37
일상백운대(一上白雲臺) ……… 282
일상어주미세월(一上漁舟迷歲月) …… 79
일석환일석(一石還一石) ……… 489
일세의난정(一世疑難定) ……… 338
일소창망견야조(一笑蒼茫見夜潮) …… 134
일수여주강상류(一樹驪州江上柳) …… 279
일숙단구사(一宿丹丘事) ……… 261
일숙피사강북거(一宿披蓑江北去) …… 255
일숙향충주(一宿向忠州) ……… 261
일시단오착생휘(一時端午着生輝) …… 540
일시백한인(一時百寒人) ……… 488
일시장소토기식(一時長嘯吐氣息) …… 352
일시전성사(一時傳盛事) ……… 413

일시황각문장성(一時黃閣文章盛) ····· 385
일심개창일(一心開倉日) ················ 491
일야강변감백두(一夜江邊堪白頭) ····· 311
일야무면진백두(一夜無眠盡白頭) ····· 347
일야산음설작화(一夜山陰雪作花) ····· 162
일야장안우(一夜長安雨) ················ 148
일야천애빈욕조(一夜天涯鬢欲凋) ····· 231
일언여유각(一言如有覺) ················ 128
일염사양불만구(一簾斜陽不滿鉤) ····· 469
일월수동국(日月垂東國) ················ 407
일월행무외(日月行無外) ················ 327
일일기태생건복(一日幾駄生乾鰒) ····· 352
일일면임보(一一面任報) ················ 488
일일문가구(日日聞佳句) ················ 272
일일배선비(一一背船飛) ················ 286
일일안남비(一一鴈南飛) ················ 173
일일우비비(日日雨霏霏) ··················· 62
일일추성개(一一秋聲開) ················ 177
일일행비안(一一行飛雁) ················ 205
일입도문만면애(一入都門滿面埃) ····· 321
일정황화영빈전(日靜黃花暎鬢前) ····· 115
일조기학거홍진(一朝騎鶴去紅塵) ····· 147
일조중봉백리홍(日照中峰百里紅) ····· 175
일초일령일포자(一鍬一笭一匏子) ····· 352
일춘마상문황조(一春馬上聞黃鳥) ······· 65
일춘화조위군수(一春花鳥爲君愁) ······· 72
일출거마성진간(日出車馬城塵間) ····· 169
일출사응신(日出事應新) ··················· 80
일취오릉동(日醉五陵東) ················ 150
일취이향동(一醉異鄕同) ················ 143
일측유망가근원(日昃猶忘家近遠) ····· 431
일탄추우석(一彈秋雨夕) ················ 392

일통서청설(一慟西廳雪) ················ 401
일편백운남극외(一片白雲南極外) ····· 327
일품감사지면존(一品監司地面尊) ····· 520
일향무산거(一向巫山去) ················ 308
임간수출도선가(林間水出道銑家) ······· 74
임강고인원(臨江故人遠) ················ 364
임개소견천(林開小見天) ··················· 49
임거마사우(臨去摩挲又) ················ 191
임단일재서(林端日在西) ··················· 85
임민혜이신(臨民惠已新) ··················· 76
임발욕상제(臨發欲相啼) ················ 203
임별증오구(臨別贈吳鉤) ················ 378
임별춘면갱일곡(臨別春眠更一曲) ····· 166
임사옥폐갱지주(臨辭玉陛更踟躕) ····· 444
임수문생애(臨水問生涯) ················ 104
임수홍장송객다(臨水紅粧送客多) ····· 225
임승불견과(林僧不見過) ················ 128
임영촌촌수(林暎村村水) ················ 105
임원모경사(林園暮景斜) ················ 179
임제증취구적래(林悌曾吹口笛來) ····· 535
임진루대응자견(林盡樓臺應自見) ····· 220
임행각증쌍소자(臨行却贈雙梳子) ····· 217
임행수배주(臨行數盃酒) ················ 152
임행양무어(臨行兩無語) ················ 162
임행한시친(臨行恨始親) ················ 165
입림무해색(入林無海色) ················ 326
입마관동해(立馬觀東海) ················ 378
입마야창창(立馬野蒼蒼) ··················· 67
입마진정효별정(立馬津亭曉別情) ······· 55
입마호군하마간(立馬呼君下馬看) ····· 170
입문명월공장빈(入門明月共長貧) ····· 168
입문종년자각호(入門終年紫閣好) ····· 169

입춘연백일(入春連百日) ·················· 398
잉수잔산대락휘(剩水殘山帶落暉) ······ 533

[ㅈ]

자각군가물색신(紫閣君家物色新) ······ 376
자고고루호상부(自古高樓湖上浮) ······ 469
자규성재만봉운(子規聲在萬峰雲) ······ 276
자규휴근야선제(子規休近夜船啼) ······ 270
자기서린주사가(紫氣西隣柱史家) ······ 121
자기춘부진전와(紫氣春浮眞殿瓦) ······ 59
자녀환좌식(子女環坐食) ·················· 487
자라천문격(紫邏千門隔) ·················· 361
자래계훼속(自來鷄喙粟) ·················· 80
자래서불주중월(自來徐市舟中月) ······ 324
자부광군세소지(資父匡君世所知) ······ 385
자생환자멸(自生還自滅) ·················· 176
자석승상청묘경(自惜繩床聽妙經) ······ 137
자소창파리(自笑滄波裏) ·················· 311
자시교다해석춘(自是嬌多解惜春) ······ 158
자시창랑격청쇄(自是滄浪隔靑瑣) ······ 69
자식전가의(自識田家意) ·················· 62
자야청가낙미궁(子夜淸歌樂未窮) ······ 419
자언간력소등전(自言看曆小燈前) ······ 122
자연쇠도금년극(自憐衰到今年劇) ······ 431
자와창강엄세월(自臥滄江淹歲月) ······ 99
자윤연지파(滋潤硯池波) ·················· 425
자제전중탄(子弟田中歎) ·················· 494
자종균역파일공(自從均役罷日供) ······ 352
자차범골비선도(自嗟凡骨非仙徒) ······ 350
자철동로잡좌단(煮鐵銅爐雜坐團) ······ 570
작문곡부성(昨聞哭夫聲) ·················· 296
작야성남공부시(昨夜城南共賦詩) ······ 190

작야송도고객래(昨夜松都估客來) ······ 541
작자봉사탐라국(昨者奉使耽羅國) ······ 350
잔기착수완평진(殘棋着手完枰盡) ······ 381
잔년배가송(殘年盃可送) ·················· 418
잔설원림호(殘雪園林好) ·················· 178
잔촉난성수(殘燭難成睡) ·················· 334
잠녀잠녀(潛女潛女) ······················· 352
잠두명색용융기(蠶頭暝色戎戎起) ······ 357
잠득사군회수진(賺得使君回首嚬) ······ 482
잠몽낙양성(暫夢洛陽城) ·················· 37
잠박련회도(暫泊憐廻棹) ·················· 235
잡소오역리(雜蔬吾亦理) ·················· 105
장거금강주(藏去錦江舟) ·················· 495
장견마고등백록(將見麻姑登白鹿) ······ 350
장관필낭휴(壯觀筆囊攜) ·················· 365
장괴노년분수륙(長愧老年奔水陸) ······ 314
장군불여계선귀(將軍不與桂仙歸) ······ 533
장도백운간(長到白雲間) ·················· 264
장도참백발(長途慙白髮) ·················· 206
장두화판신고하(墻頭畫板身高下) ······ 572
장락궁허초적비(長樂宮墟草笛悲) ······ 532
장래수지난(瘴來愁地煖) ·················· 335
장림도구백은서(長林渡口白銀西) ······ 554
장림도구상관선(長林渡口上官船) ······ 306
장림십리화난여(長林十里畵難如) ······ 220
장림오월녹음평(長林五月綠陰平) ······ 522
장림욕진망고루(長林欲盡望高樓) ······ 276
장명사혹동(藏名事或同) ·················· 103
장모진졸투주육(長毛鎭卒偸廚肉) ······ 341
장모특은수망극(將母特恩雖罔極) ······ 444
장성대야하인구(長城大野何人句) ······ 546
장성동북최고대(長城東北最高臺) ······ 553
장성주막명등화(長城酒幕明燈火) ······ 75

장성축후호유성(長城築後胡逾盛) ····· 508	재도두륜사(再到頭輪寺) ················ 125
장송무공시(莊誦武公詩) ················ 412	재래금시백두옹(再來今是白頭翁) ····· 432
장송연운사자다(長送燕雲使者多) ····· 534	재성군양학경사(裁成裙樣學京師) ····· 479
장수미문재(將帥未聞才) ················ 211	재송원리파교구(栽松院裡罷交龜) ····· 522
장심노령만회두(壯心蘆嶺謾回頭) ······· 73	재실승평우월주(纔失昇平又粵州) ····· 445
장심요락부아조(壯心寥落付兒曹) ······· 99	재심종일방남단(齋心終日傍南壇) ····· 357
장안거마지(長安車馬地) ·················· 80	재헌객포금(齋軒客抱琴) ················ 392
장안경박자(長安輕薄子) ················ 150	쟁도다훤어(爭渡多諠語) ················ 500
장안불가유(長安不可遊) ················ 372	쟁도언홍진(爭渡偃虹津) ················ 475
장안유초설(長安有初雪) ················ 155	쟁사가인완전요(爭似佳人宛轉腰) ····· 554
장안자제신중구(長安子弟身重裘) ····· 161	쟁석어초총가련(爭席漁樵摠可憐) ····· 383
장안적적설광지(長安籍籍說光之) ····· 190	쟁지사군제(爭持使君啼) ················ 483
장안차일다거마(長安此日多車馬) ····· 132	쟁진쌍비백호접(爭趁雙飛白蝴蝶) ····· 541
장양사부일휘호(長楊詞賦一揮毫) ······· 99	쟁호죽상동기우(爭呼竹上同騎友) ····· 120
장억가림이선배(長憶嘉林李先輩) ····· 264	저득삼월고(祇得三月孤) ················ 296
장억오강계채후(長憶吳姜繼蔡侯) ······· 72	저류청수람(渚柳青隨纜) ················ 187
장외행화사일지(墻外杏花斜一枝) ····· 158	저한명여차(底恨鳴如此) ················ 395
장원연년차회동(長願年年此會同) ····· 120	저회중소비(低回衆所悲) ················ 188
장음적막빈(長吟寂寞濱) ··················· 78	적래남극노인성(摘來南極老人星) ····· 335
장작산중처처정(長作山中處處情) ····· 127	적량전고국(積糧傳故國) ·················· 60
장재은자의(將裁隱者衣) ················ 173	적력시봉주(寂歷時逢酒) ················ 416
장정점근패강서(長亭漸近浿江西) ····· 220	적력인간방미동(寂歷人間方未動) ····· 136
장찬송엽와운간(長餐松葉臥雲間) ····· 146	적막가사예불등(寂寞袈裟禮佛燈) ····· 548
장천극포부파랑(長天極浦浮波浪) ····· 136	적막거래가려지(寂寞去來住麗地) ····· 223
장풍만리송루선(長風萬里送樓船) ····· 328	적막류화우(寂寞榴花雨) ················ 151
장풍일천리(長風一千里) ················ 327	적막삼생석(寂寞三生石) ·················· 58
장하과두와취미(長夏科頭臥翠微) ····· 132	적막초무어(寂寞初無語) ················ 148
장하빈래계자녀(墻下頻來鷄子女) ····· 107	적막향회풍(寂寞向回風) ················ 142
장회옥로남순일(長廻玉輅南巡日) ····· 281	적석빙어득혈차(積石氷魚得穴叉) ····· 250
장홍유차손(長興有此孫) ················ 391	적설관산원(積雪關山遠) ················ 203
재경일작안이추(纔經一嚼案已推) ····· 352	적수동남외(積水東南外) ················ 337
재고귀자지(才高貴自知) ················ 408	적수운개삼복우(赤水雲開三伏雨) ····· 133
재궁춘일득종용(齋宮春日得從容) ····· 356	적습염천기(積濕炎天氣) ················ 423

적신소고하증수(赤身小袴何曾羞) ····· 352
적심천세직(赤心千歲直) ············· 191
적요회포약위관(寂寥懷抱若爲寬) ····· 170
적적문전객(寂寂門前客) ············· 80
적지애전세(赤地哀前歲) ············· 359
적현호유재(赤縣胡猶在) ············· 249
전가대미우(田家帶微雨) ············· 150
전가도불빈(田家道不貧) ············· 40
전강자시인삼수(前江自是人蔘水) ····· 539
전기유월탄(前期有月灘) ············· 316
전도객하심(前度客何尋) ············· 95
전도유리간불견(轉到溜灕看不見) ····· 478
전도일문지(前途一問之) ············· 175
전라사도상영신(全羅使道上營新) ····· 477
전로군성사(前路郡城斜) ············· 260
전로수지이(前路誰知已) ············· 205
전로응무주(前路應無酒) ············· 206
전로창망신마행(前路蒼茫信馬行) ····· 233
전로총총구마거(前路忽忽驅馬去) ····· 450
전문삼량작인정(錢文三兩作人情) ····· 479
전배이도패강빈(前排已到浿江濱) ····· 521
전생욕원명(全生欲遠名) ············· 149
전승누선과동정(全勝樓船過洞庭) ····· 325
전어오릉연소객(傳語五陵年少客) ····· 156
전원입해번(田園入海飜) ············· 417
전입용문산하거(轉入龍門山下去) ····· 283
전장유입북풍비(戰場猶入北風悲) ····· 446
전장인화지금비(戰場燐火至今飛) ····· 506
전전축고하(田田逐高下) ············· 490
전조지불이(前朝地不移) ············· 45
전주고처망(全州高處望) ············· 60
전주서북래(全州西北來) ············· 61
전주아녀학남장(全州兒女學男裝) ····· 478

전주일시신(田疇一時新) ············· 499
전중쌍촉황허유(殿中雙燭晃虛帷) ····· 281
절득귀시황국화(折得歸時黃菊花) ····· 293
절만풍광처처동(節晚風光處處同) ····· 155
점근궁음월(漸近窮陰月) ············· 206
점근서관가려지(漸近西關佳麗地) ····· 212
점도월고인산후(漸到月高人散後) ····· 402
점문수성세(漸聞水聲細) ············· 389
점점문전규반성(店店門前叫伴聲) ····· 213
점취상마사(漸就桑麻事) ············· 35
점희수노환(漸稀垂老歡) ············· 163
정곡고분하처시(鄭谷孤墳何處是) ····· 450
정권오가오후생(呈卷吾家五後生) ····· 100
정기일망대동문(旌旗日望大同門) ····· 520
정달팔십명조근(庭闌八十明朝近) ····· 202
정동제독파왜귀(征東提督破倭歸) ····· 533
정령취일사(精靈聚一祠) ············· 407
정봉엽부출림거(正逢饁婦出林去) ····· 86
정약쇠년사(情弱衰年事) ············· 398
정어전령견삼성(正於前嶺見參星) ····· 233
정억거년금야객(正憶去年今夜客) ····· 258
정억황생고(正憶黃生苦) ············· 243
정여문장증불원(政與文章曾不遠) ····· 390
정여청수사가성(政如淸水使家聲) ····· 537
정왜장사봉황성(征倭將士鳳凰城) ····· 505
정인송작격년회(情人送作隔年廻) ····· 567
정자심자지(靜者心自知) ············· 81
정전경계사당시(井田經界似當時) ····· 528
정주무수안(汀洲無數鴈) ············· 286
정휴취봉객(正携吹鳳客) ············· 475
제경이성과(諸境已成過) ············· 128
제공원자태평중(諸公元自太平中) ····· 43
제공일사위(諸公一死爲) ············· 407

제류불승요(堤柳不勝遙) ……………… 393	조범동개월경초(曺凡東開越境初) …… 452
제발취화중(齊發翠禾中) ……………… 490	조부무건기(租賦無愆期) ……………… 64
제비조청응무사(除非朝請應無事) …… 383	조불능과원불반(鳥不能過猿不攀) …… 456
제석고당상(除夕高堂上) ……………… 203	조삼전득동린주(朝衫典得東隣酒) …… 428
제석연년부재가(除夕年年不在家) …… 202	조선공자한의관(朝鮮公子漢衣冠) …… 396
제시소가시백가(除是蘇家是白家) …… 573	조선자고애(朝鮮自古哀) ……………… 212
제아구완전(弟兒俱宛轉) ………………… 83	조설성하냉(照雪星河冷) ……………… 254
제야장등학상원(除夜張燈學上元) …… 571	조세급황년(租稅急荒年) ……………… 297
제이교두일각문(第二橋頭一角門) …… 93	조안초화신(照眼草花新) ………………… 58
제일가인일점홍(第一佳人一點紅) …… 528	조앵경국미응홍(早櫻京國未應紅) …… 155
제일강산겸부귀(第一江山兼富貴) …… 519	조우위군래(朝雨爲君來) ……………… 308
제일서관검무랑(第一西關劍舞娘) …… 222	조운여모우(朝雲與暮雨) ……………… 309
제전삼성혈(祭傳三姓穴) ……………… 337	조인지수편구홍(照人池樹頰俱紅) …… 120
제조석여화(啼鳥惜餘花) ………………… 66	조일사친변북행(朝日辭親便北行) …… 245
제조성중독폐문(啼鳥聲中獨閉門) …… 312	조작수점불긍비(鳥雀愁霑不肯飛) …… 410
제좌상시호흡문(帝座常時呼吸聞) …… 332	조적기하용(鳥跡奇何用) ……………… 424
제지창랑파조망(除紙滄浪罷釣忙) …… 248	조절선춘령(鳥絶先春嶺) ……………… 379
제진청산양안래(霽盡靑山兩岸來) …… 259	조정비기물(朝廷非棄物) ……………… 140
제창완산신별곡(齊唱完山新別曲) …… 478	조정춘방수(釣艇春方水) ……………… 406
제파등한공첩외(題罷等閑公牒外) …… 539	조조망견엽호연(朝朝望見獵胡烟) …… 566
제후청문신마귀(霽後靑門信馬歸) …… 156	조조해읍진(朝朝解浥塵) ……………… 308
조경포송운(朝徑布松雲) ………………… 48	조종강한차하지(朝宗江漢此何地) …… 469
조궁백우천양수(雕弓白羽穿楊手) …… 561	조지재유기(早知才有忌) ……………… 401
조도남여이월풍(鳥道籃輿二月風) …… 459	조진남풍도월계(朝趁南風渡月溪) …… 298
조두선생천고묘(俎豆先生千古廟) …… 79	조천구사석응지(朝天舊事石應知) …… 553
조랑측견녀(曺郎側見女) ……………… 159	조천수로금범가(朝天水路錦帆歌) …… 534
조래불착건삼거(朝來不着巾衫去) …… 366	조천의상유미상(朝天衣上有微霜) …… 402
조래회도거(朝來回棹去) ……………… 267	조타칠성대(潮打七星臺) ……………… 337
조령섬강노부진(鳥嶺蟾江路不盡) …… 161	조화백접과장비(棗花白蝶過墻飛) …… 409
조령수증수(鳥嶺誰曾守) ……………… 212	조화심독희(早花心獨喜) ……………… 102
조매일폭득조반(朝賣一幅得朝飯) …… 299	조회백문택(朝回白門宅) ……………… 192
조모고금이(朝暮古今異) ……………… 309	존망우주내(存亡宇宙內) ………………… 58
조문일안도(朝聞一鴈度) ……………… 283	종경개허전(鍾磬開虛殿) ………………… 58

종고금릉장석두(終古金陵壯石頭) 44
종고어염무시국(從古魚鹽無市國) 341
종국위가계(種菊爲家計) 370
종군위어신선려(從君爲語神仙侶) 145
종남회수설참차(終南回首雪參差) 247
종년달자도문희(終年達者到門稀) 409
종년양불시(終年兩不猜) 38
종년욕재주(終年欲在舟) 252
종래동국성문장(從來東國盛文章) 555
종래만세기(從來萬世基) 199
종루일모취인다(鍾樓日暮醉人多) 536
종루하감백수노(鍾漏何堪白首勞) 381
종세교인불긍환(終歲敎人不肯還) 547
종수전가계(種樹傳家計) 86
종시남아생소국(終是男兒生小國) 396
종시세연마부진(終是世緣磨不盡) 462
종야설하심(終夜雪何深) 206
종야어신시(終夜語新詩) 188
종야유여성(終夜有餘聲) 359
종용등령수(從容登嶺樹) 83
종용연로진(從容輦路塵) 300
종용혹유기(從容或有期) 408
종일견사람(終日牽沙纜) 288
종일고한지(終日苦寒之) 92
종일난봉간(終日亂峰間) 457
종일만봉연(終日萬峰烟) 294
종일벽루가무지(終日碧樓歌舞地) 552
종조도원봉(終朝度遠峰) 102
종조일개진(終朝一開盡) 440
종지일출분심경(從知日出紛心境) 137
종차접이빈도착(從此接䍦頻倒着) 415
좌석고운기(坐石孤雲起) 38
좌중연모초삼차(坐中年貌稍參差) 120

주가연성매조인(珠價連城每照人) 168
주근봉은사(舟近奉恩寺) 282
주근영릉불가최(舟近寧陵不可催) 275
주마임도구(駐馬臨渡口) 240
주몽개국사망연(朱蒙開國事茫然) 530
주문일부증경국(朱文一部曾經國) 383
주박청계구(舟泊青溪口) 267
주사다기구(周士多耆耈) 413
주선풍랑교인성(酒船風浪攪人醒) 559
주선회수격성우(住船回首隔城隅) 552
주수루대만호경(珠樹樓臺萬戶輕) 565
주수번회합단장(珠袖翻回合斷腸) 222
주순세흡삼등초(朱脣細吸三登草) 538
주심비고국(酒深非故國) 141
주영여년속사희(晝永如年俗事稀) 410
주영옥루사천익(珠纓玉鏤紗天翼) 525
주옹구작황량석(主翁驅雀黃梁席) 277
주옹파호의(主翁頗好意) 41
주운기입산비정(晝雲氣入山扉靜) 144
주인가유백운의(主人家有白雲衣) 410
주인개시협사아(主人皆是狹斜兒) 541
주인금석강관외(主人今夕江關外) 357
주인송지시문외(主人送至柴門外) 394
주인야시한(舟人夜始閒) 278
주인조출시문거(主人朝出柴門去) 253
주인초기상강장(舟人初起上江檣) 279
주일모자정(晝日茅茨靜) 40
주입신년금초제(酒入新年禁稍除) 415
주점독간서일락(酒店獨看西日落) 446
주점백파장(朱點百把長) 485
주정로연세양사(晝靜爐烟細颺絲) 376
주중독무어(舟中獨無語) 437
주중시유시(舟中始有詩) 438

석북시집 색인(索引) 781

주진등잔객시귀(酒盡燈殘客始歸) ····· 394
주필휴등백옥루(朱筆携登白玉樓) ····· 368
주행세우다(舟行細雨多) ················· 235
주현세모고인비(朱絃歲暮故人悲) ····· 190
주화청연낙세가(朱火靑烟樂歲歌) ····· 536
죽리모옥사인간(竹籬茅屋似人間) ····· 345
준일공여자(俊逸空餘子) ················· 154
중관쇄약첨개부(重關鎖鑰瞻開府) ····· 425
중국문인근유수(中國文人近有誰) ····· 512
중국장문목마성(中國長聞牧馬聲) ····· 508
중남대상상남태(中南臺上上南台) ····· 139
중년식세정(中年識世情) ················· 46
중대동외수동류(中臺洞外水東流) ····· 461
중대소쇄수주중(中臺瀟灑數州中) ····· 132
중대지척상대아(中臺只尺上臺阿) ····· 136
중류원도청산색(中流遠到靑山色) ····· 550
중류홍안문(中流鴻鴈聞) ················· 68
중류화즙천공활(中流畵楫天空濶) ····· 271
중봉태상준(重奉太常樽) ················· 320
중산내세인분명(衆山來勢認分明) ····· 371
중양우내일(重陽又來日) ················· 284
중영영감협수록(中營令監夾袖綠) ····· 481
중원기처전고다(中原幾處戰鼓多) ····· 469
중원백년사(中原百年事) ················· 302
중조독유고인사(中朝獨有故人思) ····· 390
중주근자수(中州近者誰) ················· 305
중천부하대동루(中天浮下大同樓) ····· 552
중화계수복성래(中和界首福星來) ····· 521
증견한상국(曾見韓相國) ················· 499
증무광범투서의(曾無光範投書意) ····· 245
증설운남영력분(曾說雲南永曆奔) ····· 512
증시반년위객처(曾是半年爲客處) ····· 89
증시봉서암리객(曾是鳳棲庵裡客) ····· 138

증시이원제일명(曾是梨園第一名) ····· 543
증입춘당전예호(曾入春塘戰藝豪) ····· 99
증주청라동리하(曾住靑蘿洞裡霞) ····· 121
지개신마굴(地開神馬窟) ················· 251
지견봉방석(只見蜂房石) ················· 336
지고산목선추락(地高山木先秋落) ····· 139
지국총성한약하(至匊忽聲恨若何) ····· 534
지군구마석양중(知君驅馬夕陽中) ····· 510
지군다재목란주(知君多在木蘭舟) ····· 113
지군백책영(知君白幘迎) ················· 275
지군상관후(知君上官後) ················· 365
지군옥상폭수산(知君屋上瀑垂山) ····· 366
지군이복린(知君已服鄰) ················· 301
지근무산다모우(地近巫山多暮雨) ····· 236
지근번화국(地近繁華國) ················· 218
지금남국관방험(秖今南國關防險) ····· 45
지금년기삼십여(秖今年紀三十餘) ····· 161
지금려사의(至今麗史疑) ················· 379
지금사관만성화(至今絲管滿城譁) ····· 427
지금애통조(至今哀痛詔) ················· 249
지금여한마외진(至今如恨馬嵬塵) ····· 527
지금연시응다준(至今燕市應多駿) ····· 510
지금유착구청의(至今猶着舊靑衣) ····· 127
시금응답백운행(至今應踏白雲行) ····· 549
지대나주백성피(地大羅州百姓疲) ····· 390
지도이경범낙후(知到二更帆落後) ····· 346
지도편심명보검(只道片心明寶劒) ····· 71
지득신년백발귀(秖得新年白髮歸) ····· 229
지면이봉희(知面吏逢稀) ················· 380
지명당검수(地名唐劒水) ················· 364
지벽고인정(知癖故人情) ················· 423
지사매다비(志士每多悲) ················· 175
지서백리환(持書百里還) ················· 264

지시강중백로성(知是江中白鷺聲) ····· 574
지시봉래도(只是蓬萊島) ················ 458
지심명월포(地深明月浦) ················ 340
지애청진객(秖愛靑衿客) ················ 312
지어식진서(池魚識晋書) ·················· 97
지여고인강세황(知與故人姜世晃) ····· 96
지연생리노년빈(只緣生理老年貧) ····· 73
지원시서불추성(只願詩書不墜聲) ··· 100
지유가가옥(地有家家玉) ················ 475
지유문장사(秖有文章事) ················ 187
지유수루한야객(只有戍樓寒夜客) ··· 567
지응안색도금조(秖應顏色到今凋) ··· 435
지응장하첨유사(秖應長夏添幽事) ··· 107
지의삼도십주간(只疑三島十洲間) ··· 547
지이겸가옥수의(秖以蒹葭玉樹依) ··· 374
지이숙하점(知爾宿何店) ·················· 92
지자향충주(之子向忠州) ················ 372
지제연로송군시(只題燕路送君詩) ··· 513
지중천재인(地中千載人) ················ 296
지척선군약수요(咫尺仙裙弱水遙) ··· 435
지척선산공창망(咫尺仙山空悵望) ··· 340
지척선산상부등(咫尺仙山尙不登) ··· 350
지추자부황(持錐刺浮黃) ················ 485
지파신시당복전(只把新詩當卜錢) ··· 217
지해방영장(知海防營將) ················ 340
지향란산과(知向亂山過) ················ 235
지호유상사(地號猶相似) ················ 229
지회연자풍(遲回燕子風) ················ 151
지회월하문(遲回月下門) ················ 417
직과서장갱각회(直過西墻更却回) ··· 111
직대남고사(直對南高寺) ·················· 61
직도남명일미측(直渡南溟日未昃) ··· 350
직도여산환(直到礪山還) ················ 497

직북병진하일휴(直北兵塵何日休) ··· 469
직이화융책(直以和戎策) ················ 377
직하불의심청수(直下不疑深青水) ··· 352
진가달관비(眞可達官牌) ················ 422
진경서북시천애(秦京西北是天涯) ··· 340
진성새상행(眞成塞上行) ················ 205
진성일소귀(眞成一笑歸) ················ 129
진시삼십육만병(秦時三十六萬兵) ··· 508
진실은다년(盡室隱多年) ················ 280
진애비고인(塵埃悲故人) ·················· 58
진애소출세쟁영(塵埃掃出勢崢嶸) ··· 42
진일단풍백석간(盡日丹楓白石間) ··· 439
진일무언심내사(盡日無言心內事) ··· 158
진입성중거(盡入城中去) ················ 500
진중치한재(珎重侈寒齋) ················ 424
진진월산리(蓁蓁越山裡) ················ 463
진탑유화찰(塵榻留華札) ················ 388
진한망망하세대(秦漢茫茫何世代) ··· 332
진한백운미(秦漢白雲迷) ················ 365
진한석공담(秦漢昔空談) ················ 327
진한지군상부득(秦漢之君嘗不得) ··· 350
진향대동강상거(盡向大同江上去) ··· 219
징파강수견사청(澄波江水見沙淸) ··· 439

[ㅊ]

차거성명우만진(此去聲名又滿秦) ··· 285
차거풍파장국령(此去風波仗國靈) ··· 325
차견노년심(且遣老年心) ················ 416
차곡갱난심(此曲更難尋) ················ 392
차기백록환주성(借騎白鹿還州城) ··· 350
차노전신상계래(此老前身上界來) ··· 433
차령남등잠산수(車嶺南登暫散愁) ···· 65

차로인왕사(此路因王事) ………… 457
차문교방수제일(借問教坊誰第一) …… 477
차문군금하처유(借問君今何處游) …… 429
차별춘응견(此別春應見) ………… 155
차생사괘검(此生思掛劍) ………… 406
차생장억차강산(此生長憶此江山) …… 465
차속소가귀(此屬蔬家貴) ………… 106
차시권생파의상(此時權生破衣裳) …… 161
차시송하유연망(此時松下悠然望) …… 376
차시우가애(此時尤可愛) ………… 423
차시정씨장(此是鄭氏葬) ………… 296
차신난정유유계(此身難定悠悠計) …… 73
차신등육시인간(此身登陸是人間) …… 348
차신원임분(此身元任分) ………… 397
차신행주백운지(此身行住白雲知) …… 283
차야장안우(此夜長安友) ………… 172
차영겸가회도거(且詠蒹葭回棹去) …… 298
차오서생(嗟吾書生) ……………… 352
차외하소구(此外何所求) ………… 64
차위명사족(且爲名士足) ………… 188
차의도잠해(此意陶潛解) ………… 86
차의이난심(此意已難尋) ………… 148
차제중당정무료(次第中堂呈舞了) …… 544
차죄공역적(此罪公亦謫) ………… 318
차중인사벽(此中人事僻) ………… 360
차중절품명(茶中絶品名) ………… 423
차지가종년(此地可終年) ………… 102
차지론시흥각용(此地論詩興却慵) …… 357
차지연년다별리(此地年年多別離) 482,522
차지인정암미재(此地人情黯未裁) …… 209
차지일세연(差池一世緣) ………… 58
차타공수위(蹉跎恐遂違) ………… 251
차행저희원주근(此行秖喜原州近) …… 248

착여안전끽(捉輿案前喫) ………… 488
착폐청모천세구(錯吠靑毛千歲狗) …… 253
참담서주유겁회(慘憺西州有劫灰) …… 387
창강백절통(滄江百折通) ………… 143
창강일로심하처(滄江一路尋何處) …… 298
창등월파수봉음(蒼藤月破數峰陰) …… 133
창등일로괴금비(蒼藤一路怪禽飛) …… 291
창랑세독지(滄浪細讀之) ………… 174
창량야유금(蒼凉夜有琴) ………… 416
창망세모운(滄茫歲暮云) ………… 401
창망입모성(蒼茫立暮城) ………… 140
창연수저망(蒼然脩渚望) ………… 277
창연수점출시비(蒼烟數點出柴扉) …… 291
창연출군서(蒼然出郡西) ………… 365
창오가불환(蒼梧駕不還) ………… 249
창원수여무(蒼遠水如無) ………… 287
창졸군신제(倉卒君臣際) ………… 407
창주금별백구환(滄洲今別白鷗還) …… 465
창주독파어간청(滄洲獨把漁竿聽) …… 72
창주세모어룡은(滄洲歲暮魚龍隱) …… 173
창주일임종용거(滄洲一任從容去) …… 279
창중무작서(倉中無雀鼠) ………… 489
창창사군동(蒼蒼四郡東) ………… 142
창창태백만(蒼蒼太白巒) ………… 155
창파불견연중사(滄波不見烟中寺) …… 268
창파원망한라산(滄波遠望漢拏山) …… 348
창해지형관(滄海地形寬) ………… 77
창해한화이(滄海限華夷) ………… 305
창회동대일조비(蒼檜東臺一鳥飛) …… 252
채득홍련호이락(採得紅蓮湖已落) …… 557
채삼오랄부(採蔘烏剌部) ………… 379
채채귀향석(采采歸向夕) ………… 500
채포황리의수취(菜圃黃鸝依樹聚) …… 409

처사양양비맹로(處士襄陽非孟老) ······· 70
처사주모벽(處士誅茅僻) ················ 48
처잠문선희(妻暫聞船喜) ············· 292
처창황령강구의(悽愴皇靈降九疑) ····· 281
처처산유화(處處山有花) ············· 490
처처여전급조춘(處處畬田及早春) ····· 73
처처우설시(凄凄雨雪時) ············· 243
처처최농사(處處催農事) ················ 37
처처한식초(萋萋寒食草) ············· 343
천가빙주착성분(千家氷柱鑿成盆) ··· 571
천가산곽포장회(千家山郭抱長回) ····· 45
천가시출림(千家始出林) ················ 95
천가여혜상문추(天家餘惠相門推) ··· 385
천견활불래(天遣活佛來) ············· 485
천고문장비아사(千古文章非我事) ····· 72
천고표표여동빈(千古飄飄呂洞賓) ··· 147
천군수반급청탄(茜裙隨伴汲淸灘) ··· 557
천기여세색(天機與歲色) ············· 395
천기일일생(天機日日生) ················ 41
천년절창정지상(千年絶唱鄭知常) ··· 555
천년해안공(千年海岸空) ············· 103
천리동래중로별(千里同來中路別) ··· 226
천리령남금야객(千里嶺南今夜客) ··· 130
천리수언일일환(千里誰言一日還) ··· 347
천리운범반일풍(千里雲帆半日風) ··· 330
천마폭포승려산(天摩瀑布勝廬山) ··· 159
천명사군거(天明使君去) ············· 484
천문담담연화편(千門澹澹年華遍) ··· 156
천범상박주기청(千帆商舶酒旗青) ··· 524
천변사범노인성(天邊槎犯老人星) ··· 325
천보봉두운(天寶峰頭雲) ············· 176
천봉만수휴언고(千峰萬水休言苦) ··· 452
천봉서망해운간(千峰西望海雲間) ··· 227

천봉설후침계루(千峰雪後枕溪樓) ··· 126
천산만수신(千山萬水身) ················ 83
천상불승정(川上不勝情) ················ 41
천상사시휘(天上賜詩輝) ············· 386
천상유인래(天上有人來) ············· 339
천상의희어좌고(天上依俙御座高) ····· 99
천심정자하중류(千尋矴子下中流) ··· 346
천아성리망향애(天鵝聲裡望鄉哀) ··· 567
천안여석일(天顏如昔日) ············· 300
천안참담간운한(天顏慘憺看雲漢) ··· 358
천안춘사근(天顏春賜近) ············· 413
천애막막여라수(千厓漠漠女蘿垂) ····· 88
천애오이제(天涯吾二弟) ············· 297
천입관산대야저(天入關山大野低) ··· 220
천자황여무리간(天子黃如霧裡看) ··· 511
천장하목우섬미(千章夏木雨纖微) ··· 410
천재치신시(千載侈新詩) ············· 413
천정인연막피혼(天定人緣莫避婚) ··· 531
천중제묘대성산(天中祭墓大城山) ··· 540
천지오신소(天地吾身小) ············· 323
천지확심원(天地霩心遠) ············· 143
천촌옹마간(千村擁馬看) ············· 364
천하고고철옹성(天下高高鐵瓮城) ··· 565
천하난행로(天下難行路) ············· 355
천하명구시외성(天下名區是外城) ··· 555
천하번화지(天下繁華地) ············· 205
천하불승비(天下不勝悲) ············· 407
천하상심신국공(天下傷心信國公) ··· 510
천하상심일(天下傷心日) ············· 464
천하상심처(天下傷心處) ············· 464
천하연인정(天下憐人情) ············· 484
천하유산심(天下有山深) ············· 148
천하증무우(天下曾無友) ················ 91

천하하인증불로(天下何人曾不老) ····· 119
천한숙고점(天寒宿古店) ················ 89
천한좌객파전상(天寒坐客破氈上) ····· 299
천활강운욕우래(天潤江雲欲雨來) ····· 139
천활초청서북야(天潤草靑西北野) ····· 521
천휴수백이앙근(千畦水白移秧近) ····· 107
철기호능처처래(鐵騎胡能處處來) ····· 215
철령귀운하(鐵嶺歸雲下) ················ 378
첨성지하군(添成地下群) ················ 401
첨호사기다(沾毫麝氣多) ················ 425
첩거삼강중(妾去三綱重) ················ 296
첩사유형장(妾死有兄葬) ················ 296
첩생하소망(妾生何所望) ················ 296
첩재일신경(妾在一身輕) ················ 296
청가능사만인경(淸歌能使萬人驚) ····· 435
청간모옥아차동(請看茅屋峨嵯洞) ····· 383
청간성시방비도(請看城市芳菲度) ····· 183
청간청효비비우(請看淸曉霏霏雨) ····· 281
청강기억능파읍(淸江妓憶凌波泣) ····· 387
청강백첩고음편(淸江白堞高吟遍) ····· 428
청강여로기(淸江與鷺磯) ················ 251
청개반정원(靑盖半庭圓) ················ 191
청견내등석상면(靑犬來登石上眠) ····· 277
청계즉초당(靑溪卽草堂) ················ 267
청구사객도요하(靑丘槎客渡遼河) ····· 503
청군소부적화귀(靑裙少婦摘禾歸) ····· 291
청군여출목화전(靑裙女出木花田) ····· 292
청궁우희축년굉(靑宮又戱祝年觥) ····· 430
청금장전간(靑衿帳殿間) ················ 98
청기문전수역사(靑綺門前水驛賖) ····· 282
청남청북발초순(淸南淸北發初巡) ····· 562
청라수각견군선(靑蘿水閣見群仙) ····· 115
청량신숙협중전(靑粱新熟峽中田) ····· 114

청량진야심(淸凉趣夜心) ················ 389
청려등사원(靑藘登寺遠) ················ 152
청론오당사(淸論吾黨士) ················ 407
청루갱상만수회(淸樓更上晩須廻) ····· 275
청루협소능전창(靑樓俠少能傳唱) ····· 285
청류벽면화병포(淸流壁面畵屛鋪) ····· 552
청림상욕우(靑林常欲雨) ················ 35
청림육월심(靑林六月深) ················ 361
청명상사물개태(淸明上巳物改態) ····· 110
청명억소안(淸明憶笑顔) ················ 400
청문동별곡(靑門動別曲) ················ 186
청문일출향여주(靑門日出向驪州) ····· 247
청문적일조인초(靑門赤日照人初) ····· 173
청문조일상부시(靑門朝日上罘罳) ····· 247
청사단초구제궁(靑莎斷礎九梯宮) ····· 548
청사삼십만민전(靑絲三十萬緡錢) ····· 575
청산가열기우객(靑山可悅騎牛客) ····· 439
청산개처견동방(靑山開處見東方) ····· 441
청산고각요행궁(靑山鼓角繞行宮) ····· 43
청산고굴삼천세(靑山古窟三千歲) ····· 549
청산관개망(靑山冠盖忙) ················ 61
청산기마거(靑山騎馬去) ················ 58
청산만리루(靑山萬里樓) ················ 221
청산백수과부곡(靑山白水寡婦哭) ····· 469
청산사군거주장(靑山四郡去舟長) ····· 315
청산수저다(靑山水底多) ················ 277
청산점점격강분(靑山點點隔江分) ····· 237
청산점점효성서(靑山點點曉星西) ····· 219
청산주요별영기(靑山晝繞別營旗) ····· 59
청산지근고인가(靑山知近故人家) ····· 250
청산척촉전소우(靑山躑躅前宵雨) ····· 156
청삼독범소한행(靑衫獨犯小寒行) ····· 371
청삼빈사자(靑衫貧使者) ················ 342

청석일문개(青石一門開) 211
청설가성의구호(聽說歌聲依舊好) 435
청세노산촌(清世老山村) 86
청세유경착(清世有耕鑿) 62
청세환등공북루(清世還登拱北樓) 44
청쇄조반연기주(青瑣朝班年幾周) 469
청수자연촌은약(聽水自然村隱約) 200
청신독재주(清晨獨在舟) 440
청신선입오대산(清晨先入五臺山) 459
청신재목향산배(清晨齋沐向山拜) 350
청심이위사(清心以爲師) 64
청안개하일(青眼開何日) 78
청안우생희(青眼友生稀) 197
청야의문학(清夜宜聞鶴) 417
청야하향월색지(清夜荷香月色池) 556
청양관리소서비(青陽舘裡小西飛) 533
청연도지선비거(蜻蜓到地旋飛去) 111
청유답상의(清惟答上意) 364
청융군막진형원(青絨軍幕陣形圓) 569
청인내십월(清人來十月) 377
청작장선하포신(青雀裝船下浦新) 332
청저군화백저의(青苧裙和白苧衣) 540
청전시기언(青氈是記言) 418
청절소안도(清絶蘇安島) 326
청점소렴망근석(清簟疎簾忘近夕) 410
청종전립자나상(青鬃戰笠紫羅裳) 222
청천남두괘범사(青天南斗掛帆斜) 340
청천서거시용만(清川西去是龍灣) 241
청천칠십이연화(青天七十二蓮花) 74
청천풍우집허당(晴天風雨集虛堂) 222
청청근세한(青青近歲寒) 192
청청동해갱무동(青青東海更無東) 460
청청천수유무간(青青天水有無間) 327

청초사양양안미(青草斜陽兩岸迷) 270
청초영공파(青草暎空波) 235
청초지당권조과(青草池塘倦鳥過) 404
청파입마억총총(青坡立馬憶忽忽) 96
청평허가지(青萍許價地) 421
청포신직장(青袍申直長) 380
청포일상만리선(青袍一上萬里船) 469
청풍강상초혼곡(青楓江上招魂哭) 369
청혜독상백운간(青鞋獨上白雲間) 96
청혹도천명(聽或到天明) 359
청홍일쌍복(青紅一雙袱) 497
청효유상의수중(清曉有霜衣袖重) 246
초가자이고도애(樵歌自以故都哀) 209
초등마포선(初登麻浦船) 184
초등한벽당(初登寒碧堂) 61
초록관산세마시(草綠關山細馬嘶) 242
초목시삼백(草木詩三百) 302
초목청산모(草木青山暮) 283
초부본주월계서(樵夫本住月溪西) 298
초분성상수(初分城上樹) 440
초산여욕야(楚山如欲夜) 137
초식민제로(草食民啼路) 342
초아등석주(樵兒登石柱) 199
초여남곽야(稍如南郭夜) 394
초요상외독선성(岧嶤象外獨先醒) 136
초인벌목단공산(樵人伐木但空山) 52
초재상원암(初在上沅菴) 124
초창문개설태진(初唱聞皆說太眞) 527
초창상서작고인(怊悵尙書作古人) 454
초창시서호(怊悵是西湖) 185
초창여유가려지(怊悵旅遊佳麗地) 59
초창재서천(怊悵在西川) 83
초창홍난월색래(怊悵紅欄月色來) 241

초초론시별(草草論詩別) 153
초초리연상마회(草草離筵上馬廻) 71
초초불가친(迢迢不可親) 475
초초세모음(迢迢歲暮吟) 63
초초옥우격천애(迢迢玉宇隔天涯) 561
초초재장음(楚楚在墻陰) 171
초초절정다(迢迢絶頂多) 128
초초홀경춘(草草忽經春) 76
초호상침여백두(楚戶霜砧餘白頭) 469
초화불만성(初花不滿城) 150
촌녀사군옥지환(村女紗裙玉指環) 540
촌반석유하(村盤夕有鰕) 326
촌병대여월(村餠大如月) 491
촌심숙시환(村深宿始還) 266
촌심천리외(寸心千里外) 243
촌아해석연화만(村娥解惜年華晩) 572
촌촌판옥유잔설(村村板屋留殘雪) 73
촌촌화적축년풍(村村禾積祝年豊) 230
촌호추조진(村戶秋租盡) 41
총각여금이욕반(總角如今已欲斑) 265
총마춘귀어사대(驄馬春歸御史臺) 71
총산천시백(葱山天始白) 214
총시양가은신녀(摠是良家隱身女) 557
총억대하시(怱亦大何時) 106
총연다질병(總緣多疾病) 47
총장축범신(叢嶂逐帆新) 289
총총우상광릉주(忽忽又上廣陵舟) 246
총총월강로(忽忽越江路) 448
최각마류교(摧却瑪瑠橋) 495
최귀상협선(催歸上峽船) 294
최련진일월(寂憐陳日月) 57
최북매화장안중(崔北賣畵長安中) 299
최조관리급(催租官吏急) 251

최파일배친자송(催把一杯親自送) 170
최한행년이백두(最恨行年已白頭) 223
최후생가하대제(催嗅笙歌下大堤) 556
추강적막어용냉(秋江寂寞魚龍冷) 469
추근백문하(秋近白門下) 151
추래일편월(秋來一片月) 123
추록홀온아(追鹿忽溫兒) 379
추분남극취성휘(秋分南極聚星輝) 116
추산노습설라의(秋山露濕薛蘿衣) 394
추색의연오류촌(秋色依然五柳村) 114
추성강한류(秋聲江漢流) 141
추성도의낙목천(秋聲徒倚落木天) 469
추성임수동(秋聲臨水動) 54
추성환상령(秋成還上令) 491
추송공중첩체비(推送空中貼體飛) 540
추수근회석벽사(秋樹根回石壁斜) 144
추수신생세곡문(秋水新生細縠紋) 237
추수여주적(秋水驪州笛) 286
추승채무환(秋承彩舞歡) 77
추시자미안(追詩字未安) 399
추심사묘연(秋深事杳然) 294
추심삭취급(秋深朔吹急) 377
추야백충명(秋夜百虫鳴) 149
추야침침청우성(秋夜沈沈聽雨聲) 147
추우성다일야간(秋雨聲多一夜間) 366
추일내가여자동(秋日來歌與子同) 284
추일대강지(秋日大江遲) 175
추일도문로(秋日都門路) 362
추일변산색(秋日邊山色) 53
추일제명석실환(秋日題名石室還) 52
추죽인여진(秋竹咽如秦) 475
추진서방유소회(秋盡西方有所懷) 561
추진장안우(秋盡長安雨) 174

추창고주욕별(惆悵孤舟欲別) ………… 317
추창동향구유처(惆悵桐鄕舊遊處) …… 101
추창이관심(惆悵已關心) ……………… 263
추침갱별리(秋砧更別離) ……………… 152
추풍군국개(秋風郡國開) ……………… 282
추풍남군계청려(秋風南郡繫靑驢) …… 111
추풍만리장(秋風萬里檣) ……………… 137
추풍송별시(秋風送別時) ……………… 177
추풍수벽의림지(秋風水碧義林池) …… 450
추풍오마월강운(秋風五馬越江雲) …… 449
추풍유역수(秋風有易水) ……………… 302
추풍일별강선루(秋風一別降仙樓) …… 240
추풍차거비(秋風此去悲) ……………… 421
추풍취일마(秋風吹一馬) ……………… 234
추후욕추잠(秋後欲抽簪) ……………… 389
축년경노태(逐年驚老態) ……………… 188
춘경계수연(春經薊樹烟) ……………… 302
춘경서속전(春耕黍粟田) ……………… 280
춘공설라의(春共薛蘿衣) ……………… 270
춘궐도화창(春鱖桃花漲) ………………… 95
춘난야운생(春暖野雲生) ………………… 37
춘다예주타안후(春多醴酒酡顔後) …… 115
춘도구이동(春到九夷同) ……………… 343
춘도전가오입락(春到田家吾入洛) …… 113
춘래강상망(春來江上望) ……………… 501
춘래봉역입신전(春來封域入新田) …… 319
춘래오폐자운려(春來吾閉子雲廬) …… 415
춘래진솔의(春來眞率意) ……………… 414
춘료걸고난(春醪乞苦難) ……………… 399
춘류포류사(春流抱柳斜) ……………… 180
춘류협양산(春流夾兩山) ……………… 266
춘리통견류(春籬通筧溜) ………………… 48

춘림본작농가기(春霖本作農家忌) …… 358
춘모철종걸풍년(春牟撤種乞豊年) …… 106
춘미여유종(春薇如有種) ……………… 229
춘방구곡문수지(春坊舊曲問誰知) …… 532
춘범사자래(春帆使者來) ……………… 337
춘사경소우(春沙經小雨) ……………… 103
춘사혼여주기중(春事渾如酒氣中) …… 431
춘산진영명(春山盡影明) ……………… 274
춘색구궁지(春色舊宮池) ……………… 412
춘색우천애(春色又天涯) ………………… 66
춘성연몌답경애(春城聯袂踏輕埃) …… 478
춘성요양우사회(春城搖颺雨絲稀) …… 156
춘성절계견(春城絶鷄犬) ………………… 61
춘수귀주백탑서(春水歸舟白塔西) …… 270
춘승상협주(春乘上峽舟) ……………… 141
춘심교맥반(春深蕎麥半) ………………… 62
춘심약막외인지(春心約莫畏人知) …… 158
춘심약초신이종(春深藥草新移種) …… 376
춘암녹등성(春暗綠橙城) ……………… 340
춘우수가전(春雨數家田) ………………… 49
춘우영사사(春雨影斜斜) ……………… 356
춘우포당쌍로하(春雨蒲塘雙鷺下) ……… 86
춘우하상전(春雨下桑田) ……………… 500
춘월포곡명(春月布穀鳴) ……………… 489
춘유다재화선중(春游多在畵船中) …… 545
춘유초창지하처(春游怊悵知何處) ……… 93
춘의문설침(春衣問雪侵) ……………… 262
춘일공산벌목가(春日空山伐木歌) …… 404
춘일독배회(春日獨徘徊) ………………… 38
춘일사인비(春日使人悲) ……………… 199
춘일유사요취미(春日游絲繞翠微) …… 374
춘일춘풍요수광(春日春風搖水光) …… 183

춘입만산백치명(春入蠻山白雉鳴)	·····	331
춘장화류거(春將花柳去)	·····	205
춘조득시명(春鳥得時鳴)	·····	40
춘주역신숙(春酒亦新熟)	·····	64
춘진잉군별(春盡仍君別)	·····	417
춘초격강로(春草隔岡路)	·····	400
춘초만금대(春草滿金臺)	·····	302
춘초영귀주(春草暎歸舟)	·····	312
춘초정전낙범최(春草亭前落帆摧)	·····	321
춘포무수야(春浦無水野)	·····	488
춘풍만강한(春風滿江漢)	·····	372
춘풍지차의(春風知此意)	·····	181
춘풍취아몽(春風吹我夢)	·····	308
춘화고국천루후(春花故國濺淚後)	·····	469
춘화기다산(春火起多山)	·····	457
출간고월만강성(出看高月滿江城)	·····	233
출문잠제비(出門潛啼悲)	·····	84
출문한일조정의(出門寒日照征衣)	·····	161
출입달마고어옥(出入獺馬高於屋)	·····	161
충성야독란(虫聲也獨闌)	·····	395
충신동래일(忠信東來日)	·····	301
충신십세문(忠臣十世門)	·····	391
충신영면액(忠臣寧免厄)	·····	318
충주백팔탄(忠州百八灘)	·····	194
충주일주객(忠州一舟客)	·····	187
취무종일좌의사(醉無終日坐欹斜)	·····	121
취식구룡반(吹息九龍蟠)	·····	273
취와고송하(醉臥古松下)	·····	176
취작고원정(吹作故園情)	·····	149
취중성두전(醉中星斗轉)	·····	173
취중인물재삼한(就中人物在三韓)	·····	396
취지전공석(吹地全空石)	·····	50
취편무산십이봉(吹遍巫山十二峯)	·····	239
취하량견포(吹下兩肩袍)	·····	53
취허수불도(吹噓誰不到)	·····	420
취허직도청운상(吹噓直到青雲上)	·····	265
취후귀수만(醉後歸須晚)	·····	189
측창첨송백(惻愴瞻松栢)	·····	320
층대백척의초요(層臺百尺倚岧嶢)	·····	547
층층과주산(層層菓州山)	·····	501
치가불병빈(治家不病貧)	·····	80
치결홍릉병(齒齾紅綾餅)	·····	412
치아이송문(癡兒已誦文)	·····	48
치악고첨모설신(雉岳高添暮雪新)	·····	454
치호세우명명수(鴟呼細雨冥冥樹)	·····	75
친로아하여(親老我何如)	·····	338
친붕무일자(親朋無一字)	·····	470
친붕한유야(親朋間有夜)	·····	355
칠보반선색상비(七步盤旋索上飛)	·····	167
칠보장내두엽촌(七寶粧來荳葉村)	·····	531
칠불서래기양제(七佛西來欺煬帝)	·····	563
칠석번경추기삼(七夕翻驚秋氣森)	·····	133
칠십인생미각희(七十人生未覺稀)	·····	116
칠십환향칭간옹(七十還鄕稱儞翁)	·····	120
칠월세서야(七月洗鋤夜)	·····	491
칠일경사일일정(七日京師一日程)	·····	568
칠현죽리단망형(七賢竹裡但忘形)	·····	118
침계루상승(枕溪樓上僧)	·····	123
침계루하별(枕溪樓下別)	·····	125
침계루하수(枕溪樓下水)	·····	123
침상분기약(枕上分奇藥)	·····	414
침야교연천태복(枕野橋連千駄菖)	·····	314
침음독립화난두(沈吟獨立畫欄頭)	·····	208
침저백운가(砧杵白雲家)	·····	189

침향연기옥사란(沈香烟氣玉獅欄) 511

[ㅌ]

타기원앙입서당(打起鴛鴦入西塘) 183
타인입실간(他人入室看) 192
타향골육미(他鄉骨肉迷) 203
타향구국수하유(他鄉舊國愁何有) 132
타향봉제면(他鄉逢弟面) 262
탄관대이장륜재(彈冠待爾掌綸才) 71
탄구백조포(灘鷗白照袍) 187
탄금대하석양신(彈琴臺下夕陽新) 450
탄성월색사인수(灘聲月色使人愁) 311
탄식도도자(歎息滔滔者) 407
탄아구유로(歎我久游勞) 187
탄진영릉북(灘盡寧陵北) 278
탈취은채다희극(奪取銀釵多戲劇) 481
탐관애진재(貪官愛賑財) 485
탐라여아능선수(耽羅女兒能善泅) 352
탐라종고국여평(耽羅終古國如萍) 324
탐청강선기(貪聽講禪機) 129
탕쇄홍장명수저(蕩碎紅粧明水底) 546
태사성대야월허(太史星臺夜月虛) 210
태산소어총(泰山小於塚) 296
태수시하사(太守詩何似) 365
태수신래우출성(太守新來偶出城) 439
태평거상재명회(太平車上載名廻) 513
태평민물오성진(太平民物汚腥塵) 532
택국근청명(澤國近清明) 150
탱고방낭석(撐篙防狼石) 277
토속혼인중잠녀(土俗婚姻重潛女) 352
토인유설진주묘(土人猶說眞主墓) 530
통곡최승지(痛哭崔承旨) 256

통군정상망요동(統軍亭上望遼東) 567
투아환마노중읍(偸兒還馬路中揖) 535
투초추이련노중(鬪草抽荑輦路中) 548
투화방민월흑시(投火坊民月黑時) 558

[ㅍ]

파관환득호우다(罷官還得好友多) 404
파릉일망묘연개(巴陵一望杳然開) 183
파릉춘주불성취(巴陵春酒不成醉) 469
파사거년시(頗似去年時) 125
파사국화석(婆娑菊花席) 394
파사성북이호구(婆娑城北梨湖口) 275
파어토속상(頗於土俗詳) 336
파연만좌총관의(譁然滿座摠寬衣) 116
파주모우명정거(坡州暮雨銘旌去) 164
파초욕전유잔루(芭蕉欲展猶殘漏) 410
파행중원백년정(頗幸中原百年靜) 215
파희병중인사소(頗喜病中人事少) 197
판관내일수연개(判官來日壽筵開) 478
팔권고간찰(八卷古簡札) 497
팔도진봉주경사(八道進奉走京師) 352
팔방균일윤(八方均一潤) 359
팔선배장수미백(八仙陪仗鬚眉白) 430
팔순삼제야고년(八旬三弟也高年) 122
팔조유교반무존(八條遺敎半無存) 529
팔포연시이원개(八包燕市利源開) 513
패강서망사유재(浿江西望思悠哉) 428
패교고산풍설리(灞橋孤山風雪裏) 299
팽죽열부부(烹粥熱浮浮) 487
편범비회삼백리(片帆飛廻三百里) 241
편성연래희독서(褊性年來喜獨棲) 107
편신한속수(遍身寒粟收) 487

편운선조거(片雲先鳥去) ……………… 289
편월법심전(片月法心傳) ……………… 58
편조징강여백일(遍照澄江如白日) …… 544
편주적벽하(扁舟赤壁下) ……………… 240
평구협로배경사(平丘峽路背京師) …… 283
평련십이교(平連十二橋) ……………… 393
평무원색련(平蕪遠色連) ……………… 105
평산객사거유정(平山客舍去留情) …… 226
평산부리질문전(平山府吏叱門前) …… 216
평산서진시저탄(平山西盡是瀦灘) …… 213
평생광릉산(平生廣陵散) ……………… 257
평생권중약(平生權仲約) ……………… 400
평생당원별(平生當遠別) ……………… 172
평생보병곡(平生步兵哭) ……………… 194
평생여수어(平生與誰語) ……………… 243
평안즉상관(平安卽上官) ………………… 77
평야극묘묘(平野極杳杳) ……………… 502
평양유인행락처(平壤遊人行樂處) …… 533
평전서속성추근(平田黍粟成秋近) …… 390
평전직북중화야(平田直北中和野) …… 219
평초망망북(平楚茫茫北) ………………… 66
평초부산출(平楚浮山出) ………………… 66
평해송연묵(平海松烟墨) ……………… 424
폐문종일화산수(閉門終日畵山水) …… 299
포도가상월(葡萄架上月) ……………… 417
포목증유지(圃牧曾遊地) ……………… 263
포어귀래쇄(捕魚歸來曬) ……………… 502
포은사사직(圃隱死社稷) ……………… 318
포의적막장심위(布衣寂寞壯心違) ……… 59
포자경경수상부(鮑子輕輕水上浮) …… 352
포정문전패수청(布政門前浿水淸) …… 537
포척장도백금직(抛擲粧刀百金直) …… 481
포홀신추알상관(袍笏晨趨謁上官) …… 453

표묘심장만리주(縹緲心長萬里舟) …… 138
표연거인외(飄然去人外) ……………… 360
표요조라산(飄颻皂羅傘) ……………… 496
표해신소식(漂海新消息) ……………… 338
풍년족의식(豊年足衣食) ………………… 64
풍다격야진(楓多隔夜津) ……………… 289
풍다역약불감착(風多力弱不堪着) …… 480
풍도전양우역래(風到前洋又逆來) …… 337
풍도홍동거어분(風濤洶洞巨魚噴) …… 350
풍동주란금막고(風動朱蘭錦幕高) …… 544
풍류가목유(風流稼牧遺) ……………… 318
풍류남곽영당시(風流南郭暎當時) …… 375
풍류당송일천년(風流唐宋一千年) …… 115
풍류수막빈(風流繡幕賓) ……………… 475
풍류순사고금유(風流巡使古今游) …… 519
풍림근실앵(風林近失鶯) ………………… 60
풍림폐견촌(楓林吠犬村) ……………… 288
풍모우혈엽군성(風毛雨血獵軍聲) …… 568
풍백부지왕사급(風伯不知王事急) …… 337
풍범묘묘귀(風帆杳杳歸) ……………… 286
풍사유견금강류(風沙唯見錦江流) ……… 44
풍상함기구(風霜含氣久) ……………… 424
풍설서주일망사(風雪西州一望賒) …… 228
풍속여금야폐분(風俗如今夜閉門) …… 529
풍속팔충여(風俗八忠餘) ………………… 97
풍연비불만목래(風煙非不滿目來) …… 469
풍연입향몽(風烟入鄕夢) ……………… 311
풍연진야개(風烟盡野開) ………………… 61
풍우고무단(風雨苦無端) ……………… 398
풍우내하이(風雨來何已) ……………… 399
풍우노능지(風雨老能持) ………………… 45
풍우만서잠(風雨滿西岑) ………………… 63
풍우별인간(風雨別人間) ……………… 400

풍우일년심(風雨一年深) 171
풍우일월무일청(風雨一月無一晴) 350
풍인주회삼만리(風引舟回三萬里) 350
풍작만리훤(風雀滿籬喧) 50
풍조군악만강천(風潮軍樂滿江天) 560
풍진기로한천한(風塵驥老限天閑) 265
풍진남북사인차(風塵南北使人嗟) 74
풍진석창시(楓盡石蒼時) 438
풍진제매누욕고(風塵弟妹淚欲枯) 469
풍파공시경래객(風波共是經來客) 347
풍파소시낙하여(風波少處樂何如) 383
풍파증아구(風波贈我句) 370
풍패도문효(風斾都門曉) 301
피당동벽부예수(陂塘凍碧鳧鷖水) 73
피당설해증(陂塘設蟹罾) 67
피복도인당대경(皮服島人當大驚) 350
피복영선백세옹(皮服迎船百歲翁) 330
피의매복제주언(皮衣賣鰒濟州言) 56
피차하소언(彼此何所言) 81
필마서생향남거(匹馬書生向南去) 73
필마소조해반행(匹馬蕭條海畔行) 227
필부역연생(疋婦易捐生) 296
필연병진춘(筆硯丙辰春) 58
필운대상주잉사(弼雲臺上酒剩賖) 110
필준황류마(駜駿黃騮馬) 496

[ㅎ]

하군편주객(何郡扁舟客) 137
하년소국개(何年小國開) 337
하년옥폐천관주(何年玉陛千官走) 209
하년제자취소거(何年帝子吹簫去) 237
하당고설도화수(何當鼓枻桃花水) 259

하당누여우(下堂淚如雨) 495
하래월가련(何來月可憐) 83
하로부평촌(何老富平村) 417
하론수토손용안(何論水土損容顔) 347
하부도운단(何不到雲端) 360
하사여민우포흘(何似與民牛飽吃) 314
하사탐라일(何似耽羅日) 355
하사호남백진사(何事湖南白進士) 535
하손매화사조시(何遜梅花謝眺詩) 375
하수출리려(何須出里閭) 414
하술구기한(何術救饑寒) 342
하시갱작관서객(何時更作關西客) 225
하시욕재유(何時欲再遊) 312
하시착리사가거(何時着履辭家去) 51
하시화만수(何時花滿樹) 261
하야불감초(何夜不堪招) 393
하양구지구십천(何讓仇池九十泉) 383
하여견차간(何如見此間) 229
하연생우익(何緣生羽翼) 339
하원시반사(河原始返槎) 355
하의연규인(何意燕窺人) 80
하인금일갱비가(何人今日更悲歌) 503
하인도차불관정(何人到此不關情) 215
하인매도심(何因每到尋) 171
하인편상음(何人偏賞音) 392
하일군왕소(何日君王召) 363
하일북영화(何日北營花) 180
하일천손반패성(何日天孫返浿城) 549
하주견월만(何州見月滿) 205
하지불감련(何地不堪憐) 49
하직향겸관(下直向兼官) 495
하처강산비아수(何處江山非我愁) 469
하처갱론시(何處更論詩) 257

하쳐명년우문진(何處明年又問津) ······· 73
하쳐문황금(何處問黃金) ················ 206
하쳐삼산운기중(何處三山雲氣中) ···· 460
하쳐숙춘의(何處宿春衣) ················ 186
하쳐시고분(何處是孤墳) ················ 406
하쳐연파불시가(何處烟波不是家) ···· 282
하쳐인천리(何處人千里) ················ 475
하쳐지가심곡리(何處芝歌深谷裏) ···· 371
하쳐한매별한사(何處寒梅別恨賒) ···· 162
학도편의정(學道偏宜靜) ················· 80
학도희무어(學道希無語) ················ 149
학무서릉소소가(學舞西陵蘇小家) ···· 182
학선심부족(學仙心不足) ················· 91
한검행중구기시(閑檢行中舊寄詩) ····· 70
한계빈곡절(寒溪頻曲折) ·················· 41
한계욕불명(寒鷄欲不鳴) ················ 140
한공유견조비환(寒空唯見鳥飛還) ···· 227
한다백탑삼경출(寒多白塔三更出) ···· 259
한루궁문정(寒漏宮門靜) ················ 397
한림야진출(寒林野盡出) ················ 221
한벽당전곡곡수(寒碧堂前曲曲水) ···· 482
한벽당전수(寒碧堂前水) ················· 61
한벽당중각관행(寒碧堂中各官行) ···· 479
한벽당중검무징(寒碧堂中劍舞長) ···· 478
한벽당중대무지(寒碧堂中對舞遲) ···· 479
한벽당중도쌍륙(寒碧堂中賭雙陸) ···· 481
한벽당중매일취(寒碧堂中每日醉) ···· 477
한벽당중별간춘(寒碧堂中別看春) ···· 477
한벽당중불긍귀(寒碧堂中不肯歸) ···· 481
한벽당중습악회(寒碧堂中習樂回) ···· 478
한벽당중야연귀(寒碧堂中夜宴歸) ···· 480
한벽당중오월시(寒碧堂中五月時) ···· 480
한벽당중파연곡(寒碧堂中罷宴曲) ···· 482

한산백저이화백(韓山白苧梨花白) ····· 480
한수공불금(寒愁恐不禁) ················ 206
한식상심해외화(寒食傷心海外花) ···· 340
한식협화신(寒食峽花新) ················ 463
한양가유팔홍문(漢陽家有八紅門) ···· 505
한양성리정추풍(漢陽城裡正秋風) ···· 147
한외인생갱불구(閒外人生更不求) ···· 445
한우단풍암객선(寒雨丹楓暗客船) ···· 321
한우승류객(寒雨僧留客) ·················· 58
한우안다교(寒雨鴈多咬) ················ 292
한우청산곡사군(寒雨靑山哭使君) ···· 400
한원기고병시유(翰垣旗鼓並時遊) ····· 72
한주미상협(寒舟迷上峽) ················ 172
한천관조피(寒天官鳥避) ·················· 46
한천구마향여주(寒天驅馬向驪州) ···· 246
함구문외상림벽(含毬門外桑林碧) ···· 529
함루망충주(含淚望忠州) ················ 370
함양일야설(咸陽一夜雪) ················ 194
함향불상금란전(含香不上金鑾殿) ···· 429
해남조송매(海南朝送妹) ·················· 92
해내수등백설루(海內誰登白雪樓) ····· 72
해내존오우(海內存吾友) ················ 142
해동성취을지명(海東成就乙支名) ···· 563
해등가무연(解登歌舞筵) ················ 157
해문한조입운부(海門寒照入雲浮) ····· 73
해산연무망군요(海山烟霧望君遙) ···· 134
해상봉춘시북환(海上逢春始北還) ···· 126
해수개연무(海樹開烟霧) ················ 365
해안작농인(海岸作農人) ·················· 77
해외명산야숙연(海外名山也宿緣) ···· 328
해외봉춘사(海外逢春使) ················ 335
해외불무관(海外不無官) ················ 342
해외산개완마굴(海外山開宛馬窟) ···· 325

해외산비천축국(海外山飛天竺國) 74
해외실여생(海外實餘生) 354
해외초문상치연(海外初聞尙齒筵) 115
해주청어역난끽(海州靑魚亦難喫) 352
행매일간죽(行買一竿竹) 270
행불격천애(幸不隔天涯) 356
행수투간기색공(行首偸看氣色工) 527
행역하시이(行役何時已) 175
행인각설시신선(行人却說是神仙) 165
행인갱상금강정(行人更上錦江亭) 465
행인근한식(行人近寒食) 163
행인낙일수배회(行人落日水徘徊) 207
행인낙일청노가(行人落日聽勞歌) 225
행인명일발(行人明日發) 206
행인모견오제수(行人暮見鼯啼樹) 88
행인비고국(行人悲故國) 66
행인시문전조사(行人試問前朝事) 548
행인안자취(行人眼自醉) 37
행인여명월(行人與明月) 218
행인여조귀(行人與鳥歸) 41
행인외육월(行人畏六月) 363
행인원도희(行人苑道稀) 397
행인일과제천후(行人一過堤川後) 455
행인입점우사사(行人入店雨絲絲) 441
행인자고수(行人自古愁) 378
행인장림점불견(行人長林漸不見) 226
행인주마탁타교(行人駐馬槖駝橋) 208
행인지재백운중(行人指在白雲中) 175
행인차지애(行人此地哀) 302
행인한부도금사(行人寒不到金沙) 228
행자청아가(行者聽我歌) 296
행장원자복(行藏元自卜) 47
행지문군평(行止問君平) 46

행진십리야(行塵十里野) 496
행차축평안(行次祝平安) 495
행화한식수동서(杏花寒食水東西) 572
향교명월주인가(香橋明月酒人家) 193
향당견수좌불위(鄕黨肩隨坐不違) 116
향래명이괴문장(向來名已愧文章) 248
향래하곤곤(向來何袞袞) 46
향만문종신륵사(向晚聞鍾神勒寺) 274
향사위천애(鄕思慰天涯) 179
향산불국탑층층(香山佛國塔層層) 565
향석원망지(嚮夕遠望之) 81
향석제부우배거(向夕齊扶牛背去) 120
향소영인신(鄕所領印信) 495
향연요회송(香烟繞檜松) 305
향화삼년직(香火三年職) 320
향훈입신청(香暈入身淸) 423
허각주음동(虛閣晝吟同) 151
허공야기부(虛空夜氣浮) 323
허국신금로(許國身今老) 303
허명독조금(虛明獨照襟) 148
허명삼십재(虛名三十載) 91
허문마미상(虛聞馬尾裳) 336
허방대완천마종(虛放大宛天馬種) 331
허유일곡파(虛帷一哭罷) 90
허의강산처처루(虛倚江山處處樓) 223
허장군왕백옥편(虛葬君王白玉鞭) 530
허전이두사원접(虛傳李杜詞垣接) 374
허축방호만리성(虛築防胡萬里城) 508
헌거오월국문서(軒車五月國門西) 425
현등락경희(懸燈落磬稀) 129
현무여강세(玄武驪江勢) 249
현신의례첩자정(現身依例帖子呈) 479
현운강상성(玄雲降上誠) 359

현화백우소당군(玄花白羽笑唐君) ····· 530
혈천인신투철의(血濺鱗身透鐵衣) ····· 533
혐군견궁고(嫌君見窮袴) ················· 157
협강추재도(峽江秋再渡) ················· 438
협강훤급하우천(硤江喧急下牛川) ····· 321
협로홍진만면취(夾路紅塵滿面吹) ····· 132
협성괴류우미미(夾城槐柳雨微微) ······· 59
협수여천도벽류(峽水如天倒碧流) ····· 240
협수청청범목난(峽水青青泛木蘭) ····· 238
협우암초풍(峽雨暗初楓) ················· 143
협이상청수확시(峽裏霜清收穫時) ······· 88
협이이가미일년(峽裏移家未一年) ····· 193
협천방초외(峽天芳草外) ················· 200
형제급소매(兄弟及少妹) ··················· 64
형제도문파주지(兄弟都門把酒遲) ····· 441
형제독서청야우(兄弟讀書聽夜雨) ····· 144
형제동주우일번(兄弟同舟又一番) ····· 268
형제일등전(兄弟一燈前) ··················· 93
형제출시문(兄弟出柴門) ················· 418
혜릉미우제초귀(惠陵微雨祭初歸) ····· 389
혜포문중견사다(蕙圃門中見士多) ····· 144
호근대강비(胡近大江悲) ················· 377
호녀호아협로간(胡女胡兒挾路看) ····· 509
호등한색래(胡燈漢客來) ················· 302
호미래시침이래(胡未來時闖已來) ····· 509
호백수미창고안(皓白鬚眉蒼古顏) ····· 119
호복능근력(好僕能勤力) ··················· 48
호북간군거후서(湖北看君去後書) ····· 111
호산연우일공몽(湖山烟雨日空濛) ····· 545
호상심승소도번(湖上尋僧小棹翻) ····· 268
호송태평한세월(好送太平閒歲月) ····· 419
호수경도시(皓首傾都市) ················· 413
호운입경원(弧雲入京遠) ················· 303

호위고조신물시(胡爲苦遭神物猜) ····· 350
호위세사담(胡爲世事擔) ················· 124
호위황려객(胡爲黃驪客) ················· 318
호인내향차중금(胡人來向此中擒) ····· 559
호죽애사향벽산(豪竹哀絲響碧山) ····· 547
호중편적지(湖中偏赤地) ················· 292
호지황모경(胡地黃毛勁) ················· 424
호파명조황극전(好把明朝皇極殿) ····· 511
호표강도주감규(虎豹强盜晝敢窺) ····· 161
호해억전유(湖海憶前游) ··················· 82
호해친붕서불투(湖海親朋書不投) ····· 469
호향초제개일회(好向招提開一會) ····· 250
호화여대낙서순(豪華麗代樂西巡) ····· 532
혼가하시필(婚嫁何時畢) ················· 417
혼백하종부(魂魄下從夫) ················· 296
혼사윤주감로사(渾似潤州甘露寺) ····· 547
혼시초강도(渾是楚江圖) ················· 287
혼인수과시(婚姻誰過時) ················· 488
홀간평지번신락(忽看平地翻身落) ····· 167
홀견시시사화주(忽見時時似畫舟) ····· 346
홀곡소년거(忽哭少年去) ················· 163
홀근파릉현(忽近巴陵縣) ················· 184
홀문주후양양곡(忽聞酒後襄陽曲) ····· 556
홀문풍신방선최(忽聞風信放船催) ····· 337
홀학부추몰무처(忽學鳧雛沒無處) ····· 352
홍교필마향심산(虹橋匹馬向深山) ····· 126
홍군습진불귀거(紅裙濕盡不歸去) ····· 182
홍난백대청후기(紅欄百隊清喉妓) ····· 561
홍난삼백갑(紅欄三百閘) ················· 475
홍난삼백호루대(紅欄三百好樓臺) ····· 387
홍란삼백비류강(紅欄三百沸流江) ····· 564
홍려금일창수명(鴻臚今日唱誰名) ····· 100
홍로계당천두주(紅露桂糖千斗酒) ····· 545

홍로밀실고칭열(洪爐密室苦稱熱) ······ 161
홍로벽소수음훼(紅露碧蔬隨飮喙) ······ 442
홍료화명수국시(紅蓼花明水國時) ······ 283
홍만누선벽한사(紅幔樓船碧漢槎) ······ 573
홍석류화어사가(紅石榴花御史家) ······ 414
홍안내다영(鴻雁來多影) ······ 288
홍안천련수(鴻鴈天連水) ······ 335
홍왜박헌장대전(紅倭縛獻將臺前) ······ 569
홍유난옥면수족(紅毹煖屋眠誰足) ······ 246
홍전망갈석(虹前望碣石) ······ 304
홍진변진빈모반(紅塵變盡鬢毛斑) ······ 459
홍진일적삼천세(紅塵一謫三千歲) ······ 87
홍촉사롱괘백연(紅燭紗籠掛百椽) ······ 544
홍행초비백악촌(紅杏初飛白岳村) ······ 312
화각성중구마도(畵角聲中驅馬到) ······ 563
화간득소서(花間得小書) ······ 414
화간지척선궁근(花間咫尺仙宮近) ······ 99
화고새신평양무(畵鼓賽神平壤舞) ······ 56
화당간도일사시(畵堂看到日斜時) ······ 460
화도천석함추랭(畵圖泉石含秋冷) ······ 118
화락고인귀(花落故人歸) ······ 186
화락선심입주면(花落禪心入晝眠) ······ 197
화류경풍훤만안(花柳輕風喧滿眼) ······ 279
화류불감다병후(花柳不堪多病後) ······ 415
화류전촌접후촌(花柳前村接後村) ······ 56
화류혼성금(花柳渾成禁) ······ 398
화리동호상(花裏東湖上) ······ 312
화발건륭사십춘(花發乾隆四十春) ······ 504
화발내여약(花發來如約) ······ 266
화발차마독유산(花發借馬獨遊山) ······ 169
화발한여춘(花發恨餘春) ······ 77
화서야전송백처(禾黍野田松栢處) ······ 530
화선능벽실춘유(畵船綾碧失春遊) ······ 223

화압착성홍답인(花押着成紅踏印) ······ 479
화양정하초망망(華陽亭下草茫茫) ······ 314
화옥개오려(華屋豈吾廬) ······ 97
화운신녀위수래(化雲神女爲誰來) ······ 387
화월연년패수춘(花月年年浿水春) ······ 532
화조사응한(花鳥事應閑) ······ 269
화조월조평(花鳥月朝評) ······ 340
환가방초병중장(還家芳草病中長) ······ 170
환가석거화(還家夕擧火) ······ 487
환가회포신(還家懷抱新) ······ 90
환동송옥임강택(還同宋玉臨江宅) ······ 455
환이대해수(環以大海水) ······ 350
환향백운거(還向白雲去) ······ 83
환향한부동(還鄕恨不同) ······ 255
황갈문혜승수혜(黃秸紋鞋勝繡鞋) ······ 571
황계자서시상속(黃鷄紫黍時相速) ······ 119
황극성인원오복(皇極聖人元五福) ······ 430
황금다처갱무수(黃金多處更無愁) ······ 574
황금대상고금수(黃金臺上古今愁) ······ 396
황금대상곡소왕(黃金臺上哭昭王) ······ 510
황금득실나가론(黃金得失那可論) ······ 161
황년구객난(荒年久客難) ······ 342
황독지시독자귀(黃犢知時獨自歸) ······ 291
황료종조진(黃潦終朝盡) ······ 50
황면번고박수피(黃面蕃姑剝樹皮) ······ 341
황모자주하포저(黃帽刺舟何浦渚) ······ 183
황삼분작양행영(黃衫分作兩行迎) ······ 522
황삼장메무수수(黃衫長袂舞垂垂) ······ 460
황석당시미해기(黃石當時未解欺) ······ 403
황성반월사(荒城半月斜) ······ 66
황위망망벽도심(黃葦茫茫碧島深) ······ 559
황일중원수도직(黃日中原垂島直) ······ 340
황자범남방(況子犯南方) ······ 363

황조도춘풍(黃鳥度春風) ……… 150
황조지살표숭환(皇朝只殺表崇煥) …… 508
황주로상소무전(黃州路上笑無錢) …… 216
황주명월마다시(黃州明月馬多嘶) …… 219
황천증불로(皇天曾不老) ……… 391
황충살만화(蝗虫殺晩禾) ……… 498
황토관도불기진(黃土官途不起塵) …… 562
황학루전초(黃鶴樓前草) ……… 423
황혼강상대군래(黃昏江上待君來) …… 257
황혼기화귀시로(黃昏騎火歸時路) …… 555
황혼독상군성루(黃昏獨上郡城樓) …… 231
황혼독상해주성(黃昏獨上海州城) …… 258
황혼맥전유리경(黃昏驀轉琉璃鏡) …… 571
황혼종각청종과(黃昏鍾閣聽鍾過) …… 402
황화객자로(黃花客子老) ……… 286
황화정북춘초록(黃花亭北春草綠) …… 482
황황사목난(煌煌似木難) ……… 360
회군공곡엄시비(懷君空谷掩柴扉) …… 374
회군독숙구고루(懷君獨宿舊高樓) …… 112
회마아유지(回馬我猶遲) ……… 54
회수고금장(回首古今長) ……… 61
회수산혜울률한(回首山蹊鬱嵂寒) …… 453
회수서경구일유(回首西坰九日遊) …… 44
회수억동파(回首憶東坡) ……… 240
회수여라창벽로(回首女蘿蒼壁路) …… 449
회주강상우동군(廻舟江上又同君) …… 276
회주의전고(回舟意轉孤) ……… 287
회포빙난원(懷抱憑欄遠) ……… 61
회포자연개(懷抱自然開) ……… 272
회포춘래복침중(懷抱春來伏枕中) …… 96
횡당래탕주선사(橫塘來蕩酒船斜) …… 182
횡적수성하처객(橫笛數聲何處客) …… 65

효등임각조인명(曉灯林閣照人明) …… 127
효산요격초(曉山遙隔楚) ……… 475
효위양변금용자(驍尉兩邊金勇字) …… 524
효풍잔월억응미(曉風殘月憶應迷) …… 242
후기지불원(後期知不遠) ……… 174
후록다정유유문(厚祿多情唯有問) …… 428
후야계명하처청(後夜鷄鳴何處聽) …… 233
후원상목상(後園桑木上) ……… 94
훤일곡우후(暄日穀雨後) ……… 499
훤조어종용(暄鳥語從容) ……… 102
훤풍접무만성춘(暄風蝶舞滿城春) …… 376
휘루거신랑(揮淚去新郞) ……… 223
휘편욕묘연(揮鞭欲杳然) ……… 234
휘한대광상(揮翰對匡床) ……… 360
휴관기매조천마(休官已賣朝天馬) …… 409
휴군십일유(携君十日遊) ……… 261
휴기시등벽한사(携妓時登碧漢槎) …… 427
휴도동문풍설악(休道洞門風雪惡) …… 459
휴아절정견명성(携我絶頂見明星) …… 350
휴언대관령(休言大關嶺) ……… 458
휴탈농안전(休奪儂案前) ……… 494
흉년우진사(凶年牛盡死) ……… 292
흉년호구잔(凶年戶口殘) ……… 364
흔연위농부(欣然謂農夫) ……… 490
흡사신장옥녀용(恰似新粧玉女容) …… 549
흥망만고사(興亡萬古事) ……… 66
흥망홀무식(興亡忽無識) ……… 45
흥화문전등일기(興化門前登一騎) …… 325
희암개근고(希庵開近古) ……… 154
희음구익지(希音久益知) ……… 421
희인삼박망양대(戲人三泊望洋臺) …… 337
희허만고인(欷歔萬古人) ……… 463

자하시집 색인(索引)

[ㄱ]

가가설전음(家家設餞飮) 660
가구여수청(佳句與誰聽) 646
가두환유천조(街頭還有柳千條) 647
가련위봉루전석(可憐威鳳樓前石) 638
가인막문낭년기(佳人莫問郎年幾) 711
가인소수향응장(佳人小睡香凝帳) 718
가인참별의총총(家人慘別意忽忽) 605
가작구구주활인(可作區區做活人) 681
각성인인화루전(角聲咽咽畵樓前) 663
각시도화위아수(却是桃花爲我愁) 626
각의석춘춘로의(刻意惜春春老矣) 656
각향추파곤상래(却向秋波滾上來) 680
간뢰송풍일경사(澗籟松風一徑斜) 706
간비인소립(看碑人小立) 619
간최세색차유재(看催歲色且悠哉) 719
갈건록주우낭낭(葛巾漉酒雨浪浪) 679
감서황인미면(撼書幌人未眠) 699
감식부쇠주유공(減食扶衰酒有功) 705
감충담두록(堪充蟫蠹簏) 717
강녀사외초월황(姜女祠外初月黃) 594
강녀사외추광량(姜女祠外秋光涼) 594
강녀사전추국황(姜女祠前秋菊黃) 594
강녀사전추일황(姜女祠前秋日黃) 594
강녀사중환패량(姜女祠中環珮涼) 594
강녀사하침저량(姜女祠下碪杵涼) 594
강상생애부재다(江上生涯不在多) 708
강오견폐원(江嗚犬吠園) 618
강호산업무(江湖産業無) 643
개연관욕휴(慨然官欲休) 601
개위오조항팔순(豈謂吾曹向八旬) 712
개차탁혜탁(慨此蘀兮蘀) 651
개필송명연조실(豈必松明燃照室) 677
객귀병와석양명(客歸甁臥夕陽明) 656
객래다옥고연기(客來茶屋孤烟起) 655
객래문주인(客來問主人) 641
객아천상선성불(客兒天上先成佛) 629
객역유의불(客亦有意不) 641
갱감풍우타봉수(更堪風雨打篷愁) 654
갱반광화유신거(更伴狂花庾信居) 689
갱전삼백곡(更轉三百曲) 636
갱투사주도침함(更透紗廚到枕函) 622
거년여차금년우(去年如此今年又) 684
거년일지이건노(去年一枝移健奴) 666
거년중구연산도(去年重九燕山道) 602
거로장정부단정(去路長亭復短亭) 672
거차수중앙(據此水中央) 640
건성취지변한로(乾聲驟至變寒蘆) 697
게운경녹서(憩雲傾綠醑) 639
게자유일구(偈子留一句) 649

견우직녀화등(牽牛織女花燈) ………… 690
결신겸조물(潔身兼照物) ………… 610
결운안득검(抉雲安得劒) ………… 601
겸위설여비(兼爲洩餘悲) ………… 660
경가옥수일시개(瓊柯玉樹一時開) …… 718
경국풍류상사류(傾國風流上巳柳) …… 628
경권약로단자음(經卷藥爐檀柘陰) …… 687
경신난도분(輕身爛塗粉) ………… 650
경파석양생취만(畊罷夕陽生翠巒) …… 669
계류우후다어지(溪流雨後多於地) …… 599
계변흡호세사서(溪邊恰好細沙書) …… 667
계풍슬슬수선냉(溪風瑟瑟水仙冷) …… 604
고각우불훼(孤閣偶不毁) ………… 633
고견용공급설최(故遣龍公急雪催) …… 605
고괴삼사속(古槐森似束) ………… 645
고래점검교유제(古來點檢交遊際) …… 608
고산절창무천고(孤山絶唱無千古) …… 703
고성서반사문동(古城西畔寺門東) …… 592
고수황화편영외(古戍黃華鞭影外) …… 593
고신완불사(孤臣頑不死) ………… 695
고의오당구(古意吾當求) ………… 613
고인내불속(故人來不速) ………… 716
고인용필무차법(古人用筆無此法) …… 683
고작백우백(故作白羽白) ………… 609
고촉명개질(孤燭明開帙) ………… 624
고촌연화은평무(孤村烟火隱平蕪) …… 597
고촌횡일박(孤村橫一彴) ………… 639
고추정시등임절(高秋正是登臨節) …… 709
고침하재공장단(藁砧何在空腸斷) …… 594
고학동래야장반(孤鶴東來夜將半) …… 709
곡원비묘전소맥(谷園秘妙傳蘇脈) …… 630
곡지무익도여금(哭之無益到如今) …… 674
골육전성억(骨肉轉成憶) ………… 601

공락도리진(共樂桃李辰) ………… 650
공몽멸몰점천아(空濛滅沒點千鴉) …… 628
공몽백초습(空濛百草濕) ………… 685
공재자일석(空齋自日夕) ………… 601
공조연리등위삭(功曹椽吏等威削) …… 602
공퇴태정이학영(公退苔庭二鶴迎) …… 655
과거번화무잠구(過去繁華無暫久) …… 704
과계오자의(過溪吾自疑) ………… 631
과신하증만저마(寡信何曾瞞著麼) …… 680
과탄정단즙(過灘停短楫) ………… 685
곽희평원화춘산(郭熙平遠畵春山) …… 667
관동풍경야여허(關東風景也如許) …… 681
관령소광시백충(管領宵光是百蟲) …… 623
관마권장정(官馬倦長程) ………… 600
관정연어수앵어(關情燕語酬鶯語) …… 683
관지도자평(官池到自平) ………… 611
괄연불소지(恝然不少遲) ………… 660
광기발애전(光氣發崖巓) ………… 620
광음즉무정(光陰則無情) ………… 660
괴금규락서봉월(怪禽叫落西峰月) …… 602
괴엽음농하경중(槐葉陰濃夏景中) …… 696
교결은황월정중(皎潔銀潢月正中) …… 623
교두기취영(橋頭騎吹迎) ………… 607
교북교남난간화(橋北橋南嬾看花) …… 626
교송수죽일모정(喬松脩竹一茅亭) …… 707
교연견풍도(皎然見風度) ………… 648
교우량청당자서(較雨量晴唐子西) …… 682
구구수기태(區區守其蛻) ………… 636
구명환욱우(鳩鳴還欲雨) ………… 649
구문여해극담회(九門如海劇談回) …… 596
구문오연갱기절(舊聞烏淵更奇絶) …… 602
구식지당금색즉(舊識池溏金色鯽) …… 663
구욕니도공실신(久辱泥塗恐失身) …… 608

구천주명배(䣝泉注茗杯) ………… 622
군래무일언(君來無一言) ………… 717
군자시위정(君子視爲政) ………… 610
궁륭퇴설희(穹窿堆雪巇) ………… 609
궁연상수배(宮筵上壽盃) ………… 695
궁위진탕가병입(宮闈震蕩家兵入) … 637
권만경요서전거(捲幔輕橈徐轉去) … 706
귀정막이삼차한(歸程莫以參差恨) … 659
귀정묘하허(歸程杳何許) ………… 639
극흔태인중래객(屐痕苔認重來客) … 712
근호환수풍우차(墐戶還須風雨遮) … 646
금년아시거년오(今年我是去年吾) … 690
금년윤흡전중양(今年閏恰展重陽) … 660
금년중구마가탄(今年重九摩訶灘) … 602
금년흡진화시래(今年恰趁花時來) … 666
금명조일휘(禽鳴朝日暉) ………… 683
금비일점취광거(禽飛一點翠光去) … 598
금사오죽자포도(金絲烏竹紫葡萄) … 671
금신폐석감(金身閉石龕) ………… 619
금일부두피서모(今日扶頭披絮帽) … 648
금작교양제대천(琴作橋梁濟大川) … 673
금재수이찬(琴材誰已爨) ………… 613
금조득설응심척(今朝得雪應深尺) … 647
금조옥절향분사(今朝玉節向分司) … 662
금직추선려(禁直追仙侶) ………… 695
금추진불부(今秋眞不負) ………… 652
금춘화사거년춘(今春花似去年春) … 692
금파만지요단조(金波滿地鬧檀槽) … 606
급관최상이사다(急管催觴離思多) … 589
기나추창초불면(其奈秋窓初不眠) … 689
기득동년결식불(記得童年結識不) … 608
기부정거증차지(記否停車曾此地) … 597
기생수득현금래(幾生修得現今來) … 718

기석롱장천(跂石弄長川) ………… 635
기시총총귀막만(已是忽忽歸莫挽) … 692
기아낙천손패녀(欺我洛川損佩女) … 692
기야오경(其夜五更) ……………… 699
기어자규휴차곡(寄語子規休且哭) … 674
기유별기저(豈有別機杼) ………… 633
기지성불한상략(已知成佛閑商略) … 700
기지영위우양천(棄之寧爲牛羊踐) … 683
기필천무죽(豈必千畝竹) ………… 643
끽경풍파한로행(喫驚風波旱路行) … 677

[ㄴ]

나감수숙갱심후(那堪睡熟更深後) … 623
나능여허장(那能如許長) ………… 612
나옹고생불(懶翁固生佛) ………… 634
나지혼적어농일(那知混跡漁農日) … 640
나청일각원산개(螺靑一角遠山開) … 664
낙락십지간(落落十指間) ………… 694
낙일부두피서모(落葉落如花) ……… 651
낙엽만산무로입(落葉滿山無路入) … 675
낙엽분분향월제(落葉紛紛響月題) … 665
낙일현쌍저(落日懸雙杵) ………… 639
낙지춘양선선소(落地春陽旋旋消) … 647
낙휘하고성(落暉下古城) ………… 615
난맹불긍언(蘭盟不肯言) ………… 653
난운퇴리두견홍(亂雲堆裡杜鵑紅) … 668
난일염풍우후천(暖日恬風雨後天) … 593
난취여부람(暖翠與浮嵐) ………… 614
난한천입간화국(暖寒天入看花局) … 654
남극성표이장선(南極星漂已葬仙) … 630
남남이여하은원(喃喃爾汝何恩怨) … 656
남병휴주공심춘(南屛携酒共尋春) … 712

자하시집 색인(索引) 801

낭적금릉세주면(浪跡金陵貰酒眠) …… 663
낭추운역력추산상(朗秋雲歷歷秋山爽) 699
내세역복이(來歲亦復爾) …………… 660
내소선유도(來蘇先有渡) …………… 617
내시자송갱편원(來詩字竦更篇圓) …… 700
냉경거지사제생(冷卿居止似諸生) …… 655
노가양류제삼주(盧家楊柳第三株) …… 597
노독지하익(老讀知何益) …………… 624
노마신한사비힘(老馬身閑謝轡銜) …… 678
노순특장시과모(蘆笋特長時過母) …… 684
노심호작십년마(勞心好作十年魔) …… 711
노어항난부로일(撈魚港暖鳧鷺日) …… 606
노엽노화작의추(蘆葉蘆花作意秋) …… 654
노와수간청(老瓦樹間靑) …………… 646
노파선게답주빈(老坡禪偈答周邠) …… 597
노향읍읍인조의(鑪香浥浥引朝儀) …… 661
노화여설월여상(蘆花如雪月如霜) …… 705
녹야장춘지녹수(綠野長春知鹿壽) …… 604
녹음인갱정(綠陰人更靜) …………… 618
녹태정하자의영(綠苔庭下紫衣迎) …… 715
농상이화백여부(隴上梨花白如膚) …… 607
농판행인소(隴阪行人少) …………… 613
농화묘하허(穠華杳何許) …………… 649
뇌인여유만강수(惱人如有滿腔愁) …… 666
누대만지증화류(樓臺滿地蒸花柳) …… 627
누실편의담대오(陋室偏宜澹對吾) …… 701
누음산대합모호(樓陰山黛合糢糊) …… 697
능동기절품한유(凌冬氣節稟寒儒) …… 701
능이정면상(能以正面狀) …………… 632

[ㄷ]

다로유화부(茶爐有火否) …………… 685
다미회첨수시선(茶味回甛睡是禪) …… 593
다옥인귀유냉연(茶屋人歸有冷烟) …… 704
단도어옹감입화(短棹漁翁堪入畵) …… 710
단명도화개우락(短命桃花開又落) …… 626
단발표수은(短髮飄垂銀) …………… 650
단좌무언면곡지(端坐無言面曲池) …… 707
단칠여김벽(丹漆與金碧) …………… 632
단파오시독(但把吾詩讀) …………… 717
담각금서내환도(擔却琴書來喚渡) …… 709
담소아미백저삼(澹掃蛾眉白苧衫) …… 711
담연추경사신춘(澹烟秋景似新春) …… 640
담운롱일우낭랑(淡雲籠日雨浪浪) …… 660
당년저제상유허(當年邸第尙遺墟) …… 599
당진훈명다발호(唐鎭勳名多跋扈) …… 637
당차완보처(當車緩步處) …………… 621
당창노엽조추성(當窓蘆葉助秋聲) …… 655
당창영도인의월(當窓影到人疑月) …… 718
당하일필려(堂下一匹驢) …………… 641
대색횡천추(黛色橫千秋) …………… 634
대업삼한일통래(大業三韓一統來) …… 637
대작불여첨일순(大酌不如添一巡) …… 712
대차부지삼복열(對此不知三伏熱) …… 598
대현석파월(大賢昔播越) …………… 615
도롱무변영역로(稻隴無邊縈驛路) …… 603
도시묵수위(都是墨髓爲) …………… 693
도실청청행자황(桃實靑靑杏子黃) …… 657
도차삽탐천(到此歃貪泉) …………… 620
도채전향협접풍(挑菜田香蛺蝶風) …… 606
도천객의삼(跳濺客衣衫) …………… 614
도화무면세잔장(桃花霧面洗殘粧) …… 595
독서경종양차타(讀書耕種兩蹉跎) …… 708
독영주화모녹지(獨咏朱華冒綠池) …… 598
독전회곽과단장(獨轉廻廓過短墻) …… 623

독향서재음흥극(獨向書齋吟興劇) ······ 628
동경세원난징고(東京世遠難徵古) ······ 630
동래선송여(同來先送汝) ················ 600
동병빙결파한천(銅瓶氷結怕寒天) ···· 704
동선두견천하무(洞仙杜鵑天下無) ···· 607
동선지아멱시래(洞仙知我覓詩來) ···· 605
동풍여박냉(東風餘薄冷) ················ 653
두등부단도고주(豆滕不斷到菰疇) ···· 603
두학밀림경(陡壑密林景) ················ 694
득공인지견회다(得公因地見懷多) ···· 656
득구이운력낙방(得句籬雲歷落傍) ···· 657
득여차삼불(得如此杉不) ················ 634
득의도화천행화(得意桃花殿杏花) ···· 683
등고작부구구이(登高作賦區區耳) ···· 599
등산임수일초저(登山臨水日初低) ···· 665

[ㅁ]

막교홍자투(莫敎紅紫妬) ················ 649
막만누두빙조이(莫漫樓頭憑眺以) ···· 596
막소연홍진송로(莫笑軟紅塵送老) ···· 655
막위소광한륵주(莫謂韶光寒勒住) ···· 698
막장소애주(莫將蕭艾儔) ················ 642
막파생천교후선(莫把生天較後先) ···· 700
만가누각인초정(萬家樓閣人初定) ···· 623
만경수불악(晚景殊不惡) ················ 651
만념냉여회(萬念冷如灰) ················ 695
만단역이루(挽斷亦已屢) ················ 612
만리각천의계합(萬里各天宜契合) ···· 596
만리무단전부일(萬里無端傳訃日) ···· 629
만사부운부일배(萬事浮雲付一杯) ···· 719
만산도시불전화(滿山都是佛前花) ···· 706
만삼석별소아청(挽衫惜別小娥靑) ···· 672

만월대전생녹태(滿月臺前生綠苔) ···· 637
만정퇴설파인행(滿庭堆雪怕人行) ···· 684
만지금파우세람(滿地金波雨洗嵐) ···· 622
만풍불위잔화계(晚風不爲殘花計) ···· 656
매당무수압난간(梅棠無數壓欄干) ···· 695
매설강호거(每說江湖去) ················ 643
매우소소홍두연(梅雨脩脩紅豆然) ···· 604
매차이실거(每嗟易失去) ················ 652
매초월여신(梅梢月如新) ················ 632
매화공엄문(梅花共掩門) ················ 653
매화구리자릉대(梅花九里子陵臺) ···· 664
맥지신유방대도(驀地神遊訪戴圖) ···· 697
맥풍매우우하빈(麥風梅雨又何頻) ···· 692
멱구불수호지필(覓句不須呼紙筆) ···· 667
멸적입운봉(滅跡入雲峰) ················ 636
명발불능매(明發不能寐) ················ 686
명사십리해당화(明沙十里海棠花) ···· 681
명산입관부(名山入官府) ················ 609
명성감인절(鳴聲感人切) ················ 686
명실상현나아하(名實相懸奈我何) ···· 656
명월만강고학영(明月滿江孤鶴影) ···· 666
명월심인직입방(明月尋人直入房) ···· 623
명입이아열(名入爾雅列) ················ 686
명자발구청자류(鳴者鵓鳩靑者柳) ···· 676
명장위수염(明粧爲誰艶) ················ 616
명조갱향간구거(明朝更向刊溝去) ···· 663
명하욕타입서루(明河欲墮入書樓) ···· 704
모년환독왕(暮年還獨往) ················ 646
모연여해희군홍(暮烟如海戲群鴻) ···· 627
모호재변거홍교(糢糊纔辨去紅橋) ···· 647
몽중종유환향로(夢中縱有還鄕路) ···· 689
몽혼부도연홍제(夢魂不到軟紅堤) ···· 682
몽회주기전소석(夢回酒氣全消席) ···· 697

묘오심독지(妙悟心獨知) ·········· 694
무계춘광계옥총(無計春光繫玉驄) ····· 626
무기유잠방초골(舞妓遺簪芳草滑) ····· 599
무나천성석색하(無奈泉聲石色何) ····· 657
무다용슬소자주(無多容膝小子舟) ····· 654
무물격섬진(無物隔纖塵) ·········· 610
무방증후래(無妨贈後來) ·········· 622
무여일언수(無與一言酬) ·········· 601
무인독작미위비(無人獨酌未爲非) ····· 702
무처부도원(無處不桃源) ·········· 619
무파산여고(霧罷山如故) ·········· 614
무풍사자경(無風沙自驚) ·········· 613
무풍엽탈송추성(無風葉脫送秋聲) ····· 709
무풍임영벽삼차(無風林影碧參差) ····· 598
무하남산자취횡(廡下南山紫翠橫) ····· 655
묵수산정험(默數山程險) ·········· 600
묵향소진극혼다(墨香消盡屐痕多) ····· 657
문설선동처(聞說仙洞處) ·········· 636
문오백간기제탑(問五百間幾第榻) ····· 597
문인창교사(文人創巧思) ·········· 694
문전거마도(門前車馬道) ·········· 642
문질산방선약물(問疾山房宣藥物) ····· 715
문황미필비연식(汶篁未必非燕植) ····· 596
미불미시황불황(米不米時黃不黃) ····· 638
미유불별시(未有不別時) ·········· 660
미인향초사전면(美人香艸思纏綿) ····· 604
미화대립불지환(迷花簦笠不知還) ····· 669

[ㅂ]

박관사가객(薄官思家客) ·········· 600
박만번성염염청(薄晚翻成冉冉晴) ····· 684
박명교다상부한(薄命較多商婦恨) ····· 595

박박잉범범(拍拍仍汎汎) ·········· 618
반도삼견화(蟠桃三見花) ·········· 616
반만신월일조금(半彎新月一條金) ····· 675
반만오작교표(半彎烏鵲橋漂) ······· 691
반석묵지함우기(伴石墨池含雨氣) ····· 655
반슬의탄금(盤膝宜彈琴) ·········· 611
방각구렴야색량(舫閣鉤簾夜色凉) ····· 705
방선서거월수경(放船西去月隨傾) ····· 709
방심관마귀(放心官馬歸) ·········· 600
방중홍촉위수별(房中紅燭爲誰別) ····· 672
방초무정조숙인(芳艸無情趙淑人) ····· 714
배석모암일경회(背石茅菴一徑回) ····· 688
배후백구비자거(背後白鷗飛自去) ····· 708
백구휴소노인가(白鷗休笑老人家) ····· 679
백근철허사(百斤鐵虛使) ·········· 634
백로창가아향서(白露蒼葭我向西) ····· 665
백미이피홍욕최(白未離披紅欲催) ····· 644
백사로흑초제경(白沙路黑招提境) ····· 602
백운견중여라의(白雲肩重女蘿衣) ····· 675
백운파처우청산(白雲破處又靑山) ····· 668
백운홍수변추시(白雲紅樹變秋時) ····· 708
백장견강역풍단(百丈牽江逆風湍) ····· 602
백천동도기시회(百川東倒幾時回) ····· 680
백탑정정향원공(白塔亭亭向遠空) ····· 592
백호접여청산거(白蝴蝶汝靑山去) ····· 676
번분사옥주(翻盆瀉玉珠) ·········· 696
번질록대기(翻跌麓臺奇) ·········· 694
번혐감소정정원(翻嫌歛笑亭亭遠) ····· 644
번화왕적무인문(繁華往跡無人問) ····· 637
범범홍도수상화(泛泛紅桃水上花) ····· 679
범패처청불국개(梵唄凄淸佛國開) ····· 637
벽도화발시등풍(碧桃花發試燈風) ····· 696
벽로방자노아단(碧蘆舫子蘆芽短) ····· 715

벽로자나생(碧蘆自羅生) 642
벽로화반략주시(碧蘆花畔掠舟時) 666
벽상일호로(壁上一葫蘆) 641
벽성청야대무면(碧城淸夜對無眠) 604
벽운여수야량초(碧雲如水夜凉初) 687
별세여별인(別歲如別人) 660
병타연묘망(併墮烟渺茫) 640
본지교불여우(本知巧不如愚) 691
봉영추사망향대(逢迎秋士望鄕臺) 596
봉창사의시(篷窓徙倚時) 614
봉추연구다신조(逢秋鍊句多神助) 687
봉회로반시(峰回露半視) 614
봉후오위빈(封侯傲渭濱) 643
부군영처삼차취(夫君迎處參差吹) 602
부도하산하(不到霞山下) 645
부용당상기라연(芙蓉堂上綺羅筵) 603
부용본정식(芙蓉本淨植) 610
부인성하도가회(夫人城下棹歌回) 664
부인염세백무우(夫人厭世百無憂) 658
부지야심천(不知夜深淺) 640
부지하주강신현(不知何柱降神弦) 673
북평부자즉리연(北平父子卽犂然) 629
분비오류도잠댁(紛飛五柳陶潛宅) 689
분수일명시향북(奮首一鳴時向北) 678
분앙도서요재방(盆盎圖書繞在傍) 702
분외계산입좌비(分外溪山入座飛) 663
불견서호이십년(不見西湖二十年) 644
불관왕모사화조(不關王母赦花租) 701
불관인사불성면(不關人事不成眠) 674
불관청사두상설(不管靑絲頭上雪) 602
불쾌우불치(不挂又不馳) 641
불국번화삼월중(佛國繁華三月中) 668
불긍방계류(不肯放溪流) 616

불방유환자(不妨遊宦子) 620
불사시사합천기(不似是似合天機) 683
불석어차시(不惜於此時) 694
불성침취불성가(不成沉醉不成歌) 589
불수갱대제고호(不須更待題糕豪) 602
불수인사변(不隨人事變) 645
불신신인승구인(不信新人勝舊人) 608
불여아언건(不與我偃蹇) 609
불위정인동도파(不爲情人東倒波) 589
불위춘능모(不謂春能暮) 648
불이마고헌수래(不羨麻姑獻壽來) 719
불이외교수박변(不以外交修襮邊) 629
불전연등체명멸(佛前蓮燈遞明滅) 602
불타홍두주(不打紅頭走) 634
비관요낙후(非關搖落候) 613
비군숙유신선골(非君夙有神仙骨) 716
비궤소향독도경(棐几燒香讀道經) 707
비접쟁미무(飛蝶爭媚嫵) 649
비충박검서(飛虫撲檢書) 624
비파사포과심양(琵琶斜抱過潯陽) 595
빈가세색당당거(貧家歲色堂堂去) 703
빈사선정구(鬢絲禪定久) 649
빈상팔월래(頻傷八月來) 695
빈차세월이(頻嗟歲月移) 694
빈파화전후(頻婆花殿後) 648

[ㅅ]

사가돈여소가도(謝家墩與蘇家渡) 656
사객침감영입배(詞客沈酣影入杯) 718
사경유여차(私慶有如此) 697
사규월색근금석(似珪月色近今夕) 663
사리장전탑(舍利藏甎塔) 619

사벽진교서화점(四壁盡教書畫占) 646
사석총성보(沙石摠成寶) 620
사시기미이심추(四時氣味已深秋) 608
사양송여처(斜陽送汝處) 600
사어병풍진옥제(寫御屛風進玉除) 713
사위황화상신퇴(似爲黃花霜信退) 660
사의약립설중환(蓑衣篛笠雪中還) 710
사증상식면(似曾相識面) 653
사진벽도군부지(謝盡碧桃君不至) 684
산근금강개불기(山近金剛皆佛氣) 701
산류내수험(山溜來雖險) 611
산반황사일회동(山牛荒祠一會同) 591
산수출재차족락(山水出宰差足樂) 602
산승경무위(山僧竟無謂) 636
산입요천담애무(山入遙天淡靄無) 597
산점평원춘초간(散點平原春草間) 669
산정용녹초위인(山庭茸綠草爲茵) 712
산정우타무인견(山庭雨打無人見) 688
산질기년일냉경(散秩耆年一冷卿) 715
산처보망재완미(山妻補網纔完未) 676
산한오구염홍최(山寒烏桕染紅催) 688
살북해서빈차회(薩北海西頻此會) 604
삼월초순제육소(三月初旬第六宵) 606
삽연향지오하여(颯然響地吾何與) 680
상감잡수명(霜酣雜樹明) 607
상광여월색(霜光與月色) 640
상사청명절서최(上巳淸明節序催) 698
상식이시곡미휴(上食移時哭未休) 658
상엄제불원(尙掩諸佛院) 633
상청농야오(想聽農野娛) 697
색막인거금주향(索莫人居禁酒鄕) 654
생성리즉친(生成理則親) 650
생시절물금유재(生時節物今猶在) 659

생재삼춘홍자외(生在三春紅紫外) 701
서기이인재(庶幾伊人在) 632
서래완대번경실(書來宛對繙經室) 711
서신징백려(棲神澄百慮) 610
서자도도만부득(逝者滔滔挽不得) 680
서진교하멱행주(西津橋下覓行舟) 701
석곡등광냉구방(夕哭燈光冷舊房) 659
석로하계제(夕露下階除) 624
석벽감제서(石壁堪題序) 639
석실송관쇄취미(石室松關鎖翠微) 674
석양무한연군심(夕陽無限戀君心) 678
석양무한원산평(夕陽無限遠山平) 688
석양사교목(夕陽寫喬木) 651
석양서하수류동(夕陽西下水流東) 626
석양염염함서령(夕陽冉冉銜西嶺) 672
석양예예혜명엽(夕陽翳翳鞎鳴葉) 688
석양허리연(夕陽墟里烟) 645
석자상봉무별어(釋子相逢無別語) 681
선가환탈공비색(禪家幻脫空非色) 692
선두일말청어염(船頭一抹靑於染) 662
선묵중번자불와(禪墨重翻字不訛) 711
선범차위계(仙凡此爲界) 631
선산족관부(仙山足官府) 616
선생거국막작악(先生去國莫作惡) 602
선생고소몽의연(先生顧笑夢依然) 630
선석안시연(選石安詩硯) 622
선송부인계좌천(先送夫人啓左阡) 659
선심시사병상침(禪心詩思病相侵) 687
선오군응독(禪悟君應獨) 717
선풍방불오허공(禪風髣髴悟虛空) 703
섬고토갱원(蟾高兎更遠) 616
섬월일구황(纖月一鉤黃) 619
성혼아골무회풍(城昏鴉鶻舞回風) 590

세수일생추창사(細數一生惆悵事) …… 661
세우봉창독야문(細雨蓬窓獨夜聞) …… 707
소계내회지(小溪來會之) …… 630
소계부사벽한변(小繫浮槎碧漢邊) …… 630
소대춘용파정성(昭代春容播正聲) …… 590
소량재건석(宵涼在巾舄) …… 624
소립계교하소사(小立溪橋何所思) …… 708
소발수의령(素髮垂衣領) …… 617
소사재천말(所思在天末) …… 694
소사하극장성장(所思何極長城長) …… 594
소상일편벽(瀟湘一片碧) …… 683
소서자개명슬경(小署自開明瑟境) …… 598
소애동수방초로(蕭艾同隨芳草老) …… 608
소언천척대(少焉千尺臺) …… 616
소옥설청초(小屋雪晴初) …… 683
소우무고물(所遇無故物) …… 660
소월당공과우수(素月當空過雨收) …… 704
소재우결일중연(蘇齋又結一重緣) …… 604
소주위일람(小舟爲一纜) …… 618
소주진일엽(小舟眞一葉) …… 607
소지향류학탁태(掃地香留鶴啄苔) …… 718
소충정어연니남(訴衷情語鷰呢喃) …… 711
소탑올여개사실(小榻兀如開士室) …… 654
소한계칩춘무적(消寒啓蟄春無跡) …… 705
소한병탑주무공(消寒病榻酒無功) …… 648
소환불해추창사(小鬟不解惆悵事) …… 666
소휴조일개(蔬畦助一漑) …… 611
속속홍우작(簌簌紅雨作) …… 651
송로영향화정복(送老影香和靖福) …… 644
송운둔령벽(松雲屯嶺碧) …… 609
송지요입작(竦枝搖立鵲) …… 651
송청운기중(松青雲氣中) …… 631
송파무일게(松坡無一偈) …… 635

쇄시은린망(晒市銀鱗網) …… 619
쇄작서암우(灑作西巖雨) …… 652
쇠류천조별한생(衰柳千條別恨生) …… 688
쇠체윤기부(衰體潤肌膚) …… 697
쇠초한연전처만(衰草寒烟轉處灣) …… 709
수가구야정(誰家舊野亭) …… 646
수가붕발애재노(誰家鬅髮愛才奴) …… 709
수견양공편석여(誰見羊公片石餘) …… 599
수능이구수(誰能以九數) …… 631
수라양흘유심정(蒐羅揚扢有深情) …… 590
수림황치추황량(水林況値秋荒涼) …… 638
수식이정편방초(須識離情遍芳草) …… 665
수실어간무실사(睡失漁竿舞失簑) …… 679
수압로훈제일사(睡鴨爐薰除一事) …… 702
수여낭상견(數與郎相見) …… 620
수여산백흑(誰與算白黑) …… 636
수운묘묘신래로(水雲渺渺神來路) …… 673
수위패인처(雖爲浿人妻) …… 620
수장무염어(搜腸無艶語) …… 649
수정궁전화서감(水晶宮殿化書龕) …… 622
수종송영구주인(手種松迎舊主人) …… 712
수종절험화(誰種絶險花) …… 631
수지의장배회객(誰知倚杖徘徊客) …… 627
수촌산곽객정중(水村山郭客程中) …… 606
수풍수우기시휴(愁風愁雨幾時休) …… 626
수향청산리(誰向青山裡) …… 652
수호시산성(水戶是山城) …… 607
숙홀일미진(倏忽一微塵) …… 650
슬상횡금저낙월(膝上橫琴低落月) …… 718
시가근일득군중(詩家近日得君重) …… 687
시경연년위일개(詩境年年爲一開) …… 718
시경화심묘처동(詩境花心妙處同) …… 703
시시치차괘(時時馳且挂) …… 641

시신자아천계근(是身自訝天階近) ····· 705
시지미망자쇄전(詩旨微茫刺刷箋) ····· 630
시처연광초아로(是處烟光招我老) ····· 606
시화일관지(詩畵一貫之) ····· 694
식기수학관원옹(息機須學灌園翁) ····· 606
신고재동년(辛苦在童年) ····· 601
신교자오천두재(神交子午泉頭在) ····· 682
신금쇠완유감운(臣今衰腕猶堪運) ····· 713
신녀귀시환패냉(神女歸時環佩冷) ····· 602
신막경증육식비(愼莫輕贈肉食肥) ····· 683
신부기두어화인(新婦磯頭漁火認) ····· 664
신부초래흡십삼(新婦初來恰十三) ····· 658
신접비미고(新蝶飛未高) ····· 650
신추야색양여수(新秋夜色凉如水) ····· 704
신추양아후(新秋養痾後) ····· 624
신축백구경(身逐白鷗輕) ····· 607
심시홍엽추(尋詩紅葉秋) ····· 641
심침녹음원(深沉綠陰院) ····· 648
심화완보당경거(尋花緩步當輕車) ····· 667
심흠기화정(心欽寄畵情) ····· 694
십년미각숭양몽(十年未覺崧陽夢) ····· 657
십이금현십이주(十二琴弦十二柱) ····· 673
쌍목단총일장초(雙牧丹叢一丈蕉) ····· 671
쌍폭괘층홍(雙瀑掛層虹) ····· 635

[ㅇ]

아거지부천하락(兒去知否泉下樂) ····· 714
아독이소여독화(我讀離騷如讀畵) ····· 604
아랑걸교상호(兒娘乞巧相呼) ····· 691
아루번교우불금(我淚翻敎又不禁) ····· 674
아아주난영홍촉(鵝兒酒煖迎紅燭) ····· 628
아역기증심자하(我亦記曾尋紫霞) ····· 657
아욕여지언(我欲與之言) ····· 617
아욕임하징구사(我欲臨河徵舊事) ····· 592
아위화수백료두(我爲花愁白了頭) ····· 626
아이전유궁(我以奠惟宮) ····· 660
아자지리차소류(我自支離且小留) ····· 658
아자행약래(我自行藥來) ····· 611
아작투림정불효(鴉鵲投林靜不囂) ····· 647
아지자하담(我至紫霞潭) ····· 617
안득명산재부중(安得名山在府中) ····· 716
안사생초반(安事生綃礬) ····· 635
안상도화천만지(岸上桃花千萬枝) ····· 706
안성궁처효등전(雁聲窮處曉燈前) ····· 689
안아간고불간양(眼兒看故不看樣) ····· 675
암동증홍화사금(岩洞蒸紅花似錦) ····· 712
애재불제자(哀哉佛弟子) ····· 634
앵추생소자호명(鶯雛生小自呼名) ····· 684
앵추흡흡연아망(鶯雛恰恰燕兒忙) ····· 657
야야번상투막풍(夜夜繁霜透幕風) ····· 648
야언연의작(野言然疑作) ····· 615
야우욕번분(夜雨欲翻盆) ····· 601
야우하간녹엽성(夜雨何干綠葉成) ····· 656
야유기정물색인(也有旗亭物色人) ····· 640
야인이락채화전(野人籬落菜花田) ····· 644
양붕자유규방수(良朋自有閨房秀) ····· 664
양수행오무병양(兩手幸吾無病恙) ····· 675
양양백구비소우(兩兩白鷗飛小雨) ····· 681
양엽추래반시어(楊葉秋來半是魚) ····· 599
양장시호험어경(羊腸豺虎險於鯨) ····· 677
어유하곡조이고(魚游河曲調易苦) ····· 594
어차기오올(於此寄傲兀) ····· 611
어촌연담유무의(漁村烟淡有無疑) ····· 676
어희천두김색피(魚戲千頭金色披) ····· 598
억증난설시상증(憶曾蘭雪詩相贈) ····· 714

언득부돈쇠(焉得不頓衰) ·············· 660
언설상가리(言說尙可離) ·············· 635
언홍교백전두공(嫣紅嬌白轉頭空) ······ 696
엄성취화각(嚴城吹畫角) ·············· 619
여구진경이대재(麗句眞驚異代才) ······ 664
여군삽차수(與君歃此水) ·············· 632
여기소봉옥(如寄小篷屋) ·············· 685
여독하위자(余獨何爲者) ·············· 686
여력세도홍(餘力洗陶泓) ·············· 611
여련강광서구년(如練江光逝舊年) ······ 663
여립소정개(如笠小亭開) ·············· 621
여배수변촌(驢背水邊村) ·············· 653
여배요산취대빈(驢背遙山翠黛顰) ······ 640
여윤침점습(餘潤枕簟襲) ·············· 685
여자전소몽견지(與子前宵夢見之) ······ 666
여차강상역감정(如此江上易感情) ······ 709
여차광장설(如借廣長舌) ·············· 612
여하점적간장수(如何點滴肝腸水) ······ 680
역락십지비(歷落十指飛) ·············· 683
역증추축옥당선(亦曾追逐玉堂仙) ······ 700
역지내세중상견(亦知來歲重相見) ······ 704
역진중봉일초당(歷盡重峰一草堂) ······ 638
역편동래육칠주(歷遍東來六七州) ······ 701
연교망불극(烟郊望不極) ·············· 639
연대불상대(年代不相待) ·············· 632
연수인칭태자하(衍水因稱太子河) ······ 592
연우방비쇄만가(烟雨芳菲鎖萬家) ······ 628
연운천만태(烟雲千萬態) ·············· 693
연자니융송벽거(燕子泥融送碧車) ······ 628
연지청기귀(硯池淸氣歸) ·············· 683
연지화락수금제(硯池花落水禽啼) ······ 682
염문산외사(厭聞山外事) ·············· 636
염어가곡청어화(艶於歌曲淸於畫) ······ 718

염외동풍작의한(簾外東風作意寒) ······ 695
영경현기변(靈境眩奇變) ·············· 631
영락사창하엽잔(影落紗窓荷葉盞) ······ 671
영리전도상(永離顚倒相) ·············· 632
영문족채천(迎門簇釵釧) ·············· 620
영발수수백(領髮垂垂白) ·············· 653
영울개도화(映蔚開圖畫) ·············· 646
영인각억육조시(令人却憶六朝詩) ······ 598
영종금일사(永從今日辭) ·············· 660
영준수유별(靈蠢雖有別) ·············· 650
영창루박여무격(縈窓漏箔如無隔) ······ 622
영첩은수미(嶺疊隱修眉) ·············· 614
영취군가해은처(領取君家偕隱處) ······ 664
영회녹수하류병(縈迴綠水荷留柄) ······ 604
예어낭랑각누지(睿語琅琅刻漏遲) ······ 661
오금권의논영준(吾今倦矣論英雋) ······ 590
오당방년보(吾當訪年譜) ·············· 615
오동도욕부(梧桐島欲浮) ·············· 613
오려소쇄은왕성(吾廬瀟洒隱王城) ······ 655
오려수벽협유정(吾廬雖僻愜幽貞) ······ 684
오려양수능홍백(吾廬兩樹能紅白) ······ 644
오류촌심도령택(五柳村尋陶令宅) ······ 679
오생야유애(吾生也有涯) ·············· 660
오시유하호(吾詩有何好) ·············· 716
오십년전이십삼(五十年前二十三) ······ 711
오작전하전부득(烏鵲塡河塡不得) ······ 699
오차수정역(汚此水晶域) ·············· 632
옥골빙심일수매(玉骨氷心一樹梅) ······ 718
옥골하혐수(玉骨何嫌瘦) ·············· 653
옥협현번로(玉頰泫繁露) ·············· 648
옹년팔십능강건(翁年八十能康健) ······ 719
옹류나차몽중신(翁留奈此夢中身) ······ 714
와계양류압리행(臥溪楊柳壓籬杏) ······ 667

와구여목수음중(瓦溝如沐樹陰重) ······ 623
와상혼시국화향(臥床渾是菊花香) ······ 702
와우점벽태치정(蝸牛黏壁太痴情) ······ 656
와처시문계자향(臥處時聞桂子香) ······ 705
와탑춘광일일융(臥榻春光日日融) ······ 703
완녀도화훈검제(浣女桃花醺瞼際) ······ 668
완전주난월상현(完轉朱欄月上弦) ······ 604
요부제품후(堯夫題品後) ······ 642
요승진가참(妖僧眞可斬) ······ 633
요심십이폭(要尋十二瀑) ······ 614
요요서향원(寥寥瑞香院) ······ 632
요월개준시병여(邀月開罇試病餘) ······ 687
요초동풍매신회(料峭東風梅信回) ······ 644
요탑앵백전(繞塔鶯百囀) ······ 612
욕거장시낭마백(欲去長嘶郎馬白) ······ 672
욕도선랑미도(欲渡仙郎未渡) ············ 691
욕장화본정무법(欲將畫本定撫法) ······ 638
용역동류이막과(容易東流爾莫誇) ······ 678
용용녹랑춘강수(溶溶綠浪春江水) ······ 679
용용녹초청강상(茸茸綠草青江上) ······ 678
용용부양양(溶溶復漾漾) ······ 618
용용파상월(溶溶波上月) ······ 640
용허무위산(龍噓霧爲山) ······ 614
우감집배좌지오(右堪執盃左持螯) ······ 675
우금삼십육회춘(于今三十六回春) ······ 627
우사응모맥맥래(又似凝眸脈脈來) ······ 644
우여방초후여직(雨餘芳草厚如織) ······ 707
우연수묵참황미(偶然水墨參黃米) ······ 697
우우상이여(于嵎相爾汝) ······ 652
우일년춘과반강(又一年春過半強) ······ 654
우일산방양연거(又一山房養硯居) ······ 713
우지충성작(雨止虫聲作) ······ 685
우창지자간(雨窓只自看) ······ 694

우향천천만만년(又享千千萬萬年) ······ 678
운랑여월전(雲廊與月殿) ······ 633
운중계견일촌정(雲中鷄犬一村靜) ······ 706
운차결묘우(云此結茆宇) ······ 615
운층소어시상실(雲層笑語時相失) ······ 591
운하지관거심사(云何只管渠心事) ······ 674
울울창송천만수(鬱鬱蒼松千萬樹) ······ 605
원대증신목(遠黛增新沐) ······ 717
원례주중상유선(元禮舟中尙有仙) ······ 629
원룡공백척(元龍空百尺) ······ 611
원무약속절상량(原無約束絶商量) ······ 623
원색창연지(遠色蒼然至) ······ 615
원시추풍낙엽다(原是秋風落葉多) ······ 680
월사사전단일주(月沙祠前但一株) ······ 666
월침무의야경과(月沈無意夜經過) ······ 680
위수금곡타루인(爲誰金谷墮樓人) ······ 692
유개시인멱구내(有個詩人覓句來) ······ 688
유객동상고가의(有客同觴固可意) ······ 702
유견서긍봉사년(猶見徐兢奉使年) ······ 638
유교고시류(柳橋古時柳) ······ 612
유노일성망근원(柔櫓一聲忘近遠) ······ 707
유랑역가촌(柳浪亦佳村) ······ 618
유림운액무인년(儒林運厄戊寅年) ······ 630
유사균분공참차(柳絲筠粉共參差) ······ 707
유승인간한사생(猶勝人間限死生) ······ 699
유시가인금슬방(猶是佳人錦瑟傍) ······ 654
유심의하극(幽尋意何極) ······ 615
유연명구촌경한(乳燕鳴鳩村景閒) ······ 667
유연여명구(乳燕與鳴鳩) ······ 649
유연여원청(乳燕如願晴) ······ 649
유연열성령(留連悅性靈) ······ 646
유월양계황(柳月漾溪黃) ······ 609
유유삼산원원수(唯有三山遠遠隨) ······ 662

유유일가주(猶有一家住) ……………… 631
유유최조리(猶有催租吏) ……………… 621
유인출호간(幽人出戶看) ……………… 651
유접과한만(遊蝶過閑慢) ……………… 717
유종묘령진호사(兪宗廟令眞好事) …… 666
유죽생증종불의(唯竹生憎種不宜) …… 673
유차청일폭(有此晴日曝) ……………… 716
유촌개금랑(有村皆錦浪) ……………… 619
유현포두어(猶賢飽蠹魚) ……………… 624
유회무인설(有懷無人說) ……………… 686
육홍궁금이전령(肉紅宮錦裏全嶺) …… 607
율주종동주일감(栗主終同住一龕) …… 659
은원상이여(恩怨相爾汝) ……………… 649
은파일대호장원(銀波一帶好莊院) …… 603
은홍자숙헌궁연(殷紅子熟獻宮筵) …… 679
음음제화전(陰陰薺花田) ……………… 649
음주관도방(蔭周官道傍) ……………… 612
음충즐향추량(陰虫喞喞向秋凉) ……… 659
읍진향라구저상(泣盡香羅舊著裳) …… 595
응단화시장(應斷畵時腸) ……………… 714
응모녹만요상망(凝眸睩曼遙相望) …… 594
응무서가척(應無暑可滌) ……………… 609
의구우랑직녀정(依舊牛郞織女情) …… 699
의장간의연(倚杖看依然) ……………… 645
의중난함이준득(意中欄檻移罇得) …… 663
의중인대월중소(意中人對月中宵) …… 671
의진회왕사(依辰懷往事) ……………… 695
의회수묵단청화(依俙水墨丹青畵) …… 701
이과중양상란량(已過重陽尙嬾凉) …… 660
이궁유인촉(已窮遊人蠋) ……………… 635
이도취차승방숙(移棹就借僧房宿) …… 602
이백화지수절장(李白花枝手折將) …… 679
이분과화침세(匜粉瓜花針帨) ………… 691

이불섭휴경(而不涉畦徑) ……………… 694
이수영회처(二水濚洄處) ……………… 613
이아구파사(而我久婆娑) ……………… 616
이역서풍취낙모(異域西風吹落帽) …… 602
이자모시견(已自毛詩見) ……………… 686
이차지상후(以此地上厚) ……………… 651
이천리외갱분휴(二千里外更分携) …… 665
이타유문선선망(耳朶有聞旋旋忘) …… 675
이하퇴황수상소(籬下堆黃樹上踈) …… 689
이화월백오경천(梨花月白五更天) …… 674
인간백초개감종(人間百草皆堪種) …… 673
인간신서무빙(人間信誓無憑) ………… 690
인간칠십고희년(人間七十古稀年) …… 700
인기원낙종선도(人期院落鍾先到) …… 698
인매대탑청상사(人梅對榻清相似) …… 647
인사종명산월괘(隣寺鍾鳴山月掛) …… 682
인생종적역초창(人生縱跡易怊悵) …… 602
인수방비임공마(人壽芳菲任共磨) …… 684
인순십구년(因循十九年) ……………… 645
인어소소홍엽외(人語蕭蕭紅葉外) …… 663
인여미미구안청(人與麋麋俱眼青) …… 707
인영수중언(人影水中偃) ……………… 616
인위심시거(人謂尋詩去) ……………… 611
인의불개동(人衣不改冬) ……………… 650
인인이유득(人人耳有得) ……………… 652
인자무면불시수(人自無眠不是愁) …… 704
인정향연상재로(人靜香烟尙在爐) …… 697
인지숙세오(因之夙世悟) ……………… 617
인파청매태(印破青莓苔) ……………… 612
일각응빙풍노호(日脚凝冰風怒呼) …… 697
일강춘수석양시(一江春水夕陽時) …… 708
일거나복추(一去那復追) ……………… 660
일곡강촌화불여(一曲康村畵不如) …… 599

일권도경성시전(一卷圖經城市全) ····· 638
일단신수백충향(一段新愁百蟲響) ····· 699
일단한공안(一段閑公案) ················ 622
일대은하수창(一帶銀河水漲) ········· 691
일도인생환재부(一度人生還再否) ····· 681
일도창강난재견(一到滄江難再見) ····· 678
일모조관문(日暮早關門) ················ 620
일백사령요어풍(一百四鈴遙語風) ····· 592
일번균우일번풍(一番勻雨一番風) ····· 626
일변서찰문서주(日邊書札問西州) ····· 608
일생추창석양화(一生惆悵夕陽花) ····· 628
일소황화여아로(一笑黃花如我老) ····· 663
일시혼반영두매(一時魂返嶺頭梅) ····· 605
일예사양담말연(一例斜陽淡抹烟) ····· 625
일일훤풍양류춘(日日喧風楊柳春) ····· 713
일자량붕첨설후(一自涼棚添設後) ····· 654
일자옥인춘신묘(一自玉人春信杳) ····· 627
일전갈일국(一殿竭一國) ················ 633
일점사비융난연(一點斜飛融暖硯) ····· 697
일점파명슬(一點破明瑟) ················ 610
일중우일엄(一重又一掩) ················ 635
일촌이십사황독(一村二十四黃犢) ····· 669
일태횡진등영하(逸態橫陳燈影下) ····· 703
일편내추성(一片對秋聲) ················ 642
일폭홀쌍주(一瀑忽雙注) ················ 631
임간취적담청태(林間吹笛澹青苔) ····· 718
임령재첨우(淋鈴在簷宇) ················ 685
임원일우입매간(林園一雨入梅墘) ····· 695
임정회진촌래심(任情灰盡寸來心) ····· 672
임타범영객상과(任他帆影客商過) ····· 708
임타풍우편천애(任他風雨遍天涯) ····· 627
임학중상기(林壑中相期) ················ 694
잉시말귀인(仍是末歸人) ················ 600

[ㅈ]

자겸방도국(資謙方睹國) ················ 636
자곡경인후(自哭庚寅後) ················ 695
자기화자관(自其化者觀) ················ 650
자득연양첨일락(自得蓮洋添一樂) ····· 700
자손부탁나비재(子孫付託奈非才) ····· 637
자아요대신홀지(自訝瑤臺身忽至) ····· 718
자아취중여완력(自訝醉中餘腕力) ····· 705
자유인생정분(自有人生定分) ········· 691
자주청매속후생(煮酒青梅屬後生) ····· 590
자주행화우(榨酒杏花雨) ················ 641
자태방미이(姿態方未已) ················ 614
자하산하유한전(紫霞山下有閑田) ····· 659
작일금란승밀지(昨日金鑾承密旨) ····· 662
잔서해관초(殘暑解官初) ················ 624
잔주미성선이도(殘酒未醒禪已逃) ····· 602
잠아안발거(賺我顏髮去) ················ 660
잠인행락소배회(暫因行樂少徘徊) ····· 698
잠입성인우전봉(暫入城闉又轉蓬) ····· 605
잡지군봉망자퇴(匝地群峰忙自退) ····· 590
잡홍운여우(雜紅隕如雨) ················ 631
상관본불열(長官本不熱) ················ 609
장소비상령(長嘯飛上嶺) ················ 617
장신비백구(將身比白鷗) ················ 618
장저삼봉취소공(杖底三峰翠掃空) ····· 627
장점황모팔구간(粧點黃茅八九間) ····· 667
장정색색소소향(長亭摵摵蕭蕭響) ····· 688
장책휴선려(杖策携仙侶) ················ 652
재사민물소(再使民物蘇) ················ 696
쟁나옹년우일년(爭奈翁年又一年) ····· 704
쟁명차치돈(爭名且置墩) ················ 617

전각도서우전의(典却圖書又典衣) ····· 702
전계화발후계운(前溪花發後溪雲) ····· 707
전대화발후대동(前臺花發後臺同) ····· 668
전사일거후(傳舍一去後) ············· 636
전소낙월우부래(前宵落月又浮來) ····· 677
전왕불래장적원(箭往不來長笛怨) ····· 673
전요령액차위웅(全遼嶺阨此爲雄) ····· 590
절강만리첩연기(浙紅萬里疊緣奇) ····· 666
절력소삼엽락천(浙歷蕭森葉落天) ····· 689
절절유추성(浙浙有秋聲) ············· 613
절제풍우손화사(折除風雨損華奢) ····· 683
점견수광영도립(漸見水光迎棹立) ····· 675
점견인영장(漸見人影長) ············· 640
점염홍황자록추(點染紅黃紫綠秋) ····· 701
접시선해춘(蝶翅先解春) ············· 650
정세일춘도리안(淨洗一春桃李眼) ····· 644
정시강어욕상시(正是江魚欲上時) ····· 676
정시하돈율미가(正是河豚脟味佳) ····· 715
정자렴전앵연성(丁字簾前鶯燕聲) ····· 656
정자렴전인불견(丁字簾前人不見) ····· 690
정청낙엽어(靜聽落葉語) ············· 652
정초녹록노유유(征軺轆轆路悠悠) ····· 701
정초추권심(庭蕉抽卷心) ············· 649
정혼지재망부처(貞魂只在望夫處) ····· 595
정황호연입실무(情況胡然入室無) ····· 690
제와하촌점(嚌臥何村店) ············· 601
제제엽간상(除除葉間霜) ············· 640
제혈성성원두견(啼血聲聲怨杜鵑) ····· 674
조대일편석(釣臺一片石) ············· 640
조락홍교사묘연(潮落虹橋思渺然) ····· 663
조래산색세진분(朝來山色洗塵氛) ····· 707
조조부조조(刁刁復調調) ············· 652
조파고빙소정음(釣罷孤憑小艇吟) ····· 675

조화무사물유애(造化無私物有涯) ····· 683
존조향차비(尊俎香且肥) ············· 660
종가종성감서황(鍾街鍾聲撼書幌) ····· 699
종금비마비선업(從今非馬非船業) ····· 677
종쇠득로낙란참(從衰得老樂鸞驂) ····· 658
종자서호유령내(種自西湖庾嶺來) ····· 717
종차절이남(從此折而南) ············· 614
주가홍패안성변(酒家紅斾鴈聲邊) ····· 593
주묵한시영각정(朱墨閑時鈴閣靜) ····· 716
주영종어금벽전(晝永鍾魚金碧殿) ····· 706
주인단사사(主人但謝辭) ············· 641
준비배상방질병(準備杯觴防疾病) ····· 683
준전등하이유년(樽前燈下易流年) ····· 604
중구명년하처간(重九明年何處看) ····· 602
중구절중원이감(重九節中原易感) ····· 665
중래백구탄인비(重來白鷗歎人非) ····· 663
중래옥절감화전(重來玉節感華顚) ····· 663
중래조수괴화전(重來照水媿華顚) ····· 644
중화문외석양시(重華門外夕陽時) ····· 661
즐즐동병읍(喞喞銅瓶泣) ············· 685
증려취서왕마힐(蒸藜炊黍王摩詰) ····· 682
증시빙난표묘인(曾是憑欄縹緲人) ····· 627
증인불감지(贈人不堪持) ············· 694
지간홍철천배뢰(枝間紅綴千蓓蕾) ····· 666
지공하경음삼하(支筇夏景陰森下) ····· 657
지리일월우(支離一月雨) ············· 716
지유명월인령사(只留明月印欞紗) ····· 646
지자금향화각래(知自琴香畵閣來) ····· 664
지작경징렴(持作鏡澄澰) ············· 616
지장춘공소영야(紙帳春空消永夜) ····· 704
직녀정우일년(織女情又一年) ········· 699
직무견박우회주(職務牽迫又廻輈) ····· 666
직불경운정(直拂慶雲頂) ············· 634

자하시집 색인(索引) 813

진각다정원시병(儘覺多情原是病) ····· 674
진감가하자구조(眞堪可賀玆邱遭) ····· 602
진견일저년(眞見日抵年) ····· 648
진락공재자(眞樂公在者) ····· 634
진시래범장(趑市來帆檣) ····· 620
진안존위기비애(晉安尊位寄悲哀) ····· 637
진정유영공망기(盡情游泳共忘機) ····· 663
진주부자석(眞珠不自惜) ····· 614
진죽림겸한석거(晉竹林兼漢石渠) ····· 687
진중팔백추(珍重八百秋) ····· 642
진체비불시(眞諦秘不示) ····· 694
진활제계합(津濶諸溪合) ····· 607

[ㅊ]

차가관물화(且可觀物化) ····· 651
차거우피로(此去牛陂路) ····· 646
차래약몽부생세(借來若夢浮生世) ····· 681
차령만송이(此嶺萬松耳) ····· 631
차류명월영파사(且留明月映婆娑) ····· 678
차복차유재(且復此悠哉) ····· 622
차사지기보무인(蹉蛇知己報無因) ····· 608
차생하이답은영(此生何以答恩榮) ····· 715
차시소강호(此是小江湖) ····· 643
차신능유기다신(此身能有幾多身) ····· 681
차여우주내(嗟余宇宙內) ····· 650
차음입골니위해(車音入滑泥爲海) ····· 593
차일황제전(此日荒薺田) ····· 633
차작심상전사로(且作尋常田舍老) ····· 700
차좌하방홍엽퇴(且坐何妨紅葉堆) ····· 677
차중유시경(此中有詩境) ····· 717
차중이사행장반(此中已卸行裝半) ····· 659
차치환일치(借痴還一痴) ····· 694

차화연례범한개(此花年例犯寒開) ····· 644
차희황국배중실(且喜黃菊杯中實) ····· 602
창량효월조인귀(蒼凉曉月照人歸) ····· 674
창백숙운거(窓白宿雲去) ····· 683
창송이로조신부(蒼松已老曹新婦) ····· 714
채전유묵임의사(彩箋濡墨任欹斜) ····· 628
처풍권동강(悽風卷東岡) ····· 652
천리수정방시험(千里修程方試險) ····· 701
천리오일실(千里晤一室) ····· 694
천사종자천불력(蔵事終資千佛力) ····· 711
천상가기유준(天上佳期有準) ····· 690
천생강수서류거(天生江水西流去) ····· 589
천석연운미료연(泉石烟雲未了緣) ····· 659
천수요백영청외(天垂繚白縈青外) ····· 590
천심사감우(天心賜甘雨) ····· 696
천연출풍자(天然出風姿) ····· 694
천옹지공정(天翁至公正) ····· 643
천천만만천천(千千萬萬萬千千) ····· 678
천추재후자금년(千秋在後自今年) ····· 629
천한엽탈노산가(天寒葉脫露山家) ····· 646
천횡철령시변수(天橫鐵嶺始邊愁) ····· 701
철주개화화결자(鐵柱開花花結子) ····· 679
청분장두고영모(青粉墻頭顧映眸) ····· 666
청산불로험송년(青山不老驗松年) ····· 604
청산영리벽계수(青山影裡碧溪水) ····· 678
청수시공성(清水是空性) ····· 610
청추거국신(清秋去國臣) ····· 600
청충상대낙사구(青虫相對絡絲絇) ····· 690
청풍엽적송회령(青楓葉赤松檜嶺) ····· 602
청풍오백한영자(清風五百間楹字) ····· 629
청풍정소치사인(清風淨掃置斯人) ····· 597
초귤잉수화진재(楚橘仍須化晋材) ····· 596
초록군요녹도천(草綠裙腰綠到天) ····· 625

초수어산절사린(樵水漁山絶四隣) ····· 714
초수취영시(草樹取映時) ··············· 632
초엽이헌거(初葉已軒擧) ··············· 649
초옹류유도(樵翁類有道) ··············· 617
초월파황혼(初月破黃昏) ··············· 653
초유가가자(草有可嘉者) ··············· 642
초의누천문(初疑漏天門) ··············· 635
초창유여정(怊悵有餘情) ··············· 615
초추나득차청연(杪秋那得此淸妍) ····· 593
초충명사야(草虫鳴四野) ··············· 600
초충일미물(草虫一微物) ··············· 686
초하단거견물정(初夏端居見物情) ····· 684
총시반추송후정(總是斑騶送後情) ····· 688
총위고음감적막(總爲苦吟甘寂寞) ····· 698
최난화출필상사(最難畵出筆相思) ····· 673
추감즉위시(揪歛則爲詩) ··············· 694
추량청수부용각(追涼淸水芙蓉閣) ····· 598
추멱사행려(追覓似行旅) ··············· 652
추사안색갱선연(追思顏色更嬋娟) ····· 704
추산석조잠강심(秋山夕照蘸江心) ····· 675
추성본무주(秋聲本無主) ··············· 652
추수담영인(秋水澹迎人) ··············· 639
추우간중석(秋雨澗中石) ··············· 645
추월낭추풍청(秋月朗秋風淸) ·········· 699
추입단사점칠중(秋入丹砂點漆中) ····· 590
추천교결추하경(秋天皎潔秋河傾) ····· 699
추풍청추월(秋風淸秋月) ··············· 699
춘강골홀벽유리(春江滑笏碧琉璃) ····· 706
춘광필경속수다(春光畢竟屬誰多) ····· 683
춘래무처불처처(春來無處不萋萋) ····· 665
춘래별양이정고(春來別樣離情苦) ····· 626
춘래포말방연하(春來布襪訪烟霞) ····· 706
춘재윤련수일만(春在淪漣水一灣) ····· 668

충구진성급취편(衝口眞成急就篇) ····· 593
충신권차도(充信卷此圖) ··············· 694
취객만선기훤화(醉客滿船起喧譁) ····· 602
취락나감송린적(吹落那堪送隣笛) ····· 718
취벽단애초과우(翠壁丹崖初過雨) ····· 708
취수홍군여족옹(翠袖紅裙如簇擁) ····· 695
취인귀기석양소(醉人歸騎夕陽疎) ····· 599
취인호접입회간(醉人蝴蝶入懷間) ····· 668
취작재명사작진(取作齋名寫作眞) ····· 597
취조함어거(翠鳥銜魚去) ··············· 610
취철옥소인사옥(吹徹玉簫人似玉) ····· 604
취총비종성(翠叢非種成) ··············· 642
치백대어연(稚栢大於椽) ··············· 645
치아서랑가산배(置我書廊假山背) ····· 666
치정백발교전비(痴情白髮轎前婢) ····· 658
치좌효성희(痴坐曉星稀) ··············· 600
칠월칠일은포(七月七日銀浦) ·········· 690
칠정애심결(七情哀心缺) ··············· 686
침음기득연시사(沉吟記得年時事) ····· 654

[ㅌ]

타년기취황주음(他年記取黃州飮) ····· 606
탄연역려인(坦然亦麗人) ··············· 633
탐정겸연여(貪程兼戀余) ··············· 601
답명일실차무급(塔銘一失嗟無及) ····· 711
태강절류처(太江折流處) ··············· 630
태정학탁유잔설(苔庭鶴啄猶殘雪) ····· 704
통신철석광평재(通身鐵石廣平才) ····· 644

[ㅍ]

파관한일월(罷官閑日月) ··············· 643

파상일호탕(波上一浩蕩) ……… 618	한물여한인(閑物與閑人) ……… 643
파조귀래문반엄(罷釣歸來門半掩) …… 708	한식청명춘모절(寒食淸明春暮節) …… 606
판판전신자자공(瓣瓣傳神字字工) …… 703	한정무처불의매(閑情無處不宜梅) …… 717
팽다소홍엽(烹茶掃紅葉) ……… 639	한처재시년(寒妻在時年) ……… 660
편여한출회현방(便輿罕出會賢坊) …… 654	한천수용불리방(寒天受用不離房) …… 702
편운각하낭랑우(片雲却下浪浪雨) …… 684	한풍낙일자회파(寒風落日自頮波) …… 592
편주낙일기미관(扁舟落日寄微官) …… 602	함정료부권군배(含情聊復勸君杯) …… 718
편지경요례(遍地傾醪醴) ……… 696	함진백찬장(銜津白粲檣) ……… 619
평원계산사화도(平遠溪山似畵圖) …… 709	합경도성만리전(合景圖成萬里傳) …… 604
포식완행일정오(飽食緩行日亭午) …… 715	항구범장집(港口帆檣集) ……… 607
표별미감유벽와(飄瞥未堪留碧瓦) …… 647	항니무거철(巷泥無車轍) ……… 716
표연야로일려장(飄然野老一藜杖) …… 708	해동박추객래초(奚童縛箒客來初) …… 689
풍루범란부자금(風淚汎瀾不自禁) …… 672	해서솔경령(楷書率更令) ……… 633
풍류문채조한려(風流文采照寒廬) …… 687	해인차근인(骸人目近人) ……… 650
풍미분상자제다(風味分嘗自製茶) …… 711	해진산우천적일(海鎭山郵遷謫日) …… 711
풍상개기여(風霜豈欺汝) ……… 651	해후기형신(邂逅寄形身) ……… 650
풍정난간월자래(風定欄干月自來) …… 698	행서성교서(行書聖敎序) ……… 633
풍풍우우태총망(風風雨雨太怱茫) …… 654	행인사상백(行人沙上白) ……… 646
피진연수나진하(避秦衍水奈秦何) …… 592	행인환도입사저(行人喚渡立沙渚) …… 592
필경괴이전사아(畢竟怪伊全似我) …… 672	행장오거의(行將吾去矣) ……… 622
	행적편생태(行跡遍生苔) ……… 695
	행전심추담석휘(行殿深秋澹夕暉) …… 663
[ㅎ]	행종수가계(行踪誰可繫) ……… 636
	행초초견일분홍(杏梢初見一分紅) …… 648
하거탄요락(何遽歎搖落) ……… 651	행행일모화감숙(行行日暮花堪宿) …… 676
하경수이야(夏景秀而野) ……… 649	행화요일지개(杏花饒有一枝開) …… 698
하년지수림(何年祇樹林) ……… 612	행화일족홍영계(杏花一簇紅映階) …… 715
하물용종노자하(何物龍鍾老紫霞) …… 656	향국번화몽부진(香國繁華夢不眞) …… 692
하방미풍일(何妨美風日) ……… 650	향륜전거유인영(香輪輾去遊人影) …… 625
하복오능유차연(何福吾能有此筵) …… 700	향정능무련(鄕井能無戀) ……… 616
하이번웅만호후(何美繁雄萬戶侯) …… 603	향혼심입연지중(香魂沁入硯池中) …… 703
하장회수암상신(霞莊回首暗傷神) …… 713	허부금니쇄벽전(許否金泥灑碧箋) …… 629
하지편책파(何知鞭策把) ……… 601	험피림간박(驗彼林間薄) ……… 651
한묵연심경오후(翰墨緣深庚午後) …… 630	

현운담대반침산(玄雲霮霴半沉山) ·· 709
협인방호밀(峽人防虎密) ············ 620
협접과린진낭적(蛺蝶過隣眞浪跡) ····· 656
협투호랑매단경(峽鬪虎狼霾短景) ···· 590
호건공피황화소(壺乾恐被黃花笑) ···· 702
호교직녀혼소(好敎織女魂銷) ········· 691
호노려허설(葫蘆驢虛設) ············ 641
호시일실난추보(好詩一失難追補) ···· 593
호차단청수공휴(好借丹靑手共携) ···· 682
혼적촌농엄화계(混跡村農罨畫溪) ···· 682
홀우입시경(忽又入詩境) ············ 612
홀지쌍폭원(忽至雙瀑源) ············ 635
홍교십리소도변(紅橋十里小桃邊) ···· 625
홍록구호일기중(紅綠糗糊一氣中) ···· 627
홍매단엽국중무(紅梅單葉國中無) ···· 666
홍안남래아북래(鴻雁南來我北來) ···· 596
홍엽누중한묵인(紅葉樓中翰墨因) ···· 627
홍엽미상산기변(紅葉未霜山氣變) ···· 687
홍행촌심우영경(紅杏村深雨映耕) ···· 677
화개아출불상대(花開我出不相待) ···· 666
화기부동연창망(畫旗不動烟蒼茫) ···· 595
화난계명옥(花暖鷄鳴屋) ············ 618
화난난화향(畫蘭難畫香) ············ 714
화락연년석별신(花落年年惜別新) ···· 692
화박정시엽숙환(花薄情時葉宿還) ···· 676
화승무일언(畫僧無一言) ············ 635
화우낙삼삼(花雨落毵毵) ············ 619
화인난화한(畫人難畫恨) ············ 714
화작양류원(化作楊柳院) ············ 612
화장서각계주비(畫墻西角啓朱扉) ···· 663
화촉등루견무요(畫燭登樓見舞腰) ···· 606
화총원기대(花叢元妓隊) ············ 607

화향겸화한(畫香兼畫恨) ············ 714
환기노화심처어(喚起蘆花深處漁) ···· 687
환선즉위화(渙宣則爲畫) ············ 694
환적기회양망연(宦跡羈懷兩惘然) ···· 603
활발동풍하처견(活潑東風何處見) ···· 647
황고처유독(黃姑處幽獨) ············ 616
황금낙조기비재(黃金落照氣悲哉) ···· 596
황사랑가화발초(黃四娘家花發初) ···· 667
황산곡리탕춘광(黃山谷裡蕩春光) ···· 679
황산영혜성(黃山靈慧性) ············ 694
황여은사예서초(怳如恩賜睿書初) ···· 713
황엽청태일척심(黃葉靑苔一尺深) ···· 688
황운화각군행북(黃雲畫角君行北) ···· 665
황정증파전연홍(黃精蒸罷篆烟紅) ···· 716
황조분상청(黃鳥紛相請) ············ 618
황주유색녹우염(黃州柳色綠于染) ···· 607
회정색막처량심(懷情索莫凄涼甚) ···· 626
횡굉가괘홀(橫肱可挂笏) ············ 611
횡천무비무(橫天霧非霧) ············ 614
횡행괘월촌(橫行掛月村) ············ 621
후월월교지(候月月較遲) ············ 616
훤초화함봉취황(萱草花含鳳嘴黃) ···· 659
휘호낙묵어병풍(揮毫落墨御屛風) ···· 705
휴번관대황모천(休煩款待黃茅薦) ···· 677
휴상고우조령진(休傷故友凋零盡) ···· 712
휴서과객적황연(携書過客吊荒烟) ···· 638
휼황문고재망다(恤惶文稿在亡多) ···· 711
흑접단비공입산(黑蝶團飛共入山) ···· 676
흔정동초목(欣情同草木) ············ 697
흡이송청증석취(潝以松靑蒸石翠) ···· 668
흡희오려춘색주(恰喜吾廬春色駐) ···· 696
희춘무나일쇠퇴(嬉春無奈日衰頹) ···· 698

韓國古典文學思想名著大系⑯
石北詩集・紫霞詩集

| 新版 初版 印刷●2002年 | 12月 | 26日 |
| 新版 初版 發行●2003年 | 1月 | 2日 |

著　者●申　光　洙
　　　　申　　　緯
譯　者●申　石　艸
發行者●金　東　求
發行處●明　文　堂
서울특별시 종로구 안국동 17~8
대체　010041-31-001194
전화　(영) 733-3039, 734-4798
　　　(편) 733-4748
FAX 734-9209
Homepage www.myungmundang.net
E-mail mmdbook1@myungmundang.net
등록　1977. 11. 19. 제1~148호

●낙장 및 파본은 교환해 드립니다.
●불허복제.

값 35,000원
ISBN 89-7270-710-4　04810
ISBN 89-7270-054-1 (세트)

中國學 東洋思想文學 代表選集

공자의 생애와 사상 金學主 著 신국판	改訂增補版 新完譯 論語 張基槿 譯著 신국판
공자와 맹자의 철학사상 安吉煥 編著 신국판	中國古典漢詩人選❶ 改訂增補版 新譯 李太白 張基槿 譯著
老子와 道家思想 金學主 著 신국판	中國古典漢詩人選❷ 改訂增補版 新譯 陶淵明 張基槿 譯著
自然의 흐름에 거역하지 말라 莊子 安吉煥 編譯 신국판	개정증보판 中國 古代의 歌舞戱 金學主 著 신국판 양장
仁과 中庸이 멀리에만 있는 것이드냐 孔子傳 김전원 編著	중국고전희곡선 元雜劇選 (사)한국출판인회의 이달의 책 선정도서(2002.1·2월호) 金學主 編譯 신국판 양장 값 20,000원
백성을 섬기기가 그토록 어렵더냐 孟子傳 安吉煥 編著	修訂增補 樂府詩選 金學主 著 신국판 양장
영원한 신선들의 이야기 神仙傳 葛洪稚川 著 李民樹 譯	修訂新版 漢代의 文人과 詩 金學主 著 신국판 양장
中國現代詩硏究 許世旭 著 신국판 양장	漢代의 文學과 賦 金學主 著 신국판 양장
白樂天詩硏究 金在乘 著 신국판	改訂增補 新譯 陶淵明 金學主 譯 신국판 양장
中國人이 쓴 文學槪論 王夢鷗 著 李章佑 譯	改訂增補版 新完譯 書經 金學主 譯著 신국판
中國詩學 劉若愚 著 李章佑 譯 신국판 양장	改訂增補版 新完譯 詩經 金學主 譯著 신국판
中國의 文學理論 劉若愚 著 李章佑 譯	修訂增補 墨子, 그 생애·사상과 墨家 金學主 著 신국판 양장
梁啓超 毛以亨 著 宋恒龍 譯 신국판 값 4000원	중국의 희곡과 민간연예 金學主 著 신국판 양장
동양인의 哲學的 思考와 그 삶의 세계 宋恒龍 著	改訂增補版 新完譯 孟子(上·下) 車柱環 譯著 신국판
東西洋의 사상과 종교를 찾아서 林語堂 著·金學主 譯	新完譯 論語 -경제학자가 본 알기쉬운 논어- 姜秉昌 譯註 신국판
中國의 茶道 金明培 譯著 신국판	新完譯 한글판 論語 張基槿 譯著 신국판
老莊의 哲學思想 金星元 編著 신국판	국내최초 한글판 완역본 코란(꾸란:이슬람의 聖典) 金容善譯註 신국판
原文對譯 史記列傳精解 司馬遷 著 成元慶 編譯	戰國策 김전원 編著 신국판
新譯 史記講讀 司馬遷 著 진기환 譯 신국판	宋名臣言行錄 鄭鉉祜 編著
新完譯 淮南子(上,中,下) 劉安 編著 安吉煥 編譯 신국판	基礎漢文讀解法 제34회 문화관광부 추천도서(2001.11.6) 崔完植·金榮九·李永朱·閔正基 共著
論語新講義 金星元 譯著 신국판 양장	漢文讀解法 崔完植·金榮九·李永朱 共著 신국판
人間孔子 李長之 著 김전원 譯	基本生活漢字 제33회 문화관광부 추천도서(2000.11.17) 최수도 엮음 4·6배판
	東洋古典41選 安吉煥 編著 신국판
	東洋古典解說 李民樹 著 신국판 양장